优秀媒体社会责任报告选编

2021年卷

| 全国篇 |

中华全国新闻工作者协会国内工作部　编

学习出版社

图书在版编目（CIP）数据

优秀媒体社会责任报告选编. 2021年卷. 1，全国篇 / 中华全国
新闻工作者协会国内工作部编. -- 北京：学习出版社，2021.12
　　ISBN 978-7-5147-1116-5

Ⅰ. ①优… Ⅱ. ①中… Ⅲ. ①媒体(新闻)－社会责任－
研究报告－中国－2021 Ⅳ. ①G219.2

中国版本图书馆CIP数据核字(2021)第267421号

优秀媒体社会责任报告选编·2021年卷

YOUXIU MEITI SHEHUI ZEREN BAOGAO XUANBIAN·2021 NIAN JUAN

中华全国新闻工作者协会国内工作部　编

责任编辑：宋　飞　胡　啸
技术编辑：刘　硕　朱宝娟

出版发行：学习出版社
　　　　　北京市崇外大街11号新成文化大厦B座11层（100062）
　　　　　010-66063020　010-66061634　010-66061646
网　　址：http://www.xuexiph.cn
经　　销：新华书店
印　　刷：北京联兴盛业印刷股份有限公司

开　　本：787毫米×1092毫米　1/16
印　　张：68
字　　数：1105千字
版次印次：2021年12月第1版　2021年12月第1次印刷

书　　号：ISBN 978-7-5147-1116-5
定　　价：143.00元（全2册）

如有印装错误请与本社联系调换，电话：010-67081356

目 录 Contents

新华通讯社

社会责任报告

一、前言

（一）媒体概况

新华通讯社（以下简称"新华社"）成立于 1931 年 11 月 7 日，总部位于北京，是中国国家通讯社和世界性通讯社。

新华社拥有覆盖全球的新闻信息采集和传播网络，在国内外有 200 多个分支机构，每天 24 小时使用 15 种语言向全世界约 8000 家新闻机构用户提供文字、图片、图表、音频、视频等全媒体产品，日均播发各类稿件 8000 多条。

新华社积极推进媒体融合发展，拥有媒体融合生产技术与系统国家重点实验室、媒体创意工场，推出人工智能平台"媒体大脑"和人工智能合成主播，打造中国媒体新闻采编与直播平台"现场云"，融合报道和传播能力不断提升。

新华社是中国首批国家高端智库试点单位之一，研究领域涵盖国情与战略、世界问题、经济、舆情、公共政策、传播战略等，在国内外智库界拥有广泛影响力。牵头组建了"一带一路"国际智库合作委员会，共有 100 多家境内外成员。

新华社是中国经济信息事业的开拓者，打造了"新华财经""新华丝路""新华信用""新华指数"等重点信息产品，牵头创办了"一带一路"经济信息共享网络，共有近 8 万家经济信息机构用户。

新华社办有《新华每日电讯》《参考消息》《经济参考报》《中国证券报》《上海证券报》《瞭望》《半月谈》等 20 多种报刊。新华出版社编辑出版时政、国际、财经、传媒等社科类精品图书，在出版领域具有独特优势。

新华社重视加强国际交流合作，倡议发起了世界媒体峰会、金砖国家媒体高端论坛等交流合作机制。与 100 多个国家和地区的媒体机构签署了新闻合作协议，与 20 多家联合国机构、国际组织在全球合作开展公益行动。

（二）社会责任理念

新华社坚持以习近平新时代中国特色社会主义思想为指导，增强"四个意识"、坚定"四个自信"、做到"两个维护"，坚持正确政治方向、舆论导向、价值取向，坚持把社会效益放在首位、社会效益和经济效益相统一，切实履行媒体社会责任，全面增强传播力、引导力、影响力、公信力，加快建设国际一流的新型世界性通讯社，更好地担当举旗帜、聚民心、育新人、兴文化、展形象的使命任务，更好地服务于党和国家工作大局，服务于广大人民群众。

（三）获奖情况

2020 年，新华社共有 17 件作品荣获第三十届中国新闻奖，其中特别奖 2 件，一等奖 6 件，二等奖 7 件，三等奖 2 件。1 人获得第十六届长江韬奋奖（长江系列）。

二、政治责任

（一）习近平总书记和习近平新时代中国特色社会主义思想宣传报道浓墨重彩

坚持把精心做好习近平总书记宣传报道作为首要政治任务，策划组织推出《风雨无阻向前进》《伟大旗帜引领历史巨变》等扛鼎之作，播发《在民族复兴的历史丰碑上》《新征程，我们再出发》等高端评论近 270 组，对"新时代新作为新篇章"专栏进行改版，平均被近 400 家媒体采用。推出"总书记推动的改革身边事""习近平的小康故事"等全媒体集束式报道，打造"第一观察""学习快评"等融媒体栏目，230 余组融媒体产品浏览量过亿，《春到武汉城》《我们的答卷》等融媒体产品形成"刷屏"之效。精心组织习近平总书记以视频方式出席重大主场外交、多边外交等活动报道,办好"聚焦核心"等品牌栏目,播发《习近平的故事》等微视频,生动展现习近平总书记大党大国领袖形象。

（二）重大主题报道形成强大声势

系列微纪录片《第一书记》

圆满完成党的十九届五中全会、全国两会、深圳经济特区建立 40 周年、第三届中国国际进口博览会等重大战役性报道,播发《历史性的跨越　决定性的成就》《创造新时代中国特色社会主义的更大奇迹》等重大成就报道,营造了正面舆论强势。精心组织"决胜全面小康、决战脱贫攻坚"重大主题宣传,推出《第一书记》《决战决胜夺取脱贫攻坚战全面胜利》等重点报道,为脱贫攻坚提供有力舆论支持。创新主题报道,播发"回眸'十三五'""青春的梦想　青春的奋斗"等系列报道,"五中全会精神在基层"专栏推出《赢向未来》等一批短、实、新报道,受到广泛好评。

（三）舆论引导能力不断提升

《壮哉,大武汉》全媒体报道

新冠肺炎疫情发生后,第一时间启动报道应急机制,在武汉设立前方报道指挥部,采写《壮哉,大武汉》《将战"疫"进行到底!》《英雄之城》等报道力作,推出《新华社记者直击湖北保卫战》《从"暂停"到"重启":武汉解除离汉通道管控》

等现场报道，单篇稿件最高被超过 8200 家媒体采用，极大鼓舞了士气、振奋了信心。加强经济形势经济政策宣传，围绕"六稳""六保"等主题策划重点稿件，开设"中国经济新观察""抓好经济发展　应对复杂局面""聚焦复工复产"等栏目，播发各类报道 1 万余篇，大力宣传党中央对经济形势的分析判断和重大决策部署，充分展示经济社会发展的新成就新经验新亮点，有力提振信心、稳定预期。"新华时评"栏目开辟热评、微评，推出《荒唐决策，岂是道歉可以了之》等多篇评论稿件，引起社会强烈反响。

（四）舆论监督报道有力有效

《青海"隐形首富"：祁连山非法采煤获利百亿至今未停》报道

围绕党和国家明令禁止、人民群众深恶痛绝的现象和问题，持续做好舆论监督报道，播发《青海"隐形首富"：祁连山非法采煤获利百亿至今未停》《偷捕现象未绝，"江鲜"仍在高价交易——长江"禁渔令"实施近半年追踪》等独家报道，有力抨击时弊、抑恶扬善，推动改进工作、解决问题。

（五）国际传播能力持续增强

中国新闻对外报道量质齐升，国际话语权不断增强，外媒涉华报道引用新华社稿件 46.8 万条次。外文发稿线路全媒体化深入推进，新推出 5 条外文互联网专线，全社外文线路均实现融媒体发稿。坚持"一国一策"，推进精准化对外传播，国别专线用户覆盖面不断扩大。在国际知名社交媒体平台总粉丝量超过 2.2 亿，稳居国际主流媒体第一方阵最前列。以视频会议形式举办金砖国家媒体高端论坛第五次主席团会议、"中韩智库媒体对话"研讨会等，国际影响力进一步提升。

新华社海外社交媒体平台总账号"NEW CHINA"标识

三、阵地建设责任

（一）融媒体矩阵建设优势突出

积极推动网络新媒体平台终端建设，新华网、新华社客户端和微博、微信、抖音、快手、微视、B 站等平台法人账号覆盖受众超过 10 亿人次，形成强大融媒体矩阵。

新华网二维码

新华社客户端
二维码

新华社微博账号
二维码

新华社微信公众号
二维码

（二）融合报道覆盖面影响力大幅提升

不断强化融合产品创新，党的十九届五中全会重点报道"@致我们终将值得的青春"全网总浏览量超过 4 亿次，卫星新闻实验室、中国策工作室、"中国 Vlog"等项目持续推出重磅作品，打造中国首部卫星新闻纪录片《太空的见证》。探索"揭榜挂帅"业务创新和创意征集机制，推出系列浏览量过亿的产品，其中"寻找那些似曾相识的面容"系列融合报道及网络互动活动总浏览量达 2.5 亿次。

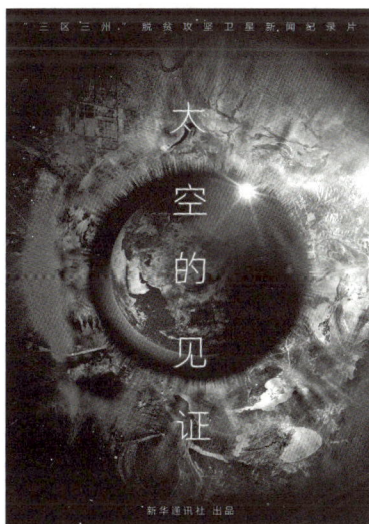

卫星新闻纪录片《太空的见证》海报

（三）全媒体采编业务建设成效显著

总编室一体化指挥的对内报道全媒平台、国际传播融合平台升级、扩容、重构，抓好中英文"新华全媒头条"等重点品牌栏目建设，全社报道资源力量进一步整合。参与县级融媒体中心建设，基本实现对已建成县级融媒体中心新闻供稿全覆盖。加快先进技术在新闻报道各环节全流程运用，国家重点实验室建设扎实推进，"媒体大脑"等技术与全媒体采编发平台实现联通，"现场云"入驻机构 4000 多家、日均直播近千场。

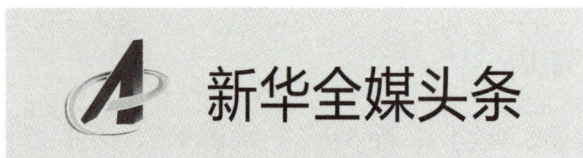

重点栏目"新华全媒头条"

四、服务责任

（一）权威报道优势充分彰显

面向国内外 24 小时不间断提供准确、权威信息服务，涵盖政治、经济、文化、社会等各个方面，并推出特色化对象化、沉浸式交互式新闻信息服务，构建体现通讯社优势的"信息总汇"。在网络新媒体终端平台推出"求证"辟谣平台，通过组织专业记者调查取证等方式，回复近千条网友提问，有效引导舆论。

（二）搭建社会服务平台成效显著

参与搭建运行中国政府网、国务院电子政务

"求证"辟谣平台

一体化服务平台、中国文明网、中国雄安官网、中国应急信息网等重要政务网站，为社会和公众提供信息服务。强化国家高端智库社会服务功能，统筹全社智库资源组织重点课题研究，为经济社会发展提供思想支持和智力服务。

（三）积极参与社会公益活动

做好公益广告刊播工作，《新华每日电讯》《参考消息》《瞭望》《半月谈》等社办报刊和新华网、新华社客户端等多次整版刊登"时代楷模""疫情防控"等系列公益广告，全年共计刊发各类公益广告超过 300 版。积极组织社会慈善募捐活动，新冠肺炎疫情期间，组织干部职工自愿捐款，开展 2020 年度"幸福工程——救助贫困母亲行动"捐款活动，捐款数额在中央和国家机关名列前茅。推进对贵州石阡、河北新河定点扶贫工作，提前完成《中央单位定点扶贫责任书》中的各项任务，连续 3 年被评定为最高等级"好"，派出干部赴江西瑞金开展对口支援工作。

五、人文关怀责任

（一）民生报道服务性贴近性不断增强

开设"民生直通车"等民生服务重点栏目，播发《百姓有啥难？都咋解决的？——供暖问题线索追踪记》《恼人的"奇葩证明"如今还有吗？》等报道，推动群众投诉多年的问题得到解决。围绕就业、医疗、教育、养老等民生领域问题，推出《"速冻"模式来袭，户外劳动者享受到"低温津贴"了吗？》《很多农民为此糊里糊涂背上二三十万元债务》《"每月靠房子能拿到数万元养老金"？老年人须提防以房养老理财骗局》等一批重点报道，回应民生关切，获得广泛好评。

《百姓有啥难？都咋解决的？——供暖问题线索追踪记》报道

（二）重大灾难事故报道有态度有温度

南方部分地区发生严重汛情后，播发《百万群众大转移》《人民至上，中国全力以赴抗击洪灾》等重点报道，充分展现灾区干部群众在党的领导下众志成城抗洪抢险，深入反映灾后生产生活恢复过程中存在的实际困难，有效推动工作进展，产生广泛社会反响。根据自然灾害、安全生产事故等不同情况，有针对性地回应舆论关切，如在多地发生煤矿重大事故后，及时播发《新闻分析：如何跳出"年底事故周期"》等重点报道，总结事故教训，提出对策建议，展现责任担当。

（三）报道凸显人文精神

弘扬新华社"勿忘人民"的优良传统，播发《从人民中汲取磅礴力量》等一批坚守人民情怀、反映人民呼声、维护人民利益的报道佳作。深入基层践行"四力"，推出《追溯药品"灵魂砍价"源头：1300 多批次近 2 万人次学习的三明医改做对了什么？》等鲜活之作，为实现好、维护好、发展好人民群众的根本利益提供舆论支持。连续多年举办"中国网事·网络感动人物评选活动"，挖掘基层百姓感人故事，汇聚向上向善正能量。

六、文化责任

《因为我相信》产品海报

（一）弘扬践行社会主义核心价值观

深化社会主义核心价值观和中国梦宣传，持续播发"为了民族复兴·英雄烈士谱"等专栏报道。围绕建党 99 周年、决战决胜脱贫攻坚等，推出《因为我相信》等一批融媒体重磅产品，在潜移默化中弘扬清风正气，营造良好舆论氛围。

（二）传承弘扬中华优秀传统文化

紧扣传统重要节日，播发《"双节"喜相逢一样家国情》等报道，展现节日中蕴含的家国情、中国梦。推出《不曾遗忘的符号》系列音乐微纪录片，全网浏览量超 3.7 亿次。开设"新华云直播"平台，播出《思客云讲堂》《中国博物馆公开课》《中国美育公开课》等系列节目，累计直播场次 2076 场、访问人次突破 14 亿。做大做强新华社民族品牌工程，启动"中华老字号振兴行动"，举办"城市品牌建设""农业品牌建设"等活动，积极关注、推广地方特色文化品牌。

"新华云直播"平台

2020 珠峰高程测量登山队成功登顶

（三）推动公众提升科学素养

围绕"天问一号"火星探测、"嫦娥五号"探月工程、北斗三号全球卫星导航系统组网、2020 珠峰高程测量、"奋斗者"号深潜、"九章"量子计算原型机等科技创新重大进展，推出《出发吧，向着火星！》《九天云外揽月回！》《无惧风雪不止攀登》等报道，凸显我国科技事业发展成就，宣介普及科学知识，激发民众强烈民族自豪感。

七、安全责任

强化导向管理和阵地管控，出台《关于加强采写环节报道安全管理的办法》《新华社采编业务差错责任认定与处罚办法》等报道安全规定，落实新闻采编工作岗位责任制，健全采编业务带班人、终审发稿人、采编业务签发人等各关键岗位履职制度，完善应急预案，强化风险排查，进一步筑牢报道安全防线。

八、道德责任

（一）严格遵守职业规范

坚持新闻真实性，严格落实新闻报道回避制度规定，保障真实、全面、客观、公正。严守新闻职业道德，严禁有偿新闻、有偿不闻、新闻敲诈和采编低俗庸俗媚俗新闻等行为。加强版权保护，严禁采编人员抄袭剽窃他人撰写稿件，遵守国家保护著作权的法律法规。

（二）大力维护社会公德

紧扣时代精神，聚焦社会热点，围绕"公筷分餐""生活垃圾分类""勤俭节约、反对浪费"等主题持续推出正能量新闻产品，维护公序良俗、弘扬社会正气，展现人性真善美、传递社会正能量。

（三）积极接受社会监督

记者自觉遵守《新闻记者证管理办法》《中国新闻工作者职业道德准则》，从事采访时及时出示新闻记者证，自觉接受社会监督。建立健全舆情线索收集机制，及时回应网民关切。积极受理群众举报投诉，由相关部门认真核实处理群众举报信息。

九、保障权益责任

（一）保障采编人员合法权益

支持保障采编人员开展合法采编活动，采编人员受到人身侵害、打击报复时，由办公厅、总编室、人事局等相关部门专项处理，及时为采编人员提供保护，为采编人员开展工作创造有利条件。

（二）保障采编人员薪酬福利

严格执行《中华人民共和国劳动合同法》《事业单位人事管理条例》等要求，与采编人员签订聘用合同或劳动合同，定期开展合同管理检查，完善合同管理工作事项，保障采编人员劳动权益。按照国家相关规定，及时为职工支付薪酬，足额缴纳"五险一金"，保障职工休息休假等各项权利。

（三）规范新闻记者证管理

认真做好新闻记者证管理工作，完成内设机构及社属媒体新闻记者证集中换发工作。坚持新闻记者证动态管理，对全社拟申领新闻记者证人员相关资质认真审核、规范公示、从严把关；对于离职、退休或调离采编岗位的持证人员，及时收回纸本证件，并通过新闻记者证核验系统及时注销。加强《新闻记者证管理办法》宣传解释，引导采编人员规范持证。

（四）积极开展教育培训工作

进一步强化干部职工政治理论教育，深入开展增强"四力"教育实践工作，持续开展马克思主义新闻观教育，全社各采编部门完成对近三年新入职员工马克思主义新闻观系统性培训。创办"国社微讲堂""书香新华'悦读汇'"等创新平台，全年累计约 3 万人次参与。围绕中央新闻报道、融媒体技能提高、外文人才等主题，开展常态化业务技能培训，全年培训总计 3.5 万余人次。

"国社微讲堂"海报

"书香新华'悦读汇'"海报

十、合法经营责任

（一）严格遵守法律法规和有关规定

高度重视经营工作的合法合规，结合民法典颁布实施，制定进一步加强社属企业合同管理相关规定。按照公司法要求，扎实推进清理整顿工作。根据有关部门规章，对经营单位各项业务实行清单管理，严禁以重大政治活动、庆典纪念活动等为内容开展经营。

（二）认真落实采编与经营"两分开"

坚守采编经营"两分开"底线红线，召开全社经营监管工作会，制定加强经营监管的12项措施，组织经营单位开展"两分开"自查自纠，有效巩固了"两分开"改革成果。

（三）坚决杜绝刊播违法违规广告

探索建立与合作方签署廉洁规范承诺书的前置监督方式，明确合作方不得打着新华社或新华社所属企业旗号开展经营、搞虚假宣传等行为，严禁合作方注册带有"新华""国社"等容易引起歧义字样的公司，没有发现刊播违法违规广告行为。

十一、后记

履行社会责任还存在一些不足，包括新闻报道质量还有提升空间、舆论引导能力需要不断增强、国际传播能力存在差距短板。下一步将采取以下改进措施：

第一，着力做大做强主流舆论。坚持守正创新，适应分众化、差异化传播趋势，打造更多传得开、叫得响、留得住的精品力作。改进创新重大主题宣传，力求理论通俗化、概念形象化、成就故事化、人物生活化，增强正面宣传吸引力感染力。

第二，有效提升舆论引导能力。加强改进突发事件、热点引导、舆论监督报道，优化热点监测、快速反应、持续跟踪等机制，不断提升传播力引导力影响力公信力，努力做到群众口碑好、社会共识强。

第三，持续增强国际传播能力。整合全社国际传播力量，加快构建中国话语和中国叙事体系，打造融通中外的新概念、新范畴、新表述，提高议题设置能力，讲好中国故事，传播好中国声音。

人民日报

社会责任报告

一、前言

（一）媒体概况

人民日报是中共中央机关报，1948年6月15日在河北省平山县里庄创刊，毛泽东同志亲笔为人民日报题写报名。创刊以来，在党中央坚强领导下，人民日报坚持政治家办报和党性原则，与党和人民同心同德，深入宣传党的理论和路线方针政策，热情报道人民的伟大实践，在革命、建设、改革各个历史时期发挥了十分重要的作用，创造了光荣历史。人民日报由初创时每天对开4个版增加到目前20个版（周六、周日和节假日为8个版），形成要闻新闻、评论理论、周刊副刊相得益彰的版面格局，拥有"任仲平""国纪平""任理轩""人民论坛""钟声""和音""政策解读""人民眼""来信调查"等知名品牌专栏。近年来，人民日报社加快推进媒体深度融合发展，已发展成为拥有报、刊、网、端、微、屏等10多种载体的新型媒体方阵，综合覆盖总用户数超过9亿。

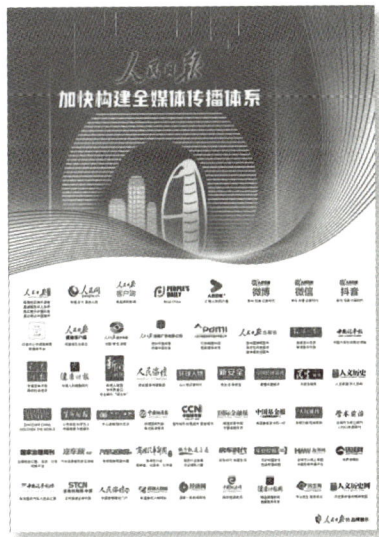

人民日报社媒体品牌集中展示
（2020年11月）

（二）社会责任理念

人民日报社坚持以习近平新时代中国特色社会主义思想为指导，深入学习贯彻

全国两会特刊版面（2020 年 5 月 21 日）

习近平总书记关于意识形态工作、宣传思想工作、新闻舆论工作的重要论述和对人民日报工作重要指示批示精神，增强"四个意识"、坚定"四个自信"、做到"两个维护"，忠实履行党的新闻舆论工作职责使命，坚持正确政治方向、舆论导向、价值取向，围绕中心、服务大局、稳中求进、守正创新，不断扩大地域覆盖面、扩大人群覆盖面、扩大内容覆盖面，充分发挥在舆论上的导向作用、旗帜作用、引领作用，努力把人民日报办得更好，推动报社事业高质量发展。

（三）获奖情况

2020 年，人民日报社共有 22 件作品获第三十届中国新闻奖。其中，"任仲平"文章《初心铸就千秋伟业——为庆祝新中国成立 70 周年而作（下）》获特别奖，4 件作品获一等奖。在抗击新冠肺炎疫情报道中，人民日报社记者深入一线采写新闻，湖北分社荣获"全国抗击新冠肺炎疫情先进集体"称号，汪晓东、程远州两位同志荣获"全国抗击新冠肺炎疫情先进个人"称号，田豆豆同志荣获"抗击新冠肺炎疫情全国三八红旗手"称号。在 2020 年中央和国家机关脱贫攻坚先进集体、优秀个人表彰会上，吕晓勋同志荣获"中央和国家机关脱贫攻坚优秀个人"称号。

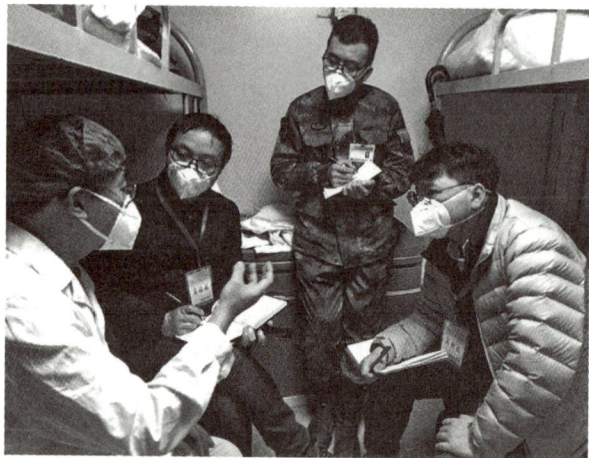

人民日报社记者程远州（左二）、鲜敢（右一）在武汉火神山医院采访

二、政治责任

人民日报社切实增强"四个意识"、坚定"四个自信"、做到"两个维护"，大力宣传党中央决策部署，深入解读国家政策，增强舆论引导，开展舆论监督，积极对外传播，讲好中国故事。

（一）精心做好习近平总书记报道和习近平新时代中国特色社会主义思想宣传阐释，全力完成好首要政治任务和最重要的政治责任

精心做好习近平总书记报道和习近平新时代中国特色社会主义思想宣传阐释，全力完成好首要政治任务和最重要的政治责任。坚持把报道好习近平总书记和宣传阐释好习近平新时代中国特色社会主义思想作为首要政治任务和最重要的政治责任，全方位多角度做好习近平总书记出席重要会议、重要活动报道，深入宣传阐释习近平总书记

头版头条推出"总书记来过我们家""总书记勉励我奋战一线——听第一书记讲述扶贫故事"等系列重点专题报道（2020年1月5日、2020年8月2日）

重要讲话、重要指示批示精神。2020年，人民日报社全媒体方阵累计推出相关系列报道、评论理论文章和融媒体产品超过 2500 件。策划推出"总书记来过我们家""总书记勉励我奋战一线——听第一书记讲述扶贫故事""'十三五'，总书记关心的这些事""总书记擘画高质量发展"等系列重点专题报道。办好"深入学习贯彻习近平新时代中国特色社会主义思想""人民要论"专栏，刊发 140 篇理论文章。

（二）扎实做好决胜全面建成小康社会、决战脱贫攻坚等重大主题宣传

疫情防控、复工复产报道

精心组织"走向我们的小康生活"主题采访、"全面建成小康社会'百城千县万村调研行'"报道活动，刊发 159 篇报道。与中国作协合作推出"决胜 2020"专栏，刊发 60 多篇报告文学。认真做好党的十九届五中全会精神宣传报道，开设"'十三五'，我们这样走过"等专栏；制作微视频《一个都不能少》《相约"十四五"》等融媒体产品。

（三）着力做好统筹疫情防控和经济社会发展宣传报道

率先开设"让党旗在防控疫情斗争第一线高高飘扬""来自疫情防控一线的报道"等专栏。组建赴武汉前方报道组，推出《英雄的城市　英雄的人民——献给疫情防控斗争中的武汉人民》等重点报道。撰写刊发"任仲平"文章《风雨无阻向前进——写在中国人民抗击新冠肺炎疫情之际》《千磨万击还坚

创新推出统筹疫情防控和经济社会发展的《视觉》专版，2020 年全年刊出 128 期

劲——抗疫斗争铸就伟大精神》。全年共推出疫情防控相关版面 1200 余块、文字报道 4500 余篇、图片报道 1900 余幅，人民日报社全媒体方阵共推出相关稿件 48 万余篇，全网传播量超过千亿次，为打赢疫情防控阻击战提供有力舆论支持。

（四）有力开展舆论引导和舆论斗争，服务党和国家工作大局

推出《疫情阻击战交出"中国答卷"》等本报评论员文章、《倒行逆施　不得人心》等116篇"钟声"文章，驳斥美西方反华势力对我"污名""甩锅"的谎言谬论。围绕涉港议题，刊发《"一国两制"行稳致远的"压舱石"》等12篇本报评论员文章、

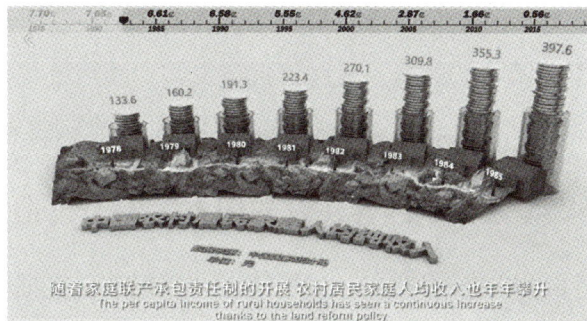

人民日报英文客户端原创科普动漫《中国减贫时间线》（2020年5月20日）

《制裁成瘾　霸道成性》等"钟声"文章，推出3000余件新媒体产品和100余篇"人民锐评"文章，揭批美西方反华势力插手香港问题、干涉中国内政的丑恶行径。

（五）大力加强国际传播能力建设，深度促进文化交流互鉴

进一步用好外媒定制推送机制，持续开展合作传播，实现更多稿件在海外落地。讲好中国故事，传播好中国声音，展示真实、立体、全面的中国。运行好"一带一路"新闻合作联盟网站和新闻信息移动端聚合分发平台，为联盟成员提供沟通交流、内容互换等服务。

三、阵地建设责任

人民日报社坚持内容为王，注重移动优先，加大技术研发，努力打造具有强大影响力和竞争力的新型主流媒体。

（一）加快推进融媒体矩阵建设

人民日报社已成为拥有报、刊、网、端、微、屏等10多种载体的媒体方阵，

综合覆盖总用户数超过 9 亿。人民日报法人微博在新浪微博粉丝数达 1.23 亿，保持"中国媒体第一微博"优势；人民日报微信公众号用户订阅量超过 3500 万，传播力影响力在微信平台稳居第一；人民日报抖音账号粉丝数达 1.2 亿，是抖音平台粉丝数量最多的账号；人民日报英文客户端海外用户占比达 70.5%；"侠客岛""学习小组"微信公众号稳居头部新媒体行列；全国党媒信息公共平台入驻单位达 329 家。

（二）以内容建设为根本，着力打造优质融媒体报道

人民日报社充分运用动漫、短视频、直播、H5 等形式，策划制作融媒体爆款产品。2020 年全国两会期间，推出首个纯 3D 人物动画《当哪吒遇上民法典》，总阅读量达 1900 万次，微博话题阅读量超过 7000 万次。围绕抗击疫情推出主题宣传片《青春的逆行》，播放量超过 9.9 亿次。抗疫主题微视频《出征》播放量近 10 亿次，纪录片《生死金银潭》播放量近 1 亿次。直播节目《人民战疫》持续播出 64 期，观看量超过 8 亿次。

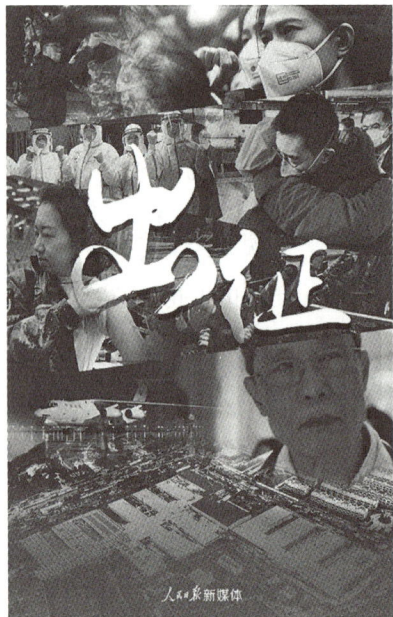

新媒体微视频《出征》海报（2020 年 2 月 13 日）

抗击疫情主题宣传片《青春的逆行》海报（2020 年 5 月 4 日）

（三）以先进技术为支撑，推进融合采编平台建设

建立全媒体指挥调度中心，推进全媒体指挥调度中心技术迭代升级。全国移动新媒体聚合平台"人民号"依托平台模式汇聚全网内容，经审核入驻账号超 2.8 万个。推出人工智能视频制作平台以及智能编辑工具人民日报"创作大脑"，提升新闻生产力。

四、服务责任

人民日报社坚持以人民为中心，开设专栏专题专页，及时向社会提供服务，刊播政务信息、宣传惠民政策，搭建沟通平台、反映百姓呼声，发挥了"上连党心，下接民心"的桥梁纽带作用。

（一）发布防疫科普信息，搭建信息服务平台

面对新冠肺炎疫情，人民日报社多终端增设"社区防控，我们在行动""服务窗"等专栏，报道各地落实社区防护和个人防护的经验做法。开通"征集新型冠状病毒肺炎求助者信息"平台，最早推出"确诊患者同行查询工具"。组织"为鄂下单"系列公益直播带货活动，累计销量达 300 万单，总价值超 2.5 亿元。

（二）搭建社会服务平台，重视来信留言

人民日报办好《读者来信》版，推出"让农民工不再忧'薪'，根治欠薪话题留言征集"活动，多起欠薪事件得到快速解决。做强人民网"领导留言板"，收集网友诉求，真实反映民意，走好网上群众路线。

（三）积极参与公益活动，定点扶贫取得成效

人民日报社定点帮扶河南省虞城县、河北省滦平县，积极组织开展精准帮扶捐助和消费扶贫。精心组织"母亲节暨幸福工程救助贫困母亲活动日"活动并捐款；组织参加"恒爱行动——

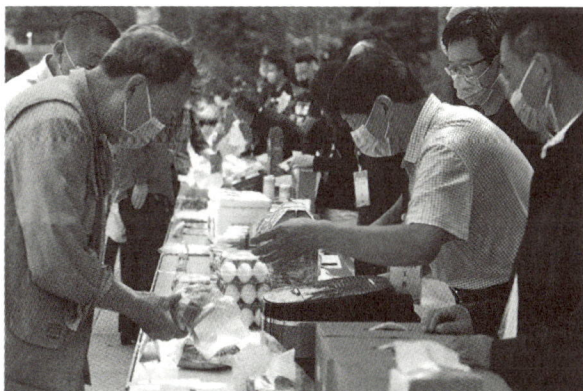

2020 年 9 月，人民日报社在社内举办滦平县扶贫产品展示活动

百万家庭亲情一线牵"公益活动，编织爱心毛衣、围巾、帽子、手套等针织品，为远方的孩子们送去温暖。

五、人文关怀责任

人民日报社注重以人为本，深入聚焦基层，恪守专业操守，积极回馈社会，筹建多个公益项目，充分彰显人文关怀。

（一）贴近民生，回应社会关切

人民日报反映群众意愿，回应民生关切。开设"深度观察"等栏目，关注百姓生活、紧扣民生话题，推出《社区小食堂　民生大文章》等一批反映就业、医疗、教育、养老等民生内容的稿件，成为党报"三贴近"的生动实践。上线人民日报健康客户端，促进健康中国建设、推动医疗卫生事业发展、服务亿万人民健康福祉。

（二）以人为本，关心困难群众

人民日报贴近普通群众，帮扶困难群众。《读者来信》版围绕脱贫攻坚、农村自建房等民生话题采写多篇报道，推动问题解决。针对 2020 年我国南方地区洪涝灾害，人民日报推出"统筹做好疫情防控和防汛救灾工作""深度关注·党员干部奋战抗洪一线"等专题报道，为打赢防汛救灾战役凝心聚力。

2020 年 3 月 28 日，人民日报新媒体长卷漫画《中国抗疫图鉴》

（三）人民至上，凸显人文精神

人民日报秉持人文精神，展现责任担当。"两会现场观察·微镜头"栏目解读习近平总书记两会"下团组"重要讲话精神，刊发《无论年龄再大、病情再重我们都绝不放弃》等稿件，通过报道总书记"人民至上、生命至上，保护人民生命安全和身体健康可以不惜一切代价"的亲切话语，传递直抵人心的温暖力量。刊发钟南山院士署名文章《人民至上　生命至上》，通过一个个感人细节诠释人民至上的价值理念和生命至上的使命担当，获得读者好评。

六、文化责任

人民日报社发挥新闻媒体作为文化单位的优势，注重以文化人，传播中华优秀传统文化和革命文化、社会主义先进文化，积极普及科学知识，为提高公众的科学文化素质提供舆论支持。

（一）弘扬践行社会主义核心价值观

把红色文化融入生活细节，关注家风起到的春风化雨、润物无声的独特作用，是人民日报社传播文化的一个具体做法。刊发《西藏卓嘎、央宗姐妹——守护好幸福家园》等一批优秀稿件，用生动感人的报道，传递浓浓爱国情，弘扬优良好家风，将家与国相连，增进家国认同。

（二）传承繁荣中华优秀传统文化

人民日报特别策划"解码·文化遗产赋彩生活"栏目，关注各行业各地区保护利用传统文化、激活文化遗产融入日常生活的创新实践。开设"创造性转化创新性发展纵横谈"专栏，多方面总结提炼优秀文艺"两创"经验。推出系列文章总结古今文艺发展经验，剖析当下文艺发展状态，引领文艺创作不断提升品位，启迪思想，浸润心灵。

（三）推动公众提升科学素养

人民日报开设"开卷知新"栏目，邀请两院院士、各领域领军人物、世界知名学者等重量级作者撰写文章，选题覆盖新一轮科技革命和产业变革中的关键技术、国内重大工程和重大科技突破等。疫情防控期间，第一时间科普病毒致病机理、治疗手段和防护措施，在互联网上获得广泛传播。

七、安全责任

人民日报社严守相关信息刊播法律法规和各项采编制度，强化内容安全管理，严格执行审稿流程，落实内容发布、稿件转载等规定，提高各环节审核把关能力，确保内容安全、刊播安全、传输安全、出版安全。

（一）安全刊播情况

人民日报编委会把管住阵地作为落实意识形态工作责任制的重要内容，严格把住政治关、导向关、质量关，主报子报、纸媒网媒、大屏小屏，在导向问题上都坚持"一个标准、一把尺子、一条底线，一体推进"。定期组织开展社属报刊导向管理年度评估、网络媒体社会效益年度评价考核等，进一步压实管理责任。

（二）完善刊播制度

人民日报社严格规范新闻采编流程，建立健全稿件刊播审核制度，明确采编刊播流程各环节的审稿职责，坚持"三审三校"，认真核实新闻来源和报道内容，确保新闻报道真实、客观、准确。

（三）建立应急预案

人民日报社进一步保障和规范突发事件报道机制，不断提升应急能力，确保重大突发事件发生后，第一时间启动全社应急报道机制，成立应急报道领导小组，负责相关报道与协调工作。健全安全事件应急预案工作机制，保障新闻生产安全有序。

八、道德责任

人民日报社通过着力健全制度，深化业务培训，严防虚假新闻，制定禁止有偿新闻与有偿不闻等扎实有效的制度措施，不断加强新闻职业道德建设。

（一）遵守职业规范

根据新形势新情况，完善采编流程、导向管理、融合传播等规章制度，规范编辑记者职业行为，贯彻落实《中国新闻工作者职业道德准则》《新闻从业人员职务行为信息管理办法》《关于严防虚假新闻报道的若干规定》《关于禁止有偿新闻的若干规定》等相关文件。

（二）改进工作作风

要求编辑记者恪守新闻工作者职业道德，增强责任感和纪律观念。积极主动接受群众监督，不断增强接受监督的自觉性和主动性，虚心认领问题，以立行立改的作风做好整改工作。

2020 年人民日报总编室举办第五届"我运动 我快乐"职工排球赛

九、保障权益责任

人民日报社做好人才服务保障，不断完善福利体系，支持员工正常采编行为，切实保障员工合法权益。

（一）保障员工权益福利

按照劳动法、劳动合同法等各项规定，人民日报社及各社属媒体与入职员工建立劳动关系、签署劳动合同。为员工申请北京市工作居住证，办理员工留学落户、积分落户、应届毕业生落户等手续。严格遵守国家关于"五险一金"的相关规定，进一步完善福利体系，提高员工门诊报销待遇。办公厅设立法务处，专门处理员工权益保障事务。

（二）规范新闻记者证管理

集中组织办理记者证换证手续，及时回收、注销不符合申办条件人员的记者证。积极支持员工的正常采编行为，及时为因采编行为受到人身侵害、打击报复的员工提供保护和申诉等支持。

（三）积极开展职业培训

人民日报社重视干部人才队伍培训，在新入社人员培训和新闻采编资格培训中开设职业道德相关课程。扎实开展"三项学习教育"活动，做好增强"四力"教育实践工作，安排年轻编辑记者深入新闻现场，强化实践锻炼，提升素质能力。

2020 年选派 23 名五级职员以上领导干部参加组织调训、专题研修，举办新入社人员培训、采编资格培训等各级各类、线上线下培训班 14 期，累计培训干部职工超过 4200 人次。"人民讲堂"活动开创"线下 + 网络"直播模式，邀请专家围绕全面建成小康社会、国家治理体系和治理能力现代化等热点话题进行辅导。

十、合法经营责任

2020 年，《人民日报》发行量稳中有升，实现连续 19 年稳定增长，《人民日报

（海外版）》发行量取得国内、海外"双增长"，社会反响良好。

（一）遵守相关法律法规

人民日报社严格遵守网信、新闻出版等部门发布的规章制度，经营行为合法规范。

（二）坚持采编经营"两分开"

人民日报社及各社属媒体严格贯彻新闻报道与经营活动"两分开"，新闻单位由专职人员从事广告等经营业务，不得向采编部门下达经营创收任务，记者、编辑不得从事广告和其他经营活动。

（三）杜绝违法违规广告

人民日报社所从事的广告活动坚持正确导向，遵守法律、法规，建立完善广告管理制度，落实广告审查责任。推进社属企业公司制改革，加强对社属企业投融资项目、重大事项决策和论坛活动的审核把关，发挥"双效"考核指标体系作用，推动社属企业持续健康发展。

2020 年，人民日报社未接到相关部门、组织作出的行政处罚、通报批评。

十一、后记

（一）回应

针对 2019 年存在的不足，人民日报社加强研究，积极改进。

深入研究新形势下新闻传播规律、受众特点，检视稿件采写、版面编辑、图片呈现、媒体融合等方面存在的问题和不足，规范采编工作流程，促进采编水平整体提升。

在疫情防控期间及时报道中国与国际社会合作抗疫实践，仅人民日报就刊发相关报道 1000 多篇，充分展现中国负责任大国的担当。

加强和改进人民日报《读者来信》版舆论监督工作，完善舆论监督选题线索搜集和报送机制，提高全媒体报道的质量和水平。

召开加快推进媒体深度融合发展专题会议，制定出台有关实施方案。加强人民日报客户端地方频道内容建设和运营工作，加大优质内容生产力度，提升人民日报客户端在各省区市的覆盖面和影响力。

（二）不足

工作中还存在一些不足，主要是：舆论引导能力、国际传播能力有待进一步提升，报道的新闻性、可读性有待进一步增强，媒体深度融合发展有待进一步加快推进。

（三）改进

进一步壮大主流舆论，提高宣传质量和水平。围绕主题主线，着力做好庆祝建党百年、党史学习教育等各项宣传报道。聚焦国计民生重要领域的重大问题，有针对性地做好就业、教育、医疗、住房等领域热点问题的舆论引导，把党中央的决策部署讲清楚，凝聚奋力前行的强大力量。

进一步推进媒体深度融合，优化采编资源配置。结合报社工作实际，采取切实可行、科学有效的改革举措，在构建全媒体传播格局、建立全媒体传播体系、实施全媒体传播工程上迈出更大步伐。

进一步加强国际传播工作，形成对外传播合力。围绕"重塑外宣业务、重整外宣流程、重构外宣格局"的战略任务，加强国际传播能力建设顶层设计和统筹谋划，努力塑造可信、可爱、可敬的中国形象。

进一步加强干部人才队伍建设，为新闻舆论工作提供坚实人才支撑。强化马克思主义新闻观教育，扎实开展增强"四力"教育实践工作，着力培养全媒体、复合型人才和国际传播人才，强化多项激励机制和保障措施，努力打造政治过硬、本领高强、求实创新、能打胜仗的党报工作者队伍，为把人民日报办得更好、推动报社事业高质量发展提供坚实人才保障。

中国日报

社 会 责 任 报 告

一、前言

（一）媒体概况

中国日报社是中央主要宣传文化单位之一，是世界了解中国、中国走向世界的重要窗口，对外宣传阐释习近平新时代中国特色社会主义思想，在新时代讲好中国故事、传播好中国声音，致力于传播中国、影响世界，提升中华文化影响力和增强国家文化软实力。

中国日报创刊于 1981 年 6 月 1 日，是新中国成立后第一份全球发行的国家级英文日报，是国内外高端人士首选的中国英文媒体，现已发展为由传统媒体、移动媒体、社交媒体等构成的全球化、分众化、多语种、全媒体传播平台，报纸发行量约 70 万份，全媒体用户总数超过 3.5 亿。

（二）社会责任理念

中国日报牢记"联接中外、沟通世界"的职责，坚持推进创新对外话语体系，构建全媒体传播格局，不断提高国际影响力，积极介绍中国的发展理念、发展道路、发展成就，生动展示真实、立体、全面的中国，为促进中国和世界交流沟通作出贡献。

（三）获奖情况

2020 年，中国日报共有 12 件新闻作品获第三十届中国新闻奖。其中，一等奖作品 2 件、二等奖作品 4 件、三等奖作品 6 件；此外中国日报欧盟分社社长陈卫华

国际传播《习近平外交思想系列报道》获第三十届中国新闻奖一等奖

获得第十六届长江韬奋奖（长江系列）。具体如下：

国际传播《习近平外交思想系列报道》获得第三十届中国新闻奖一等奖。

网络专栏《Tea House（中国那些事儿）》获得第三十届中国新闻奖一等奖。

融合创新《大阅兵后再看这组外媒数据，忍不住又红了眼眶！》获得第三十届中国新闻奖二等奖。

短视频现场新闻《独家航拍：香港理工大学之殇，看看暴徒对它做了什么？》获得第三十届中国新闻奖二等奖。

新闻漫画《炮弹》获得第三十届中国新闻奖二等奖。

新闻论文《用人物报道讲好中国改革开放故事》获得第三十届中国新闻奖二等奖。

文字通讯《*CHINESE AID HELPS PUT AFRICAN NATIONS ON TRACK*（中国伸援助之手 非洲登发展快轨）》获得第三十届中国新闻奖三等奖。

短视频专题《VLOG：小姐姐的两会初体验》获得第三十届中国新闻奖三等奖。

新闻摄影《暴力肆虐 明珠蒙尘》获得第三十届中国新闻奖三等奖。

网络新闻专题《70 years on（"壮丽 70 年·奋斗新时代"新中国成立 70 周年英文融媒专题）》获得第三十届中国新闻奖三等奖。

新闻版面《中国日报》2019 年 9 月 25 日 6—7 版获得第三十届中国新闻奖三等奖。

新闻版面《中国日报》2019 年 12 月 20 日 5 版获得第三十届中国新闻奖三等奖。

网络专栏《Tea House（中国那些事儿）》获得第三十届中国新闻奖一等奖

二、政治责任

（一）政治方向

中国日报把学习贯彻宣介阐释习近平新时代中国特色社会主义思想作为国际传播工作的重中之重和首要任务，完善核心报道机制，全面报道习近平总书记亲自指挥、亲自部署，带领中国人民统筹做好疫情防控与经济社会发展；大力宣介习近平主席加强国际抗疫合作、积极推动构建人类命运共同体；全方位对外宣传党的十九届五中全会精神，突出宣介习近平总书记指挥谋划"十四五"等。

深入开展"决胜全面小康、决战脱贫攻坚"重大主题宣传，认真做好党的十九届五中全会报道以及回顾"十三五"成就、展望"十四五"规划等对外宣传报道。注重用小故事反映大主题，认真组织"走向我们的小康生活"、讲好中国扶贫故事主题报道，报网端微全平台刊发相关报道 3300 余篇，全球总传播量超过 1.8 亿次。

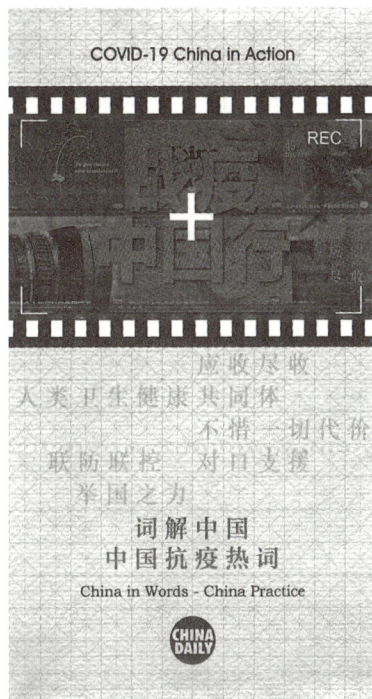

COVID-19 China in Action

REC

词解中国
中国抗疫热词
China in Words - China Practice

CHINA DAILY

"词解中国：中国抗疫热词"栏目海报

（二）舆论引导

中国日报年均有 2 万篇报道被外媒转引 10 万次，有力向世界展现真实、立体、全面的中国。2020 年，围绕突如其来的新冠肺炎疫情，第一时间成立专项报道团队，总编辑亲自部署，全平台联动，先后选派四批共 15 名记者赴武汉采访，持续推出"中外携手战疫情"等系列专栏，突出讲好"中国抗疫故事"；同时，针对美西方造谣抹黑，统筹发挥纪录片、科普长图、社论、漫画评论等综合作用，及时澄清谬误。

全平台推出《甩锅是一种病毒》等 200 余幅漫画评论，充分发挥漫画"一图胜万言"传播优势。精心策划《词解中国：中国抗疫热词》6 集系列外籍人士出镜短视频，介绍中国抗疫好做法好经验。

（三）舆论监督

立足对外传播，承担主流媒体应有的社会责任，科学、准确、依法、建设性地开展舆论监督。深入批驳澄清美西方在涉港、涉疆等问题的错误言行，持续推出短视频、消息、评论等，取得了良好的效果。推出 3 期《起底外媒》系列纪录片，起底外媒在对华抗疫报道中的套路、伪善和双标，揭露一些美西方媒体不遗余力抹黑中国，受到各界高度关注。

对社会议题加强评论监督，发挥社论评论特色特别是新媒体平台"国报微评"等评论栏目短平快的优势，刊发《严格约束是最好的保护》等评论，针对未成年人犯罪、老年人残障人士数字鸿沟等社会现象及时发声，传播效果显著。疫情发生后，中国日报网英文"战疫"专题和客户端推出"照谣镜"辟谣专栏，及时刊发近120 篇英文科普报道，利用权威医学专家言论、官方发布会信息逐条进行澄清，还原真相。

（四）对外传播

加强供给侧结构性改革，以创新内容形式为基本要求，着力提高重大主题报道质量，真实展现和揭示"十三五"时期中国发展特别是决胜全面小康、决战脱贫攻坚的历史性成就，以及中国发展进步的世界贡献、世界意义。《老外看小康中国》等系列纪录片，以及社论《精准施策，加快推动经济社会发展》等系列深度文章、展望"十四五"系列高端访谈，都取得可喜的传播效果。

加强对外传播平台建设，《中国日报国际版》突出差异化，加强本土化版面建设。《中国日报香港版》强化在港本土化传播，在"2019 年香港最佳新闻奖"评选中荣获 9 个奖项。《中国观察报》强化发挥合作传播特殊作用，与近 20 个国家的媒体开展合作。

加强文化交流，积极推动中华文化走出去，全力办好"新时代大讲堂"，围绕抗击新冠肺炎疫情、中国与联合国等主题，通过线上或线上＋线下模式举办 7 场活动，累计传播量超 17 亿次。此外，面向海内外青少年，通过线上＋线下模式举办"一带一路"英语演讲比赛、国际英语教育中国大会等活动，有效传播中国智慧、展示中华文化。

中国日报举办"新时代大讲堂"

三、阵地建设责任

中国日报融合创新作品获第三十届中国新闻奖二等奖

（一）融媒体矩阵

突出自主平台建设，进一步巩固客户端作为海外受众了解中国的首选移动产品的地位，截至 2020 年年底全球下载量达 3500 万次，保持国内领先地位。强化社交平台建设，海内外社交及短视频平台账号总粉丝数达 2.7 亿，同比增长 35%。其中，脸谱、推特账号粉丝排名保持在全球媒体账号前列。

（二）融媒体报道

2020 年，视频化发展实现新突破，全平台视频播放总量 443 亿次，同比增长 146%。创新移动直播，完成重大活动、突发事件等直播超过 200 场，覆盖 125 场外交部发布会以及全国两会记者会、新冠肺炎疫情发布会、国新办发布会、进博会、服贸会、抗击洪水现场等。

（三）融合采编平台建设

重点推动全媒体综合业务平台升级改造，一方面完全实现采编系统数字化部署，有效提高系统稳定性和安全性，降低运维成本；另一方面，结合报社已有的政务微信移动办公平台、智能勘误检校等工具技术，对采编发流程进行升级优化，打造形式多样、内容安全、适应媒体深度融合发展趋势的核心采编平台，有效触达报、网、端、微等多个渠道用户。

四、服务责任

（一）信息服务

2020 年 12 月 23 日《政策回顾》专版

中国日报推出《政策回顾》（Policy Review）专版，每周三在国内新闻版刊发，开设"政策速览"（Policy Digest）、"回应民生"（Policy Response）专栏，集中介绍党中央、国务院颁布的各项政策。推出"抗击新冠病毒的中国方案"英文网，设置"最新进展""权威问答"等 7 个栏目，以多形式、多语种及时准确介绍中国有效抗击疫情做法，为全球受众解疑释惑，吸引 194 个国家和地区网民访问。中国日报网推出"图说中国经济"网络专题，通过图说、海报、动图等形式，积极报道党中央、国务院一手抓疫情防控、一手抓经济社会发展的统一部署和各地支持企业复工复产的政策措施。在疫情防控形势平稳后，中国日报在网站、社交媒体等及时提供交通、天气、演出、教育等服务信息，助力民众安全出行、健康生活。

（二）社会服务

中国日报致力于打造中国政务英文网络平台，助力政府信息化建设，承建了部分中央和国家机关的英文网站和客户端平台。自 2017 年以来，中国日报积极构建"中国对外政务信息服务平台"，加快推动涉外政务服务从"单一信息发布"向"良性双向互动"转型。2020 年 3 月，中国日报与数字健康平台微医（WeDoctor）合作，在网站、微信公众号首页嵌入"微医"线上问诊入口，为海外民众及在华外国人提供科学防护指引和问诊服务。

中国观察智库积极邀请海内外学者和高端智库撰写署名文章，并加强与国内外智库合作，努力提升我国际话语权。撰写和发布国内第一份全面反映中国抗疫行动的《抗击新冠肺炎疫情的中国实践》调研报告，被 200 家海外主流媒体转引，覆盖受众超 2 亿人。7 月 29 日，中国日报与中国社会科学院主办"国际抗疫合作与提振世界经济"国际智库云论坛，来自世界顶尖智库的 6 位专家学者通过视频连线，就深化国际合作、构建人类卫生健康共同体等深入交流、建言献策。

（三）公益活动

加大公益广告刊播力度，围绕抗击新冠肺炎疫情、节约粮食、制止餐饮浪费、脱贫攻坚等主题，把公益广告和宣传报道有机结合，共刊登公益广告 139 个版，内容生动、设计美观，受到广大读者的一致好评和喜爱。

认真落实党中央关于打赢脱贫攻坚战的战略部署，发挥中央主流媒体帮扶优势，扎实开展定点帮扶江西省会昌县脱贫工作。开展"脱贫攻坚看会昌"主题报道，协助建大建强会昌县融媒体中心，展现会昌"风景这边独好"。推进扶智扶

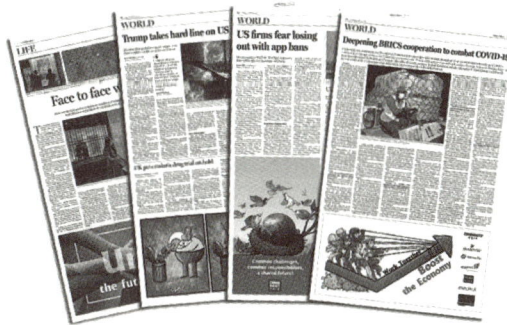

中国日报 2020 年公益广告版面

志，针对基层干部、教师队伍等群体进行 2276 人次专业技能培训。组织工会及广大员工购买会昌农特产品总计 231.6 万元；落实电商扶贫项目，帮助销售贫困地区农产品 4151.31 万元；捐赠奖教奖学基金等资金 100 余万元，协调特困高中生自强帮扶项目 30 万元；联合中国扶贫基金会共同举办"情暖家园·幸福益同行"系列公益活动，向会昌希望小学捐赠 54.6 万元。会昌县 2020 年 11 月被江西省委、省政府评为高质量发展先进县，为实现脱贫攻坚与乡村振兴有效衔接打下坚实基础。

五、人文关怀责任

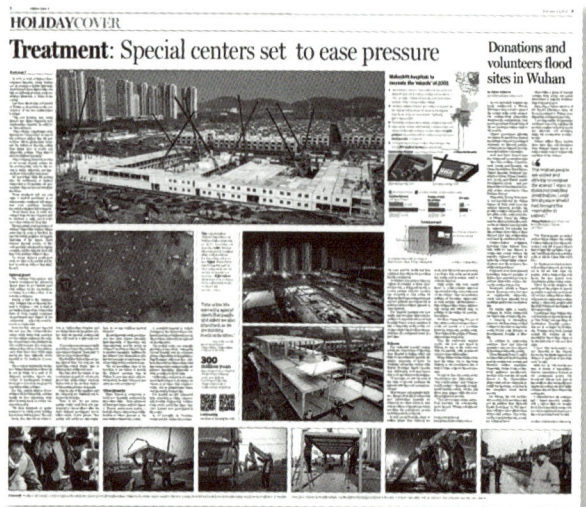

2020 年 2 月 1 日，新冠肺炎疫情专版报道

（一）民生报道

"六稳""六保"第一个要"稳"和"保"的就是就业。中国日报社抓住就业这个最大的民生，报道中央和各地在促进就业、完善灵活就业职工薪资待遇和社会保障机制等方面的政策。2020 年，共刊发医疗、教育、养老等民生内容稿件数千篇，其中 200 余篇反映少数民族、妇女、儿童、老年人、残疾人意见呼声。

尤其是在新冠肺炎疫情暴发初期，派出多位记者赶赴一线，采写、刊发疫情相关文字、图解、海报、短视频等报道 5600 余篇，及时向国际社会解疑释惑，传达我国"公开、透明、负责任"的大国态度，用事实、数据和具体事例讲述中国抗疫故事。

（二）灾难和事故报道

秉持专业精神，在福建泉州欣佳酒店"3·7"重大坍塌事故、沈海高速浙江温岭段"6·13"液化石油气运输槽罐车重大爆炸事故、7月长江流域洪灾等灾难和事故报道中，及时报道救援进展情况，开展客观报道，注重关爱和尊重生命，尊重受灾者的隐私和尊严，不渲染负面情绪，不展示血腥的、悲惨的细节，避免"二次伤害"，生动记录了事件中的暖心场景。

（三）以人为本

认真践行习近平总书记以人民为中心的发展理念，围绕决胜全面小康、决战脱贫攻坚，采访云南省文山壮族苗族自治州广南一小的少数民族儿童班，报道教育扶贫的感人故事；采访云南迪庆藏族自治州巴拉格宗雪山风景区创办人斯那定珠，报道她富裕不忘乡亲、带领乡民共同脱贫致富的故事。此外，还采访多名大国工匠和第一届全国技能大赛获奖者，将其个人经历与政策解析相结合，讲述了劳动者用双手创造美好生活的奋斗故事。

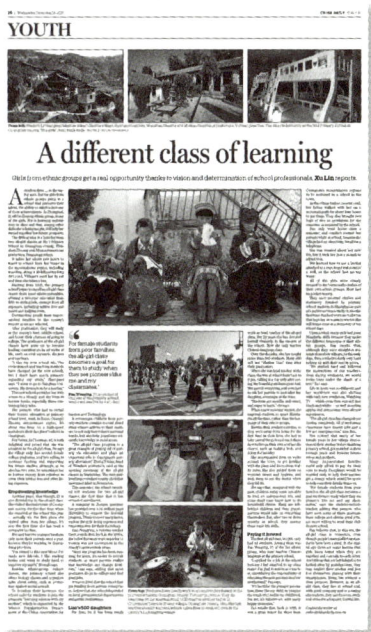

2020年12月23日，云南文山壮族苗族自治州教育扶贫整版报道

六、文化责任

（一）弘扬践行社会主义核心价值观

持续深化社会主义核心价值观宣传报道，大力宣传"时代楷模""最美人物"

"一带一路"青少年英语演讲比赛

等先进典型，及时报道"扫黄打非"工作成果成效，引导社会各界自觉践行社会主义核心价值观，特别是发挥 21 世纪报优势，加强对青少年的宣传引导，推出"英语学'习'"等栏目，将思政教育与英语学习结合起来，并举办"一带一路"青少年英语演讲

比赛，组织来自不同国家的青少年围绕各种主题展开交流。

（二）传承繁荣中华优秀传统文化

积极弘扬中华优秀传统文化，先后推出茶文化四联版、敦煌莫高窟文化四联版、故宫建成 600 周年纪念四联版等大型专题报道。推出《话说中国节》中英短视频节目，推动中华优秀传统文化的网上网下传承，受到海内外受众及中国驻美国大使馆、中国驻欧盟使团等好评。

同时，注重创新，有力推动中华文化走出去，中国日报网以中国功夫为主题，拍摄《寻找功夫》电影纪录片，传递"止戈为武"的中国哲学和价值观。

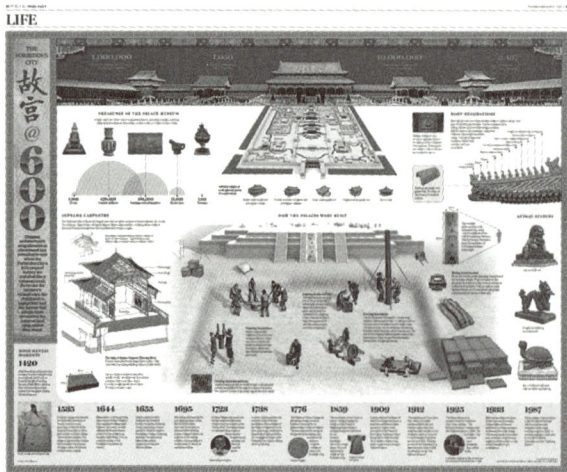

2020 年 9 月 24 日，故宫建成 600 周年版面

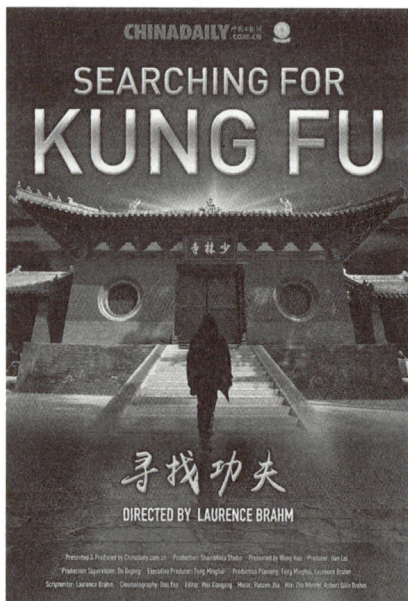

《寻找功夫》电影纪录片

（三）推动提升科学素养

积极报道科技创新、文教事业发展新成就，聚焦"天问一号"火星探测、"嫦娥五号"月球采样、空间站建设等重点科技工程，以及国家科学技术奖励大会等重要时间节点，加强策划，图解《数说"十三五"发展成就》、双语创意动画《"嫦娥五号"求职记》等融媒产品，出新出彩展现好中国科技、文教事业发展成就，受到海外网友广泛好评。

强化普及科学知识，推出图表《一图了解"咽拭子阳性"与新冠确诊病例有何区别》、图解《北京恢复社区封闭式管理，快递还能送吗？》等图表和动画产品，做好不同阶段的防疫科学知识普及。

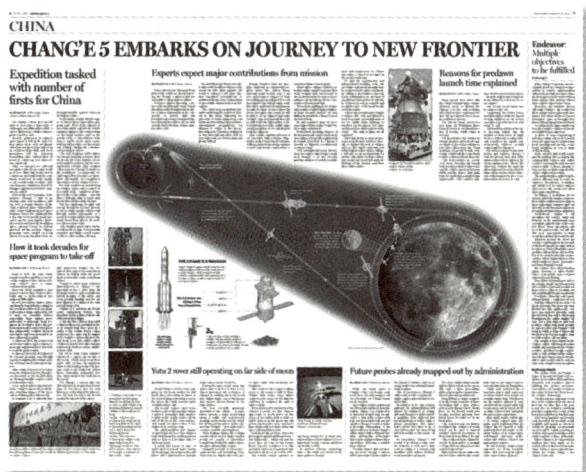

2020 年 11 月 25 日，"嫦娥五号"相关报道

七、安全责任

中国日报不断加强制度建设，查堵环节漏洞，严格确保新闻报道安全。

一是加强对新闻报道工作的管理，培养严细深实工作作风，根据报社工作实际制定了《中国日报社三审三核制度》等制度，把坚持正确政治方向和舆论导向贯穿采写编审发各环节，做到层层把关、人人负责，切实保障阵地安全。2020 年新闻报道工作达到有关安全刊播要求。

二是完善应急报道机制，专门制定并根据形势发展和工作实际不断更新完善《中国日报社突发事件全媒体报道手册》等制度，建立起对突发事件的分级评估机制以及应急报道机制，为迅速有效处置各类突发情况、防范化解各类风险、确保报纸出版发行的顺利进行做好应急准备。

八、道德责任

（一）遵守职业规范

严格落实党管媒体原则，坚持政治家办报办网办新媒体，狠抓作风建设和内部管理，切实防范和制止虚假新闻，积极向世界展现真实、立体、全面的中国。全年未刊播虚假失实新闻。

深入开展增强"四力"教育实践，加强对采编人员的思想教育，进一步把好思想关，坚决反对和抵制各种有偿新闻、有偿不闻及新闻敲诈行为。

加大新闻作品版权保护和维权力度，规范稿件来源，尊重知识产权，建立转载白名单库，未获授权或无法核实的稿件不予转发选用，更好地促进新闻事业健康发展。

（二）维护社会公德

加强宣传引导，刊发《全国人大代表许维泽：加强互联网领域信用建设》等报道，呼吁全面推进社会公德、职业道德、家庭美德、个人品德建设，引导人们明大德、守公德、严私德。同时，强化正面宣介，刊发《新疆玉奇吾斯塘乡玉奇吾斯塘村获评"全国文明村镇"》《心中的坐标——火箭军某团班长俞细文学习践行党的创新理论小记》等报道，以群众身边的鲜活事例，彰显道德模范的榜样示范作用。

（三）接受社会监督

中国日报社记者在采访时根据相关要求，主动出示国家新闻出版署统一核发的新闻记者证，配合采访对象核实身份，接受群众监督。严禁无证或持工作证、采访证等其他证件开展采访工作，诚恳接受群众举报投诉。

九、保障权益责任

（一）保障从业人员合法权益

始终坚持以人为本，充分发挥工会等各相关部门作用，切实保障报社全体员工合法权益；支持保护正常采编行为，鼓励编辑、记者深入基层一线，采写"有思想、有温度、有品质"的新闻。

（二）保障从业人员薪酬福利

严格遵守相关法律法规，切实保障员工薪酬福利，缴纳社会保险、员工住房公积金，坚持激励和约束并重，激发员工担当作为。严格按照《事业单位人事管理条例》《中华人民共和国劳动法》等相关法律法规，在平等自愿、协商一致的原则下，与员工订立聘用（劳动）合同。建立较为完善的考勤休假管理制度，落实员工法定假期等各类带薪休假。

（三）规范新闻记者证管理

严格按照《新闻记者证管理办法》，规范记者证日常管理，严格审核申领人员资格，及时收回离职、退休及转岗不再从事采编岗位人员的记者证。同时，根据国家新闻出版署要求开展年度核验工作，严格开展总社及下属单位的自查工作，266 名持证人员均符合法定持证许可条件，未发现或收到举报关于持证人员违法违规的情况。

（四）开展员工教育培训

把深入学习贯彻习近平新时代中国特色社会主义思想作为培训工作首要任务，

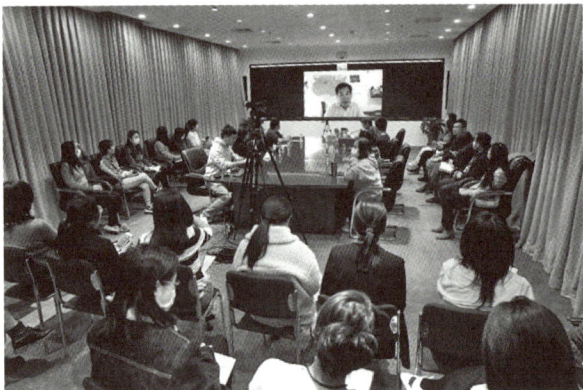

中国日报社举办"提升对外传播能力"专题培训讲座

组织新入职员工开展习近平新时代中国特色社会主义思想专题学习，组织党员干部开展党的十九届五中全会精神专题培训。加强马克思主义新闻观培训，围绕党的宣传政策、决战脱贫攻坚、抗击新冠肺炎疫情等开展讲座，增强分析研判能力。分类分级开展全媒体技能培训，累计培训1200余人次，提高人才队伍专业能力和综合素质。

十、合法经营责任

（一）严格遵守法律法规和有关规定

严格遵守相关法律法规、部门规章和规范性文件等，认真履行合法经营职责。建立经营工作联席会议机制，加强经营管理，不断完善内部规章制度，确保经营行为合法规范。

（二）严格执行采编经营"两分开"

严格遵守《新闻单位驻地方机构管理办法（试行）》等相关法律法规，严禁采编经营不分，制定和实施多项社内规章制度，严格做到采编经营"两分开"，规范开展经营活动。

（三）不刊播违法违规广告

认真遵照广告法和《广告管理条例》《互联网广告管理暂行办法》等法律法规，

规范广告刊播行为，并在广告销售、文章编撰、版面制作等各个环节加强审核把关，将政治安全、社会效益放在首位，确保广告经营安全、合法、合规。

十一、后记

2020 年，中国日报不断强化使命担当，积极认真履行媒体职责，全年未被行政管理部门或行业组织作出行政处理、通报批评。但与此同时，仍有一些不足需要改进提高：

一是加快推动媒体深度融合发展。中国日报在深化体制机制改革、加强内容建设、强化技术支撑、全媒体人才培养等方面仍有较大提升空间。中国日报将进一步增强责任感、使命感，加快构建全媒体传播格局，当好主力军，全面挺进主战场。

二是进一步提高国际传播能力。在提高国际话语权方面，中国日报将坚持稳中求进、守正创新，加快构建中国话语和叙事体系，全面提升国际传播效能，提高国际传播影响力、中华文化感召力、中国形象亲和力、中国话语说服力、国际舆论引导力。

中央广播电视总台

社会责任报告

一、前言

（一）媒体概况

中央广播电视总台（China Media Group，简称 CMG），以原中央电视台（中国国际电视台）、中央人民广播电台、中国国际广播电台为基础组建，于 2018 年 4 月 19 日正式挂牌，是世界上规模最大的综合性传媒集团之一。

中央广播电视总台标识

（二）社会责任理念

中央广播电视总台始终坚持以习近平新时代中国特色社会主义思想统领一切工作，增强"四个意识"、坚定"四个自信"、做到"两个维护"，自觉承担举旗帜、聚民心、育新人、兴文化、展形象使命任务。聚焦聚力服务党和国家工作大局，有力有效履行主流媒体职责使命，在守正创新中不断巩固壮大主流思想舆论阵地。

（三）获奖情况

2020 年度，在中国新闻奖、中国广播电视大奖广播电视节目奖、中国电视剧"飞天奖"、全国电视文艺"星光奖"等 10 个重点奖项评选中，中央广播电视总台 113 件作品获奖。总台人员获得长江韬奋奖（长江系列）、全国先进工作者、全国三八红旗手、全国抗击新冠肺炎疫情先进个人、全国脱贫攻坚先进个人等奖励和表彰。

中央广播电视总台获得第三十届中国新闻奖的作品

奖次	项目	题目
特别奖	电视新闻专题	《我们走在大路上》
	页（界）面设计	《走向伟大复兴》
一等奖	新闻名专栏	《新闻联播》
	新闻名专栏	《新闻晚高峰》
	电视消息	《习近平出席庆祝人民海军成立 70 周年海上阅兵活动》
	电视访谈	《任正非：时下的华为》
	电视直播	《庆祝中华人民共和国成立 70 周年大会、阅兵式、群众游行特别报道》
	广播专题	《神秘"曹园"》
	广播访谈	《生死雷场　青春英雄》
	广播编排	《天下财经》2019 年 10 月 24 日
	短视频现场新闻	《【独家 V 观】习近平看望"快递小哥"》
	国际传播	《中国新疆　反恐前沿》（英文）
	国际传播	《新中国成立 70 周年庆典隆重举行　习近平强调　没有任何力量能够阻挡中国前进的步伐》（俄文）

二、政治责任

中央广播电视总台始终旗帜鲜明讲政治，忠诚履行党的意识形态重镇职责使命，牢牢把握正确政治方向、舆论导向、价值取向，把讲政治讲导向贯穿节目创作全过程、覆盖到全媒体多终端。

（一）政治方向

1. "头条工程"全面发力，持续宣传阐释习近平新时代中国特色社会主义思想。

创新时政报道。2020 年,《新闻联播》播发习近平总书记时政新闻 490 条, 推出"在习近平新时代中国特色社会主义思想指引下——育新机　开新局"等专栏。总台全网置顶时政特稿 1073 篇、时政微视频 290 条。创新推出《时政微周刊——总书记的一周》《时政现场说》《鉴往知来》《热解读》《天天学习》等时政特稿品牌, 生动讲好习近平总书记治国理政、管党治党、爱民为民的故事。

《新闻联播》专栏"在习近平新时代中国特色社会主义思想指引下——育新机　开新局"(央视综合频道 2020 年 5 月 31 日)

深入宣传阐释党的创新理论。《央视快评》《国际锐评》《玉渊谭天》《海峡时评》《大湾区之声热评》等评论言论品牌, 深入阐释习近平新时代中国特色社会主义思想和重要论述。《主播说联播》《联播 +》《时政新闻眼》等融媒体产品, 突出年轻态、生动化表达。央视新闻客户端融媒体频道《传习录》全新升级, 央视网初步建成国

《主播说联播》(央视新闻客户端 2020 年 12 月 30 日)

内最大的智能化领袖报道素材数据库"I 学习"。

做好大国领袖思想风范和人格魅力国际传播。发挥总台 44 种语言对外传播平台优势, "一国一策"传播好习近平总书记治国理政的生动故事和重要思想, 创新推出时政微视频《习时刻》《习近平治国方略: 中国这五年》等多语种对外传播精品。

2. 战"疫"报道尽锐出战, 为打赢疫情防控阻击战提供强大舆论支撑。新冠肺炎疫情发生后, 总台前后方共投入 5500 多人的采编播力量, 先后派出 216 人报道团队深入湖北防控一线。多平台发布疫情报道超 110 万篇次, 超过 2200 家国际主流媒体持续引用转发总台疫情防控报道, 多项数据刷新海内外传播纪录。推出《总

纪录片《同心战"疫"》（央视综合频道 2020 年 9 月 2 日）

书记指挥这场人民战争》《同心战"疫"》《共同战"疫"》《战疫情》《武汉战疫纪》《最美逆行者》《天使日记》等一大批精品力作，营造万众一心、众志成城的浓厚舆论氛围。

3. 重大主题宣传浓墨重彩，唱响爱党爱国爱社会主义的时代主旋律。圆满完成党的十九届五中全会、全国两会、庆祝深圳经济特区建立 40 周年、庆祝浦东开发开放 30 周年、第三届中国国际进口博览会等重大宣传报道，为夺取疫情防控与经济社会发展双胜利提供强大舆论支持，有力有效服务党和国家工作大局。

唱响决胜全面小康、决战脱贫攻坚的昂扬旋律。推出《为了总书记的嘱托——习近平总书记调研指导过的 24 个贫困村脱贫纪实》《决战脱贫在今朝》《遍地英雄下夕烟——致敬脱贫攻坚的人们》等节目，开展"走向我们的小康生活""坐着高铁看中国"等主题报道，生动呈现全面建成小康社会、打赢脱贫攻坚战的历史性成就，积极营造讴歌伟大时代、礼赞伟大时代的浓厚氛围。

弘扬伟大抗美援朝精神，激发奋进新征程力量。"纪念中国人民志愿军抗美援朝出国作战 70 周年大会"直播在总台自有平台跨媒体传播总触达 6.5 亿人次，习近平总书记重要讲话微视频总阅读量超 20 亿。集中推出《英雄儿女》《为了和平》《抗美援朝保家卫国》3 部纪录片和《英雄儿女——纪念中国人民志愿军抗美援朝出国作战 70

专题片《为了总书记的嘱托》（央视综合频道 2020 年 10 月 25 日）

纪录片《英雄儿女》（央视综合频道 2020 年 10 月 21 日）

周年文艺晚会》，触达受众超 19 亿人次。

（二）舆论引导

1. 聚焦社会热点，有效引导舆论。立体呈现经济社会发展成就。把握稳中求进工作总基调，聚焦做好"六稳"工作、落实"六保"任务，推出《复工复产进行时》《促消费稳增长》《数据看趋势》《面对双循环》《2020 央视财经论坛》等系列报道、专题节目和品牌活动，全方位多角度反映我国在疫情防控常态化形势下推进经济社会发展的积极举措和显著成效，唱响中国经济光明论。

稳妥做好突发事件报道。在浙江温岭 G15 沈海高速槽罐车爆炸事故、甘肃兰州布鲁氏菌抗体阳性事件、云南昆明学生李心草坠江死亡案等突发事件报道中，总台记者第一时间赶赴现场，及时播发独家新闻和调查报道，尊重公众知情权，用事实解疑释惑，有效引导舆论。

2. 紧贴受众需求，注重改进创新。坚持以效果论英雄，充分运用融合传播手段，改进叙事方式和话语表达。央视新闻新媒体拓展"正直播"业态，全面覆盖国内外热点新闻；推出新媒体栏目《相对论》，选取热点议题进行深度访谈。国庆前后，央视频推出"向国旗云致敬"系列新媒体直播，吸引广大用户互动参与，激发爱国情感。

（三）舆论监督

1. 突出建设性舆论监督。坚持问题导向，着眼于解决实际问题、促进改革发展、维护社会稳定而履行监督职能。央视新闻频道《焦点访谈》《新闻调查》《新闻1+1》、中国之声《新闻纵横》等栏目敏锐捕捉典型问题，播出《禁渔令下禁渔难》《明修雨管　暗排污水》《扫黑拔伞》《河南南阳要占万亩基本农田建养猪场，岂能如此"拆东墙补西墙"？》等调查报道，产生强烈社会反响，推动报道问题妥善解决。

2. 实现舆论监督常态化。充分发挥主流媒体参与社会治理的职责，实现舆论监督常态化。"3·15"晚会在维护消费者合法权益和市场公平竞争的同时，积极引导市场秩序建设、提振消费信心。央视新闻频道《每周质量报告》、财经频道《经济半小时》等栏目持续开展深度调查，《"天价搬家费"调查》《警惕！暗藏玄机的融资合同》等节目受到全社会广泛关注。

（四）对外传播

1. 大力增强国际传播能力，展示真实立体全面的中国。

积极拓展国际传播网络。充分发挥 CGTN（中国国际电视台）、国际视频通讯社、44 种语言对外传播平台以及海外记者站等综合优势，形成总台国际传播强大合力。总台新媒体集群海外影响力持续提升，CGTN 新媒体全平台粉丝量超过 1.9 亿。成功举办"2020 '拉美伙伴' 媒体合作云论坛""2020 '欧洲伙伴' 媒体合作云论坛""2020 丝绸之路电视国际合作共同体高峰论坛"等多边媒体峰会，与 30 余家国际主流媒体机构共同发布"加强媒体合作联合声明"，引发海内外热烈反响。

以攻为守做好舆论斗争。面对美西方反华势力就涉香港、涉新冠肺炎疫情、涉新疆等问题的无端指责和造谣抹黑，鲜明阐释中国立场，有力有效传播中国声音，积极营造于我有利的国际舆论氛围。《国际锐评》全年发布评论 400 多篇，聚焦国内外热点议题，主动出击、敢于亮剑。《大湾区之声热评》《海峡时评》被境内外媒体广泛转载引用，专题片《另一个香港》《感动中国　情满香江》引发国际社会广泛关注。纪录片《巍巍天山——中国新疆反恐记忆》覆盖全球 213 个国家和地区的受众，融媒体报道《雪域路书——网红背包客西藏行》触达海外受众超 5.29 亿。

专题片《感动中国　情满香江》(央视中文国际频道 2020 年 7 月 4 日)

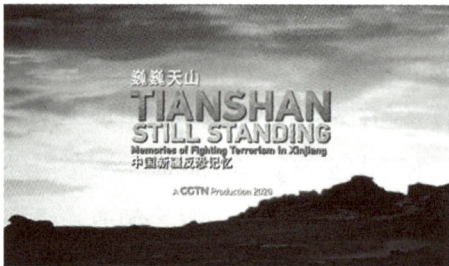

纪录片《巍巍天山——中国新疆反恐记忆》
（CGTN 2020 年 6 月 19 日）

有针对性地开展好感传播。"一国一策"精准传播，根据对象国受众特点精心设置话题，推出多样化融媒体产品。截至 2020 年年底，打造多语种网红工作室 61 个、网红主播 121 名，英语"刘欣工作室"、法语"独具姜心工作室"和阿拉伯语"一千零一日工作室"等在对象国和国际舆论场具有较高知名度和影响力。

2. 深化媒体合作，促进文化交流。

推动中国文化走出去。与国际主流媒体联合制作推出《互信半世纪　越来越"中意"——献给中意建交五十周年》《中国的宝藏》《野性四季：珍稀野生动物在中国》《中国故事之飞向月球》《乘火车看中国》等纪录片。与路透社联合推出《中国财经视频专线》新闻栏目，与多国主流媒体常态化合办《中国故事》《聚焦中国》等节目，向海外受众生动讲述中国故事。

促进世界文明交流互鉴。精心制作《从长安到罗马》《中国缘·法国行》《世界上的另一个我》等纪录片，以国际视野、双向视角，展现东西方文明的交融互鉴。《变迁中的非洲部落》《魅力纳米比亚》《魅力塞尔维亚》等纪录片，展示相关国家自然风光、社会人文历史。央视纪录频道开辟《寰宇视野》时段，展播全球优秀纪录片。

纪录片《互信半世纪 越来越"中意"——献给中意建交五十周年》（央视中文国际频道2020年12月26日）

纪录片《中国的宝藏》（央视纪录频道2020年1月10日）

三、阵地建设责任

全面挺进互联网主战场，全力推进资源整合、深度融合、流程再造。建设好运用好新媒体新平台，奋力打造具有强大引领力、传播力、影响力的国际一流新型主流媒体。

（一）融媒体矩阵

构建覆盖新媒体、电视、广播的全媒体传播体系。央视频客户端累计下载量2.5亿次，单日活跃用户数最高近千万。央视新闻注册用户1.25亿，全年日均新增用户数3万。2020年3月，云听客户端上线，用户规模达3000万。财经、文艺、体育、少儿等垂直客户端及新媒体账号集群，在专业领域的影响力不断上升。"中俄头条"等多语种客户端和海外社交媒体账号矩阵，增强国际传播新媒体布局。

（二）融媒体报道

重大主题宣传报道彰显融合传播优势。抗疫报道中，总台"云直播""云招聘"等产品全网刷屏，连续 73 天推出直播节目《共同战"疫"》全网累计观看量达 74.75 亿，微博话题"共同战'疫'"阅读量达 108 亿次。两会期间，央视新闻客户端相关产品全网点击量达 6 亿次，推出全国首个时事 AI 产品《对答如流·两会"智"通车》。总台《2020 年春节联欢晚会》首次实现 VR 全景直播，首次推出多种语言版本《2020 春晚》4K 大电影。

（三）融合采编平台建设

积极构建"5G+4K/8K+AI"战略格局，扎实推进 5G 媒体实验室、超高清视音频制播呈现国家重点实验室、超高清制播示范平台、"科技冬奥"等重大项目建设。成功实现我国首次"5G+8K"实时传输和快速编辑集成制作，首次实现全球万米深潜 4K 超高清信号直播传送，首次通过 5G 技术直播珠峰登顶画面。5G 新媒体平台完成建设，新媒体集成发布平台、央视频视频中台、数据中台、AI 中台和数据中心底座全面投产。

四、服务责任

（一）信息服务

准确播出政务信息，及时传递党的声音。新闻栏目、财经类节目持续关注各级政府部门出台的政策举措，报道各项惠民便民措施的落地实效和积极影响。农业农村频道、中国乡村之声频率和"央视三农"融媒体平台协同联动，打造传播"三农"政策的权威平台、助力脱贫攻坚的资讯平台。

提供生活信息服务，满足百姓日常需求。新闻类频道频率在公共假期开设"假日服务台"板块，及时发布交通出行、天气预报、旅游指南等信息。《生活圈》《健康之路》《消费主张》等栏目节目，为受众提供日常生活信息。《律师来了》《心理访谈》等栏目，帮助群众解答法律、心理方面的困惑。

（二）社会服务

搭建民生服务平台。央视新闻客户端设置网络征集意见入口《规划"十四五"请你来建言》，搭建百姓与政府的连心桥。公益寻人节目《等着我》搭建全媒体服务平台，已帮助 1 万余人实现团圆梦。《今日说法》打造线上公益法律咨询平台，《法律讲堂》举行"全国律师咨询日公益咨询活动"，回答民众生活中遇到的法律问题。

开展公共智库服务。组织召开新型中美关系背景下中美关系与舆论引导专家座谈会等活动，为做好新形势下国际传播提供智力支持。CGTN 智库联合 7 家国际智库，共同举办"联合国 2030 年可持续发展目标与中国减贫经验"线上研讨会，来自 39 个国家和地区的约 140 名前政要、学者参与。

（三）公益活动

精心制播公益广告。围绕"国家勋章和国家荣誉称号获得者""抗击新冠肺炎疫情""时代楷模""脱贫攻坚"等主题，创作公益广告近 300 支，在总台重点频道频率播出 40 余万次。

创新开展公益行动。启动总额达 31 亿元的总台"品牌强国工程"援鄂抗疫公益行动。大型线上招聘"国聘行动"累计吸引超过 3 万家企事业单位参与，提供职位 260 多万个。启动"搭把手·拉一把""谢谢你为湖北拼单""消费季"等系列活动，"直播带货"公益活动累计销售额近百亿元。

总台向喜德县捐赠融媒体设备和文化用品
（2020 年 11 月 27 日）

《大手牵小手——牵手喜德小朋友》（央视少儿频道 2020 年 10 月 19 日）

积极助力乡村振兴。持续开展"广告精准扶贫"，累计播出 106 个扶贫产品广告，惠及 387 万贫困户、1478 万贫困人口。定点帮扶四川省凉山彝族自治州喜德县，累计投入帮扶资金 1.3 亿元，引入帮扶资金 1750 万元，帮助凉山州销售农产品 1935 万元，培训喜德县基层干部和技术人员 908 名。

五、人文关怀责任

中央广播电视总台始终坚持把人民群众作为报道主体。不断深化走基层、转作风、改文风，增强脚力、眼力、脑力、笔力，关注百姓生活，守望公平正义，传递积极向上的社会正能量。

（一）接地气暖人心，关注民生话题

围绕就业、医疗、教育、养老、未成年人保护等民生话题，央视新闻频道播出《走向我们的小康生活》等系列报道，财经频道《中国经济生活大调查》发布"中国美好生活指数"及"中国十大美好生活城市"，多角度反映全国各族人民的获得感、幸福感。

系列报道《走向我们的小康生活》（央视新闻频道 2020 年 9 月 20 日）

央视少儿频道、央广老年之声频率、民族语言广播等平台服务特定受众，关照少数民族群众、妇女、儿童、老年人等群体的现实生活和精神世界。《法治深壹度》《热线12》等栏目普及法律知识、维护弱势群体合

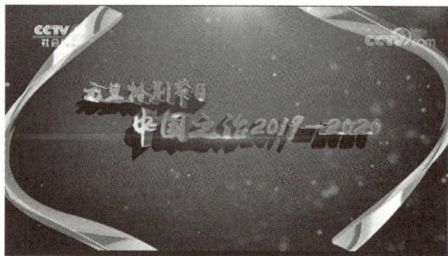

《中国之治 2019—2020》（央视社会与法频道 2020 年 1 月 1 日）

法权益，倡导形成和谐关爱的社会氛围。

（二）守底线有分寸，稳妥报道灾难事故

在突发灾难和事故报道中，总台及时发布权威信息，迅速跟进最新动态，稳妥把握报道分寸，有效引导社会舆论。

（三）有态度有温度，传递积极正能量以人为本

《新闻联播》推出《新春走基层·脱贫攻坚一线见闻》专栏，呈现全国各地为打赢脱贫攻坚战开展的丰富实践。央视综合频道播出的《一路有你》，新闻频道推出的《人间浪漫》《遇见你》等专题报道，财经频道播出的《众人拾柴　托起大学梦》《爱心支教：滇西北13年的坚守》等节目，讲述普通人努力追梦的故事，展现互助友爱的社会温情。

专题报道《人间浪漫》（央视新闻频道 2020 年 11 月 21 日）

专题报道《遇见你》（央视新闻频道 2020 年 12 月 7 日）

六、文化责任

（一）弘扬和践行社会主义核心价值观

以爱国主义为核心，大力弘扬英雄精神。《时代楷模发布厅》围绕抗疫、抗美援朝、脱贫攻坚等主题，推出《致敬！时代楷模抗疫英雄》《英雄的人民　人民的英雄》等特别节目，生动阐释社会主义核心价值观的真实印记和时代精神。总台"最美系列"节目聚焦教师、大学生、医生、支边人物、科技工作者中的榜样人

《时代楷模发布厅》(央视综合频道 2020 年 9 月 23 日）

《故事里的中国》(央视综合频道 2020 年 11 月 21 日）

物。《故事里的中国》(第二季）融合戏剧、综艺、影视等艺术手法，创新演绎黄文秀、钟南山、张定宇、南仁东的感人故事。《开讲啦》邀请各领域榜样人物作为演讲嘉宾，以奋斗故事展现时代精神，激发青年群体奉献精神和爱国之志。

以奋斗为基色，生动诠释"中国梦"。《中国梦·劳动美——致敬劳动者五一特别节目》《唱响新时代》等节目，用文艺形式向劳动者献上节日问候与祝福。《谷文昌》《花繁叶茂》《最美的乡村》《一诺无悔》等电视剧，以改革、脱贫、创新等为主题，塑造了鲜活感人的建设者群像，努力实现中国梦的具象化表达。

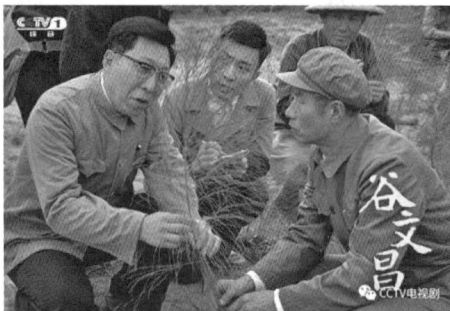

电视剧《谷文昌》(央视综合频道 2020 年 3 月 1 日）

电视剧《花繁叶茂》(央视综合频道 2020 年 5 月 11 日）

家风主题系列剧《家道颖颖之等着我》(央视综合频道 2020 年 2 月 15 日）

以和谐为主题，倡导时代新风。家风主题系列剧《家道颖颖之等着我》聚焦习近平总书记关于"注重家庭、注重家教、注重家风"的重要论述，打造"电视剧＋网络剧＋衍生电影"的融屏产品，传播在世代传承中坚守初心，在家庭守望中践行承诺的故事。电视剧《幸福敲了两次门》

《有你才有家》倡导家庭和睦，综艺节目《走在回家的路上》《你好生活》探寻生活意义，得到观众积极反馈。

（二）传承弘扬中华优秀传统文化

弘扬中华优秀传统文化，凸显家国情怀。在春节、元宵、清明、端午、中秋、重阳等传统节日推出精品节目和特别编排。《春节联欢晚会》《网络春晚》《春节戏曲晚会》《元宵晚会》《中秋晚会》等大型晚会，《端午道安康》《岁岁又重阳》《天下有情人》《传奇中国节》等特别节目，展现中华文化的深厚底蕴，增进中华儿女的认同感和凝聚力。《2020 年春节联欢晚会》海内外观众总规模达 12.32 亿人，刷新了跨媒体传播纪录。

强化时代表达，吸引年轻群体。持续打造《中国诗词大会》《经典咏流传》《国家宝藏》《中国地名大会》《记住乡愁》等精品文化节目，策划制作《福州古厝》《我在故宫六百年》《如果国宝会说话》（第三季）等纪录片，全新推出《衣尚中国》《上线吧！华彩少年》《典藏》等节目，用年轻化表达激活传统文化生命力。

2020 年春节联欢晚会（央视综合频道 2020 年 1 月 24 日）

主办影视节展，开展文化活动。圆满完成北京国际电影节、上海国际电影节 / 电视节、长春电影节、中国国际动漫节、海南岛国际电影节的组织和宣传报道工作，有力提振国内外影视界信心。总台文艺小分队赴基层开展《2020"我们的中国梦"文

2020 年中秋晚会（央视中文国际频道 2020 年 10 月 1 日）

化进万家——"心连心"慰问演出》，把优秀文化送到百姓家门口。

（三）推动提升科学素养

报道科技创新。围绕北斗三号全球卫星导航系统建成暨开通仪式、我国首次火星探测任务"天问一号"、"嫦娥五号"发射、"奋斗者"号万米深潜、珠峰高程测

量等主题开展全媒体报道，运用现场直播、专家访谈、动画演示、新闻短片等形式，报道解读我国科技创新的重要意义和最新成就。

普及科学知识。《Hi，火星》《天宫建造》《飞吧　嫦娥》《北斗》等科学纪录片，生动形象普及科学知识。央视科教频道《人物·故事》《透视新科技》《创新进行时》等栏目，推出《把论文写在祖国大地上》《科技助力脱贫》《因地制宜　科技助富》等报道，多角度讲述科技助力脱贫攻坚的故事。

特别节目《嫦娥揽月》(央视新闻频道 2020 年 11 月 24 日)

特别节目《逐梦深蓝　勇往直"潜"》(央视新闻频道 2020 年 11 月 10 日)

七、安全责任

实现全年安全播出。2020 年，中央广播电视总台广播电视总播出时间达 90 万余小时，安全播出可用度创历史最高水平，全年未发生网络安全重大事故，有效保障了各项宣传报道任务的圆满完成。

完善安全播出制度。严格落实意识形态工作责任制，完善意识形态风险预警研判机制、节目监看监听机制、播后舆情监测处置机制，严格执行"三审三校""重播重审"制度，确保导向正确、播出安全。发布《中央广播电视总台网络安全事件应急预案（试行）》，设立总台网络安全统一监测平台。

增强应急处理能力。全面构建安全基础保障体系，不断增强对突发事件的应急处理能力。针对系统设备、人员管理、操作流程等方面存在的隐患风险，制定规范详细、操作性强的应急处理流程，确保安全播出。

八、道德责任

（一）遵守职业规范

强化政治机关意识，锻造"新闻铁军"。全台组织学习《中国新闻工作者职业道德准则》，制定《播音员主持人管理办法》等管理制度。加强从业人员管理，坚持新闻真实性原则，坚决杜绝有偿新闻，自觉抵制低俗庸俗媚俗。重视原创版权保护工作，完善版权使用管理制度，持续开展版权保护专项行动。

（二）维护社会公德

播出《宪法的精神　法治的力量——2020 年度法治人物颁奖礼》《中国司法》等节目，彰显法治精神，弘扬社会正气。《2020 善行中国》《道德观察》等节目传递善行善意，维护社会公序良俗。

《宪法的精神　法治的力量——2020 年度法治人物颁奖礼》（央视社会与法频道 2020 年 12 月 4 日）

（三）接受社会监督

总台加强与受众互动，通过采集网上受众反馈、线上开展海外受众互动、设立受众服务邮箱、组织热心受众评议反馈等多种形式，主动收集国内外受众对总台节目的意见建议。严格遵守新闻采访规范，除特殊拍摄采访外，做到外出采访出示合法有效的新闻记者证。

融媒体直播《2020 善行中国》（央视社会与法频道 2020 年 9 月 5 日）

九、保障权益责任

（一）保障从业人员合法权益

支持保护开展正常的采编活动。严格执行国家社会保障政策，规范管理各项社会保险。做好驻外员工、驻战乱地区意外伤害及紧急救援等商业保险服务，增强员工风险防控能力。

（二）保障从业人员薪酬福利

规范签署劳动合同，保障员工合法权益。完善薪酬制度，坚持公平合理、有效激励、多劳多得的原则，薪酬分配向一线和高层次人才倾斜。建立总台慰问补助金机制，制定企业年金方案，提升福利保障水平。

（三）规范新闻记者证管理

严格按照国家新闻出版署要求开展新闻记者证申领（换发）工作。2020 年为总台 6800 名新闻采编人员申领（换发）新版新闻记者证，为 30 名离职、退休人员及时办理记者证注销手续。

（四）开展员工教育培训

围绕强化政治素养、提升业务技能，开展各类专题培训。举办总台首期年轻干部素质能力提升专题培训班，打造总台网络课堂学习平台。2020 年，总台 10 万余人次参加线上线下培训，累计完成学习时长近 15 万学时。

十、合法经营责任

规范经营行为，严格遵守有关法律法规，做到采编经营"两分开"。坚决落实"广告宣传也要讲导向"，修订完善总台《广告审查管理规定》《广告审查暂行标准》等规定，不刊播违法违规广告。对重要时间节点播出的广告进行拉网式排查，确保播出安全。禁播涉及官方曝光的违法违规企业和产品，以及有政治立场问题、负面新闻、作风问题的明星艺人广告。

十一、后记

（一）回应

针对2019年在精品节目生产、融合发展、国际传播等方面存在的某些不足，总台持续深化"三个转变"，加快推动高质量发展。创新宣传报道形式、手段，不断提升正面报道吸引力、感染力。聚焦"两个有所提高"，接连推出《故事里的中国》（第二季）、《国家宝藏》（第三季）、《衣尚中国》等精品节目。推进媒体深度融合发展，全力推进从传统广播电视媒体向国际一流全媒体机构转型。加强国际传播能力建设，赢得海外受众广泛认同。

（二）不足

自有新媒体平台的用户规模、竞争力有待进一步提高。现象级节目和产品还不够丰富。新技术自主研发和创新应用方面还有短板。扩大国际传播的创新手段方法还不够多。

（三）改进

紧紧围绕深入学习宣传贯彻习近平新时代中国特色社会主义思想，以最高标准、最优质量、最佳效果深化提升"头条工程"，推动习近平新时代中国特色社会主义思想"飞入寻常百姓家"、中国声音广泛传播。

紧紧围绕庆祝中国共产党成立 100 周年重大主题，积极营造共庆百年华诞、共创历史伟业的浓厚氛围。

紧紧围绕加强国际传播能力建设，奋力提升总台在国际舆论场上的地位和份额。

紧紧围绕奋力打造具有强大引领力、传播力、影响力的国际一流新型主流媒体，着力推动总台高质量发展取得更大成效。

光明日报

社会责任报告

一、前言

（一）媒体概况

光明日报（Guangming Daily）1949 年 6 月 16 日创刊于北平，是新中国成立前夕、经中共中央批准、由中国民主同盟创办的全国性日报。从 1953 年 1 月开始，光明日报改组为由各民主党派与全国工商联共同主办，后来隶属关系几经变迁。如今，光明日报是中共中央主管主办，主要面向广大知识分子的一张全国性综合性思想文化大报。

截至 2020 年年底，光明日报社共有在职职工 1086 人；现有 59 个记者站，遍及中国各省、自治区、直辖市以及美、英、德、俄、日等 22 个国家。光明日报社内设机构编辑记者 370 多名，其中，具有高级职称的占 46.55%，大学本科以上学历的占 99.43%。

（二）社会责任理念

光明日报积极宣传党的理论和路线方针政策，积极宣传中央重大决策部署，立足知识界、面向全社会，坚持与真理同行、与时代同步，团结、联系、引导、服务知识界，激励广大知识分子为社会主义各领域建设、改革开放、社会发展进步多作贡献，努力建成"知识分子的精神家园"，在政治建设、理论创新、道德引领、教育启迪、文化传播、科学普及等诸多领域发挥重要作用。

（三）获奖情况

新闻类奖项：获第三十届中国新闻奖 8 项，获第三十二届中国经济新闻奖 4 项，

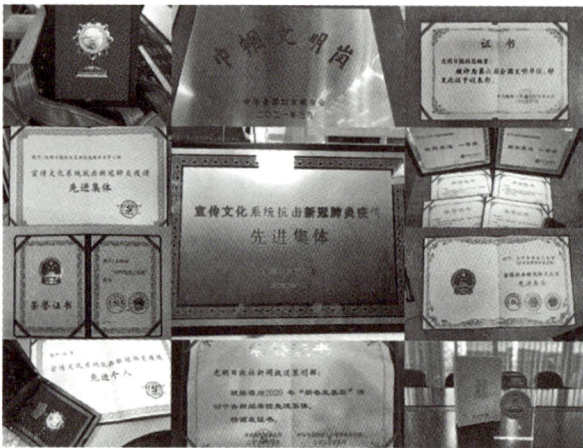

2020 年光明日报部分获奖情况

获 2019 年全国报纸副刊年度精品一等奖 1 项。

组织类奖项：全国抗击新冠肺炎疫情先进集体、宣传文化系统抗击新冠肺炎疫情先进集体、"新春走基层"活动中央新闻单位先进集体、2020 年争做中国好网民工程先进单位、全国报社媒体融合技术创新优秀企业、全国巾帼文明岗等。

个人类奖项：全国抗击新冠肺炎疫情先进个人、宣传文化系统抗击新冠肺炎疫情先进个人、中央和国家机关三八红旗手、2020 年中央和国家机关脱贫攻坚优秀个人、全国优秀共青团员、2020 年度全国学雷锋志愿服务"四个 100"先进典型暨百名疫情防控最美志愿者、2020 年度全国广播电视和网络视听行业青年创新人才等。

二、政治责任

（一）牢牢把握正确政治方向、舆论导向、价值取向，大力传播习近平新时代中国特色社会主义思想

光明日报深入学习宣传贯彻习近平新时代中国特色社会主义思想，不忘初心、牢记使命，坚持高举中国特色社会主义伟大旗帜，引领导向，围绕中心，服务大局，围绕习近平总书记在全国两会、党的十九届五中全会、中国国际进口博览会、中央农村工作会议等重要场合及会议上发表的重要讲话，围绕习近平总书记关于疫情防控、复工复产、脱贫攻坚等方面的重要指示，做好阐释宣传工作。

（二）在重大主题宣传报道中，特色产品常出精品，回应社会关切，引导社会舆论

面对突如其来的新冠肺炎疫情，光明日报在报社编委会的领导下，第一时间派出一线报道组奔赴武汉，协调报社百余位编辑记者参与稿件采写、编辑、组版工作，推出数百篇文字稿和数千个新媒体产品，特色产品常出精品。围绕习近平总书记重要讲话精神和中央关于疫情防控的最新指示，光明日报发挥"观点立报、观点立端"的传统，先后推出近百篇本报一版评论员文章和800余篇新媒体评论；成立抗疫报告文学小组，策划推出20篇报告文学，仅在光明日报"两微一端"上的阅读量就达1052万次；盘活名家、大家资源，展开理论与学术阐释。

"武汉闯关"系列报道

针对脱贫攻坚这一贯穿全年的重大宣传任务，光明日报前后制定了数十个相关方案，涉及十余个专题专栏、数百篇相关稿件。《红船初心》与《学习贯彻习近平新时代中国特色社会主义思想》专刊双版联动，推出"脱贫攻坚·东西部扶贫协作"系列专题，多篇文章被"学习强国"学习平台转载。紧密关注脱贫攻坚文艺创作，推出"脱贫攻坚，文学在鼓劲在记录"等专题报道，为脱贫攻坚题材文艺创作鼓与呼。开设"伟大壮举·扶贫印记"图文专栏，生动记录脱贫攻坚一线涌现的典型事件和人物，讲好脱贫故事。

"脱贫攻坚·东西部扶贫协作"系列专题

（三）搭建对外传播平台，及时澄清谣言谬误，还原事实真相，讲好中国故事，传播好中国声音

全年共推出54期《人类命运共同体·疫情将如何改变世界》专刊，邀请约90

《人类命运共同体·疫情将如何改变世界》专刊

位有影响力的外国政界、经济界、学术界、重要国际组织、知名跨国企业人士撰文或对话，充分而鲜明地肯定中国抗疫中的主动作为和有效成果，批评美国抗疫不力、抹黑"甩锅"中国、退群世卫组织等行径。专刊在知识界反响强烈，仅光明日报网微端号等新媒体平台点击浏览量即超过 2.9 亿次。相关文章通过光明网英文频道、海外社交媒体平台开展对外传播。多国驻华使领馆、通讯社等积极推荐转发。

三、阵地建设责任

（一）因势而谋、应势而动、顺势而为，不断壮大自身融媒体矩阵

2020 年，光明日报微博粉丝净增约 100 万，达到原创话题登上全国热搜榜 48 次，多个栏目阅读量过亿；光明日报微信阅读量持续攀升，平均每篇阅读量超过 5 万次，日均浏览量超过 100 万次；2020 年 1 月，微信视频号开通，全年产出 479 个 10 万 +，145 个 100 万 +，和光明日报抖音号一样，进入全国前三名；新版客户端正式上线，客户端累计下载量近 8000 万次；开设 B 站账号，粉丝量 33 万，日均播放量 20 万次。

光明网微博粉丝量 1865.9 万，光明网微信粉丝量 256.4 万，光明网抖音号粉丝量 1106.1 万；由光明网负责建设的光明日报脸书粉丝量 486 万，光明网脸书粉丝量 199 万，光明日报推特粉丝量 23.6 万。

（二）融媒体报道贯穿全程，报道影响力持续攀升

疫情防控期间，光明日报打造出《中国文化与全球抗疫》《90 后，到！》《北

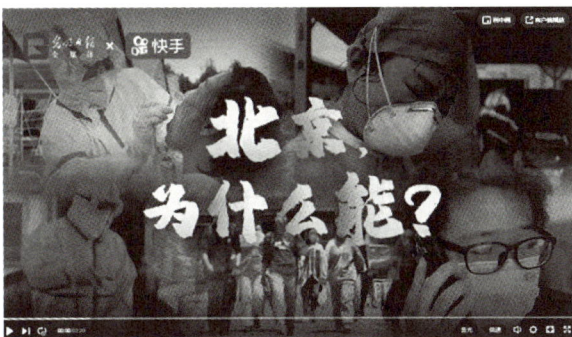

视频作品《北京，为什么能？》

2020 年 5 月 21 日，"光小明的两会文化茶座"音视频专栏上线

京，为什么能？》等播放量过亿的爆款视频。全国两会期间，光明网推出云访谈、有声漫画、音视频、直播、图解、动画、VR 全景、图片、原创评论解读文章等多形式融媒体报道精品 660 余篇；通过微博、微信、抖音、今日头条、百度、UC 等渠道推送两会稿件 8400 余篇；各平台两会相关报道总浏览量达 6.6 亿次。

（三）加快媒体融合采编平台建设，新闻采编全媒体运作、全终端覆盖、全方位服务

启动"光明日报客户端 4.0 版升级及光明号开发"项目，不断汇聚知识领域优质内容，同时结合报社光明特色栏目内容，将知识界数据库、AR 电子报、4K 直播等功能，融入具有光明日报特色的新版界面中。

通过"大数据＋人工智能"双引擎驱动，为全媒体生产、发布、管理的各个环节提供全面的技术支持，研发自有产权的全媒体内容生产管理系统、新闻大数据智采系统、全网传播力监测系统、舆情监测分析系统，并统一融合为光明全媒体技术平台。

建设大型新闻图片库。光明图片库已有注册摄影师 2 万余人，图片存量 490 余万张，日均生产新闻图片约 1800 幅。

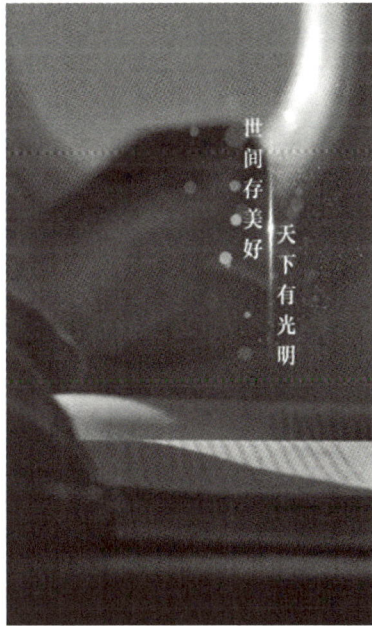

光明日报客户端 4.0 版本

四、服务责任

"问答民法典·以案说法"专栏

（一）及时准确报道政务、惠民信息，服务百姓日常生活信息需求，帮助群众解决实际困难

光明日报设立"问答民法典·以案说法"栏目，刊发稿件 50 余篇，以生动鲜活的案例、明白晓畅的解读将民法典价值理念娓娓道来。光明网探索"互联网＋科普"新模式，联合中国药学会和中国食品药品检定研究院开展"科学用药·科普扶贫"活动，输送科学用药知识，在产业扶贫的同时贯彻健康扶贫，做到扶贫同扶智相结合。

（二）组织开展"2020 企业校招光明大直播""2020 高校招生服务光明大直播"，为青年解难、为社会尽责

自 5 月 20 日开播以来，"2020 企业校招光明大直播"共播出 15 场，走进 14 家大型企业了解校招信息，并举办湖北毕业生招聘专场。近 20 所高校就业指导部门负责人在直播中提供就业指导建议，所有场次总观看量累计突破 2140 万次。

2020 年 5 月 27 日，"2020 企业校招光明大直播"举办湖北高校毕业生招聘专场

2020 年 7 月至 8 月，"2020 高校招生服务光明大直播"活动陆续走进全国 144 所高校，直播总时长约 1.8 万分钟，观看总量近 1.6 亿次。此活动已连续开展 4 年，2020 年受疫情防控影响，使用"移动云直播"新技术，结合无人机航拍、招生宣传短片插播等新形式丰富直播内容，并联

2020 年 7 月 3 日，"2020 高校招生服务光明大直播"首场直播走进北京协和医学院

合一直播、斗鱼、抖音、快手等 14 家平台进行推送，成为考生、家长获取权威招生信息，高校展示特色形象、优势专业的最佳选择。

（三）铭记责任使命，尽心尽力开展公益活动

2020 年，光明日报共刊出各类公益广告 104 次，合计 101.15 个版，其中彩色版 61.5 个版、黑白版 38.65 个版，广告价值共计 2500 余万元，涵盖抗击疫情、精准扶贫、珍惜粮食、时代楷模、绿色低碳等主题，超额完成公益广告刊出任务。

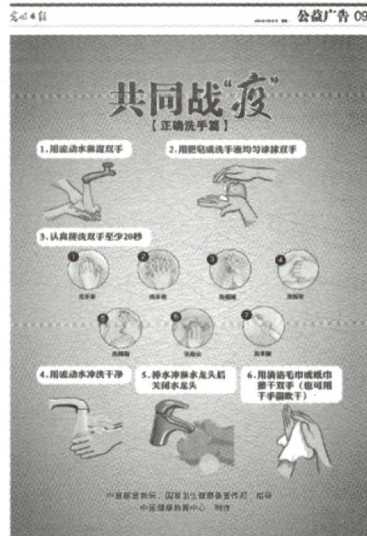

囊谦脱贫、共同战"疫"公益广告

"抗击疫情 | 心血管医生在行动　远程免费问诊公益活动"

疫情期间，光明网联合国家卫生健康委宣传司、北京市卫生健康委、武汉同济医院等抗疫一线部门和定点医院，推出"防疫主题情景剧"、"防疫路上　健康有我"防疫科普主题直播、"防疫科普"系列图解等健康科普报道 800 余篇；与中国心血管健康联盟等联合发起"抗击疫情 | 心血管医生在行动　远程免费问诊公益活动"，与中华医学会糖尿病学分会、39 健康网、今日头条共同主办"战疫控糖八日谈"在线义诊，为"宅"居家中的广大网友提供便民医疗咨询服务。

为进一步做好囊谦县定点帮扶工作，在编委会领导下，报社所有部门全员参与，先后派出 30 余人到囊谦调研，慰问贫困家庭 124 户，投入帮扶资金 736.11 万元，引进帮扶资金 171.5 万元，培训囊谦县基层干部 620 名、技术人员 322 名，资助贫困中小学生 254 名。

（四）组织慈善募捐，通过设立"光明助学金"为贫困学生解决现实困难

2016 年，光明日报社定点帮扶办公室在报社发布呼吁职工捐款资助囊谦贫困学生的倡议，得到编委会领导高度重视。在编委会的推动下，报社开始建立"光明助学金"，资助囊谦贫困学生。2020 年共资助中小学生 254 名，资助金额 41.25 万元。截至 2021 年，报社已连续 6 年对囊谦学生进行一对一帮扶，累计帮扶学生 1200 余人，资助金额 180 万元。现已有 33 名学生走出囊谦县，考入北京师范大学大兴分校、西宁三江源中学、四川七一中学、辽宁翔宇、玉树二高、玉树四高等学校。

五、人文关怀责任

（一）讲好普通百姓故事，就业、教育、养老等民生报道有声有色

就业是最大的民生。光明日报自觉与中央"全面强化稳就业举措"的指示精神同频共振，刊发《聚焦重点人群　打好"稳就业"政策组合拳》等重点报道，聚焦高校毕业生、农民工及贫困人口中的劳动者等重点群体，聆听他们的心声期待，并请专家分析形势，提出对策建议。开设"退役军人风采录"栏目，相继刊发16篇报道，系列报道退役军人自主创业的成功事例。

教育报道坚持光明特色。一方面，突出问题意识，把脉现实痛点，刊出《早教班的"虚火"该降降了》《"不出汗"的体育课该改变了》等一批高质量报道；另一方面，关注人的生理素质、心理素质、思想道德素质和科学文化素质等方面的发展和完善，以《把关照心理健康烙在社会文化中》《大学生要增强哪些本领》等报道传递人文情怀。

关注养老议题，以《"银发社会"悄然至　老有所依如何解》等多篇报道回应"银发一族"老有所养、老有所医、老有所依的社会话题，力图将国家在顶层设计方面的大政方针与普通民众个

《牛何松：牛劲儿蹚出致富路》

《"不出汗"的体育课该改变了》

体的基本诉求相统一，反映国家为人民谋求福祉的诸多举措与成果。

（二）握紧"笔杆"，锤炼"笔力"，以典型报道反映少数民族、妇女、儿童、残疾人的状况与呼声

《"银发社会"悄然至　老有所依如何解》

启动"百年承诺　千年跨越——56个民族奔小康"全媒体报道，关注脱贫攻坚目标完成后少数民族的美好生活。刊登《三十而"丽"，边突围边成长》鼓励青年女教师突破职业瓶颈；《奋斗是对人生最长情的告白》讴歌残疾人群体向阳而生、身残志坚的可贵精神；《从"月光教育"到"阳光教育"——代表委员、专家学者建言特殊教育发展》则为残障儿童教育权建言献策。

"百年承诺　千年跨越——56个民族奔小康"全媒体报道

残疾人权益相关报道

（三）注重以人为本，关注青年成长议题，凸显人文精神

光明日报秉承文化视角，用社会学眼光剖析青年生活的焦点、痛点和难点，"新职业""斜杠青年""小镇做题家""慢就业""社交恐惧"等报道相继引发热议。《勇敢起来，触摸真实社交的复杂与温暖》《创新，让年轻的脚步抵达更远的地方》等则为处于发展困境中的青年知识分子提供解决实际问题、战胜困难的建议和参考。

"小镇做题家"相关报道

六、文化责任

（一）弘扬和践行社会主义核心价值观

首次采用"云宣讲"方式，开展"核心价值观百场讲坛"工程。为在疫情防控常态化背景下继续做好社会主义核心价值观的宣传教育，由中宣部宣教局、光明日报社主办，光明网承办的"核心价值观百场讲坛"工程，2020年首次采用"云宣讲"方式，先后举办《中医药抗疫与核心价值观的优势》《民法典的中

2020年9月17日，"核心价值观百场讲坛"第101场活动以"云宣讲"的方式举办，张伯礼作题为《中医药抗疫与核心价值观的优势》的演讲

国特色、实践特色、时代特色》《弘扬"红船精神" 牢记初心使命》等 6 场主题演讲。宣讲内容在"学习强国"学习平台、人民日报客户端、央视新闻客户端等平台同步播发。截至 2020 年年底，该活动已走过全国 31 个省区市，成功举办 106 场，被誉为"全国核心价值观宣传的标杆性活动"。

以重大纪念日为契机，推出主题报道，正党风、淳民风、扬家风、树新风。在中国共产党成立 99 周年之际，推出《红色家风，在家书家训中流淌传承》等报道，特邀读者品读家书家信、沐浴红色家风，共同感受共产党人的初心与使命。为纪念中国人民志愿军抗美援朝出国作战 70 周年，推出《战旗美如画　赞歌献英雄》系列专版，挖掘文艺作品中的时代精神。

《战旗美如画　赞歌献英雄》系列专版

典型人物报道"全面开花",抓细节、讲故事,增强报道感染力。推出《虽逆境亦畅天怀——记南部战区海军某修理厂原总工程师杨国忠》等一批优质报道,以细腻笔触刻画新一代共产党人对初心的传承与坚守。

专栏"伟大壮举·扶贫印记""镜头见证·幸福小康""2020 全面小康中国

《虽逆境亦畅天怀——记南部战区海军某修理厂原总工程师杨国忠》

"伟大壮举·扶贫印记"

年""小康来了""行走脱贫攻坚 52 县"通过多种形式展现小康幸福生活新貌,从小视角直观体现中华民族伟大复兴的中国梦。

(二)弘扬中华优秀传统文化,推动文化创新发展

紧扣"考古"相关议题,推出《中国考古学理论必须具有中国气派》《我亲历的中华文明探源工程》等,理论性和可读性兼具,全面阐释考古学与民族自信的关系。

考古研究相关报道

《不倒的精神长城——从疫情看中华文明的"韧"性特质》

"36小时极限短视频创作大赛"参赛团队拍摄现场

充分挖掘中华优秀传统文化中饱含的仁爱、和谐、敬畏等思想智慧和精神滋养在疫情防控斗争中的积极作用，邀请专家撰写《不倒的精神长城——从疫情看中华文明的"韧"性特质》等理论文章，解读传统文化的现实意义。

打造文化品牌，推动文化创新发展。集成网络全媒体优势，承办"36小时极限短视频创作大赛"，全方位展示"互联网＋中华文化"深刻内涵，为互联网传递主流价值声音提供鲜活解读和精彩诠释。参与囊谦县以"圣洁玉树·秘境囊谦"为主题的首届"网上文化旅游节"相关宣传报道和直播活动，直播点击量达150多万次。联合当地党委宣传部共同主办第三届长三角国际文化产业博览会主旨论坛，并推出多篇重要报道。

"光明访名家·聚焦给总书记写信的25位科技工作者"专栏

第三届长三角国际文化产业博览会相关报道

（三）报道科技创新最新成就，并以特色文化栏目为抓手，推动提升公众科学素养

一年来，光明日报相继刊发《国家科技奖励制度改革成果逐项落地》《为何要给珠峰再测身高》《"百年复兴路，科学正当时"——全国科技活动周见闻》等报道，对国家科学技术奖励大会、

2020 珠峰高程测量工作、全国科技活动周等科技事业最新发展成就予以重点报道。

"光明访名家"专栏开设"聚焦给总书记写信的 25 位科技工作者"子专栏，探寻张伯礼、袁隆平、钟南山等科学家的科研之路，分享他们的科研感悟。开设"追光文学巨匠"栏目，阐释名家经典作品的当代意义。开设"人工智能与文艺创作大家谈"栏目，引导读者畅谈网络时代给文学创作带来的新变化。

全媒体专栏"光明追思"以突出贡献知识分子逝世报道为抓手，以荣获 2019 年度中国新闻奖专栏一等奖为契机，进一步打通全媒体工作流程，继续打造有光明特色、人文温度的追思栏目和专版。在 2020 年共推出 88 期，报道突出贡献知识分子 88 位。包括人民日报、新华社等媒体在内的官方微博、微信公众号大量转载或引用专栏报道的原创内容，形成"声浪式"传播。

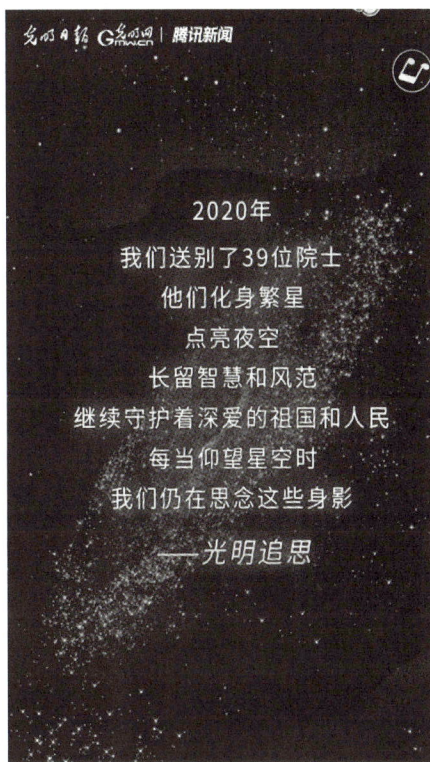

"光明追思" H5 产品《他们，与星空同在》

七、安全责任

（一）安全刊播情况

光明日报社不断建立健全体制机制，向全社印发《光明日报三审制（试行）》《光明日报社防堵差错奖罚办法》等文件，确保采编工作有章可循、有章可依，规范运行。

（二）完善刊播制度

报社各采编部门、直属报刊社认真贯彻执行报社、部门各项制度规定，做到审校各环节都有明确意见并有责任人签字留档，流程可查可控，将"三审三校"基本要求落到实处。

此外，光明日报社各部门采取版面诵读机制、敏感信息特殊标识、完善退稿机制、加强稿件查重、制作版面收尾流程标牌、增加第一读者审读等一系列措施，光明网、光明日报"两微一端"等新媒体也建立了完善的内容审核管理制度，坚持网上网下一个标准、同等流程，对新媒体内容严格把关，确保"三审三校"制度执行工作不断往实里走、往深处落，进一步排除风险隐患。

（三）建立应急预案

光明日报社认真贯彻落实习近平总书记关于新闻舆论工作的重要指示精神，进一步完善突发事件报道机制，在突发事件舆论引导中打通党务、业务、社务工作，加强各部门统筹配合、协调各方资源，集中优质资源、聚合精兵强将，对重大突发事件报道进行全媒体统筹推进。与此同时，把握时度效原则，密切跟踪最新进展，及时准确充分发布权威信息，在关键时间节点主动、科学、稳妥发声，科学解疑释惑。

八、道德责任

（一）遵守职业规范

紧盯媒体融合发展各环节，组织开展风险排查，经常进行提示提醒。建立领导干部出差、参会、调研情况反馈机制，坚决杜绝单纯靠座谈、抄材料，甚至抄袭完成报道的情况；深入核查采访不到现场、不践行"四力"等形式主义、官僚主义相关问题线索。联合多部门对"以稿谋私、以版谋私"等风险问题开展专项排查，主动发现、深入核查相关违纪问题线索。认真核查群众举报问题线索，高度重视遏制倾向性、苗头性问题，及时开展批评教育、诫勉谈话等。

（二）维护社会公德

积极承担引导社会、影响舆论、弘扬正气、凝聚人心的重要使命，不断增强责任意识、底线意识、导向意识、阵地意识，严守社会主义伦理道德底线。

（三）接受社会监督

强化接受社会监督的理念，积极主动接受群众监督，严格要求新闻记者在采访时必须出示新闻记者证；设立 24 小时举报电话（010-67078755）、邮箱（zhibanshi@gmw.cn）等多个举报渠道，由专人受理举报问题，畅通监督渠道，保障网上新闻信息服务与反馈健康有序。

九、保障权益责任

（一）保障从业人员合法权益

始终坚持以人为本，切实保障员工薪酬福利，积极开展员工培训、助力员工个人成长；支持保护正常采编行为，及时为受到侵害的采编人员进行申诉，依法保障员工各项权益。

（二）保障从业人员薪酬福利

严格遵守相关法律法规，在职员工均依法签署、续签合同；依法、及时、足额支付员工薪酬、缴纳社保，并为员工增设补充医疗商业保险；落实国家关于职工工作时间、全国年节及纪念日假期、带薪休假等规定。

（三）规范新闻记者证管理

及时为符合申领新闻记者证条件的新闻采编人员办理申领新闻记者证，每年为持证员工办理年检手续，同时及时收回离职、退休等采编人员的新闻记者证，确保采编队伍持证情况真实准确。截至 2020 年年底，光明日报共有 370 余名员工持有新闻记者证，在历次年检过程中均未发生违规情况。

（四）开展员工培训

积极组织增强党性教育活动、职业道德教育活动，持续开展提升融媒体人才技能培训系列党课，采取"请进来""大家讲"的方式，为年轻员工补短板、强弱项、见世面、长才干创造条件。全年"请进来"知名学者、业内专家为光明日报员工授课培训近 20 次，不断强化全体员工政治和业务素养。同时，结合现实需要，尤其重视培训采编人员在抗疫和扶贫宣传方面的实务能力。

十、合法经营责任

（一）严格遵守法律法规和有关规定

遵守法律，遵守网信、新闻出版等行政管理部门发布的部门规章、规范性文件。严格按照《中华人民共和国企业所得税法》及其实施条例、《中华人民共和国税收征收管理法》及其实施细则以及其他税收法律法规的相关规定，按时足额缴纳各种税费款项，全年未发生行政处罚事项。

（二）严格做到采编与经营"两分开"

广告公司作为独立的法人机构承担光明日报及子报刊的广告代理工作，有独立的规章制度、财务制度，广告出版流程与新闻采编流程严格分开，在业务流程上无任何交叉重叠，实施独立的绩效考核办法，未发生任何采编人员参与经营，或经营人员干涉采编的问题。在全国各地组建专职发行员队伍，在发行工作中对个人没有任何提成奖励。坚持主体责任和监督责任贯通协同，加强对采编、经营等重点环节和关键领域的监督，组织相关部门、单位围绕关键岗位环节对政治风险、事业发展风险、廉政风险开展自查，及时督促完善内部相关监管制度机制。

（三）不刊播违法违规广告

广告出版室负责广告内容审核，严格按照广告法及相关规定对拟刊登内容进行把关；广告公司从业务员到公司负责人逐级审查。所有广告入口均标注"广告"标识，并对广告位置进行明确规定，不允许私自将内容位置作为广告位进行销售，确保广告经营安全、合法、合规。

十一、后记

2020 年，光明日报不断强化主流媒体责任担当，积极认真履行媒体职责，全年未被行政管理部门或行业组织作出行政处理、通报批评。但与此同时，仍有一些不足需要改进：

一是进一步加强媒体融合。光明日报全媒体在加强资源整合、强化协调联动、打通传播渠道等媒体融合的能力仍有较大可提升空间。光明日报将进一步转变思想观念，推动理念、机制、内容、手段等融合创新，进一步构建全媒体传播格局。

二是进一步提高对外传播能力。在积极参与全球话语权方面，进一步丰富报道手段，提升报道能力，讲好中国故事，传播好中国声音。

中国妇女报

社 会 责 任 报 告

一、前言

（一）媒体概况

中国妇女报创刊于1984年，由我国改革开放的总设计师邓小平同志题写报名，是全国妇联机关报。作为全国唯一的妇女日报，中国妇女报已发展成为集"报网微端屏刊"于一体、具有鲜明特色的中央主流媒体，除主报外，还拥有中国妇女网和官方微博、微信、

中国妇女报社外景

客户端、数字屏等全媒体传播平台，出版《中国妇运》《花样盛年》《农家女》《信息早报》等子报子刊，在全国设有24个记者站。

（二）社会责任理念

坚持以习近平新时代中国特色社会主义思想为指导，大力宣传马克思主义妇女观、男女平等基本国策和先进性别文化，大力宣传我国妇女事业发展成就和妇联工作改革创新，大力宣传各行各业优秀妇女典型，维护妇女儿童合法权益，服务千家万户美好生活，以"女报姓党"的政治自觉坚守引领、服务、联系广大妇女的初心使命。

（三）获奖情况

2020 年，《壮丽 70 年·奋斗新时代——新中国女性第一》《创纪录！82 岁女飞行员再次冲上云霄》2 件作品获得中国新闻奖三等奖，《民法典是落实男女平等宪法原则的典范》等 3 件作品获中国人大好新闻三等奖，《提升科学素养　谣言就不会"满天飞"》获全国政协好新闻二等奖，20 余件作品获省部级新闻奖项。中国妇女报社获评"十三五"中国报业媒体融合优秀单位，"网上妇女之家——全国女性数字生活服务平台"项目获评中国报业深度融合发展创新案例。

参加武汉抗疫报道的同志中，1 人获全国先进工作者称号，1 人获全国抗击新冠肺炎疫情先进个人称号，3 人、1 个集体获抗击新冠肺炎疫情全国三八红旗手（集体）称号。1 个集体获评全国"扫黄打非"先进集体。

二、政治责任

（一）政治方向

中国妇女报持续深化习近平新时代中国特色社会主义思想宣传阐释，创新开展习近平总书记关于妇女和妇女工作、关于注重家庭家教家风建设重要论述的全媒体传播，切实承担起引领广大妇女听党话、跟党走的政治责任。围绕习近平主席在联大纪念北京世妇会 25 周年高级别会议上的重要讲话，通过记者专访、专家撰文、社会反响等多种形式连续进行阐释解读，

2020 年 9 月 16 日 2—3 版

引起广泛关注，多篇文章被"学习强国"学习平台首页推荐。报纸理论版《新女学》周刊深入开展习近平总书记有关重要论述的学术研究传播。中国妇女网首页首屏最显要位置推出《习近平关于妇女儿童和妇女工作的重要论述》专题。在统筹疫情防控和经济社会发展、决胜全面小康、决战脱贫攻坚等重大主题宣传报道中，主动从性别视角出发寻找议

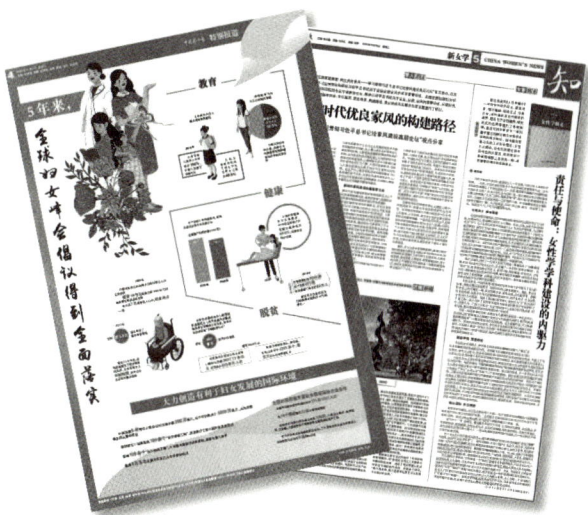

左为 2020 年 10 月 2 日 4 版，右为 2020 年 11 月 10 日 5 版

题交集点、情感交融点、价值交汇点，策划推出大型融媒体行进式报道《喜讯捎给总书记——回访习近平看望慰问过的家庭》续篇，聚焦一个个摘掉贫困帽、走上小康路的家庭，记录个人奋进、家庭成长、家乡变化、国家发展的时代细节。开设"牢记总书记的嘱托""以人民为中心——妇联人的答卷""中国故事女主角"等主旋律品牌栏目。在"走向我们的小康生活"主题采访活动中，官方微博注重挖掘现场小故事，总阅

左为 2020 年 9 月 15 日 3 版，右为 2020 年 10 月 14 日 4 版

读量近 2500 万次，微博话题页献度名列央媒前茅。

（二）舆论引导

1. 引导社会热点。在重大、突发、热点问题上，中国妇女报以曾获中国新闻名专栏的"天天观点"为主要平台，把握时度效，突出针对性，有力有效发出女报声音。抗击新冠肺炎疫情期间，以致敬英雄、群防群治、依法抗疫、复工复产等为主

题刊发系列短评，指导基层工作，鼓舞士气人心。

针对热点事件和人物，推出《张桂梅为什么感动中国》等优质评论，强调共情力，弘扬正能量；针对侵害妇女儿童权益事件，第一时间亮明态度，刊发《杜绝高考舞弊不能止于偶发事件》《对侵害女童行为必须"零容忍"》等犀利评论，体现了主流媒体的责任担当。

全国两会期间，中国妇女报微博策划开设话题"两会第一线"

中国妇女报微博在全国两会期间，策划开设话题"两会第一线"，阅读量 1.9 亿次，讨论量 5.9 万条，多条微博冲上热搜。2020 年，官方微博对热点舆情发声的总阅读量超 1 亿次，有效塑造了网络舆论场涉妇女儿童舆情的走向。

2. 注重改进创新。按照"主流定位　女报表达　融合呈现"的采编工作理念，2020 年，中国妇女报进行了新一轮改版提质，明确了"工作生活、一报两读"的功能布局，形成"新闻＋周刊"的板块架构，呈现"深度＋温度"的风格定位。同时，一体推进报纸改版、融合发展、机制改革、队伍建设、报纸发行，进一步发挥群团报纸引导舆论、凝聚人心、推动工作的作用，在主流媒体大合唱中唱响了自己的独特声部。为纪念中国人民志愿军抗美援朝出国作战 70 周年，报社创新版面表达，聚焦女性担当，策划制作连版特刊

2020 年 10 月 23 日 2—3 版

《她们，以勇气和奉献换得山河无恙》，获得广泛好评。

中国妇女网注重通过融合创新强化对青年女性的思想政治引领，开设"女大学生"频道，与抖音联合持续推出"我不止一面"视频话题，打破性别刻板印象，播放累计 150 多亿次，把主流媒体的影响力延伸到商业平台用户，在网络空间塑造积极向上的新时代女性形象。

（三）舆论监督

1. 批评性报道。聚焦违反男女平等基本国策、侵害妇女儿童合法权益的事件，科学、准确、依法、建设性地开展舆论监督。针对某大学出版社出版分性别设计教学内容的数学教辅书，刊发批评性报道《数学教辅分男女版不是因材施教》，深入剖析所谓"女生学不好数学"的偏见，提出扭转教育领域性别刻板印象的建议。官方微博原创评论类栏目"英妹点评"，敢于善于介入批评性议题，全年达 30 余次，把维权大旗牢牢扛在肩上。

2. 调查性报道。中国妇女报常设深度调查类栏目有"新闻深 1 度""一线调研""新闻观察"等。2020 年，报社记者在 3 个多月时间里深入调查采访，推出重磅调查《江浙兴起两头婚　偶然还是必然？》，敏锐揭示家庭在社会转型过程中对婚姻模式作出的一系列权变，登上微博热搜总榜第二，引发全网转载和热烈讨论。

中国妇女报微信编发原创文章《男不娶女不嫁，孩子随父姓也随母姓，这里近年兴起两头婚→》，阅读量 5.2 万＋，新华社、中国新闻社、澎湃新闻等 28 家公众号转载

（四）对外传播

中英文双语专题片《为了共同的家园》

1. 讲好中国故事，传播好中国声音。中国妇女故事是中国故事的精彩篇章。2020 年"三八"国际妇女节，中国妇女报精心制作了时长 8 分多钟的中英文双语专题片《为了共同的家园》，全景展现中国女性在抗疫一线和后方的勇敢担当、无私奉献。专题片通过全网播出和推送，产生广泛反响。

2. 促进文化交流。在对外交往中，中国妇女报已经成为国际社会观察中国男女平等事业的重要窗口，成为中国妇女拥有崇高社会地位的标志。同时，报社对国际妇女运动的专业报道，也为推动全球妇女事业发展、构建人类命运共同体发挥了独特作用。《新女学》周刊第一时间编译联合国妇女署《世界妇女的进步：变化世界的家庭（2019—2020）》等一系列国际权威报告，及时报道第 64 届联合国世界妇女地位大会等重要国际会议最新资讯。《环球女界》专版动态介绍各国促进性别平等的经验，起到了交流互鉴的作用。

三、阵地建设责任

（一）融媒体矩阵

为贯彻落实中央关于加快媒体深度融合发展的决策部署，报社对已经初步成形的融媒体矩阵进行升级优化，提升协同传播效应。目前，报社负责运营中国妇女网、中华全国妇女联合会网、国务院妇女儿童工作委员会网，以及中国妇女报"两微一端"，抖音、快手等短视频号，强国号、头条号、百家号等 48 个传播平台，用户覆盖超 3000 万，日均阅读量保持在千万以上。

其中，中国妇女报微博处在媒体微博的头部位置，粉丝近 1200 万，2020 年单条阅读量超千万的微博达 50 余条，主持的微博话题"逆行中的她们"阅读量近 10 亿次；中国妇女网为妇联系统旗舰门户，集新闻、政务、服务于一体，开设 20 多个频道、7 个工作专区、8 个服务板块、1 个大数据中心。中国妇女报客户端迭代升级，推出女报号交互平台，报社所属 3 个主要微信公众

中国妇女报微博

号，形成各自细分市场。

（二）融媒体报道

中国妇女报坚持内容为王，发力融媒体产品体系建设。打造短视频品牌——盐视频，自制精品视频超 500 个，各平台播放量近 1 亿次。制作特色海报，推出数说两会、战"疫"特辑、新时代女性风采等，年制作海报突破 280 张。

导语：举国上下，疫情"阻击战"争分夺秒。一个个了不起的巾帼"战士"，卸下"红妆"、剪去长发……逆向而行奔赴疫情防控一线。

中国妇女报微博在疫情防控期间开设话题"逆行中的她们"

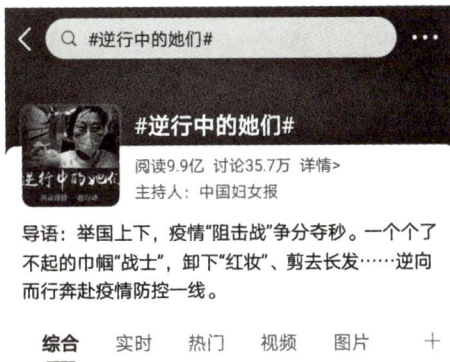

"不忘初心，牢记使命"主题教育　　时代楷模张桂梅

在重大会议活动和重要时间节点，推出视频、直播、H5 以及可视化产品，网络和客户端同步推出的《飞鸿响远音——纪念第四次世界妇女大会召开 25 周年》，受到一致好评。《学习贯彻党的十九届五中全会精神》《网上家风馆》等专题，也获得较高的点击量。

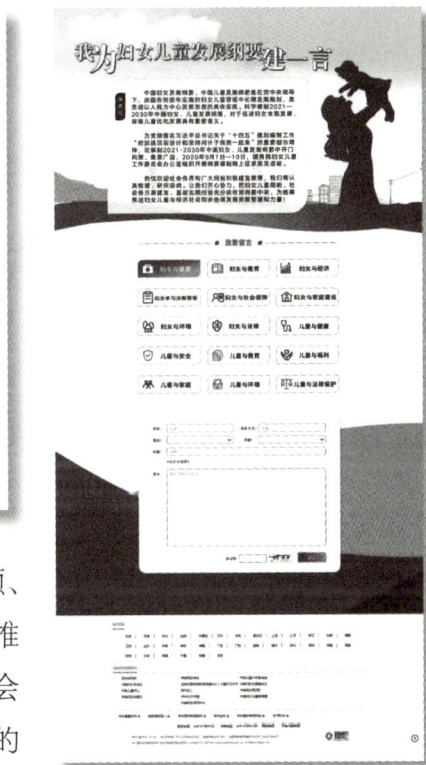

投票留言专区——我为妇女儿童发展纲要建一言

通过网络互动征集民意，是走好网上群众路线的重要一招。围绕新一期妇女、儿童两个发展纲要的制定，推出"投票留言专区——我为妇女儿童发展纲要建一言"，收到有效留言近 3 万条。

（三）融合采编平台建设

中国妇女报制定了《加快媒体深度融合发展工作规划》，以习近平总书记提出的妇联组织引领、服务、联系基本职能为逻辑起点布局全媒体平台建设，着力聚合妇联系统资源力量，建设"网上妇女之家"全国总平台、妇女儿童家庭大数据中心、妇联系统新媒体内容分发聚合平台，形成覆盖广泛、受众细分、分发精准的"妇字号"传播体系，打造集服务链、用户链、价值链、情感链为一体的"数字妇联"网络生态，走出一条具有女报特点的媒体深度融合发展之路。

目前已完成全媒体采编系统、媒体资源库、全媒体指挥系统、客户端发布系统、网站发布系统、视频播控系统等基础建设，进一步优化了"采集端—分发端—平台端"互动反馈的流程架构，实现了各平台数据、内容互融互通。

四、服务责任

（一）信息服务

着眼妇女、儿童和家庭的美好生活需要，发挥中国妇女报《家》《知》《美》《法》《创》和《爱生活》六大周刊的内容优势，用好融媒体矩阵的传播优势，为读者和用

户提供丰富、权威的政策解读和信息服务。《妇女权益年度新闻报告》已经成为具有相当影响力的维权"年鉴"，《爱生活》周刊推出的 40 篇战"疫"特别报道深受读者喜爱。在全国妇联支持下，开办维护妇女权益宣传电子资源库；在中国妇女网微信公众号开设"特殊时期特别家教"专题，连续发布近 700 期。

（二）社会服务

公共服务平台：中国妇女网开设"服务导览"专区，包括维权服务、暖心求职、家庭教育等栏目；与国家开放大学合作开设"享学吧"专题，并开设直播课程。

公共智库服务：打造妇女研究智库平台，推出"女性学学科建设再思考"专题。牵头完成《珠海横琴创新打造珠港澳妇女宜业宜居"横琴模式"调研报告》，推动实际工作。

（三）公益活动

刊播公益广告：2020 年刊登时代楷模朱有勇、海军"和平方舟"号医院船、抗疫一线医务人员英雄群体等公益广告，并为中西部地区提供免费公益版面，刊登脱贫攻坚、乡村振兴公益广告 29 幅，并在全媒体平台分发。

组织慈善募捐：发动全社干部职工为湖北、武汉捐款，协调各方资源为武汉抗疫一线女医护人员捐赠袜子、手套、口罩；为全国妇女爱国主义教育基地安放 3 台

上午11：20
袜子送达北京东直门医院援助武汉医疗队

中国妇女报社发动全体干部职工为湖北、武汉捐款，协调各方资源为武汉抗疫一线女医护人员捐赠袜子、手套、口罩

2020 年 5 月 29 日，中国妇女报为湖北好物直播带货

电子屏；为甘肃漳县盐井镇捐赠电脑 20 台，助力基层开展计算机和电子商务业务培训。

助推乡村振兴：继续实施"《中国妇女报》进乡村"项目。开设《乡村振兴》专刊，全年发稿 284 篇，读者满意率 92.11%。新媒体部门联合电商平台和地方妇联，开展 7 场"直播带货"。向全国妇联定点扶贫县派出 1 名驻村第一书记，任期 2 年。

五、人文关怀责任

（一）民生报道

中国妇女报视人文关怀为己任，把民生报道纳入核心报道范畴，关注疫情防控期间孕产妇和儿童安全，关注女性就业以及事业和家庭平衡，关注老年人特殊需求，关注生育友好和家庭友好，推出了《做好因疫情影响造成监护缺失儿童救助保护工作》《防疫期间孕期哺乳期女职工上班难题如何解？》《对特殊老

人要有特殊关爱》《关注家庭诉求　找准"不敢生"的痛点》等一大批接地气的
报道。

（二）灾难和事故报道

面对突如其来的新冠肺炎疫情，中国妇女报第一时间派出武汉战"疫"报道组，第一时间出版《抗击疫情　巾帼行动》特刊，第一时间启动全媒体抗疫报道。武汉战"疫"报道组成立临时党支部，6 名记者穿"红区"、进社区，在极端困难条件下发回 650 余篇稿件，为伟大的抗疫精神和巾帼逆行者留下了生动的历史底稿，也锻造了一个优秀的集体，多人次获得国家级奖项，1 名 90 后年轻记者火线入党。这个团队的先进事迹获多家中央媒体报道，并在妇联系统巡回演讲。

面对洪水来袭，迅速组织力量奔赴长江沿线，推出《"把服务做得再细些，再暖些"——本报记者探访安徽肥西三河镇群众转移安置点》等多篇报道，展现人间大爱，体现人文关怀。

2020 年武汉疫情期间，中国妇女报先后派出 6 名记者前往抗疫一线进行采访

（三）以人为本

中国妇女报坚持以人民为中心的工作理念，注重弘扬真善美，推出的《曾经是留守儿童，现在是"童伴妈妈"　长大后的她一人守护全村留守娃》等人物故事，为"暖闻"中的女性点赞，为社会树立了价值标杆。

下一代的健康成长，中国妇女报念兹在兹。多年来，与联合国儿基会合作开展儿童保护媒体培训。面对"河南 4 名儿童被埋致死"事件，报社及时刊发评论《保护孩子，没人能置身事外》，拳拳之心溢于言表。

六、文化责任

（一）弘扬践行社会主义核心价值观

中国妇女报社注重推动社会主义核心价值观在家庭落地生根，在《家》周刊设立家闻、家教、家风、婚恋 4 个板块，集中展示新时代家庭文明新风尚。《美》周刊的原创影评和剧评注重推荐主旋律作品。报社连续 10 年与合作单位一起开展"书香三八"活动，把核心价值观和中国梦宣传融入其中。

（二）传承繁荣中华优秀传统文化

《口述》专版设立"非遗传承人"和"博物馆"等栏目，向读者展示中华优秀传统文化。新媒体平台策划制作融媒体产品，向年轻用户普及"我们的节日"。报社还参与支持山东邹城等地的特色文化活动。

（三）推动提升科学素养

中国妇女报全媒体平台关注女科技人员的成长成才。常设的《绿色科技》专版，推出"绿色生活让家更美好"特别策划，把普及科学知识和改进生活方式有机结合起来。

七、安全责任

中国妇女报社坚持党管媒体原则，制定完善意识形态安全责任实施举措、夜班编辑操作规程、个人网络行为规范承诺制度等，严格落实"三审三校"制度和"网上网下一把尺子"要求，全年未发生导向问题，未出现安全刊播事故，编校质量达到国家标准。报社建立了网络应急响应预案和突发新闻应急机制。

八、道德责任

全体采编人员恪守国家法律法规，谨遵新闻工作者职业道德，全年未出现违反职业精神、职业道德等情况，社会形象良好。13 个驻地方记者站在年审中获得优秀。

（一）遵守职业规范

坚守新闻真实性原则，严格稿件审核，坚决不刊发虚假失实新闻。恪守新闻伦理，强化内部治理，坚决杜绝有偿新闻、有偿不闻、新闻敲诈行为，全年未发生上述问题。始终坚持对内容质量的高品质要求，坚决抵制低俗庸俗媚俗内容。尊重原创、保护版权，专门开展版权知识培训，全额出资采购图文、视频版权。

（二）维护社会公德

一方面，在宣传报道中坚决维护社会公序良俗，自觉抵制不正之风，倡导文明新风。另一方面，要求干部职工在公德和私德上守住底线、看齐高线，做忠诚、干净、担当的新闻工作者。

（三）接受社会监督

规范新闻采访活动，一线采编人员在采访时主动出示新闻记者证。自觉接受社会监督，对外公示持证记者名单，公布监督举报邮箱、电话，畅通、拓宽举报投诉渠道，主动接受、及时回复意见、建议和投诉。全年没有接到相关问题反映。

九、保障权益责任

（一）保障从业人员合法权益

重视从业人员各项合法权益，支持保护正常采编行为。广泛开展谈心谈话，保障职工身心健康。为在职人员购买医疗补充保险，为在地方挂职人员购买人身意外伤害保险，为职工配置防护用品。关心女职工特殊利益，开展"三八"国际妇女节慰问活动，为怀孕女职工安排合适岗位，创造生育友好氛围。

（二）保障从业人员薪酬福利

严格落实事业单位人事管理办法和各项薪酬福利制度，依法与员工签订劳动合同。规范支付薪酬、缴纳"五险一金"，构建和谐劳动关系。建立完善与媒体融合发展相适应、体现新闻生产特点和以多劳多得、优绩优酬为导向的薪酬制度体系，持续提高工资福利水平。严格落实职工法定假期和各类带薪休假制度等，鼓励男性职工同休产假，分担家务劳动。

（三）规范新闻记者证管理

严格遵守《新闻记者证管理办法》，规范证件管理工作流程，按规定为符合持证条件的采编人员换发、申领记者证，及时注销离职、退休等采编人员的记者证，做好年审核验工作。

（四）开展员工教育培训

开设"什刹海大讲堂"，开展"一核两观三懂"基本教育，把习近平新时代中国特色社会主义思想、马克思主义妇女观和新闻观以及懂中国、懂妇女、懂媒体作为女报人的通识课。全年组织开展专业培训164人次。

十、合法经营责任

严格遵守相关法律法规，建立完善内部规章制度，全年未发生违法违规行为。严格做到采编与经营"两分开"，修订记者站和驻站记者管理办法，严格规范从业行为。

始终坚持把社会效益放在首位，牢牢把握商业广告的舆论导向，强化广告审核管理，不刊播违法违规和低俗广告。严格履行纳税义务，从未出现偷税漏税行为。

十一、后记

中国妇女报是首次提交媒体社会责任报告，报告年度内没有收到行政处罚、通报批评等情况。

总结2020年，中国妇女报虽有自己小小的"不平凡"，但也存在不足：报社党的建设和内部治理需要进一步强化，全媒体条件下的传播能力特别是对外传播能力需要进一步提升，各项事业需要进一步壮大，离建成具有强大影响力和竞争力的新型主流媒体的目标尚存差距。

2021 年，中国妇女报将针对不足做好以下工作：

第一，以政治建设为统领，提高政治判断力、政治领悟力、政治执行力，紧紧抓住党建和业务工作深度融合这个"牛鼻子"，把内部治理成效转化为事业发展成果。

第二，以庆祝建党百年为主线，创新开展重大主题宣传，始终把习近平新时代中国特色社会主义思想的宣传阐释作为首要任务，推出大型融合报道《百名女大学生讲述 100 个党史故事》等重点报道。

第三，以中国妇女报社加挂全国妇联网络信息传播中心牌子为契机，加快构建"新闻＋政务＋服务"的全媒体传播体系，创建对外传播品牌，全力向特色新型主流媒体迈进。

第四，以报告媒体社会责任为动力，更好履行主流媒体的职责使命，对标对表相关指标，把指标要求融入制度体系、融入日常管理、融入职业行为。

中国新闻社

社会责任报告

一、前言

（一）媒体概况

中国新闻社（以下简称"中新社"）是以对外报道为主要新闻业务，以海外华侨华人、港澳同胞、台湾同胞和与中国有关系的外国人为主要服务对象的国家通讯社。中新社建有多渠道、多层次、多功能的新闻信息发布体系，每天 24 小时不间断向世界各地播发各类新闻信息产品，用户遍及五大洲 100 多个国家和地区，形成了涵盖海外主要华文媒体的全媒体客户网络。

（二）社会责任理念

中新社始终以习近平新时代中国特色社会主义思想为指导，不断增强"四个意识"、坚定"四个自信"、做到"两个维护"，坚持党管媒体的原则，牢牢把握正确政治方向、舆论导向和价值取向；始终坚持改革创新，不断推进媒体深度融合，积极履行社会责任，提升传播力、引导力、影响力、公信力；始终立足特色定位，坚持中新风格，不断加强国际传播能力建设，生动讲好中国故事，传播好中国声音，展示真实、立体、全面的中国。

（三）获奖情况

中新社王丹鹰同志获得第十六届长江韬奋奖（韬奋系列），杨程晨同志荣获全国抗击新冠肺炎疫情先进个人表彰。在第三十届中国新闻奖评选中，中新社有 3 篇作品获二等奖，2 篇（组）作品获三等奖。在第三十届中国人大新闻奖评选中，中新社获一等奖、二等奖各 2 个，三等奖 3 个。

二、政治责任

（一）政治方向

2020 年 2 月 20 日，中国工程院院士、国家卫健委高级别专家组成员李兰娟在武汉大学人民医院东院重症 ICU 病房查房，了解新冠肺炎重症患者治疗情况

全力以赴加强和创新习近平总书记报道。中新社始终把深入宣介习近平新时代中国特色社会主义思想、展现习近平总书记形象作为全社工作的首要任务和"一号工程"，以更高的政治站位和更强的政治自觉全力以赴做好报道，努力深化对习近平总书记重要讲话和重要活动的宣介解读。2020 年，共推出习近平总书记报道约 9000 篇次，含文图视、版面和新媒体产品。外宣重点品牌栏目"近观中国"精心策划推出形式多样、内容丰富的融媒体产品。评论《特殊之年的两会，习近平为何先提"人民"？》获第三十届中国人大新闻奖一等奖；解读《习近平这些"首次"背后的始终》等被海外华文媒体广泛采用，并在国内主要商网两端的头条位置突出呈现；微视频《"带货达人"习近平》播放量突破百万次；新媒体产品《习近平战"疫"重要时刻》播放量逾百万次。

集全社之力讲好中国抗疫故事。中新社一手抓防控，一手抓报道，传递全国人民众志成城、

2020 年 3 月 30 日，《中国战疫录》在中新网及境内外多个视频和社交媒体平台上线

同舟共济打赢疫情防控阻击战的声音，报道各地一线工作人员共同奋战的情况，反映海外华侨华人与当地主流社会一道抗击疫情、构建人类卫生健康共同体的事迹，弘扬伟大抗疫精神。全社累计播发文图视、新媒体、直播等各类新闻产品逾 24 万件，中国新闻网主持的涉疫情微博话题阅读访问量超 251 亿次。

精心策划组织重大主题报道。围绕党的十九届五中全会、"决胜全面小康、决战脱贫攻坚"、全国两会、浦东开发开放 30 周年、深圳经济特区建立 40 周年、第三届进博会等重大主题和重要新闻，精心策划组织报道。通过"中国减贫故事""走

中新社 2020 年制作的部分网络专题

向我们的小康生活"等专栏，推出一批有内容、有温度、有思考的原创报道，全面呈现我国脱贫事业真抓实干、精准施策的奋斗历程和经验成效。

（二）舆论引导

中新社精准有力开展舆论引导，针对境外攻击抹黑言论和各类谣言谎言，以多角度多语种讲事实、讲道理，回应国际关切，澄清误解质疑，揭穿境外少数政客和媒体的事实性硬伤、逻辑性缺陷和价值性偏见，坚决维护国家利益和国家形象。针对新冠肺炎疫情"病毒溯源"、政客"甩锅"、种族歧视等热点话题，推出专栏稿件反驳谣言、廓清迷雾、回应关切，获海外华文媒体及网络新媒体广泛转载。

中新社海外社交平台 2020 年推出的"波兰球"系列四格漫画

《中国新闻周刊》2020 年 6 月 8 日第 20 期、8 月 10 日第 29 期封面

（三）舆论监督

《中国新闻周刊》推出两期封面调查报道《造湖冲动》和《造车冲动》，分别揭示了城市化扩张中脱离实际片面带动土地升值的痼疾和地方因造车冲动而陷入尴尬的困局。两期调查报道获得相关部门的关注和调研，引起较大社会反响。

（四）对外传播

中新社创新打造对外传播名牌栏目。融媒体品牌栏目"中国焦点面对面"充分挖掘专家智库资源，紧扣国际舆论热点实现对重磅人士的融媒体专访，立足高端、回应关切、增进认同、扩大共识。评论专栏"中新时评"紧跟重大新闻、热点话题，推出观点直接鲜明、理据理性充分、视角专业独到，融合国际视野与中国立场的评论作品。

2020 年 11 月 16 日，"中国焦点面对面"栏目专访上海复旦大学附属华山医院感染科主任张文宏

中新社与海外华文媒体开展合作，覆盖传统报刊、电台、电视台到网络媒体、移动媒体、社交媒体的各种类型，在海外华文舆论场向世界讲好中国故事，传播好中国声音。

在提升中华文化影响力方面，中新社推出多品类多语种报

2020 年 9 月 28 日，"云聚中秋"微信小程序正式上线

道，精心策划文化主题专版，打造文化主题视频栏目，加强中华文化对外宣介；善用新媒体平台，创建"文化中国""Amazing China（魅力中国）""China Bites（中国味道）"等话题标签，聚焦特色文化符号、IP，加强中华文化宣传解读和国际传播；推出"云聚中秋"微信小程序，组织"2020 澜湄万里行"大型采访活动，构建沿澜湄流域新的人文交流平台。

三、阵地建设责任

（一）融媒体矩阵

中新社将建设"全媒型通讯社"作为融合发展的目标之一，有效整合资源，集中优势力量，拓展渠道、聚拢用户，形成以中国新闻网为龙头的新媒体融合传播矩阵。包括中国新闻网、中国侨网、中国新闻图片网、中国新闻周刊、中新经纬、国是直通车、侨宝、华舆等自创品牌，以及 200 余个境内外社交媒体账号，用户覆盖数近 4 亿。

（二）融媒体报道

2020 年，中新社持续加强全媒体平台及产品建设，不断深化内容生产供给侧结构性改革，推进跨部门跨平台协作，提升融合报道水平，新闻产品形态更加丰富，融媒体报道亮点、佳作频现。全年推出重大融合报道 100 余个，生产融媒体产品 27 万余条，创作海报、图解、漫画、手绘、动画等新媒体创意产

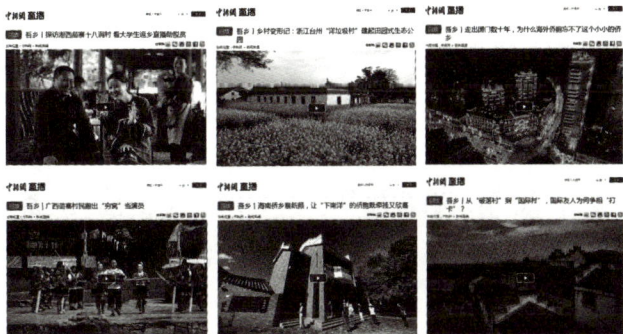

2020 年中新社策划推出"吾乡"系列移动直播

品 1100 余件，发起网络直播 1100 余场，微博互动数超过 10 万＋的稿件 500 余条，全年上微博热搜话题 3600 余个，微信访问量 10 万＋的稿件 900 余条。

CTR 评估结果显示，中新社 2020 年度融合传播效果指数位居中央主流媒体第四位。

（三）融合采编平台建设

中新社融媒体采编系统

中新社以互联网思维、全媒体视角谋划全社工作，释放人才活力，发挥技术支撑作用，构建新型采编流程，大力推进媒体深度融合发展。2020 年，进一步优化激励约束机制，完善采编业务考核制度，巩固提升采编队伍的新媒体意识和"多平台"意识。加强硬件设施投入，建立开放式、多场景的融媒体工作平台，为重大报道集中指挥、联合办公、协同工作提供了空间和技术支持。着力开发新的融媒体采编系统，重塑采编流程，有效提升融媒体稿件生产效率。

四、服务责任

（一）信息服务

2020 年，中新社创新新闻产品呈现模式，精心制作便民服务信息类图表、动漫等可视化产品，全面深入解读各项惠民政策，持续提升为公众提供信息服务的能力。

中新社重点播发涉侨政策、法律法规，向海内外用户传递中国政府爱侨、护侨、助侨的声音和信息。尤其是 2020 年新冠肺炎疫情期间，中新社重点报道中国政府推出的"暖侨行动"；发布新冠肺炎防范指南、出入境签证政策、航班动态等资讯；推出特别策划"侨法 30 年"系列图解。

（二）社会服务

2020 年，中新社联合 111 家海外华文新媒体及国内医疗在线咨询机构共同打造了"全球华文新媒体同心战'疫'信息服务平台"。平台除新闻报道外，重点开发信息服务、答问咨询等多项功能，推出10 余期"同心战'疫'"主题直播，连线驻外官员及专家学者，帮助海外侨胞、留学生等开展科学防疫，全面回应关切、答疑释惑。

（三）公益活动

2020 年，中新社围绕动物保护、环境保护等主题策划推出漫画、海报类公益产品。《中国新闻周刊》承办第十一届"绿色发展　低碳生活"公益展。《中国慈善家》杂志关注中国乃至全球的慈善公益和社会议题。中新社与浙江中医药大学共同发起"中医药驰援海外世界战'疫'"行动倡议，向意大利侨界赠送中医药防疫物资。

中国侨网自 2020 年 8 月起推出"侨法 30 年"系列图解

2020 年 4 月，中新社推出同心战"疫"信息服务平台

2020 年 11 月 12 日，中新视频推出手绘动漫《我叫江豚　长江的江……》

五、人文关怀责任

（一）民生报道

2020 年 9 月 18 日，中新网"微视界"栏目推出微纪录片《苗胞出山》

2020 年，中新社积极报道各地在就业、医疗、教育、养老等民生领域的改革举措，推出《提升老年人居家养老品质　上海试点改造"适老化居家环境"》《重庆建成医疗服务圈　全面提升均等化服务水平》等特色稿件。

持续反映少数民族、妇女、儿童、老年人、残疾人等意见呼声，刊发《全国人大代表方燕：建议增加被性侵儿童精神损害赔偿》，在微博端阅读量近 500 万次。推出微纪录片《苗胞出山》，讲述了广西贫困户在扶贫政策的帮扶下，携全家搬出大山的故事。

（二）灾难和事故报道

在灾难和事故报道中，中新社始终以大局为重，以人民为中心，强调积极正面，理性客观，努力通过报道弘扬社会主义核心价值观、传播社会正能量、促进社会和谐稳定，更多地给人以希望。

作为疫情隔离点的福建泉州欣佳快捷酒店发生坍塌事故，《福建泉州坍塌酒店救援现场：民间爱心力量跃动》等来自现场的报道清晰传递了正能量。四川省西昌市突发森林火灾，社会舆论一度有"扑火不力"的质疑之声，中新社播发《四川西昌森林火灾明火全部扑灭　专家解析凉山火灾高发原因》等客观报道扑火情况、对扑火面临的现实困难进行专业科学解释，发挥了解疑释惑作用。

（三）以人为本

中新社一直追求做有温度有态度的新闻，积极宣扬向上向善的精神文化，关注人的情感需求，引导人们更理智地认知社会。中新网主持的微博话题标签"中国温度"，累计阅读量 18 亿次，讨论量 26 万条。

在武汉抗疫的艰难时刻，中新社推出人物纪录片《武汉志工》讲述快递员汪勇无偿志愿服务医护人员的故事，引起受众强

2020 年 2 月 11 日，中新网"微视界"栏目推出人物纪录片《武汉志工》

烈反响，累计播放量超过 4000 万次，被 CNN 等国外媒体转载。

六、文化责任

（一）弘扬践行社会主义核心价值观

中新社结合重大主题报道，挖掘典型案例，积极展现国家新进步，时代新风貌，开设"战'疫'一线党旗红""守护绿水青山""聚焦'三明实践'""中国庆丰收"等专题专栏，组织好第五届"五个一百"网络正能量图片评选活动，大力培育和弘扬社会主义核心价值观。主办 2020 第六届中华慈孝文化节，聚焦疫情中涌现的人和事，将孝老爱亲提升为对社会、国家的责任和大爱。

（二）传承繁荣中华优秀传统文化

围绕春节、端午、七夕、中秋等传统节日积极策划制作多形态新媒体产品。视频专栏"中国风"，聚焦中国非物质文化遗产传承人和文化名家，传递中华文化独有的人文精神与东方智慧。

中新社举办"2020多彩贵州　第十三届中国原生态国际摄影大展""走进加德满都　畅 XIANG 香格里拉文化宣传展""第四届'e眼黄山　揽胜天下'影像大赛"，承办2020中国大运河文化带"京杭对话"活动，展示丰富多彩、生动立体的中国形象。

（三）推动提升科学素养

中新社坚持在科学、严谨、准确的基础上做好科技新闻报道，发挥科学普及作用，促进公众科学素养的提升。2020年，围绕北斗导航建网全面运行、中国空间站建设、"天问一号"任务、"嫦娥五号"探月成功等重大国家工程成就，创新报道方式，实现融合传播。"天问一号"Vlog产品的相关微博话题"火星探测器发射三大看点"阅读量突破5000万次；图文报道《当年美国赠予中国的1克月岩去哪了？》，以1978年美国赠予中国1克月岩为引子，独家采访相关专家，讲述中国探月工程背后的故事和缘起，获主流媒体广泛转发。

七、安全责任

中新社强化安全意识、责任意识和底线思维，切实提高辨别是非、防范风险的能力。不断完善规章制度，持续规范和严格执行业务流程，严格落实"三审三校"责任制；建立健全应急处置制度和操作规范，运用技术手段，强化内控体系；进行采编系统升级改造及功能整合，通过用户授权认证和多级权限管理体系、增加校对工具和安全审计功能等全方位技术手段，全力确保报道的内容与技术安全。

八、道德责任

（一）遵守职业规范

中新社的新闻工作者始终遵守宪法、法律和相关工作纪律，恪守《中国新闻工作者职业道德准则》，秉持专业精神，强化职业精神和职业操守，忠于事实，维护中新社报道的公信力和品牌形象。牢记社会责任，坚持传播正能量，做党的政策主张的传播者、时代风云的记录者、社会进步的推动者、公平正义的守望者。

严格要求全社采编人员在报道过程中遵守最少伤害、知情同意、保守机密等新闻伦理原则。通过合法途径和正当方式获取新闻事实和新闻素材，不得有利益交换行为，不能夸大、扭曲地使用新闻信息，不得以涉嫌犯罪的方式进行体验式采访或调查。禁止虚构或制造新闻，确保新闻报道的客观公正。严禁任何形式的有偿新闻和有偿不闻。

尊重他人著作权和肖像权，严禁抄袭、剽窃他人的劳动成果，援引他人作品、转载等注明出处。不在报道中使用粗俗、肮脏或猥亵的字眼；不渲染暴力、色情、犯罪情节，不描述涉及个人隐私的细节，避免产生感官刺激和引发诱导效应等不良社会影响。

（二）维护社会公德

中新社积极组织新闻报道，抨击不文明旅游现象、不良上网行为，谴责违背社会伦理行为，曝光餐饮浪费行为等，积极宣传各地新的改革举措、宣扬社会公序良俗。尤其在拒绝餐饮浪费方面，中新网推出专题《浪费可耻，节约为荣》，集纳式宣扬各地餐饮新"食"尚，报道各地制止餐饮浪费新行动。

（三）接受社会监督

中新社高度重视和强调采编人员加强自律，接受监督，及时纠错。要求采编人员从事新闻采访活动时，主动向采访对象出示新闻记者证，严格自律、礼貌待人、以理服人。发生报道错误，及时报告实际情况，及时加以纠正澄清，并视情向受众和相关人士作出公开道歉。

中新社对外公布举报邮箱和 24 小时举报电话，主动接受群众举报投诉，安排专人对举报内容进行甄别、分类、核实，细化工作流程，畅通举报渠道，及时处置并反馈举报内容。

九、保障权益责任

（一）保障从业人员合法权益

中新社充分发挥法务部门和工会部门作用，对记者依法从事新闻采访活动的权益给予充分保护，建立权益保障渠道，提高采编人员的维权意识。当采编人员受到侵害时，及时为采编人员提供保护、声援和申诉，防止其受到人身侵害、打击报复。

（二）保障新闻从业人员薪酬福利

中新社严格遵守事业单位人事管理条例、劳动法、劳动合同法等相关法律法规，严格规范聘用合同（劳动合同）的签订、续订、变更、终止、解除等工作，保障员工权益。落实事业单位工资正常晋升机制，实施绩效工资考核管理改革工作，稳步提升员工待遇水平。严格执行中央事业单位社会保险制度、企业社会保险制度和医药费报销制度，不断提高员工社会保障水平。

（三）规范新闻记者证管理

中新社严格执行记者证发放范围，完善审核流程，逐级申报。禁止向非采编岗位的工作人员发放记者证。严格规范新闻记者职务行为。严格执行记者证申领注销程序，对符合记者证发放条件的人员及时申领记者证，对调岗、离职、退休人员及时注销证件。2020年，完成新版记者证换发工作。

（四）开展员工教育培训

中新社把深入学习贯彻习近平新时代中国特色社会主义思想作为重点培训内容，不断提高人才政治素养。定期开展培训需求调查，结合业务发展需要和综合素质提升，制订年度培训计划。充分利用社内现有资源和高校、社会化培训机构等社外资源，开设"中新讲堂"，丰富培训方式，增强培训效果。

2020年中新社举办多场员工培训活动

十、合法经营责任

（一）加强经营管理工作

中新社成立经营工作领导小组，修订社属企业管理制度，规范社属企业经营行为，遵守法律，遵守网信、新闻出版、广播电视等行政管理部门发布的规章制度。

（二）严格做到采编经营"两分开"

中新社严格遵守《新闻单位驻地方机构管理办法（试行）》等相关法律法规，严禁采编经营不分，严禁有偿新闻、有偿不闻、新闻敲诈等行为。制定多项社内规章制度，严格做到采编经营"两分开"，规范开展经营活动。

（三）不刊播违法违规广告

中新社遵照广告法、广告管理条例、互联网广告管理暂行办法等，规范广告刊播行为，坚持合法、正确、健康的导向，严禁刊播国家法律法规明令禁止的广告、虚假广告、格调低俗的广告及国家有关部门禁止刊播的广告。定期在社内举办广告法等相关法规培训，增强法律意识，提高广告审查和鉴别能力。

十一、后记

（一）不足

2020 年，中新社积极履行媒体社会责任，在取得成绩的同时，仍存在以下不足：

在主动做好政策宣介和舆论引导的同时，对不良社会乱象、民众关注热点报道不够充分，舆论监督职能需进一步增强。

社会服务能力有待进一步提高，在提供信息资讯服务之外，需加强线下社会服务性活动的组织开展，提升服务公众的能力和经验。

（二）改进

2021 年，中新社将以习近平新时代中国特色社会主义思想为指导，积极履行媒体责任，把握正确政治方向，以引领风尚、道德教化、传播文明为使命担当，切实履行媒体社会责任。

进一步创新新闻信息供给方式，提升多元服务水平，以用户为中心，持续进行新媒体技术优化升级，探索新平台、新功能，改善用户体验。

积极履行舆论监督职能，在坚持党性、有利稳定、服务大局的原则下，在广度、力度、深度方面下功夫，事实准确、客观公正地依法开展好舆论监督报道工作。

中国青年报

社会责任报告

一、前言

（一）媒体概况

中国青年报创刊于 1951 年 4 月 27 日，是共青团中央机关报，是以青年为主要用户（读者）、具有重大影响力的中央主流媒体。毛泽东同志为中国青年报题写了报名。

作为广大青年的成长伙伴，中国青年报始终秉承"服务青年成长、推动社会进步"的办报宗旨，宣传青年先进人物，激发青年奋斗精神，启迪青年心灵智慧，反映青年愿望呼声，维护青年合法权益，团结鼓舞广大青年为中华民族伟大复兴的中国梦建功立业。

中国青年报社除主报外，还有《青年参考》《中国青年作家报》《青年时讯》3 张子报，拥有中国青年网、中青在线两家中央新闻网站和中国青年报客户端等 5 个客户端，在微博、微信、抖音、今日头条等第三方平台注册的机构账号 100 多个，移动端用户突破 1.2 亿。中国青年报社在国内设有 33 个记者站，在美国、日本、俄罗斯、法国、欧盟、外高加索、柬埔寨等国家和地区设有常驻记者。

2020 年中国青年报全新改版，目前有要闻、青年话题、文化、中学生、校媒、创业、青年之声等青年特色的新闻类版面及专副刊，也有共青周刊、冰点周刊、教育周刊、经济周刊、暖闻周刊、军事周刊等特色周刊。2020 年，中国青年报"融媒小厨"全面升级为"融媒云厨"，中国青年报客户端 4.0 版正式上线，"24 小时中青报"全新启幕。

（二）社会责任理念

中国青年报社以党的政治建设为统领，贯彻落实党的十九大和十九届二中、三中、四中、五中全会精神，坚持不懈用习近平新时代中国特色社会主义思想武装头脑，增强"四个意识"、坚定"四个自信"、做到"两个维护"，全面落实意识形态工作责任制，重新定位，努力推进网报深度一体化融合，打造上传下达的治国理政新平台，打造内引外联的国际传播新格局，打造惠国利民的美好实用新服务，着力提高办报办网质量，不断向"强政治，奔一流"的目标奋进。

（三）获奖情况

在第三十届中国新闻奖评选中，《活在表格里的牛》获得报纸副刊一等奖；《视频聊天网站缘何成毒品"专卖店"》获得文字通讯与深度报道二等奖；《决不允许恶意调侃救火牺牲英雄》获得网络评论三等奖；《中国有故事》获得短视频专题报道三等奖。

在第三十届中国人大新闻奖评选中，《屏幕里的两会　屏幕外的民生》获得摄影一等奖；《大国细账》获得报纸、通讯社作品二等奖；《未成年人保护法迎来大修　防治网络沉迷　校园欺凌防控　性侵虐待未成年人从业禁止》获得报纸、通讯社作品三等奖；《有性侵记录者不得从事未成年人相关工作，赞同！》获得网络三等奖。

2020 年，中国青年报社获得中国报业协会"中国报业媒体融合示范单位"。中国青年报社记者雷宇被授予全国抗击新冠肺炎疫情先进个人，李峥苨被授予抗击新冠肺炎疫情全国三八红旗手。

二、政治责任

（一）政治方向

认真做好习近平新时代中国特色社会主义思想的宣传和解读工作，在重大会议、重要活动、重要部署的宣传报道中，做到及时、深入、客观、公正，坚持正确政治方向、舆论导向、价值取向。

▲通过全年战"疫"报道领会和贯彻落实习近平新时代中国特色社会主义思想

疫情防控贯穿 2020 年全年工作，习近平总书记心系人民生命健康安全，沉着指挥，针对疫情的各个发展阶段，从统筹做好疫情防控和经济社会发展的角度，提出一系列新论断，并且作出了科学部署。中国青年报从解读"坚决打赢疫情防控阻击战"到"统筹抓好疫情防控和复工复产，推进国家治理现代化"，再到"构建起强大的公共卫生体系"，及至"学习习近平总书记在全国抗击新冠肺炎疫情表彰大会上的重要讲话"，深入宣传习近平新时代中国特色社会主义思想。

《思想者》系列专版 (2020 年 2 月 14 日、3 月 16 日)

《思想者》系列专版 (2020 年 4 月 13 日、9 月 14 日)

▲战"疫"报道

2020 年，突如其来的新冠肺炎疫情席卷全球，中国青年报深入报道战"疫"进展。2020 年 1 月 20 日，中国共青团网抖音账号发布钟南山院士担任国家卫健委高级别专家组组长并赴武汉一线进行调研，1 个小时视频播放量超 1.69 亿次。中国青年报微信公众号刊发的《互喊加油，四大"天团"会师武汉！网友：王炸来了，中国必胜！》阅读量达 1559 万次、转发量 82 万次，创中国青年报单篇微信作品阅读量新纪录。中国青年报新闻短视频栏目"青蜂侠"制作的《齐鲁！华西！两大精锐"军团"武汉相遇，双方隔空喊话相互致意》总播放量达 5180 万次，阅读量 4.2 亿次。

中国青年报及时报道抗疫一线青年志愿者、青年突击队和全国各级团组织抗疫事迹，先后推出"战'疫'团旗飘""筑起防疫青春长城""战'疫'青年英雄谱"等栏目。五四期间，发起"致敬战疫青年"系列公益活动，微博话题阅读量30多亿次。

▲ "青年大学习"网上主题团课

2020 年，中国青年报"青年大学习"网上主题团课系列 H5，3 季 39 期，总点击量 28 亿次，15.2 亿人次完成了在线学习，成为广大团员青年的"学习宝典""健康手册""新闻雷达"和"知心朋友"。

▲ 深入报道习近平总书记五四寄语精神

2020 年五四青年节，习近平总书记寄语新时代青年，要继承和发扬五四精神，在实现中华民族伟大复兴中国梦的新长征路上奋勇搏击。中青报推出"习近平与大学生朋友们"系列专题报道，并在中国青年报客户端、中国青年网、中青在线首页首屏开设栏目专区进行集中展示。截至 2020 年 6 月底，全网阅读量超过 250 万次，转载量超 700 次。报社联合相关单位发起"致敬战疫青年"公益活动，推出《强国青年》榜样公开课。

五四报道（2020 年 5 月 4 日、5 月 26 日）

《强国青年》榜样公开课

▲两会报道

2020 年两会期间，中国青年报社推出《跟着习近平总书记下团组，铭记这些嘱托！》等图表、H5 作品和"故事 + 海报 + 分屏视频 + '青年大学习'互动留言"融媒体产品，总阅读量过亿次；推出《两万亿能否托起基本民生》《大国细账》深度报道、Vlog《青年创业者：减免政策给了我

《2020 政府工作报告知识竞赛》等系列动静态图表以及 H5 作品

两会报道（2020 年 5 月 25 日、5 月 29 日）

们力量和"喘息"的机会》《减税降费击中创业者痛点》等青年关注的融媒新闻。

▲七一报道

中国青年报刊发七一理论特刊《99 年：初心不改　风华正茂》，从为什么是中国共产党、党与青年、党与少年、青年人为什么入党几个方面，阐释共产党与中国发展的关系、共产党与青少年的关系。《中国共产党为什么能》《人民性是中国共产党最鲜明的底色》被"学习强国"学习平台转发。

▲ "走向我们的小康生活" 报道

2020 年 6 月至 8 月，"走向我们的小康生活"主题采访报道活动全面启动，中国青年报全媒体平台发布"走向我们的小康生

七一报道（2020 年 7 月 1 日）

"深圳经济特区建立 40 周年"报道
（2020 年 10 月 15 日）

活"主题网稿、组图、短视频、微博、Vlog、H5
等原创报道近 800 篇，累计阅读量近 3 亿次。微
博话题"我心目中的小康生活"阅读量超 1.4 亿
次。10 余篇报道单条稿件阅读量破千万次。

▲ **"深圳经济特区建立 40 周年"报道**

中国青年报社相继推出评论、特稿、问卷调
查及微信产品等，既深刻分析了深圳经济特区由
改革开放窗口到
中国特色社会主
义先行示范区历
史使命转变的重
大意义和深刻内
涵，又围绕青年
成长和发展，从小角度切入，展现深圳经济特区
改革开放的轨迹以及对年轻人的吸引。

▲ **做好"抗美援朝 70 周年纪念"宣传报道**

9 月中上旬，中国青年报开设"走进抗美援朝
英模部队"专栏，多篇精品被人民日报、新华社、
解放军报等媒体转载。刊发《铸就和平与正义的
历史丰碑》《"谜一样的东方精神"：革命英雄主
义铸就伟大抗美援朝精神》，解读习近平总书记
10 月 23 日在纪念中国人民志愿军抗美援朝出国作
战 70 周年大会上的重要讲话精神。

▲ **深入宣传贯彻党的十九届五中全会精神**

党的十九届五中全会召开后，刊发《为踏上
新征程开好局起好步》《准确把握"十四五"时
期的发展环境》《决胜未来，惟有创新》等重要
文章。

创制微电影《再出发》，讲述了扶贫干部、快

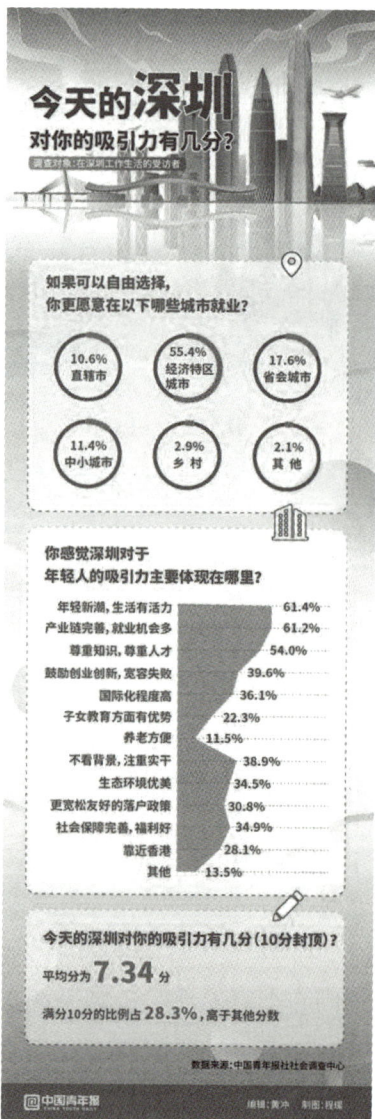

递小哥等 4 个普通青年的"奋斗"故事，呈现未来 5 年中国的新变化以及青年的成长空间。《2035 是这 young》上线，用音乐的形式解读党的十九届五中全会精神，传递青春之音，作品总播放量达 5 亿次。

2020 年 12 月 19 日，中国青年报社与北京大学党的理论创新研究中心共同举办"'十四五'与青年发展"理论研讨会，推出了

党的十九届五中全会报道
（2020 年 11 月 2 日）

"'十四五'与青年发展"
理论研讨会

"Z 世代 5 年规划：愿与国家共成长"系列全媒体报道，其中《新起点　新格局　新青年——"十四五"与青年发展理论研讨会发言摘要》24 小时阅读量就超过 1000 万次。

（二）舆论引导

1. 引导社会热点。2020 年 8 月，《思想者》理论版积极呼应并深入解读，推出《理解"节约"的三层战略含义》。

2. 创制新闻作品。中国青年报发挥青年特色，以青年视角关注新闻，创制一批具有青年特色的融媒作品。

（三）舆论监督

1. 批评性报道。中国青年报持续关注互联网大数据时代下的信息安全问题，撰写《实名认证仍存漏洞　部分游戏涉嫌违规》；关注健康领域的问题，刊发《罕见病用药进医保之难》等。

2. 调查性报道。关注青年群体利益，调查教育机构"倒闭"、租房机构"跑路"、医美乱象等，报道消费维权痛点。

航天报道（2020 年 5 月 12 日）

批评性报道（2020 年 5 月 12 日、9 月 22 日）

调查性报道（2020 年 10 月 27 日、11 月 17 日）

外宣报道（2020 年 3 月 4 日、6 月 1 日）

（四）对外传播

1. 讲好中国故事，传播好中国声音。2020 年，中国青年报加强对外传播，传播好中国声音、中国成就，各端口累计访问量逾亿次。

2. 促进文化交流。中国青年报社举办"全球青年抗疫 / 创新行动经验分享会"12 场，分享中国在统筹疫情防控和经济社会发展方面的经验，呼吁人类共同抗疫、建设命运共同体。推出"此时此刻"全球青年抗疫故事国际征集展示活动，相关融媒产品被各国青年组织转发。

三、阵地建设责任

（一）融媒体矩阵

中国青年报规范在第三方商业平台注册的机构账号，提升传播效能。中国青年报和中国青年网法人微博粉丝过千万，中国青年报官方微信粉丝 1200 万，中国青年报抖音账号粉丝 1500 万，中国青年网头条号、百家号均居媒体账号前列。各种数据显示，中国青年报移动端融合传播能力位居中央主流媒体前列。

（二）融媒体报道

中国青年报社组建端网运营室，以客户端升级移动模块为牵引，全媒体采编彻底入驻"融媒云厨"。融媒体报道质量和数量显著增长。中国青年网"青蜂侠"新闻短视频栏目各类账号粉丝 1500 万，围绕重大主题报道、正能量暖视频等发布产品 2 万多条，日均播放量超过 5000 万次。

（三）融合采编平台建设

2020 年，中国青年报客户端 4.0 版上线，推动中青融媒小厨升级为融媒云厨，加快以"青蜂侠"为主的新闻短视频建设，打造自有平台与合作平台相结合的移动端传播矩阵，扩大对青年用户的覆盖面和影响力。

中国青年报新闻主网——中国青年网和中国青年报新闻文化视频网站——中青在线日均独立访问用户数（UV）和日均网站页面访问量（PV），位居中央新闻网站前列。中国青年报客户端下载数和日活量有一定提升，青创头条客户端受到行业关注。

四、服务责任

（一）信息服务

中国青年报社与教育部高等教育教学评估中心合作，推出《2020 工科"硬核"专业报考指南来了！》融媒体产品，引导广大青年学生合理填报志愿，受到教育主管部门、中国工程院好评。

信息服务类报道（2020 年 7 月 23 日）

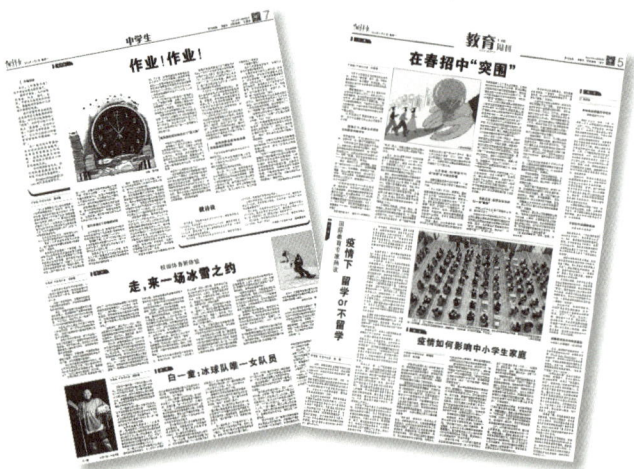

社会服务类报道（2020 年 1 月 6 日、4 月 27 日）

（二）社会服务

中国青年报社参与青年就业平台建设，开展"千校万岗百城"系列公益活动，发动 40 多个城市 4000 多家企业为大学毕业生提供了 40 多万个岗位。

创设《中学生》版，从中学生视角去看待成长中的问题。

（三）公益活动

1. 刊播公益广告。2020 年，中国青年报累计刊发公益广告 49 个整版，自主设计公益广告 8 幅。

2. 开展公益活动。中国青年报社与中国青基会共同开展"一起学习　希望同行"云助学项目，募集善款 840 多万元，帮助 5867 名贫困青年学子实现在线学习。报社启动"暖春行动"，整合数百万元优质传播资源，为基层政府、企事业单位防疫抗疫、复工复产提供切实帮助。

3. 助推乡村振兴。2020 年，中国青年报社举办"寻访新时代脱贫攻坚青年网络主播"活动，帮助湖北、青海等地农户解决农副产品售卖难题等，推进精准扶贫、精准脱贫。

五、人文关怀责任

（一）民生报道

随着快递、外卖兴起，"减塑"成为社会性难题，中国青年报通过文字、图片、视频等全媒体的方式呈现，为破解"减塑"难支招。

（二）灾难报道

2020 年 3 月，四川凉山再次发生森林火灾，中国青年报刊发《穿越山火生死线》《烈火无声》等深度报道。

2020 年 6 月，中国青年报参与抗洪报道，刊发《洪水中的抢收》《追着洪水跑》等。

民生报道（2020 年 11 月 17 日）

灾难报道（2020 年 7 月 28 日）

以人为本报道（2020 年 3 月 20 日、6 月 5 日）

（三）以人为本

《频频跨省"被法人"到底谁来管管》报道发表后，引发社会关注，促成这一事件解决。《我"被结婚"了》，推动有关部门解决了当事人长达两年之久的"被结婚"局面。

六、文化责任

（一）弘扬践行社会主义核心价值观

中国青年报创设文学副刊《五月》，关注青年创作文学作品，《念念不忘　必有回响》一文被选为 2020 年上海中考语文阅读理解题。

《五月》专版（2020 年 1 月 13 日、8 月 3 日）

（二）传承繁荣中华优秀传统文化

2020 年 9 月 1 日，中国青年报刊发本报评论员文章《向青少年讲好文化传承的故事》，提出增加人文关怀与现实观照，增加优秀传统文化与核心价值观，同日刊发特稿《王阳明的六堂人生课》。

中国青年报"文化中国论坛""榜样阅读"等全媒体活动，把"文化传承"的基因与"思想引领"创新有效结合起来。中国青年报主办的第三届《传承的力量》，弘扬中华优秀传统文化，培育深厚的民族情感。

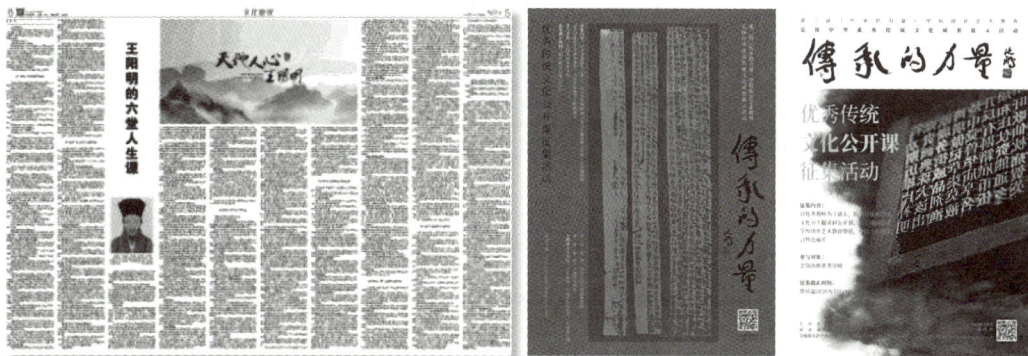

文化报道（2020年9月1日）

（三）推动提升科学素养

《强国课堂》（第2季）以"航天强国"为主题，弘扬航天精神，为新时代赋能，为中国梦续航。

七、安全责任

《强国课堂》（第2季）海报

中国青年报社压紧压实意识形态工作责任制，实现报纸、网站、移动终端三端原创内容"三审三校"全覆盖，把关前置，制定了《关于加强重大宣传稿件审核的通知》《中国青年报社在第三方商业平台注册官方账号的管理办法》《端网运营室岗位职责和工作标准》等规章制度，堵塞管理漏洞。

八、道德责任

中国青年报社狠抓作风建设和流程管理，对采编从业人员和采编环节进行行为规范，修订了《中国青年报驻站记者管理条例》，接受群众举报投诉，杜绝虚假报道、有偿新闻等损害媒体公信力、影响力的行为。报社自查没有发现违规违纪现象。

九、保障权益责任

（一）保障从业人员合法权益

中国青年报社制定《中国青年报社全媒体人才战略规划方案（"十四五"）》，坚持向采编一线倾斜的业绩导向，全面调动报社一线采编岗位人员的工作积极性、创造性。

为新闻采编人员提供安全舒适的办公场所及配套设施、服务。为灾难、事故报道一线记者购买保险、为战"疫"报道记者体检。举办新闻从业人员常见病防治健康讲座。做好残疾人就业安置及缴纳残疾人就业保障金工作。

（二）保障从业人员薪酬福利

严格履行事业单位人事管理条例、劳动法、劳动合同法，按规定签订合同，缴纳社会保险、职业年金、住房公积金，落实员工法定假期和各类带薪休假等。

（三）规范新闻记者证管理

按规定为采编人员申请、办理新闻记者证并进行年审，及时收回离职退休等采编人员记者证。按规定进行涉外证件管理。

（四）开展员工教育培训

根据防疫工作需要，制订了以线上培训为主的年度培训计划，全年举办培训38 场，讲座 15 场，参加培训 6169 人次，累计培训 1.25 万学时。落实全国三教办要求，组织开展《马克思主义新闻观百问百答》专题学习培训。

十、合法经营责任

（一）严格实行采编经营"两分开"

中国青年报社认真落实采编经营"两分开"制度，严禁采编人员从事广告、发行等经营活动，对于有偿新闻、有偿不闻和新闻敲诈，发现一起查处一起。

（二）加强经营管理

报社强化程序和规则意识，严格规范对外合作项目，从政治风险、社会风险、经济风险、安全风险等各个环节把控，坚决维护党的形象，维护共青团组织形象、维护报社形象。

（三）严格规范刊播流程

报社修订《中国青年报社经营项目风险防范暂行办法》《中国青年报社经营项目预算管理规定》《中国青年报社活动管理规定》《中国青年报社内容合作与运营管理规定》等，坚持正确导向，依法依规发布广告，开展合作。

十一、后记

针对 2019 年度提出的问题进行了整改，报社全面深化中国青年报和中国青年网媒体融合；大力提升中国青年报客户端下载量和日活量；积极探索移动视频化、视频产品化、媒体平台化模式。

目前报社还存在一些不足：一是中国青年报发行量和中国青年报客户端日活量仍需进一步提升；二是媒体融合向纵深发展，要保持清醒和自觉，加速改革步伐。

2021 年，中国青年报社在中宣部、中央网信办指导下，在团中央书记处领导下，学习贯彻落实党的十九届五中全会精神，贯彻落实《关于加快推进媒体深度融合发展的意见》，加速推进全媒体融合改革步伐，更加自觉地增强"四个意识"、坚定"四个自信"、做到"两个维护"，围绕"服务青年成长、推动社会进步"主责主业和媒体定位，进一步推进媒体深度融合一体化发展，坚持正确舆论导向，不断推动内容创新工作，做强新型主流媒体，提升面向青少年的网上传播力、引导力、影响力、公信力和服务力，不断巩固壮大主流思想舆论，更加广泛有效地为党育人、凝聚青年、服务大局，有效引领广大团员青年在全面建设社会主义现代化国家新征程中建功立业。

经济日报

社会责任报告

一、前言

（一）媒体概况

经济日报是以经济报道为主的中央党报，是党中央、国务院指导全国经济工作的重要舆论阵地，企业获取经济信息的重要渠道，国际社会观察中国经济形势的重要窗口，是经济领域发行量大、权威性和公信力强的主流媒体。

1983 年 1 月 1 日，经党中央批准，经济日报在中国财贸报基础上创刊。1984 年 8 月 31 日，邓小平同志为经济日报题写报名。1998 年 6 月 8 日，经济日报报业集团成立。除主报外，集团现有中国经济网及 7 家报社、3 家杂志社、2 家出版社、1 家印刷厂，所办媒体涵盖了财经、证券、金融、纺织、建材、花卉、书画等多个行业。

经济日报设有国内记者站 36 个，国（境）外记者站 26 个。

目前，经济日报全年发行量超过 105 万份。新闻客户端下载量达 4000 万，激活用户 700 万。微博粉丝量 560 万，日传播覆盖面约 50 万人次，平均日传播量约 300 万人次。微信粉丝超 200 万，单日阅读量 30 万人次。

新闻采编人员 **278人**

文化名家暨"四个一批"人才	14人
国家"万人计划"哲学社会科学领军人才	2人
新闻出版行业领军人才	11人
享受国务院政府特殊津贴专家	56人
长江韬奋奖获得者	9人
全国优秀新闻工作者	23人

（二）社会责任理念

经济日报始终坚持正确政治方向、舆论导向、价值取向，忠诚履行中央党报、经济大报的职责使命，着力推动习近平新时代中国特色社会主义思想深入人心，着力培育和弘扬社会主义核心价值观，着力提升经济宣传质量和水平，着力推动媒体深度融合发展，着力加强国际传播能力建设，积极唱响中国经济光明论、机遇论、贡献论，在加强舆论引导、稳定社会预期方面努力发挥经济宣传压舱石作用。

（三）获奖情况

评论理论部齐东向同志获第十六届长江韬奋奖。

文字评论《沙特巨额投资巴基斯坦有益各方》、系列短视频《"数说 70 年"数据新闻可视化》及《全景体验"永不落幕"的线上世园会》获第三十届中国新闻奖一等奖。

深度报道《香港经济不堪"乱"负　止暴制乱方是正途》获第三十届中国新闻奖二等奖。

新闻摄影《百年首钢的两次奥运奇缘》获第三十届中国新闻奖三等奖。

此外，在第三十二届中国经济新闻奖评选中，1 件作品获特别奖，5 件作品获一等奖。

二、政治责任

（一）政治方向

1.围绕中心，深入学习宣传习近平新时代中国特色社会主义思想。经济日报始终牢记政治家办报要求，把学习宣传贯彻习近平新时代中国特色社会主义思想作为首要政治任务。在一版开设"学思践悟习近平新时代中国特色社会主义经济思想"等专栏，刊发《为世界谋大同的中国方案》等近百篇优秀作品。

结合习近平总书记出席重要活动、参加重要会议、发表重要讲话等，及时在一版组织专论文章和本报编辑部文章，邀请重要经济职能部门的领导同志及有影响力的专家学者撰写学习体会，刊发《因时因势调整应对　巩固拓展战"疫"战果》等数十篇本报评论员文章，刊发《潮涌钱江千帆竞》《彰显青春力量　交出合格答卷》等反响报道。

2020 年 10 月 9 日 1 版

2. 有声势有效果，精心做好重大主题宣传。深入宣传习近平总书记关于脱贫攻坚的重要论述，大力宣传脱贫攻坚先进典型事迹。开设《脱贫攻坚》专版和《决战决胜　脱贫攻坚　印记》摄影专版。"走向我们的小康生活"主题报道持续 3 个月，95 名记者分赴全国各省区市，刊发报道 82 篇，"读懂我们的小康"系列刊发 14 个整版，直播专栏"走向我们的小康生活"点击量超 10 万。

3. 做好"十三五"成就宣传，汇聚奋斗"十四五"的强大力量。将回顾"十三五"、迎接"十四五"报道贯穿全年。推出《十三五·中国为什么能》专版，从党的领导、制度优势、人民力量等方面提炼总结"十三五"取得辉煌成就的成功经验。

2020 年 7 月 2 日 1 版

（二）舆论引导

1. 敢于亮剑发声，主动引导引领舆论。对抹黑中国经济的言论，旗帜鲜明地亮剑回击；对片面模糊认识，及时正本清源；对经济领域的热点话题做好引导引领。

2020 年 9 月 26 日 3 版

构建网评、短评、快论、本报评论员文章等评论矩阵，打造"金观平""郭言""经世言"等评论言论品牌。围绕 TikTok 交易谈判，在报、网、端、微推出 3 篇评论，包括《丢掉幻想　坚定信心》《被胁迫的交易没有共赢》《认清巧取豪夺的实质》。

2. 不断营造对我国有利的国际舆论氛围。旗帜鲜明地对"病毒起源论""责任论""隐瞒论"等蓄意抹黑和无端指责的论调予以回击。主动阐释报道我国秉持人类命运共同体理念，加强抗击新冠肺炎疫情国际合作，提供力所能及的帮助，刊发《在全球抗疫合作中推动构建人类命运共同体》等重点文章。

（三）舆论监督

在国务院大督查中，经济日报派记者分三路跟随督查组在江苏、河南、河北和湖北等地开展督查采访，采写《江苏连云港市赣榆区私营个体经济协会——"搭车"收费屡禁不止》《三大运营商难进燕京理工学院——学生为何只能用高价校园网》等。该套报道事实清晰、调研细致，刊出后反响大，相关部门和单位积极整改。经济日报以建设性立场跟进报道整改措施及成效，以舆论监督有效推动了问题解决。

2020 年 10 月 19 日 1 版

（四）对外传播

加强国际传播能力建设，讲好中国故事，促进文化交流。与巴基斯坦、俄罗斯、哈萨克斯坦、意大利等国的主流媒体在视频节目、特刊出版、新媒体和社交账号等方面的合作取得积极进展。在抗疫报道期间，与意大利《24 小时太阳报》

合作，共同出版特刊，与俄罗斯《消息报》合作出版《新对话·中国经济特刊》。

三、阵地建设责任

（一）融媒体矩阵

加快构建融为一体、合而为一的全媒体传播格局，"以经济日报新闻客户端为主体、社交媒体为两翼、第三方平台为补充"的新媒体矩阵进一步发展壮大，新媒体日传播覆盖面逾1亿人次，经济日报新闻客户端全年累计阅读量约74亿人次，微信公众号粉丝量全年增长36%。打造新媒体矩阵，"视点""经点科学""外企头条"等账号和产品品牌成为全媒体传播的重要组成部分。"每周经济观察""金观平"等一批原创经济类视频栏目让经济报道更生动鲜活，在抖音单条播放量最高超过2.7亿人次，点赞量最高达1200万人次。

"经点科学"微信公众号

（二）融媒体报道

1.融合报道成为常态、量大质优。抗疫报道中，经济日报原创融媒产品发稿近万条，新媒体各平台阅读传播量达到峰值3亿人次，稳定于2亿次，阅读量过亿的产品10余个。在决战脱贫攻坚报道中，共刊播融媒体产品2260余条，总阅读量、播放量、点赞量达到3.6亿人次。

2.在重大报道中以融合报道提升影响力。全国两会期间推出短视频《暖心！

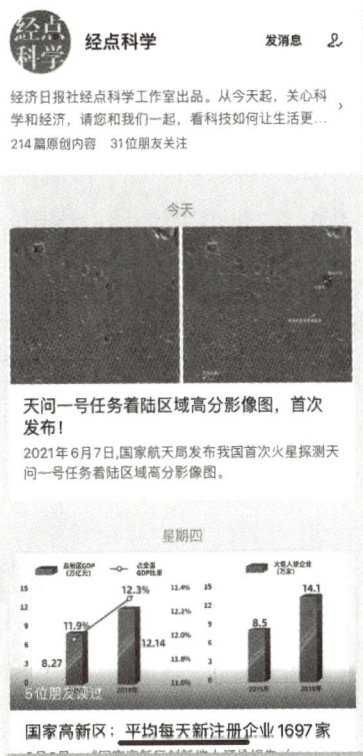

经济日报 ›

蚂蚁集团暂缓上市彰显保护投资者利益的坚定决心

金观平　经济日报　2020-11-03

近期，围绕金融监管与创新引发的议论，引起监管层关注。顶着史上最强、本年度全球最大IPO之名的蚂蚁集团，被暂缓上市了，一石激起千层浪。

↑上交所官网截图

此前，蚂蚁集团经过各方批准，按相关程序走到现在，正在静候上市。蚂蚁集团启动上市以来，也广受市场关注。近期，有关方面经过进一步了解，发现了相关问

经济日报微信公众号 2020 年 11 月 3 日推送文章

习近平：一定要把我们的农民扶一把！》，以习近平总书记的生动语言展现为民情怀，播放量超过 6120 万人次，点赞量超过 300 万人次。

3. 以旗帜鲜明的观点引导舆论。11 月 3 日，上海证交所发布《关于暂缓蚂蚁科技集团股份有限公司科创板上市的决定》后，我们随即在新媒体平台发布署名"金观平"文章《蚂蚁集团暂缓上市彰显保护投资者利益的坚定决心》。评论观点鲜明且直击要害，有效占据各平台首页首屏，相关阅读量达 8000 万人次。

（三）融合采编平台建设

开展智能辅助创作系统、新闻策划支持系统、集成信息门户系统等融合采编平台子系统建设。2020 年下半年启动全媒体采编平台三期项目建设。经济日报融媒体演播厅正式投入使用，极大提升了报社音视频制作播出水平。

四、服务责任

（一）信息服务

1. 解读经济政策。围绕党中央关于经济社会发展的重大决策部署，聚焦"六稳""六保"和新发展阶段、新发展理念、新发展格局等重大议题，分析形势任务，讲清政策意义。剖析经济样本，为各地区各行业学习借鉴提供平台，刊发对碧桂园集团的调研文章《这还是家房地产公司吗》《布局多元化能有几分胜算》，

并配发言论评论《碧桂园研发机器人说明了什么》。

2. 分析经济形势。着力经营"经济聚焦""视点"等一批经济观察栏目，引导读者看清中国经济长期向好的趋势。加强月度、季度、年度数据分析，"坚定必胜的中国信心"专栏解读经济数据背后的新闻，鼓舞发展信心。

3. 打造"中经指数"集群。中经产业景气指数、中国农业经济景气指数、"经济日报—中国邮政储蓄银行小微企业指数"、"经济日报—伊利集团消费趋势报告（乳制品）"等初具影响力。

4. 提供生活服务信息。每日推出"财经早餐"，为读者提供新闻、交通、天气等信息。开设"全球抗疫进行时"等专题，报道国内外抗疫最新动态，科普健康知识和防疫技能，共集纳、发布相关稿件 3000 余篇，总阅读量超 2 亿人次。

2020 年 12 月 14 日 1 版

（二）社会服务

2020 年 2 月 13 日 6—7 版

搭建问政、民生等服务平台，通过报道帮助群众解决实际困难。针对疫情对小微企业的影响，与邮储银行合作开展全国调查，刊发《同舟共济，全力纾困小微企业——疫情对小微企业影响及对策》。对全国企业主开展线上调查，研究新冠肺炎疫情对全国小微企业的影响。经济信息数据库已完成全国超过 12 万户家庭财富样本、7000 个创业企业样本、5000 个新型农业经营主体样本入库，初步构建了一整套自有知识产权的指标体系。

2020 年 9 月 15 日 12 版

（三）公益活动

助推乡村振兴，推出"决战决胜脱贫攻坚·攻克最后堡垒"栏目，对 52 个未摘帽贫困县展开集中深度报道，刊发《云南会泽：自家"好东西"闯出大市场》等数十篇调研报道。

针对新冠肺炎疫情影响造成的农产物滞销难题，经济日报与多家电商平台联系，推出助农战"疫"专场，帮助数万亩在疫情中滞销的鲜果解决"卖难"问题。"经济日报视点"等抖音账号举办直播活动，助力湖北省农产品销售。

五、人文关怀责任

（一）民生报道

坚持民生视角，解读就业、医疗、教育、养老等方面的政策举措，刊发《疫情冲击下，就业形势何以保持稳定》《新经济成为创造就业岗位"发动机"》等系列重头稿件，释疑解惑，正面引导。

（二）灾难和事故报道

凸显人文精神，关注人的情感，遵守新闻伦理，不进行二次伤害式的提问采访，重点报道党中央、国务院及各级党委、政府对灾难事故的处置方案、进展成效及对受害者的关心关怀等。

（三）以人为本

坚持以人民为中心的理念，报道有态度有温度。在抗疫报道中把镜头对准普通人，用笔端书写志愿者、医务人员、人民警察等的抗疫故事。新媒体作品《总有些温暖不期而遇 | 画说武汉》是经济日报抗疫一线记者在武汉开展战"疫"报道的温暖之作。

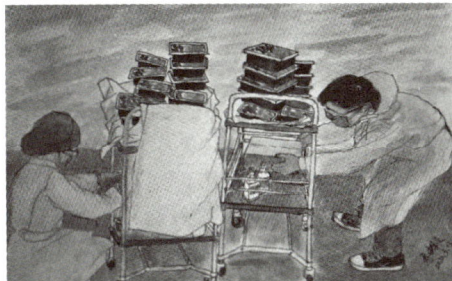

2020 年 9 月 15 日 12 版版面《总有些温暖不期而遇 | 画说武汉》

六、文化责任

（一）弘扬践行社会主义核心价值观

2020 年 11 月 4 日 4 版

做好对社会主义核心价值观和中国梦的宣传，坚持团结稳定鼓劲，正面宣传为主，报道各行各业的先进典型。《雪域之巅的青稞使者》《科学光芒照耀高原大地》记录被誉为"青稞王子"，却因车祸不幸去世的西藏自治区农牧科学院院长尼玛扎西的感人故事。《弘扬科学家精神　走新时代创新之路》用不同领域的科学家故事阐释了以爱国、奉献、创新、求实、协同、育人为主要内容的科学家精神。

（二）传承繁荣中华优秀传统文化

经济日报文旅版开设"非遗故事"和"文化

2020 年 6 月 10 日 1 版

视野"专栏。"非遗故事"报道具有地方特色和悠久历史的非物质文化遗产，刊发《江苏连云港海州五大宫调：老曲"淬火"发新声》《景泰蓝：古风新韵浴火而成》等稿件。"文化视野"关注了云冈石窟数字化、郑州电影小镇开展游客深度体验、河北永清核雕工艺、图书外卖等创新文化现象。

（三）推动提升科学素养

报道科技创新成果，普及科学知识。2020 年全国两会后，头版连续刊发 3 篇推动科技创新系列述评《第一动力：以创新引领发展》《优化布局：以改革提升创新效能》《着眼未来：培育壮大新增长极》。习近平总书记主持召开科学家座谈会后，经济日报在头版连续刊发《面向世界科技前沿，贡献中国智慧》等 4 篇评论文章，及时解读中央精神，回应社会关切。

七、安全责任

一是增强底线思维。始终保持正确政治方向、舆论导向、价值取向，抓住直属企业和新媒体管理等薄弱环节，推行新媒体账号审读制度，坚持一把尺子衡量、一个标准管理。建立直属企业办公会制度，加强直属企业新闻出版和导向管理专项检查。

二是排查隐患风险。全面梳理报纸编辑、新媒体产品制作全过程，查找隐患和风险点，修订《经济日报全媒体中心编辑流程规范》，印发《关于切实加强新媒体重点稿件审核把关的办法（试行）》等。强化牢固树立"凡发必审""发即有责"理念，杜绝"免审""免检"稿件。

三是开展"报道工作安全月"活动。有针对性地开展教育培训，深入学习贯彻落实习近平总书记关于新闻舆论工作的重要论述，加强对关键岗位、关键环节人员的教育管理，提高青年编辑记者的政治敏感性和政治鉴别力。

八、道德责任

（一）遵守职业规范

经济日报严格按照《中国新闻工作者职业道德准则》加强内部管理，要求全员遵守职业规范。始终坚持新闻真实性原则，坚决不刊播虚假失实新闻；坚决反对和抵制各种有偿新闻、有偿不闻及新闻敲诈行为；加强内容审核把关，坚决抵制庸俗、低俗、媚俗之风；高度重视版权保护工作，尊重原创，不断加大新闻作品版权保护和维权力度。

（二）维护社会公德

经济日报大力弘扬社会公德，倡导文明新风，维护社会公序良俗。刊发"最美退役军人""最美教师"先进事迹，彰显道德模范的榜样示范作用；挖掘抗击新冠肺炎疫情、脱贫攻坚、决胜全面小康中的动人故事，记录新时代奋斗者、奉献者的最美身影；介绍新时代文明实践中心建设情况，为各地培育社会文明新风尚提供有益经验。

2020 年 2 月 12 日 8 版和 2020 年 4 月 15 日 10 版

（三）接受社会监督

在采访时，报社记者主动出示国家新闻出版署统一核发的新闻记者证。严禁无证或持工作证、采访证等其他证件开展采访工作，严禁未取得记者证的试用及实习人员单独从事新闻采访活动。自觉接受社会监督，保障群众依法举报投诉渠道畅通。

九、保障权益责任

（一）保障从业人员合法权益

支持和保护正常采编行为。为所属新闻采编人员从事新闻采访活动提供必要保障，完善专项保险等各项保障制度，保护新闻采编人员合法权益。

（二）保障从业人员薪酬福利

严格遵守各项法律法规，重视员工职业发展，保障员工合法权益。一是依法执行劳动合同的签订、续签、变更、解除、终止等手续，与新录用员工及聘用人员均签订劳动合同，依法缴纳"五险一金"，足额支付新闻从业人员的劳动报酬，依法保障职工的休息休假权利。二是不断优化薪酬社保措施和考评激励制度，建立采编人员、行政后勤人员、经营管理人员分级分类绩效考核办法。

（三）规范新闻记者证管理

为符合条件的采编人员及时申领新闻记者证，并精心安排部署了主报、驻地机构及直属企业记者证换发工作，依法依规严格审核申请材料，从严掌握记者证换发范围，全面清查清理不具备换发条件的人员。及时收回离退休等采编人员的新闻记者证。

（四）开展员工教育培训

对员工培训和队伍建设常抓不懈。疫情期间，报社采取"直播＋现场"等线下、线上结合的方式开展培训学习，扩大了培训的覆盖面，强化了培训的针对性。积极完善包括"经济大讲堂"系列讲座、"导师学徒制"新闻采编业务培训等干部教育培训平台，先后组织党性和理论教育、专业能力和知识培训17期，培训2500人次。

经济日报社组织开展多场教育培训

十、合法经营责任

一是严格遵守法律和国家有关部门发布的法规文件。全面贯彻落实党中央关于全面依法治国的各项决策部署，严格遵守法律和网信、新闻出版、广播电视等行政管理部门发布的部门规章和制度性文件。认真履行合法经营职责，始终坚持把社会效益放在首位、实现社会效益和经济效益相统一。

二是严格执行采编与经营"两分开"的规定。认真执行《经济日报社关于严格实行"两分开"规范新闻采编制度的规定》等规章制度，严格要求不以任何形式向采编人员下达经营任务或创收任务。对驻地机构的新闻采编活动进行规范化管理，全面明确驻地记者严禁从事经营活动也不承担经营任务。

三是杜绝刊播违法违规广告。严格遵守《中华人民共和国广告法》《广告管理条例》以及国家有关法律法规，遵守《中国报纸广告行业自律公约》，全年未发现刊播违法违规广告问题。

十一、后记

（一）回应

针对 2019 年社会责任报告中提到的不足，积极采取有效措施进行改进。

在运用新媒体做好分众化、差异化、精准化传播方面，报社探索频道制改革，各采编部门精心做好客户端频道的内容采集、编辑和推送工作，提升各频道专业化水平，打造内容特色。

在人才队伍建设方面，积极组织新闻采编业务培训，推动记者编辑向全媒记者、全媒编辑转型。以打造频道制、实施项目制、推出个人专栏为抓手，实施"名师名家"培养工程。

2020 年，经济日报社没有出现被网信、新闻出版、广电等行政管理部门或新闻道德委员会等行业组织作出行政处理、通报批评的情况。

（二）不足

2020 年，经济日报积极履行媒体社会责任，体现了中央党报的责任担当，但仍然存在一些不足。在经济宣传和舆论引导方面，经济特色还不够突出，主力军作用发挥还不够充分。在推进媒体深度融合发展方面，还需迈出更大步伐，迈上更高台阶。

（三）改进

2021 年是我国现代化建设进程中具有特殊重要性的一年，"十四五"开局，全面建设社会主义现代化国家新征程开启，中国共产党迎来百年华诞。在新的一年里，我们将紧紧围绕学习宣传贯彻习近平新时代中国特色社会主义思想，围绕开局"十四五"、开启新征程，围绕立足新发展阶段、贯彻新发展理念、构建新发展格局，突出庆祝中国共产党成立 100 周年主线，为全面建设社会主义现代化国家开好局、起好步提供坚强思想保证和强大精神力量。

一是抓主线，做好建党百年报道。2021 年，我们将推出大量专版专题和新媒体产品，全方位宣传中国共产党领导人民进行革命、建设、改革的光辉历程，宣传中国共产党为国家为人民为民族建立的丰功伟绩，宣传中国共产党在长期奋斗中形成的优良传统和宝贵经验，大力营造共庆百年华诞、共创历史伟业的浓厚氛围。

二是重内容，重塑经济特色。深入阐释习近平新时代中国特色社会主义经济思想和党中央重大经济决策部署，努力把经济日报建设成为学习宣传习近平新时代中国特色社会主义经济思想的理论高地。不断提高经济宣传报道的质量和专业化水平，研究经济问题、解析经济现象、把脉经济走势。强化深度调研报道，推出更多有深度、冒热气、品质高的新闻佳作。

三是促融合，坚持守正创新。深入贯彻中央《关于加快推进媒体深度融合发展的意见》，加强顶层设计，建立适应移动互联网传播的组织架构和全媒体传播链条，争做优质内容供应商。增强各部门协同能力，提升融合发展水平。

解放军报

社 会 责 任 报 告

一、前言

（一）媒体概况

解放军报创办于 1956 年 1 月 1 日，是中央军委机关报，是党在军队的喉舌，是我党我军宣传思想工作的一个重要阵地，也是党领导人民军队的一个特色。

（二）社会责任理念

2020 年，解放军报围绕深入学习贯彻习近平总书记关于宣传思想工作的重要思想特别是关于新闻舆论工作的重要论述，忠实履行党和人民赋予的职责使命，自觉履行社会责任，展示良好形象，促进党的新闻事业健康发展；认真贯彻落实习主席系列重要指示精神，把社会责任、军事效益放在首位，坚持军报姓党、坚持强军为本、坚持创新为要，坚守党的新闻舆论阵地，在深化改革、转型重塑、融合发展中全面提升传播力、引导力、影响力和公信力，向新型军事传媒迈出坚实步伐。

《屹立在喀喇昆仑之巅》

（三）获奖情况

在第三十届中国新闻奖评选中，解放军报文字通讯与深度报道《屹立在喀喇昆仑之巅》获一等奖；新闻论文《在守正创新中展示好新时代空

"全息军报"

军形象》获二等奖；国际传播《那一刻，我代表祖国》获三等奖。"全息军报"入选 2020 年中国报业深度融合发展创新案例名单。在第三十届中国人大好新闻奖评选中，解放军报作品《中国军人　使命必达》获三等奖。在 2020 年"新春走基层"活动中央新闻单位优秀作品和先进个人评选中，解放军报《砺兵海拔 4700 米，他们一刻不松懈》《"辽东雄鹰"：乘风振翅向战飞》《飞向祖国最南端》被评为优秀作品，3 人被评为先进个人。在第十三届中国摄影金像奖评选中，解放军报记者范江怀获纪

"那一刻，我代表祖国"专栏

《中国军人　使命必达》

《砺兵海拔 4700 米，他们一刻不松懈》

《"辽东雄鹰"：乘风振翅向战飞》　　《岛——"人民楷模"王继才的奋斗人生》　　　　《飞向祖国最南端》

实摄影类中国摄影金像奖。在第八届徐迟报告文学奖评选中，解放军报报告文学《家·国："人民楷模"王继才》获优秀作品奖，并被中组部评为第五届全国党员教育培训优秀教材。解放军报报告文学《岛——"人民楷模"王继才的奋斗人生》获全国报纸副刊年度美文二等奖。一年来，报社有 13 人次获得第三十届中国新闻奖，3 人获军队优秀专业技术人才岗位津贴。

二、政治责任

2020 年，解放军报始终坚持正确政治方向、舆论导向、价值取向，深入宣传阐释习近平新时代中国特色社会主义思想和习近平强军思想，在充分展现习主席治党治国治军的领袖魅力和统帅风采上，综合运用各种体裁和形式，在版面、规模、数量上始终占据重中之重的位置，做到政治上敏锐反应、时度效上平稳求实，确保习主席重要思想宣传"天天见、天天新、天天深"，在中央媒体中始终处在第一方阵。

高标准做好习主席参加抗击新冠肺炎疫情系列会议、全国两会、党的十九届五

《砥柱人间是此峰》

中全会、亚太经合组织第二十七次领导人非正式会议等重大活动，在中央军委开训动员、中央军委军事训练会议、全军思想政治教育工作会议等重要军事实践活动，以及作出系列重要指示批示时宣传报道和深入阐释，形成规模声势。在此基础上，多波次、成系统地做好前伸后延报道，推出"解辛平"文章《砥柱人间是此峰》，刊发社论 11 篇、本报评论员文章 135 篇、钧浩署名文章 5 篇，发表阐释习近平强军思想系列理论文章，撰写学习贯彻习近平强军思想全军反响和系列综述，在全军官兵中发挥了良好的舆论引导和理论指导作用。组织策划"在习近平强军思想指引下·我们在战位报告"全媒体系列报道，推出《火箭军某导弹旅：浩荡东风推"后浪"》《南部战区海军航空兵

《火箭军某导弹旅：浩荡东风推"后浪"》

某师：年轻"鹰阵"狩猎海天》等 24 篇有分量、有深度、有锐度的重头稿件，生动讲述一线官兵

《南部战区海军航空兵某师：年轻"鹰阵"狩猎海天》

牢记习主席嘱托、自觉投身强军兴军的奋斗故事，充分展示人民军队践行党在新时代的强军目标的崭新面貌。为迎接中央军委军事训练会议，推出长篇综述《领航强军　铁流浩荡——习近平主席领导推进新时代军事训练纪实》，全景式回顾习主席从时代发展和战略全局高度，引领全军实战练兵之路取

得的辉煌成就。为迎接全军思想政治教育工作会议，推出重头稿件《在党的旗帜下铸牢军魂——全军坚持用习近平新时代中国特色社会主义思想和习近平强军思想铸魂育人综述》，刊发后在全军内外引起热烈反响。

新冠肺炎疫情暴发后，解放军报开设"凝聚携手抗疫合力坚定共克时艰信心"和"抗疫锐观察"两个专栏，围绕讲好中国故事，传播好中国声音，扎实开展舆论斗争，累计发稿近百篇。推出"解辛平"文章《青山遮不住，毕竟东流去》，刊发"钧声"系列评论 8 篇，国防部新闻局官微"国防部发布"及部分境外社

《在党的旗帜下铸牢军魂——全军坚持用习近平新时代中国特色社会主义思想和习近平强军思想铸魂育人综述》

《青山遮不住，毕竟东流去》

交媒体账号，及时转发推送这组评论的英文版，取得较好的宣传效果。

针对美国在南海和台湾等问题上的一系列挑衅行为，坚持法理制胜、露头就打，多次邀请专家学者撰写时评文章，批驳美方有关错误言论。美国国防部发布 2020 年度中国军力报告后，组织刊发《无端的指责　莫名的焦虑》一文，揭批其通过鼓吹所谓"中国军事威胁"，为扩张军备和对外军售寻找借口、为维护美国全球霸权炮制理

《无端的指责　莫名的焦虑》

由的实质。同时开设相关专题专栏，实现对美舆论斗争常态化。针对美国肆意"退群"、扩张军力、打压他国的恶劣行径，及时组织批驳文章。

围绕"海洋卫士-2020"中巴联演、抗美援朝志愿军烈士遗骸回国、北京香山论坛视频研讨会、国际军事比赛-2020、"高加索-2020"战略演习等，推出《收获，不仅仅是奖牌》《砺兵高加索》一系列重头稿件，受到军内外读者广泛关注。

《收获，不仅仅是奖牌》

《砺兵高加索》

依托"那一刻，我代表祖国"专栏，邀请我赴海外执行维和、护航、联演联训联赛、国际人道救援的普通官兵，以第一人称讲述他们在海外不辱使命的故事，展现新时代中国军人风采，彰显中国军队使命担当，稿件刊发后境内外多家媒体转载。

三、阵地建设责任

2020 年，解放军报社党委压紧压实做好意识形态工作的政治责任、领导责任，全面落实意识形态工作责任制，主动加强阵地建设和管理，旗帜鲜明反对和抵制各种错误观点，切实做到守土有责、守土负责、守土尽责。解放军报主动适应传播环境变化和媒体深度融合发展要求，常态化推动传统媒体与新兴媒体融合发展，在做好报纸宣传的同时，借助解放军新闻传播中心所属多平台宣传力量，积极布局新媒体产品，建立融媒体矩阵，开展融媒体报道，刊登内容关注度、转载量较大。

"全息军报"是解放军报在 2020 年两会期间探索的一项媒体深度融合发展创新

实践。5 月 27 日，解放军报围绕深入宣传报道习主席两会重要活动、重要讲话精神，重磅推出一期具有丰富网络科技元素，可读、可视、可听、可互动、可分享的"全息报纸"。当日军报 12 个版共刊发 20 余个融图文、视频、音频、VR 于一体的二维码链接，综合运用短视频、长视频、VR 视频、AR、MV 等新媒体形式，打通报纸、通讯社、电视、广播、网络媒体各平台之间的界限，全要素、多侧面宣传强军思想，讲好强军故事，展示强军风采，将传统纸媒有限的平面空间拓展为广阔的全息空间，创新了主流媒体重大主题宣传报道模式。

针对抗击新冠肺炎疫情，在新媒体策划推出系列科普文章，因服务性强、时效性好、宣传效果佳，有效缓解了公众恐慌情绪，展现了军媒的权威性和指导性。《军人修养》版推出抗疫专题策划《为生命出征，为使命而战》，制作成抗疫宣传海报后，被多家媒体转载推广。

《为生命出征，为使命而战》

四、服务责任

2020 年，解放军报围绕党媒军媒承担的信息服务、社会服务、公益活动等社会责任，精心策划组织重大主题宣传报道。

党的十九届五中全会宣传浓墨重彩。全会公报刊发当天起，在一版推出系列评论员文章和反响稿，推动学习宣传贯彻党的十九届五中全会精神走深走实。全军宣讲团赴各部队巡回宣讲期间，刊发 6 篇宣讲活动特写，活动结束后推出长篇综述稿，全面反映宣讲活动成效。开设"五中全会精神在基层"专栏，生动反映各部队学习贯彻全会精神的鲜活经验，推动全会精神在基层部队落地生根。

练兵备战报道军味战味浓郁。扎实做好中央军委军事训练会议有关报道。会前聚焦基层作战部队军事训练新实践、新探索，刊发系列稿件。会议期间，围绕学习贯彻习主席重要讲话精神，连续推出 3 篇反响稿，展现全军将会议精神转化为练兵动力的精神风貌。会后延续深化报道，推出一批展现全军部队贯彻落实会议精神的优质稿件。常态开设"掀起练兵备战热潮"专栏，紧跟部队训练进度，动态报道各部队深入贯彻习主席关于练兵备战系列重要指示精神，着力提升打赢能力的生动实践。开设"野外驻训进行时"专栏，策划推出"高原砺兵""漠北探营""西北观训""戈壁硝烟"等多组系列报道，取得较好宣传效果。

《正义之战必胜》

纪念抗美援朝 70 周年宣传和纪念抗战胜利 75 周年宣传分量足。推出纪念中国人民志愿军抗美援朝出国作战 70 周年"解辛平"文章《正义之战必胜》，被全国主流媒体和网络新媒体平台广泛转载，有的平台阅读量过百万。策划《"尖刀"锐不可当，永远指向胜利》《寻找胜利的密钥》等一批深度报道，生动展现人民军队深入学习抗美援朝伟大精神，敢于克服一切艰难险阻、战胜一切强大敌人的精神风貌。开设"中国人民抗日战争暨世界反法西斯战争胜利 75 周年"专栏，派出多支小分队深入实地采访，并约请军事科学院多位专家进行专题访谈，刊发的系列报道被网络媒体广泛转载。

依法治国和民法典宣传组织周密。习主席在中央全面依法治国工作会议上发表重要讲话后，围绕学习宣传贯彻习近平法治思想，在要闻版开设"依法治军在基层"等专栏，《法治军营》版围绕宣传贯彻习近平法治思想，将学习贯彻民法典与深入推进依法治军、从严治军宣传有机结合，组织策划系列报道，营造学法用法浓厚氛围；配合首届军营

《寻找胜利的密钥》

网络安全宣传周活动，推出 6 期专题策划，采取综述、言论、漫画等多种形式，深化了传播效果。

"传承红色基因、担当强军重任"主题教育宣传扎实有效。持续组织好"传承红色基因、担当强军重任"专栏，刊发各部队开展主题教育稿件180 余篇。开设"探索构建新时代思想政治教育体系"专栏，集中反映各部队贯彻落实习主席重要指示精神，推动思想政治教育创新发展的有益经验和创新做法，刊发《向战而行燃旺教育炉火》《导弹阵地巧变"共育课堂"》等稿件，广受好评。

《向战而行燃旺教育炉火》

典型宣传质量稳定。推出抗美援朝老英雄孙景坤、新疆军区某团坦克二连指导员马和帕丽等重大典型报道，"一线抗疫群英谱""最美新时代革命军人"等典型人物系列，生动展现新时代广大官兵逐梦强军的新风貌新气象。

脱贫攻坚报道特色鲜明。开设"走向我们的小康生活决战决胜脱贫攻坚·中国军人在行动"专栏，推出记者老区行"十山十水"系列报道等百余篇稿件，深入报道全军部队贯彻落实党中央、中央军委和习主席重大决策部署，高质量完成脱贫攻坚任务的生动实践。

公益广告宣传质量稳步提升。全年共刊发公益广告 99 版次，"最美新时代革命军人""厉行节约反对浪费""传承红色基因　担当强军重任"等公益广告和"护佑生命之光"系列公益广告，在凝聚军心士气、提振练兵热情、弘扬主旋律、讴歌新时代方面，发挥积极作用。

五、人文关怀责任

2020 年，新冠肺炎疫情暴发、党的十九届五中全会举行、中央军委军事训

《厉行节约　反对浪费》

练会议召开、"嫦娥五号"成功登月等一系列重大事件，对我国经济社会发展和我军长远建设产生深刻影响。

解放军报一手抓改革发展和疫情防控，一手抓新闻宣传与自身建设，坚持以人为本，关注人的全面发展，反映群众意见呼声，通过传达正确立场、观点、态度，引导人们分清对错、好坏、善恶、美丑，激发人们向上向善的精神力量，报道有态度有温度。2020 年 8 月，习主席对制止餐饮浪费行为作出重要指示，解放军报及时配发评论员文章《厉行节约　反对浪费》，在全国媒体中最早发声。此后陆续在要闻版、八一评论、思想战线、读者之友等版面刊发系列言论，在一版推出"'厉行节约　反对浪费'·军营在行动"专栏，在基层传真版推出"杜绝'舌尖上的浪费'"特别策划，在全军部队营造了浓厚舆论氛围。

抗击新冠肺炎疫情宣传报道中，解放军报采取战时机制运行，前后方立体联动、实时联动、深度联动，成绩突出，在全国媒体中走在前列。刊发有关疫情防控的社论和评论员文章 40 多篇，为军民齐心战胜疫情树了信心、鼓了干劲，其中言论《练兵备战疫情防控两不误》提出"两手抓"，即"抓好疫情防控的同时，抓好练兵备战"。组织策划《致敬，向抗疫战场上的女性们》《火神山记忆》等深度报道，生动刻画了人民子弟兵与疫情作斗争、与死神抢时间的"逆行者"形象。策划推出 46 个抗疫先进典型系列报道、6 篇"人民军队执行新冠肺炎疫情防控任务启示录"等，军地反响热烈。在《求是》杂志刊发深度报道《牢记党和人民重托　奋战在防控疫情斗争第一线——人民军队坚

《练兵备战疫情防控两不误》

决落实习主席重要指示全力投入疫情防控纪实》，与新华社军分社合作撰写纪实特稿《统帅的号令　胜利的方向——以习近平同志为核心的党中央领导和指挥人民军队全面打赢疫情防控阻击战纪实》，浓墨重彩书写了抗疫斗争的新闻史记，充分发挥了党媒军媒对舆论的强势引导力和主流影响力。

《统帅的号令　胜利的方向——以习近平同志为核心的党中央领导和指挥人民军队全面打赢疫情防控阻击战纪实》

六、文化责任

2020 年，解放军报以习近平新时代中国特色社会主义思想为指导，增强"四个意识"、坚定"四个自信"、做到"两个维护"，贯彻军委主席负责制，坚持社会主义先进文化前进方向，坚持以社会主义核心价值观为引领，坚持以基层官兵为中心的工作导向，自觉承担起举旗帜、聚民心、育新人、兴文化、展形象的使命任务，牢牢把握正确舆论导向，唱响主旋律，弘扬正能量，不断巩固壮大主流思想舆论阵地。

解放军报注重在具有特殊意义的时间节点，策划推出相关专题报道。为纪念中国人民志愿军抗美援朝出国作战 70 周年，开设"英雄血脉文化传承"专栏，推出《铁血今犹在》等系列文章；新冠肺炎疫情发生后，开设"人民军队支援

《铁血今犹在》

《为了人民勇往直前》

地方疫情防控的文化思考"专栏，推出《为了人民勇往直前》系列文章；八一建军节，推出"拥军""爱民""见证"三大主题报道，生动展现人民军队九十三载波澜壮阔的历史长卷，被多家媒体转载；第 20 个全民国防教育日，在国防视野版推出 3 个版"关注身边的国防·特别策划"，在军地周刊推出 3 个版"我们的国防"专题策划；第 6 个烈士纪念日，在国防视野版推出"血沃中华的先烈，人民不会忘记"专题报道，体现军媒特色，高唱时代赞歌，大力弘扬革命英雄主义精神，刊发后在社会各界引发强烈反响。

七、安全责任

2020 年，解放军报建立健全人员值班制度，密切关注时政动态，未出现误报、漏报、错报等情况。探索科学管理模式，从稿件、排版、编校多环节严把质量关，积极建强校对、检查、组版队伍，加强规范工作制度和管理措施，做到精编精校精印。2020 年，解放军报印刷厂在中国报协质量测评委员会报纸印刷质量评比中，连续 7 年夺得第一名；在 2020 年度报纸印刷质量检测中，解放军报被评为"精品级报纸"。

八、道德责任

2020 年，解放军报社党委深入贯彻习主席关于"军报姓党"的重要指示和中央军委党的建设会议精神，以党的政治建设为统领，强化政治担当，大力加强思想、组织、作风、反腐倡廉和制度建设，推动党建工作和思想政治建设取得新的成效，为各项任务圆满完成提供了有力保证。

一年来，全体新闻从业人员坚持学思用贯通、知信行统一，严格遵守《中国新闻工作者职业道德准则》，持续强化对采访工作规范、编辑工作规范、夜班工作规范、检查工作规范等制度规定的学习，自觉遵守政治纪律、宣传纪律、群众纪律、廉洁纪律和保密纪律，弘扬职业精神、恪守职业道德、维护社会公德、接受社会监督，内部制度落实健全，采编行为规范有序，经受住了重大宣传任务、重大疫情防控、重大舆论斗争的考验，展示了军队媒体良好的社会形象。

九、保障权益责任

2020 年，解放军报社党委聚焦办报主责主业，发挥党委统领作用，依法依规保障新闻从业人员合法权益、薪酬福利，推动党建与业务工作、人才队伍建设相互促进。

一是加强培塑，着眼办报核心业务大抓人才队伍建设，坚持岗位成才、实践育才、任务砺才，让新闻采编人员在执行武汉抗疫、抗洪抢险等急难险重任务中经受锤炼、担当重任。

二是严格按照规定做好新闻采编人员新闻记者证的申领、发放和年度核验工作，周密组织开展专业技术职务评审工作，树立"靠素质立身、凭成绩进步"的风气导向，激发大家见贤思齐、比学赶超的内生动力。

三是加强新入职文职人员培养，着重从强化习近平强军思想学习、熟悉了解部队、积累掌握采编技能等方面入手，通过结对帮带、夜班锻炼、任务锤炼等方式，使他们尽快适应岗位。

四是积极发挥党团组织功能作用，多次召开文职人员座谈会，面对面了解实际困难和思想状况，组织趣味运动会、新春茶话会、故事分享会、主题演讲等活动，增强归属感，激发事业心。举办 7 期"解放军报业务大讲堂"，有千余人次参加听课培训。

十、合法经营责任

2020 年，解放军报严格遵守法律法规和有关规定，未从事任何经营活动，在地方无派驻机构，未刊播违法违规广告，新闻采编活动中未出现过违反中央新闻宣传政策及新闻出版法规制度的情况。

十一、后记

（一）回应

2020 年，解放军报在确保各项工作积极稳妥的同时，牢牢把握舆论导向，积极打造宣传亮点，圆满完成了以新闻宣传为中心的各项任务。也清醒地认识到存在的差距和不足：重大主题宣传存在一定的同质化现象，有传播力影响力的现象级新闻产品还不够多；媒体深度融合有待进一步加强。

解放军报认真贯彻落实习主席系列重要指示精神，在中心和报社党委的坚强领导下，以增强"四力"为抓手，在守正创新中担当作为，坚守党的新闻舆论阵地、聚焦新闻宣传主责主业、积极传播中国军队声音，推出一批优质原创精品。

（二）改进措施

本年度，解放军报持续在践行"四力"、深化媒体融合上下功夫，继续书写火热基层生活，讲述官兵精彩故事，但在媒体深度融合力度、融媒体时代全能型人才培养上还有一定差距。下一步，将采取以下改进措施，力争把解放军报办成官兵必看、愿意看、喜欢看的新时代中央军委机关报：一是始终突出习近平新时代中国特色社会主义思想和习近平强军思想宣传这个最大的主题；二是高标准做好建党 100 周年主题宣传；三是扎实搞好辛亥革命 110 周年、西藏和平解放 70 周年、上合组织成立 20 周年等一系列重大主题宣传；四是常态化抓好学习宣传贯彻中央军委军事训练会议和全军思想政治教育工作会议精神工作，大力宣传部队新时代练兵备战火热实践和鲜活经验，积极营造真打实备浓厚氛围；五是继续下大力气建好人才队伍，用好"四个一批""百千万人才工程"等国家人才培养工程，以评选推荐长江韬奋奖等重大新闻奖项为牵引，打造一批在军内外有影响力的新闻领军人才。

农民日报

社 会 责 任 报 告

一、前言

（一）媒体概况

农民日报前身为中国农民报，创刊于 1980 年 4 月 6 日，是我国历史上第一张面向全国农村发行的报纸，是一份全国性、综合性的中央级报纸。1985 年 1 月 1 日，《中国农民报》更名为《农民日报》，邓小平同志题写报名。1989 年，党中央、国务院作出指示，农民日报社成建制划归农业部（现农业农村部）领导，继续履行党和政府指导全国农业农村工作重要舆论工具的职能。

目前，农民日报社除了编辑出版《农民日报》外，还办有《中国农机化导报》《中国农村信用合作报》《中国畜牧兽医报》《中国渔业报》4 份子报及《猪业观察》期刊，在全国各省（自治区、直辖市）及计划单列市设有 32 个记者站，并初步构建起以报纸为重大时政和深度报道集结地、客户端"三农号"为优质三农信息第一出口、"中国农网"为三农信息数据库、微博微信头条号等第三方平台为三农信息即时互动平台的新闻传播格局。

（二）社会责任理念

农民日报社积极履行新闻媒体的职责使命和社会责任，创刊 40 余年来，始终遵循"做党的宣传喉舌、农民的知心朋友"的办报宗旨，秉承"崇农立言，惟仁求真"的价值理念，及时宣传党的三农路线方针政策，深入报道各地农业农村工作中的创新实践，热情讴歌农民群众和基层干部的伟大创造，目前已成为农业农村系统领会三农政策的重要渠道、亿万农民群众获取三农信息的重要平台、社会各界了解三农发展的重要窗口。

（三）获奖情况

2020 年，农民日报 3 件作品分获中国新闻奖一、二、三等奖，其中，"三农微评"获新闻名专栏一等奖，《农村清洁取暖之痛：层层任务重，"宜"字难落实》获文字通讯与深度报道二等奖，《生猪价格不断攀升——保供稳价慢不得，转型升级等不起》获文字评论三等奖。

在中国报业协会的评选中，农民日报社获得"'十三五'中国报业媒体融合创新单位"荣誉称号。

二、政治责任

（一）政治方向

2020 年是决胜全面建成小康社会、决战脱贫攻坚的关键之年，农民日报始终坚持正确政治方向、舆论导向、价值取向，坚持"党报姓党"和"农报属农"有机统一，持续深入开展习近平新时代中国特色社会主义思想特别是习近平总书记关于三农工作的重要论述宣传阐释，及时做好习近平总书记出席重要会议、考察调研等宣传报道。注重发挥言论理论的重要引领作用，全年共推出 7 组重磅系列评论，做到宣传习近平总书记重要讲话精神和三农重大政策不缺位、有特色、出亮点，提升三农报道的思想含量，充分发挥了三农新闻宣传主力军、挑大梁的作用。

（二）舆论引导

2020 年 3 月底 4 月初，随着新冠肺炎疫情在全球快速蔓延，一些国家开始限制或者禁止粮食出口，造成国际粮价上涨，国内很多人关心粮食够不够吃、要不要囤积。农民日报主动回应社会关切，陆续刊发《多国囤粮：一堂活生生的粮食安全"警示课"》《新冠肺炎疫情全球化对我国粮食和农产品供给的影响》《稳住粮食"压舱石"有基础有条件有信心》等多篇通讯、言论、理论文章，充分论证了此次国际粮食出口限制不会影响我国粮食安全，释放了正面信号，在新媒体平台

2020 年 4 月 3 日 1 版　　　　　　2020 年 4 月 5 日 2 版

引发网友踊跃讨论，实现了稳定社会公众预期、增强抗疫保供信心的良好舆论引导效果。

（三）舆论监督

2020 年 1 月 18 日 4 版

作为三农领域主流媒体，为农民说话、维护农民利益是农民日报的一贯立场。2020 年 1 月 14 日，农民日报接到农民工田友来等人的求助电话，反映 21 位农民工在北京昌平区做工被拖欠工资，无法回家过年。农民日报当即启动舆论监督程序，组织记者第一时间奔赴现场，采写了《农民工田友来讨薪追踪记》，并配发帮农民工讨薪的相关案例和图片，形成组合报道。该报道一方面推动了事件合理合法解决，使被欠薪农民工最终拿到工钱；另一方面，使农民工群体对如何更好地维护自身权益有了进一步了解，为全社会关心关爱农民工群体营造了良好的舆论氛围。

2020 年 7 月 14 日 4 版

（四）对外传播

农民日报积极开展对外传播，讲好中国故事，传播好中国声音。及时报道习近平总书记 2020 年以"云外交"等创新方式开展的元首外交活动，展现大党大国领袖的视野和担当，为全球抗疫凝聚共识。同时，立足三农领域专业优势，在中国国际服务贸易交易会、中国国际茶叶博览会、中国国际进口博览会、中国—中东欧国家特色农产品云上博览会等

2020 年 11 月 10 日 4 版

重大涉农国际会议上，采写《乘风破浪，这就是"进博力量"！》《看一场"17+1"农业盛会的精彩演绎》等稿件；策划中国援埃塞俄比亚农业职教项目实施 20 周年专题报道，通过综述《耕耘"非洲屋脊" 收获桃李芬芳》、大量图片以及援外专家笔录等图文并茂的形式，全面展现援外农业专家贡献青春和汗水、服务中国外交大局的职责使命与高尚情怀。

三、阵地建设责任

（一）融媒体矩阵

农民日报顺应媒体融合发展规律和融媒体内容生产规律，围绕各种新媒体技术

和平台探索新型产品形态，构建了以中国农网、农民日报"三农号"客户端为主体，社交媒体为两翼，第三方平台为补充的新媒体矩阵，在第三方商业平台注册的微信、微博、抖音、头条、百家号等新闻资讯类账号30多个，多渠道提升传播效能。抖音、微视等短视频平台发展迅猛，年播放量突破1亿次。目前新媒体用户总量近500万人，影响力、引导力日益扩大。

（二）融媒体报道

农民日报立足三农特色，创新重大主题、热门话题宣传报道形式，创办短视频栏目，创作了一批形态新颖、互动性强、受众面广的新媒体作品。

新冠肺炎疫情防控报道中，推出"战'疫'保供一线见闻""回乡农民工防疫歌"等系列融媒体产品。全国两会期间，推出"两会重农同期声"，运用虚拟主播、H5、同期声等多种形式，突出"八年两会见证总书记'三农'情怀"，单集播放量最高超3870万次。

扫码观看《见证摆脱贫困》专题片

脱贫攻坚报道中，策划制作了《见证摆脱贫困》专题片，通过全平台传播。中国农民丰收节期间，策划《丰收·十二时辰》，开设"同庆丰收共迎小康""老乡的美好生活"等互动话题，总浏览量超8亿次。

农民日报客户端"三农号"开设"庭院号"

（三）融合采编平台建设

2020年，农民日报加快媒体融合进程，增强顶层设计力度，目前已建成新闻调度指挥系统、全媒体采编平台系统、纸媒组版系统、舆情监测系统等采编发内容管理系统，构建起"农民日报纸媒＋中国农网＋三农号＋第三方平台"的传播平台格局，形成了"文图＋视频＋设计"的产品结构。

农民日报全媒体智能采编中心整合原有各独立采编渠道，将采集、编辑、审核、发布等多项功能

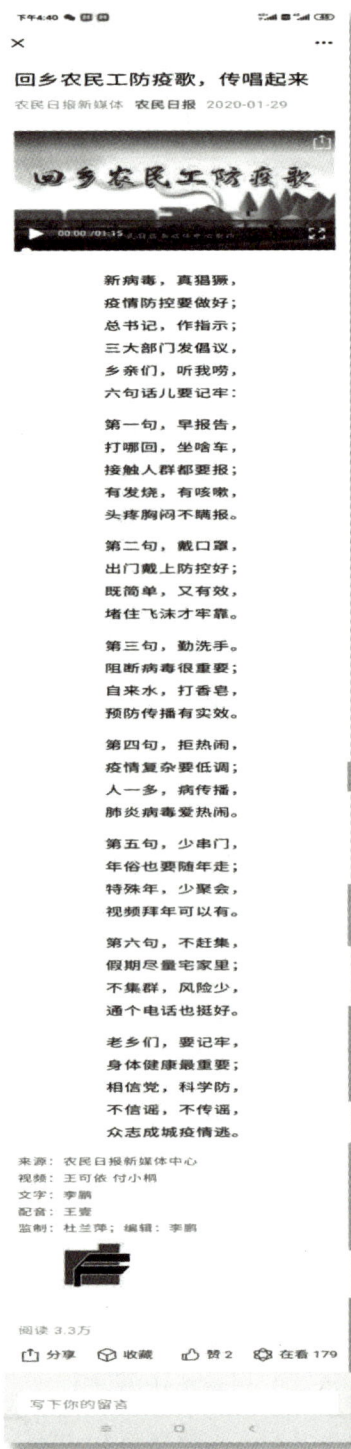

农民日报微信公众号 2020 年 1 月 29 日推送《回乡农民工防疫歌》

融于一体，针对渠道和平台的不同需求和传播规律进行有针对性的采编和分众式发布，为记者编辑提供高效率的一体化新闻生产模式，做到同类话题不同形态产品在多平台同步分发，实现全网联动。

2020 年，农民日报同步优化移动端，将客户端"三农号"打造为移动互联网上的三农类"资讯 + 政务 + 服务"平台。依托"三农号"旗下"庭院号"板块，打造三农舆论圈，实施人工智能与专业编辑双审核制度，保障刊播安全。

四、服务责任

（一）信息服务

在新冠肺炎疫情防控报道中，农民日报高度重视防控知识宣传，做好防控宣传引导工作。2020 年年初，充分利用新媒体平台，提醒广大农民朋友做好防护，多层次、高密度发布党中央决策部署、国务院联防联控机制信息和农业农村部政策举措，精心制作了《回乡农民工防疫歌》《战"疫"春耕歌》等形式新、内容活、易传播的融媒体产品，受到农民朋友的好评。

（二）社会服务

新冠肺炎疫情初期，一些地方为抗击疫情"断路封村"，客观上造成"菜篮子"产品和农业生产资料运输受阻、果菜肉蛋等"菜篮子"产品出不了村、进不了城等问题。农民日报组织采编团队迅速与行业主管部门、行业协会、业内专家、生产经营企业、基层农户、

2020 年 2 月 17 日 1 版

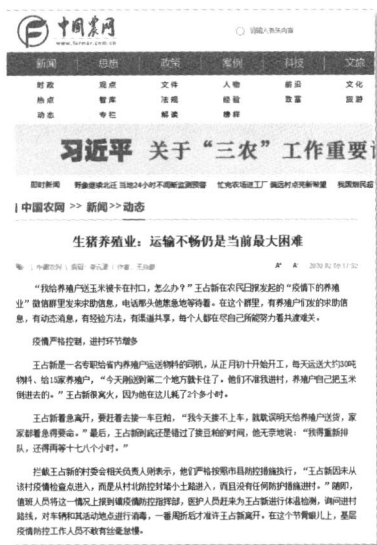

2020 年 2 月 9 日中国农网刊播相关报道

运输司机等各类主体取得联络，建立"疫情下的农业产业""疫情下的养殖业"等微信群，广泛征集线索，采写一系列报道，如实反映农民群众切实困难以及从业者期盼国家政策落实到基层的呼声，如《别让养殖业复工复产卡在村路上》《生猪养殖业：运输不畅仍是当前最大困难》《家禽业：急需开路、开市、开工》《水产行业：苗种饲料断供　成品销售遇阻》《34% 的养牛场目前面临断草断料困难》等，报道一经发出就引发社会广泛关注，有效推动各地及时出台政策通村通路、恢复流通秩序。

2020 年 2 月 17 日 3 版

农民日报还邀约智库专家探讨疫情常态化防控下中国农业农村可持续发展的思路。2 月 17 日，农民日报新媒体重点推送、报纸端整版刊发报社智库专家张红宇团队撰写的长篇报告《高度重视新冠肺炎疫情对农业农村经济影响　妥善应对　精准施策　千方百计保供增收》，一经发出便在农业农村系统引起强烈反响，点击量迅速超 3 万次，这些思考与研究为相关部门制定政策提供了有益参考。

（三）公益活动

近年来，农民日报社持续推进对河北省阳原县的结对帮扶工作，立足阳原实际，发挥媒体优势，提升结对帮扶的质量和成色。2020 年 2 月，阳原县通过了原国务院扶贫办的验收，正式脱贫摘帽。为做好巩固拓展脱贫攻坚成果同乡村振兴有效衔接，农民日报社帮助阳原县继续做大做强产业：协调 10 多家企业赴阳原县考察洽谈，推进企业投资落地；10 月，继续在阳原举办第六届中国驴业发展大会，助力阳原驴产业高质量、可持续发展；推动阳原农产品线上线下销售力度，仅 2020 年上半年阳原县扶贫产品在北京的销售额就达 1920 余万元。

五、人文关怀责任

（一）民生报道

2020 年 8 月 26 日 1 版，开设"农民工就业增收调查记"专栏并配发评论

2020 年 6 月 15 日 4 版

农民日报持续关注农民群体就业、教育、脱贫等重要民生问题。2020 年，受新冠肺炎疫情及国际贸易环境突变等因素影响，我国农民工就业遭受较大冲击，农民工"二次返乡"现象较为严重，对稳定农民工就业形势、促进农民持续增收带来不利影响。农民日报策划推出"农民工就业增收调查

记"7篇系列报道，并配发评论员文章《保农民工就业非常关键》，深入四川、河南、广东、浙江等农民工输出输入大省调研，寻求农民工就业增收破题良策。

农民日报脉动工作室策划了《"县漂"大龄女青年的烦恼》《走出大凉山的孩子》《"活"在京城一角的打工子弟学校》等一系列深度报道，反映大龄女青年、山区贫困儿童、农民工子弟等群体的生活状态、所思所困。

2020年1月6日4版

（二）灾难和事故报道

2020年7月，我国南方多地遭遇洪涝灾害，农民日报迅速组织骨干记者深入安徽、江西等地抗洪救灾一线，聚焦抗灾中涌现的感人故事与先进典型，采写刊发了一系列有深度、有温度、暖人心的报道，如《孤岛不孤——"千里淮河第一闸"王家坝的76小时》《被洪水突袭的村庄》《他用胸膛贴住圩堤缺口》《"与水同在"的家园》等。

2020年7月24日4版

2020年8月3日4版

（三）以人为本

农民日报始终践行习近平总书记以人民为中心的发展理念，用镜头、笔触记录、书写、讴歌人民。每两周推出一期《脉动》，聚焦普通人的命运，尤其是来自农村或者留在农村的人们，关注他们的生存状态、人生际遇。此外，文化副刊《百姓茶坊》刊登农民朋友创作的乡土气息浓郁的散文、诗歌、美术作品等，在这里读者可以感知思想光芒，进行情感交流、心灵沟通，分享人生经验与感悟。

2020 年 4 月 13 日 4 版　　　　2020 年 11 月 10 日 7 版

六、文化责任

（一）弘扬践行社会主义核心价值观

农民日报积极承担主流媒体文化宣传责任，开设文化生活专刊，每月推出 3 期，集中报道移风易俗、文明村落、美在农家、志愿服务等生动案例；讲述乡贤故事，展示乡村好人、好媳妇、好婆婆、好邻居的风采，弘扬敬老爱亲、扶危助弱等传统美德，推进社会主义核心价值观落地生根。

（二）传承繁荣中华优秀传统文化

农民日报围绕农业文化遗产传承保护、乡村文创、村庄故事、乡风文明、农民体育等主题，推出一系列有深度、有故事、有启发和指导意义的重

2020 年 9 月 8 日 8 版报道各地兴起的"文明超市"实践

2020 年 12 月 15 日 7 版报道乡村游新模式"非遗 + 旅游"

点报道，弘扬中华优秀传统文化、农耕文化，介绍特色非遗项目的当代传承，展示不同民族、不同地域的乡村文体娱乐项目、特色文艺。积极参与中宣部和农业农村部联合举办的"2020 新时代乡村阅读盛典活动"，开展"小康美景手机拍"征集活动优秀作品展示等，均取得了良好的宣传效果。

2020 年 10 月 21 日 5 版报道"乡村阅读榜样"

2020 年 7 月 8 日 3 版摘登"最美家书"

（三）推动提升科学素养

农民日报专设《科技创新》版面，关注农业科技的研发成果、推广应用、团队建设，用通俗易懂的方式为读者提供最新、最实用的农业科技信息，普及农业科学知识，刊发《植物生长调节剂之于瓜果　不是你"听说"的那样》《科技开创"李杏"新时代——辽宁省农科院果树所培育新品种加快李杏产业化进程》等。

七、安全责任

农民日报按照守土有责、守土负责、守土尽责的要求，严格落实意识形态工作责任制，严格执行"三审三校"制度，把好出版导向关、质量关。

坚持制度先行，加强内部管理，制定完善《农民日报社意识形态工作责任制实施细则》《农民日报编辑部编采工作规范》《关于提高专刊出版质量确保出报安全的规定》等规章制度。对报纸、新媒体发稿编校均实行"三审三校"制度，每个环节都保证有签字、有存档，坚决杜绝政治性、技术性差错。此外，报社成立了保密委员会、安全生产委员会、安全事故和涉稳事件应急管理工作领导小组，并制订了安全应急处理工作计划。

八、道德责任

（一）遵守职业规范

农民日报严格遵守《中国新闻工作者职业道德准则》，通过建章立制切实防范和制止虚假新闻，扎实推进马克思主义新闻观教育培训工作，全年未刊播虚假失实新闻。严格执行《关于禁止有偿新闻的若干规定》，严禁有偿新闻、有偿不闻、新闻敲诈等失德行为，在《农民日报编辑部编采工作规范》中明确惩罚处分措施。加强内容审核把关，确保导向正确，坚决抵制低俗庸俗媚俗现象。尊重原创，高度重视版权保护工作，明令禁止一切抄袭、洗稿行为。

（二）维护社会公德

农民日报充分发挥党媒的宣传引导功能，在新闻报道中注重报道基层一线的生动典型，彰显道德榜样的力量，弘扬社会正气，讴歌美好心灵，达到润物无声的感染效果。如报道一些乡村弘扬孝善文化的好做法，形成"孝亲敬老、崇德向善"的良好社会风尚。

（三）接受社会监督

农民日报要求记者从事新闻采访活动时，须持有效新闻记者证，并主动向采访对象出示。按照《新闻记者证管理办法》，严格审核申领记者证人员的资格，并在报纸和所属网站上进行公示。

2020年7月6日8版

九、保障权益责任

（一）保障从业人员合法权益

报社为新闻从业人员提供良好的工作环境，关注员工职业发展，保护员工合法权益，支持保护正常采编行为，为受到侵害的采编人员进行申诉。还为每位职工缴纳了补充医疗保险，每年提供体检服务。

（二）保障从业人员薪酬福利

报社严格遵守各项法律法规，依法签订聘用合同、劳动合同，并按规定办理续签、变更、解除以及终止等相关手续。不断加强绩效评估体系建设，完善采编量化考核体系，依法依规足额支付职工薪酬，足额缴纳"五险一金"。严格落实国家相关假期规定以及《农民日报社各类假期管理规定》，保障职工法定假期和各类带薪休假等。

（三）规范新闻记者证管理

按照《新闻记者证管理办法》及国家新闻出版署有关规定，从严做好新闻记者证核发和回收工作。对符合申领条件的采编人员，按规定组织参加新闻采编资格培训，及时办理申领新闻记者证手续；对已经调离或退休的人员，及时收回并注销他们持有的新闻记者证。在2020年度新闻记者证核验工作中，农民日报社共有157人（含记者站48人）通过年检。

（四）开展员工教育培训

多层次、分类别对职工进行强化政治素质、提升业务技能的各类培训，着力提高干部职工的政治素养、采编能力和工作水平；积极组织干部职工参加中央和国家机关党校、全国宣传干部学院、农业农村部系统等举行的相关培训班。

十、合法经营责任

2020年，农民日报严格遵守各项规章制度，经营人员必须认真学习、严格执行《中华人民共和国广告法》，遵守网信、新闻出版、广播电视等行政管理部门发布的部门规章、规范性文件等，同时修订完善了《农民日报社广告经营活动管理暂行办法》《农民日报社经济合同管理规定》《农民日报社广告代理招标管理暂行办法》《农民日报社广告审查发布规定》等一系列经营管理制度。

农民日报严格实施采编经营"两分开"制度，严禁采编人员从事广告、发行等经营活动。修订完善《农民日报社记者站及驻站记者管理办法》，对记者站的新闻采编活动进行规范化管理，明确记者站不承担任何经营发行任务，不得从事与新闻采编业务无关的活动。

2020 年，农民日报未刊播违法违规广告，未出现违规出版和违反宣传纪律的行为。

十一、后记

2020 年，农民日报未出现被网信、新闻出版、广播电视等行政管理部门或新闻道德委员会等行业组织作出行政处理、通报批评的情况。

（一）不足

2020 年，农民日报在媒体融合上还存在一些不足：一是平台还不完善，影响力较弱，"三农号"客户端下载量、日活量与优秀同行相比，存在一定差距，很多优质内容无法实现更大范围的传播；二是人才队伍建设跟不上媒体融合发展需要，缺乏既懂三农、懂新闻又懂用户、懂技术的复合型全媒体人才。

（二）改进

2021 年是"十四五"开局之年，是建党 100 周年，也是全面建设社会主义现代化国家新征程的起步之年，做好农业农村工作具有特殊重要意义，做好三农新闻宣传工作责任重大。针对当前存在的不足，我们将从以下 3 方面发力。

一是加快媒体融合步伐，进一步优化平台建设，守牢纸媒大后方的同时全力以赴进军新媒体主战场。对中国农网、"三农号"客户端进行优化升级，进一步扩大平台影响力与覆盖面，更好地服务全国农业农村系统和广大涉农从业者。

二是加快人才队伍建设。明确"一专多能"的人才培养方向，系统组织实施人才培训方案，尽快将全体编辑记者武装成为可以上主战场的战斗力量。让岗位分工更加合理，积极引进人才，加强采编队伍的轮岗锻炼。

三是坚持优质内容导向，突出三农特色，以独特的内容吸引受众。继续抓住"重大言论、重大经验、重大典型"，持续关注"基层声音、基层现象、基层创造"，利用好深耕行业的深厚积累，在复杂舆论场中发出三农好声音。

科技日报

社会责任报告

一、前言

（一）媒体概况

科技日报原名中国科技报，1986年1月1日由国家科委、国防科工委、中国科学院、中国科协联合创办。1987年1月1日更名为科技日报。邓小平同志曾先后为中国科技报、科技日报题写报名。1995年12月，江泽民同志为科技日报题词："办好科技日报，为科教兴国服务。"

科技日报是中央主流媒体，是党和国家在科技领域的重要舆论前沿。科技日报社在全国设有33个记者站，在联合国及美、英、法、德、俄等13个国家和地区派有常驻记者。按照习近平总书记关于"科技创新、科学普及是实现创新发展的两翼"的要求，科技日报社已初步形成报网微刊端融合发展的"一库两翼三平台"大科技传播格局。

科技日报社深入贯彻落实习近平总书记对新闻舆论工作的新要求，积极推进一体化发展，努力加快向新型主流媒体转型。

（二）社会责任理念

科技日报社坚持党媒姓党，忠实履行党的新闻舆论工作职责使命。立足科技特色，坚持科技创新、科学普及宣传并举，聚焦党中央重大决策

部署、科技领域的重大战略规划政策、地方创新实践和重大科技成果等，做强正面宣传，传递党的声音；普及科学知识、弘扬科学精神、传播科学思想、倡导科学方法，推动全民科学素养提升；关注社会热点，回应科技界关切，以人为本，培育、弘扬和践行社会主义核心价值观。

（三）获奖情况

2020 年度，科技日报社获得 7 项国家级奖项，多篇作品获得省部级奖项。

"环球科技 24 小时·总编辑圈点"获第三十届中国新闻奖新闻名专栏一等奖。

《科技日报》2019 年 10 月 1 日新闻版面 6—7 版获第三十届中国新闻奖报纸版面一等奖。

《IEEE 挑战学术底线　损害学界声誉》获第三十届中国新闻奖文字通讯与深度报道二等奖。

《亚洲媒体一定能讲好亚洲故事》获第三十届中国新闻奖国际传播二等奖。

《中国科学家首次证实临界冰核的存在》获第三十届中国新闻奖文字消息三等奖。

《科学议题欢迎君子之争》获第三十届中国新闻奖文字评论三等奖。

《我国首部疫苗管理法实施　除了"四个最严"还有这些重点》获第三十届中国人大新闻奖通讯类三等奖。

《"黑洞"组合报道》获第二十九届北京新闻奖一等奖等，共计 11 篇作品获得省部级奖项。

二、政治责任

（一）政治方向

2020 年，科技日报社以深入宣传习近平新时代中国特色社会主义思想为首要政治任务，以全面建成小康社会和进入创新型国家行列为重点，为全面打赢新冠肺炎疫情防控战提供舆论支撑。

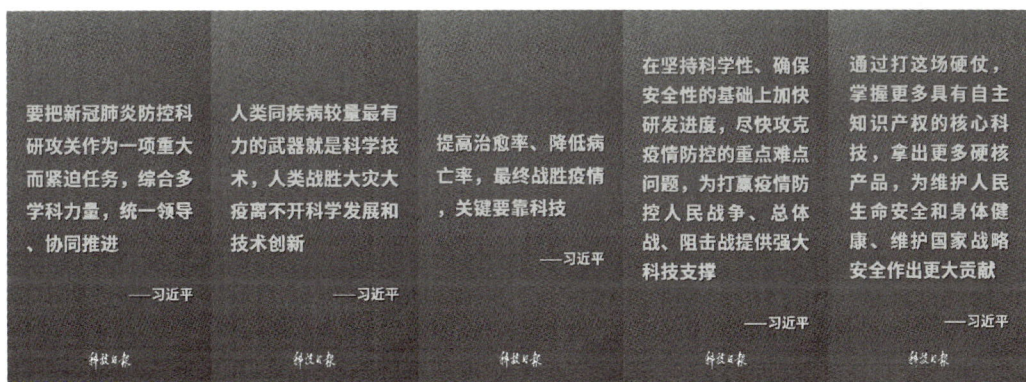

1. 做好抗疫报道。深入宣传习近平总书记的重要指示批示精神，精心策划推出"总书记关心的科研攻关进展"系列报道、9 篇系列评论员文章、特稿《誓向科学要方法要答案》等，形成了强大的宣传攻势。并设"科技战'疫'进行时""白衣战士抗疫日记""聚焦科技抗疫一线"等栏目，展现一线科研、医护人员的感人事迹。独家策划"追问新冠肺炎"系列报道，刊发 47 篇作品，阅读量过亿，该系列入选中国记协战"疫"新媒体精品案例。

2. 精心组织全国两会报道。策划"科技助力增强新动

能"和"科技支撑扩大内需"两个系列报道，深入宣传习近平总书记参加全国政协联组会时发表的重要讲话精神；《习近平总书记两会这样谈科技创新》长图、《中国科研实力我有数》H5 等融媒体产品，深入阐释习近平总书记关于经济工作、公共卫生防控等工作的深远谋划，点线面多层次报道强化了话题引领效果。

3. 做好中央重大决策部署的宣传。开设"学习贯彻五中全会精神"专栏，推出"科技工作者热议五中全会《建议》创新关键词"系列文章，深入宣传党的十九届五中全会精神。在"走向我们的小康生活"及"未摘帽贫困县脱贫攻坚"主题活动中，精采精编精审，形式不断出新。微博自有话题"天南地北话小康"，阅读量超千万。各平台合力，为决胜全面建成小康社会营造浓厚舆论氛围。

4. 深入宣传科学精神。研究制定"弘扬科学家精神 树立良好作风学风"专栏实施方案，建立长效宣传机制。开设"弘扬科学家精神·大家谈""弘扬科学家精神·大家小事"等专栏，以全媒体传播形式加大宣传力度。

（二）舆论引导

1. 聚焦社会热点，回应社会关切。在抗击新冠肺炎疫情报道中，策划刊发一系列深度报道，《武汉挺住，解放军来了！》《请别把离开武汉的 500 万人全都"游街示众"》等多篇报道阅读量 10 万＋，充分发挥了主流媒体强信心、暖人心、聚民心的作用。面对关于疫情的谣言，及时发布权威信息，推出《新冠肺炎"追杀"中老年？男性更易感 有科学依据吗》《病毒随着温度升高会自行消灭？洗热水澡能有用？》等，坚持科学的立场，及时解疑释惑、澄清谬误，消除公众恐慌。

2. 紧贴受众需求，不断改进创新。聚焦当下一些年轻人热衷追星、冷落科学家的社会现象，策划推出"科学也偶像——科学家精神短视频征集活动"，以短视频为突破口，围绕打造新时代新偶像做文章。视频点赞、播放量逾 36 亿次，征集 1008 个短视频作品，相关专题汇集微视频 7 万余个，引起广泛社会关注。

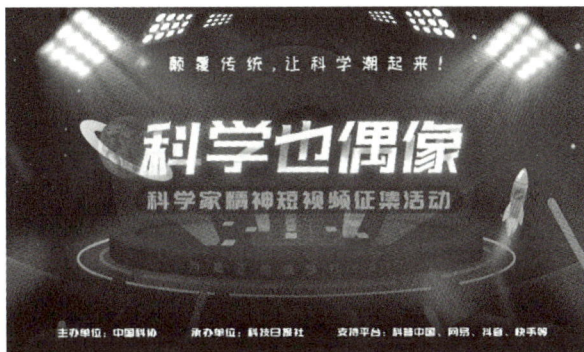

（三）舆论监督

1.开展批评性报道。针对全国青少年科技创新大赛违规事件，及时采写《从"神童"到"撤奖" 是谁让造梦大赛变了味》。针对"木兰事件""最美师娘"事件，及时刊发评论，呼吁加强学风建设。

2.开展调查性报道。成立"深瞳"深度报道工作室，遴选典型科技问题、科技现象，深入开展调查，2020 年刊发 19 期专题，推出《论文买卖生意"风生水起" 代写代投机构却成法外之地》《高校排行"榜"架了谁？》等一批精品力作，引发社会关注。

（四）对外传播

1.讲好中国故事。依托国际科技传播联盟和国际科技传播中心，传播好中国声音，不断提升国际传播能力。疫情期间，积极开展科技国际化传播工作。其中,《独家专访! 抗疫期间, 中科院武汉病毒研究所做了什么》的英文版本"The Wuhan Institute of Virology's vital role in fighting COVID-19"，多语种向全球传播，被 481 家媒体选用转载，潜在受众 1.55 亿人。

2.促进文化交流。承办世界 5G 大会之媒体高峰论坛，与中国外文局合作"中国—东盟媒体智库云论坛"、两京论坛之数字经济论坛，通过重大外宣活动，不断扩大对外文化交流，推动中国文化走向世界。

三、阵地建设责任

（一）融媒体矩阵

制定"一库两翼三平台"专项规划纲要等，全面推动媒体融合向纵深发展。目前，中国科技资讯库已取得明显建设成效，报社数据中心初步建成，科技融媒体云服务平台已建立，形成科学分类的科技资讯近 500 万条，为报社转型发展提供强有力技术支撑。科技日报客户端完成调研并形成建设规划方案。"两微"等第三方平台持续发力，官方微信、官方微博、科技日报抖音号粉丝数分别上涨 30%、34%、55%。

（二）融媒体报道

深入挖掘新创意新形式，策划制作一批科技特色鲜明的融媒体产品。积极采用图文资讯、长图海报、短视频、H5 等手段，推出习近平总书记下团组金句海报、系列专栏"他们从战场归来"、两会号外海报视频、政府工作报告"揭榜挂帅"长图解读、每日科技热词卡片等，让重大主题报道更好看、更易懂、更有趣。充分联动第三方平台，以创意引发热议。在微博主持运维的话题"科眼看两会"阅读量达 4600 万次，联合抖音发起"云上科技周"抖音话题，播放量超过 4.8 亿次，联合今日头条建立"云上科技周"微头条、微专题等，阅读量超 500 万次，多维传播叠加，影响力显著提升。

打造视频直播特色长板，积极探索新模式。2020 年，科技日报—中国科技网全年共直播 222 场次，总播放量超 2.2 亿次。其中"云上科技周"主题 7 场直播活动，累计观看量超过 60 万人次，"青少年科技素养提升计划"大师情景科普课，全网累计观看量超 5000 万人次。

（三）融合采编平台建设

积极推进媒体融合采编平台建设，面向发展新需求，建设、丰富、完善新闻稿库，建立移动化、智能化、一体化全媒体采编系统，实现了报社新闻资讯"统一入库，各取所需"的目标。

制定科技日报社全流程一体化采编工作机制，完善全媒体采编流程。重点选题策采编发实行"一张表走到底"，各平台统一响应，发挥新闻传播最大效能。

四、服务责任

（一）信息服务

《科技日报》新闻版＋政策解读专版，及时宣传中央和地方的科技政策。聚焦学风作风建设、原始创新的体制机制、"三评"改革的深入推进等方面的政策措施，刊发《新形势下如何加强基础研究？科技部等六部门划重点》《科技部重拳出

击 严肃处理"打招呼""走关系"等请托行为》等，加强权威解读。

关注百姓话题，系统策划《论道健康》《科技改变生活·正听》等版面，结合GIF、图片等新媒体表现手法，探索出了一条更具亲民性、服务性的路子。《疫情叠加春运，乘坐密闭空间的民航客机是否安全？》《危急时刻充当"救治奇兵"家庭医疗救助箱里要放好这些物品》等报道，获得了很好的传播效果。

（二）社会服务

搭建平台，帮助群众解决实际困难。疫情期间，针对公众就医难问题，科普时报、中国科普网联合北京医师协会、平安好医生开通"抗疫电话义诊专线"活动，为公众免费提供疫情咨询、防护服务超过 1.5 万次。同时，联合北京医师协会、北京市科学技术情报研究所合作推出"新冠肺炎权威科普指南"网络专题，释疑解惑，正本清源。

（三）公益活动

强化主流媒体社会责任，创新开展公益活动。一是将公益活动与疫情防控紧密联系，刊发《打赢科技防疫攻坚战》《我们一起前行——致敬一线白衣战士》《献出一份新生的血浆，挽救更多鲜活的生命》等多版公益广告，刊发数百篇公益报道。二是积极组织开展"幸福工程——救助贫困母亲行动"等捐款活动。三是积极开展"百城千县万村调研行"等专题报道，助推乡村振兴。发起面向农村学校的"青少年科技素养提升计划"大师情景科普课，该项公益活动入选 2020 中国新媒体扶贫联合公益行动十大案例。

五、人文关怀责任

（一）民生报道

牢记"民心是最大的政治"，高度关注就业、医疗、教育、养老等民生问题，系统谋划报道。设立《教育观察》《论道健康》等专版，推出《"漫游"血管、虚拟解剖　现代科技这样改变医学教育》《首个国家级医疗医药应急保障互联网平台运行》等报道，普及健康知识。统筹组织"六稳""六保"宣传报道，策划推出《破解就业焦虑，"春风行动"来了》《智能时代，老年人不该被忽视》《AI 助盲，打开视障人士新视野》等报道，反映群众呼声，回应群众关切，暖人心、聚民心。

（二）灾难和事故报道

在灾难和事故报道中，坚持客观报道、科学报道、以人为本、情理相融。推出的《9 日新疆发生 5.2 级地震，工作人员赴一线开展震害调查　高科技终结灾情侦察以命犯险的悲壮》《面对灾难，他们冲在一线"修补"心灵》等报道，体现了人文关怀。

（三）以人为本

立足现阶段我国社会主要矛盾，充分认识科技创新在我国现代化建设全局中的战略地位，坚持以民为本、以人为本，贴近实际、贴近生活、贴近群众，关注社会热点，服务民生，突出"四个面向"，以有态度有温度的报道，体现以人民为中心的发展理念，持续巩固全党全国人民团结奋斗的共同思想基础。

六、文化责任

（一）弘扬践行社会主义核心价值观

坚持用社会主义核心价值观引领社会思潮，凝聚中国力量。深入宣传中国

梦，推出一批重磅报道，《科技成就"中国梦"，精神抖擞再出发》描绘了宁夏、内蒙古等地以科技引擎圆"中国梦"的壮丽画卷，《发挥科技创新在民族伟大复兴中的支撑引领作用》展现了以科技创新实现民族伟大复兴的奋斗方向。深入宣传民风、家风，《科学整治胡同，让京城烟火气更撩人》《一颗爱国心，三代传承》等报道，从小处切入，生动阐释社会主义核心价值观，弘扬社会新风尚。

（二）传承繁荣中华优秀传统文化

秉持传承与创新的理念，聚焦中华优秀传统文化，运用融媒体手段，推出《坚持守正创新，促进中医药发扬光大》《科研贴近茶产业，苗叶青青映初心》《数字技术让传统文化活起来》《小小屏幕传递非遗文化》等作品，努力用中华民族创造的精神财富来以文化人、以文育人。

（三）推动提升科学素养

关注社会热点，多渠道、全方位开展科普宣传。科技日报设立《前沿》《文化》专版，聚焦前沿领域和科技文化进行深度科普。疫情期间，科普时报围绕老百姓如

何做好疫情防护，策划病毒科普、科学辟谣、营养健康、心理纾解等话题，刊发稿件200多篇，与"学习强国"学习平台共建"全国疫情防控科普作品荟萃"专题，阅读量达348万。中国科技网联

合百度策划发起由农村孩子提问专家回答的"我们都是科技侠"活动，平台曝光量达 2.3 亿。

七、安全责任

科技日报社严格落实意识形态工作责任制，严格落实"三审三校"制度，严把政治关、质量关。科技日报编校差错率低于万分之三，印刷质量达到有关法规和标准规定的合格要求。

八、道德责任

严格遵守《中国新闻工作者职业道德准则》，恪守新闻职业道德规范，自觉抵制不正之风；坚持新闻真实性原则，不刊播虚假失实新闻；严禁有偿新闻、有偿不闻、新闻敲诈；抵制低俗庸俗媚俗；尊重原创保护版权。维护社会公序良俗，弘扬社会正气。严格遵守《新闻记者证管理办法》，采访时主动出示新闻记者证，自觉接受社会监督。

九、保障权益责任

重视本单位新闻从业人员合法权益，设立法律工作室，及时、有效处理法律纠纷，支持保护正常采编行为。

保证从业人员薪酬福利，依法签署劳动合同，支付薪酬、缴纳"五险一金"，保障休假休息权利等。

制定实施科技日报社记者证管理办法，从严管理，切实履行对所属新闻采编人员资格条件审核及新闻记者证申请、发放、使用和管理责任，为符合条件的采编人员及时申领新闻记者证，及时收回离职、退休等采编人员的新闻记者证。

制订科技日报社 2020 年干部教育培训计划，坚持系统规划和分类设计原则，结合实际设计政治理论、全媒体传播体系和"四力"教育、科技政策等培训内容，不断完善培训制度，持续提升培训效果。

十、合法经营责任

严格遵守法律法规和有关规定，严格遵守网信、新闻出版、广播电视等行政管理部门发布的部门规章、政策性文件，结合报社实际，制定相关制度，强化管理。

一是制定报社关于进一步严格实行采编经营分开的规定、所属企业管理办法、子报子刊管理办法等，规范经营行为，执行"八个不得""十个严禁"。

二是严格遵守《新闻单位驻地方机构管理办法（试行）》《新闻记者证管理办法》，制定科技日报社地方记者站管理办法，规范驻地方机构新闻采编活动，不得从事与新闻采访无关的其他活动，不得以新闻报道或者记者名义谋取不正当利益，不得向驻地方机构下达经营任务，收取管理费用。

三是制定报社合同管理办法、项目管理办法等，加强项目和合同管理。严格审核，不刊播违法违规广告，杜绝违规行为。

十一、后记

（一）回应

2019 年科技日报社全媒体转型还不够有力，人才队伍还不能有效适应新型主流媒体建设的需要，新闻舆论"四力"仍有待提升。2020 年，报社牢固树立政治机关意识，加强政治机关建设，把政治意识和政治能力建设落实到新闻采编工作中。修订三年规划纲要，制定"一库两翼三平台"专项规划，全力推进报社转型发展。同时，加强专业化高素质干部人才队伍建设，为报社发展提供人力支撑。

（二）不足

一是新闻宣传的传播力和影响力需进一步提升。报社忠实履行职责使命，在正确引导社会舆论方面取得了一些成绩，但正面宣传报道的感染力、吸引力还需进一步增强。

二是媒体深度融合需进一步推动。报社制定"一库两翼三平台"专项规划，为推动媒体融合设定了施工图，但在落实落细上还需要进一步努力。

三是人员管理教育需进一步强化。报社建立常态化机制，加强政治学习和业务培训，对苗头性、倾向性问题，及时发现及时处理。人员教育管理仍须进一步强化，对曾经出现过的问题，须时常以此为例，警示提醒，预防在先，关口前移。

（三）改进

2021 年，科技日报社将牢牢把握正确政治方向，坚持团结稳定鼓劲、正面宣传为主的基本方针，加快建设"一库两翼三平台"，进一步提升新闻舆论"四力"，更好地为开启新征程、开创新局面凝聚人心，汇聚力量。

一是壮大主流思想舆论。把学习宣传习近平新时代中国特色社会主义思想作为根本任务，统筹安排建党 100 周年、党的十九届五中全会等重点宣传工作，做大做强正面宣传，不断提升新闻舆论"四力"。

二是加强阵地建设。以先进技术为引领，以扩大读者群为重心，巩固拓展传统阵地，加快建设科技日报客户端，主力军全面挺进主战场。

三是提升综合管理效能。突出问题导向，创新体制机制和管理方式，进一步激发媒体活力。优化调整机构设置和人员配备，强化人才保障。

法治日报

社 会 责 任 报 告

一、前言

（一）媒体概况

法治日报是中央政法委机关报，是党在政法战线的主要喉舌、党和国家在民主法治建设领域的重要舆论阵地。报纸于1980年8月1日根据时任中央政法领导小组组长彭真同志"政法战线要办一张报纸"的指示精神创办，当时报名是《中国法制报》。1988年1月1日更名为《法制日报》。2020年8月1日，《法制日报》更名为《法治日报》。目前发行量为67万份。

法治日报社外景

法治日报社现有《法治日报》《法治日报·社区版》《法治周末》《法制文萃报》4份报纸，《法制与新闻》《法人》《法治参考》3本杂志，法治网和法治日报"两微"、"法治号"、法治融屏等新媒体平台；在全国各地建有37个国内记者站，覆盖31个省、自治区、直辖市和全部计划单列市，在美国、俄罗斯、日本、韩国、乌克兰、斯里兰卡等国家设立6个国外记者站；拥有一支国内规模最大的法治专业新闻工作者队伍。

（二）社会责任理念

法治日报社以大力宣传全面依法治国为己任，始终坚定不移坚持政治家办报，坚持正确政治方向、舆论导向、价值取向，坚持"突出法治特色、凸显法治价值、丰富法治视角"办报理念，全方位、全视角、全媒体展现全面依法治国的伟大进程和生动实践，普及宪法和法律知识，传播法治理念，弘扬法治精神，为推进社会主义民主法治建设、促进社会公平正义、维护国家安全和社会稳定作出积极贡献。

（三）获奖情况

2020 年，报社有 1 组系列报道获得第三十届中国新闻奖三等奖；5 件作品分获第三十届中国人大新闻奖一、二等奖；7 件作品分获 2019 年度全国政法优秀新闻作品一、二、三等奖。报社美术摄影部被中国新闻摄影学会授予"2020·中国抗疫图片编辑先进集体"荣誉称号；经济新闻部记者郄建荣同志获 2019 年全国"扫黄打非"先进个人称号；报社"法治融屏"项目入选国家新闻出版署 2020 年中国报业深度融合发展创新案例。

2020 年法治日报社部分获奖作品

获奖作品名称	体裁	奖项
最高检史上首份检察建议书为何发给教育部 一号建议关系的是一号大事 探寻最高检一号检察建议落实之路	文字通讯与深度报道	第三十届中国新闻奖三等奖
全国人大代表积极投身疫情防控和复工复产　战"疫"时刻展现人大代表履职风采	报刊通讯	第三十届中国人大新闻奖一等奖
乔晓阳　从红军后代到立法大家	报刊通讯	第三十届中国人大新闻奖二等奖
关注社会信用立法系列报道	系列报道	第三十届中国人大新闻奖二等奖
民法典全文公布！江湖路远，少侠请随身携带！	新媒体报道	第三十届中国人大新闻奖二等奖

续表

获奖作品名称	体裁	奖项
水晶球中的新闻中心	摄影报道	第三十届中国人大新闻奖二等奖
碧海蓝天离不开"检察蓝"悉心守护	报刊通讯	2019年度全国政法优秀新闻作品一等奖
"林海孤岛"上的坚守	摄影组图	2019年度全国政法优秀新闻作品一等奖
代表现场竖起大拇指给出高度赞誉	报刊通讯	2019年度全国政法优秀新闻作品二等奖
一号建议	报刊组合报道	2019年度全国政法优秀新闻作品二等奖
"一街两制"下的社区警务室	摄影组图	2019年度全国政法优秀新闻作品二等奖
法治学习	网络专题	2019年度全国政法优秀新闻作品三等奖
今天，用你的手擦亮英烈墙	融媒体新媒体创意互动	2019年度全国政法优秀新闻作品三等奖

二、政治责任

（一）政治方向

　　始终坚持以习近平新时代中国特色社会主义思想为指导，增强"四个意识"、坚定"四个自信"、做到"两个维护"，自觉在思想上、政治上、行动上同以

2020 年 12 月 4 日 3 版

习近平同志为核心的党中央保持高度一致。

全力宣传好习近平新时代中国特色社会主义思想特别是习近平法治思想。开设"推进全面依法治国"总专栏，下设"综述""评论""动态""法治乡村建设基层行""全国法治政府建设示范地区和项目巡礼""访谈""论苑"等分专栏，在法治日报重要版面和法治网、"两微一端"突出安排、集中推出。开设"深入学习宣传贯彻习近平法治思想　大力弘扬宪法精神"专栏，集中展现各地各部门广泛学习宣传贯彻习近平法治思想和贯彻实施宪法的生动实践。

2020 年 8 月 31 日 1 版

2020 年 11 月 17 日 1 版

2020 年 11 月 13 日 4 版

2020 年，法治日报及所属各媒体平台认真做好党的十九届五中全会、"不忘初心、牢记使命"主题教育、全国两会、"决胜全面小康、决战脱贫攻坚"等重大主题宣传报道，全力服务党和国家工作大局，全力服务全面依法治国大局，全力服务法治工作和政法工作大局。

（二）舆论引导

充分发挥全面依法治国新闻宣传和舆论引导主阵地作用，及时发布权威声音，稳妥把握热点问题新闻报道和舆论引导，增强法治舆论宣传引导力和正能量。

展现战"疫"中政法机关责任担当。开设"战'疫'·政法机关在行动""战'疫'·政法干警在一线""战'疫'·政法机关助力复工复产"等专栏，宣传好中央关于疫情防控工作的重大决策部署，准确、生动、全面记录全国政法机关和政法干警积极依法防控、护航复工复产、加强法律服务、维护社会稳定的先进经验和优秀典型，为打赢疫情防控阻击战营造良好舆论氛围。

2020 年 2 月 3 日 1 版

展现扫黑除恶专项斗争成果。法治日报在一版开设"扫黑除恶进行时""决战

2020 年 8 月 27 日 5、6、7 版"决战决胜扫黑除恶"专栏，全面展现政法机关坚持依法办案，开展扫黑除恶大决战的生动实践

决胜扫黑除恶"等专栏，持续开展宣传报道；策划推出 3 个整版的"决战决胜扫黑除恶专项斗争"系列报道。

认真做好大案要案的舆论引导工作。全程跟进云南孙小果案、湖南"操场埋尸案"等重大案件，及时刊发办案进展，采访法律专家对办案程序、结果进行解读，引导社会舆论；对司法机关办理的原省部级以上领导干部贪腐案、社会关注度高的热点案件进行跟踪报道，回应社会关切。

立足自身定位，助力脱贫攻坚。将做好决战脱贫攻坚报道与法治报道相结合，形成了独具特色的法治日报脱贫攻坚报道风格。

2020 年 11 月 28 日 3 版

2020 年 5 月 14 日 6 版整版报道政法各部门以实际行动为打赢脱贫攻坚战提供有力法治保障的生动实践，既聚焦脱贫攻坚工作，又突出法治特色

（三）舆论监督

承担主流媒体应有的社会责任，科学、准确、依法、建设性地开展舆论监督。2020 年，针对疫情初期哄抬物价行为、患者训斥医务人员事件、高校毕业生就业率造假、暑假儿童安全、网络暴力、养老问题等社会热点话题刊发大量稿件，曝光不良现象，澄清谣言谬误，推动改进工作、解决问题。开设"环保在行动"专栏，围绕中央生态环保督察发现问题持续推出舆论监督报道，助力我国生态环境保护工作。

2020 年 2 月 5 日 4 版

2020 年 8 月 13 日 4 版

（四）对外传播

2020 年，法治日报共推出 40 余期《环球法治》专刊、近百块版面，刊发稿件 500 余篇，围绕做好重大国际会议、重要外事活动、国际法治热点新闻等宣传报道，有针对性地开展对外传播，展现任凭乱云飞渡、风吹浪打，中国始终以实际行

2020 年 6 月 1 日 5 版

2020 年 1 月 13 日 5 版

动承担起促进全球共同发展重任的大国担当。

积极拓展传播模式，每年评选出"十大国际法治新闻"，点评国际法治领域风云变幻，介绍中国特色社会主义法律制度的成功实践；围绕春节等中国传统节日，策划开展中华优秀传统文化对外宣传，不断增强中华文化对世界的影响力、吸引力和感召力。

三、阵地建设责任

（一）融媒体矩阵

积极落实中央关于加快推进媒体深度融合发展的决策部署，大力发展法治网、"两微"、"法治号"、法治融屏等各类新兴传播平台，鼓励各编辑部、各子报刊入驻头条、腾讯等新媒体平台以及抖音、快手、哔哩哔哩、微视和西瓜等视频平台，基本形成载体多样、渠道丰富、覆盖广泛的主流法治舆论传播矩阵。

（二）融媒体报道

将原创内容的权威报道、深度解读、言论评论等优势与新媒体反应迅速、形式多样、受众广泛等特点充分结合，扩大优质新媒体内容产能，2020 年融媒体报道质量和数量都有明显提升。

春节假期，报社所属法治网和"两微一端"等新媒体平台全力跟进疫情防控形势，精心构建依法防控疫情全方位覆盖、全天候延伸的"舆论场"。"这注定是一个不平凡的春节""这注定是一场必胜的战'疫'"两组系列述评，累计阅读量超过千万;《＃新型冠状病毒＃6000 勇士赴武汉，待你归来，春暖花开》在抖音短视频赞播比高达 35％，稿件整体阅读量和传播影响力创下了法治日报新媒体最高纪录。

运用文字、图片、漫画、动漫、短视频、直播、互动答题等多种形式做好民法典宣传报道,《民法典知识测试,少侠试试你能得几分!》H5 互动答题作品,累计参与答题者 60 余万人次。

(三)融合采编平台建设

2020 年,法治日报社进一步建立健全媒体融合指挥中心组织架构和工作流程,突出实战应用、效率优先,重新配置报社资源,实现业务、管理、技术、人员等各方面的深度融合。

法治日报社旗下新闻门户网站——法治网被纳入中央重点新闻网站序列,成为中央重点新闻网站中唯一一家法治类新闻网站;法治日报"两微"影响力日益扩大,微信公众号年增长粉丝量翻一番;法治新闻资讯法律服务聚合平台"法治号",截至 2020 年年底已有 3362 家中央和地方政法部门入驻;法治融屏项目推出 5 个月制作节目累计时长近 2700 分钟,累计播放量近 1000 万次。

民法典知识测试 H5 互动答题作品

四、服务责任

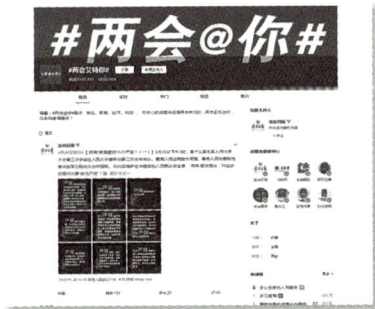

法治日报微博平台策划推出"两会@你"专辑

(一)信息服务

履行主流媒体信息服务责任,及时准确发布政务信息、政策信息,围绕社会民生热点难点问题,做好法律法规和政策解读。发布社保、医疗、交通、天气、消防安全、防骗提示等服务信息和普法稿件,及时发布疫情防控最新进展。2020 年两会期间,法治日报"两微"平台策划

"两会@你"专辑，综合编辑整理两会释放出的民生、新政短资讯，以图集形式推送。

（二）社会服务

法治网自 2009 年就推出了中央新闻网站中唯一能够提供律师在线解答的法律咨询平台，目前已为上百万网民提供免费法律咨询服务。《法治日报·社区版》开设"警情提示""以案释法""法官说法"等栏目，积极解答与百姓生活密切相关的法律问题，做好公共法律服务。

适应推进全面依法治国新形势需要，法治日报社充分发挥媒体平台优势和渠道优势，组建"依法治国智库"，进行政策研究、趋势研判，建言献策、引导舆论。

（三）公益活动

1. 免费赠阅报纸。为支持中西部发展，法治日报社每年拿出部分资金，会同中央财政专项经费赠阅报纸。2020 年为中西部地区村委会和居委会赠阅《法治日报·社区版》17 万份，为中西部地区街道办事处赠阅《法治日报》2.9 万份。会同全国普法办为中西部 20 个省份中小学校法制副校长赠阅《法治日报》2800 份。

2020 年 12 月 4 日第七个国家宪法日当天，《法治日报》4 版整版刊发宪法宣传公益广告

2. 刊播公益广告。法治日报社积极履行媒体社会责任，2020 年自主设计并在法治日报刊发共计 10 个整版公益广告，包含疫情防控、消费者权益保护、国家安全、禁毒、宪法宣传等各类主题。

3. 开展公益活动。积极回馈社会，策划推出多个公益项目。2020 年 2 月，策划发起"疫情当前，律所在行动，法制日报喊你来接龙"活动，累计捐献金额达 7197 万余元（不包含物资）；策划推出"等你接龙！法治网硬核推出专属法学毕业生的'云招聘'"系列活动、律师事务所"云招

聘"专场活动、与朝阳律协联合主办"2020 就业
季·疫散花开 朝阳等你"云招聘等活动，提供
百余家用人单位的 1000 多个岗位，近万人在线参
与；与中国政法大学联合开通在线免费法律培训
学习课程、重磅推出法学优秀毕业生栏目，共发
布 15 所高校优秀毕业生求职信息 271 人，助力法
学毕业生就业。

疫情当前，律所在行动，法制日报喊你
来接龙！（2月6日更新，新增捐款金…
法制日报融媒体编辑部出品

2020 年 2 月，策划发起"疫情当前，
律所在行动，法制日报喊你来接龙"活动

五、人文关怀责任

（一）民生报道

始终保持人民情怀，持续关注就业、医疗、教育、养老等领域民生问题，及时
做好保障和改善民生宣传引导。关注老年人运用智能技术困难问题的报道《拿什么

2020 年 12 月 1 日 6 版

2020 年 5 月 12 日 4 版

帮助老年人跨越"数字鸿沟"》，荣获"2020年度全国老龄新闻宣传好作品"一等奖。《法治日报·社区版》《平安中国·身影》版重点关注基层政法工作者和基层社会治理工作者，2020年共刊发报道150余篇，充分展现基层工作者风采。

（二）灾难和事故报道

加强安全生产、自然灾害公益科普宣传，及时做好极端天气、灾害事故、风险隐患等预警预报和安全提示；有序开展重大安全风险隐患和典型生产安全事故曝光，充分发挥舆论引导和警示教育作用。报道全力挖掘事件真相和细节，同时也充分体现人文关怀。

2020年6月1日7版

（三）以人为本

聚焦法律服务保障困难群众、弱势群体合法权益开展宣传报道，以群众的视角述说新时代法治建设带来的获得感、安全感，让报道更接地气、更有温度。如针对法律服务困难群众，开设"法援惠民生　扶贫奔小康""中国法律援助基金会·惠民生法援行"等专栏，推出政法机关法治扶贫等专版；在六一儿童节当天，用近两个整版关注保护未成年人合法权益，彰显法治的温暖。

六、文化责任

（一）弘扬践行社会主义核心价值观

持续深化社会主义核心价值观宣传报道，大力宣传"时代楷模"、"最美人物"、全国模范法官等先进典型，做好"诚信建设万里行"主题宣传报道，及时报道"扫黄打非"工作成果成效，引导社会各界自觉践行社会主义核心价值观。持续 30 余年组织评选年度十大法治新闻和年度法治人物，积极参与"新时代司法为民好榜样""最美司法行政人"等系列先进典型评选活动，用榜样的力量激励人们接续奋斗、追梦圆梦。

2020 年 1 月 16 日 7 版

（二）传承繁荣中华优秀传统文化

法治日报社高度重视履行文化责任，立足自身定位，积极打造法治文化传播阵地，筑牢法治文化氛围根基。法治日报专门设立法治文化专版，策划推出"法律文化""法学洞见""史海钩沉"等一系列专题、栏目，发掘中华传统法文化资源，以达到在法学教育领域"学史增信"的目标。《法治日报·社区版》《文苑》刊登大量来自基层政法综治工作者的散文、杂文、诗歌、摄影、字画作品，充分展示基层工作者文采，体现法治文化建设工作成果。

积极创新法治宣传形式，打造法治文化品牌。法治融屏通过视频方式创新开展法治宣传。报社及所属子报刊 2020 年成功举办"书·法"系列活动、第三届全国新媒体快乐学法大赛等品牌活动。

2020 年 7 月 7 日 9 版

2020 年 12 月 3 日，在第七个国家宪法日来临之际，"'书·法'系列活动走进山西——民法典讲座"在山西太原举行

"书·法"云展馆

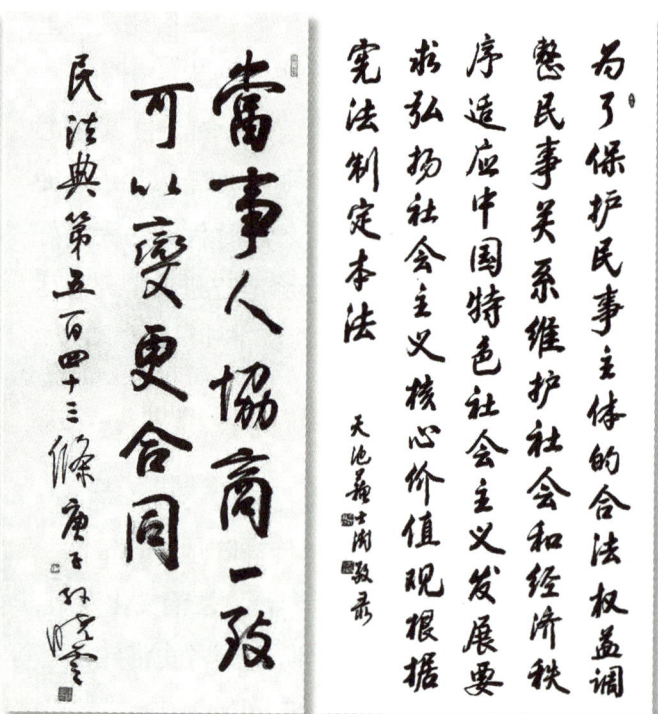

部分"书·法"作品

（三）推动提升科学素养

结合国家科学技术奖励大会等重要会议报道和"天问一号"等航天工程重大任务报道，积极开展科普宣传。开设"智慧政法网上展厅"，直观展示雪亮工程、智慧法院、智慧检察、智慧公安、智慧司法等法律科技新成果。

七、安全责任

严格落实意识形态工作责任制，细化策、采、编、校、检、发等各采编环节责任，增强安全刊播意识，严格履行"三审三校"制度。完善规章制度，制定应急预案，完善业务流程，堵塞管理漏洞。多次对报社所属报纸、期刊、网站、新媒体及入驻平台进行全面清理，关闭一些编辑力量不足、审核把关不严的新媒体入驻平台，关停比例达 66%。

2020 年《法治日报》连续 4 年获得全国报纸印刷质量最高奖"精品级报纸"奖。

八、道德责任

（一）遵守职业规范

严格落实党管媒体原则，坚持政治家办报办刊办网办新媒体，狠抓作风建设和内部管理，完善规章制度，防风险，堵漏洞，杜绝有偿新闻、有偿不闻、新闻敲诈、虚假报道等违反法律法规和新闻职业道德的行为。

（二）维护社会公德

在 2020 年的各项重大报道中，坚持团结稳定鼓劲、正面宣传为主，坚持弘扬社会正气，宣扬社会主义核心价值观，及时报道各地各部门持续推进依法治国、依法执政、依法行政的具体进展和成效，维护群众合法权益。

（三）接受社会监督

认真履行对报社新闻采编人员的管理责任，规范新闻记者证使用，要求新闻采编人员采访时必须主动出示新闻记者证，坚决杜绝利用新闻报道谋取不正当利益等滥用新闻采访权益行为。健全完善信访举报制度机制，畅通举报渠道，接受社会监督。定期对信访件和问题线索进行分析和总结，提出问题和建议，督促有关部门完善制度、堵塞漏洞。

九、保障权益责任

（一）保障从业人员合法权益

严格遵守各项法律法规，保障报社全体员工合法权益。支持保护正常采编行为，鼓励编辑、记者深入基层一线，采写"有思想、有温度、有品质"的新闻。

（二）保障从业人员薪酬福利

依法与员工签署劳动合同，缴纳"五险一金"，做到社会保险全面覆盖；足额向员工支付劳动薪酬，疫情期间未减薪停薪；积极组织文体活动，鼓励员工带薪休假；为全体参保员工购买商业补充医疗保险，最大限度保障员工权益；充分发挥工会等群众组织作用，在政策允许范围内提高员工福利待遇，加大对困难职工等人员的帮扶力度。

（三）规范新闻记者证管理

2020 年按规定为符合条件的 219 名新闻采编人员换发了新版新闻记者证，及时收回离职、退休等采编人员的新闻记者证，并履行注销手续。

（四）开展员工教育培训

积极为员工搭建各类学习平台，促进员工教育培训全覆盖。制订教育培训计划，不断提升全体员工特别是采编队伍的政治素质和业务技能；疫情防控特殊时期抓好学习培训不放松，积极创新工作方法，开展线上培训学习，取得一定成效。

十、合法经营责任

严格遵守相关法律法规、部门规章和规范性文件等，认真履行合法经营职责，不断推动经营管理工作更加规范、科学、有效。2020年，报社获评北京市诚信创建企业。

全面建立发行代理公司制度，确保采编经营"两分开"，严禁经营与新闻宣传报道挂钩，严禁经营岗位人员介入采编工作，严禁以采编工作名义开展经营业务。

认真执行广告审查制度，加强广告业务合同管理，杜绝刊播违法违规广告。

十一、后记

2020年，法治日报社没有受到行政处罚、通报批评等情况。

履行社会责任存在不足之处：面对新媒体迅猛发展的新形势，报社媒体融合步伐仍须加快，采编人员适应全媒体要求的技术能力、业务能力、传播能力仍须提高。

具体改进措施：成立媒体融合改革发展领导小组，以"法治号"升级转型建设为龙头，适当调整部门设置，重构报社全媒体发展格局，把史多优质内容、先进技术、专业人才、项目资金向互联网主阵地汇集、向移动端倾斜；更加注重网络内容建设，持续专注内容质量，扩大优质内容产能，创新内容表现形式，提升内容传播效果；加大视频节目开发力度，充分利用"法治号"、法治网及其他新媒体各平台渠道，打造系列精品视频节目，有效覆盖用户群体。

中国纪检监察报

社 会 责 任 报 告

一、前言

（一）媒体概况

中国纪检监察报创办于 1994 年 10 月 1 日，是中共中央纪律检查委员会、中华人民共和国国家监察委员会主管的中央主流媒体。江泽民同志题写报名。

2019 年年底，中央纪委国家监委坚决落实党中央决策部署，深入推进媒体融合改革，成立新闻传播中心，负责中国纪检监察报、中央纪委国家监委新媒体的建设和管理，建立报网一体运行的工作体制，形成报网端微多媒体融合发展格局。2020 年中国纪检监察报发行 149 万份，是全面从严治党、党风廉政建设和反腐败斗争宣传的主渠道主阵地。

（二）社会责任理念

中国纪检监察报的社会责任理念是坚持正确政治方向、舆论导向、价值取向，忠诚履行中央纪委国家监委机关报的职责使命，全面阐释党中央关于全面从严治党、党风廉政建设和反腐败斗争的决策部署，大力宣传坚持和完善党和国家监督体系的生动实践和成功经验，打造信息发布、宣传教育、舆论引导、政策解读的平台，努力讲好全面从严治党、正风肃纪反腐故事。

（三）获奖情况

文字评论《问责不能泛化简单化》获第三十届中国新闻奖二等奖；深度报道《案件频发，源于不设防》获第三十届中国新闻奖三等奖。

分别有 1 篇稿件获中国人大新闻奖二等奖、全国政协好新闻奖、全国政法优秀新闻作品三等奖；6 篇作品分别获"国企好新闻"特别奖及一等奖。

二、政治责任

（一）政治方向

1. 持续深入宣传阐释习近平新时代中国特色社会主义思想。中国纪检监察报紧跟习近平总书记重要活动、重要讲话、重要指示批示，综合运用动态反响、深度解读、评论言论、理论文章等形式，2020 年共策划推出自采报道 1700 余篇。围绕习近平总书记亲自部署、指挥打赢疫情防控阻击战，采写刊发《让党旗在防控疫情斗争第一线高高飘扬》等 18 篇评论员文章，着眼全局、积极发声、强化引导。在经济社会领域专家座谈会后，推出系列报道，紧扣新阶段、新格局、新

2020 年 1 月 10 日 1 版

2020 年 7 月 16 日开设"读原著 学原文 悟原理"专栏

动能、新活力、新优势、新局面刊发 6 篇稿件，对习近平总书记重要讲话的核心论断条分缕析，深入解读。在《习近平谈治国理政》第三卷出版发行后，开设"读原著 学原文 悟原理"专栏，约请中央党校等一批专家学者撰写学习体会14 篇。

2. 精心组织重大主题宣传。聚焦决战决胜，开设"决战脱贫攻坚""决胜全面建成小康社会""十三五纪事·历史性发展""抗美援朝 保卫和平"等专栏，派记者实地采访，刊发重点专栏文章 100 余篇。聚焦防控新冠肺炎疫情，生动讲述一线感人事迹，专访抗疫院士，讲述中国精神，深入总结抗疫经验，彰显制度优势，报道纪检监察机关跟进监督保障落实情况。

3. 做好重大会议、重要活动、重点部署的宣传报道。推出"学习领会党的十九届五中全会精神"专栏，刊发《新征程再出发》等多篇深度解读稿件。采写刊发 10 篇"贯彻落实中央纪委四次全会精神"系列解读文章，统一思想认识，推动贯彻落实。紧盯纪检监察主责主业，展现高质量发展举措成效。围绕国家监委成立 2 周年，采写刊发《改革为追逃追赃注入新动能——两年来共追回外逃人员 3425 人赃款 91.6 亿元》。做深做透巡视巡察、落实中央八项规定精神等工作宣传，加强纪法深度解读和警示教育报道。

2020 年 3 月 30 日 1 版头条

（二）舆论引导

1. 敢于斗争，聚焦热点，有力有效引导舆论。针对美国污蔑抹黑我反腐败国际追逃追赃工作的错误言行，推出《抹黑追逃追赃就是包庇腐败犯罪》等 3 篇评论，《反腐追逃 一追到底》等 3 篇综合通讯，旗帜鲜明、针锋相对地亮明我方态度，对美方无端指责、污蔑抹黑予以有力回击。针对西方国家双标、种族歧视等问题，采写刊发《不加遮掩的双标》《血与火的美国现实》《美国公开课》《美国新冠肺炎死亡 10 万人的背后》等重点稿件，用客观事实给予有力回击。

美国是中国外逃腐败分子最集中的国家

抹黑追逃追赃就是包庇腐败犯罪

2020 年 11 月 6 日 1 版

尚未归案的 40 名"百名红通人员"中仍有 20 人藏匿在美国

美国沦为腐败分子避风港

2020 年 11 月 7 日 1 版

外逃腐败分子是彻头彻尾的经济犯罪、职务犯罪嫌疑人

追逃追赃是正义之举

2020 年 11 月 8 日 1 版

2. 紧贴受众需求，创新优化报道形式方法。在全国两会宣传报道中，运用 5G 新技术，开设"两会云访"专栏，组织记者通过线上方式"云跑会"，推出 7 期报道。发挥融合优势、凸显亮点特色。报纸以文字报道、连线截图、视频二维码形式叠加推出，版面语言更显丰富；网端微主打连线采访短视频，配上文字报道一并推出，内容体量更加扎实。

📢 两会云访
用铁的纪律守护绿水青山

2020 年 5 月 24 日 4 版，以文字报道、连线截图、视频二维码形式叠加推出全国两会宣传报道

（三）舆论监督

1. 批评性报道。针对脱贫攻坚工作中存在的形式主义、官僚主义问题，主动发声、表明立场，刊发《在农村危房改造工作部署中朝令夕改作风漂浮　让基层无所适从的 4 次发文》《在脱贫攻坚中履职不力

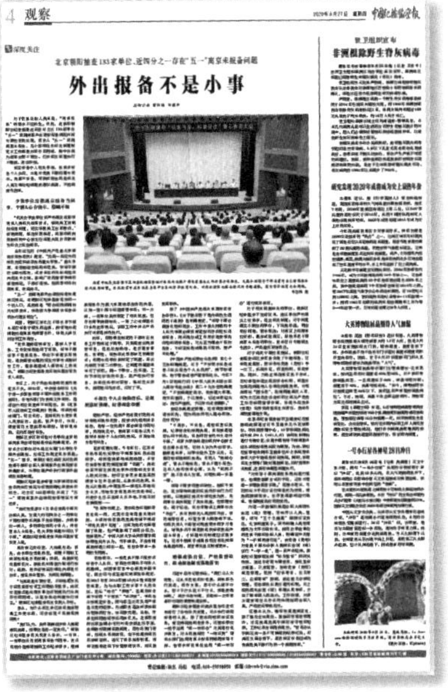

4 观察

深度·关注

北京朝阳抽查183家单位、近四分之一存在"五一"离京未报备问题

外出报备不是小事

2020 年 8 月 27 日 4 版

记者观察

工作有矛盾打下属、日常争执也动手，个别干部为何管不住自己的手

耍横的背后是特权思想作祟

2020 年 9 月 27 日 2 版

记者调查

他们为什么去吃这顿饭

响水疫情期间公款聚餐饮酒事件剖析

本报记者 黄辉 自江苏响水报道

沈爱东出现在记者面前的时候，45岁的他发根斑白。距离那件让他付出巨大代价的事整整过去两个月了。

2020年2月27日，周四晚7点至9点，时任江苏省响水县副县长、县公安局党委书记、局长的沈爱东，邀请因为开联席会议误餐的县公检法系统17人到单位食堂包间内聚餐。席间饮酒，等餐期间打牌，17人随后都因此被处理，沈爱东被撤销副县长、县公安局党委书记、局长职务，降为一级主任科员。

正值抗疫期间，这则新闻在社会上引起强烈反响。

中央八项规定精神执行多年，早已深入人心，何况公安系统明令禁止工作日饮酒，在疫情严峻时刻本应在抗疫一线的这些人，为什么还会有如此举动？

截至记者发稿时，响水没有一例新冠肺炎确诊病例，沈爱东对记者讲起这一成果，深以为自豪。而2月27日，全国疫情还处在高发期，正是他这种轻松乐观的心理，为他犯下后面的错误埋下了伏笔。

先从聚餐前的会议说起。

沈爱东告诉记者：他履新近半年了，突如其来的疫情打破了正常工作节奏，所以在响水的疫情刚刚趋于平稳之际，他就急于想解决业务工作中的一些瓶颈。据公安局同事讲，沈爱东谋划的试点工作已经在进行中，初见成效，但他的安排传达给人们一种急于求成的情绪。

因此，这次沈爱东非常主动组织了最初由检察院发起的联席会议，并且，特别希望通过这种方式联络感情、解决分歧。会议也的确如他所希望的，讨论热烈，气氛融洽。当被他邀请来的与会人员因此而错过了晚餐时间后，安排一顿工作餐仿佛也就成了他必须的选择，用他的话讲"总要尽地主之谊"。但他此刻却选择性忽视了"同城不吃请"的规定。

如果仅仅是工作餐，可以就近安排，为什么专门拉到一个有包间的地方，后来又临时起意上了酒呢？

沈爱东事后回溯自己犯错误的节点时，这样对记者说：自己没有明确限定这只是一顿工作餐，先在第一道防线上失守；自己也知道1月26日，盐城市公安局下发《关于进一步严明疫情防控维稳期间战时纪律的通知》，其中规定"严禁在任何时候任何场合饮酒"，但吃饭时上酒又犯了第二个错误。仅仅在几天后，这场被专门安排到县交警大队食堂进行的聚餐，被举报了。

县交警大队食堂位于326省道旁的南湖路，晚上7点左右这里更是人迹罕至。记者拿到的2月27日菜单显示，18人两桌共计花费1308元，最贵的一道菜88元。

"吃什么倒无所谓，主要有侥幸心理，觉得在自己单位食堂吃，应该是安全的吧。"同去的县公安局工作人员告诉记者，这未尝不是沈爱东当时的心理。

在沈爱东看来，酒是可以用来维系情感的，但他完全忽视了自己公安局长的身份，身为副县长、县公安局一把手，他的所作所为完全改变了这顿饭的性质。

在等待上菜前，公安局长、法院院长、检察院检察长和另一人用纸牌玩起了当地流行的"掼蛋"。

疫情期间，公款聚餐、饮酒、打牌……这些要素都具备后，这顿饭的味道彻底变了。那么，参与这次聚餐的人心里在想些什么，都是党员干部，规矩意识没有吗？对纪律的敬畏去哪了？

碍于情面，这是记者采访其他聚餐人员时，被提及最多的原因。

与沈爱东一样，同桌聚餐的县法院院长徐祥、县检察院检察长孟庆松都是2019年才从外地来响工作，三人分住干部宿舍楼同一单元的二、三、四层，同在楼内食堂就餐，低头不见抬头见，也正是碍于这层关系，两人没有拒绝就餐。在沈爱东劝喝白酒时，两人最初都坚决反对，但在沈的坚持下，两人妥协到"不喝白酒喝点儿红酒"。

当时在场的时任县纪委监委第十派驻纪检监察组组长汪登波向记者描述：自己在沈爱东准备给检察长倒酒时，只是用胳膊肘撞了下检察长，小声嘀咕一句：喝酒不好吧，最好喝水，然后就没有再坚持。

而同去的公安局、法院、检察院的中层干部，都是"三长"的下级，他们几乎都说，看到桌上放着酒，就觉得不妥、奇怪，但是，却没有一个人转身离开，更不要说公开反对。

他们普遍秉持一种"领导提议喝酒的时候，你去扫领导的兴，也太不合时宜了""不可能去反对啊，自己尽量不喝就不错了"的心态。甚至有受到轻处理的同志在接受采访时坦陈："就这么个小圈子，又是人情社会，拒绝了领导，以后还怎么做人。"

"对纪律缺乏敬畏，总觉得违反八项规定精神的事不会发生在自己身上，心存侥幸，不仅没有带好队伍反倒损害了队伍形象。"沈爱东在组织对其公布处理决定时，面对曾经的同事这样剖析自己。

不知敬畏、违规聚餐、不好拒绝，最终只能换来被严肃处理。

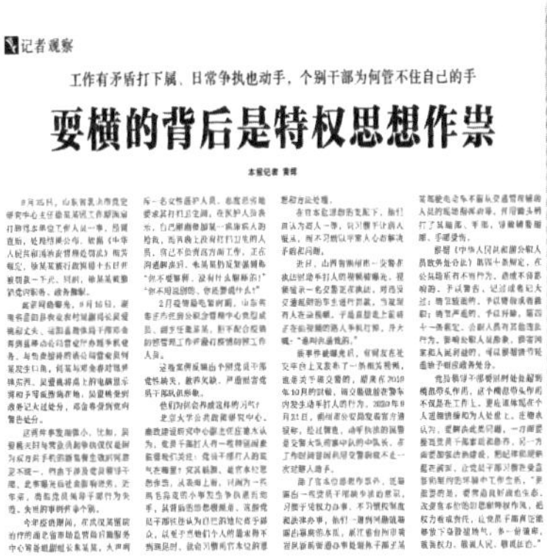

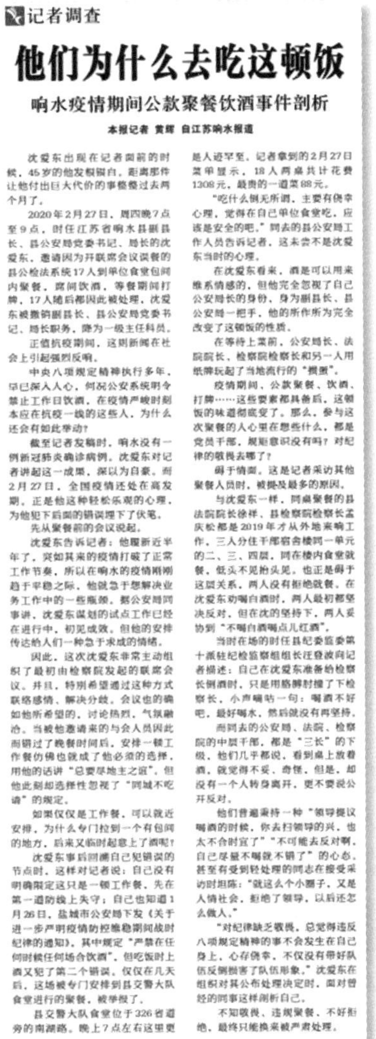

2020 年 4 月 29 日 1 版

弄虚作假　搬迁不足三成却谎报 100%》《精准施治脱贫攻坚中的形式主义官僚主义问题　以优良作风助力决战决胜》等报道，积极引导舆论。针对党员干部作风问题，推出《耍横的背后是特权思想作祟》《外出报备不是小事》《他们为什么去吃这顿饭　响水疫情期间公款聚餐饮酒事件剖析》等稿件，深入剖析背后原因，具有较强的警示意义，也为有关部门制定相关对策、防范风险起到了积极的作用。

2. 调查性报道。疫情发生后，推出 20 余篇调查性报道，聚焦各级党委和政府

2020 年 4 月 19 日 4 版

2020 年 4 月 28 日 4 版

及有关部门奋起担当、抗击疫情的有效举措，澄清谣言谬误，还原事实真相。《医疗废物日产日清是这样实现的》《群体免疫就是放任感染——专访中国疾控中心流行病学首席专家吴尊友》《全球首个新冠灭活疫苗背后》等报道，受到多家主流媒体转载。

加大整治形式主义、官僚主义成果报道，针对中央纪委国家监委通报的形式主义官僚主义典型问题，采写刊发《9 次收到问题线索都未上报》等调查性报道。

（四）对外传播

立足两个百年大局，以党的领导和中国特色社会主义制度优势为主题和视角，对 2020 年大事进行盘点，推出"非凡 2020"栏目，刊发

2020 年 12 月 10 日开设"非凡 2020"栏目，盘点 2020 年发生的大事

2020 年 3 月 14 日 4 版

15 篇稿件，贯通历史与现实、国际与国内，讲好中国故事。紧跟国际热点策划《疫情之下　休戚与共》等稿件，适时发出中国声音，凸显中国作为负责任大国的形象。

三、阵地建设责任

（一）融媒体矩阵

深入推进媒体融合改革，形成报、网、端、微多媒体融合发展格局，并根据报、网、端、微各自传播特性进行改版，报纸注重"深"、网站彰显"全"、客户端突出"快"、微信体现"灵"，各平台突出优势、各展所长，且平台嵌入更加紧密，栏目设置更加优化，内容推送更加便捷，影响力大大增强。网站总访问量突破68 亿次，日均访问量超 297 万次；客户端下载量达到 642 万次，微信公众号粉丝累计 435 万。

（二）融媒体报道

积极策划推出融媒体报道，数量和质量均有大幅提升。微信公众号的 10 万 + 稿件达到 280 篇。"钟南山在办公室静立默哀"视频引发全网"刷屏"，1 小时内登顶新浪微博热搜榜第一，24 小时阅读量达到 4.5 亿次。

（三）融合采编平台建设

以构建全媒体统一指挥协调、选题策划分析、融合生产创作、数据资源融合和传播效果分析平台，实现采编资源深度整合、采编内容一体管理，打造新型主流媒体为目标，经过深入调查研究，广泛征求意见，研究起草全媒体平台建设方案。目前，全媒体平台建设正在紧锣密鼓推进中。

四、服务责任

（一）信息服务

围绕纪检监察主责主业，及时准确刊发党中央关于全面从严治党、党风廉政建设和反腐败工作的权威信息，报道工作进展和成效。及时报道十九届中央第三轮巡视整改进展，解读全国巡视工作会议和十九届中央第五轮、第六轮巡视工作等。深化落实中央八项规定精神宣传，围绕八项规定八周年，推出特别策划《八年》等产品，取得良好传播效果。加强纪法深度解读和警示教育报道。及时解读《党委（党组）落实全面从严治党主体责任规定》《纪检监察机关处理检举控告工作规则》，持续宣传解读公职人员政务处分法，采写刊发 30 余篇稿件。

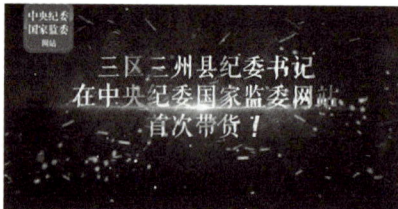

网端微推出"三区三州县纪委书记访谈录"系列视频，综合运用"访谈＋连线＋带货"的形式，讲述当地脱贫攻坚背后的故事

（二）社会服务

关注人民群众生活，架起纪检监察机关与人民群众的连心桥。从人民群众关心的热点事件中积极挖掘与纪检监察工作相关的选题，刊发《赖小民案涉案财物近 17 亿元已追缴》《茅台窝案背后》《境外不是资产转移的天堂》等一批文章。"中纪委评曲婉婷事件"一词迅速登上微博、知乎、豆瓣等网站热搜，阅读量过亿，网友积极点赞，形成了强大聚合效应和舆论声势。

（三）公益活动

近年来，中国纪检监察报每年筹措资金，

用于中央纪委国家监委定点帮扶村基础设施建设，帮助定点帮扶村改善了村容村貌，加速推进了其脱贫，有效激发了困难群众的内生动力。2020 年捐资 600 万元用于四川省马边县的基础设施建设。此外，2020 年，新闻传播中心还邀请"三区三州"县纪委书记做客网站直播带货，助力贫困地区农产品销售。

五、人文关怀责任

（一）民生报道

坚守人民情怀，把人民作为报道主体。围绕党的十九届五中全会推出《促进全体人民共同富裕》《促进人的全面发展》等解读文章。全国两会期间，围绕解读民法典草案，报、网、端、微同步开设"话说民法典"专栏，刊发 8 期报道，解读编纂民法典重大意义、主要内容和立法过程，阐述民法典将给百姓生活带来的新变化。

（二）灾难和事故报道

疫情防控期间，原定按惯例春节期间休刊 7 天的中国纪检监察报，提前两天恢复出报，中央纪委国家监委网站、客户端、微信公众号等新媒体第一时间跟进疫情报道，展现媒体责任与担当。灾难报道注重传递爱心和信心。《一网统管　智慧防汛》《顺应自然规律　提高抗御自然灾害能力》，传播科技在新时代防灾减灾抗灾中的支撑作用，提升抗御自然灾害现代化水平。

（三）以人为本

坚持以人民为中心的理念，深入脱贫攻坚第一线，把镜头、笔端对准一个个可观、可感、可触摸的生动事例，推出了一批有态度有温度的文章。《清水流上黄土梁》《次哇村再脱贫》《搬出穷窝蹚出富路》《创业贷播撒及时雨》《山谷间架起致富桥》等以小场景折射大变化，发挥正面宣传鼓舞人、激励人的作用。

六、文化责任

（一）弘扬践行社会主义核心价值观

中国纪检监察报始终高度重视履行文化责任，大力宣传中国梦，并立足于一体推进不敢腐、不能腐、不想腐的政治要求，注重发挥历史文化成风化人、潜移默化的功能，着力营造不想腐的文化氛围。打造"中国家书"栏目，展示古今名人大家、优秀党员干部，以及新时代的平凡人等的家书，讲述他们深厚的家国情怀、强烈的事业心责任感、舍小家为大家的大爱等。2020 年刊发 30 篇重点稿件。"廉洁文化中国行"栏目，挖掘文化名城的文化印记，讲述中国城市廉洁故事，展现中华民族所蕴含的文化精神。"字里行间"栏目，以独特视角，带领读者探寻中国词语的源头活水，讲述其背后的文化故事、思想情感、哲理智慧，体现词语背后的廉洁文化精神。

（二）传承繁荣中华优秀传统文化

中国纪检监察报"历史文化源流"专栏共刊发 41 篇文章，紧扣习近平总书记重要讲话中引用的历史文化经典，及时刊发梳理来龙去脉的解读文章；"2020·历

2020 年 1 月 3 日文化周刊 5 版，"历史文化源流"栏目

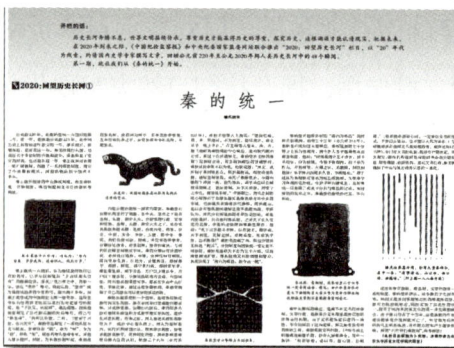

2020 年 1 月 3 日文化周刊 5 版推出"2020：回望历史长河"栏目

史镜像"由中国社会科学院历史研究所所长、中国秦汉史研究会会长卜宪群担任总撰稿，邀请史学界的专家学者，就历史上每个世纪的 20 年代所发生的具有代表性的事件撰写文章，通过历史的横截面体现纵深感，培养广大读者的文化自信，栏目推出以来受到广泛关注。《公元前 120 年：西汉完备监察制度》等稿件被新华网、人民网、"学习强国"学习平台等中央新闻单位的新媒体及地方主流媒体转载。

（三）推动提升科学素养

关注报道科技创新，普及科学知识。中国纪检监察报《新时代周刊》《本领周刊》长期关注报道科技创新成果，《观察》版围绕"嫦娥五号"这一重大事件，连续推出《带一捧月壤回乡》《38 万公里外的中国红》《嫦娥五号携土特产回家》等报道。

2020 年 1 月 6 日《新时代周刊》   2020 年 3 月 16 日《新时代周刊》

七、安全责任

高度重视安全刊播，制定采编工作流程、版面质量责任制等制度规范，要求精编精校，严格履行刊播流程。

2020 年全年出报 352 期，无印刷事故。全年接收和检验来自全国 28 家代印厂样报 2 万余份，印刷质量优良率达 90% 以上。

八、道德责任

（一）遵守职业规范

严格按照《中国新闻工作者职业道德准则》加强人员管理，要求全员遵守职业规范。制定严禁有偿新闻、严防虚假新闻报道等制度规定，坚守新闻真实性原则，坚决不刊播虚假失实新闻；坚决反对和抵制各种有偿新闻、有偿不闻及新闻敲诈行为；严把稿件政治关、政策关、事实关、文字关，坚决抵制庸俗、低俗、媚俗之风；高度重视版权保护工作，发布《版权声明》，不断加大新闻作品版权保护和维权力度。

（二）维护社会公德

弘扬社会正气，讴歌美好心灵。2020 年推出 40 余篇先进典型报道，重点报道杨荣、李淼等因公殉职纪检监察干部。对医护人员、社区工作人员、公安干警、志愿者等群体，推出多篇专访和群像报道。

（三）接受社会监督

记者在采访时主动出示国家新闻出版署统一核发的新闻记者证，并自觉接受社会监督，保障群众依法举报投诉渠道畅通。

九、保障权益责任

（一）保障从业人员合法权益

支持和保护正常采编行为，为新闻采编人员提供新闻采访的必要保障，为员工提供良好的发展平台。

（二）保障从业人员薪酬福利

依法执行劳动合同的签订、续签、变更、解除、终止等手续，依法缴纳"五险一金"，足额支付新闻从业人员的劳动报酬，依法保障职工的休息休假权利。同时，制定绩效考核办法，树立鲜明的写稿导向，通过绩效考核调动采编人员工作积极性；开展评优评先工作，每月组织开展好作品、好策划、好编辑评选，通过表彰先进发挥示范带动作用；提拔使用多名年轻业务骨干，通过选人用人释放干事创业鲜明导向。

（三）规范新闻记者证管理

按照规定为符合条件的采编人员及时申领新闻记者证，认真组织记者证换发工作，及时收回离职、退休等采编人员的新闻记者证。

（四）开展员工教育培训

组织举办"2020 年媒体融合发展研讨班"，97 名员工参加培训。开展为期两个半月的马克思主义新闻观学习教育，开展集中交流 10 次，不断提升干部职工的政治觉悟、业务水平和投身融合发展的思想自觉。

十、合法经营责任

一是遵守法律法规和有关规定。中国纪检监察报始终严格遵守相关媒体经营法律法规，严格遵守网信、新闻出版、广播电视等行政管理部门发布的部门规章、规范性文件，认真履行合法经营职责，始终坚持把社会效益放在首位、实现社会效益和经济效益相统一。2020 年全年没有出现过有偿新闻、有偿不闻、新闻敲诈等违法违规问题。

二是严格做到采编与经营"两分开"。中国纪检监察报严禁采编人员从事经营活动，地方记者站不承担发行任务。

三是中国纪检监察报无任何商业广告。

十一、后记

（一）不足

2020 年，中国纪检监察报履行社会责任方面还存在一些不足。比如，在提升宣传报道的鲜活性、可读性方面还需不断努力；宣传报道还需不断创新形式方法；在推进媒体融合改革方面，还需进一步下功夫。

（二）改进

一是一以贯之、坚定不移深入宣传阐释习近平新时代中国特色社会主义思想，创新方式和表达，把理论讲透彻、讲鲜活。

二是找准服务党和国家工作大局的切入点、着力点，聚焦实现第一个百年奋斗目标、开启第二个百年奋斗目标新征程加强宣传，做好建党 100 周年等重大主题宣传。

三是聚焦主责主业，深入宣传中央纪委五次全会精神，全方位展示新时代纪检监察工作高质量发展的实践和成效。

四是加快推进媒体深度融合发展，紧紧抓住关键环节，加快建设多媒体技术平台，加大轮岗交流力度，完善考核评价体系。

五是推动新闻宣传工作高质量发展，不断学习掌握全媒体时代新闻宣传工作的规律和特点，进一步抓好线索收集、议题设置、产品制作，进一步优化方式、创新表达、加强管理，进一步突出新闻性、事件性，以高质量新闻宣传服务纪检监察工作高质量发展。

求是杂志社

社会责任报告

一、前言

（一）媒体概况

《求是》杂志是中国共产党中央委员会主办的机关刊物，是党中央指导全党全国工作的重要思想理论阵地。2018年7月4日，在《求是》暨《红旗》杂志创刊60周年之际，习近平总书记专门发来贺信，充分肯定《求是》暨《红旗》杂志在社会主义建设和改革开放进程中发挥的重要作用，对《求是》杂志更好担负起新时代的职责使命提出明确要求。习近平总书记的贺信，充分体现了我们党对理论宣传工作的高度重视，体现了党中央对《求是》杂志的亲切关怀和殷切期望，是对求是杂志社全体同志的莫大关怀、鞭策。

为深入贯彻落实习近平总书记致《求是》暨《红旗》杂志创刊60周年贺信精神，《求是》杂志自2019年第1期起全面改版。改版后的《求是》杂志，坚持"中国共产党中央委员会主办"的政治定位和政治站位，坚持党刊姓党、政治家办刊原则，高扬党的理论旗帜，紧紧扭住举旗帜、聚民心、育新人、兴文化、展形象的使命任务，坚持不懈把宣传好、阐释好习近平新时代中国特色社会主义思想作为第一职责，深入宣传阐释党的基本理论、基本路线、基本方略，深入宣传阐释党中央大政方针，服务党和国家工作大局，服务干部群众理论需求，推动马克思主义中国化时

《求是》杂志自2019年第1期起全面改版，图为改版后的首期杂志封面

代化大众化，推动用习近平新时代中国特色社会主义思想武装全党、教育人民、指导实践，着力巩固马克思主义在意识形态领域的指导地位，巩固全党全国人民团结奋斗的共同思想基础。

　　紧跟《求是》杂志全面改版步伐，求是网、《求是》英文版、《红旗文稿》积极深化全面改版改革，求是杂志社基本形成涵盖国内国际、网上网下的理论传播格局。

（二）社会责任理念

　　切实宣传好、阐释好习近平新时代中国特色社会主义思想，持续推动学习宣传贯彻习近平新时代中国特色社会主义思想往深里走、往实里走、往心里走，努力增强干部群众做到"两个维护"的政治自觉和思想自觉。

（三）获奖情况

　　多篇文章获评脱贫攻坚好新闻、民族题材好新闻、期刊主题宣传好文章等奖项，多个融媒体项目、产品获评网上重大主题宣传和重大议题设置精品项目、百项网络正能量专题活动、年度优秀网评作品，等等。

二、政治责任

（一）持续推动学习宣传阐释习近平新时代中国特色社会主义思想往深里走、往心里走、往实里走

　　一是万无一失刊发好、传播好、宣传好、阐释好习近平总书记重要文章，每期精心撰写好阐释习近平总书记重要文章的本刊编辑部文章。二是策划组约刊发领导机关、领导干部学习阐释践行习近平新时代中国特色社会主义思想和党中央重大决策部署的文章。三是撰写刊发一批署名"同心""巨力""青原"等课题组文章，精

心组约一批重头理论文章，整体阐释、系统解读习近平新时代中国特色社会主义思想。四是紧跟习近平总书记重要讲话和指示批示精神，制作多种形式的融媒体产品，推进思想理论宣传大众化。

（二）浓墨重彩做好"决胜全面小康、决战脱贫攻坚"重大主题宣传

深入宣传阐释习近平总书记关于决胜全面小康、决战脱贫攻坚的重要论述，刊发近平总书记相关重要文章，同时配发本刊编辑部文章、本刊评论员文章、理论阐释文章、形势任务文章、调研报告、报告文学等，深入阐释党带领人民全面建成小康社会的重大意义、伟大历程、辉煌成就、宝贵经验，深度宣传各地区、各部门努力克服新冠肺炎疫情带来的不利影响，确保脱贫攻坚任务如期全面完成的政策举措、实际行动。

（三）集中做好全面打赢疫情防控人民战争、总体战、阻击战重大主题宣传

紧跟习近平总书记关于疫情防控的重要讲话、指示批示精神和党中央重大决策部署，在疫情防控最吃劲的关键时刻，连续 5 期以抗疫专刊形式做好集中宣传、专题宣传，积极宣传在党的坚强领导下抗击疫情取得的重大成果，生动讲述党政军民学、东西南北中万众一心共克时艰的英勇奋斗，坚决回击利用疫情对我国的诬蔑攻击，为赢得抗疫斗争坚定必胜信心、提供理论指导。

（四）认真做好重要会议、重要时间节点的舆论引导

围绕党的十九届五中全会精神、中央经济工作会议精神等，围绕习近平总书记在深圳经济特区建立 40 周年庆祝大会、在浦东开发开放 30 周年庆祝大会、在纪念中国人民抗日战争暨世界反法西斯战争胜利 75 周年座谈会、在纪念中国人民志愿军抗美援朝出国作战 70 周年大会上的重要讲话等，围绕新疆维吾尔自治区成立 65 周年、西藏自治区成立 55 周年等，刊发一大批学习阐释文章，积极唱响主旋律，集聚正能量，营造浓厚舆论氛围。

三、阵地建设责任

（一）融媒体矩阵

紧紧抓住《求是》杂志全面改版的历史性机遇，以习近平新时代中国特色社会主义思想作为融媒体产品生产的内容灵魂，强化一体化发展理念，着力打造以网站、微博、微信等为主要渠道的理论传播全媒体矩阵，着力打造"求是网评论员""学而时习""是说新语""求是微视频"等特色品牌，着力打造全党学习宣传阐释习近平新时代中国特色社会主义思想的权威理论传播平台。

（二）融媒体报道

紧跟习近平总书记重要讲话、指示批示、重大活动等时政热点做好融媒体宣传。突出理论性、深刻性，紧跟习近平总书记重要讲话、指示批示、重大活动等，推出 140 余篇"求是网评论员"系列文章。突出大众性、可看性，积极策划推出网文、微视频、图解等融媒体产品，百余篇被"学习强国"学习平台或主要商业网站首页首屏转载。突出系统性、专题性，"学而时习"工作室分专题学习阐释《习近平谈治国理政》第三卷，推出 20 篇学习笔记，均被全网转载、广受好评。

（三）融合采编平台建设

积极推进融合平台建设，重点做好"中心厨房"建设，强化"中心厨房"的统筹调度和流程管理机制，全新再造策划、编辑、发布、互动、传播力评估与舆情反馈的采编发流程，切实发挥好策划、统筹、指挥、调度的枢纽作用。

四、服务责任

（一）着力搭建学"习"平台

求是网开设"理上网来·理论新境界"专题，及时集纳、宣传习近平总书记重要文章、重要活动、重要讲话以及重要学习阐释文章，该专题在全网 PC 端要闻区二条位置长期置顶，在主要商业媒体移动客户端突出显示，较好服务了党员干部的理论学习。

（二）推进思想理论大众化传播

通过理论专题、网评网文、导读、综述、图解以及音视频等形式，做好习近平新时代中国特色社会主义思想的全媒化传播和全息化呈现，针对不同受众群体做好对象化分众化传播。

求是杂志社向定点扶贫对象青海省杂多县的贫困学生捐赠棉被等过冬物资

（三）深入开展青海省杂多县对口扶贫

求是杂志社主要领导和分管领导多次带队到杂多县帮助解决实际困难，两名挂职干部深入开展扶贫工作，求是网推出大型融媒体专题"美丽杂多"。全年超额完成 2020 年度扶贫责任书的各项目标任务。

五、人文关怀责任

坚持以人民为中心的工作导向，用镜头记录人民、用笔端书写人民、用真情讴歌人民，聚焦民生主题，以有态度有温度的报道充分体现人文关怀。深度参与决胜全面小康主题采访，在《求是》杂志连续推出系列调研报告 30 余篇，在求是网推出原创融媒体产品 500 余篇，深情讲述人民用双手创造美好生活的奋斗故事。在抗疫宣传中，以报告文学、英模人物等多种形式，生动记述广大党员干部、医务工作者、解放军指战员、社区工作者、公安干警、基层干部、下沉干部、志愿者等万众一心、心手相连、共克时艰的感人事迹。

六、文化责任

（一）弘扬践行社会主义核心价值观

紧紧围绕习近平总书记关于社会主义核心价值观的重要论述，通过理论阐释文章、报告文学、英模人物专栏、封三等形式，图文并茂深入宣传一大批"共和国勋章"获得者、国家荣誉称号获得者以及"时代楷模"，激发对社会主义核心价值观的思想认同和情感认同。

（二）彰显中华优秀传统文化魅力，坚定文化自信

紧紧围绕习近平总书记关于文化建设的重要论述，策划撰写制作一系列学习阐释文章、融媒体产品，引导人们深刻认识中华优秀传统文化的魅力，进一步坚定文化自信，铸就中华文化新辉煌。

2020 年《求是》杂志封三宣传的英模人物

（三）提升党员干部科学素养

围绕新冠肺炎疫情防控，推动组织刊发系列科普文章，引导人们深刻认识古今中外与疫病开展斗争的经验教训。

七、安全责任

始终从政治上深刻认识党中央机关刊的安全责任，秉持"程序为王"的工作理念，强化政治把关能力，严格执行审稿流程，着力完善应急预案，不断推动编辑工作制度化、规范化、程序化，全年在各类检查抽查中做到零差错。

八、道德责任

严格加强内部管理，确保全体人员遵守职业规范，自觉抵制不正之风，维护社会公德，主动接受社会监督。深入开展增强"四力"教育实践工作，常态化开展马克思主义新闻观教育。对申领记者证人员资格进行严格审核，并在所属网站上进行公示，采访时配合采访对象核实身份，接受群众监督。

九、保障权益责任

（一）保障新闻从业人员合法权益

严格遵守各项法律法规，重视员工职业发展，依法执行聘用合同，完善绩效考核、奖励制度，调动干事创业的工作热情，增强获得感和归属感。

2020 年求是杂志社记者深度参与"走向我们的小康生活"等重大主题采访

（二）组织教育培训和基层调研

采用多种形式培训、提高采编队伍的政治素养、业务能力和工作水平。认真做好上级调训、干部选学、干部网络学院参训工作。围绕全面小康等深入一线采访调研，践行"四力"。

（三）规范新闻记者证管理

2020 年求是杂志社编辑记者选图用图业务培训

按照有关规定严格记者证管理，及时为符合条件的新闻采编人员办理申领新闻记者证，为持证员工办理年检手续，及时收回退休等采编人员的新闻记者证，确保采编队伍持证情况真实准确。

十、合法经营责任

求是杂志社的经营活动主要是发行工作。我们始终将政治效益、社会效益放在首位，严格实行采编经营"两分开"，以对习近平新时代中国特色社会主义思想和党中央大政方针的深入宣传阐释推动理论武装，引领《求是》杂志的发行工作。

十一、后记

在取得成绩的同时，我们也清醒地认识到在政治站位、办刊能力、队伍建设、理论武装等方面存在的差距。面对新形势新任务新要求，我们将准确把握党中央机关刊的职责使命，准确把握刊网深度融合发展的目标任务，准确把握守正创新的着力点，高质量推进办刊治社各项工作。一是坚持不懈把宣传好阐释好习近平新时代中国特色社会主义思想作为第一职责。二是驰而不息用习近平新时代中国特色社会主义思想武装头脑，努力把学习成果转化为坚决做到"两个维护"的政治自觉、办刊治社的实际行动。三是坚持以"中国共产党中央委员会主办"的高标准严要求，做好选题策划、编辑写作、网络宣传、内部建设等办刊治社各项工作。四是继续加强能力建设，鼓励编辑人员在实践中练就过硬本领。五是持续推进习近平新时代中国特色社会主义思想大众化，坚持深刻性与大众化相结合、讲道理和讲故事相结合，让党的创新理论"飞入寻常百姓家"。六是不断深化刊网深度融合，强化一体发展、一体建设、一体管理，深化全媒体传播格局。

人民政协报

社 会 责 任 报 告

一、前言

（一）媒体概况

人民政协报 1983 年 4 月 6 日经中共中央书记处批准创办，邓小平同志题写报名，是全国政协办公厅主管主办、人民政协报社编辑出版的唯一的全国性统战政协类报纸。报纸为日报 12 版，周一至周六出版，内容涵盖政治、

人民政协报社大厦

经济、文化、社会和生态文明等各方面，2015 年、2017 年连续两届获评全国百强报刊。

人民政协报社除编辑出版《人民政协报》和《画界》杂志外，还运营有中国政协网、人民政协网两个中央重点新闻网站以及"两微一端"等新媒体。2013 年、2015 年、2017 年，报社连续 3 次获评首都文明单位。2018 年，进入中央主要新闻单位序列。

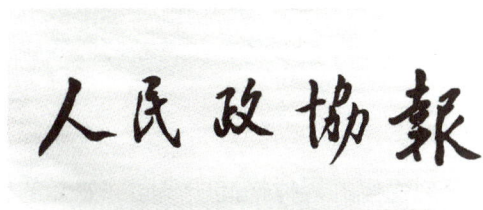

邓小平同志题写报名

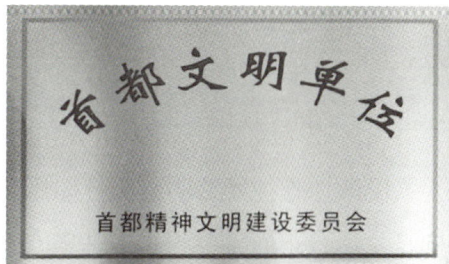

人民政协报社连续 3 次获评首都文明单位

（二）社会责任理念

创刊 38 年来，人民政协报社坚持党管媒体、政治家办报原则不动摇，秉承"立足统战、面向社会"的办报方针，始终以推进社会主义民主政治建设为己任，坚定宣传党的理论和路线方针政策，坚定宣传中国共产党领导的多党合作和政治协商制度，为实现中华民族伟大复兴的中国梦持续鼓与呼。

党的十八大以来，人民政协报社以习近平新时代中国特色社会主义思想为指导，深入学习贯彻习近平总书记关于新闻舆论工作的重要论述，增强"四个意识"、坚定"四个自信"、做到"两个维护"，自觉承担起举旗帜、聚民心、育新人、兴文化、展形象的使命任务，讲好中国故事、讲好政协故事，不断巩固和壮大主流思想舆论。

（三）获奖情况

2020 年，人民政协报社推荐的新媒体作品《揭秘！周总理亲自定名的长安街华灯，为何能长亮 60 年？》荣获第三十届中国新闻奖三等奖；报纸作品《无名村里唯一的老人，下山了》荣获 2020 年"新春走基层"活动中央新闻单位优秀作品奖；《一条艰辛又迷人的"融合路"》《一位自闭症老师的心愿》分别获得全国残疾人事业好新闻二、三等奖。

二、政治责任

（一）政治方向

人民政协报社始终明确党性原则是根本、马克思主义新闻观是灵魂、正确舆论导向是生命、正面宣传为主是基本方针，在深刻变化的媒体格局中牢固守好党的新闻舆论阵地。2020 年，报社将宣传阐释习近平新时代中国特色社会主义思想作为宣传报道的重中之重，推出《我和总书记面对面》《和总书记座谈后，委员们拨通了他们的电话……》等重点报道和"在习近平新时代中国特色社会主义思想指引下"等重点栏目，打造了一批全方位、立体式深入宣传解读习近平总书记重要活动、重要讲话、重要指示批示的精品力作，得到广大读者的肯定。

在重大报道方面，先后完成了全国两会、抗击新冠肺炎疫情、"六稳"、"六保"、决胜全面建成小康社会、决战脱贫攻坚、"十三五"重大成就、党的十九届五中全会以及全国政协年度重点协商议政活动等重大主题报道，精品内容、精良制作，获得广泛传播和热烈反响。

（二）舆论引导

无论是主题宣传、典型宣传、成就宣传，还是突发事件报道、热点引导、舆论监督，人民政协报社均要求把握好时度效。以 2020 年全国两会为例，报纸在会议召开前半个月即开始预热报道，为大会召开营造热烈氛围；会中，围绕会议热点焦点问题发声，回应关切、引导舆论；会后，以深入贯彻落实会议精神为报道重点，体现大会成果，最终实现主动及时报道、深度有效引导的目标。目前，除新华社通稿外，人民政协报每天 12 个版面内容均为原创，原创率超过 90%，已经成为人民政协和统一战线领域最大的资讯平台。

（三）舆论监督

2020 年，人民政协报推出多篇舆论监督报道，如针对疫情应急响应级别降级后多地仍存在的不当封路行为，记者实地调查撰写了《疫情降级，封闭的道路何时打开？》的调查性报道，呼吁基层管理者不要走简单粗暴的捷径，多下精准精细

功夫解决好群众身边事。围绕小城市为"环保"限行私家车、小区强制要求安装刷脸设备、App 过度收集个人信息等热点问题的监督性报道，相关内容一度登上微博热搜，阅读量达上千万次并推动相关问题得以解决，切实发挥了舆论监督的积极作用。

（四）对外传播

人民政协报的报道内容一直是外媒关注的重点，尤其是每年全国两会期间，报纸是不少外媒寻找线索、发现热点、引用观点的首选，报纸内容"借船出海"，国际传播力影响力较大。但不可否认的是，受制于人才、经验、渠道、技术等多方面因素制约，人民政协报社在国际传播方面的能力还比较薄弱。对此，报社党委高度重视，以推进网络传播为突破口，不断加大对中国政协网、人民政协网的组织领导和投入，于 2020 年 9 月 21 日上线了中国政协网英文版；截至 2020 年 12 月底，已有 211 个国家和地区的网友访问过人民政协网，为展示丰富多彩、生动立体的中国形象发挥着作用。

三、阵地建设责任

（一）融媒体矩阵

人民政协报新媒体矩阵

人民政协报社深入贯彻落实中央精神，大力推进媒体融合发展。纸媒方面，得益于办报质量的不断提高，人民政协报发行量连续多年实现逆势上涨，年均增长率达到 9%，读者数量不断增加，市场占有率进一步提高。新媒体方面，形成了以人民政协报微博、微信、"政协号"客户端、抖音号、快手号、百家号、头条号等为代表的新媒体矩阵，推出了"假如我是委员""有事漫商量"等新媒体产品和《委员会客厅》《天下政协》等新媒体栏目，运用视频、漫画等不同的表现形式与叙事风格，生动、有趣地"讲述"中国故事、政协故事，获得大量点赞和转发，备受关注与好评。

（二）融媒体报道

2020年，人民政协报社推出多篇融媒体报道，其中代表作《泪目！86岁志愿军老战士含泪向四位老首长敬礼》，以独特的视角展现志愿军老战士与牺牲的战友"隔空对话"的场景，以此献礼中国人民志愿军抗美援朝出国作战70周年，引发网友强烈共鸣；《哥们儿，辛苦了！》以全程跟拍的方式讲述疫情期间快递小哥的战"疫"事迹，通过小人物反映大主题。报道由报纸微信公众号首发，得到海量转发，形成刷屏之势，全网累计阅读量超过2000万次。

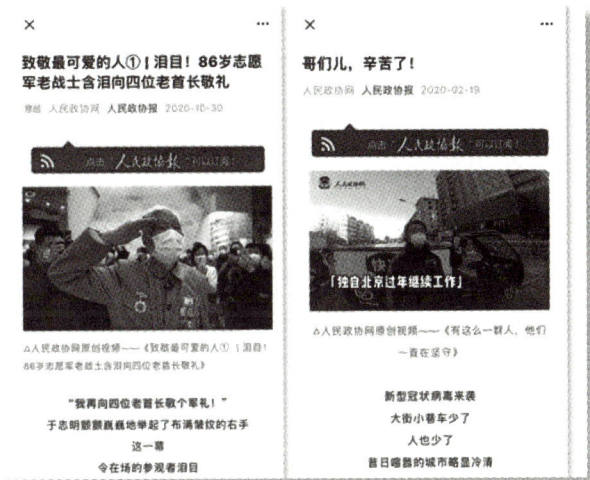

2020年，人民政协报社推出多篇融媒体报道

（三）融合采编平台建设

人民政协报社在2018年即已建成融合采编平台"中央厨房"，该平台由报纸版面智能化设计系统、H5可视化内容制作系统、新媒体内容发布管理系统、渠道分发和传播系统、云直播系统、用户行为分析和智能推荐系统、移动采编助手等11个系统组成，是面向用户、面向未来的新一代内容生产、传播和运营平台，也是人民政协报社新闻信息产品策划、采集、制作、刊播、反馈的大脑与神经中枢，助力报社媒体融合走向纵深。

四、服务责任

（一）信息服务

2020 年，人民政协报及时全面准确地刊发了习近平总书记重要活动、政治局常委会议、政治局会议、国务院常务会议、国家科学技术奖励大会、全国抗击新冠肺炎疫情表彰大会、党的十九届五中全会和全国两会、全国政协主席会议、全国政协双周协商座谈会等各类政务信息以及留学回国人员证明取消、我国口粮供应绝对安全、金融机构为市场主体减负 8700 亿元、社保"降返补"让利企业超 1.3 万亿元、北京 18 家市属医院儿科"组团"发展、"十三五"易地扶贫搬迁全面完成等惠民政策信息，较好地履行了媒体信息服务责任。

（二）社会服务

人民政协报社搭建网络议政新媒体平台

2020 年，人民政协报社突出政协特色和优势，推出"我和委员说句话""我和政协大会说句话"等融媒体产品，通过恰当的选题引导，利用视频的方式连通政协委员和界别群众，围绕民生问题建言资政、凝聚共识；运用"假如我是委员"小程序，搭建起网络议政新媒体平台，引导社会公众有序政治参与，理性表达诉求，感受中国特色社会主义协商民主的魅力。

（三）公益活动

人民政协报社积极开展公益活动，先后向新疆、西藏、内蒙古等少数民族地区捐赠了安防设备、教学设备、医疗用车等一大批物资。2020 年，在新冠肺炎疫情防控关键时刻，报社在自身防疫物资短缺的情况下，落实 30 万元资金想方设法购买医用口罩捐赠给湖北省、浙江省的医院和社区；联系爱心企业向山东省政协捐赠价值 10 多万元的防疫物资；帮助甘肃天水花牛苹果种植户将 40 吨苹果顺利捐赠给武汉市各家医院，彰显媒体责任担当。

五、人文关怀责任

（一）民生报道

以人民为中心，人民政协报关注民生、服务民生。其中，报纸《民意周刊》报道内容围绕群众身边事展开，关切民生冷暖；《慈善周刊》的报道"最抚凡人心"，有爱的文章读来往往令人潸然泪下；《健康周刊》为群众"寻医问药"，权威的内容成为不少读者身边的"健康顾问"；《教育周刊》聚焦"办好人民满意的教育事业"，

人民政协报关注民生、服务民生

以专业精神助推教育事业发展;《休闲周刊》为百姓的"吃、喝、玩、乐"探路，轻松的内容读来"赏心悦目"，深受读者欢迎。

（二）灾难和事故报道

2020 年，根据一对年轻情侣在海南 3A 级景区溺亡的线索，《民意周刊》推出《年轻情侣命丧景区水潭，景区安全谁来负责？》的报道，旨在避免更多类似悲剧的出现。报道刊发后，又连续推出《情侣命丧景区的背后，到底缺失了什么？》《发展旅游产业，亟待建立安全规范标准》等后续报道，数位全国政协委员就此提交提案和社情民意信息，呼吁加大对景区和人员密集场所的安全监管，切实落实安全生产责任，确保群众生命财产安全。

（三）以人为本

2020 年，人民政协报社把准"脉搏"做好解疑释惑、凝聚共识、引导舆论的工作。第一时间开辟"民法典大家谈"栏目，邀请专家学者解读民法典条款；组织《撑涉港国安立法　港区委员在行动》报道，为涉港国安立法正面发声；策划《台胞亲历两岸防疫》报道，揭露台湾当局"以疫谋独"和防疫漏洞；推出《坚决向任何恶意抹黑中国的谎言说不——全国政协委员回应美国涉疫反华议案》报道，用数据和事实揭穿美国谎言……一篇篇有态度、有温度、有深度的报道，凸显人文精神，表明正确立场与态度，激发人们向上向善的精神力量。

六、文化责任

（一）弘扬践行社会主义核心价值观

人民政协报社将弘扬和践行社会主义核心价值观与实际工作融为一体，相互促进。2020 年，先后推出了"'疫'不容辞看委员""战'疫'时期　特殊作业"等专栏，讲述战"疫"一线政协委员的风采；重点打造的《关坝村的"六间房"》《核心密码》两组反映脱贫攻坚时代主题和社会主义制度优越性的重大报道，实实在在地发挥着新闻媒体传播社会主流价值的主渠道作用。

（二）传承繁荣中华优秀传统文化

人民政协报凸显政协文化特色，尤其是《学术家园》周刊始终以传承发展优秀传统文化为己任，全面、系统、深入、持续地对传统文化进行多种多样的报道，深入学习习近平总书记有关传统文化和哲学社会

人民政协报通过报道促进传统文化在新时代的创造性转化和创新性发展

人民政协报社出版的书籍

科学的重要论述，第一时间响应并持续深入研究；积极弘扬戏曲、书画等传统文化精华，通过报道促进传统文化在新时代的创造性转化和创新性发展，多篇内容被《新华文摘》转载，在学术界产生广泛影响。同时，出版《谈艺问源》《中华维度》《笔墨有声》等副刊文集，夯实报纸的文化品位。

（三）推动提升科学素养

人民政协报编辑出版《科技时代》专版，聚焦科技领域的大事小情，突出科技界、科协界全国政协委员的声音。2020年，先后推出《从2020中国科幻大会透视科幻产业发展》《中科院院长白春礼解析新一轮科技革命特点》《创新驱动　突破重围》《我国风云气象卫星事业走过50周年》《对话"诺奖"得主》等一系列重大原创报道，以深度、权威的内容为科技强国建设贡献媒体力量。

七、安全责任

人民政协报社为把好内容质量关，专门聘请数位具有多年报纸工作经验、原任职副总编辑职务以上的资深新闻工作者作为报纸的审读员，全程参与报纸编辑出版工作，与采编人员一道严把版面内容质量关。同时报社狠抓"三审三校"不放松，在业务主管部门进行的编校质量抽查中以 0.05/ 万的差错率，位列抽查的100 多家报纸第 8 位，编校质量总体较高。目前，人民政协报由新华社印刷厂和广东、江苏、四川、河南等地的省级党报印刷厂代印，在设计、用纸、色彩、视觉等方面做到了与其他中央主要新闻单位和省级党报持平或略高，质量较高、效果精美。

八、道德责任

（一）遵守职业规范

人民政协报社严格采编人员行为规范，通过《记者站管理办法》《首席记者、责任编辑聘用管理办法》《采编岗位管理聘任条例》《采编人员绩效考核条例》等一系列规章制度和经常性的职业操守教育，对采编人员的职务行为进行严格考核与规范管理。对违反《中国新闻工作者职业道德准则》等相关制度和法律法规的，情况严重的给予警告、撤职或是开除处分并依法追究责任，坚决杜绝因采编行为不端而产生的编造虚假新闻、敲诈勒索、有偿新闻、有偿不闻等违法违规违纪现象。

（二）维护社会公德

努力创作有思想、有温度、有品质的新闻作品是人民政协报社对新闻采编人员的基本要求，也是杜绝失实报道、低俗内容的重要保障。在这一原则下，人民政协报社推出的报道，能够始终不渝地守住方向、守住立场、守住根脉、守住底线，做到网上网下"一个标准、一把尺子、一条底线"，未出现因报道失实或内容低俗被主管部门批评、处罚以及读者投诉的现象。值得一提的是，因为报道权威、客观、真实，正能量充沛，报纸内容已成为各大平台必选的新闻源和报纸、期刊、网站等转载的首要来源，具有较高的社会美誉度。

（三）接受社会监督

人民政协报社要求所有记者在采访活动中必须"持证上岗"，主动向被采访对象出示记者证，明确持证采访既是《中国新闻工作者职业道德准则》和《新闻记者证管理办法》的明确要求，也是提高采访成效和维护记者自身权益的有效保障。按照规定，报社在网上公布全体持证人员名单和举报电话，自觉接受社会各界的监督举报。

九、保障权益责任

（一）保障从业人员合法权益

人民政协报社高度重视采编人员的权益保障，支持鼓励他们敢于为党和人民的利益发声。对于可能出现的侵害记者权益的情况，报社在做好应急预案的同时，保持与宣传主管部门和行业组织的密切联系，依法依规地维护记者的合法权益。报社通过政治、工作、生活、待遇等诸多举措，增强他们的职业荣誉感、归属感和获得感。

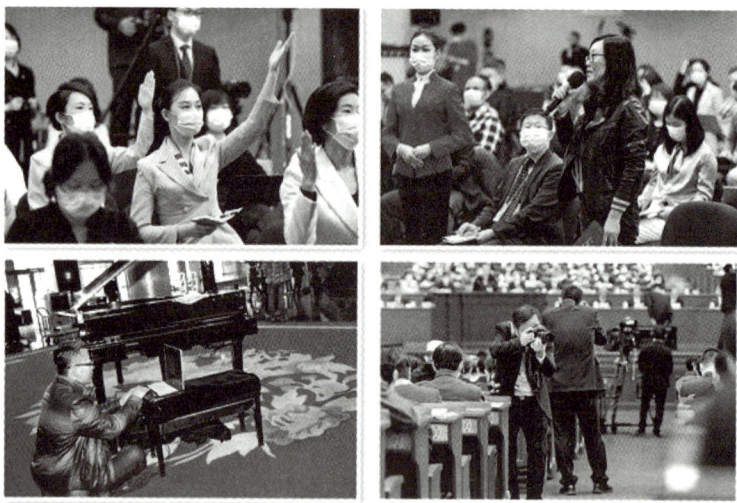

人民政协报社支持鼓励记者敢于为党和人民的利益发声

（二）保障从业人员薪酬福利

人民政协报社与所有员工均签有劳动合同，报社按照事业单位薪酬管理规定并参考同行业标准确定员工薪酬福利，鼓励员工发挥主观能动性，多劳多得。报社严格按照法律法规要求，按月足额发放薪酬并全额缴纳"五险一金"，制定了《考勤休假管理办法》，保障员工带薪休假等各项权利。

（三）规范新闻记者证管理

人民政协报社现持有新闻记者证人员 99 人，全部为专职从事新闻采编工作的人员。日常管理中，报社人事部门按照《新闻记者证管理办法》规定，组织采编人员做好新闻记者证的申领、换发与年检工作，及时收回离职、退休和调岗人员的证件并做好注销和销毁工作。

（四）开展员工教育培训和关爱行动

人民政协报社专门出台《学习培训管理办法》，通过制度约束将队伍建设责任落在实处。报社坚持"走出去、请进来"，一方面组织员工参加新闻宣传主管部门和全国政协组织的专业技能与理论知识的培训，另一方面定期邀请专家学者到报社授课，内容涉及经济社会发展和专业知识等各方面。此外，还注重发挥群团组织作

用，加大员工关爱力度，出台
了《工会关爱职工"阳光行动"
实施细则》，设立了职工互助
基金等，多措并举打造"阳光
有爱、充满活力"的队伍。近
两年，报社员工先后获得"青
年文明号""巾帼文明岗""新
春走基层活动中央新闻单位先
进个人"等多项荣誉。

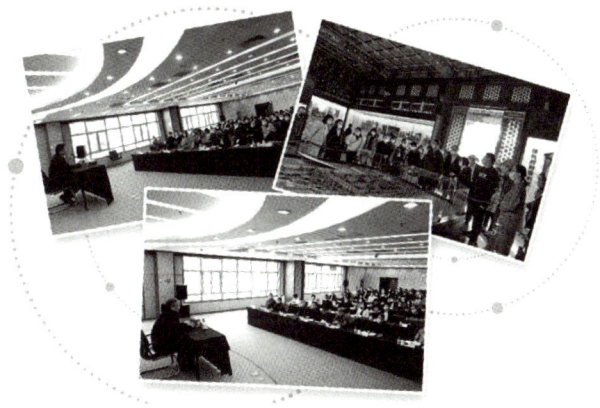

人民政协报社坚持"走出去、请进来"，不断加强队伍建设

十、合法经营责任

　　人民政协报社严格做到采编与经营"两分开"，坚决禁止新闻采编人员从事或
参与和经营有关的一切活动，一经发现给予严肃处理。目前，报社的经营工作全部
由社属企业开展，企业按照公司法和报社《直属企业经营管理规定》等法律和制
度，规范合法地开展经营活动，接受社会各界的监督，未出现有偿新闻和违反法律
法规的广告，经营行为规范，社会反响良好。

十一、后记

（一）回应

　　针对上一年度存在的如何更好地推进媒体融合走向纵深的问题，报社将传统的年中务虚会改为融合发展专题工作研讨会，集中研究解决制约报社融合发展的关键问题，推动融合机制落实落地。

针对报社采编人员平均年龄偏大，人才队伍结构存在的失衡问题，制定了《人民政协报社中长期人力资源发展规划（2020—2022 年）》，适时启动应届毕业生招聘工作，有效加强人才队伍建设。

（二）不足

2020 年，人民政协报社未出现被行政管理部门和行业组织处罚、通报批评的情况，较好地履行了媒体的社会责任，但距离主管部门和各级政协组织、政协委员以及广大读者的希望还有较大差距。例如，新闻报道质量还有较大提升空间，审核把关机制落实需要进一步强化，报网端微屏覆盖面、传播力、影响力有待进一步提高，融合发展机制尚需进一步健全，自身建设还存在短板等。

（三）改进

2021 年是中国共产党成立 100 周年，是"十四五"开局之年，人民政协报社将进一步提高思想政治水平和政治把关能力，严格落实意识形态工作责任制，把好方向、管好平台、带好队伍，围绕中央重大方针政策和全国政协中心工作做好新闻宣传和舆论引导，深度整合报网端微屏资源，坚持一体化发展、移动端优先，推动主力军全面挺进主战场，切实提高传播质量和传播效果，以优异成绩献礼党的百年华诞。

工人日报

社 会 责 任 报 告

一、前言

（一）媒体概况

工人日报是中华全国总工会的机关报，是融政治、经济、社会、文化生活于一体的全国性综合性中央大报。一直以来，工人日报坚持"工"字特色，以办成一张"导向正确、中央满意、工会欢迎、职工爱看"的精致大报为目标。

工人日报社下属两刊，分别为《中国工运》《工会信息》，并承办中工网。报社在全国设立 36 个记者站。工人日报新闻客户端、微博、微信等新媒体，在新闻界和职工群众中有较广泛的影响。

（二）社会责任理念

2020 年是全面建成小康社会和"十三五"规划收官之年，抗击新冠肺炎疫情斗争取得重大战略成果，经济社会改革发展取得新的成就。一年来，工人日报以习近平新时代中国特色社会主义思想为指导，坚持正确政治方向、舆论导向和价值取向，深入宣传习近平新时代中国特色社会主义思想，宣传习近平总书记关于工人阶级和工会工作的重要论述，宣传党中央的决策部署，立足"工"字特色，推进媒体融合发展，扩大全媒体传播，生动展示广大职工新时代的风采和贡献，努力讲好中国故事、讲好中国工会故事、讲好中国工人故事，圆满完成了各项宣传报道任务。

（三）获奖情况

2020 年，在第三十届中国新闻奖评选中，工人日报社获得一等奖 1 个、二等奖 1 个、三等奖 2 个。并获第三十届中国人大好新闻奖三等奖 1 个；获第二十三届全国政协好新闻一等奖 1 个，二等奖 1 个。

二、社会责任

（一）履行正确引导责任，持续深入宣传习近平新时代中国特色社会主义思想

工人日报始终把宣传阐释习近平新时代中国特色社会主义思想作为重中之重抓实抓好。多层次多角度宣传解读习近平总书记重要活动、重要讲话、重要指示精神，推动习近平新时代中国特色社会主义思想更加深入人心。刊发"在习近平新时代中国特色社会主义思想指引下——新时代新作为新篇章"专栏报道 30 余篇，质量高、接地气，生动反映全国各地和工会组织积极作为，贯彻落实习近平新时代中国特色社会主义思想，为推动我国社会经济高质量发展所涌现出的新思路新方法和取得的新成效。

党的十九届五中全会精神宣传突出自身特色，分阶段深入推进。第一阶段主要是做好会议报道和做好习近平总书记重要讲话精神阐释。报、网、端、微、刊等各平台及时报道各地各界尤其是广大职工群众热议党的十九届五中全会精神的情况。开设了"五中全会精神在基层""五中全会精神在基层　建功'十四五'　开启新征程"等专栏，报道各地各级工会、企业以及广大职工群众学习贯彻落实全会精神的新思路、新举措、新进展，展示职工群众奋发有为的精神风貌。

（二）加强思想引领，多视角宣传阐释习近平总书记关于工人阶级和工会工作的重要论述

全媒体宣传报道 2020 年 4 月 30 日习近平总书记给郑州圆方集团职工回信精神和反响。组织工会理论专家、工会领导干部撰写理论文章，刊发《学习总书记回信

精神　凝聚劳动精神劳动力量》《在奋斗中诠释新时代伟大劳动精神》《激励职工群众在平凡岗位上续写辉煌》等多篇高质量文章。

　　大力宣传阐释习近平总书记在全国劳动模范和先进工作者表彰大会上发表的重要讲话精神。从 2020 年 11 月 26 日开始，工人日报报网端微推出《大力弘扬劳模精神劳动精神工匠精神》《展现主力军风采，唱响新时代奋斗者之歌》《努力建设高素质劳动大军》《续写党的工运事业和工会工作新篇章》等系列评论，深入解读习近平总书记重要讲话的精神实质、核心要义。开辟专栏"学习贯彻习近平总书记在全国劳动模范和先进工作者表彰大会上的重要讲话精神"，刊发专家学者、工会工作者以及全国劳模代表从不同角度阐述学习体会的文章。整版摘发全国总工会召开学习贯彻习近平总书记重要讲话精神座谈会发言。

报道 2020 年 4 月 30 日习近平总书记给郑州圆方集团职工回信精神和反响

（三）坚持正确政治方向，高品质做好重大主题宣传报道

　　新冠肺炎疫情防控报道，量大面广影响深远。自新冠肺炎疫情暴发以来，报社迅速成立疫情防控宣传报道工作领导小组，统筹报网端微等各平台，深入宣传党中央重大决策部署，立体化报道各地区各部门联防联控的措施成效，生动讲述防疫抗疫一线的感人事迹，反映各地各部门有序复工复产情况，展现中国人民团结一心、同舟共济

2020 年 11 月 26 日 2 版整版摘发全国总工会召开学习贯彻习近平总书记重要讲话精神座谈会发言

的精神风貌。全年共刊发疫情防控及复工复产相关的消息、通讯、评论、图片、视频等报道超过 4000 篇（件），各新媒体平台有关战"疫"的报道达 1.7 万条。

　　"决胜全面小康、决战脱贫攻坚"重大主题宣传有声有势，现场评论特色突出。

2020 年 7 月 2 日 1 版开设"走向我们的小康生活"专栏

报社先后派出上百人次深入 30 多个省（区、市）进行采访，新媒体端边采边发，报纸端稿件出彩出新。开设"走向我们的小康生活""决战决胜脱贫攻坚·督战未摘帽贫困县""全面建成小康社会'百城千县万村调研行'"等专栏，报纸共刊发稿件 300 多篇（件）；融媒体各平台共发布相关稿件、图片、视频等 700 多篇（件）。评论专栏"现场·我在我思"，刊发记者来自采访现场、带着体温的新闻评论。现场评论升华了主题报道，是一个创新。

两会报道守正创新，报网端微协同发力，有效提升了传播力、引导力、影响力。在做好规定动作的同时，凸显"工"字特色，既聚焦一线工人代表的建言良策，也在产业工人队伍建设改革、城市困难职工解困脱困、劳动关系、职工权益保障等领域，推出了一系列富有建设性的报道。2020 年全国两会期间，工人日报客户端、"学习强国"学习平台、微博、微信、抖音、今日头条等新媒体平台（含中工网）发稿超过 9000 篇（件），其中视频 200 多条，图表 600 多件。

三、阵地建设责任

（一）创新推进媒体融合报道

融媒化创造性报道重大主题、重要活动成为工人日报新闻宣传工作常态。2020 年，在新冠肺炎疫情防控、全国两会、"决胜全面小康、决战脱贫攻坚"主题宣传、抗洪救灾、北京服贸会、上海进博会、全国劳模大会等重大报道中，推出了一系列有影响的视频、Vlog、直播、海报等融媒体产品。创造性地推出"工小妹"品牌系列短视频融媒栏目《工小妹看两会》（6 期）、《工小妹话劳模》（3 期），采用脱口秀范式，利用手绘、剪纸、Vlog 等元素，生动解读两会新闻热点，介绍劳模大会历史、劳模特质、会议要点等。15期"影响几代人的劳模"专题短视频节目，制作精致，内容引人入胜，被"学习强国"学习平台全部推至首页。

（二）大力推进融媒工作室建设

融媒工作室建设有效扩大了品牌效应，带动内容质量提升。

2020年5月20日、21日客户端短视频融媒栏目《工小妹看两会》

为移动端量身定做的融媒评论栏目"工人日报e网评"栏目自2019年5月推出以来，扎实探索深度融合发展背景下新闻评论的求新求变，尝试在碎片化传播与阅读时代，为用户打通求解真相的"绿色通道"，凝聚更多理性声音，提升舆论生态健康指数。该栏目评论首发于工人日报新闻客户端，同时推送到工人日报微博、微信和中工网，多篇评论成为爆款。"三工视频"之《新360行》用短视频的形式生动讲述新业态中的新兴

客户端专题：融媒评论栏目"工人日报e网评"

客户端专题："三工视频"之《新360行》

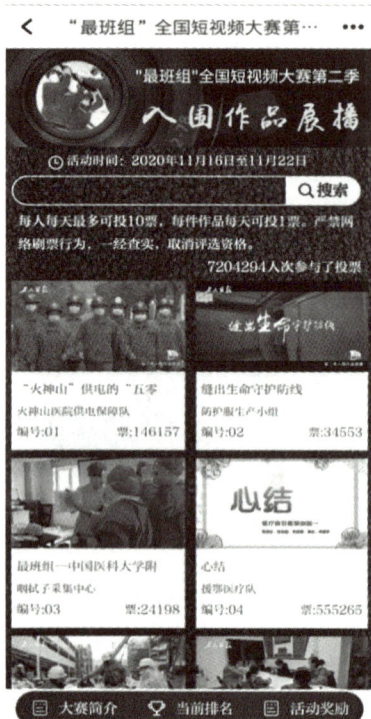

2020 年 11 月 16 日至 22 日，客户端推出"最班组"全国短视频大赛（第二季）

140 部扶贫短视频作品。工人日报制作的《工会扶贫》宣传片和 5 集《工会扶贫故事》专题片，展现了工会组织在打赢脱贫攻坚重大战役中的积极作为。

（四）中工网全面改版促进融合

中工网立足 PC 端，发力移动端。通过对网站域名和频道进行优化，以互联网思维优化网站资源配置。调整网站首页页面表现和更新规则，强化用户思维，提升正面宣传的到达量。大力推动移动优先，通过主站的全面改版，彻底打通 PC 端和移动端，实现一次更新多端适配。加强第三方平台建设，积极推动主流声音占领新兴传播阵地。

职业者故事，社会关注度持续提升。还在移动端推出融媒品牌栏目"工道""打工新鲜事儿""工人君＠权益""观·天下""体·视界""乐健康"等。

（三）"活动＋内容"提升平台影响力

2020 年，报社以工人日报客户端为依托，组织了"最班组"全国短视频大赛（第二季）、全国首届"盾构工匠"评选、寻找青岛最美基层工会主席、河南省职工歌手大赛网络评选等多场线上活动，大幅度提升了工人日报客户端影响力。承办的"讲扶贫故事　展工会风采"全国工会扶贫短视频故事展示活动影响广泛，共收到来自27个省（区、市）和 5 个全国产业工会推荐上报的

2020 年 9 月 17 日至 25 日，客户端推出"讲扶贫故事　展工会风采"全国工会扶贫短视频故事展示活动

"中工网评"多篇优秀稿件被全网推送。"中工快评"和"工事工评"栏目，评论舆论热点、回应职工关切。全新视频栏目"中工说案"围绕当下职工关注的维权案例进行探讨和分析，帮助职工解决工作和生活中的维权问题。2020年，中工网抖音平台超亿万流量视频2个、超千万流量视频43个。

四、服务责任

工人日报刊发多主题公益广告，开展消费扶贫和捐赠。共刊发17个整版公益广告，《共同战"疫"（电梯篇）》《共同战"疫"（工作场所篇）》《乘坐长途汽车，您做好防护了吗？》等，科普防疫知识。工人日报客户端推出专题《众志成城，抗击新冠肺炎！》，既有最新的疫情实时消息，也有防疫、消毒、个人防护等实用性、服务性较强的小贴士。融媒体推出多幅创意海报作品，如向医护人员致敬的漫画海报《扶正祛邪，危难可托——我们等你平安归来！》，反映各地医疗队驰援武汉的《风萧萧兮易水寒，壮士此去必复还！》，反映普通老百姓支援抗疫的《暖！湖北长阳76岁彭家秀老人背自家菜园大白菜支援武汉！》，表意简洁明了，视觉冲击力强，在微博、微信等平台上收到很好的传播效果。报社对口扶贫山西和顺县，捐资支持紫萝村建冷库，购买大量和顺县农副产品，开展消费扶贫。

2020年3月5日、3月19日、4月16日刊出的整版公益广告

五、人文关怀责任

（一）切实关注劳动领域尤其是涉及职工权益的问题，回应社会关切

针对疫情防控、经济社会发展，尤其对劳动领域涉及职工权益的问题，推出大量社评、本报评论员文章、工人日报 e 网评。疫情期间，聚焦用工形式上的新变化，复工复产过程中出现的一些不良现象，刊发社评《让和谐劳动关系成为复工复产的助推器》等，引导舆论，解疑释惑。针对一些侵犯职工权益的热点事件和案件，针对一些安全生产事故和所涉企业，及时发声，刊发了《"带病"生产，悲剧的发生只是或早或晚的事》等多篇社评、e 网评、系列报道"后疫情时代，劳动关系'新'解"，刊发《有企业想用"不可抗力"做借口》等报道，为劳动者在新形势下更好地维护自身权益、企业在复工复产过程中更好地依法生产经营，营造更好的法治环境。

2020 年 7 月开始，客户端推出"直击暴雨洪灾"专题

（二）防汛救灾报道，聚焦感人故事，激发正能量

2020 年 6 月开始，全国多地发生严重洪涝灾害。报社积极部署防汛抗洪抢险救灾报道，派出记者前往受灾较为严重的安徽、江西、湖北等地区，真实反映抗洪救灾工作进展，报道广大军民英勇奋战及灾区群众自力更生、奋力自救的感人事迹，推出了一批高质量的全媒体新闻报道。抗洪 Vlog《记者坐拖拉机赶往安徽庐江圩堤抢险现

场：数千人会战守堤坝！》《航拍江西省鄱阳县圩堤漫溃现场：村庄受淹一片泽国》《记者直击"孤岛"救援：橡皮艇穿行在变成"河道"的街道上救人》等短视频，现场感强，真实反映灾区情况和救灾工作进展。

六、文化责任

报纸全面改版，突出"工"字特色，提升内容质量。2020年，工人日报从文章、选题、版式等方面入手，围绕内容为王、特色为要、思想取胜、视觉冲击、融合呈现的目标任务下功夫，坚持内容为王、抓新闻事件，突出特色，强化工人日报作为全总机关报的定位。全面改版后，各个版面定位更加清晰明朗，可视化元素更加突出，报纸与新媒体的互动增加，报道内容更贴近职工，特色栏目质量得到新的提升。

强化服务意识，大力宣传职工风采。"劳动者之歌""身边的大国工匠""一线职工风采录""讲述劳模故事""追梦·我的奋斗""创新在一线""绝技绝活"等特色栏目导向正、内容好、接地气，时政新闻、工会新闻、班组天地、职工科创、企业新闻、农民工周刊等相关版面刊发大量先进模范典型和一线职工报道，讲好劳模故事、讲好劳动故事、讲好工匠故事。

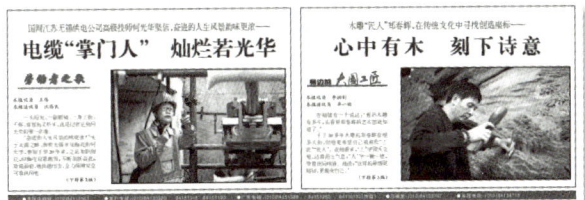

2020年11月26日1版"劳动者之歌"专栏、"身边的大国工匠"专栏

2020年11月20日1版"身边的大国工匠"专栏

全媒体、浓墨重彩呈现全国劳动模范和先进工作者表彰大会盛况。2020年11月24日，全国劳动模范和先进工作者表彰大会在北京人民大会堂隆重召开，习近平总书记出席大会并发表重要讲话。报社高度重视此次盛会，精心筹划组织，

充分结合报纸、融媒体、中工网及《中国工运》《工会信息》杂志等媒体优势，聚合传统媒体和新媒体平台的传播力量，全媒体、立体化、多角度报道大会盛况，展现以习近平同志为核心的党中央对工人阶级和劳模群体的关心关爱，展示工人阶级的卓越贡献和劳模先进事迹。

七、安全责任

完善"三审三校"制度。对所有稿件（含新媒体）实行初审、复审和终审三道程序并校对，是工人日报长期以来一直坚守的采编工作制度，保障了安全刊播。2020 年，对《工人日报出版流程》《工人日报社编采人员考评条例》等相关制度作了修订，确保正确政治导向，牢牢把握舆论宣传主阵地。工人日报社配备具有丰富检校经验和专业职称的校对人员。

狠抓编校质量，确保报纸印刷精美。在中国报业协会印刷工作委员会公布的2020 年度报纸印刷质量检测结果中，工人日报获得精品级，得分 95.79 分。

八、道德责任

严格遵守职业规范。2020 年，在疫情防控的背景下，工人日报社分党组、编委会要求采编人员牢牢把握正确舆论导向，落实好巡视反馈有关问题的整改措施，恪守职业道德准则，克服各种困难，深入基层，扎实采访；重申《工人日报社关于杜绝虚假新闻的规定》，确保新闻的真实可靠，杜绝虚假不实新闻；进一步规范采编流程，坚持采编经营"两分开"，保障宣传报道工作取得更大成效。

根据疫情防控的需要，结合实际情况，通过视频会议、自编教材、线上线下自学等方式，开展马克思主义新闻观培训工作，深入开展增强"四力"教育实践，进一步强化采编队伍建设，提升政治素质和业务素质。有 2 名驻站记者王伟、余嘉熙分别获得江苏省、河南省五一劳动奖章。

九、保障权益责任

2020 年，工人日报采取多种措施保障新闻从业人员的权益。坚持选拔青年编辑下基层锻炼，鼓励年轻同志深入基层，接地气、增活力、提素质，成为全媒型专业型人才。

编辑出版《2019'工人日报十佳作品选》

编辑出版《2019'工人日报十佳作品选》免费发给全社编辑记者学习，促进提高采编人员业务素质。

进一步规范干部选拔任用程序。新选拔任用的采编岗位处级干部，全部严格按照资格审查、公开述职、民主测评、面试评分、组织考察、分党组议定等选聘程序进行，各方面反映良好。

2020 年，报社领导班子和干部职工一起积极应对疫情挑战，共克时艰，将疫情的损失尽可能地降到了最低，实现了报社的平稳有序发展。

十、合法经营责任

工人日报严格遵守法律，遵守网信、新闻出版、广播电视等行政管理部门发布的部门规章、规范性文件等，严格做到采编与经营"两分开"。制定或修订了《工人日报社广告经营管理办法（暂行）》《工人日报社"三重一大"决策制度（试行）》等近 20 项制度规定，切实强化了规则意识和纪律意识，经营更加规范合规，全面有效地形成了"按规矩办事、按规律办事"的工作局面。

报社认真深入研究报业和市场发展规律与科学经营管理规律，在纸媒经营形势异常严峻，新媒体的盈利模式还是一个普遍性难题的情况下，经营状况依旧良好，报纸发行稳中有升。

十一、后记

（一）不足

1.2020 年全面提升了办报水平，文章、选题、版式等多方面都加大了改进力度，出了不少高质量的精品，也获得了不少奖项。但仍有努力空间，要争取推出更多有更大影响力的"爆款"和精品。

2. 媒体融合发展在今年取得了突破性进展，部门、人员等限制已经逐步打通，找准了努力方向。但距离中央的要求还有差距，还需更加精准发力，加大步伐推动媒体融合向纵深发展。

3. 经过巡视整改的洗礼，报社筑牢了各条防线，纪律意识、规矩意识愈加深入人心。但在重点领域和关键环节还需多下功夫，不断增强风险防控意识。

（二）改进

1. 坚持正确政治方向、舆论导向和价值取向，继续深入做好习近平新时代中国特色社会主义思想宣传阐释。2021 年，我国将在全面建成小康社会、实现第一个百年奋斗目标的基础上，开始实施"十四五"规划，开启第二个百年奋斗新征程。2021 年，也是中国共产党成立 100 周年。工人日报以习近平新时代中国特色社会主义思想为指导，坚持正确政治方向、舆论导向和价值取向，围绕党和国家工作大局，以及全国总工会工作全局，扎实宣传贯彻习近平新时代中国特色社会主义思想，宣传习近平总书记关于工人阶级和工会工作重要论述精神，持续做好党的十九大和十九届二中、三中、四中、五中全会精神等宣传报道，创新做好建党 100 周年等重大主题宣传、经济社会发展成就宣传。

2.坚持突出"工"字特色，创新方法手段，鲜活报道工会工作创新成果，生动宣传、大力弘扬劳模精神、劳动精神、工匠精神。统筹报网端微刊等宣传手段，深入宣传全国总工会的重大政策、重点部署，及时报道各地深化工会改革创新的新做法、新举措、新经验，报道产业工人队伍建设改革成果，增强工会新闻宣传的实效性和影响力，讲好中国故事、讲好中国工会故事、讲好中国工人故事。精心挖掘、生动宣传职工群众中涌现的先进典型，反映各级工会、广大职工的工作与奋斗，展示新时代职工的新风采，讲好劳模故事、讲好劳动故事、讲好工匠故事。

3.加快推进媒体深度融合发展，持续提高宣传报道的传播力、影响力。认真落实《关于加快推进媒体深度融合发展的意见》精神，更多的采编力量进入互联网主战场，各采编部门和编辑记者打破部门、岗位界限，按职能定位、专业特长等组建更多融媒工作室，重大事件、重大报道、重大策划按"项目制"办法实施运作。加快"工人日报社融媒云平台"建设与新功能开发，推进"三工"资讯智能大数据中心早日投入运用。加快体制、机制、人员深度融合步伐，尽快形成以报纸为旗舰、报网端微刊深度融合的立体格局，进一步提升工人日报的传播力、引导力、影响力、公信力。

学习时报

社 会 责 任 报 告

一、前言

（一）媒体概况

学习时报创刊于 1999 年 9 月 17 日，由中共中央党校（国家行政学院）主办，面向全国，服务全党，以各级党政干部和广大知识分子为主要对象，是国内外公开发行的全党唯一专门讲学习的报纸，是以党的思想理论宣传为主旨的中央主要媒体。倡导"依托于读书，着眼于问题"的学习，具有鲜明的思想性和知识性，深切关注当代社会变革中的重大理论与现实问题，以其权威性、指导性及对热点、难点、焦点问题的深度剖析和评论，为各级领导干部和各级党组织中心组学习提供及时而有益的帮助。

（二）社会责任理念

学习时报坚持以习近平新时代中国特色社会主义思想为指导，增强"四个意识"、坚定"四个自信"、做到"两个维护"，在思想上政治上行动上同以习近平同志为核心的党中央保持高度一致。坚持党媒姓党，坚持正确政治方向、舆论导向、价值取向，把"用学术讲政治"的理念融入融媒生产的每一个环节，坚持为宣传好党的创新理论服务，坚持为创建学习型政党服务，坚持为建设思想理论阵地服务，办一张名副其实的思想理论大报。

二、政治责任

2020 年，学习时报坚持以习近平新时代中国特色社会主义思想为指导，在中共中央宣传部和中央党校（国家行政学院）校（院）委的领导下，组织开展各项宣传报道工作，鲜明突出时代主题，做大做强正面舆论。

（一）坚持正确政治方向，做好主题宣传报道

2020 年 9 月 11 日 1 版

2020 年，学习时报把学习研究宣传阐释习近平新时代中国特色社会主义思想作为重中之重，突出效果导向，坚持精品主导，发挥党校系统优势，进一步深化阐释习近平新时代中国特色社会主义思想。学习时报头版继续精心打造"深入学习贯彻习近平新时代中国特色社会主义思想"大有专论等专栏，共刊发 130 篇省部级以上

领导干部文章以及全国知名专家学者署名文章，在党内外、国内外引起强烈反响，取得了良好的舆论引导效果。"习近平在福州""习近平在福建"系列采访实录刊发后，在全党全社会引起

2020 年 6 月 15 日至 9 月 4 日，"习近平在福建"系列采访实录在学习时报连载

强烈反响。"学习评论"专栏刊发
学习贯彻习近平总书记最新重要
讲话精神的评论员文章，在引导
思想舆论方面发挥了积极作用。

（二）精准把握时度效，充分发挥舆论引导作用

做好重要会议重要活动的
宣传报道工作。学习时报头版
开辟"决战决胜脱贫攻坚　全
面建成小康社会""学习贯彻

2019 年 12 月 9 日至 2020 年 2 月 19 日，"习近平在福州"系列采访实录在学习时报连载

十九届五中全会精神""学习贯彻中央经济工作会议精神"大有专论专栏，连续刊发 30 多位省委书记和部委主要领导重要署名文章，深入阐释中央最新重大方针政策，展现各地各行业各领域脱贫攻坚重大成果，宣介脱贫攻坚重大决策部署和重要经验，在全社会引起重要反响。文章被人民出版社结集出版，在全国公开

2020 年 7 月 1 日头版

2020 年 3 月 18 日至 9 月 23 日，在学习时报头版"决战决胜脱贫攻坚　全面建成小康社会"专栏，连续刊发 27 篇相关省、区、市和部门主要负责同志的系列阐释文章

为庆祝中国共产党成立 100 周年，学习时报特别策划了"隐蔽战线英雄谱"系列文章，首篇文章刊发于 2020 年 7 月 20 日 5 版

发行。组织撰写刊发学习贯彻习近平总书记在陕西、山西、宁夏等地考察时重要讲话精神的评论员文章，营造决战决胜的舆论氛围，取得良好成效。学习时报以本报编辑部名义在"七一""十一"等重要时间节点发声，组织刊发《党的领导是战胜一切艰难险阻的制胜法宝》《伟大的道路 光明的前景》等重头文章，组织推出"隐蔽战线英雄谱"等系列重大策划，开辟新的重点栏目，引起强烈社会反响。

（三）聚焦战"疫"报道，主流声音更加强劲

持续深入做好统筹疫情防控和经济社会发展工作的宣传报道工作。疫情防控阻击战打响之后，学习时报以高度的政治责任感及时将"春节出刊机制"转变为"疫情防控应急宣传协调机制"，在学习时报头版开设"打赢疫情防控阻击战""统筹做好疫情防控和经济社会发展"专栏，连续 30 余期刊发省部级主要领导干部和院士等全国著名专家学者撰写的理论文章；开辟《打赢疫情防控阻击战》专版，连续刊出 35 个专版，刊发知名专家学者撰写的理论文章，及时宣传疫情相关内容，为打赢疫情防控阻击战贡献

学习时报于 2020 年 1 月 29 日起连续刊出 35 个《打赢疫情防控阻击战》专版

党校力量，发出党校声音，文章从经济、法治、应急管理体系、舆论引导、社会治理、中医药管理等方面解读习近平总书记系列重要讲话精神和党中央决策部署；策划组织采写了部分省（区、市）党委、中央和国家机关系统、全国党校系统、中央企业系统等打赢疫情防控阻击战综述报道，特别是组织采写承担疫情医学观察点任务的各级党校综合报道，获得一致称赞；组织本社评论员撰写评论员文章和重要言论，多篇评论引起较大反响，新媒体等纷纷转载，在学习宣传习近平总书记重要讲话精神和党中央决策部署上发挥了积极作用。

（四）学习时报品牌栏目文章结集出版系列图书

学习时报刊发的系列品牌栏目文章结集出版，2020 年先后出版《为了新中国——革命烈士纪念碑碑文敬读》《向革命领袖学习》《重读经典》《中央党校学术人生》《历史的政治味道》《以教育现代化助力强国建设》等 6 部著作。其中，《为了新中国——革命烈士纪念碑碑文敬读》入选中宣部 2020 年主题出版重点出版物，该书是学习时报专门开辟的"为了新中国——革命烈士纪念碑碑文敬读"专栏系列成果。《中央党校学术人生》则收录了中央党

为了让更多当代人了解碑文背后丰富的革命历史内涵，弘扬先烈身上承载的伟大民族精神，2020 年 9 月，"为了新中国——革命烈士纪念碑碑文敬读"专栏文章由山东人民出版社结集出版

校 40 位专家学者访谈录，有老一辈的臧志风、叶笃初、崔自铎等老师，百岁的周逸老师等，他们有的参加过抗日战争和解放战争，有的在中华人民共和国成立初期就来到了中央党校，有的见证过关于真理标准问题的大讨论；也有新一代党校学人，写"干货"，讲实话，练"武功"，与一批又一批的党校学员们教学相长。

该书收录整理了学习时报近年来发表的关于革命领袖家风、革命领袖与调查研究、革命领袖风格风范等文章

三、阵地建设责任

（一）打造全方位立体化全媒体传播矩阵

学习时报 2020 年持续推进"两微一端"等建设，促进报、网、微同频共振，

打造全方位立体化全媒体传播矩阵。理论网、学习时报微信公众号等网络和新媒体平台，紧密围绕疫情防控、脱贫攻坚、党的十九届五中全会等重大宣传主题，对习近平总书记重要讲话精神和中央重大决策部署进行理论阐释和宣传。

（二）媒体融合发展迈出新步伐

学习时报微信公众号全年发文 1309 篇，原创文章近 50 篇。全年总粉丝数超过 33 万人，净增长将近 10 万人。全年阅读人次 10 万＋的文章 1 篇，2 万＋的文章 20 篇，1 万＋的文章 130 篇。集合网络和新媒体中心精锐力量，与科研部合作打造"党校公开课"品牌内容产品。"党校公开课"上线发布后，"学习强国"、人民网、光明网等中央级新闻媒体，澎湃新闻、搜狐网、新浪网、快手短视频等媒体平台纷纷转载。"党校公开课"系列短视频在新媒体平台播放量超过 1 亿次。在微信、"学习强国"、快手等新媒体平台上分别创造了单个视频 11.14 万、411 万、3786 万次的高点击量。新冠肺炎疫情暴发后，学习时报加大网络和新媒体宣传力度，突出网络和新媒体原创文章，形成全媒体宣传格局。

四、人文关怀责任

（一）密切关注社会民生热点

学习时报密切关注就业、医疗、教育、养老等社会民生热点，精心策划选题，刊发了大量涉及民生题材的稿件。如《创造更大的新就业形态发展空间》为百姓就业出谋划策，《加快完善医疗保障减贫防贫的长效机制》为完善医疗保障减贫防贫工作提供有益参考，《扶贫搬迁移民儿童教育不容忽视》探讨了扶贫搬迁移民家庭可持续发展的重要路径，《推进居家社区机构养老融合发展》介绍了居家社区机构养老的必要性，等等。

（二）及时传递抗疫力量

2020年，新冠肺炎疫情暴发后，学习时报第一时间设立"打赢疫情防控阻击战"专版、专栏，组织撰写评论员文章、刊发系列综合报道和重要文章。在头版刊发《做好打赢疫情防控阻击战的舆论引导工作》《为疫情防控提供有力法治保障》等本报评论员文章，解读习近平总书记重要讲话精神的深刻内涵、时代要求。学习时报采访组报道149篇，《把疫情防控作为当前最重要工作来抓》《为打赢疫情防控阻击战贡献党校力量》生动再现了全国党校（行政学院）系统党员干部在疫情防控斗争中挺身而出、英勇奋斗、扎实工作的精神风貌。《中国疫情防控彰显人权保障》体现了中国的抗疫是对生命的最好尊重。

（三）刊发"有态度、有温度、有力度"的新闻作品

学习时报践行以人民为中心的发展思想，刊发了一批"有态度、有温度、有力度"传递正能量的新闻作品。如介绍党校人战"疫"故事的《党校人在一线》，倡导艰苦奋斗精神的《将滴水穿石精神融入具体工作》等作品起到了启迪大众思想、激发精神力量的作用。学习文苑版"烛窗心影"栏目注重人文关怀，如《从家书看董必武的修身齐家之道》《夏雨，滋润绽放的梦想》在讲述温情故事的同时捕捉人性光辉，挖掘真善美，启发读者对爱的力量的深思。

五、文化责任

（一）弘扬践行社会主义核心价值观

为庆祝中国共产党成立100周年开设了歌词征文活动，投稿踊跃，所刊发的歌词受到广大读者的广泛欢迎。在寓教于乐中引导人们培育和践行社会主义核心价值观。将弘扬社会主义核心价值观内化于报道之中，围绕作风建设，推出《整治形

2020 年 5 月 29 日 4 版

式主义要持续发力》《坚定不移破除官僚主义》等作品，促进党员干部担当作为。通过《延安精神是我们党的宝贵精神财富》《劳动精神成就时代新人》《弘扬老一辈科学家精神》弘扬社会新风，锻造精神家园。推出《周恩来的家风家规》《方志敏的清贫家风》《上将许世友的家风》等系列报道，营造见贤思齐、崇德向善的浓厚氛围。刊发《激发乡风文明内生动力》《健康文明生活方式，从我做起》等作品倾力倾情宣传，颂扬社会主义新风尚。以《在应对风险挑战中不断抵达"中国梦"新高度》《做新时代的追梦人》等作品，为实现中华民族伟大复兴中国梦凝聚强大精神力量。

2020 年 1 月 3 日 4 版

（二）传承繁荣中华优秀传统文化

学习文苑、文化教育、文史参阅、中外历史、学习文萃、综合文化等版，作为文化传播和传承的重要阵地，讲述文人及文化故事。开设"文化剪影""文化纵横""书院寻踪""历史文化典籍"等栏目，通过《华夏服饰折射出的民族文化性格》《古典诗词与文化血脉》《白鹿洞书院：以圣贤之心传播文明》等作品让读者感受中华优秀传统文化的独特魅力，增强文化自信和传承。

（三）推动提升科学素养

开设"科技创新""科学社会""科技热点""当代世界科技""数字科技"等栏目普及科学知识，关注科技创新与成果转化。如《把握芯片科技发展趋势　促进半导体产业创新突破》《以科技为支撑构建现代能源体系》《信用科技：补齐金融服务实体经济的短板》等聚焦各行业科技变革。《从工程技术走向工程科学》介绍我国如何走上工程强国之路，《日本如何利用科技创新应对人口老龄化》等一批专栏专题报道，聚焦科技前沿，阐释科技创新理论。

2020 年 1 月 10 日 6 版

（四）举办系列理论研讨会

先后与安徽省委宣传部、江苏省委宣传部举办学习贯彻习近平总书记考察安徽重要讲话精神研讨会、学习贯彻习近平总书记视察江苏重要指示和全面推进长江经济带发展座谈会重要讲话精神理论研讨会、学习习近平《论党的宣传思想工作》研讨会。召开第二届新时代民营企业党建经验交流会，深入学习贯彻习近平总书记关于发展民营经济和加强民营企业党建工作的重要论述精神，围绕新发展阶段推动民营企业党建高质量发展、以党建高质量推动企业发展高质量展开交流。

2020 年 10 月 19 日 6—7 版刊发学习贯彻习近平总书记考察安徽重要讲话精神研讨会发言摘要

（五）向贫困地区基层党组织和第一书记赠阅报刊

学习时报社制定了关于向贫困地区基层党组织和第一书记赠阅《学习时报》

的倡议和实施细则。为新疆维吾尔自治区党委党校、新疆生产建设兵团党委党校、西藏自治区党委党校等 3 所党校赠送《学习时报》《中国党政干部论坛》《理论动态》等各类报刊近 600 份。同时，对学校扶贫工作进行全方位报道，产生良好反响。

六、安全责任

（一）安全刊播情况

始终坚持把媒体质量安全放在首位。2020 年，学习时报严抓新闻出版质量管理，狠抓责任落实。强化全员报道安全意识，完善安全风险防范体系，全年未出现重大报道安全事故，达到安全刊播质量要求。

（二）完善安全刊播制度

坚持正确政治方向，严格执行"三审三校"制度，规范稿件分发、编辑、审签等出版流程，严防报道差错。严格执行重要事项请示报告、重要稿件送审、编前会等工作机制，对出版差错情况进行通报并处罚。

（三）建立应急预案

落实安全生产责任制，加强风险隐患排查整治，确保报刊出版、印刷发行、供电消防等重要环节生产安全。在夜间、节假日、重大事件时期，严格落实 24 小时值班制、负责人在岗带班制，切实提高应急响应能力。

七、道德责任

（一）遵守职业规范

始终坚持新闻真实性原则，实事求是、客观报道，确保新闻来源真实可靠、新闻事实准确无误，全年未刊播虚假失实新闻。开展经常性纪律教育，强化内部管理机制，全体采编人员严格遵守《中国新闻工作者职业道德准则》，严格执行《关于禁止有偿新闻的若干规定》，用积极健康的新闻作品吸引受众、赢得读者。

（二）维护社会公德

坚持正确政治方向、舆论导向、价值取向，加强宣传引导，做好理论阐释。以正能量作品影响舆论、凝聚人心，通过正面宣传报道维护公序良俗，弘扬社会正气，讴歌美好心灵，引导人民群众积极践行社会主义核心价值观。

（三）接受社会监督

按照《新闻记者证管理办法》要求，对申领记者证人员进行网上公示，积极主动接受社会监督。要求新闻记者从事采访活动，必须出示新闻记者证。坚持采编业务和经营业务"两分开"的原则，严格做到采编、经营"两分开"。加强日常经营行为监管，明晰采编与经营职责定位，禁止采编人员从事经营活动或承担经营任务。

八、保障权益责任

（一）保障从业人员合法权益

依法保障职工的合法权益，支持保护正常采编行为，坚决维护采编人员在外的正常采编活动权益，未发生记者因正常采编工作受到侵害情况，或受到打击报复需要维权的事件。

（二）保障新闻从业人员薪酬福利

依法执行劳动合同的签订、续签、变更、终止等手续，规范签订劳动合同，按时缴纳"五险一金"，足额支付职工劳动报酬，保障职工薪酬福利。创新薪酬分配制度，建立了规范合理的薪酬体系和绩效考核办法，员工收入普遍增加。本着应休尽休的原则保障各类假期休假权利。修订社聘人员工资薪酬标准细化及结构调整方案、绩效考核及分配暂行办法，进一步完善报社考核激励机制。

（三）规范新闻记者证管理

根据《新闻记者证管理办法》有关规定及国家新闻出版署有关要求，按时办理新闻记者证年度审核和换发手续。按程序为符合条件的采编人员申领新闻记者证，并及时收回注销离职、退休等采编人员的新闻记者证。

（四）开展员工教育培训

开展强化政治素质、提升业务技能的各类培训。学习时报社专门成立"青年理论学习小组"，培养青年理论骨干，通过专题学习、专题写作和专题改稿会等方式，提升青年编辑业务能力。组织学习《论党的宣传思想工作》等，取得初步成果和成效。建立新入职员工培训机制，帮助员工全面提升、持续成长。

九、合法经营责任

学习时报高度重视履行合法经营责任，遵守国家法律，遵守网信、新闻出版等行政管理部门发布的部门规章和规范性文件，合法合规开展广告、发行等经营活动。学习时报划定责任红线，规范经营行为，始终坚持把社会效益放在首位。不刊播违法违规广告。严格落实《中华人民共和国广告法》《中共中央党校〈学习时报〉广告版管理规定》要求，增强经营安全意识、严控违规风险，严把广告审核关，杜绝虚假、违法违规广告，坚持社会效益第一。2020年，学习时报未发生一例广告违法违规现象。

十、后记

2020年，学习时报积极履行媒体职责，在重大主题宣传和舆论引导方面发挥重要作用，体现党媒的责任与担当。2021年，学习时报将坚持以习近平新时代中国特色社会主义思想为指导，加强政治建设和思想建设，全力以赴做好宣传报道工作，进一步提升新闻舆论产品传播力、引导力、影响力、公信力。

一是把深入学习宣传贯彻习近平新时代中国特色社会主义思想和党中央重大决策部署持续引向深入。一方面，抓好全社党员同志的政治理论学习；另一方面，进一步发挥学习时报等一报五刊两网和新媒体矩阵的集群优势，深入落实全国宣传思想工作会议精神，按照党中央和中宣部的要求，严格落实意识形态工作责任制，严守政治纪律、宣传纪律，牢牢把握正确政治方向、舆论导向、价值取向，充分发挥中央媒体在壮大主流思想舆论中的重要作用。

二是全力做好庆祝中国共产党成立 100 周年宣传报道工作。举办理论传播征文，总结党的创新理论传播规律，编撰中国共产党学习史。和国资委合作，举办国有企业党建论坛，深入挖掘国有企业红色基因和精神谱系。

三是把握媒体融合新趋势，在设置议题、激发原创内容生产活力等方面挖掘潜力，不断推进平台化建设和外延式发展，提供更多更精准的服务，回应群众诉求，凝聚社会共识。

四是与时俱进构建新的传播表达话语体系，进一步增强理论作品的感染力吸引力，不断推出网友喜闻乐见的新闻产品，扩大主流价值观的影响力。

中国水利报

社会责任报告

一、前言

（一）媒体概况

中国水利报由中华人民共和国水利部主管，中国水利报社主办，是水利系统权威、覆盖面广的报纸，是全国水利宣传工作的主阵地、主平台，是社会各界了解水利工作的主渠道、主窗口。

目前，中国水利报每周 5 期（周二、周三、周四、周五、周六出版），版块内容包括水利要闻、基层、综合专题、《河长制湖长制专刊》、《节水专刊》、《水资源管理专刊》、人水法、《建设与管理导刊》、党建、水生态、国际科技、观点评论、文化副刊等。在全国共设有 22 家注册记者站，持证记者 90 名，特约记者 452 名。

经过多年发展，形成以"中国水利"为品牌标识，由报、刊、网、手机报、客户端、微信公众号、音视频制作等组成的行业主流融媒集群，建成水利党员干部现代远程教育制播基地，打造集播报、访谈、录播、科普互动、培训于一体的虚拟演播室，在水利新闻宣传工作中形成多层次、多角度、多声部的水利行业主流舆论矩阵。

中国水利报社融媒体架构

（二）社会责任理念

中国水利报以习近平新时代中国特色社会主义思想为指导，深入贯彻落实党的十九大和十九届二中、三中、四中、五中全会精神，坚持党管媒体，增强"四个意识"、坚定"四个自信"、做到"两个维护"，坚持以人民为中心，全面落实意识形态工作责任制，坚持正确政治方向、舆论导向和价值取向，自觉承担起举旗帜、聚民心、育新人、兴文化、展形象的使命任务。在水利部党组的坚强领导下，报社始终以宣传大政方针、指导行业改革、追踪水事热点、报道经济动态、关注基层冷暖、传播涉水文化为宗旨，贯彻"节水优先、空间均衡、系统治理、两手发力"治水思路，围绕水利部党组中心工作，为新时期水利改革发展营造良好的舆论氛围。

（三）获奖情况

一年来，中国水利报社被中宣部、中国记协评为 2020 年"新春走基层"活动中央新闻单位先进集体；被中国行业报协会授予增强"四力"走基层主题采访活动"先进集体"称号；多人多篇（幅）作品获得中国产业经济新闻奖一、二等奖。

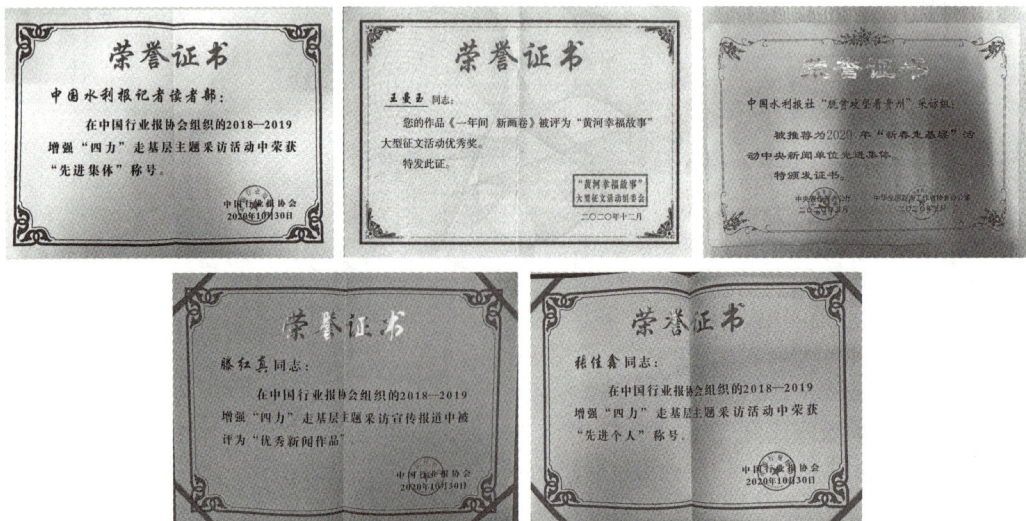

二、政治责任

（一）政治方向

2020 年，中国水利报坚持以习近平新时代中国特色社会主义思想为指导，认真贯彻党的十九大和十九届二中、三中、四中、五中全会精神，增强"四个意识"、坚定"四个自信"、做到"两个维护"，把握正确政治方向，围绕党中央和水利部党组的重大决策部署精心组织策划，对习近平总书记治水重要论述等进行了全面、充分的报道。

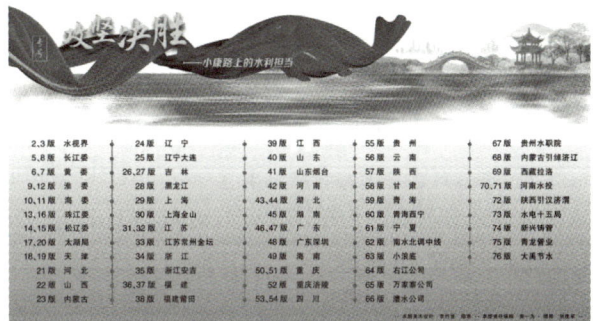

2020 年 9 月 17 日，推出"习近平总书记发表'9·18'重要讲话一周年"专号

2020 年两会期间，报社创新推出视频连线直播宣传，成功实践了云采访、云播报等一次采集、多次多元传播的工作模式

2020 年 5 月 23 日，报社采用线上云访谈的形式采访两会代表取得良好效果

两会期间，推出"小水滴云访谈""云播报"。完成共产党员网 30 部课件的制作播出。在报纸、网站、新媒体平台显著位置多角度、多维度展示水利行业大政方针、水事热点、经济动态。

推出"习近平总书记发表'9·18'重要讲话一周年"专号；推出"落实习近平总书记'9·18'讲话一周年"专题以及"见证黄河这一年·云观察"系列视频报道；组织开展"幸福珠江行"大型采访活动。

（二）舆论引导

中国水利报始终坚持正确舆论导向，以正面报道为主，在重大突发水事新闻事件中，做到及时发声、正面宣传、引导舆论，围绕热点事件采写原创内容，通过文字、图片、视频等形式在全媒体刊发。

2020 年 6 月 12 日，整版刊发国新办新闻发布会聚焦水旱灾害防御情况，及时回应社会关切

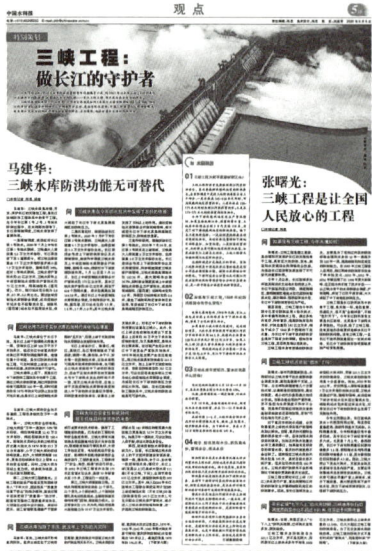

2020 年 8 月 6 日，整版刊出三峡工程在防汛中的关键性作用，正面引导社会舆论

（三）舆论监督

中国水利报履行行业媒体社会责任，在坚持正面宣传为主的同时，专门开设"现在监督""江河评点""人水法"等专栏，加大舆论监督力度，曝光各地部分社会反映强烈的水事违法行为，帮助有关地区和部门看到问题、发现问题，弥补漏洞、改进作风。

"现在监督"栏目报道水利部及各地开展的一系列监督检查行动，推动监督管理工作向更高层次迈进

2020 年 9 月 4 日刊出的人水法专刊

（四）对外传播

中国水利报在全媒体时代立足国际视野，讲好中国水故事，同时积极配合人民日报、新华网等媒体，传播好中国水声音，促进行业自身发展和文化交流。

三、阵地建设责任

中国水利报社着力壮大融媒体矩阵建设，全力以赴加强报、刊、网、手机报、

App、微信公众号等系列新媒体综合报道，发挥主流舆论阵地作用，加快推动媒体融合发展。

（一）融媒体矩阵

中国水利报社已初步建成以传统媒体、水利新媒体、社会新媒体组成的融合传播矩阵格局。中国水利报、中国水利网是水利行业权威媒体平台；中国水利手机报、报刊 App 促进移动互联传播形态的持续探索；微信公众号、抖音号、头条号、强国号等第三方平台新闻资讯账号近 30 个，微信公众号粉丝数量已达 16 万余，同步扩大舆论影响，提升传播效能。

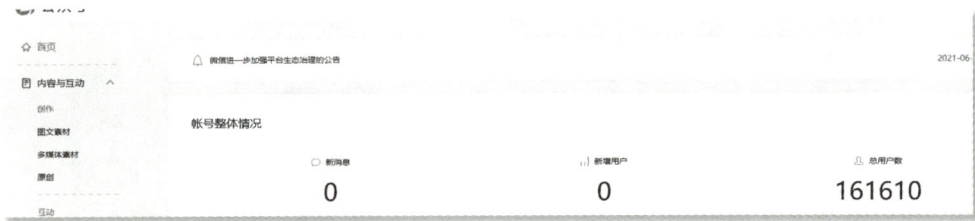

（二）融媒体报道

2020 年，中国水利报社融媒体报道围绕水利改革发展重点任务，持续讲好中国水故事，报道数量和传播效果显著，中国水利网发稿超 1.6 万篇，推出新闻专题 28 个；中国水利手机报推送 223 期 2000 余条消息；中国水利网微信公众平台已推送 748 条消息；视频录制和直播保障等时长超过 75 小时，制作视频 100 余部。特别是将视频作为一大亮点发展势头迅猛，云采访、云播报等视频栏目建设均取得突破，新媒体账号生产了多件播放量过百万甚至数百万、网友广泛热议的爆款报道内容。在抖音平台策划推出

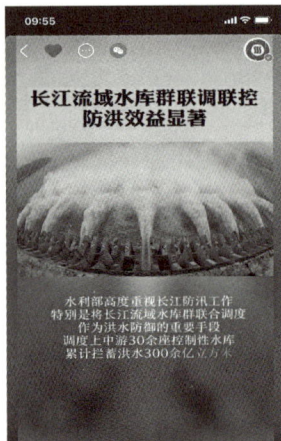

"节水中国你我同行"线上宣传活动，总播放量达 15.6 亿人次。

（三）融合采编平台建设

中国水利报社加快媒体融合改革步伐，不断推动报、刊、网、手机报、移动端、视频等业务的全面深度融合。在运行机制方面，将原网络新闻中心与视频部门整合组建新媒体中心，业务涵盖网站、手机报、移动端、视频业务，以及网络安全与信息化的日常建设和维护业务。随着业务流程的不断融合与创新，新闻宣传矩阵进一步壮大，创新推出视频连线直播宣传，成功实践了云采访、云播报等一次采集、多次多元传播的工作方式。各项业务流程逐步融合的探索，为系统建设的逻辑实现奠定了设计规则和系统架构基础。

四、服务责任

（一）信息服务

中国水利报以宣传党的大政方针，为全国水利系统广大职工、广大读者提供水利政策信息服务，搭建信息交流平台。

2020 年 9 月 8 日，中国水利报头版报道水利部及各地部署防御台风"海神"相关信息

2020 年 11 月 17 日，中国水利报头版刊发习近平总书记主持召开长江经济带发展座谈会相关消息

2020 年 6 月 23 日，中国水利报基层版报道内蒙古印发农村牧区水费收取宣传画相关信息

2020 年 9 月 3 日，专家解读节约粮食的资源环境意义

（三）公益活动

在新冠肺炎疫情防控期间，聚焦水利脱贫攻坚，启动"水利扶贫基层行"采访报道活动，派出记者 264 人次赴防汛一线，120 人次采访防汛会商，调度记者站采访 78 站次。开设"战'疫'，中国水利在行动"

报社坚持不断增强"四力"，深入脱贫攻坚一线采访。2020 年 11 月 18 日，整版刊登四川大凉山通过水利扶贫喝上幸福水

（二）社会服务

1. 公共服务平台。中国水利报报头处醒目刊登"水利部监督举报热线电话 12314"。在多个媒体公布投稿邮箱、投稿电话，积极搭建起问政、民生等服务平台，帮助群众解决与水有关的实际问题，提供表达诉求的渠道，搭建政府与百姓间的连心桥。

2. 公共智库服务。组织各种论坛，邀请相关领域专家、学者发声，及时刊发专家解读、专家观点为社会服务。

在"世界水日""中国水周"期间，刊登各地开展的节水实践及宣传活动，制作"水日水周"特刊，宣传节水观念，普及节水知识

"战'疫'发展两手抓"等栏目；刊发《高原上的"红色风帆"》《大凉山上幸福水》等报道。

2020 年，报社积极组织各党支部开展扶贫捐赠等活动，助力贫困地区发展。

2020 年开设"讲述新时代治水故事""决战决胜脱贫攻坚"等栏目，对水利扶贫助力乡村振兴进行深度挖掘报道，助推乡村振兴。启动"水

记者深入四川大凉山脱贫攻坚一线采访

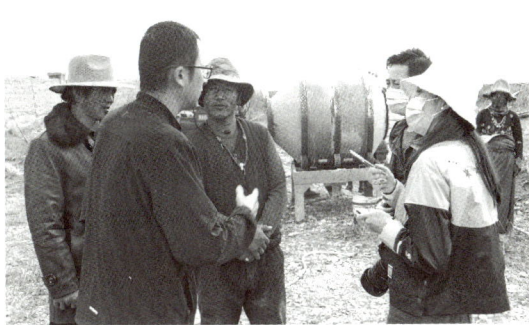

2020 年 9 月，在海拔 3400 多米的青海省贵德县拉德村，藏族贫困牧民卡毛加向中国水利报社记者讲述他们一家脱贫攻坚以来生活的变化

利扶贫基层行"活动，报社领导带队深入四川、青海、贵州、河南、宁夏、重庆等地，围绕农村饮水安全保障、水利基础设施完善、发展产业激活内生动力等重点内容，讲述乡村振兴的水故事。

五、人文关怀责任

（一）民生报道

中国水利报始终坚持以人民为中心，坚持"民生水利"理念，做好"全面建成小康社会"重点报道。

（二）灾难和事故报道

在重大汛情面前，中国水利报启动应急机制，第一时间组织骨干记者下沉防汛抗洪一线，关

2020 年 10 月 17 日，"扶贫"专栏重点报道脱贫攻坚

2020 年 9 月 22 日，宁夏水利扶贫宣传助力旱塬花开

注抢险救灾、应急保障，灾后救援、重建等民生保障工作动态消息，及时回应社会关切，积极引导舆情。

2020 年 7 月 25 日，头版第一时间刊出各应急采访小组采写的一线防汛情况

2020 年 7 月 28 日，应急采访组经过深入采访，以连版的形式报道水库联调科学调度防汛

（三）以人为本

中国水利报坚持以人为本，始终讲述"有温度的故事"，报道水利为民的民生水利本质，挖掘水利脱贫致富衔接乡村振兴中的和谐画面和温暖时刻。

2020 年 7 月 24 日，刊出《一张笑脸换一个水故事》，讲述有温度的水故事

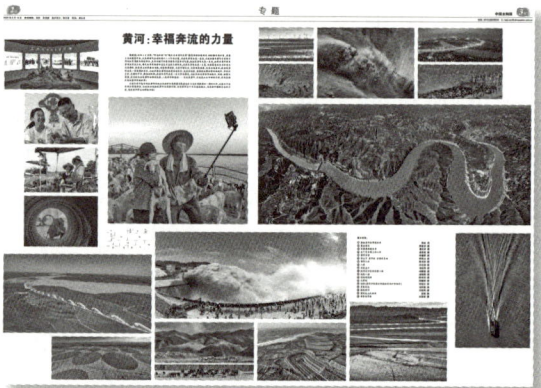

2020 年 9 月 18 日，连版刊出《黄河：幸福奔流的力量》，反映水利对民生的贡献

六、文化责任

（一）弘扬践行社会主义核心价值观

《党建》版设有"党建引领""决战决胜脱贫攻坚·第一书记""行业先锋"等栏目，《人物》版持续加强先进典型人物宣传报道，发挥水利模范人物引领示范作用，增强报道的创新性、时代感和贴近性，反映了新时代水利人的高尚品质和奉献精神。

（二）传承繁荣中华优秀传统文化

中国水利报开设"水利文化""水利遗产说""中华水利史讲堂""黄河历史讲堂""历史治水名人"等栏目，不断提升水利文化自觉性和文化责任感，全景展示传统水文化深厚底蕴。

（三）推动提升科学素养

中国水利报开设《国际·科技》版，报道水利科技创新、水利文教事业发展最新成就，宣传普及水利科技知识。

2020 年 7 月 30 日，《大坝无言悲巨匠　长江有泪送英魂》报道中国工程院院士郑守仁同志先进事迹

开设"文化建设"专栏，宣传优秀水利传统文化

2020 年 4 月 16 日，专家解读什么是"桃花汛"

2020 年 8 月 29 日，在汛期解读洪水知识

七、安全责任

中国水利报在出版过程中严格执行"三审三校""一读十看"制度，坚持做到审、校各环节层层把关，采用北大方正的畅流系统，文稿从入库到正式签样出版每个环节均留痕，总编辑（社领导）审定后，由责任编辑修改清样，主任签样。报社建立了报纸质量考评办法，确保出版安全、严防重大差错。多年来，没有发生重大政治事故。在国家新闻出版主管部门组织的行业产业报纸编校质量评比中，报社多次获得优胜奖，并获得全国"百强报刊"称号。

八、道德责任

（一）遵守职业规范

中国水利报严格遵守《中国新闻工作者职业道德准则》，认真执行《中国水利报社采编人员职业操行守则》等相关规章制度，均签订保密承诺书和协议书，在深入基层采访活动中能够严明纪律、遵守规定，未发生一起违规违纪事件。

（二）维护社会公德

按照水利部党组要求，中国水利报始终坚持以"十六字"治水思路为指引，牢牢把握正确舆论导向，唱响主旋律，弘扬正能量，在阐释行业政策、交流治水经验、传播水利声音、弘扬水文化等方面发挥着行业主流媒体不可替代的作用。

（三）接受社会监督

1. 采访出示新闻记者证。中国水利报不断规范自身采编行为，报社及记者站每年都能够顺利通过国家新闻出版署及省主管部门组织的年检，在记者站和记者证管理工作中严格遵章守纪，历年来没有一起违规违纪事件发生。

2. 接受群众举报投诉。开通有效监督渠道，自觉接受社会监督，及时回应、答复社会公众举报、投诉，重要投诉及时向上级有关部门汇报。监督电话：010-63205239。监督邮箱：abc@chinawater.com.cn。

九、保障权益责任

（一）保障从业人员合法权益

报社关心员工生活和安全健康，采取多种措施保障职工权益。坚持依法用工，按时发放薪酬；修订报社《采编人员职业操行守则》，支持保护正常采编行为，切实为采编人员提供设备、交通、驻站住宿等多方面保障；聘请律师事务所律师为报社提供法律服务。

（二）保障从业人员薪酬福利

为员工按时足额发放薪酬，同时按月缴纳社会保险、职业年金及住房公积金，及时为员工办理医药费报销；保护保障员工依法享有国家规定的法定节假日等合法权益；涉及职工切身利益的政策决定实施之前，工会广泛征集职工意见建议，针对员工提出的诉求及时作出答复，保护和调动职工工作积极性，鼓励员工参加工会组织的各类文化娱乐体育活动，安排人员慰问、看望患病员工；为员工提供年度体检；提供必要的差旅补助。

（三）规范新闻记者证管理

报社严格按照《新闻记者证管理办法》要求，从严执行记者证申领程序，积极组织新晋记者参加新闻采编资格培训班，并对新申领新闻记者证的同志进行登报公示。对于调离采编岗位的持证记者，第一时间进行记者证注销。对于不符合申领记者证要求的人员，坚持原则不予办理。多年来从未发生一起违规违纪现象。

（四）开展员工教育培训

报社每年均举办记者培训班，聘请社内富有经验的高级记者和行业内专家，采取授课与课后答题相结合的方式进行培训，切实提升了参训学员的业务能力，同时开阔了视野，增进了各站间的友谊。

报社积极鼓励职工参加线上线下各类培训，多次邀请相关领导、专家、学者为职工授课培训。2020年克服新冠肺炎疫情影响，采取"专题培训＋日常教育＋专项活动"结合的方式，开展马克思主义新闻观教育培训29期，累计培训2200余人次。

十、合法经营责任

遵纪守法。报社严格遵守国家有关法律、法规及制度开展依法经营，严格落实新闻出版法规、著作权法、稿酬支付办法等相关规定。

采编经营"两分开"。报社贯彻落实相关政策法规，规范广告经营行为，坚持执行采编与经营"两分开"。采编人员不得从事广告经营活动，采编部门不得以营利为目的从事经营活动；广告经营人员不从事采访报道。

严格广告刊发。严格落实广告刊发相关规定，加大广告专职人员培训力度，健全广告刊发审核、请示报告制度。坚持正确舆论导向，不刊播违法违规广告。

十一、后记

（一）回应

深入推进媒体融合。按照党中央关于进一步加快媒体深度融合发展的要求，把握发展大势，采取有力措施，加快推动媒体融合发展，编制出台《中国水利报社"十四五"媒体融合发展规划》，坚持一次采集、多次生成、多渠道传播。实施组

```
工作资料
请勿外传


中国水利报社
内部管理制度汇编



中国水利报社
2020 年 12 月
```

《中国水利报社内部管理制度汇编》

织机构调整、媒体业务流程和配套管理职能再造，优化人员与资源配置，突出原创生产能力、打造精品内容。面对新冠肺炎疫情的挑战，创新采用了云采访、云播报等方式，集群传播优势凸显。

强化保障规范管理，大力提升内部管理水平和自身实力。把 2020 年作为报社强化内部管理年，坚持问题导向，注重标本兼治，把整改和以案促改有机结合起来，针对突出问题全面、系统梳理分析、深刻剖析，查找不足，举一反三，推进内部管理体系制度建设，进一步修订完善了 11 项制度办法，形成了《中国水利报社内部管理制度汇编》，内容涉及行政、党建、人事、财务、项目、采编业务、经营等方面 57 项规章制度，并不断强化制度执行落地。

（二）不足

媒体融合深度不够，力度不足，距离以内容建设为根本、先进技术为支撑、创新管理为保障的全媒体传播体系的要求还有很大差距。

队伍建设有待加强，高层次人才短缺。急需培养一批适应融媒体时代传播规律的全能型人才。

（三）改进

加速融合发展，坚持一体化发展方向，通过流程优化、平台建设，实现全社各种媒介资源的有效整合，构建并完善全媒体平台。进一步加强组织领导，深入基层一线调研采访，释放行业主流媒体创造活力，培育人力资源优势，提升竞争力，出台相应的工作措施。

优化人力资源结构，制定符合融合发展要求的人才培训规划，以培养专家型记者、全媒体人才和复合型人才为抓手，打造一支数量充足、素质优良、结构合理、富有活力的专业技术人才队伍。推动构建全媒体人才培养长效机制，强化马克思主义新闻观教育，强化政治家办报要求，扎实推进增强脚力、眼力、脑力、笔力教育实践工作。

中国自然资源报

社 会 责 任 报 告

一、前言

（一）媒体概况

中国自然资源报社是自然资源部直属正局级事业单位，负责主办《中国自然资源报》一份报纸和《中国土地》《中国不动产》《自然资源通讯》3本杂志；主办i自然全媒体微信公众号、微博、强国号、抖音号、快手号、B站、人民号、央视频号、头条号等新媒体账号；负责运行维护"学习强国"学习平台大自然频道和自然资源部微信公众号、微博、头条号、澎湃号等新媒体；承担自然资源舆情监测分析工作；下辖中国摄影家协会中国自然资源摄影家协会、中国土地学会土地文化分会、中国海洋工程咨询协会海洋文化分会、中国海洋学会海洋研学工作委员会。

（二）社会责任理念

面向全社会传播习近平生态文明思想的主流媒体，提供自然资源资讯服务的大数据媒体，服务支撑自然资源管理的智媒体。

面向全社会传递人与自然和谐共生的理念。

i（爱）自然，我们不止发声。

（三）获奖情况

33件作品获得2020年度中国产经新闻奖，其中一等奖4件；3件作品获自然资源部自然资源好新闻，其中特等奖1件。

1人获2020年全国科普讲解大赛二等奖。

获中国行业报协会"中国产经媒体微信影响力和原创传播力 TOP50",报社 2 个短视频作品荣获首都女新闻工作者协会第三届"女记者短视频大赛"二等奖,获澎湃新闻"最佳政务传播"。

1 人荣获"2020 年度首都最美志愿者"荣誉称号。

二、政治责任

(一)政治方向

1. 牢牢把握政治方向。2020 年,中国自然资源报社始终坚持以习近平新时代中国特色社会主义思想为指导,坚持正确政治方向、舆论导向、价值取向,不断增强"四个意识"、坚定"四个自信"、做到"两个维护",自觉承担起举旗帜、聚民心、育新人、兴文化、展形象的使命任务,坚持正确舆论导向,遵循党的出版方针,遵守国家新闻出版法律法规,推出了一系列有品质、有温度的新闻产品。

2. 精心策划重大主题宣传。将"决胜全面建成小康社会、决战脱贫攻坚的生动实践和成果成效"重大主题宣传贯穿全年工作始终,报刊网微端屏共同发力,聚焦主责主业,突出行业特色,推出有深度、有新意、鲜活生动的报道,充分展示、系统宣传自然资源系统决胜全面建成小康社会、决战脱贫攻坚的生动实践和成果成效。

3. 着力宣传自然资源改革创新新进展。突出宣传自然资源部贯彻落实习近平总书记重要讲话、重要指示批示精神和党中央决策部署精神,推进自然资源领域重大改革。发挥报纸视点版"拳头"作用、评论版"旗帜"作用和理论版"智囊"作用,推出"圆桌汇""思想者""理论视界"等专栏,做好政策阐释,正确引导舆论。围绕第三次全国国土调查、全国国土空间规划编制、全域土地综合整治、汛期地灾防治、节约集约用地、天然气水合物试采、自然资源确权登记、生态产品价值实现等重点工作,深入一线采访调研,推出杂志特刊、报纸系列深度报道和大量原创新媒体作品。聚焦"放、管、服"改革，重点关注优化测绘地理信息行业管理、用地审批权下放、矿产资源管理改革、自然资源资产产权制度改革等重大改革任务，及时跟进采访，深度宣传报道。

（二）舆论引导

1. 加强舆论引导。开设"在习近平新时代中国特色社会主义思想指引下——新时代新作为新篇章""以习近平生态文明思想为指引——人与自然和谐共生"等栏目，刊发 105 篇深度文章；开设"贯彻全会精神　我们在行动""'十三五'，我们这样走过"等专栏，大力宣传党的十九届五中全会精神。报社各新媒体平台开辟专栏，刊发习近平生态文明思想、习近平谈治国理政等相关内容 121 期。

2. 引导社会热点。回应社会关切，有力有效引导舆论。2020 年，党中央提出"六稳""六保"后，围绕保粮食安全、能源安全，报社统筹力量推出《将 14 亿中国人"饭碗"端得更牢》《呵护耕地健康　筑牢优质粮仓》等系列报道，深入解读"如何将耕地数量、质量、生态'三位一体'保护落到实处"。

3. 改进创新报道。创新报道理念、内容和方法，圆满完成重要时间节点、重大主题、突发热点问题报道。在 2020 珠峰高程测量宣传中，派出 5 名记者坚守珠峰测量新闻现场 73 天，后方团队全天候加工制作和运维发布；推出三维动画＋视频、手绘＋海报、长图制作、MV、H5 等各类宣传产品，累计发稿 400 多篇、图片 500 多张、视频 60 多个；完成 14 场直播，总播放量超过 4000 万次，测量登顶实现连续 7 小时不间断直播，凯旋直播观看人数达 1182 万；自然资源部官方微博、"i 自然"微博话题累计阅读量达 16.8 亿次。

（三）舆论监督

积极跟进与自然资源管理相关的社会热点新闻和公共事件，加强舆论监督，全年推出调查性报道 26 篇，其中舆论监督报道 6 篇。全媒体平台面向社会及时公开通报农村乱占耕地建房、违法批地、违法用海用岛等重大典型案例，以及"三调"重大典型问题，努力营造知法、懂法、守法、用法的良好氛围。为配合农村乱占耕地建房专项整治，各新媒体平台累计推送相关话题文章 500 余篇，总阅读量超 17 亿次，涌现出 6 篇微信"10 万＋爆款"，单篇阅读量近 50 万次。

（四）积极宣传行业领域国际交流及对外合作

中国自然资源报社根据自身定位和行业特色，充分利用新媒体宣传无国界的特点，在世界地球日和世界海洋日期间，通过制作 H5、海报、短视频等多种新媒体产品，向全世界受众传递人与自然和谐共生、保护生物多样性等理念。2020 年全年，中国自然资源报社聚焦海洋、地质调查、测绘、生态等领域，对开展国际会议、国际合作、国际培训、技术援助、海外科考，以及推进"一带一路"建设等进行深入报道。例如，2020 年 4 月 27 日 7 版头条《让地质调查经验走向世界》一文，对促进国内外地调工作经验交流起到了很好的促进作用。2020 年 10 月，中国国际矿业大会在天津召开，全程跟踪报道了《中国矿产资源报告（二〇二〇）》发布、2020 全球矿业分析等内容。2020 年全年，在每周五的 5 版刊发《海洋参考》，汇集世界各国的海洋治理方案，交流传递国际组织基于自然的解决方案。

三、阵地建设责任

（一）融媒体矩阵

2020 年度，中国自然资源报社突出"国家需要、人民需要、市场需要"导向，遵循"有用、有趣、有料、有关"原则，加大对新媒体建设的投入，逐步形成自然资源部政务新媒体、i 自然全媒体、"学习强国"学习平台大自然频道等品牌。

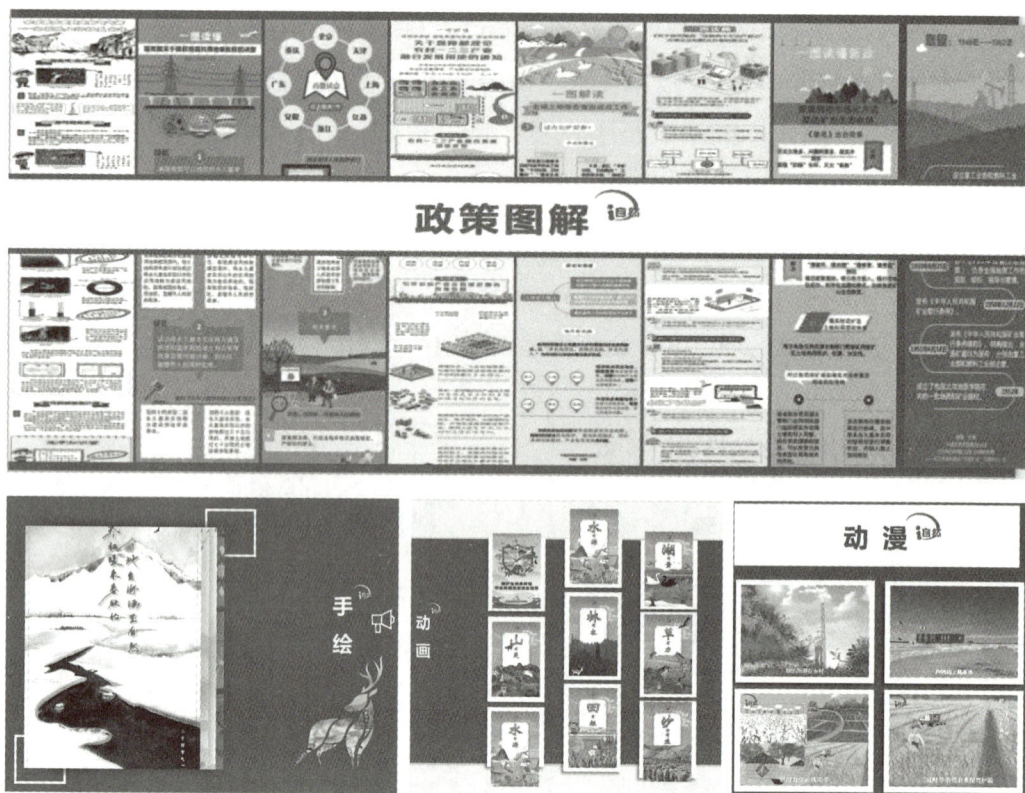

坚持内容为王，创造出大量直击人心、引发思考的原创作品；坚持创新为要，紧扣新媒体传播规律"接地气""追热点"，提升传播力；坚持合作共赢，初步建成全国自然资源系统新媒体矩阵，与新华社、公检法司等知名微博逐步形成系统外矩阵，不断扩大"朋友圈"。

（二）融媒体报道

2020 年度，中国自然资源报社融媒体报道在深度、广度、角度上均取得突破。致力于传播权威声音、构建传播渠道、应用新兴技术、强化原创策划、拓展合作伙伴，实现"破圈层"传播。

在世界地球日、全国土地日、全国海洋日、测绘法宣传日暨国家版图意识宣传周等主题宣传工作中，报社新媒体全矩阵、全角度开展宣传报道，微博话题阅读量超 28 亿人次，实现了全系统乃至全网同频共振，营造了强大的舆论传播声势。新媒体粉丝数量再创新高，自然资源部官方微信公众号粉丝量达 36 万，官方微博粉丝量达 239 万，同比分别增长 73.6% 和 43.9%。新媒体阅读量大幅攀升，自然资源部官方微信、微博阅读量同比分别增长 105.5%、1714%，单条微博最高阅读量超 1200 万次；自然资源部和 i 自然全媒体微信公众号累计产生 19 条阅读量"10 万 + 爆款"推文。"学习强国"学习平台大自然频道和 i 自然强国号，累计开设 10 多个专题，发布信息 4100 多条、音视频 500 多条，148 条信息被推送至主站推荐频道重点展示，单条最高浏览量超过 1700 万次，累计阅读量超 4.1 亿次。

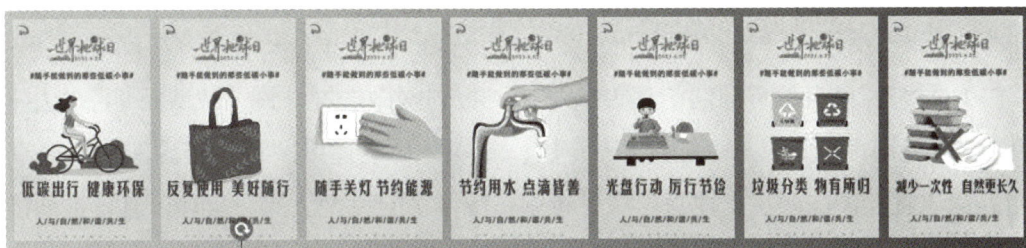

（三）融合采编平台建设

2020 年度，中国自然资源报社持续推进观念再造、组织再造、流程再造，推动全体职工从"报刊思维"转向"互联网思维"，推动传统媒体和新兴媒体在体制机制、政策措施、流程管理、人才技术等方面加快融合，着力构建"策、采、编、发、评、推、馈、舆、营"全面打通，传统媒体新媒体迭代发展、优势互补，自有平台和第三方平台协同推进的报社新传播格局，有效提升了报社传播力、引导力、影响力、公信力。报社媒体融合项目顺利立项并完成详细技术设计。

四、服务责任

（一）信息服务

1. 系统解读自然资源法治建设新举措。报刊网微端屏开设"权威解读""法律在线""特别策划""以案说法"等专栏，新媒体持续运维"自然资源法治"公众号，深入解读民法典、土地管理法等新颁布或修正的重大法律，及时报道野生动物保护立法、部门规章"立、改、废"等法制建设新举措，重点解析行政公益诉讼典型案例和司法判决涉及自然资源案例，研讨分析不动产登记法律问题和案例。

2. 主动提供生活信息服务。在每年汛期和地质灾害易发多发期，利用新媒体平台及时发布灾害预警预报信息，第一时间发布赤潮和浒苔灾害信息，指导地方防灾减灾。每周在"学习强国"学习平台大自然频道发布台风海浪预报预警信息。常年提供权威不动产登记、地图审查等服务信息，受到社会各界好评。

（二）社会服务

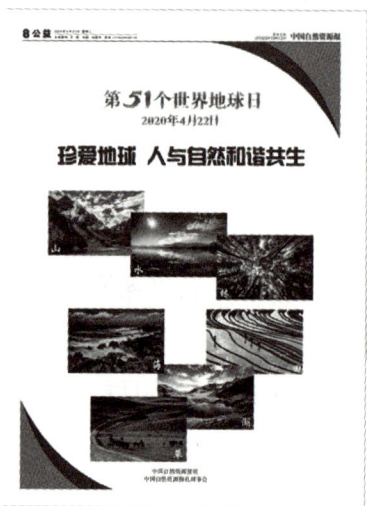

积极向社会传播主流价值。在重大宣传节点上及时落实重要版面，推出专栏专题加强公益广告的宣传工作。全年共刊登公益广告 7 次，如在"4·22"世界地球日期间推出《珍爱地球　人与自然和谐共生》公益广告，"6·25"全国土地日前后推出《节约集约用地　严守耕地红线》系列公益广告，"8·29"全国测绘法宣传日推出《规范使用地图　一点都不能错》，产生广泛社会影响。新媒体主动作为，在关注度大、流量聚集的平台，强化合作、多方调动，精心策划话题，吸

引更多人关注生态文明、共建生态文明。如在微
博平台长期开设"珍爱地球""亲近自然发现新鲜
事儿"等话题，传递自然美景、科普自然资源知
识、报道各方保护自然的实践，吸引更多网友共
同践行生态文明建设。目前，"珍爱地球"话题阅
读量超过 4 亿次、"亲近自然发现新鲜事儿"阅读
量超过 1.1 亿次。2020 年 7 月，国家部署农村乱
占耕地建房问题专项整治。中国自然资源报社通
过海报、漫画、情景剧等方式制作了大量通俗易
懂的产品，向社会各界尤其是农村居民宣传乱占
耕地建房的危害，共同营造保护耕地、保护饭碗

田的良好舆论环境。为了做好制止餐饮浪费行为的宣传报道，中国自然资源报社联
合新浪新闻、中国扶贫基金会等共同发起"全民光盘挑战"行动，号召大家从节约
每一粒粮食做起，并将节约的资源捐赠给贫困地区的儿童，给孩子们加餐。最终，
"全民光盘挑战"阅读量超 4 亿次。2020 年全年每月制作 1 期《亲海》特刊，每期
印刷 6 万份，免费赠送给中小学生，传播海洋科普知识。全年组织 9 场海洋主题研
学活动，受众师生近 2 万人。

接力海报

#随手能做到的那些低碳小事#
分享
申请主持人
阅读3176.1万 讨论5165
综合
实时
热门
视频
导语：实现"碳中和"目标，我们每个人都义不容辞，要从自己做起、从小处着手，积极践行绿色选购、节水节能、植树造林、垃圾分类、低碳出行……让节约适度、绿色低碳的生产生活方式变成一种自觉和习惯
#随手能做到的那些低碳小事#
置顶
自然资源部
【在第52个世界地球日，地球在说话】温室气体汇集、全球气候变暖、生物多样性丧失…地球，已是伤痕累累、不堪重负。今天，是第52个世界地球日，我们再次呼吁大家#珍爱地球#，从今天起，请您关注、践行每一件#随手能做到的那些低碳小事#，为实现人与自然和谐共生贡献中国智慧和中国力量！一起晒出 展开全文
小窗口播放

跳过广告 1
李文
江奇霖
曹骏
邢菲
谭凯
#全民光盘挑战#
新浪新闻
Sina News

MNR
#全民光盘挑战#
为推进全民节约粮食新风气、倡导拒绝浪费传统美德
@头条新闻、新浪新闻客户端联合@自然资源部、中国扶贫基金会、@微博政务、@微天下
共同推出#全民光盘挑战#活动
号召网友身体力行晒出"光盘"并坚持打卡，共同为推进"光盘行动"助力。
活动周期
9月27日-10月17日
活动玩法
带话题#全民光盘打卡#晒出光盘照片或视频，维度不限、形式不限
活动福利
连续打卡3天，有机会获得千万粉丝矩阵大号官博转发、点赞，获得"光盘先锋"称号；
连续打卡7天，有机会额外获得新浪狗头玩偶等惊喜周边，并获得"光盘达人"称号；
连续打卡10天，有机会额外获得"光盘勇士"证书并获得@自然资源部与@头条新闻、新浪新闻客户端送出的特别惊喜礼物。
送上卫星
连续打卡21天，有机会被@自然资源部选中，成为"光盘侠"，将光盘合照随卫星送上太空。
赶快带话题#全民光盘挑战#发博打卡吧，一起为光盘助力！
新浪新闻
头条新闻
微博政务
微天下
@自然资源部

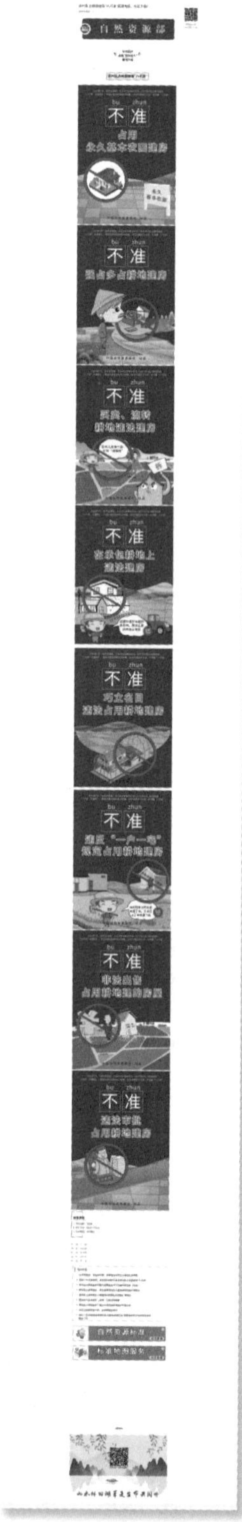
自然资源部
bu zhun
不准
占用永久基本农田建房
bu zhun
不准
强占多占耕地建房
bu zhun
不准
买卖、流转耕地违法建房
bu zhun
不准
在承包耕地上违法建房
bu zhun
不准
巧立名目违法占用耕地建房
bu zhun
不准
违反"一户一宅"规定占用耕地建房
bu zhun
不准
非法出售占用耕地建的房屋
bu zhun
不准
违法审批占用耕地建房

（三）公益活动

1. 刊播公益广告。《中国自然资源报》2020 年全年刊登整版公益广告 7 次，内容涉及爱护环境、保护地球、珍爱海洋、节约粮食、安全生产等。

2. 组织慈善募捐和扶贫带货。开展"向贫困母亲献爱心捐款"活动，全体干部职工纷纷向贫困母亲伸出援助之手；服务脱贫攻坚直播带货，仅活动期间直接售卖货款近 20 万元（不含线下销售额）。以"自然好味"为题拍摄短视频宣传片，帮助贫困地区做了大量品牌推广工作。为支持扶贫产品销售，新媒体持续发布销售信息，组织在"学习强国"学习平台进行直播和在"强国商城"进行售卖。本社工会和本社职工多次主动购买扶贫产品。

3. 助推乡村振兴。《中国不动产》杂志及微信公众号高度关注基层不动产登记热点难点问题，开展深入调查，邀请专家学者解疑释惑。聚焦历史遗留问题导致的登记难和易地扶贫搬迁安置住房不动产登记，积极建言献策，助力乡村振兴。

4. 积极开展公益活动。中国自然资源报社作为"自然资源公益伙伴计划"首批成员单位，积极开展自然保护公益活动，拓展宣传渠道和传播载体，广泛深入传播习近平生态文明思想；探索自然保护实践，加强中外合作交流，提升社会思想认知，为建设生态文明和美丽地球营造良好氛围；广泛动员汇集社会力量，积极参与、合力推动自然保护、生态保护和修复工作。

2020 年，在自然资源部科技合作司的指导下，中国自然资源报社、中国地质博物馆、李四光地质科学奖基金会共同举办了第五届世界地球日儿童画公益大赛。大赛作为自然资源部世界地球日主题宣传周系列活动之一，以"珍惜自然资源，呵护地球家园"为总主题，号召全国少年儿童通过参与"彩绘地球"，更加了解地球家园，播种、传递"珍爱地球从我做起"的公益理念。该赛事活动共收到来自 22 个省、区、市的近千幅参赛作品。

五、人文关怀责任

（一）民生报道

报刊网微端屏坚持以人民为中心，心系人民、讴歌人民，在各类报道中突出以人为本、关爱生命的理念。日常报道中高度关注相关新闻的报道角度和价值取向，尤其是事故报道、灾难性报道，注重人文关怀，决不采取围观、猎奇等不负责任的态度。

2020 年，从民生项目自然资源要素保障、地质灾害防治、生态环境保护和修复、自然资源政策助力脱贫攻坚、农村宅基地用地应保尽保、不动产登记与权益保护、地质旅游文化村建设等方面，加大选题策划力度，关注弱势群体，抒发为民情怀，把人民作为报道的主体，为百姓排忧解难，传递正能量，展现了媒体的责任和担当。

（二）灾难和事故报道

坚持报道的时效性和真实性原则。灾难事件发生时，中国自然资源报社均第一时间通过远程采访或直接到达事件发生地。在报道中注重人文关怀，对灾难事件不过度渲染，避免造成"二次伤害"和社会恐慌。同时，建立健全应急报道机制，未雨绸缪做好各项准备工作。

（三）以人为本

报刊网微端屏开设"新春走基层——脱贫攻坚一线见闻""决战决胜脱贫攻坚""走向我们的

小康生活"等专栏，刊发四川省凉山彝族自治州开展乌蒙山连片区域土地整治重大扶贫项目等 78 篇深度报道，集中反映自然资源系统发挥行业优势、贯彻落实党中央夺取脱贫攻坚全面胜利决策部署的工作成果。

派出多路记者分赴赣南、琼中、海伦、昭通等部定点和牵头扶贫地区实地采访调研，深入报道脱贫攻坚的实践成效，刊播大量有温度、有深度的新闻佳作。

六、文化责任

（一）弘扬践行社会主义核心价值观

2020 年，报社积极弘扬社会主义核心价值观，组织自然资源系统文学、书画、摄影爱好者，开展主题摄影、书画策划，用艺术形式展现脱贫攻坚、生态文明建设、经济社会发展成就。中国自然资源报社充分利用 2020 年自然资源部组织珠峰测绘的契机，刊发《测绘精神是根和魂》《向世界展示中国测绘人的精神与技术》《中国的精气神在巅峰树立》等重磅文章，向全社会诠释了测绘精神。2020 年，报社还通过多篇有分量的评论和深度稿件，紧跟社会关注焦点问题，传递社会主义核心价值埋念。例如《期待制度优势更好地转化为治理效能》《高质量发展积攒底气》《为生态文明建设夯实根基》《"中国速度"见证中国硬核力量》等 20 余篇评论稿件收到较好的社会反响。

（二）打造文化品牌

积极打造"书香自然"文化品牌，持续开展"书香自然·智慧人生"全国自

然资源系统读书大赛；举办系列"自然文化"研讨活动，与地方自然资源部门开展文化共建活动；每月发布荐读书单，推荐自然资源优秀图书。报社职工利用业余时间组织开展"走读北京"讲解活动，弘扬国学文化，荣获"2020 年度首都最美志愿者"称号。

（三）推动提升科学素养

开设"自然资源科技创新人物"专栏，连续

在纸媒与新媒体平台报道业内三代科技人才，共 55 人。宣传他们在自然资源科技战线卓越奉献的典型事迹，其中 16 位人物入选"学习强国"学习平台首页的"每日一星"推荐栏目，引起社会广泛关注，单篇最高阅读量高达 268 万次。开设"地球密码""博物公开课"等科普专栏，宣传普及自然资源科学知识；开设"自然资源文化建设巡礼"栏目，持续关注报道全国各地自然资源部门文化建设工作的优秀经验。

七、安全责任

（一）安全刊播

坚持党管媒体的原则，牢固树立政治家办报办刊的理念，强化出版和采编流程管理，对报刊和新媒体一个标准、一体管理，严格规范发稿流程，严格执行"三审三校"制度，做到守土有责、守土负责、守土尽责，把住出口，不留空白死角。

针对编辑出版中发现的问题，组织编辑记者交流学习，举一反三、查漏补缺，严格做到"不二犯"。定期举办差错点评和业务培训。每季度举行一次差错点评，将审读和编委、社领导发现的问题一一列出，提醒采编人员加以注意。重大差错随时通报，及时引以为戒。

健全制度，完善质量监控机制。深入其他媒体调研取经，学习借鉴严格出版质量管控的好经验、好做法，并结合报社实际，修订完善《中国自然资源报社差错考核办法》。将报刊差错分为四类，对每类差错分别作出不同的考核处罚。

（二）强化安全意识

在国家安全日、安全生产月等关键节日进行普法等安全宣传，强化安全生产意识。

（三）安全风险防控

排查流程中的安全隐患，防火、防电、防泄密、防意识形态领域偏差、防廉政风险、防违法违规行为。

八、道德责任

（一）遵守职业规范

深入学习贯彻习近平新时代中国特色社会主义思想，牢记职责使命，坚守舆论阵地，贯彻以团结稳定鼓劲、正面宣传为主的方针，牢牢把握正确舆论导向。遵守职业规范，坚持新闻真实性，不刊播虚假失实新闻；杜绝有偿新闻、有偿不闻、新闻敲诈，自觉抵制庸俗媚俗，尊重原创保护版权。

2020 年，组织全体员工认真学习《新闻出版广播影视从业人员廉洁行为若干规定》和《中国新闻工作者职业道德准则》，坚持不懈锤炼党性，加强马克思主义新闻观教育，着力培养政治家办报的政治敏锐性和政治鉴别力，努力提高在新的传播格局下掌握舆论引导主动权的能力和水平。出台《自然资源报社采编从业"十不准"》，对新闻采编工作作出明确要求。

（二）维护社会公德

自觉维护社会公德，弘扬社会正气，讴歌美好心灵，坚守新闻真实的生命线，确保新闻信息来源真实可靠。报道有争议的内容和批评报道时，充分听取相关方面的意见，准确把握分寸，防止主观臆断和感情用事。所有新闻类报道一律实行实名制。采编人员外出采访，一律登记备案，并主动出示新闻记者证和有关采访函。

（三）接受社会监督

无论对新闻采访报道，还是经营管理工作，报社畅通渠道自觉接受社会监督。按照国家新闻出版署要求，报社每年例行对记者证进行年检核验，并按要求向社会公示通过持证记者名单，自觉接受社会监督。

九、保障权益责任

（一）保障从业人员合法权益

为打造一支政治过硬，特别能吃苦、特别能战斗的全媒体队伍，报社坚持以人为本，长期致力于保障员工的基本权益，关注员工的全面发展和个性化需求，以有效保障报刊网微端屏履行好各项职责。

（二）保障从业人员薪酬福利

2020 年，报社严格遵守劳动法、劳动合同法等有关规定，依法与员工签订聘用（劳动）合同，按月足额发放工资，依法足额缴纳"五险二金"，保证合法工作时间和休假休息的权利。

（三）规范新闻记者证管理

根据《新闻记者证管理办法》，认真做好新闻采编人员记者证的申领、发放和年度核验工作，保证全体采编人员依法进行新闻采写与拍摄的权利。及时收回离职、退休等采编人员的新闻记者证。

（四）开展员工教育培训

2020 年，中国自然资源报社在巩固现有传统办报人才队伍的同时，有步骤、有重点地强化新型媒体业态相关的内容生产、技术实现和经营管理等各类人才的培养。将新媒体运营人员由原来的 5 人增加到 30 人，同时出台激励政策推动传统媒体部门编辑记者加快转型。着力培养高层次人才，通过评论工作量倒逼机制，推动编辑记者强化调查研究和深度思考。

十、合法经营责任

报社严格遵照国家有关政策法规，制定严格的经营管理制度保证采编与经营分离，记者站以及采编人员严禁从事经营活动。报社配置专门的经营部门和经营队伍，在报社主营业务范围内开展经营工作。

报刊发行方面主要是依托邮政系统渠道进行，没有借助主管部门行政命令和摊派订阅的情况。广告经营方面全部由报社自有经营部门完成，没有对外包版情况。平时配有专人严格审查广告刊发，杜绝违法发布广告。始终把社会效益放在首位，在全年多个主题纪念日期间制作发布公益宣传广告，切实履行媒体责任。

严格遵守广告法及相关法律法规。杜绝违反国家法律法规、违背社会道德、有碍社会和谐和社会主义精神文明建设的广告信息见报，倡导社会公德，抵制虚假低俗，规范出版用语，全年无重大广告差错见报见刊。

坚持采编和经营"两分开"。明确采编和经营工作的职能职责，实现管理分开、业务分开、人员分开，采编人员不得参加经营活动，经营活动由经营部门负责，严格抵制商业取向影响新闻报道公正性而滋生腐败。同时，增强经营安全和风险防控意识，完善制度，堵塞漏洞，排除隐患，规范业务合作程序，强化业务合作监管，推动经营工作依法、良性、可持续发展。

十一、后记

（一）回应

本次是中国自然资源报社首次撰写媒体社会责任报告，故"回应"章节内容将在明年报告中对本年度履行社会责任不足之处予以回应。

（二）不足

对照更好履行媒体社会责任的要求，中国自然资源报社的传播受众主要集中在自然资源领域，存在传播范围较为集中、国际传播力不足的问题；媒体转型正在推进过程中，新媒体建设仍需加强，在一些重大事件或敏感问题上，存在回应社会不够及时的问题。

（三）改进

坚持守正创新，切实增强传播力、引导力、影响力、公信力。坚持以习近平总书记关于党的宣传思想工作的重要论述为根本遵循，深入贯彻落实《中国共产党宣传工作条例》《关于加快推进媒体深度融合发展的意见》，坚持党管媒体、坚持全面融合、坚持内容为王、坚持开门办社，推动报社高质量发展，更好地担当起举旗帜、聚民心、育新人、兴文化、展形象的使命任务。

加快推进媒体深度融合发展，重塑传播格局，提升生产力水平。推动传统媒体和新兴媒体在体制机制、政策措施、流程管理、人才技术等方面加快融合，形成以移动客户端为中心，传统媒体和新媒体迭代发展、优势互补，自有平台和第三方平台协同推进的传播新格局。

强化内容供给，着力打造品牌。保持内容定力，坚持原创为主，提高话题设置能力，创新行业媒体表达逻辑和方法论，深耕自然资源领域，讲好自然资源故事，畅达政情、回应舆情、关注社情，努力实现行业内容"破圈"，并探索国际化传播的模式，以内容优势赢得发展优势重塑。

强化教育培训，实施人才提升工程。完善用人机制和激励政策，激励人才在岗位中成长，推动优秀人才脱颖而出。加大教育培训力度，提升全媒体采编和运维能力，着力打造业内认知度高的名记者、名编辑、名主播等。

强化互联网思维和服务意识，整合线上线下资源渠道，一体运营线上线下业务，拓宽报刊发展领域，夯实事业发展基础，不断提升媒体履行社会责任的能力。

国家电网报

社会责任报告

一、前言

（一）媒体概况

国家电网报创刊于 2006 年 1 月 1 日，是国家电网公司党组机关报，由国家电网公司主管、英大传媒投资集团有限公司主办，在 26 个省（区、市）注册设立 19 家记者站；每周一至周五出版，除周三对开 4 版外，其他对开 8 版，设有党建周刊、视野周刊、供电周刊、亮周刊，开设了"国网时评""微头条""电网聚焦""故事绘"等特色栏目。

（二）社会责任理念

国家电网报以习近平新时代中国特色社会主义思想为指引，贯彻落实习近平总书记关于宣传思想工作和新闻舆论工作重要论述，坚持党管媒体、政治家办报，牢牢掌握意识形态工作领导权主动权，加强阵地建设和管理，切实担负起媒体的政治责任和社会责任，大力推进传统媒体和新媒体融合发展。

（三）获奖情况

2020 年，国家电网报文字消息《电动汽车充电便利　车主告别"续航焦虑"》获第三十届中国新闻奖三等奖。《零下 30℃施工　冻土都得烤暖气》获评中宣部、中国记协"新春走基层"优秀作品。多个新媒体作品获第七届国企好新闻奖项。多个作品、专栏获第三十四届中国产业经济新闻奖、第三十二届中国经济新闻大赛（融合报道类）奖项。《攀登　永不褪色》等 8 部作品获第八届亚洲微电影艺术节最佳公益作品等奖项。

2020 年，电网头条微信公众号获国资委清博指数微信排名第一，抖音号获年度优秀创作者奖、年播放量超 10 亿次，快手号获年度政务号影响力奖，"学习强国"号获"我爱我的祖国"微视频、摄影作品大奖赛优秀组织奖。英大传媒投资集团获"十三五"中国报业媒体融合创新单位称号。

二、政治责任

（一）政治方向

▲重大主题宣传报道

2020 年，国家电网报聚焦抗疫、复工复产、脱贫攻坚和全面建成小康社会等重大主题，推出特刊，开设专栏，制作融媒体作品，开展全方位报道。

2020 年年初新冠肺炎疫情发生后，报社认真贯彻落实习近平总书记关于打赢疫情防控阻击战的重要指示批示精神，组织记者通讯员在武汉等抗疫一线采访，自 2 月 1 日起连续推出特刊，报道各地供电员工保电抗疫、志愿服务的事迹，报道国家电网公司服务抗疫和复工复产一系列举措，展现央企"顶梁柱"作用。

案例：2020 年 2 月 1 日，国家电网报推出"坚决打赢疫情防控阻击战"特刊，截至 4 月 30 日累计推出抗疫、复工复产主题特刊 66 期，展现大战大考中的国网担当。

案例：疫情防控特殊时期，"电网头条"客

户端发挥移动采编、传播优势，持续发布电力服务抗疫动态，全网首发武汉雷神山医院全部通电消息，微博单条视频播放量超过 1300 万次，获人民日报转发。"雷神山医院全部通电"话题登上热搜，总阅读量超 2 亿次。

2020 年 10 月 30 日，国家电网报刊发党的十九届五中全会举行的通稿，此后开设"认真学习宣传贯彻党的十九届五中全会精神""五中全会精神在基层"栏目，转载人民日报社论，报道国家电网公司学习贯彻全会精神情况，向广大干部员工宣贯全会精神。

案例：2020 年 12 月 2 日，国家电网报 1 版刊发"五中全会精神在基层"栏目稿件。

2020 年，国家电网报围绕国家电网行业扶贫、系统扶贫和定点扶贫，推出"决战决胜脱贫攻坚"栏目及多个子栏目、国家扶贫日特刊。开设"走向我们的小康生活"专栏，形成系列稿件，反映电网给群众生产生活带来的深刻变化，讲好小康故事。

案例：2020 年 6 月 18 日，国家电网报头版推出"走向我们的小康生活"专栏，第一篇稿件是讲述四川凉山木里电网建设者林翔军的故事，反映电网工程及早复工带动就业、支撑深度贫困地区发展，展现电网给普通人生活和家乡带来的变化，折射抗疫复工、脱贫攻坚大主题。

案例：2020 年 10 月 16 日，国家电网报推出国家扶贫日特刊。

（二）舆论引导

▲引导社会热点

加强议题设置，针对抗击疫情、服务"六稳""六保"、转供电、优化电力营商环境、推进"一带一路"建设、决战决胜脱贫攻坚等热点，在多个媒体平台发布专业内容引导舆论。

案例：2020 年冬季，部分地区短时电力供应偏紧。12 月 19 日，"电网头条"微信公众号发布国家电网出台迎峰度冬确保电力安全可靠供应八项举措，阅读量 10 万＋。

案例：2020 年 8 月 20 日，国家电网报 5 版报道复工复产中供电企业应用"转供电费码"服务企业尤其是中小微企业查询转供电情况，降成本助生产。

▲注重改进创新

坚持移动优先，组建柔性团队实施重大选题，实现新闻采集、制作、分发一体化运营。

案例：2020 年 7 月 14 日，国家电网报

1版"直击防汛抗洪保电现场"栏目刊发供电员工抗洪保电的稿件。读者扫二维码可在"电网头条"客户端观看记者现场直播视频。

（三）舆论监督

针对新能源车充电、转供电乱象、违法用电等社会关心的行业热点，组织记者开展深度报道，第一时间澄清谬误。

案例：2020年冬季，湖南、江西电力供应偏紧，相关话题上了微博热搜并引发误解。12月19日，"电网头条"客户端"追光"栏目报道供电保障系列措施，稿件随后见报，正面引导社会舆论。

（四）对外传播

▲讲好中国故事，传播好中国声音

立足电网服务和参与"一带一路"建设实际，多种体裁开展国家电网国际业务报道，树立中国企业形象。

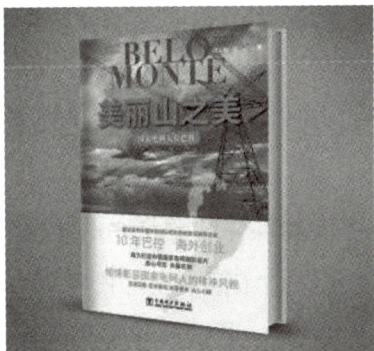

案例：2020年8月，国家电网报记者采访创作的长篇报告文学《美丽山之美》出版，忠实记录国家电网在南美推介特高压技术和标准、服务"一带一路"建设的故事。作品在"电网头条"客

户端连载 9 期。

▲促进文化交流

跟进国家电网与"一带一路"沿线国家电力领域工作、文化、管理交流等，报道国家电网国际业务单位在所在地开展疫情防控、保障电力供应、建设工程的故事。

案例：2020 年 5 月 27 日，"电网头条"客户端发布《一首歌：当巴西贫民窟的孩子邂逅〈茉莉花〉》多媒体作品，讲述国家电网国际业务单位帮助当地贫困儿童、促进文化交流等工作。

三、阵地建设责任

（一）融媒体矩阵

集中力量建设以"电网头条"客户端、微博、微信、微视频为旗舰的新媒体阵地，以传播效果为导向再造生产流程，培养具备全媒体思维、掌握全媒体技术的新闻队伍。

（二）融媒体报道

推进融合发展，在"电网头条"客户端开设"追光""故事绘"等原创栏目，在报纸开展二次传播；成立"追光有新番"融媒体柔性团队，围绕新闻热点创作系列动画视频。

2020 年，"电网头条""一端三微"622 篇作品被主流新媒体转载超 700 条次。客户端累计下载量超 100 万次，2020 年总阅读量超 1.5 亿次；微信公众号粉丝量突破 200 万，总阅读量超 7000 万次；微博总阅读量超 1.3 亿次；抖音、快手号总阅读量 36.8 亿次，66 条作品阅读量超千万次、3 条过亿次；学习强国号发稿近 3000 篇，38 篇作品被推荐至首页。

（三）融合采编平台建设

持续推进全媒体新闻平台（"中央厨房"）建设，重点建设以"电网头条"客户端为旗舰的传播平台、融媒体技术平台和媒体大数据中心并应用。

四、服务责任

（一）信息服务

▲政策信息服务

第一时间转载党中央重要决策部署稿件，立足行业趋势解读能源电力相关政策，为读者搭建信息交流平台。

▲生活信息服务

报道国家电网公司致力优化电力营商环境、服务保障民生改善、承担社会责任等举措，多平台发布文稿、漫画、小视频等，提供用电信息服务，引导公众科学、安全用电。

（二）社会服务

▲公共服务平台

向社会提供媒体服务，及时提供社会和大众关心的信息。组建了政治素质、业务素质过硬的共产党员服务队，开展突发情况下的新闻应急报道和释疑、科普等报道。

▲公共智库服务

刊发专家观点，报道电力服务抗击疫情、复工复产和"六稳""六保"。全国

"坚决打赢疫情防控攻坚战"特刊公益广告

节约粮食公益广告

两会期间推出"代表委员履职故事"栏目。"电网头条"客户端推出"视听两会"专题。

（三）公益活动

▲刊播公益广告

结合新闻热点和电网行业特点，策划刊发原创公益广告。

▲组织慈善募捐

2020 年 3 月，响应党中央号召，组织抗击疫情捐款。

▲助推乡村振兴

发挥行业媒体作用助力消费扶贫，并组织职工购买扶贫农产品。

案例：2020 年 11 月 11 日，"电网头条"微信公众号结合"双 11"推出宣传扶贫产品合集，助力扶贫产品销售。

五、人文关怀责任

（一）民生报道

▲关注就业、医疗、教育、养老等民生内容

关注脱贫攻坚、乡村振兴、服务"六稳""六保"等重大选题，深入挖掘基层一线故事，丰富"乡村振兴　电力先行"等栏目内容，在副刊刊发"电力扶贫故

事"系列报告文学，反映农村地区电力基础设施支撑产业发展和乡村振兴。

案例：2020 年 5 月 15 日，国家电网报 5 版刊发"电力扶贫故事"《喀依尔特村的春天》，讲述来自新疆阿勒泰供电公司的驻村第一书记李德昌的扶贫经历和村民的脱贫奋斗历程。

▲**反映少数民族、妇女、儿童、老年人、残疾人等意见呼声**

报道供电员工支教助学、公益服务、见义勇为、敬老爱幼等方面事迹。

案例：2020 年 9 月 18 日，国家电网报 6 版"暖流"栏目报道国网四川电力在脱贫攻坚中帮助少数民族同胞脱贫增收的故事。

（二）灾难和事故报道

在灾难和事故报道中，记者深入现场报道应急抢险、居民生活及灾后重建用电情况，尊重报道对象感受，坚决维护其隐私与合法权益。

（三）以人为本

国家电网报坚持以人为本，传递正确的价值观，讲述"有温度的故事"，宣扬真善美，以细节和故事引发读者情感共鸣。

六、文化责任

（一）弘扬践行社会主义核心价值观

▲正党风、淳民风、扬家风、树新风

刊发全国抗击新冠肺炎疫情先进个人、先进集体，全国劳动模范，全国五一劳动奖章获得者事迹，开设专栏持续报道国家电网共产党员服务队在基层一线的典型团队和事迹，挖掘工作创新点和闪光点，倡导广大干部员工向榜样学习。

案例：2020 年 11 月 27 日，国家电网报 1 版开设"大力弘扬劳模精神劳动精神工匠精神"栏目，第一篇报道 2020 年全国"最美职工"胡洪炜。

▲宣传中国梦

弘扬践行社会主义核心价值观，紧扣社会热点话题刊发综述、制作新媒体作品，展现电力服务经济社会发展取得的成就，为实现中华民族伟大复兴中国梦作出贡献。

（二）传承繁荣中华优秀传统文化

▲弘扬中华优秀传统文化

副刊《亮周刊》弘扬优秀传统文化，刊发多种体裁的文学作品，展现各地山川风貌、历史人文故事，在传统节日推出特刊，刊发职工书画、剪纸、篆刻等作品，传承中华优秀文化和精神内涵。

案例：2020 年 1 月 24 日，国家电网报春节特刊 8 版刊登员工的书画剪纸等作品。

▲推动文化创新发展

承担中国电力作家协会秘书处工作，2020 年编辑出版协会会刊文学双月刊《脊梁》6 期，内容 90% 以上是电力题材原创作品。

增强版面视觉冲击力，策划主题摄影专版，创新报纸视觉表达。

案例：2020 年 8 月 21 日，国家电网报 8 版刊发主题组图，展现盛夏时节供电员工加紧电网建设，开展抢修保供电的真实现场。

（三）推动提升科学素养

▲报道科技创新、文教事业发展最新成就等

聚焦能源电力转型发展，展示我国电力行业科学发展成就，推出国家电网获国家科技进步奖项目报道和"推动'新跨越行动计划'落地落实"栏目。

▲普及科学知识

报道爱线护鸟、绿色施工，宣传生态保护；电网头条微信公众号从读者生产生活中的用电"小事"着手，讲解便捷购电、节约用电、安全用电等知识和电力相关政策法规。

案例：2020 年 6 月 5 日，国家电网报 6 版报道黑龙江大庆供电公司爱鸟护线的故事。

七、安全责任

（一）如实报告安全刊播情况

2020 年，国家电网报严格落实"三审三校"制度，每月通报质量检查情况并认真考核，未发生原则性错误和重大工作质量问题。

（二）完善安全刊播制度

提升全员阵地意识，制订采编流程控制和奖惩制度，加强关键环节质量管理，提高队伍素质；落实网络安全法律法规，开展模拟演练，全面提高网络安全管理能力。

（三）建立应急预案等

组建新闻应急报道队伍，制订新闻应急处理流程及方法，在突发事件发生后 1小时内、自然灾害发生后 30 分钟内派出记者赴现场，调动记者站配合开展报道。

八、道德责任

（一）遵守职业规范

2020 年，报社与全体新闻采编人员签订《廉洁从业责任承诺书》，承诺始终坚持新闻真实性，杜绝有偿新闻、假新闻，畅通反映渠道，监督执业行为。

报社持续开展采编人员培训，强化理论素养、职业精神和专业素质，引导采编人员参与媒体融合，强化全业务链知识产权保护意识。

（二）维护社会公德

坚持正确政治方向、舆论导向、价值取向，加强对榜样人物、集体的报道，挖掘基层一线鲜活故事。采编人员自觉遵守相关法律规定，维护公序良俗，弘扬社会正气。

（三）接受社会监督

▲采访出示新闻记者证

严格采编人员和证件管理，人证一致上岗。记者执行采访任务过程中按规定出示新闻记者证，遵守新闻职业道德和纪律。

▲接受群众举报投诉

开通有效监督渠道，自觉接受社会监督，及时回应、答复公众举报投诉，重要投诉及时向上级有关部门汇报。监督电话：010-63412459。监督邮箱：jiang-fan@sgcc.com.cn。

九、保障权益责任

（一）保障从业人员合法权益

▲支持保护正常采编行为

严格落实有关管理规定，支持保护正常采编行为，同时加强队伍自律。

▲为受到侵害的采编人员进行申诉

维护新闻记者合法权益，及时申诉封锁消息、隐瞒事实、干扰甚至打击记者采访的行为，保护、声援受侵害采编人员。

（二）保障从业人员薪酬福利

▲依法签署劳动合同

坚持公平公正、依法用工，采取多种措施保障职工权益，依法签署劳动合同。

▲支付薪酬、缴纳"五险一金"

提供符合国家规定的薪酬待遇及"五险一金"、补充医疗保险等，帮助家庭困难职工；提供必要差旅补助，应用国网商旅云 App 管理出差，大幅减少记者垫付资金。

▲保障休假休息权利等

完善企业文化展厅、职工健身场所，组织文娱体育活动；落实法定假期和年假、产假、哺乳假等；提供员工年度体检。成立工会组织，建立职工代表大会制度，公开选举职工代表，及时答复提案。

（三）规范新闻记者证管理

国家电网报履行新闻记者证申请、发放、使用和管理责任，为符合条件的新闻采编人员申办新闻记者证，不向非采编岗位、兼职撰稿等人员发放记者证，及时收回离职、退休人员记者证，办理注销手续。

（四）开展员工教育培训

每月组织线上、线下的采编基础、报纸讲评、新媒体策划及运营等方面培训。

十、合法经营责任

（一）遵守法律法规和有关规定

严格遵守执行新闻出版法律法规、稿酬支付规定等，加强监督审计。

（二）严格做到采编与经营"两分开"

规范发行、广告等经营行为，坚持采编与经营"两分开"，广告经营活动由报社非采编部门开展。

（三）不刊播违法违规广告

严格落实广告刊发相关规定，加强专职人员培训，健全广告审查、请示报告制度，新闻版面负责人付印前审核随版面广告，2020 年未出现违法违规广告。

十一、后记

（一）回应

2020 年，国家电网报深耕品牌价值，内容创作上融入互联网思维，注重社会化表达，1 项作品获第三十届中国新闻奖三等奖。

持续完善"中央厨房"机制，跨部门开展重大选题报道，在实践中锻炼人才，生产优质原创全媒体作品。

开设更多新媒体原创栏目，组织柔性团队，打造具有电网特色的 IP，提升品牌知名度。

（二）不足

1. 新媒体覆盖面、影响力还需进一步提升。客户端专栏积极开展内容建设和运营创新，但在影响力上仍有差距。

2. 全媒体人才队伍不完全满足深化媒体融合要求。

3. 媒体融合发展还不成熟，一次采访、多元传播模式还需优化。

（三）改进

1. 激励更多员工参与柔性团队和原创作品创作，探索创作"四力"更强的全媒体作品。

2. 开展更有针对性的培训，增强员工互联网思维和"脚力、眼力、脑力、笔力"。

3. 优化全媒体生产流程和机制，发挥国家电网报各平台特点，协同组织新闻生产。

《人民铁道》报业有限公司

社会责任报告

一、前言

（一）媒体概况

由中国国家铁路集团有限公司主管、《人民铁道》报业有限公司（以下简称报业公司）主办的《人民铁道》报创刊于1949年5月1日，由毛泽东同志题写报头，2020年日发行量达35万份。报业公司设18个驻地记者站，运维《人民铁道》报、"人民铁道"微信公众号、"中国铁路"微信公众号、"人民铁道"视频、人民铁道网、《报林》杂志等17个平台，各类平台关注量累计接近3900万。

《人民铁道》报业有限公司媒体品牌

（二）社会责任理念

始终坚持正确政治方向、舆论导向、价值取向，践行以人民为中心的发展理念，服务党和国家工作大局，自觉承担企业社会责任，着力繁荣铁路新闻文化事业、发展铁路文化产业，为推动铁路高质量发展提供舆论保障和文化支撑。

（三）获奖情况

1件作品获第三十届中国人大新闻奖。"人民铁道"微信公众号、"中国铁路"

微信公众号获评国家新闻出版署 2020 年中国报业深度融合发展创新案例。

二、政治责任

报业公司坚持以习近平新时代中国特色社会主义思想为指导，增强"四个意识"、坚定"四个自信"、做到"两个维护"，坚持党管媒体，守好意识形态主阵地。

（一）政治方向

发挥全媒体平台优势，守正创新做好重大会议、重要活动、重点部署、重大主题

2020 年 5 月 26 日 3 版

2020 年 7 月 3 日 1 版 "走向我们的小康生活" 栏目

2020 年 8 月 19 日 2—3 版

2020 年 10 月 1 日号外 2—3 版

2020 年 11 月 10 日 3 版

2020 年 11 月 20 日 2 版

报道。做好党的十九届五中全会、全国两会等重大会议的及时转发报道，坚持新闻宣传报道为全党全国全路工作大局服务。做好决战脱贫攻坚、决胜全面建成小康社会、打赢疫情防控阻击战、纪念中国人民志愿军抗美援朝出国作战 70 周年、京雄城际铁路全线开通运营、"坐着高铁看中国"等重大主题正面宣传，展示铁路发展新成就。

（二）舆论引导

聚焦热点，回应社会关切。坚持把准时度效，铁路调图、新线开通等社会关注热点的原创产品有力有效引导舆论。

紧贴受众需求，注重改进创新。报纸开设"码上看视频"栏目，让传统媒体与新媒体互动形式更加丰富多样。

"中国铁路"微信公众号 2020 年 2 月 3 日推送《疫情并不可怕，这首歌教你如何防它》

（三）舆论监督

积极开展舆论监督报道。主动发声，刊发影响安全的事件及调查情况，报道铁路沿线环境整治进展。利用评论发声，对不文明乘车等行为进行曝光披露，抑恶扬善。

利用法治版、"记者调查"栏目等科学准确地展示事件、还原真相。对于重车压梁等铁路热点问题给予科普性报道。在抗击新冠肺炎疫情期间，派驻记者深入湖北武汉、孝感等地及时展现铁路疫情防控工作。

（四）对外传播

主动加强对外宣介，通过对中欧班列、中国高铁的宣传报道，更好地推动中国铁路文化走出去，传播中国声音。

"中国铁路"抖音号 2020 年 1 月 13 日产品《外国旅客在高铁上拍个不停，原来是为了等这个镜头！》播放量达 2200 多万次

三、阵地建设责任

报业公司致力于推动"四全"媒体建设，积极发挥铁路行业主流媒体示范引领作用，推进媒体深度融合发展，牢牢站稳新闻舆论阵地。

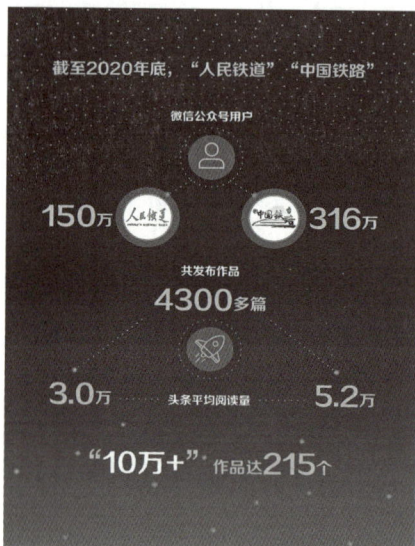

（一）融媒体矩阵

集中力量建设以"人民铁道"微信公众号、"中国铁路"微信公众号为旗舰的新媒体阵地，将优势生产资源向移动端集中，打造全方位、多层次、共发声的融媒体矩阵。

持续提升铁路新媒体平台信息生产和服务能力，统筹协调 18 个铁路局集团公司融媒体中心和上千个运输企业站段融媒体工作室，坚持整体策划、联动合作，形成铁路媒体矩阵合力。

（二）融媒体报道

推出一批有关新线新车、出行攻略、防疫知识、服务指南的高质量原创融媒产品，开设多个图文、漫画、音频、微电影栏目。2020 年，共有 7 个产品传播量超过 2000 万次，4 个产品及话题阅读量过亿次，近 300 个融媒体作品被人民日报、新华社、央

坐着高铁看中国

视新闻等中央媒体转发。

（三）融合采编平台建设

大力推进全媒体采编平台建设，致力于覆盖国铁集团所有企业的全媒体技术支撑平台的统筹和建设。人民铁道"中央厨房"一期效果凸显，推动"策采编发评"流程更新，促进全媒体联动，二期正在加紧建设，移动优先、统筹发展、各具特色的媒体格局正在形成。

四、服务责任

报业公司坚持以用户需求为导向，持续履行公共服务责任，按照内容品质化、产品多元化、服务精准化的理念，不断提升服务大局、服务群众能力。

（一）信息服务

搭建信息交流平台，传递行业信息，准确解读政策信息，推送购票出行、新线开通等信息，服务旅客、货主和铁路广大干部职工。

"中国铁路"微信公众号2020年11月25日推送文章《哪些行为应纳入高铁"静音车厢"约定？等你来投票！》

"人民铁道"微信公众号2020年2月4日推送文章《一定要看！在岗铁路职工如何防病｜送给@铁路人的健康卡》

（二）社会服务

及时发布电子客票、老年旅客出行服务等与群众生活紧密相关的实用信息，解疑释惑，方便出行。

（三）公益活动

倡导公益精神，延续优良传统，通过各平台发布公益广告，把社会主义核心价值观融入其中。积极弘扬优秀传统文化、宣传动车组禁烟、拒绝餐饮浪费等，仅站车视频就转发公益广告 48 部，自制公益广告 13 部。

2020 年，报业公司为湖北武汉抗击新冠肺炎疫情捐款数万元，牵头与多个部门、单位联合开展"铁路春运送万福"书法公益活动，获得社会广泛好评。优先采购铁路定点扶贫地区产品，助力脱贫攻坚事业。

公益广告

"人民铁道"视频制作播出《平安高铁　让爱回家》公益宣传片

五、人文关怀责任

报业公司聚焦疫情防控、脱贫攻坚、防洪防汛等重点热点选题，推出大量有态度、有温度的精品力作，凝聚了交通强国、铁路先行的强大精神力量，展现铁路媒体责任与担当，传递正能量。

（一）民生报道

持续关注并积极解答职工群众关心的就医、养老、作业环境改善等民生方面的问题，提升职工群众获得感、幸福感、安全感；通过对电子客票、车站畅通工程等一系列便民利民服务举措的持续报道，彰显铁路服务民生、满足群众出行需求的社会担当；对全路 81 对公益性"慢火车"进行全方位立体化报道，生动讲好铁路助力脱贫攻坚的故事。

2020 年 9 月 1 日 1 版

（二）灾难和事故报道

持续做好疫情防控报道，及时宣传站车疫情防控举措，深入报道抗疫先进典型和感人事迹，坚定干部职工坚决打赢疫情防控阻击战的信心和决心。防洪抗汛报道突出科学务实的防洪思想，报道客观准确、指导性强。

2020 年 7 月 17 日 3 版

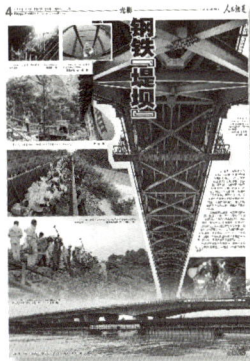

2020 年 7 月 20 日 4 版

2020 年 2 月 4 日 2—3 版

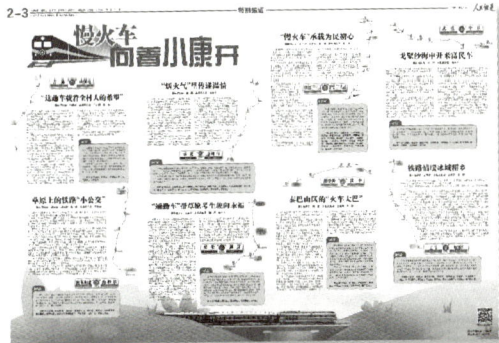

2020 年 9 月 2 日 2—3 版

（三）以人为本

报业公司采编队伍认真锤炼"四力"，镜头对准一线，版面留给基层，深入开展"新春走基层""慢火车向着小康开"等采访活动，反映中国铁路的历史发展成就，彰显"人民铁路为人民"的初心使命。

六、文化责任

报业公司认真履行媒体文化责任，拿出重要版面、推出专栏专题，唱响时代主旋律。加大铁路系统文化宣传报道力度，自觉承担起文化传承职责。

（一）弘扬践行社会主义核心价值观

2020 年 10 月 24 日 2—3 版

持续深入讲好新时代铁路榜样、最美铁路人、抗疫防洪先进典型的故事，大力弘扬劳模精神、劳动精神、工匠精神；通过对铁路文明单位、"我喜爱的好书"读书活动、红色经典展演等活动的报道，全方位、多角度宣传社会主义精神文明建设成果，深化对"中国梦"内涵和本质的认识。

（二）传承繁荣中华优秀传统文化

积极推进铁路文化建设，推出一批"铁"字号文化精品，增强了铁路文化的感染力、影响力。以《汽笛》副刊和《假日列车》周末版为阵地，刊发诗歌、散文等作品；在人民铁道网开辟"网上铁博"栏目，创新讲好铁路文博故事；整合社会资源，以"燃情文创·拥抱小康"为主题开展文创大赛，推动文化产业创新发展。

2020 年 12 月 13 日 1 版

（三）推动提升科学素养

加大铁路科技创新报道力度，积极宣传最新科技成果在智能铁路、工务维修、装备制造、防洪减灾等方面的运用情况，集中展示科技创新在推动铁路高质量发展中的重要作用。深入报道铁路科普日、铁道大讲堂等活动，普及科学知识，弘扬科学精神。

2020 年 9 月 23 日 1 版

七、安全责任

报业公司通过制定规章制度、组织培训教育、日常提示提醒等多种方式，增强新闻采编人员和审核把关人员的安全意识、底线思维。持续优化新闻生产管理，严格履行安全刊播责任，确保刊播绝对安全。

加强安全刊播日常管理，如实报告安全刊播情况。2020 年，未发生原则性错误和重大工作质量问题，未发生刊播事故。印刷、刊播等质量达到有关法规和标准规定的合格要求。2020 年，《人民铁道》报被中国报业协会印刷工作委员会评为年度印刷质量"精品级报纸"。

完善安全刊播制度，严格贯彻落实"三审三校"制度。坚持"一个标准、一把尺子、一条底线"原则，加大各平台考核力度，完善采编体制机制，升级编委会工作配套制度，确保各环节安全有序。

建立网络安全应急预案，维护安全生产网络环境。优化网信工作体制机制，开展网络安全攻防演练，完善网络安全信息员制度，全面提高企业网络安全管理能力，为全媒体平台安全稳定运维提供强力技术保障。

八、道德责任

报业公司全体采编人员始终牢牢坚持马克思主义新闻观，严格遵守《中国新闻工作者职业道德准则》，自觉抵制不正之风，维护社会公序良俗，恪守职业道德。

（一）遵守职业规范

坚持新闻真实性原则。真实客观地做好报道，不刊播虚假失实新闻。严格执行《新闻从业人员"十不准"》，实行采编经营"两分开"，杜绝有偿新闻、有偿不闻、新闻敲诈行为。抵制低俗庸俗媚俗内容。完善"三审三校"制度，杜绝刊播不良信息。

尊重原创保护版权。增强采编人员版权意识，鼓励、尊重原创，维护原创产品合法权益，转载其他媒体作品时规范标注来源和署名。

（二）维护社会公德

弘扬社会正气，讴歌美好心灵。坚持正面宣传，加大"新时代·铁路榜样"和"最美铁路人"宣传力度，报道抗击疫情、防汛救灾中的铁路先进集体和个人，报道铁路扶贫干部的感人故事，推出"文明单位巡礼"栏目，宣传铁路系统"全国文明单位"的好做法，用向上向善的力量鼓舞人心。

（三）接受社会监督

严格遵守新闻采访规范，要求记者采访时主动出示新闻记者证。通过公布邮箱、电话、微信和微博等方式，畅通群众诉求渠道，接受群众举报投诉，并及时予以回应。

九、保障权益责任

报业公司严格遵守各项法律法规，切实维护新闻从业人员各项权益，保障员工薪酬福利。搭建良好发展平台，激发员工干事创业的积极性、主动性、创造性。

（一）保障从业人员合法权益

精心制定企业发展规划，实现企业发展与个人成才的有机统一。全力支持、保护正常采编行为，2020 年，没有员工因正常采编工作受到侵害的情况发生。

（二）保障从业人员薪酬福利

修订《劳动合同管理办法》《薪酬管理办法》等，优化以绩效工资为主体的薪酬体系。依法签署劳动合同，按时足额支付劳动报酬，在依法缴纳"五险一金"的基础上完善补充医疗保险报销和企业年金制度。本着"应休尽休"的原则，保障从业人员各类休息休假权利。

（三）规范新闻记者证管理

根据国家相关要求，制定报业公司《新闻记者证管理若干规定》《记者站管理办法》等制度办法，为符合条件的采编人员、驻地记者及时申领新闻记者证，在加强证件管理的同时实现管人员、管行为，及时收回离职、退休等采编人员的新闻记者证。

（四）开展员工教育培训

围绕强化政治素质、提升业务技能组织开展各类培训，制定并实施报业公司培训轮岗暂行办法，适应媒体融合形势培养全媒型、专家型人才。持续办好"新闻大讲堂"，邀请专家学者、业界大咖等授课。有序组织走基层采访调研活动，为员工创造更多锤炼"四力"的机会。

十、合法经营责任

报业公司严格遵守国家相关法律法规，履行合法经营责任，防范经营风险，完善内控机制，不断提升经营管理规范化水平，经营行为合法规范、社会反响良好。

遵守法律法规和有关规定。遵守法律以及网信、新闻出版、广播电视等行政管理部门发布的规章条例、规范性文件。坚持围绕中心、服务大局，在法律法规允许范围内开展经营。

严格做到采编与经营"两分开"。进一步明确采编与经营岗位的职能定位，通过制度办法形成刚性约束，禁止采编人员参加经营活动，杜绝经营人员参与或干预报道工作。强化驻地记者站管理，依法规范新闻采编活动，不向各驻地记者站下达经营指标和任务、收取管理费用。

不刊播违法违规广告。严格按照广告法要求刊播广告，强化导向、严格把关，杜绝虚假、违法违规广告。坚持社会效益第一，按要求做好公益广告刊播，履行国企责任和义务。

十一、后记

2020 年，报业公司认真履行政治责任、阵地建设责任、服务责任、人文关怀责任等媒体肩负的社会责任，切实做到守土有责、守土担责、守土尽责，牢牢守住意识形态主阵地，在服务党和国家大局、服务人民群众、服务铁路高质量发展等方面发挥了重要作用，展现出铁路主流媒体的作为和风采。

（一）回应

针对 2019 年媒体社会责任报告中提出的不足，报业公司采取多项措施加以改进。

一是创新疫情防控、脱贫攻坚、全国两会、铁路春运等重大主题报道方式，通过打造"网上铁博"、在"学习强国"学习平台直播最美铁路人先进事迹报告会、组织抖音平台"慢火车"直播等，进一步提升铁路新闻作品传播力、影响力。

二是坚持一体化发展催化融合质变，全媒体报道效果得以彰显。"中央厨房"二期建设加速推进，着力延伸服务触角，拓展"1+18+N"铁路三级融媒体矩阵的覆盖范围。

三是延续优良传统，弘扬公益精神，通过报纸、站车视频等平台发布公益广告；大力支持脱贫攻坚事业，优先采购铁路定点扶贫地区产品；为湖北武汉抗击新冠肺炎疫情捐款数万元，积极参与"铁路春运送万福"书法公益活动。

四是聚焦人才队伍建设，充分运用"1+18+N"铁路三级融媒体、"新闻大讲堂"、轮岗等方式，加大教育培训力度，着重培养懂理论、懂业务、懂技术、懂管理的复合型人才，提升采编人员全媒体报道能力和素养。

（二）不足

一是新闻宣传质量仍需提升，原创精品还不够多，新闻产品的行业特色和专业深度还不够突出。

二是推动媒体融合发展方面还需持续发力，全平台深度融合的流程、机制还有待完善。

三是专业人才储备和培养力度需进一步加大，铁路人才库的能量有待持续挖掘释放。

（三）改进

2021 年，报业公司将进一步巩固壮大主流思想舆论阵地，提高履行媒体社会责任的能力和水平。

坚决做到"两个维护"

始终坚持以习近平新时代中国特色社会主义思想为指引，持续强化马克思主义新闻观教育，用推进媒体深度融合发展的实际行动践行"两个维护"。

持续做好重大主题宣传

立足建党百年这一主题主线，在党史学习教育、国家"十四五"规划、铁路"四补"经营策略等重大主题报道中，创新运用先进融媒手段、生动讲好铁路精彩故事。

推进媒体深度融合发展

加快建设人民铁道"中央厨房"二期，加强各业态资源整合和优势资源配置，充分发挥"人民铁道"在铁路三级融媒体矩阵中的示范引领作用。

培养全媒型人才队伍

通过培训方式创新、薪酬体制改革等，提升教育培训效果，为更好履行媒体社会责任夯实人才基础。

中国石化报

社会责任报告

一、前言

（一）媒体概况

中国石化报社创办于 1988 年 3 月，是中国石油化工集团有限公司直属事业单位。33 年的守正创新、砥砺奋进，已从最初的一张中国石化报发展到现在集报、刊、台、网、屏于一体的综合性新闻传播机构，在全国 26 个省（区、市）设 26 家记者站。

中国石化报由中国石油化工集团有限公司主管主办，1988 年 7 月 1 日正式创刊，是中国石化党组机关报，也是行业经济报。目前，中国石化报为周五刊，每期 8 版（周三 4 版）。1—4 版设要闻版、管理·法治版、党建·人才版、安全·环保版、员工·文化版、科技·发展版和生活广角、纪实报道、文学天地、人物写真等副刊，开设"经济走笔""石化语丝""读书新知"等特色栏目。5—8 版设油气周刊、炼化周刊、营销周刊、环球周刊。

（二）社会责任理念

报社坚持以习近平新时代中国特色社会主义思想和党的十九大精神为指导，牢记举旗帜、聚民心、育新人、兴文化、展形象的使命任务，坚持党管媒体原则、政治家办报原则，坚持以正面宣传为主的方针，紧紧围绕中国石化党组决策部署和"各项工作站排头、争第一"要求，坚持"在岗在位在状态、用心用情用才华、出新出彩出精品"理念，做强主阵地，挺进主战场，用好主渠道，聚力提升"精准报道、精彩呈现、融合传播、价值服务"水平，更好发挥"内聚人心增信心、外树形象展风采"作用，为中国石化打造世界领先企业提供有价值、有影响的新闻宣传服务。

（三）获奖情况

报社荣获中国石油化工集团有限公司"脱贫攻坚先进集体""宣传思想工作先进单位""'七五'普法先进单位"等称号；报社媒体融合报道组荣获中国石油化工集团有限公司"抗击新冠肺炎疫情先进集体"称号。一批个人和作品获中国记协、中国报协奖励。

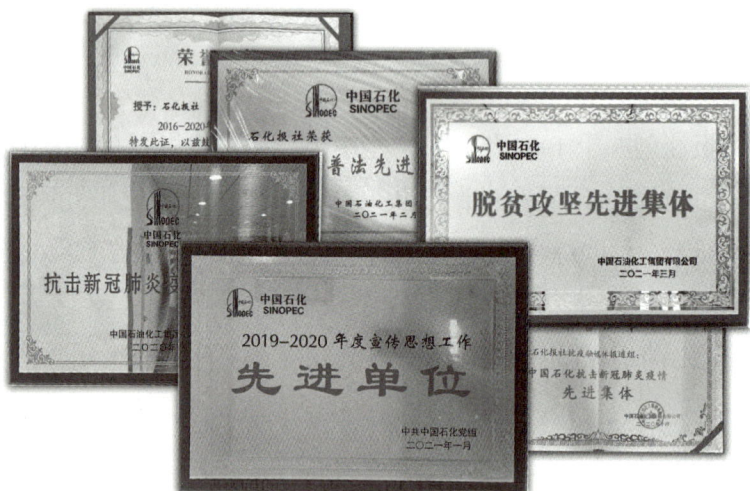

二、政治责任

（一）政治方向

1. 全力做好习近平新时代中国特色社会主义思想的宣传。2020年，中国石化报第一时间头条刊发习近平总书记在党的十九届五中全会、"不忘初心、牢记使命"主题教育总结大会等会议上的重要讲话精神83篇；第一时间报道中国石化党组学

习习近平总书记重要讲话和指示批示精神，以及贯彻落实党的十九届四中、五中全
会精神专题学习会，党组重要会议，领导到基层调研等 382 篇。

2. 全力做好重大主题宣传报道。

案例 1：及时准确把中国石化贯彻习近平总
书记重要指示精神、坚决打赢疫情防控阻击战工
作宣传好。

案例 2：重点做好全国两会精神的新闻宣传。

案例 3：重点做好助力脱贫攻坚的新闻宣传。
策划中国石化集团 8 个定点扶贫县"一县一版"
系列报道，刊发助力甘肃东乡脱贫攻坚特别报道，
创意推出纪实片《我眼中的东乡》（中英文版），
制作《点亮！一个深度贫困地区的巨变》等 16 个
融媒体作品，出版《走向我们的小康生活——中
国石化扶贫新闻作品精选》一书，展示党的十八
大以来中国石化集团扶贫亮点。

（二）舆论引导

1. 引导社会热点。特别就石化行业热点、能源转型发展等问题，加强议题设置，正确引导舆论，回应社会关切。

案例：中国石化启动碳排放达峰和碳中和战略研究、推动氢能开发利用，保障国家能源安全。

2. 注重改进创新。理念上，明确纸媒做精、新媒做强、融合有道、传播有效，开门办报，走好互联网时代的群众路线；内容上，主流内容创新表达、主题报道视觉化表达；机制上，原来每天召开的编前会改为全媒体"策采编制"创意交流会，使项目制成为常态；传播上，新创办的石化 V 视、"周油列国"微信公众号与石化报微信公众号、石化新闻客户端等平台、其他媒体形成报、刊、台、网、屏融合传播合力。

案例：抗击新冠肺炎疫情的特殊时期，报社融媒体报道"有速度、有视角、有温度、有力度"。

（三）舆论监督

案例：针对新能源汽车、油价暴跌等热点问题，及时组织记者采访，还原真相、澄清谬误。

（四）对外传播

1.讲好中国故事，传播好中国声音。

案例：讲述中国石化海外故事。报道部分国家实施"带疫解封"政策，因疫情滞留国内的海外项目员工第一时间返岗。

2.促进文化交流。

案例：中国石化在"一带一路"拉美延伸带，报社推出图文专题《扩大能源合

作"朋友圈" 携手构建命运共同体》，该案例在中国企业海外形象高峰论坛上被评为"跨文化融合类"优秀案例，入选 2020 年度"十大优秀案例"。

三、阵地建设责任

（一）融媒体矩阵

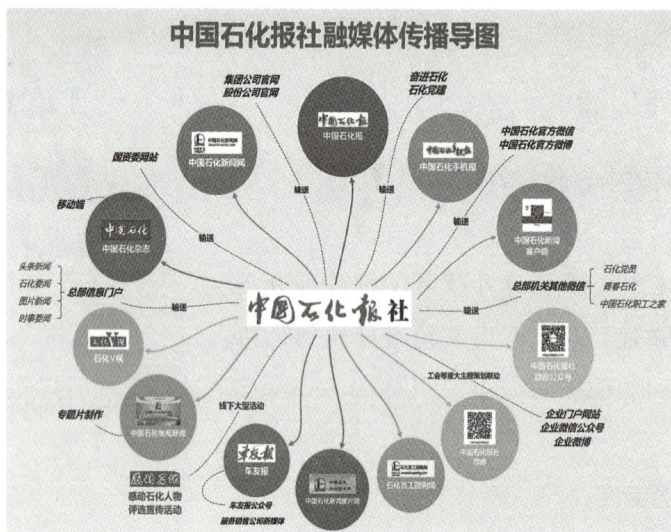

中国石化报社融媒体传播导图

（二）融媒体报道

案例 1：报社策划"新春走基层"全媒体采访报道。《脱贫攻坚一线见闻在路上｜我想说系列》在"今日头条"App 实时首发，收获数万推荐量。

案例 2：2020 年 3 月，中国石化集团开展百日攻坚创效行动和持续攻坚创效行动，推进复工复产。

（三）融媒体采编平台建设

报社 2015 年立项建设中国石化报社媒体数字化平台项目，2019 年，不断完善的媒体数字化平台荣获国家新闻科技最高奖项——王选新闻科学技术一等奖。目前，正加快打造央企领先的中国石化融媒体中心。

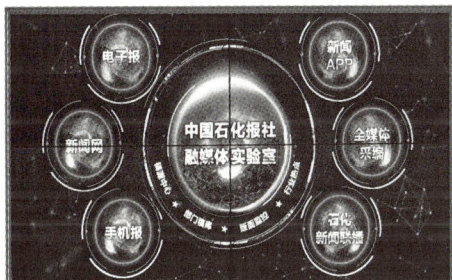

四、服务责任

（一）信息服务

1. 政策信息服务。报社通过网站、微博、微信、客户端等发布政务信息 528

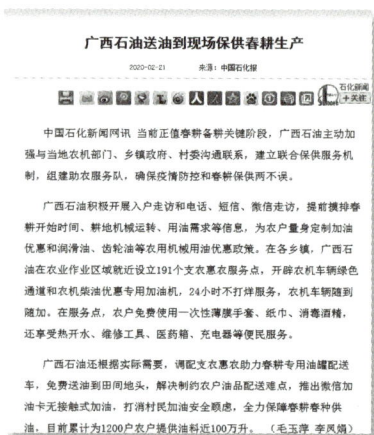

条，主要覆盖全国两会精神宣讲、党的十九届五中全会精神宣传贯彻等方面。

2. 生活信息服务。全年发布助力春耕、夏种、秋收、防汛防雨、职业健康培训等惠农利农信息586条。

（二）社会服务

1. 公共服务平台。组织共产党员成立青年志愿者服务队，全力做好新闻宣传实践中的政治服务、新闻应急服务、文化服务、冬奥服务、支援服务。

2. 公共智库平台。聚焦能源领域重大主题，报道中国页岩气发展大会等能源论坛，编发《探秘页岩油气》《中国页岩气发展迎来 2.0 时代》。推出"新能源、新材料、新经济"系列报道，部分案例被清华大学作为讲义采用。

（三）公益活动

1. 刊播公益广告。全年推出走向我们的小康生活、助力脱贫攻坚、节约粮食等公益广告 22 篇。

2. 组织慈善募捐。全年发布慈善募捐消息 95 条，涵盖捐资助学、捐衣助人、慈善捐助等多个方面。

3. 助推脱贫攻坚和乡村振兴。刊发报道 100 余篇，融媒体原创作品 68 个。

五、人文关怀责任

（一）民生报道

1. 报道就业、医疗、教育、养老等民生内容。全年发布民生类稿件 880 余篇，刊发抗疫情助民生类稿件 6184 篇。

2. 反映少数民族、妇女、儿童、老年人、残疾人等意见呼声。在新闻报道中，注重挖掘学雷锋、敬老助残、扶贫济困、心理咨询、支教助学等温情暖心故事。

（二）灾难和事故报道

报道台风、抗洪、山火等灾难事故类 1000 余篇。

（三）以人为本

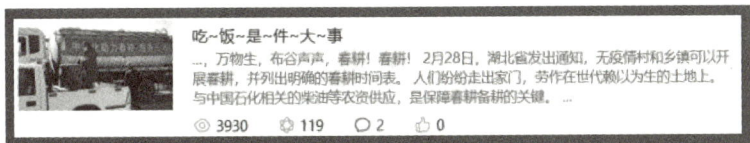

春耕时节，推出《吃~饭~是~件~大~事》

六、文化责任

（一）弘扬践行社会主义核心价值观

正党风突出"严"　　　扬家风突出"暖"　　　　树新风突出"正"

（二）传承繁荣中华优秀传统文化

弘扬中华优秀传统文化。在传统
节日推出专题报道

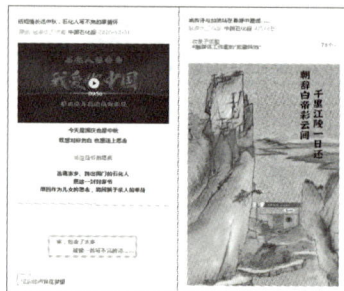

推动文化创新发展，传统文化＋
企业形象宣传"融"

（三）推动提升科学素养

紧紧围绕中国石化打造技术先导型公司，积极为我国加快建设科技强国作贡献的主题主线，做好报道。

报道科技创新、文教事业发展最新成就。开设《科技·发展》版推出《把技术牢牢掌握在自己手中》《创新工作室：培养人才解难题》《用创新释放"效率红利"》《工业互联网赋能石油石化》等 7 个专版报道。《中国石化报》（环球周刊）就中国电动汽车百人会发布《中国氢能产业发展报告 2020》。

普及科学知识，内容突出大众化

七、安全责任

（一）报告安全刊播情况

始终坚持把媒体质量安全放在首位。2020 年，报社认真落实"三审三校"制度，持续开展"我的岗位无差错"质量承诺活动，严抓新闻出版管理，全年未发生原则性错误和重大质量问题。

（二）完善安全刊播制度

报社有完善的安全刊播制度。报纸质量把关依据《关于报纸编校质量检查考核的有关规定》，专设质量检查小组；依据"三审三校"制度，严格运行"五审三评一会"机制，目标"零差错"。

新媒体集群严格执行《中国石化新闻网站集群内容管理规定》《中国石化新闻网站集群新闻信息发布审查制度》《中国石化新闻网站集群信息巡查制度》等，确保发布信息准确；根据重要程度，对新闻信息实行五级、四级、三级、二级审查；每天对网站内容进行巡查，确保网站内容安全。

（三）建立应急报道预案

报社严格落实各项制度规定，制定应急预案；实施 24 小时电话值班，可在紧急事件发生时，启动相应应急预案，及时派出本部记者或驻站记者进行采访，后方媒体紧密配合。

八、道德责任

（一）遵守职业规范

坚持政治家办报，严格落实党管媒体的原则，牢牢把握正确舆论导向。严格遵守《中国新闻工作者职业道德准则》，坚持新闻真实性，不刊播虚假失实新闻；坚决杜绝有偿新闻行为，严禁有偿新闻、有偿不闻、新闻敲诈；坚决抵制低俗庸俗媚俗内容，杜绝抄袭行为，尊重原创，保护版权。

（二）维护社会公德

报社采编行为规范、自觉抵制不正之风，维护社会公序良俗，社会反响良好。

（三）接受社会监督

开通监督渠道，自觉接受社会监督，及时回应社会公众举报、投诉，重要投诉及时向上级有关部门汇报。

九、保障权益责任

（一）保障从业人员合法权益

支持保护正常采编行为，维护采编人员依法采访权利，2020 年暂无采编人员申诉事件。

（二）保障从业人员薪酬福利

严格履行劳动法、劳动合同法，及时签订合同，缴纳社会保险、住房公积金，落实法定假期和各类带薪休假等。严格执行人社部、财政部关于工资改革系列政策及实施办法。不断优化新闻采编创优激励及惩罚办法、员工绩效考核办法，建立以价值创造为导向、激励约束并重的类别化、差异化、市场化分配制度，统筹用好专项激励、及时激励和中长期激励。

（三）规范新闻记者证管理

按规定为符合条件的采编人员及时申领新闻记者证，及时收回离职、退休等采编人员的新闻记者证。

（四）开展员工教育培训

2020 年，报社依托中国石化网络学院，开展学习党的十九届五中全会精神、新媒体及其意义、中国石化复杂气藏开发技术等课程的学习研讨，充分利用专家评报、周五课堂、编校质量竞赛、创意交流会等，加强新闻业务培训。

十、合法经营责任

（一）遵守法律法规和有关规定，依法依规经营管理

1. 严格依据民法典、著作权法、广告法和出版管理条例等国家法律法规，完成采编经营活动，2020 年度未出现违法违规情况。

2. 严格遵守国家新闻出版署、国家事业单位登记管理局等国家机关有关规定，依规进行记者站管理工作，记者证换发工作，按时完成事业单位法人证书及报纸、期刊年检等工作。

3. 严格遵守中国记协、中国行业报协会的相关规定，积极参加相关活动、培训等。

（二）严格做到采编与经营"两分开"

严格落实《中国石化报社媒体经营管理办法》，对广告从业人员和新闻采编人员进行严格区分，采编人员不得从事广告经营活动，严禁有偿新闻。明确规定驻企记者站不得从事与新闻采编业务无关的活动，不向记者站下达经营任务，不收取管理费用。

（三）不刊发违法违规广告

严格遵守广告法及《中国石化报社媒体经营管理办法》，加强广告审核人员学习培训，禁止播发或刊发涉及官方曝光的违法违规企业、产品及广告等，重要节点对播发广告进行拉网式排查，实现全年广告播发安全。

十一、后记

（一）回应

1. 突出政治引领。坚持深入学习贯彻习近平新时代中国特色社会主义思想。

2. 服务大事大局。疫情防控复工复产、助力脱贫攻坚、全员攻坚创效、党建引领等重点报道更加出新出彩。

3. 坚持融合创新。纸媒做精、新媒做强、融合有道、传播有效，主力军挺进主战场。

4. 着眼争先进位。报社党的建设与新闻主责主业融合更显活力动力。

（二）不足

1. 新闻媒体的影响力有待进一步拓展。

2. 媒体深度融合需加快步伐。

3. 全媒体人才队伍建设仍需加强。

（三）改进

1. 积极推进中国石化融媒体中心建设，坚持"移动化、视频化、社交化、智能化"发展方向，加快推进数字化转型赋能。

2. 着力打造融媒体传播精品，不断提升报社媒体的传播力、影响力。

3. 加强采编人员增强"四力"培训，着力培养全媒型记者。

中国交通报

社 会 责 任 报 告

一、前言

（一）媒体概况

中国交通报创办于 1984 年 11 月 7 日，由交通运输部主管、中国交通报社有限公司主办，是交通运输新闻舆论主渠道、主阵地，覆盖交通运输全领域，拥有报纸、新闻网、微信、微博、舆情、手机客户端、网络电视等全媒体矩阵。《中国交通报》每周一至周五出版，每期 8 版，全国发行。

（二）社会责任理念

中国交通报始终坚持植根行业、服务社会。积极发挥"专业、权威、引领、服务"功能，因应行业需求，搭建互动平台，传承交通文化，弘扬新时代交通精神，为加快建设交通强国营造良好氛围。

（三）获奖情况

报社获评 2020 中国经济媒体版权保护奖先进集体、2020 中国经济媒体"微信原创传播力指数"TOP10；报社采编中心获评中央和国家机关"三八红旗"集体；报社第一党支部获评交通运输部系统抗击新冠肺炎疫情先进集体、先进基层党组织称号。

2 件作品在第三十二届中国经济新闻大赛中分获二、三等奖；12 件作品在第三十四届中国产经新闻奖评选中获奖，其中 2 件作品获一等奖；2 件作品在"我家的故事——脱贫攻坚奔小康"短视频征集展示活动中获机构作品三等奖。

二、政治责任

以习近平新时代中国特色社会主义思想为指导，增强"四个意识"、坚定"四个自信"、做到"两个维护"，牢牢把握正确政治方向、舆论导向、价值取向，始终坚持党管宣传、党管意识形态、党管媒体。

（一）政治方向

高度重视导向把关，重大会议、重要活动、重点部署等重大主题宣传报道有力、制作精良、传播广泛、反响良好。

融媒体传播交通战"疫"最强音，纸媒增刊 23 期，新媒体实时更新。组织"小康路·交通情"重大主题宣传，开设"决胜小康　交通力量"等栏目。推出《"十三五"交通运输发展成就巡礼》。关注交通强国试点建设。围绕全国两会、脱贫攻坚、防汛救灾等做好报道。

2020 年 2 月 1 日 1 版

2020 年 10 月 27 日 6—7 版

2020 年 12 月 17 日 2—3 版　　　　　　2020 年 6 月 8 日 1 版

（二）舆论引导

1. 引导社会热点。聚焦社会热点，紧盯舆论动态，精心组织，主动创新，把握时度效，有力有效引导舆论。加强主动策划，及时准确回应社会关切；强化议程设置，全力支撑交通运输部新闻发布等工作。

2. 注重改进创新。紧贴受众新需求，创新优化报道理念、形式、内容、方法、手段等。"好生活在路上"融媒体宣传，邀请自媒体人等讲述交通故事，推出专题片、纪录片、明星助力短视频、交通扶贫日历

ETC车辆1月份高速公路通行费统一结算扣费

中国交通报 2020-02-10

点上方蓝字关注我们

全国高速公路联网收费系统正在加快转换磨合。根据取消高速公路省界收费站总体工作部署，近日，各地对ETC车辆1月份产生的高速公路通行费交易积压数据进行了集中处理，对前期通行且未结算的高速公路通行费统一进行扣费，形成了月结单。ETC客户将通过手机短信获知1月份扣费情况，也可以通过ETC服务小程序、公众号及APP等多种方式查询详细数据。

好生活在路上 | 幸福就是坚守自己的内心，勇敢前行

中国交通报 2020-01-15

画唐卡的小女孩

这在北京天天得发朋友圈了

"中国交通报"微信公众号 2020 年 1 月 15 日　　"中国交通报"微信公众号 2020 年 2 月 10 日

2020 年 8 月 27 日 3 版

铁部分列车灵活定价等事件。

海报等，覆盖报、网、电视三端逾 10 亿人次。

（三）舆论监督

1. 批评性报道。坚持正确舆论导向，曝光揭露不良现象，科学、准确、依法、建设性地开展舆论监督，有效推动改进工作、解决问题。

2. 调查性报道。继续办好"记者调查"等栏目，澄清谣言谬误，还原事实真相。调查 108 国道禹门口黄河大桥通车"乌龙"、厦门邮政"不告而投"、京沪高

2020 年 9 月 11 日 2 版　　　2020 年 11 月 3 日 4 版　　　2020 年 10 月 22 日 3 版

（四）对外传播

1. 讲好中国故事，传播好中国声音。建设中国交通转型与创新知识平台（TransFORM）网站，传播中国交通项目案例和行业发展动态。

2. 促进文化交流。联合世界银行主办两期线上研讨会，对外传播中国交通运输抗疫经验与成果。

TransFORM 网站英文页面 2020 年 9 月 17 日

三、阵地建设责任

加快推动媒体深度融合发展，优化新媒体产品布局，"四全媒体"建设迈上新台阶。

（一）融媒体矩阵

拥有"交通发布"官方微博、"中国交通报"官方微信公众号、"中国交通报"手机数字报、"交通强国"客户端、中国交通新闻网等自建平台，并入驻"学习强国"、抖音、快手等平台。

（二）融媒体报道

重大宣传均采用融媒体报道，日常报道鼓励文图、音视频并茂。新媒体平台全年发布稿件4.5万篇次，累计阅读量10.2亿次，互动量6100万次。

（三）融合采编平台建设

采用全媒体一体化平台，覆盖全流程、全渠道、全类型，实现移动协同、移动办公，即时为全终端提供全方位服务。

2020 年 7 月 2 日 1 版

走向我们的小康生活 | 新三星，亮起来！

原创 专业的 中国交通报 2020-07-02

收录于话题　　38个 >

#走向我们的小康生活

图 | 行驶在三星村的村道上

"老话讲，咱的三个屯就是天上三颗星，这就有了三星村。叫这个名，老一辈是希望俺们村早日亮起来、富起

"中国交通报"微信公众号 2020 年 7 月 2 日

四、服务责任

进一步提升服务，关注民生、热心公益，及时准确发布民生信息，积极主动搭建服务平台，帮助群众解决实际困难，取得了积极成效，获得社会广泛好评。

（一）信息服务

1. 政策信息服务。及时准确刊播重大政策、部令、统计公报等政务信息，以及惠民政策信息，权威发布政策解读。

2. 生活信息服务。及时报道公路桥隧通车等最新动态，发布出行预测、路线建议、抢险进度等信息，关注旅游等百姓民生话题。

（二）社会服务

1. 公共服务平台。自建交通扶贫电商团队，全年完成消费扶贫236.3万元。汇总刊登ETC发行服务机构查询渠道。开设"空姐帮你问"等专栏。

2020年9月8日7版

2020年8月14日4版

2020年12月1日4版

2. 公共智库服务。2020 年 1 月，交通运输新型智库联盟成立，中国交通报社是成员单位之一。

（三）公益活动

1. 纸媒刊发公益广告 35.5 个整版，并在新媒体平台刊播。

2. 倡议"交通人为湖北拼单"，组织员工为新疆小朋友编织毛衣裤。

3. 开设交通扶贫版、"精准扶贫振兴乡村"等专栏。作为交通运输部结对帮扶第六工作组成员，承担交通脱贫攻坚、助推乡村振兴相关工作。

2020 年 4 月 7 日 1 版　　　　2020 年 3 月 28 日 4 版　　　　2020 年 6 月 10 日 4 版

五、人文关怀责任

始终秉持人民情怀，常态化开设民生、人才·教育、行业文明版面，把人民作为报道主体，守望百姓民生，传递正能量，展现责任担当。

（一）民生报道

1. 重点关注报道大货车司机、船员等群体就业现状、问题、诉求，解读相关政

2020 年 12 月 9 日 3 版

2020 年 2 月 27 日 5 版

2020 年 10 月 13 日 5 版

策，提出意见建议，举办主题活动，助推环境改善。持续关注报道教育和就业等话题。

2. 高度关注少数民族同胞、妇女、儿童、老年人、残疾人等群体出行服务，及时反映弱势群体出行难题，助推解决问题。聚焦国务院办公厅《关于切实解决老年人运用智能技术困难的实施方案》，引导行业不断创新优化服务方式。

（二）灾难和事故报道

在新冠肺炎疫情防控报道和灾难与事故报道中，关爱生命，以正能量抚慰人心，避免对受害受灾群众造成"二次伤害"。特派记者跟随援鄂运输车队跨越 2200 公里运送爱心蔬菜，通过全媒体平台播报卡车司机的凡人壮举和心路历程。

（三）以人为本

1. 报道有态度有温度。传达正确立场、观点、态度，引导读者分清对错、好坏、善恶、美丑，激发行业向上向善的精神力量。对交通基础设施 AED（自动体外除颤器）配置等进行持续报道，推动北京实现轨道交通 AED 全覆盖。

2. 凸显人文精神。常态化开设人物版，关注人的全面发展，

2020 年 11 月 19 日 4 版

深入采访对象的精神世界，反映真情实感；常态化开设"冷眼读书"专栏，推介图书启迪思想。

六、文化责任

常态化开设交通文化版，举办承办全行业摄影、微视频、公益广告大赛和文化品牌推选展示等形式多样、丰富多彩的主题活动，宣传弘扬社会主义核心价值观、中国梦、交通运输精神、科技创新成果，传播广泛，效果良好。

2020 年 8 月 21 日 3 版

（一）弘扬践行社会主义核心价值观

1. 在重要时间节点推出特别策划，正党风、淳民风、扬家风、树新风，弘扬践行社会主义核心价值观。五一国际劳动节，报道交通人坚守岗位默默奉献；五四青年节，聚焦新时代青年投身决战脱贫攻坚的火热实践；八一建军节，报道基层一线交通"老兵"；推出杜绝"舌尖浪费"等特别策划。

2. 推出"追梦圆梦　行稳致远"大型策划，承办"决胜小康　交通力量"全行业摄影、微视频大赛，宣传中国梦。

2020 年 12 月 23 日 2—3 版

（二）传承繁荣中华优秀传统文化

1. 弘扬中华优秀传统文化。"交通文博悦览"专栏带领读者"神游"博物馆，"文

2020 年 5 月 18 日 4 版

化视点"专栏讲述大国交通的前世今生。

2. 推动文化创新发展。组织开展第二届交通运输优秀文化品牌推选活动，共 369 个文化品牌报名参加。

（三）推动提升科学素养

1. 常态化开设交通科技、智慧交通版，报道科技创新前沿动态、最新成就。

2. 承办 2020 中关村论坛"智能＋交通"平行论坛，普及科学知识。

七、安全责任

精编精校，安全刊播，在有关抽检抽查中做到零差错。

1. 达到有关安全刊播要求。

2. 纸媒和新媒体均严格遵守"三审三校"制度，防止安全刊播事故发生。

3. 制订特殊时期应急报道方案，建立疫情期间采编出报工作应急预案。

八、道德责任

严格遵守《中国新闻工作者职业道德准则》，规范采编行为，自觉抵制不正之风，维护社会公序良俗，未出现违反职业精神、职业道德等情况，社会反响良好。

（一）遵守职业规范

1. 坚守真实性原则，未刊播虚假事实新闻。

2. 不存在有偿新闻、有偿不闻、新闻敲诈等行为。

3. 坚决抵制低俗庸俗媚俗，做到真实、客观、科学、优质。

4. 纸媒和其他平台作品原创率均在 60% 以上，尊重原创保护版权。

（二）维护社会公德

维护公序良俗，以正面宣传为主，讲好交通故事，弘扬社会正气，讴歌美好心灵。

（三）接受社会监督

1. 记者执行采访任务时按规定出示新闻记者证。

2. 在报纸固定位置刊登主要部门及各派出机构电话，申领新闻记者证等事项予以公示，畅通群众举报投诉渠道，及时准确予以回应。

九、保障权益责任

高度重视保障新闻从业人员各项权益，保障员工薪酬福利，持续强化员工培训和队伍建设，提供良好成长平台，及时为因采编行为受到人身侵害、打击报复的从业人员提供保护、声援和申诉等支持，社会反响良好。

（一）保障从业人员合法权益

1. 支持保护从业人员正常采编行为，为风险报道一线记者购买保险、配置防护用品。

2. 支持保护因采编行为受到侵害的从业人员，需要时及时为其申诉。

（二）保障从业人员薪酬福利

1. 依法与员工签订劳动合同。
2. 规范支付薪酬，规范缴纳"五险一金"。
3. 保障员工休假休息等权利。

（三）规范新闻记者证管理

1. 为符合条件的采编人员及时申请新闻记者证。
2. 及时收回离职、退休等采编人员的新闻记者证。

（四）开展员工教育培训

持续优化入职培训、加强分类培训，重点强化政治理论、业务技能培训。组织采编人员认真学习深入领会习近平总书记关于意识形态、新闻舆论和交通运输工作的重要论述。

十、合法经营责任

严格遵守相关法律法规，建立完善内部规章制度，经营行为合法规范，社会反响良好。

1. 严格遵守相关法律法规和新闻出版管理等部门发布的各项部门规章、规范性文件，未发生违法违规行为。
2. 严格做到采编与经营"两分开"，规范开展经营行为。驻地方记者站合规合法，采编活动依法规范，未从事与新闻采编业务无关的活动。报社不向驻地方记者站下达经营任务、不收取管理费用。
3. 未刊播违法违规广告。

十一、后记

（一）回应

此次为首次报送，尚不存在上一年度整改项目。

（二）不足

1.2020 年度不足之处，一是媒体深度融合发展尚存在差距，二是对外传播能力与水平有待进一步提升，三是帮助群众问政和解决实际困难的直接渠道较少。

2.2020 年度，中国交通报不存在被新闻出版等行政管理部门或被新闻道德委员会等行业组织作出行政处罚、通报批评等情况。

（三）改进

一是加快推进媒体深度融合发展，将包括驻地方记者站在内的采编人员纳入融媒体采编平台。

二是进一步提升对外传播能力与水平，加强 TransFORM 网站内容建设。

三是强化建设公共服务平台，针对网约车、大货车运输等问题及时反映诉求，帮助解决困难。

中国教育报

社会责任报告

一、前言

（一）媒体概况

中国教育报创刊于 1983 年，由教育部主管，是国内唯一一份国家级教育日报。秉承"方向性引领、专业化服务"的办报宗旨，全面、准确、及时宣传党的教育方针、政策，传播教育改革发展经验，为教育而鼓，为教师而歌。

今天的中国教育报已经是涵盖报网端微，拥有强国号、新华号、人民号、头条号、抖音号等众多第三方平台账号，24 小时流淌于互联网之上的全天候中国教育报，综合覆盖用户超 8000 万，是原国家新闻出版总署评定的"全国百强报刊"。

中国教育报培养了众多名编辑、名记者、名评论员，在全国设有 30 家记者站，建立起了快速联动、迅捷高效的新闻采编运行与管理机制。

（二）社会责任理念

中国教育报始终以习近平新时代中国特色社会主义思想统领教育新闻宣传工作，坚持正确政治方向、舆论导向和价值取向，认真落实意识形态工作责任制，坚持围绕中心、服务大局，为新时代教育改革发展营造良好舆论氛围。

（三）获奖情况

《让爱国主义成为每一个青少年的精神依靠》《"万里边疆教育行"大型融媒体报道》分获第三十届中国新闻奖"文字评论""融合创新"三等奖。入选国家新闻出版署评定的中国报业深度融合发展创新案例奖；获评中国报业协会颁授的

"'十三五'中国报业媒体融合示范单位"奖。

二、政治责任

（一）政治方向

1. 把学习宣传贯彻习近平新时代中国特色社会主义思想作为首要政治任务，组织刊发多组系列评论、理论专栏文章和新闻报道，推动教育战线深入学习贯彻习近平新时代中国特色社会主义思想，学习习近平总书记关于教育工作的重要论述。制定《中国教育报刊社党委关于落实意识形态工作责任制的实施细则》，坚持正确政治方向、舆论导向、价值取向，牢固树立导向意识。

2020 年 12 月 29 日 2、3 版

案例：2020 年 12 月 29 日，中国教育报推出"牢记总书记的嘱托"主题特刊，反映一年来教育系统广大干部师生牢记习近平总书记嘱托，推动教育事业快速发展的生动实践。

2. 围绕中心、服务大局，通过报网端微全媒体传播，全力做好抗击疫情、脱贫攻坚、全国两会、党的十九届五中全会等一系列重大报道；持续、全面宣传党的教育方针，坚持立德树人根本任务，积极主动做好教育重大政策的宣传解读和各地贯彻落实的经验报道。

案例：两会期间，特别策划推出两会特刊"驻村书记对话代表委员融媒云访谈"，6 期连线对话视频报道，在"学习强国"、人民号、抖音、快手上传播，点击量超过 2100 万次。

2020 年 5 月 22 日 4 版、2020 年 5 月 29 日 4 版

3. 从 2020 年 1 月 23 日起即启动全天候中国教育报抗疫宣传报道，报网端微连续 4 个月无休，先后策划推出"众志成城　同舟共济　坚决打赢疫情防控阻击战特别报道""战疫中的高校力量""战疫教育人"等栏目，刊发抗疫报道近 700 篇。

4. 将做好 2020 年脱贫攻坚的重大主题宣传报道，作为一项贯穿全年的政治任务来抓。先后推出"沿着总书记的足迹　宣讲行送教行""走向我们的小康生活""三区三州教育行"融媒体报道等重要栏目，报纸刊发各类脱贫攻坚报道总计 389 篇。

中国教育新闻网脱贫攻坚报道专题

中国教育报微信页面

（二）舆论引导

1. 凡有重大教育政策出台，必配发系列评论和深度报道，引导教育舆论。比如，针对高职院校连续扩招政策，推出《高职扩招 200 万，如何接招落地》等报

道，为引领教育舆论起到了重要作用。

2.加强重大典型报道，通过典型引领推动教育改革发展。新闻版开设重大典型报道栏目"教改先锋"，推出各地在教育改革中涌现出来的典型经验，先后在1版头条推出"山东省寿光市推进教育现代化"系列报道、《湖南省加快发展职业教育典型经验》等。

（三）舆论监督

新闻1版开设"曝光台"栏目，对违背教育规律的事件进行曝光。通过《评论》版利用言论发声，对社会关注的教育热点问题进行批评监督，弘扬社会正气。如《评论》版刊发的《革除"长城上刻字式"陋习》。

（四）对外传播

积极做好面向海外中国留学生的传播，努力讲好中国教育故事，传播好中国教育声音。新冠肺炎疫情期间，先后推出《跨越大洋的牵挂》《所有爱的接力　只愿祖国安好》等报道。

三、阵地建设责任

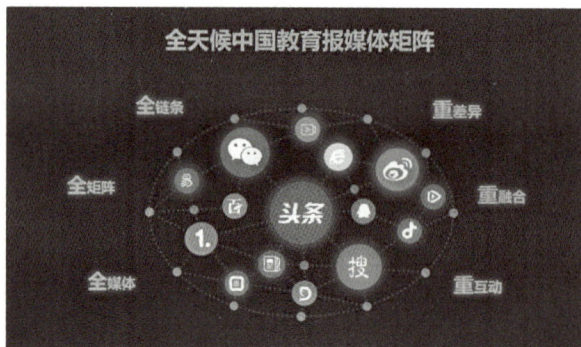

全天候中国教育报媒体矩阵图

（一）融媒体矩阵

目前，中国教育报已从传统的一张报纸，发展成为拥有报网端微屏等多种载体、综合覆盖用户超8000万的教育新闻宣传全媒体矩阵，基本形成"统一采集、多种生成、多元发布、个性推荐、融合传播"的全媒体格局。

2020年，"全天候中国教育报"总流量近20亿，10万＋报道2482篇，传播力、服务力大幅提升。

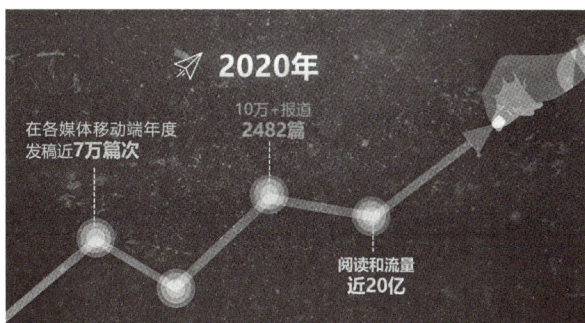

中国教育报2020年报道数据图示

（二）融媒体报道

聚力高质量发展，深化优质原创内容生产。不断扩大优质内容产能，把正能量与大流量结合起来，用心用情制作有思想、有温度、有品质的图文音视频内容，打造更多师生喜爱、刷屏热传的原创报道。

2020年，策划推出"三区三州教育行"大型融媒体报道，40多名记者分9路赴"三区三州"，行程数万公里，足迹遍及31个县市区81所学校，发表文字报道26篇、视频报道29条，总流量近3700万。

（三）融合采编平台建设

2020年，继续推动"智融平台"软硬件支撑配套和迭代升级建设。借助人工智能和大数据手段，通过多个子平台子项目的建设，进一步优化"舆、策、采、编、发、传、评"七位一体的新闻生产和传播流程，加强采编平台的信息聚合能力和传播力分析能力，实现了大数据支撑新闻生产和传播的目标。中央编辑部常态运行，实现统人、统事、统流程、统资源、统内容"五统筹"，实行全员、全网、全渠道、全平台、全流程、全天候的"六全"工作机制。报网端微采编一体化统筹指挥，优化新闻生产流程，形成集约高效全媒体传播体系。

中国教育报刊社中央编辑部

中央编辑部融媒体采编场景（组图）

四、服务责任

（一）信息服务

数据中心积极主动围绕教育公共政策、大学生就业、未成年人保护、教师权益维护等，及时为教育部司局、各地教育部门和社会各界提供政策信息。

（二）社会服务

全年制作《教育改革情报》150 期，根据舆情动态和教育改革发展动态，制作智库分析报告 25 份。进行区域调研和入校指导，策划组织教育研讨交流活动 10 余次。

发起"阳光校园守护计划"，免费为 30 所学校发放校园防疫物资；"福袋"温暖乡村教育活动为甘肃、贵州、河北、西藏等地 91 所偏远小规模学校捐赠服装 2.5 万多套，总价值约 588 万元。

（三）公益活动

刊发抗疫公益广告 4 次，刊发"保护眼睛、预防近视"公益广告 1 次。全媒体传播平台发布主题公益广告 103 条，总流量近 1200 万，取得了良好的社会效果。

疫情期间，"好老师平台"策划《给教师的治愈系读书课》《给老师和家长的战"疫"公开课》公益课程，近 6 万人次收听，获得用户好评。

2020 年下半年，中国教育报刊社"宣讲行 送教行"活动走进河北青龙、威县，福建三明，江西武宁，贵州沿河，广西融水，甘肃镇远等 7 个贫困县（市），开展专家报告、示范公开课和教学辅导报告等。

五、人文关怀责任

（一）民生报道

中国教育报持续并重点关注脱贫攻坚、教育均衡发展、教育公平实践以及教师"减负"、教育惩戒权、农村教师队伍建设、大学生就业创业、家庭困难学生资助、留守儿童等话题，策划采写了大量新闻报道，精心组织了一批有分量的专业分析报道。

（二）灾难和事故报道

新冠肺炎疫情暴发后，中国教育报在现场采访受限的情况下，积极调动本部、记者站、通讯员等力量展开报道，先后刊发抗疫报道近 700 篇。在南方雨灾相关报道中注重体现人文关怀，不渲染悲情，传递温暖的力量。

（三）以人为本

在脱贫攻坚报道中，注重从基层和人物的视角展开报道，校长周刊、文化周末等专刊周刊通过对基层教育人的描写刻画、故事分享，凸显人文精神。

六、文化责任

依托报网端微等不同介质，组织开展多种形式的特色文化活动，不断加强主流价值对公众精神世界的引领，自觉担负起主流媒体知识普及、社会教育、文化传承的责任。

（一）弘扬践行社会主义核心价值观

开展推动读书十大人物的 10 堂公益读书课、书香校园、推动读书十大人物盘点推选、教师节大型线上歌会、校长大会等文化品牌活动。

（二）传承繁荣中华优秀传统文化

将每周推出的文化周末、家庭教育周刊，作为文化传播和传承的重要阵地，传承好家风等优秀传统文化。利用清明、端午、春节等传统节日和节气，报网端微以图文形式传播弘扬中华传统文化。

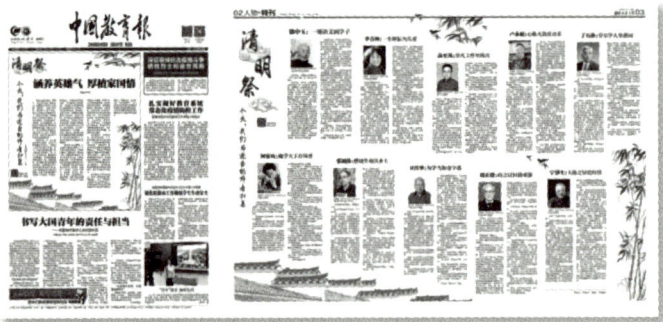

2020 年 4 月 4 日 1、2、3 版《清明祭》特刊

（三）推动提升科学素养

结合行业特色，在国家科学技术奖励大会等重要节点，通过特刊等方式突出报

道，反映我国科技创新取得的最新成果和科技界人才辈出的生动局面。

七、安全责任

强化新闻生产管理，确保出版刊播绝对安全。倡导政治家办报，将"四个意识"贯穿到舆、策、采、编、发、传、评等工作全过程中，定期自我核查，2020年未发生原则性错误和重大工作质量问题。

完善安全刊播制度，健全全媒体采编规范、报道流程等各项规章制度。严格执行《新闻》版夜班工作流程、版式规范要求等文件，形成了一系列新媒体工作规范。在全媒体范围内持续完善并严格执行"三审三校"制度，前置把关，及时堵住具有重大潜在风险的稿件。如制定了《部门风险点双核查表》《版面编校质量管理及差错处理办法》，"内部管理规章制度——编校管理"专题等。

建立应急预案等，把安全生产的防范工作前置，定期专项安全检查；制定网络信息安全应急处理流程，网端微负责人签署信息安全承诺书，明确任务分工和处置流程，确保应急处理责任到人。

八、道德责任

（一）遵守职业规范

严格坚持新闻真实性原则，持续开展《中国新闻工作者职业道德准则》等内容学习，制定《中国教育报刊社采编人员职业规范》和《中国教育报刊社关于增强"四力"落实"一线规则"实施办法》，鼓励采编人员深入基层，践行"四力"；要求记者所有采访活动做到真实、准确、全面、客观，切实防范和制止虚假新闻。全年未刊发虚假新闻。

坚决杜绝有偿新闻行为，严格执行《关于禁止有偿新闻的若干规定》和治理有偿新闻规定，自觉接受社会监督。坚决抵制低俗、庸俗、媚俗现象，把弘扬社会主义核心价值观作为报道的底色，始终把社会效益放在首位。

高度尊重原创和版权保护工作，加强采编人员版权意识，自觉抵制侵权行为。在转载、使用其他媒体作品、图片时，准确标注原创来源。

（二）维护社会公德

坚持维护公序良俗，致力弘扬社会正气，讴歌美好心灵。报道先进典型，弘扬社会正气，宣传模范人物，传播正能量。

（三）接受社会监督

严格遵守新闻采访规范，记者采访主动出示国家新闻出版署统一核发的新闻记者证。执行《新闻记者证管理办法》要求，对申领记者证人员资格进行严格审核，并在报纸和所属网站上进行公示。设立举报电话，畅通群众监督渠道，并及时予以回应。

九、保障权益责任

（一）保障从业人员合法权益

维护采编人员合法权利，积极为从事新闻采访活动提供必要保障。加强安全教育工作，增强采编人员自我保护意识，全年无采编人员受侵害行为。

（二）保障从业人员薪酬福利

严格遵守法律法规，依法签署、续签、变更劳动合同，无劳动合同引发的纠纷。及时、足额支付员工薪酬、缴纳"五险一金"，保障员工福利待遇。安排定期体检，本着应休尽休的原则保障员工各类假期休假权利。

（三）规范新闻记者证管理

及时为符合申领条件的采编人员办理申领新闻记者证，每年为持证员工办理年检手续，及时收回离职、退休等采编人员的新闻记者证，确保采编队伍持证情况真实准确。截至 2020 年年底，中国教育报社共有 55 名员工持有新闻记者证，年检过程中未发生违规情况。

（四）开展员工教育培训

强化政治素质、业务技能等各类培训，做好采编人员培养培训工作。通过由总编辑带队调研采访、主持重点栏目、重大主题报道等，让年轻同志在采编一线真刀真枪练。青年编辑记者理论学习小组、青年采编人员培养导师制常态化运行，围绕时政、教育政策、专业话题等进行研讨，提升理论文化和业务水平。

十、合法经营责任

严格遵守国家法律法规，遵守网信、新闻出版等行政管理部门发布的规范性文件，加强经营人员关于媒体法律法规、文件培训学习。

严格实行采编人员和经营人员"两分开"制度，严禁采编人员从事有偿新闻、广告、发行等经营活动，杜绝经营人员参与或干预新闻采编工作，不断提升经营管理规范化水平。建立专业化经营团队，提高经营管理效能，强化程序和规则意识，坚持广告、发行、产品和活动等经营工作导向正确，有效防范政治风险、经济风险、社会风险。

严格落实广告法要求，不断完善修订《中国教育报版面广告业务流程与管理》等制度，杜绝虚假、违法违规广告，坚守"社会效益第一"原则。

十一、后记

（一）回应

这是中国教育报首次提交媒体社会责任报告。2020 年，中国教育报严格履行舆论引导与社会责任，把落实意识形态工作责任制作为宣传工作的重中之重，坚持把政治建设放在首位，扎实做好战"疫"和"脱贫"两大主题新闻宣传工作，议题设置能力稳步提升，原创精品不断涌现，社会评价客观积极。

（二）不足与改进

2020 年，中国教育报认真履行媒体职责，未被行政管理部门或行业组织作出行政处理、通报批评，但仍存在以下不足需要改进。

一是创新报道内容和传播方式存在差距。

改进方向：顺应教育形势发展变化调整报网端微内容布局，转变生产方式，整合各方资源，借力各种媒介和渠道实现多元传播，做大品牌影响，在专业化内容生产、平台化生态圈层、品牌化推广提升、产品化解决方案等方面，探索媒体融合发展新路径、新形态，构建全介质、全渠道、全天候深度融合传媒体系。

二是重大典型经验报道力度有待加强。

改进方向：围绕教育综合改革领域的热点难点问题，深入发现和挖掘好的新闻线索，扎实做好重大典型经验报道，发挥在推进教育改革过程中的引领示范作用。

三是全媒体人才队伍建设需加大力度。

改进方向：加大培训力度，创设条件在采编一线锻炼队伍，打造有利于全媒体人才成长的环境。

人民公安报

社 会 责 任 报 告

一、前言

（一）媒体概况

人民公安报创办于 1984 年 10 月 5 日，是公安部党委的机关报、公安新闻宣传主阵地，创办以来始终坚持正确政治方向、舆论导向和价值取向，坚持宣传党中央的路线方针政策及公安部党委的决策部署，讴歌广大公安民警的无私奉献精神，交流各地公安机关的工作举措和典型经验，为助推公安工作和队伍建设作出了积极贡献。

人民公安报社目前有 2 报 2 刊 2 网及 "37 号 1 端" 的新媒体平台，分别为：《人民公安报》、《交通安全周刊》、《人民公安》杂志、《公安内参》杂志、中国警察网、中国警察图片网，新媒体平台涵盖微博、微信、强国号、人民号、新华号、百家号、抖音、快手、视频号、B 站等，具有策采编播发和集报刊网新媒体等多种传播能力。

（二）社会责任理念

人民公安报社始终坚持以习近平新时代中国特色社会主义思想为指导，始终坚持党管媒体、坚持正确舆论导向、坚持政治家办报，忠实履行举旗帜、聚民心、育新人、兴文化、展形象的使命任务，把社会效益摆在首位，弘扬主旋律、传播正能量，发好公安声音，讲好警察故事，为公安机关履行新时代使命任务提供强大的精神动力。

（三）获奖情况

2020 年，人民公安报社共有 22 篇报道获第三十届人大新闻奖、2019 年度全国政法优秀新闻作品奖和第三十二届全国产业经济新闻奖。多名同志在公安部组织的表彰奖励和评选推优活动中获得荣誉，在抗击新冠肺炎疫情表彰活动中，1 名同志获一等功，4 名同志获二等功。

2020 年人民公安报获奖情况

人大新闻奖			
第三十届人大新闻奖	通讯三等奖	扎根基层听民意 忠诚履职课新篇 本报融媒体记者"云"采访公安系统人大代表	石 杨 付 静 陈栩然 蒋菱枫 邬春阳（责编：万广朋）
全国政法优秀新闻作品奖（两年一评）			
2019 年度全国政法优秀新闻作品奖	系列报道一等奖	脱贫攻坚在行动·来自公安部定点扶贫地贵州黔西南州的报道	集体（史 谦 宋灵云 温 凯 李昌林 袁 猛 高 莹 覃苗苗 何 清）
	通讯二等奖	"中国红"红得热烈 "警察蓝"透着忠诚——公安英模参加庆祝中华人民共和国成立 70 周年大会观礼侧记	付 静 袁 猛 宋灵云
	新闻摄影二等奖	"净边"十二时辰	张 铮
	新闻摄影三等奖	夜入高黎贡山设伏 擒获企图绕卡人员	陈路坤
	融媒体短视频三等奖	首都公安一分钟	陈显君 牛 坤 侯泽武 陈晓嫚
	网络新闻专题三等奖	全警实战大练兵	杨文锁 沈磊磊 刘 哲 李 雯 武昊璇 周小舟 谢 刚
其他奖项			
司法部第三届优秀新闻作品评选	三等奖	中央依法治国办联合五部门发布 15 件食药监管执法司法典型案例	王传宗

二、政治责任

（一）政治方向

2020 年，人民公安报社深入学习贯彻习近平新时代中国特色社会主义思想及党的十九大和十九届二中、三中、四中、五中全会精神，深入学习贯彻习近平总书记在全国公安工作会议上的重要讲话精神和重要训词精神，忠实践行"对党忠诚、服务人民、执法公正、纪律严明"的总要求，进一步增强"四个意识"、坚定"四个自信"、做到"两个维护"。在 1 版头条位置推出"在习近平新时代中国特色社会主义思想指引下——公安改革新观察"专栏，紧紧围绕抗击新冠肺炎疫情、决胜全面小康、决战脱贫攻坚、扫黑除恶专项斗争，以及党的十九届五中全会、全国两会、庆祝中国共产党成立 99 周年、习近平总书记向中国人民警察队伍授旗并致重要训词等重大主题、重要节点，策划了亮点纷呈的全媒体报道。

（二）舆论引导

始终坚持从大局出发，把握时度效，就社会关注的热点话题，及时完善报道安排，引导社会舆论，回应社会关切。围绕党中央重要决策部署、部党委中心工作，第一时间组织刊发社论、系列评论员文章、时评，及时转载新华社、人民日报重要稿件。

坚持聚焦主业担当作为，围绕党和国家重大决策部署和重大活动，积极策划、组织、实施、创新主题宣传。围绕抗击疫情、决战决胜脱贫攻坚、打击电信诈骗犯罪、见证警旗诞生、打击涉

2020 年 5 月 4 日刊发的本报评论员文章

2020 年 5 月 3 日扶贫专版

2020 年中国警察网发布的部分专题

及野生动物犯罪等重大主题进行宣传报道，取得了良好的传播效果。

（三）舆论监督

2020 年，人民公安报社在坚持正面报道的同时，围绕公安工作和社会热点问题积极开展各种形式的舆论监督，刊发调查性报道，分析工作中存在的问题并提出建设性意见，刊发时评对一些社会问题和现象进行评论引导。

（四）对外传播

在国际传播力方面，人民公安报社结合公安工作实际，与公安部有关单位积极配合，围绕中国警方开展国际合作、打击跨国犯罪、驻外警务联络交流等工作组织采访报道，向世界讲好中国警察故事、传播中国警察声音。

三、阵地建设责任

牢固树立传统媒体和新媒体一体化发展理念，加速深化媒体融合，坚持移动优先战略，建立机制、搭建平台、培养人才、形成矩阵，有效提升了公安舆论宣传的传播力、引导力、影响力、公信力。

（一）融媒体采编平台建设

人民日报"中央厨房"模式推出后，报社多次组织前往参观考察学习，建立了本社重大节点、事件启动"中央厨房"工作机制。报、网、微、端各个平台在重大宣传报道中同部署、同要求、同落实，通过"中央厨房"机制指挥调度，做到一次采访全媒体使用。2020年5月，筹建新闻协调部统筹报社融媒体建设发展。自此，人民公安报社的各项宣传报道工作从机制、流程等实操层面迈入融媒体时代。中国警察网运维的"37号1端"，总粉丝数近4000万，总阅读量和播放量达到150亿次。中国警察网快手号粉丝超过1600万，成为全国公安第一大号。中国警察网新华号

《公安心向党　护航新征程》融媒体作品，总阅读量破亿

上线后，在短短3个月内累计阅读量突破1亿次。"移动优先"传播体系下的全媒体融合传播，已经成为人民公安报社重大主题报道的常态，报、网、刊、微、端的传播优势得到了充分发挥。

（二）融媒体矩阵

人民公安报社新媒体平台共有"37号1端"，涵盖微博、微信、强国号、人民号、新华号、百家号、抖音、快手、视频号、

2020年5月，中国警察网微信公众号粉丝突破100万，微博粉丝突破300万

B 站等主流新媒体平台。具有全媒体形式的策采编播发和集报刊网新媒体等多种传播能力。

四、服务责任

人民公安报立足既是公安部党委的机关报，又是公安系统的行业报的定位，坚持全心全意为读者提供优质的信息服务和社会服务，积极开展各类公益服务。

（一）信息服务

人民公安报社积极为读者解读各类政策信息，及时传递各种实用信息，结合公安机关在法律服务、行政管理等群众比较关心的问题，及时进行政策解读，刊登相关服务类信息。

2020 年 6 月 13 日，中国警察网开展的网络直播，助力脱贫攻坚

（二）社会服务

结合公安机关的相关职责功能，积极提供面向群众的交通、户籍、出入境等方面的相关信息，在报纸上开设"安防讲堂"等专版专栏，对群众开展安防教育等。在 2020 年开展的脱贫攻坚中，中国警察网与各地公安机关联合开展了多场网络直播，销售扶贫对象的产品，取得了良好的效果。

（三）公益活动

人民公安报社围绕"牢记训词精神，践行使命任务""致敬战'疫'公安英烈""传承五四精神、不负青春韶华""聚焦决战脱贫""全国交通安全日"等重大主题，在所属报刊网和新媒体平台开展了一系列公益宣传活动。据统计，人民公安报全年共使用 15 个整版刊登公益广告、开展公益宣传；中国警察网倾力打造"我巡逻的每一步都在帮助战友"大型公益活动，截至 2020 年年底，已成功捐出 243 万元人民币，帮助了 43 个困难民警、辅警家庭。

2020 年 9 月 15 日，"我巡逻的每一步都在帮助战友"大型公益活动，向贵州兴仁市民警捐赠 10 万元

2020 年 5 月 4 日和 12 月 2 日刊登的公益广告

五、人文关怀责任

人民公安报坚持以人为本，积极反映群众呼声，结合公安机关工作实际，关注交通出行、法律普及、安全防范、车辆管理等民生热点，刊发了大量凸显人文情怀、传递社会正能量的优质作品。

在 2020 年决战决胜脱贫攻坚战宣传报道中，人民公安报社融媒体报道组积极报道一线的扶贫故事，反映扶贫工作中的问题。在抗击疫情宣传报

来自抗疫一线的图片报道，刊发于 2020 年 2 月 20 日

道中，人民公安报社派出 4 名记者与湖北记者站记者组成报道小组，在武汉抗疫一线奋战了 89 天，发回大量来自一线的战"疫"故事，还通过内参等形式，积极反映前线民警的困难，彰显人文关怀。

六、文化责任

2020 年 7 月 10 日《剑兰周刊》

人民公安报不断弘扬中国特色社会主义文化，践行社会主义核心价值观，加大公安系统的文化宣传报道，与全国公安文联合作，积极开展各种文化活动。

（一）传承优秀文化，定期出版文化专刊《剑兰周刊》

在传承优秀文化方面，人民公安报有专门的《剑兰周刊》刊登优秀文化作品，周刊的栏目"大家谈"刊发对公安文化现象点评、分析的言论文章。"风景线"栏目则反映各地公安机关优秀的公安文化建设实践和成果。

（二）加大利用新媒体及网络平台传播传统文化

在人民公安报社下属的中国警察网，专门设有"中国警察网·文化"频道，利用网络平台容量大、传播范围广、形式多样的优势加大警营文化的传播，同时与全国公安文联合作，开展各种警察文化活动。

"中国警察网·文化"频道

七、安全责任

严格遵守《出版管理条例》《报纸出版管理规定》等关于出版内容管理、采编活动管理的规定，实行每日多次要闻会商、对版以及重要时政新闻防漏报机制，严格执行"三审三校"制度，对新媒体报道同样严格执行"三审"制度。2020年，根据新的形势任务重新修订《人民公安报社编辑出版规范》，坚持新闻消息来源核实核准机制，确保采编内容客观真实，确保一切采编活动依法合规。

毫不动摇地抓好报刊网等媒体阵地管理，严密防范意识形态渗透，确保一切办报活动都坚持党性原则，遵循党的政治路线，切实维护国家政治安全、意识形态安全。

八、道德责任

严格遵守《中国新闻工作者职业道德准则》，认真贯彻落实《新闻从业人员职务行为信息管理办法》《关于加强新闻采编人员网络活动管理的通知》等有关规定。

对所办报刊、网站、微博、微信、客户端等各类媒体刊发内容严格审核把关，新闻报道真实、全面、客观、公正，坚决拒绝有偿新闻、无偿不闻、新闻敲诈。《人民公安报社编辑出版规范》等规定明确要求刊发新闻报道必须履行采访核实和审核签发程序，确保新闻报道准确客观、导向正确。人民公安报全年刊载的稿件没有出现政治错误，未刊载法律、法规以及国家规定禁止刊载的内容，未刊载有害青少年身心健康和违反社会公德的内容。

高度重视原创、鼓励原创，尊重知识产权，除依法依规转载新华社和人民日报等媒体的稿件外，原创内容达 100%。

九、保障权益责任

人民公安报社严格遵守各项法律法规，保障员工权益，重视人才队伍培养。

（一）保障从业人员的合法权益

有完善的人员管理制度，依法执行劳动合同的签订、续签、变更、终止等手续，具有全面的绩效考核标准，充分调动职工的积极性。

（二）规范新闻记者证管理

对记者证有着完善的管理制度，严格管理记者证的申报、核销，积极组织人员参加新闻出版部门组织的培训。

（三）加强员工培训和队伍建设

2020 年 10 月 24 日，人民公安报记者在红旗渠干部学院进行培训

报社党委书记、社长、总编辑分别参加了中国记协组织的相关培训。第七届"好记者讲好故事"在人民公安报进行巡讲活动时，报社骨干人员及各地记者163 人参加培训；由报社 10 名编委分别带队深入基层一线，以战代训；在邀请社外专家到报社授课的基础上，实行采编人员提升"四力"分享会、讲评会等社内

培训交流机制；2020 年 6 月至 12 月，报社派出 3 组记者在贵州、浙江、福建基层公安机关实习锻炼；为加强员工队伍的作风和组织纪律性，组织了全员参加的人民警察队列礼仪培训。一系列提升人才素质的举措，为凝聚集体智慧、推动整体策划、形成全员合力、提升报道传播力影响力提供了人才支撑。

2020 年 11 月 27 日，报社员工正在进行人民警察队列礼仪训练

十、合法经营责任

严格遵守出版管理条例、广告法等关于出版物发行、广告、经营、版权贸易等行为的相关条款，严格执行采编与经营分离，做到规范经营。依法规范驻地方记者站新闻采编活动，不得从事与新闻采编无关的活动，没有向地方记者站下达经营任务。

没有虚假新闻、有偿新闻等违法违规问题，未出现一号多版及出卖、出租、转让刊号、版面、报纸出版许可证等问题，没有报纸刊载广告违法违规问题。

十一、后记

2020 年，人民公安报社没有被网信、新闻出版主管部门或新闻道德委员会等行业组织作出行政处罚、通报批评等情况，今后的工作中，将在以下方面继续加强和改进。

第一，继续加强主题宣传工作，自觉承担起党媒、党刊的使命任务。注重策划统筹，强化主题宣传，高质量完成建党 100 周年、党史学习教育及公安工作发展进步的报道任务。

第二，加快媒体融合的发展，建立长效的融媒体工作机制，充分利用报刊网微端全媒体阵地，通过融媒体中心指挥调度，不断提高公安新闻宣传工作的传播力、引导力、影响力、公信力。

第三，加强全媒体型人才的培养，积极面对融媒体建设和发展的新形势，努力加强人才队伍建设，推动新闻工作者增强"四力"，建设一支符合新时代要求的全媒体人才队伍。

中国税务报

社会责任报告

一、前言

（一）媒体概况

中国税务报创刊于 1991 年 1 月，是国家税务总局机关报，由国家税务总局主管，中国税务报社主办。中国税务报多次获评全国"百强报刊"称号，在全国税务系统乃至全社会都具有较大影响力。目前，中国税务报每周四刊 32 个版面，周一、二、三、五出版，每期主报 4 版，专刊 4 版。报纸共有 7 个专刊，分别是经济社会、税收法治、财税理论、纳税服务、税收文化和环球专刊等，每期随主报轮流出刊。报社在全国设立 36 家记者站，有驻站工作人员近 80 名。自 2004 年创办具有发布财税新闻资格的门户网站中国税网后，报社相继推出了微博、微信、新闻客户端、头条号等新媒体平台。近年来，中国税务报新媒体在全国年度行业报新媒体影响力指数排名评比中，两次进入前 10 名，获中国传媒融合发展创新奖等荣誉。

（二）社会责任理念

报社以习近平新时代中国特色社会主义思想为指导，全面贯彻落实习近平总书记关于宣传思想工作的重要思想特别是关于新闻舆论工作的重要论述，坚持党管媒体、政治家办报，坚持正确政治方向、舆论导向、价值取向和新闻志向，坚持以正面报道为主，牢牢掌握意识形态工作领导权，自觉承担举旗帜、聚民心、育新人、兴文化、展形象的使命任务，秉承"税收桥梁、征纳纽带"的办报宗旨，发挥税收宣传主渠道、主阵地的职能作用，为税收改革发展营造良好的舆论氛围。

（三）获奖情况

深度报道《一张纸和它背后的税收故事》获第三十届中国新闻奖三等奖和第三十四届中国产经新闻奖一等奖；媒体融合作品《幸福一家人》获第三十四届中国产经新闻奖二等奖；新闻专题"减税降费在行动"获第三十四届中国产经新闻奖三等奖等。

二、政治责任

（一）政治方向

2020 年，报社以习近平新时代中国特色社会主义思想为指导，深入学习贯彻习近平总书记重要讲话和指示批示精神，增强"四个意识"、坚定"四个自信"、做到"两个维护"，牢牢把握正确政治方向、舆论导向、价值取向，统筹做好疫情防控和税收宣传报道工作，推动各项工作取得了新的进步和提升。

1. 围绕"四力"工作要求开展报道。新冠肺炎疫情发生后，国家税务总局党委提出了"优惠政策落实要给力，'非接触式'办税要添力，数据服务大局要加力，疫情防控工作要尽力"的"四力"工作要求，报社集中采访力量，在重要版面开设"众志成城　抗击疫情""来自疫情防控一线的报道""聚焦'四力'抓落实""抗疫情　助发展　税务人在加力""助力打赢疫情防控阻击战　税务人在行动"等一系列专题专栏，充分宣传解读防疫抗疫税收优惠政策，全方位报道税务系统在抗击新冠肺炎疫情、落实优惠政策、支持复工复产等方面的勇敢担当和突出成绩。

2. 做好大型时政报道。2020 年 5 月，报社克服受疫情影响记者不能上会采访的困难，与全国

两会媒体中心、报社记者站密切沟通、协调配合，通过线上采访，围绕减税降费、脱贫攻坚等热点话题开展宣传报道，圆满完成两会报道任务。

2020年11月，在《要闻》版开设"回眸'十三五' 奋进新时代"专栏，对我国"十三五"时期税收事业取得的辉煌成绩充分予以报道。

对标人民日报，集中版面对党的十九届五中全会公报、规划《建议》和习近平总书记对规划《建议》的说明开展报道。

开设"学习贯彻党的十九届五中全会精神""学习贯彻五中全会精神司局长谈"栏目，充分展示出党的十九届五中全会精神在税收领域见行见效、在税务系统落地生根的生动实践。

3. 围绕服务经济社会发展大局做好专题报道。以税收助力脱贫攻坚开展专题报道，组织采访力量聚焦税务系统优秀驻村干部，采写刊发系列优秀新闻稿件，报道他们在脱贫一线"啃硬骨头"，带领贫困群众谋发展的无私奉献精神。

以税收服务国家区域协调发展战略开展专题报道，分别围绕税务部门助力京津冀协同发展、长三角一体化发展、粤港澳大湾区发展的创新举措和成效，组织策划一系列报道，刊发一批有影响力的重要稿件。

以税收服务"六稳""六保"开展专题报道，在《要闻》版开设专栏，连续刊发长篇综述稿件，

集中报道优惠政策、创新举措和落实成效，宣传效果显著。

4. 围绕重要时间节点开展报道。全年相继围绕纪念抗日战争暨世界反法西斯战争胜利 75 周年、深圳和厦门经济特区建立 40 周年、上海浦东开发开放 30 周年等重大主题，从税收视角开展了浓墨重彩的改革成就宣传报道。

（二）舆论引导

聚焦税收领域热点问题，主动策划、精心组织，持续加强议题设置，积极主动回应纳税人、缴费人自身关切，有力有效引导涉税舆论。面对突如其来的新冠肺炎疫情，为更好凝聚税务人抗疫情、促发展的力量，中国税务报开设"众志成城　抗击疫情""来自疫情防控一线的报道""抗疫情　助发展　税务人在加力""助力打赢疫情防控阻击战　税务人在行动"等一系列专题专栏，充分解读防疫抗

疫税收优惠政策，全方位宣传税务系统在抗击新冠肺炎疫情、服务"六稳""六保"大局中涌现的先进典型和感人事迹。

同时，认真贯彻习近平总书记关于媒体融合发展的重要论述精神，进一步加大新媒体建设力度，推动新兴媒体和传统媒体融合发展，不断放大税收舆论声音。依托纸媒优质内容，通过理念、内容、形式、方法、手段的创新，把纸质报的高质量涉税新闻在移动端进一步拓展延伸，做到了重大新闻不漏报、即时新闻快速报、热点新闻深度报，让党的声音传得更开、传得更广、传得更深。

（三）舆论监督

高度重视发挥宣传报道的舆论监督作用，及时刊发税务总局对涉税典型案例的

通报，曝光偷逃税款的违法犯罪行为，同时组织刊发言论稿件，对涉税违法犯罪行为予以谴责，为推动全社会形成依法诚信纳税秩序营造良好舆论氛围。

组织记者及时对最新涉税热点、焦点问题展开调查，在报道中深入解读涉税公告，剖析热点事件，解码典型案例，把脉税务风险，有效传递税务权威声音。通过调查性报道，交流税务机关严格执行税收政策、热情提供纳税服务的举措和有益经验，反映纳税人、缴费人税收政策执行效应和对政策的意见建议，不断推动改进工作、解决问题。

（四）对外传播

聚焦"讲好中国税务故事，传递中国税务好声音"主线，围绕"一带一路"建设进展和成果展开宣传报道，立足行业优势讲述中国税务故事，积极参与国际税收业务宣传报道，主动向"一带一路"沿线国家和全世界传递中国声音。

为促进中外文化友好交流，中国税务报发挥税务总局驻外人员优势，积极约稿、组稿、采访，编辑出版《财税理论专刊》《环球专刊》，通过"天下税收""财税广角"等栏目，宣传各国税收领域最新政策举措和改革经验，把国外优秀税务文化"引进来"，为国内企业"走出去"提供最新国际税收动态信息。

三、阵地建设责任

（一）融媒体矩阵

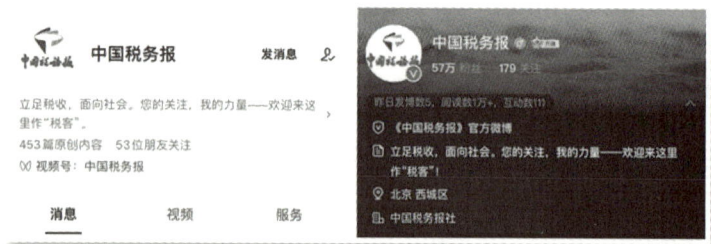

经过几年的发展，中国税务报已逐渐形成集报网微端屏于一体的融媒体矩阵。截至 2020 年年底，中国税务报微信公众号粉丝已超过 61 万，每日税讯微信公众号粉丝超过 27 万，微博粉丝达到 57 万，头条号粉丝达 18 万，中国税务报手机客户端下载用户超过 11 万，中国税网注册用户持续增长。全年微信公众号、每日税讯多篇文章阅读量超过 10 万次。

（二）融媒体报道

重视加强融媒体建设，紧贴受众需求，依托报纸原创内容，采取文字、图片、视频立体呈现的表达方式，把纸质报的内容在移动端进一步延伸、扩展，不断提升内容品质，创新报道形式，有效弥补纸媒传播力不足，促进传播力和影响力不断提升，做到重大新闻不漏报、即时新闻快速报、热点新闻深度报。

2020 年，税务报社联合福建、深圳税务局和腾讯公司共同举办了"税眼看发展"全国短视频大赛。大赛宣传片在全网推广宣传，累计阅读量（播放量）超 220 万次。大赛累计收到投稿 800 余篇，各平台阅读量（播放量）累计 1600 万次，有效增强新媒体和税务系统的沟通联系，扩大中国税务报的品牌影响力。

四、服务责任

（一）信息服务

发挥"融媒体矩阵"渠道优势，在重大税收政策和税收数据发布、重要会议召开等时间节点，利用报网微端同步宣传，加强解释阐释；中国税务报聚焦纳税人、缴费人关切，利用《财税理论》《税收法治》《纳税服务》《经济社会》等专刊，做强做精相关报道，及时准确刊发税收惠民政策，做好相关政策解读，发挥了较好的信息服务功能。

（二）社会服务

充分发挥公共服务平台作用，为纳税人、缴费人提供力所能及的社会服务。深入基层税务局和纳税企业，及时追踪各项税收政策的落实情况

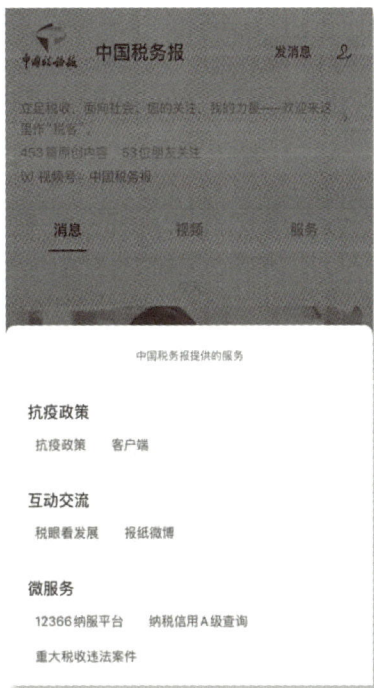

和疑点难点，形成调查报告，为保障纳税人、缴费人基本权益、促进各项税收政策落地落细尽职尽责。利用新媒体平台优势，在中国税务报微信公众号中开设"互动交流"和"微服务"专区，为纳税人、缴费人提供纳税缴费信息提醒服务，帮助他们解决实际困难。

（三）公益活动

2020 年，报社积极开展公益事业、公益捐赠等活动。湖北省暴发新冠肺炎疫情后，中国税务报社迅速组织社内职工向湖北省税务局捐款 5 万元。为支持湖北省迅速恢复经济社会发展，组织报社干部职工购买当地的特色农产品 2 万余元。注重创新公益形式，将报社所出税务专著的宣传推广工作与公益行动相结合，开展"彝路同行"公益活动，向四川省盐源县前所乡龙洼小学捐赠价值 1.5 万余元的羽绒服、水杯等物资。按照国家税务总局统一安排，向国家税务总局扶贫联系点捐赠 50 万元；响应"幸福工程——救助困境母亲行动"号召，为西部贫困地区母亲捐款 4000 余元。同时，报社支持和配合税收服务"脱贫攻坚"工作，组织采写并刊发了以"脱贫攻坚"为主题的公益稿件数十篇。

五、人文关怀责任

（一）民生报道

始终保持人民情怀，把人民作为报道主体。2020 年，报社围绕税务助力"六稳""六保"大局，开设了"聚焦'三力'抓落实""聚焦'四力'抓落实""减税费优服务、助复产促发展""走访代表委员、问计问需问效""走向我们的小康生活 决战决胜脱贫攻坚"等专题专栏，从税务视角出发，对就业、医疗、养老等民生内容开展大量报道，及时反映广大纳税人、缴费人的心声。

（二）灾难和事故报道

在报道中坚持关爱生命，坚决避免"二次伤害"，坚持把人民作为报道主体，及时反映弱势群体的生活状态、所思所困，坚持弘扬传递奉献爱心、抚慰人心的正能量。新冠肺炎疫情暴发后，第一时间报道税务机关和广大税务干部积极防疫抗疫的英勇事迹，展现"一方有难　八方支援"的社会新风，及时解读公益捐赠救灾税收优惠政策，展现媒体的责任与担当。

（三）以人为本

坚持传达正确立场、观点、态度，宣扬人情美、人性美，厚植向上向善的精神力量，在宣传报道过程中，注重讲述我们身边的税务人立足岗位、默默无闻、无私奉献的事迹，展现税务队伍执法为民、聚财为国的光辉形象，坚持做有态度、有温度、有速度的报道。

六、文化责任

（一）弘扬践行社会主义核心价值观

不断提升文化自觉性和文化责任感，深入展示传统文化深厚内涵，将弘扬传统

文化和日常宣传报道相结合。全年追踪报道各地税务机关丰富多彩的文化活动，带领大家感受税务干部继续砥砺前行的良好精神风貌，弘扬社会主义核心价值观和"忠诚担当、崇法守纪、兴税强国"的中国税务精神。

（二）传承繁荣中华优秀传统文化

精心策划、持续完善《税收文化》专刊，设立"鉴赏""文化""文苑""特别报道"等栏目，结合时事热点和税务行业文化特色，正确解读弘扬中华优秀传统文化，不定期举办税务主题征文竞赛等文化活动，以税务文化作品彰显正党风、淳民风、扬家风、树新风的良好风尚。

七、安全责任

（一）安全刊播情况

严格执行导向管理制度，落实目标责任，规范管理流程，严格执行"三审三校"制度，坚决把好舆论导向关。中国税务报及各新媒体平台全年未发生安全事故。

（二）完善安全刊播制度

积极组织编校人员学习编校行业最新管理规定和最新行业标准，及时印发编校提醒提示。严格落实"三审三校"制度，长期聘请行业内退休的资深高级编辑、校对专家担任报纸审读人员，为报纸把牢政治关、政策关、文字关。报纸印制方面，加大成本投入，保证印刷质量。在全国选择和委托了印刷水平较高的 9 个印刷厂，北京地区为北京新华社印刷厂，其他地区的印厂都是当地负担省级党报印刷的高水平印刷企业。坚持多采用质量上乘的国产纸印刷，保证中国税务报较高印制质量，为读者创造了良好阅读体验。

（三）建立应急预案

报社层层夯实意识形态工作责任，形成新闻应急处理流程及方法，将责任具体到岗、明确到人、细化到事。报道重大会议活动时，提前安排编辑记者和新媒体人员 24 小时轮流值班，保证新闻时效性。持续进行技术更新，不断完善编采系统，确保出现网络故障或断电等突发状况时，能够对稿件内容进行实时备份。

八、道德责任

（一）遵守职业规范

始终坚持新闻真实性，把权威、准确、真实作为报纸新闻报道的生命，努力体现涉税新闻报道的真实性、客观性、科学性，展示出税收行业媒体的专业水准。报社严格遵守新闻宣传政策及新闻出版法规。根据工作实际，制定完善并严格落实《中国税务报社关于杜绝不实新闻的规定》《中国税务报社关于禁止有偿新闻的若干规定》《中国税务报社职务行为信息保密规定》《中国税务报社新闻采编人员行为准则》《中国税务报出版流程管理办法》《记者站及驻站记者绩效考核办法》等内部规章制度。2020 年，报社未出现违反职业精神、职业道德情况，做到了采编行为规范。

（二）维护社会公德

坚持正确政治方向、舆论导向、价值取向，不断做好正面宣传，坚守舆论阵地，追求思想性和艺术性相统一。记者执行采访任务时自觉遵守相关法律规定，维护公序良俗，激浊扬清，弘扬社会正气，正面引导涉税舆论，加大税务系统榜样人物的宣传报道，讴歌美好心灵，用温暖鲜活的故事和精神力量鼓舞人心。

（三）接受社会监督

严格采编人员和证件管理，不安排临时人员、派遣人员、无证记者和非采编岗位人员执行采编任务，不向非采编岗位人员和兼职撰稿人发放记者证。记者执行采访任务时按规定出示记者证，并严格遵守新闻职业道德和新闻纪律。开通有效监督渠道，自觉接受社会监督，及时回应、答复社会公众举报、投诉，重要投诉及时向上级有关部门汇报。完善投诉举报处理流程，认真做好举报投诉的办理、反馈和沟通工作。

九、保障权益责任

（一）保障从业人员薪酬福利

坚持以人为本、依法用工，依法签订劳动合同，坚持公平公正，采取多种措施保障职工权益。关心员工生活和健康，为员工负责。提供符合国家规定的薪酬待遇及"五险一金"、补充医疗保险等，及时安排离退休人员和患大病职工慰问，提供必要的生活补助等。报社不断完善工会制度建设，组织丰富的文娱活动，提升职工生活质量，丰富职工业余文化生活；认真执行法定假期休假制度，鼓励职工应休尽休；为职工提供年度体检。

（二）规范新闻记者证管理

切实履行新闻记者证的申请、发放、使用和管理责任，及时为符合条件的新闻采编人员申办新闻记者证，及时收回离职、退休人员的新闻记者证，办理注销手续。

（三）开展员工培训

鼓励干部职工走出去，积极参加"全国媒体记者税收业务培训班"等专业技术培训，提升专业水平，提高内在素质，锤炼过硬本领。把业内优秀专家学者引进来，有针对性地讲授税收宣传专业知识和业务技能，提高干部职工培训质量，开拓干部职工专业视野。同时，组建青年理论学习小组，定期开展政治学习研讨活动，不断提高青年干部的新闻专业知识和政治理论水平。

十、合法经营责任

中国税务报严格遵守国家有关法律、法规及制度开展依法经营，严格落实著作权法、新闻出版法规、稿酬支付等相关规定。贯彻落实相关政策法规，规范发行、广告等经营行为，坚持执行采编与经营"两分开"，严格要求采编人员不得从事广告经营活动，采编部门不得以营利为目的从事经营活动。严格落实广告刊发相关规定，进一步加大广告专职人员培训力度，健全广告刊发审核、请示报告制度。新闻版面负责人在付印前复核版面广告，坚持正确舆论导向，不刊播违法违规广告。

十一、后记

（一）回应

中国税务报社今年首次公开报告媒体社会责任，上一年度未开展报告，因此没有回应内容。

（二）不足

2020年度媒体社会责任的履行方面，税务报社在创新报道形式、开拓报道视野、加速推进融媒体平台建设等方面进行了许多积极尝试，但具有广泛影响力和传播力的原创作品数量还不够多，在媒体融合深度、发展速度、发展程度上还有所欠缺，新媒体覆盖面、影响力还需进一步提升。

（三）改进

进一步激励记者创作优质原创作品，紧跟热点、加强创新策划，深入开展"走转改"活动，生产更多精品力作，提升媒体影响力。进一步实施更多技能培训，制订更加全面的培训计划，加强人才队伍梯队建设，大力培养骨干人员，提高采编人员政治素养和业务能力。进一步完善媒体融合机制，加速媒体深度融合发展，通过机制创新、技术升级等，充分激发采编人员创作积极性，结合互联网传播特点，创作出更多符合媒体融合传播特点的新闻作品。

《中国海洋石油报》社有限公司

社会责任报告

一、前言

（一）媒体概况

《中国海洋石油报》社有限公司（中国海油新闻中心）成立于 2013 年 7 月，前身为 1994 年创刊的中国海洋石油报社，是中国海洋石油集团有限公司全资子公司，总部设在北京，是中国海油党组机关报、官方微信、官方微博、官方网站、中国海油学习强国号等"一报一刊三网五微五视一号一讯"多个官方媒体运营主体，拥有 80 万全媒体订阅用户，发行及到达范围为全国和海外 20 余个国家或地区，覆盖中国海油各主要作业区域和关注、关心海洋石油工业发展的用户。

中国海洋石油报由中国海洋石油集团有限公司主管主办，1994 年正式创刊，是中国海油党组机关报。目前，《中国海洋石油报》每周 4 刊，每期 4 版，设要闻版、党建版、绿色版和人物版、文化版、视界版等副刊，开设"深入学习贯彻习近平新时代中国特色社会主义思想""学党史　强信念　跟党走""绿动海油""海油楷模·最美海油人"等特色栏目。

（二）社会责任

报社有限公司坚持以习近平新时代中国特色社会主义思想和党的十九大精神为指导，牢记举旗帜、聚民心、育新人、兴文化、展形象的使命任务，坚持党管媒体、政治家办报原则，紧紧围绕中国海油党组决策部署和要求，坚持正面报道为主，弘扬社会主义核心价值观，牢牢掌握意识形态工作领导权、话语权和主动权，打造守正创新、全维融合，雷厉风行、多元精彩，员工亲近、党组放心的央企一流新闻媒体。

（三）获奖情况

2020 年，报社有限公司共有 78 件作品获奖，其中《10 米长卷！中国海油扶贫图鉴》获得第七届国企好新闻微信类一等奖；《中海油 KF 油田项目：万名乌干达人共同的选择》获得第三十四届中国产业经济新闻奖国际传播类一等奖。陈洪澜荣获 2020 中国经济"十佳编辑"称号，中国海洋石油集团有限公司新闻中心团支部获中央企业五四红旗团支部荣誉称号。

二、政治责任

报社有限公司坚持以习近平新时代中国特色社会主义思想为指导，切实增强"四个意识"、坚定"四个自信"、做到"两个维护"。2020 年，以抗疫保产为主线，推出了领导干部执行力建设、助力脱贫攻坚、落实"六稳""六保"工作要求、应对低油价挑战、奋力增储上产、冲刺全年目标任务等一系列形式新、内容实、效果好的主题宣传产品。在"中央厨房"报道机制下统筹策划、统一组织，全媒融合、内外联动，通过文字、图片、视频、音频、H5 等多种手段，全方位展示了中国海油的政治担当、央企使命和人民情怀。

（一）政治方向

1.贯彻"第一议题"，牢牢掌握新闻舆论主动权，全平台奏响中国海油学习贯彻习近平新时代中国特色社会主义思想最强音。报社有限公司始终坚持政治家办报，始终将学习习近平新时代中国特色社会主义思想作为第一议题，第一时间学习、第一时间策划、第一时间宣传。围绕深入学习贯彻习近平新时代中国特色社会主义思想，各媒体平台坚持大容量、立体式、全媒体推送相关内容。

2."强信心、暖人心、聚民心"，全媒体做好中国海油坚决打赢疫情防控阻击战宣传报道，凝聚全员战"疫"强大精神力量。新冠肺炎疫情发生后，报社有限公司坚决听从党中央号召，第一时间组建"战'疫'党员突击队""战'疫'青年先锋队"，深入宣传中央决策部署和中国海油党组工作要求，及时报道联防联控措施成效，讲述全系统抗击疫情的感人故事，充分发挥在舆论上的导向作用、旗帜作用、引领作用，为中国海油坚决夺取战"疫"和生产经营双胜利营造浓厚氛围、凝聚强大力量。各媒体平台累计刊登作品近5000条，出版报纸58期、232版，总阅读量近亿次。中国行业报协会官方网站先后以"'五个到位'凝聚海洋石油工业抗'疫'正能量""战'疫'！为保障国家能源供应贡献精神价值"为题，报道中国海油新闻中心党支部奋战疫情防控舆论宣传一线的感人事迹。

3. 围绕落实"六稳""六保"工作要求和决胜决战脱贫攻坚部署，扎实开展高质量发展和精准扶贫系列宣传，为中国海油主动融入党和国家发展大局营造氛围。结合疫情防控常态化背景，聚焦中国海油党组融入京津冀协同发展、粤港澳大湾区等国家区域发展战略的主动作为，于全国两会期间推出《中国海油："职"为梦想托起民生》《中国海油：融入大战略 合力大发展》等6篇报道。全媒体平台围绕对口帮扶地质量好、口碑好的扶贫产品，发挥融媒体矩阵粉丝黏性优势，精心制作《来保亭，吃甜甜的黄金百香果！》等扶贫带货小视频，为5月份贫困地区农产品销售额环比增长720%作出了贡献。

（二）舆论引导

1. 持续加强议题设置，推动广大干部员工明形势、提信心、担使命、增干劲，为打赢应对低油价挑战攻坚战引航助力。2020年4月，国际油价呈断崖式下跌，全球石油行业面临"严冬"。为进一步提高全员参与迎接低油价挑战攻坚战的积极性，围绕中国海油进一步推动降本提质增效活动，报社有限公司以"一名基层员工来信"为契机，加强议题设置，精心策划组织推动全员迎战低油价主题宣传。全媒体平台共同开设主题专栏，形成报道声势，在集团范围内形成降本、提质、增效"重担人人挑、责任人人扛"的浓厚氛围，有力助推了中国海油降本、提质、增效各项工作上台阶、上水平。

2. 坚持"一个声音、多种释放"，以一体化思维统筹各种宣传渠道，实现宣传声量最大化。针对平台分层化、用户分众化特点，报社有限公司对外发布坚持"一个声音、多种释放"，既在报纸等传统媒体加大传播力度，也以短视频、动漫画等形式在微信、微博、抖音、快手及"学习强国"学习平台等新媒体平台上积极创新，不断扩大传播力与影响力。

（三）舆论监督

1. 坚持问题导向，着力营造干事创业勇担当的浓厚氛围。2020 年，报社有限公司推出《从信仰高度看待执行力》等 4 篇党员领导干部执行力建设系列谈和《基层这么拼　干部怎么办》等聚焦党员干部精气神的记者观察系列报道，引领广大党员干部强化责任担当、转变工作作风，提升政策执行、服务生产、服务基层的能力。

2. 深入行业一线，大力挖掘党建引领生产经营新闻线索。为深入办好"记者走一线""深观察"等栏目，报社有限公司组织骨干记者深入行业一线，挖掘中国海油总部各部门贯彻落实中国海油党组要求加强作风建设等新闻线索，持续报道基层党组织在组织建设、党风廉政建设等方面的探索与创新。

（四）对外传播

从国外事国内讲到国外事国外讲，实现国际传播奖"零突破"。2020 年，报社有限公司进一步加强海外宣传，坚持用企业语言讲好海外故事，在国际传播中实现了两个突破：一是实现国外事国外讲。在以往国外事国内讲基础上，探索国外事国外讲，《红树林里咖啡香》报道中国海油印尼项目持续多年投入公益活动，为社区居民打造经济新的增长点，助力社区可持续发展，得到印尼当地社区高度认可，该文在印尼东爪哇省主要媒体网站刊发。二是取得国际传播类奖项"零突破"。采写的《中海油 KF 油田项目：万名乌干达人共同的选择》展示了中国海油在乌干达担任作业者的油田项目，凭借行业内认可的最高环境保护标准和社会影响削减措施，顺利通过超过 1 万名乌干达当地民众参与的"油田环境与社会影响评估报告听证会"，该作品获第三十四届中国产经新闻奖国际传播类一等奖。

三、阵地建设责任

2020 年，中国海油融媒体中心试运行，融媒体矩阵更加壮大。多篇融媒体作品在行业好新闻评选中获奖，进一步扩大了海油好故事、好声音的传播范围。报社有限公司逐步探索出一条具有海油特色的媒体融合之路。

（一）融媒体矩阵

2020 年，报社有限公司坚持守正创新，深化全维融合，融媒体矩阵不断壮大。通过入驻"学习强国"、央视频、抖音、快手等第三方平台，形成拥有《中国海洋石油报》、《双赢》、"中国海油"官方微信公众号、"海油螺号"微信公众号、"海油螺号"微博、"图说海油"微博等"一报一刊三网五微五视一号一讯"立体多维传播的融媒体矩阵，逐步构建起协同高效的融合传播平台，真正做到"一次采集、多平台分发"。目前采编平台注册登记通讯员突破万人，约占员工总数的 10%。

（二）融媒体报道

秉正气、冒热气，融媒体作品既有点击率更有点头率。2020 年报社有限公司共出版发行报纸 187 期、官微发布推送近 1200 条，用户数量突破 25 万。发布视频 1968 条，同比 2019 年增长 102.5%。抖音、快手平台累计发布超千条短视频，最高点赞量近千万次，积累近 24 万粉丝。

（三）融合采编平台建设

覆盖全流程、全渠道、全类型，融合采编平台进入建设新阶段。2020 年，融媒体中心建设取得阶段性进展，为融媒体采编业务提供强大的数据支持、系统支持、技术支持。截至 2020 年 12 月中旬，项目完成试运行上线，进入建设新阶段。建设投用全媒体一体化平台（方正畅享全媒体新闻采编系统），移动采编平台和

PC 采编系统采用统一数据库管理，覆盖全流程、全渠道、全类型，实现移动协同、移动办公，文、图、视频、音频等稿件可分类展现和快速处理，为全终端提供全方位服务。

四、服务责任

2020 年，报社有限公司进一步提升服务，关注民生、热心公益，重点围绕能源行业重大政策、疫情防控、脱贫攻坚等主题，及时准确发布民生信息，积极主动搭建服务平台，帮助群众解决实际困难，取得积极成效，获得社会广泛好评。

（一）信息服务

1. 聚焦主责主业，第一时间发布权威声音，做好政策解读。报社有限公司通过报纸、网站、微信、楼宇 PPT 等及时准确刊播国资委与行业重大政策等政务信息，权威发布政策解读，将中央决策部署和中国海油党组要求传递到全行业，覆盖两会精神宣传贯彻、党的十九届五中全会精神宣传贯彻等。

2. 贴近读者生活，结合热点搭建桥梁纽带，做好信息服务。报社有限公司在中国海洋石油集团有限公司与海油员工之间发挥桥梁纽带作用，贴近读者、贴近生活，全年发布助力春耕、防汛防台、抗冰保产、职业健康等信息。围绕招聘季、入职季，结合"地摊经济"的热点，以漫画的形式"摆摊"介绍中国海油及所属单位，推出"职场漫画"，反响强烈。

（二）社会服务

1. 组建"两支队伍"，全力做好新闻宣传实践中的四项服务。新冠肺炎疫情发生后，报社有限公司第一时间组织政治素质过硬、业务能力突出的共产党员和入党积极分子、共青团员组建"战'疫'党员突击队""战'疫'青年先锋队"，深入抗疫一线，尽职尽责发挥先锋模范作用，全力做好新闻宣传实践中的政治服务、新闻应急服务、文化服务、支援服务。

2.聚焦能源领域做强媒体智库，传播核心领域专家好声音。针对能源领域重大主题，报社有限公司邀请核心领域专家发声。积极参加能源、经济领域有关论坛、会议、学术讨论，拓展专家团队，加强与能源领域专业机构的联系，不断提升品牌的行业影响力。

（三）公益活动

报社有限公司充分发挥中央主流媒体帮扶优势，不断创新扶贫模式，将公益广告和内容报道有机结合，全力助推乡村振兴。组建公益广告融媒体报道团队，全年在纸媒刊发助力脱贫攻坚、节约粮食、绿色低碳等公益广告24个版面；发布慈善募捐消息，涵盖捐资助学、捐衣助人、慈善捐助等多个方面；报社主要负责同志多次带队到结对帮扶地区调研采访，刊发报道百余篇、融媒体原创作品78件。

五、人文关怀责任

报社有限公司注重以人为本，深入基层一线，聚焦民生热点，恪守专业操守，彰显人文关怀，展现责任担当。

（一）民生报道

1.坚持以人为本，围绕民生热点，报道既接地气又冒热气。报社有限公司坚持以人为本，重点关注脱贫攻坚、乡村振兴等关系民生的重大选题，重点报道扶贫地区人民的就业现状、问题、诉求，解读相关政策，提出意见建议。完善"一线行""最美海油人"等专栏，深入挖掘基层一线真实生动的故事，全年刊发抗击疫情助民生类稿件近5000篇。

2.坚守人文关怀，关爱弱势群体，报道既有深度又有温度。报社有限公司组织记者深入一线，挖掘"布谷鸟""蔚蓝力量志愿服务活动"等温情暖心故事，为报道对象提供人文关怀。以学习雷锋精神、敬老助残、扶贫济困等为重点，关爱并尊重弱势群体，围绕爱心捐赠、支教助学等内容，让新闻报道既有深度又有温度。

（二）灾难和事故报道

报社有限公司坚持以正能量抚慰人心，避免对受害受灾群众造成"二次伤害"。全年刊发海上救援、防汛、抗台风、战酷暑、抗海冰等正能量新闻千余篇。

（三）以人为本

2020 年，报社有限公司大力歌颂战"疫"中的最美逆行者，推出"抗疫群英谱"系列；围绕扶贫推出"扶贫干部日记"；围绕保春耕推出"向海战春耕"等系列报道。常态化开设"亿朵浪花""一线连连看"等栏目，在先进典型人物、凡人小事等报道中，更加关注人的全面发展，深入采访对象精神世界、关注反映其真情实感；常态化开设"书香"专栏，推介图书启迪思想。

六、文化责任

报社有限公司发挥新闻媒体优势，弘扬践行社会主义核心价值观，传承繁荣优秀传统文化，积极普及科学知识，着力提高公众的科学文化素质。

（一）弘扬践行社会主义核心价值观

1. 常态化开展警示教育宣传。各媒体平台通过专栏、专版、漫画、视频等多种形式推动全面从严治党宣传教育可视化、全覆盖，引导干部员工筑牢抵御各种考验的精神堤坝。报纸和官微开设"廉政故事""清风廉影"栏目，刊发《清廉立身惠政利民》《红线不可越！》等廉政故事；与纪检监察部、党群工作部和宣传工作部等部门合作，开设"曝光台""作风建设见实效"等专栏；制作中央精神宣传贯彻 PPT 在楼宇视频系统 500 余块大屏滚动播出；持续报道基层党组织在组织建设、党风廉政建设等方面的探索与创新。同时，凡重大节日来临，提前发表相关文章，传达中央及中国海油廉洁从业要求。

2. 深入挖掘一线暖心故事扬家风。各媒体平台持续加强先进典型人物宣传报道，介绍一线岗位的榜样代表，讲述他们在工作中创新进取、苦干实干的成长成才经历，重点宣传"中国海油最美奋斗者"等先进典型的光辉事迹。

3. 突出节能环保绿色低碳树新风。报社有限公司坚持发挥引导作用，增强报道的创新性、时代感和贴近性，推出"杜绝舌尖浪费""绿色生活"等特别策划，传播低碳理念、提升环保意识、推动形成崇尚节约节能、绿色消费与低碳环保的社会风尚。

4. 记录我国能源行业的高光时刻，深入宣传中国梦。报社有限公司充分发挥新闻舆论传播力和影响力，展现中国海油"大国重器"的使命担当，推出"重大工程项目进行时"等栏目，持续跟踪报道、展示我国能源行业的发展历程，彰显新时代海油人的优秀品质，实时报道能源行业科技创新成果，以饱满的热情为实现中华民族伟大复兴的中国梦贡献力量。

（二）传承繁荣中华优秀传统文化

1. 常态化弘扬中华优秀传统文化，为传统文化注入海油特色。报社有限公司坚持正确解读宣传弘扬中华优秀传统文化，不断提升文化自觉性和文化责任感，将弘扬优秀传统文化与日常报道相结合，精心策划、持续完善文化副刊，结合行业文化积累和特色策划各类文艺作品，在中秋节、重阳节等传统节日推出特刊或专题报道，为传统文化融入海油特色。

2. 提升新闻美学价值，用镜头表现石油工业的宏大壮美。报社有限公司注重版面美化、设计和新闻摄影，提高编辑、记者审美水平，发挥图片的视觉冲击力、亲和力、感染力、叙事性，设置摄影专版，开设《视界》版，让新闻事件在承载信息传播能力的同时，展现生产一线影像的美学价值，引导读者思考和欣赏石油工业呈现的独特美感、记录一线海油人的奋斗面貌。

（三）推动提升科学素养

报社有限公司围绕中国海油坚定不移做强做优做大国有企业，加快建设中国特色国际一流能源公司目标，加大科技体制机制改革力度做好宣传；各媒体平台定期发布各类科普文章，以图片、视频、漫画等形式贴近读者生活，围绕钻井平台如何站在海上、拖航、深海岸电等主题为读者科普海洋石油工业知识，持续推动提升科学素养。

七、安全责任

报社有限公司严格遵守、持续完善有关安全刊播制度，强化内容安全，认真做好信息安全风险防范管理工作，建立了新闻应急响应机制，确保出版安全。

（一）安全刊播情况

报社有限公司始终将确保媒体质量、出版安全放在新闻宣传工作首位。2020年，坚持精编精校，实行严格的全媒体审核把关机制，强化全媒体全过程管控。同时利用编前会、员工会等加强政治学习和业务学习，建立周评报／读报、月度质量分析、月度好稿评比等机制，对标学习好经验、好做法，通报、总结媒体质量情况，不断增强全员质量意识、精品意识，实现各媒体平台安全刊播。

（二）完善安全刊播制度

报社有限公司制订出台《意识形态工作责任制实施细则》，把党管媒体落实到业务全流程，层层夯实意识形态工作责任。及时制订出台新增业务平台编辑操作规范，优化全媒体审核把关机制，汇编《新闻宣传业务管理制度》，从制度、流程控制层面明确要求，细化责任，规避舆情风险，不断巩固新闻宣传工作"防火墙"。严格贯彻执行"三审三校"制度，从宣传导向到稿件质量、编校质量层层把关、层层审核，着力防范安全刊播事故的发生。

（三）建立应急预案

报社有限公司建立了新闻应急响应机制，在特重大突发报道任务等重要节点启动一级响应机制，由总编辑靠前统筹指挥，配备各业务骨干力量值班值守，确保各媒体平台安全出版、稳定运行。

八、道德责任

报社有限公司坚持新闻真实性原则，通过着力健全制度，深化业务培训，尊重原创保护版权，杜绝有偿新闻行为等措施，不断加强新闻职业道德建设。

（一）遵守职业规范

报社有限公司严格贯彻执行《中国新闻工作者职业道德准则》，结合业务实际制订、实施《员工职业行为规范》，规范新闻记者职业行为，强化培养记者职业精神。

1.坚持新闻真实性原则。建立记者下基层机制，鼓励、支持记者践行"四力"，深入一线调查研究、采制稿件。优化各媒体平台审稿核稿流程，确保认真核实新闻信息来源，真实准确、全面客观进行报道，杜绝虚假失实新闻。

2.杜绝有偿新闻行为。强化职业道德建设和纪律建设，进行经常性地提醒、引导，抓好日常监督，未发现有偿新闻、有偿不闻、新闻敲诈等情况。

3.抵制低俗庸俗媚俗内容。坚持团结稳定鼓劲、正面宣传为主，唱响主旋律、打好主动仗、传播正能量，坚决抵制低俗庸俗媚俗内容，各媒体平台未刊发各类不良信息。

4.尊重原创保护版权。严格遵守著作权相关法律法规，强化全员版权意识教育，鼓励、尊重原创，坚决抵制侵权盗版行为，通过合法途径获取新闻稿件和素材，转载、使用其他媒体作品明确标注稿件来源。

（二）维护社会公德

各媒体平台大力弘扬社会公德，坚持把镜头笔触对准基层一线，深入挖掘在疫情防控、助力脱贫攻坚、奋力增储上产、应对低油价挑战、重大产能建设等方面涌现出的典型人物和生动案例，着力弘扬积极向上的精神文化，营造和谐发展的良好氛围。

（三）接受社会监督

规范新闻采访活动，要求记者采访时出示合法有效的新闻记者证。畅通社会监督渠道，通过公布电话、邮箱，微信、微博留言等多种方式，自觉接受社会监督，及时回应、处理群众举报投诉。

九、保障权益责任

报社有限公司重视保障从业人员合法权益、薪酬福利，通过开展职业培训为员工发展提供良好条件。

（一）保障从业人员合法权益

重视员工职业发展，设立畅通的职业晋升通道。及时沟通、解决涉及员工切身利益的有关事项，支持保护采编人员正常采编行为，没有员工因正常采编工作受到侵害情况发生。

（二）保障从业人员薪酬福利

规范劳动合同管理，依法与新录用员工及聘用人员签订劳动合同。按时足额支付员工劳动报酬，在依法缴纳"五险一金"基础上，为员工建立补充医疗保险和企业年金制度，为员工提供全面有效的福利保障。同时积极发挥绩效考核指挥棒作用，加强日常考核，建立即时奖励机制，充分调动员工积极性和创造性，营造风清气正、干事创业的良好氛围，持续提升新闻宣传工作质量和水平。

严格执行国家关于职工节假日的相关规定，为员工提供带薪年休假和探亲假，鼓励支持员工休假疗养；为员工提供补充医疗保障，安排体检；为单身员工提供过渡性公寓等，充分保障员工休假休息等各项权利。

（三）规范新闻记者证管理

根据国家新闻出版署要求，及时为符合条件的采编人员申领新闻记者证，保障采编人员采写权利；依法做好记者证的换发、年检、注销等工作，及时收回离职、退休等采编人员的新闻记者证。

（四）开展员工教育培训

持续加强员工培训和队伍建设，着力提升员工政治素质和专业能力。2020 年，结合新冠肺炎疫情防控形势，组织多个线上专题培训，内容涵盖学懂弄通做实习近平新时代中国特色社会主义思想、领悟石油精神内涵等方面。积极参加中国记协增强"四力"专题培训、国家广播电视总局短视频培训以及中国海油学习贯彻党的十九届四中全会精神专题培训等。通过师带徒、集中培训、基层锻炼、各媒体轮岗等形式加强新员工培养，帮助年轻员工快速成长。组织评报、读报、业务评比等活动，营造浓厚的业务学习和研讨氛围，引导员工聚焦业务，打造精品，提升能力。

十、合法经营责任

2020 年，报社有限公司严格遵守国家法律法规，着力推进合法规范经营，社会反响良好。

（一）遵守法律法规和有关规定

报社有限公司严格遵守国家法律，遵守网信、新闻出版、广播电视等行政管理部门发布的部门规章和规范性文件，积极加强从业人员关于媒体法律法规、文件的培训学习，着力推进合法规范经营，社会反响良好。

（二）严格做到采编经营"两分开"

报社有限公司严格落实采编经营"两分开"原则，采编人员不参与经营活动，不从事与新闻采编业务无关的活动；未设驻地方机构，没有给采编人员下达经营指标和任务、收取管理费用的情况。

（三）不刊播违法违规广告

作为中国海油党组机关报，报社有限公司除依法刊播公益广告外，不刊播商业广告，无刊播违法违规广告情况。

十一、后记

（一）回应

针对 2019 年存在的不足，报社有限公司积极采取有效措施进行改进。

一是在运用新媒体做好分众化、差异化、精准化传播方面，报社有限公司充分发挥融媒体矩阵优势，集中优势报道资源，推动内容产品、生产模式、传播方式深度融合，真正做到"一次采集、多平台分发"。

二是在人才队伍建设方面，通过师带徒、驻站锻炼、各媒体轮岗、体验式培训＋"空中课堂"等复合型培养模式，拓宽了宣传骨干培训渠道，有效加强了宣传队伍作风建设、能力建设。

（二）不足

一是具有广泛影响力和传播力的原创作品数量还不够多。当前，新媒体、新业态飞速发展，传媒业深刻变革，报社有限公司在创新报道形式、开拓报道视野等方面进行了许多积极尝试，但与"具有广泛影响力和传播力"努力方向尚有一定差距。

二是全媒体人才队伍建设仍需加强。满足当前推进媒体融合、创新宣传形式等任务需求的人才还不够多，特别是在全媒体人才队伍建设方面还需要做出更多努力。

三是在推进媒体深度融合，实现"有效传播、传播有效"上还需发力。在媒体融合深度、发展速度、发展程度上还有所欠缺，新媒体覆盖面、影响力还需进一步提升。

2020 年未出现被网信、新闻出版、广播电视等行政管理部门或新闻道德委员会等行业组织作出行政处罚、通报批评等情况。

（三）改进

一是着力打造更多的融媒体传播精品。充分激发采编人员创作积极性，创作优质原创作品，紧跟热点、加强创新策划，组织采访团队深入一线"走出去"。

二是践行"四力"，加强采编人员队伍建设。全面提高新闻舆论工作水平，开展更多技能培训，大力培养骨干人员，提高采编人员政治素养和业务能力。

三是以中国海油融媒体中心为抓手，推进媒体深度融合。完善媒体融合机制，加速媒体融合发展，通过机制创新、技术升级等，加快数字化转型。

中国财经报

社会责任报告

一、前言

（一）媒体概况

中国财经报于 1991 年 7 月 3 日创刊，遵循立足财政、反映经济、面向社会、服务读者的办报宗旨，是财政部指导全国财政工作和新闻宣传的重要舆论阵地、社会各界获取财经信息的重要渠道、国际社会观察中国财政工作的重要窗口，是全国财政领域发行量大、权威性和公信力强的主流媒体。中国财经报社是财政部直属事业单位，下辖一个主报（中国财经报）、两个子报（中国会计报、中国政府采购报）。

2013 年、2015 年和 2017 年，中国财经报连续三届被国家有关部门评定为"百强报刊"。2020 年，中国财经报社各报纸发行量总和近 20 万份，下辖各新媒体用户总量超过 273 万，日均传播覆盖面突破 1 万人次。

（二）社会责任理念

中国财经报社积极履行新闻媒体的职责使命和社会责任，牢牢把握正确的政治方向、舆论导向、价值取向，唱响主旋律、传播正能量，坚持以文化人，培育和践行社会主义核心价值观。致力于做社会各界了解财政经济的窗口和广大读者参与经济生活的良师益友，加强财政政策宣传解读，为读者提供有价值的财经信息。紧跟财政领域热点难点，及时解疑释惑、正本清源、激浊扬清，切实发挥财政经济宣传和舆论引导"主力军"作用。

（三）获奖情况

中国财经报记者李忠峰采写的文字报道《兰考"焦桐"意外长成"摇钱树"》荣获第三十届中国新闻奖文字消息类三等奖。中国财经报记者赵加仑、吴宇宁采写的文字报道《把阳光"装"进钱包里——山西省临县光伏发电扶贫见闻》荣获第32 届中国经济新闻大赛新闻报道类二等奖。中国会计报记者高歌采写的《四川甘孜："互联网＋精准扶贫代理记账"助力攻克深度贫困堡垒》荣获第三十二届中国经济新闻大赛新闻报道类三等奖。中国财经报编辑崔春雨荣获 2020 中国经济传媒"十佳编辑"称号。

二、政治责任

（一）政治方向

中国财经报社始终把学习宣传贯彻习近平新时代中国特色社会主义思想作为重中之重，及时做好习近平总书记重要活动等宣传报道，全面深入阐述习近平总书记重要讲话的深刻内涵、科学论断、全新要求。自觉承担起举旗帜、聚民心、育新人、兴文化、展形象的使命任务，在财政部党组的坚强领导下，深刻把握"财政部首先是政治机关""财政部所做的工作都带有鲜明的政治属性"的定位，牢固树立"政治家办报"理念，筑牢建强新闻舆论阵地，始终坚持正确政治方向、舆论导向、价值取向，旗帜鲜明地讲政治，坚定不移地弘扬主旋律，有效传播财政声音。

中国财经报社党委制定出台了《中国财经报社意识形态工作责任制实施细则》《中国财经报社关于坚持把社会效益放在首位　实现社会效益和经济效益相统一的实施细则》，围绕报社"坚持正确政治方向""提升舆论引导能力，承担媒体社会责任"等方面进行制度设计，确保报社所属媒体守住、管好意识形态阵地，切实履行好社会责任。

2020 年 1 月 1 日，中国财经报头版头条全文刊载习近平总书记 2020 年新年贺词。全国两会期间，中国财经报紧扣会议议程，在头版重点聚焦全国两会大事要情、习近平总书记下团组等，及时刊载新华社相关时政报道。此外，密切跟进报道习近平总书记在党的十九届五中全会、中央经济工作会议上的重要讲话及重要活动等，及时准确传播党和国家重大方针政策和决策部署。

中国财经报头版头条持续推出"在习近平新时代中国特色社会主义思想指引下——新时代新作为新篇章"系列报道，全年刊发报道 60 多篇，多角度展现各级财政部门以习近平新时代中国特色社会主义思想为指导，把握新时代财政改革发展新要求，主动作为，创新探索，促进高质量发展的新实践、新经验。

（二）舆论引导

中国财经报社紧紧围绕党中央重大决策部署和财政中心工作，充分发挥全国财政系统意识形态阵地和新闻舆论阵地作用，主动当好新时代财政改革发展的见证者、记录者和传播者，着力宣传好解读好财政政策举措，反映好财税改革实践，报道好财政改革发展成就，使财政新闻舆论工作切实发挥统一思想、凝聚共识，澄清谬误、解疑释惑，春风化雨、润物无声的作用，在全国财政系统乃至社会各界产生了较好的反响。

中国财经报主动为做好新冠肺炎疫情防控工作提供政策解读和舆论支持，积极传播"政"能量，认真讲好战"疫"故事，深入解读有关财税政策，广泛宣传各级财政部门凝心聚力、倾力支持打赢疫情防控阻击战和推动经济社会发展的坚决行动。其中，2020 年 2—5 月，共刊发有关报道（图片）2500 余篇（幅），并推出约 1.2 万字的长篇纪实通讯《长缨在手缚苍龙——财政部倾力推进疫情防控和经济社会发展工作纪实》，全景式展现了财政部大力支持抗疫、稳定经济社会发展的担当作为与显著成效。陆续刊发《书写疫情防控的"财政答卷"》《让政策和资金"跑"在疫情前面》《把防疫和发展责任扛在肩上》《众志成城力争"两手硬两战赢"》《为夺取"双胜利"保驾护航》等 17 个省区财政支持疫情防控工作的纪实报道。

聚焦财政支持复工复产、复商复市，中国财经报刊发了《财政如何应急兜底？小微企业如何纾困？复工复产如何支持？——权威部门详解疫情防控财税政策热点问题》《中央财政大力支持"菜篮子"稳产保供》《抗疫复工的浙江样本》《以政策

资金为引擎　按下复工复产"加速键"》等报道。

中国会计报采取专题报道、系列报道、深度报道等多种形式，策划组织战"疫"特别报道，开设特色鲜明的"疫情背景下企业管理会计案例应用"专栏，充分利用财政部会计司的调研成果，有针对性地加以采访，介绍一些行业企业有效运用管理会计，加强与改进企业管理，对冲疫情影响的经验，展现了深化管理会计应用的生动局面。

中国政府采购报开设了防疫抗疫专题，全年累计推出政府采购助力防疫抗疫宣传报道 250 余篇。其中，针对疫情期间完善紧急采购制度等问题，推出了"聚焦特殊时期下的政府采购"系列专题，刊发了《紧急采购应以问题导向精准施策》《应急采购等"非政府采购项目"如何实施》《紧急采购：既要特事特办，也要施之有"度"》等专题文章。围绕行业话题，设立了"政采支持企业复工复产"专栏，推出了"抗疫采购以及疫情后复工复产""疫情之后对巨灾保险服务采购的探讨""以回收促消费的政府采购典型企业经验"等主题报道。

（三）舆论监督

中国财经报通过《财政监督》版有针对性地组织报道财政部各地监管局开展财政监督工作的情况。针对天津市在新增专项债券管理方面出现的债券发行不规范、债券资金超范围支出等问题，财政监督版及时推出了财政监管部门撰写的《新增专项债券发行管理需要完善》和《天津债券管理趋向规范》等述评和消息。

中国政府采购报紧跟财政部发布的"2019 年政府采购代理机构监督检查"处理结果公告，陆续推出了《财政部处理 22 家代理机构》《财政部再发公告　24 家采购人被责令整改》《60 则信息公告中的警示与启发》《9 张罚单！代理机构检查处罚结果来了》等舆论监督报道，围绕整改处罚决定对采购人和采购代理机构及存在的问题进行报道，进一步明晰了违规问题的成因，督促采购人和采购代理机构深入学习有关规定，提升专业化水平，产生一定的警示作用。此外，中国会计报策划推出财会监督特刊及"聚焦注册会计师行业联合监管"的专题报道和专栏。

（四）对外传播

中国财经报社目前尚未建设国际传播媒体平台，但据中国财经报微信公众号用户"语言分布"数据显示，英文用户达 3500 余个，繁体中文用户达 1800 余个，并受到部分境外人士关注。

从中国财经报社下辖子报来看，中国政府采购报是我国在世界贸易组织秘书处备案，且负责公开政府采购适用的有关法律法规、司法解释、规章文件以及相关规程等信息的专业媒体，成为向世界展示我国政府采购公开、公平、公正形象的一个"窗口"，一些报道被国外媒体关注并转载，具备一定的国际传播力、影响力。同时，中国会计报有部分报道被国外媒体关注并转载。

三、阵地建设责任

（一）融媒体矩阵

目前，中国财经报社已建设拥有 3 张报纸（中国财经报、中国会计报、中国政府采购报），2 个网站（中国财经报网、中国政府采购新闻网），2 个新闻客户端（中国财经报 App、中国会计报 App），7 个微信公众号（中国财经报、中国会计报、中国政府采购报、国家 PPP、中国政府引导基金频道、绩效新时代、财政文学），1 个矩阵（中国财经报微信矩阵），2 个微博（中国财经报官方微博、中国会计报官方微博）等多个载体的媒体方阵。

中国财经报微信公众号粉丝量超过 100 万，在中国经济传媒协会发布的"微信内容被转载 TOP10"中位列第三；以微信为载体，建立了包含财政部及部属单位、省级财政厅（局）、部分地市财政局在内的 130 余个微信公众号的矩阵平台；中国财经报新闻客户端用户下载量持续增加；中国财经报网日均访问量过万。此外，报社推出的"国家 PPP""中国政府引导基金频道""绩效新时代""财政文学"等微信公众号用户关注量稳步提升。

中国会计报微信公众号入选 2020 中国经济媒体"微信原创传播力指数"TOP10，粉丝量超过 113.4 万。中国会计报 App 注册会员数为 13.3 万。中国会计报官方微博粉丝量超过 18.8 万。

中国政府采购新闻网阅读量日均 5000 次，中国政府采购微信公众号粉丝量近 30 万。

（二）融媒体报道

中国财经报微信公众号刊载的多篇报道阅读量达 10 万＋，一些报道阅读量超过 50 万次，社会反响强烈并被广泛转载传播，特别是在新冠肺炎疫情防控报道中发挥出了不可替代的作用。例如，自 2020 年 1 月 27 日起，中国财经报微信公众号、网站先后开辟"疫情防控，财政是一支重要的力量！""战'疫'一线的财政身影"专栏，推出报道 900 余篇共 70 万余字。"疫情防控，财政是一支重要的力量！"每天推出 1 期，共推出 62 期。报道内容覆盖了上至财政部机关，下至乡镇财政所的全国财政系统。其中，对湖北省进行重点报道，涵盖 17 个地市和几十个区县。中国新闻网、中华网、腾讯网、新浪网等网站，以及各地财政厅局微信公众号等新媒体平台纷纷转载，在全国财政系统和社会上产生了良好反响。

中国会计报微信公众号全年阅读量总计 1380 万次，其中头条的阅读量平均达 2.6 万多；阅读量超过 10 万＋的文章达到 8 篇。

中国政府采购报在报纸、微信公众号及新闻网等平台上联合推出了"道听'图'说""按图索策""政采知识课堂"等栏目，通过漫画图解等更为生动、形象的形式，宣传政府采购专业知识，讲好政府采购故事。

（三）融合采编平台建设

2020 年，中国财经报社进一步加快构建融为一体、合而为一的全媒体传播格局，推动形成报网端微全媒体发展格局，在创新工作机制、培养全媒体人才、拓展渠道体系等方面，全面发力，持续推进。借助信息化技术手段，提升采编平台的信息聚合力和传播力，正式建成了以生产音视频内容为新媒体服务的融媒体演播室，并投入试运行。

2020 年，中国财经报社扎实推进媒体融合配套制度建设，按照媒体融合发展的相关要求，不断对新媒体制度进行及时修改和完善，保持制度建设的与时俱进。一是修订《中国财经报社 App 岗位设置与绩效薪酬管理办法》；二是修改《中国财经报社高风险业务专项内部控制办法》中关于新媒体审稿发稿的部分，包括新媒体审稿发稿情况介绍、新媒体审稿发稿中的职责划分、流程描述、风险事件的确定、流程图等。

四、服务责任

（一）信息服务

中国财经报社聚焦主责主业，传递权威信息，服务市场主体，深入阐释积极财政政策，注重对外公开信息服务。在中国财经报网站和新闻客户端，建立了可免费获取的财政政策信息法规库。在新闻客户端，同时开设"法规速递""法规解读"栏目，对最新财政政策信息予以全文呈现并作出权威解读。中国政府采购报及时准确发布政府采购招投标公告，公益刊登财政部政府采购信息公告共 15 个版。

中国财经报社利用自身作为财经领域资深专业媒体的优势，携手中央国债登记结算有限公司进一步加大对国债收益率曲线的宣传报道力度，在中国财经报每期头版固定位置刊登中债—国债收益率曲线，2020 年共计刊登 196 期，扩大了国债收益率曲线的影响力和公信力，增强了该曲线作为基准利率"坐标"在国家建设中的经济参考价值。同时，中国财经报携手中央国债登记结算有限公司，每周在金融版固定位置刊发地方政府债发行情况，2020 年共刊登 49 期。

中国财经报推出了《积极的财政政策要大力提质增效》《积极的财政政策要更加积极有为》《刘昆详解积极财政政策"加""减""调"》等报道。及时反映财政部门做好"六稳"工作、落实"六保"任务的举措和成效，刊发报道《财政政策挑大梁落实"六保"》《做好"六稳""六保"财政积极有为》等。围绕预算公开工作，聚焦政府过紧日子，刊发了《102 个中央部门集中"晒"预算》《政府过紧日子要着力提质增效》《政府过紧日子走向常态化》等报道。追踪财政直达资金落地，推出了《财政部：积极的财政政策要大力提质增效　确保资金直达民生》《财政部：建特殊转移支付机制保资金直达基层》等报道。

（二）社会服务

中国财经报社主动承担新闻媒体的社会责任，助力公益事业，积极刊发公益报道，探索开展智库服务，产生了较好的社会效果。利用报纸、微信、新闻客户端等媒体平台，积极宣传财政支持公益事业发展的举措和成效，围绕脱贫攻坚、养老服务等，多角度多侧面宣传报道。例如，推出了《为贫困地区农副产品"出山"插上翅膀》《浓浓敬老情　夕阳分外红》《河南漯河支持农村公益事业发展》《逆势突围做老百姓吃得起的好酱干》等多篇报道。

同时，中国财经报社主动服务全国人大代表、全国政协委员，自 2020 年 12 月起，开辟"代表委员履职风采"专栏，每期报纸推出一位代表委员的专访报道，生动展现代表委员履职尽责的风采。

中国财经报社与财政部政府债务研究和评估中心达成战略合作，创办了"中债智汇高端沙龙"，目前已成为加强地方政府专项债券管理工作的智库平台。2020 年由于新冠肺炎疫情原因，以视频形式举办了"地方政府最优举债规模"研讨会，并将研讨成果编辑成《地方政府债券市场评论》内刊，供业界参考使用。

中国政府采购报在头版开设了"政采扶贫在行动"栏目，组织记者深入扶贫一线，积极报道各地在预留份额、采购执行、"扶贫 832 平台"对接等方面的工作进展、经验与成果，推出了《天山南北政采扶贫奋起追》《策勒红枣搭上政采扶贫快车》等专题报道 10 余篇。开设"政采扶贫小故事"专栏，编发各地政府采购支持脱贫攻坚经验做法稿件 100 余篇。在全国政府采购贫困地区农副产品工作推进会召开之际，推出一期特刊，集中报道了政府采购贫困地区农副产品工作的成绩、数据、经验以及扶贫成效等，通过一系列活动积极服务政府采购支持扶贫工作，调动社会力量共建共享扶贫成果。

（三）公益活动

中国财经报社建立了由编委会主导、编前会审议的公益广告工作机制，稳定刊发频次，确保刊发内容导向正确。2020 年，中国财经报社制作发布了"节约粮食""疫情防护""垃圾分类""环境保护""低碳出行""国家宪法日""节约用水""劳动光荣""安全驾驶"等各类公益广告，在中国财经报、中国会计报、中国政府采购报共推出公益广告 30 余期。在微信、网站、新闻客户端等新媒体平台推出公益广告 17 期。

在疫情防控期间，中国财经报社 130 余名党员干部职工踊跃捐款 2 万余元。2020 年，经报社党委研究决定，继续以自有资金向财政部定点扶贫县云南省永胜县捐款 5 万元；报社工会、食堂购买平江、永胜两县农副产品近 7 万元；报社妇委会组织干部职工开展爱心捐助公益活动，捐赠儿童书籍 148 本、儿童衣物 111 件。

五、人文关怀责任

（一）民生报道

2020 年 1 月至 3 月，中国财经报策划开展了"新春走基层　脱贫攻坚一线见闻"主题采访活动，组织采编队伍深入深度贫困地区走访调研，开辟专栏持续推出了《金蛋蛋"孵"出致富果》《毛志福回乡务工记》《张红志的翻身"账"》《贫困户做上"无本生意"》《伞头秧歌换了词儿》等基层走访报道，共计刊发相关新闻稿件（图片）60 余篇（幅）。

此后，中国财经报进一步加大脱贫攻坚宣传报道力度，组织报道组分赴 9 个省份开展"决战决胜脱贫攻坚"大型报道战役，推出了《中央和地方财政支持脱贫攻坚情况调查系列报道》《驱贫除困战犹酣》《啃下"硬骨头"全民奔小康》《四川财政"集中火力"战脱贫》等多篇报道。此外，聚焦财政部定点扶贫县脱贫攻坚工作，刊发了《把贫困的帽子扔进金沙江》《写下高质量脱贫的真情答卷》《打通乡村治理最末端》等报道。

老旧小区综合改造提升是关系民生、连着民心的重要工程，也是扩大投资、激发内需的重要方式，更是做好"六稳"、落实"六保"的重要内容。中国财经报组织记者赴各地采写了《褪去"陈旧"　一展新颜》《解民忧办实事　让老城更宜居》等报道，展现了各地协同推进老旧小区综合改造提升，让老百姓点赞、让居民满意的一线见闻。

中国财经报重点报道打好污染防治攻坚战等选题，力求做出新意做出效果。推出了《让发展的"颜值"更高》《擦亮广西山清水秀生态美的"金字招牌"》《同饮一江水　共护"母亲河"》《"无废城市"加快城市绿色发展》等报道。

对于教育领域，中国财经报重点围绕提升各阶段教育公平优质发展实施的一系列政策改革推进情况，刊发了《推动研究生教育实现新发展》《"特岗计划"促进城乡义务教育均衡发展》《推进师范毕业生教师资格认定改革》《切实保障教育投入不放松》等报道 90 余篇。

对于文化领域，中国财经报结合促进社会主义文化繁荣、促进疫情文化企业复工复产，推出了《让群众精神文化生活更加丰富多彩》《全国文化及相关产业企业营收增长 7.0%》《文化企业应对疫情需要更多政策关爱》《天津：持续实施文惠卡项目》《"京 28 条"助力文化企业复元气、强发展》等报道 70 余篇。

（二）以人为本

中国财经报社认真践行以人民为中心的发展理念，用笔端书写人民、用真情讴歌人民，采写了一批沾满泥土气息的基层一线新闻稿件。

开展"走向我们的小康生活"主题宣传报道。中国财经报社组织下辖报纸、网站、微信、新闻客户端等媒体平台开辟"走向我们的小康生活"专栏，推出了《脱贫攻坚的"硬脊梁"——中央财政支持农技推广服务特聘计划工作纪实》《赤溪美》《江苏迎来又一个丰收年》《浙江仙居："酸甜经济"有"财"经》《电商进乡村　山货变成金》《再现"锦绣太原城"的逐梦之旅》《以花为媒酿"甜蜜"》等 90 余篇系列报道，以质朴的语言、生动的笔触、温暖的画面，记录讲述小康故事，彰显党的初心与使命，为决胜全面小康贡献行业媒体力量。

长江保护法出台前夕，中国财经报派出报道组，走访了解长江退捕、禁捕渔民生产生活真实情况，采访基层一线贯彻落实中央要求的具体举措和落地进展，客观展现了长江退捕、禁捕渔民的喜与盼，推出了《告别在长江捕鱼的日子——湖北省咸宁市落实长江流域重点水域禁捕和退捕渔民安置保障工作见闻》的深度报道，取得了良好的社会宣传效果。

中国财经报专门开设了"扶贫映像"图片专栏，派出摄影记者赴基层采访，推出《河南淮滨"艾草联盟"蹚出带贫致富路》《河南固始扶贫扶智助励志》等组图报道，把镜头聚焦在普通农民和孩子们身上，从一个侧面记录下他们用勤劳的双手实现致富奔小康的典型案例，以及社会各界帮扶农村留守儿童学习生活的事例。

六、文化责任

（一）弘扬践行社会主义核心价值观

中国财经报主动讲好财政故事，持续报道全国财政系统先进人物、先进单位的事迹。开辟"全国财政双先风采录"专栏，推出了《长白山下"阿里郎" 尽心履职勇担当》《扮靓一座高素质高颜值之城》《"喊破嗓子，不如做出样子"》《一言一行践行"老西藏精神"》等31篇报道；开辟"初心与使命·讲述财政人的故事"栏目，刊发文章《他的背影融入了乌蒙大山——追记贵州省水城县财政局脱贫攻坚驻村轮战干部王文华》《脱贫攻坚路上的"孺子牛"——记投身脱贫攻坚事业的陕西省财政厅农业处处长陈军平》等。

（二）传承繁荣中华优秀传统文化

中国财经报每周推出《集贝》和《文化》两块副刊版面，将其作为文化传播和传承的重要阵地，讲述财政人心目中的人文情怀和文化故事。通过副刊版面，在编辑工作的前端环节加大策划和约稿工作力度，有针对性地向文学领域的知名作家和财政系统的作者约稿，通过文学副刊的形式推出了一系列抗击新冠肺炎疫情、脱贫攻坚等主题文章，在重要的节日、纪念日专题刊发相应的策划文章，传递正能量，讴歌新风尚。

中国政府采购报精心打造《阳光》副刊，借助"甘苦财政（采购）人""我在基层""身边的故事""我的父亲母亲"等栏目，刊发优秀稿件200多篇，为正党风、扬家风、树新风做出努力。同时，中国会计报《家园漫步》版，刊发了一系列专访、随笔等文章，宣传会计文化，传播正能量。

（三）助力科技创新

中国财经报综合利用新闻版面和科教文专刊版面，坚持重点选题浓墨重彩与日常报道细水长流相结合，积极联系教育部、文化和旅游部、科技部、地方财政系统和业内专家、科研项目单位，围绕财政落实新发展理念、支持科技研发等开展了一系列政策解读和反映政策阶段性成果的报道。2020 年，中国财经报重点关注科技体制改革的成果进展和加大研发投入、促进科技成果取得等内容，推出了《做实科研绩效评价管理提升整体支出绩效水平》《去年我国研发投入超 2.2 万亿元》《科技奖励制度为科技进步提供强大动力》《推进先进技术成果信息共享与服务》等 80 余篇报道。

中国财经报安排记者和农业农村部科技司、中国农业科学院、中国农学会等单位加强日常联系，记者多次随这些单位赴地方调研，先后撰写了《脱贫攻坚的"硬脊梁"——中央财政支持农技推广服务特聘计划工作纪实》《为农业现代化提供有力人才支撑》《"十三五"农业科技十大标志性成果发布》《农业科技为春耕备耕提供有力技术支撑》等重点文章和若干篇动态消息，共计刊发相关新闻稿件 10 余篇。

对于地理空间信息技术、机器人、氢能产业等科技创新的前沿领域，中国财经报组织记者实地采访，推出了《地理信息产业惠及百姓生活——浙江省湖州市德清县发展地理信息产业见闻》《擦亮"制造业皇冠顶端的明珠"——山东省青岛市发展机器人产业见闻》《打造氢能产业　筑梦"氢能之都"——河北省张家口市推动氢能产业发展见闻》等报道。

七、安全责任

出版安全无小事。中国财经报加强制度建设，查堵环节漏洞，加强内部管理，培养严细深实的工作作风，确保新闻报道政治方向、舆论导向正确，稿件内容真实、客观、优质且具有较高的财政专业水准。

严格审核选题和稿件。一是采访选题、角度、对象等需经部门选题会或部门负责人审定通过后才可进行采访。二是涉及重大改革、重要政策的选题和敏感话题，需报分管社领导审核或提交编委会审定。三是涉及有关解读财税政策、剖析财经问题、探索改革创新的相关报道及专家学者来稿，报社及时向财政部相关业务司局进行政策咨询或提请协助审核把关，确保稿件符合正确政治方向和政策导向。

把好版面关。报社在报纸出刊前一天召开编前会，研究审定各版面稿件安排，对任何存在政策解析不够严谨、与政策导向不完全吻合等存疑稿件，立即撤稿改稿，坚决杜绝问题稿件上版。编前会还就版式安排提出意见，讨论充分利用版面语言，更好地凸显正能量，增强新闻传播的感染力。

报纸和新媒体严格履行"三审三校"制度，全年报纸差错率低于万分之三。在编校过程中，做到精编精校，以严密的流程最大限度避免采编差错，尤其是对政策性话题的相关表述，从编辑、部门主任到值班社领导反复推敲，确保用语精准，体现正确舆论导向。

开展采编质量评审。报社采编质量评审委员会定期召开评报会，研究评价版面、稿件质量并审核确定相应质量类别，评定意见和结果在全社范围内张贴公示。此外，建立评选月度好稿和年度好稿工作机制，获评好稿作为参评各类新闻奖项的候选作品。

同时，中国财经报社结合财政部新闻舆论工作有关规定和新闻采编工作实际，于 2019 年 8 月制定了《中国财经报社新闻报道突发事件应急处置预案》，对新闻报道突发事件应急处置组织机构、突发事件定义及分类、应急处置流程和组织调查与评估等各个要素、环节进行明确规范。有效防范和应对报社新闻报道工作中出现的突发事件，最大限度地避免、缩小和消除突发事件造成的各种负面影响。

八、道德责任

（一）遵守职业规范

中国财经报严格遵守新闻宣传纪律和新闻出版法律法规，无驻地方机构，无违法违规问题。始终坚持新闻真实性原则，坚决抵制各种有偿新闻、有偿不闻及新闻敲诈行为，坚决抵制庸俗、低俗、媚俗内容。高度重视版权保护工作，对报网端微等各个媒体平台，多次组织梳理全部文稿、图片等来源渠道，确保符合版权保护工作相关规定。

一是从制度层面严格规范采编行为。在《中国财经报社采编管理办法》中明确了"采编基本规范"；在相关制度办法中，明确将"从事有偿新闻或采写虚假新闻，或滥用采访报道权，实施新闻敲诈"列为重大风险点并坚决防范；在《中国财经报社广告经营管理办法》中明确要求，新闻报道与广告经营活动严格"两分开"，报社采编人员不得直接从事广告经营活动。二是在日常管理中，着重加强采编人员职业道德和新闻纪律教育，着力提升风险防控意识，全面提升采编队伍素质。

（二）维护社会公德

中国财经报积极发挥宣传引导作用，传播正能量，引领社会维护社会公德。

为认真贯彻落实习近平总书记关于制止餐饮浪费行为的重要指示精神，努力在全社会营造浪费可耻、节约为荣的氛围，中国财经报特别开设"浪费可耻　节约为荣"专栏，及时报道全国财政系统厉行节约、反对浪费的措施行动，营造浪费可耻、节约为荣的浓厚氛围。推出了《财政部：四举措贯彻落实"厉行节约，反对浪费"》《河北省财政厅发出倡议厉行节约反对浪费》《安徽太湖财政：多措并举厉行节约反对浪费》等一系列报道。

为进一步宣传引导生活垃圾分类，展现此项工作取得的显著成效，中国财经报组织记者采写了《日子天天过　习惯慢慢养》《垃圾分类产业迎来高质量发展新时代》等报道，对垃圾分类产业发展蕴藏的巨大市场潜力进行深入分析。

（三）接受社会监督

中国财经报社记者在外出采访时，主动出示国家统一核发的新闻记者证，配合采访对象核实身份，接受群众监督。中国财经报社严禁无证或持工作证、采访证等其他证件开展采访工作。

九、保障权益责任

（一）保障新闻从业人员合法权益

中国财经报社严格遵守各项法律法规，重视员工职业发展，保障员工合法权益。一是依法依规执行劳动合同的签订、续签、变更、解除、终止等手续，依法缴纳"五险一金"，足额支付新闻从业人员的劳动报酬，依法保障职工的休息休假权利。二是持续优化员工薪酬社保措施和考评激励制度，不断增强员工的获得感和满意度。三是为非京籍员工办理工作居住证，对患有大病、生活困难或家庭遭遇重大变故员工及时开展慰问。四是充分发挥党组织及工青妇等的作用，精心办好职工食堂，开展丰富多彩的文体活动。五是认真做好报社新冠肺炎疫情防控工作，第一时间成立疫情防控工作领导小组，及时制订有关工作方案，明确了 12 条具体办法，最终实现了零感染、零疑似，无重大疫情防控疏漏。

（二）开展员工培训

中国财经报社党委认真组织员工参加"财政部党员干部学习贯彻党的十九届五中全会精神专题网络培训班""学习 2020 年全国两会精神网络培训班""警示教育周网络活动""财政大讲堂"以及财政部干部教育中心组织的有关财政业务培训，邀请五获中国新闻奖一等奖的经济日报社评论理论部同志为全体采编人员、党员干部和入党积极分子进行马克思主义新闻观主题培训等。

（三）规范使用新闻记者证

中国财经报社按照《新闻记者证管理办法》有关要求，对申领记者证人员的资格进行严格审核，并在报纸版面和报社网站对全体新闻采编人员进行公开公示。中国财经报社严格管理记者证，严禁为不符合条件的人申领和配发新闻记者证。

十、合法经营责任

中国财经报社严格遵照国家有关政策法规开展经营活动，以强有力的内部制度建设切实规范各类经营行为，有效防范经营风险。经营业务严格执行《中国财经报社广告经营管理办法》《中国财经报社新闻宣传发行管理办法》《广告经营专项内部控制办法》《经营活动内部控制操作规程》《工商广告合同签订内部控制操作规程》《广告往来款项管理内部控制操作规程》等一系列规章制度，合法合规开展发行、广告等经营活动。

中国财经报社严格遵守法律和网信、新闻出版、广播电视等行政管理部门发布的部门规章和制度性文件，全年未刊播违法违规广告。同时，始终坚持把社会效益放在首位、实现社会效益和经济效益相统一的原则，不断推动管理规范化、科学化。

中国财经报社严格执行采编与经营"两分开"的规定，确保"两分开"制度落到实处。加强合同管理和知识产权管理，注重制度建设，常年聘请律师事务所提供专业法律咨询，有效防范了法律风险。

十一、后记

本次为中国财经报社首次向社会公开发布媒体社会责任报告。

2020 年，中国财经报社没有被网信、新闻出版、广电等行政管理部门或新闻道德委员会等行业组织作出行政处理、通报批评的情况。

2020 年，中国财经报社积极践行媒体社会责任，仍存在以下不足之处。比如，国际传播能力有待进一步加强；媒体融合发展有待进一步提升；等等。

优秀媒体社会责任报告选编

2021年卷

| 地 方 篇 |

中华全国新闻工作者协会国内工作部　编

学习出版社

图书在版编目（CIP）数据

优秀媒体社会责任报告选编. 2021年卷. 2，地方篇 ／ 中华全国
新闻工作者协会国内工作部编. -- 北京：学习出版社，2021.12
ISBN 978-7-5147-1116-5

Ⅰ．①优… Ⅱ．①中… Ⅲ．①媒体(新闻)－社会责任－
研究报告－中国－2021 Ⅳ．①G219.2

中国版本图书馆CIP数据核字(2021)第267411号

目 录 Contents

北京广播电视台

社 会 责 任 报 告

一、前言

（一）媒体概况

北京广播电视台成立于 2010 年 5 月 31 日，由原北京人民广播电台、原北京电视台、原北京北广传媒集团整合组建而成，为北京市委、市政府直属事业单位。2015 年，原北京北广传媒集团经营性资产和业务划出，成立北京歌华传媒集团公司。2019 年，注销原北京人民广播电台、原北京电视台事业法人，整合职能部室，改频道频率为事业中心，形成一体化决策运行的扁平型组织架构和管理体系。

（二）社会责任理念

北京广播电视台现有 16 个职能部门、34 个事业中心，下属多家全资、控参股企业，业务涵盖节目制作播出、广告经营、版权运营、金融投资、文化旅游、电子商务、医疗健康、教育培训等领域。全台总资产近 150 亿元，年总收入超过 50 亿元，员工 6000 余人。2020 年有 11 套电视节目（22 个频道）、10 套广播节目（14 个频率）以及"北京时间""听听 FM"新媒体客户端和北京 IPTV、"北京云"等平台，开办固定电视栏目 109 个、广播栏目 184 个，北京卫视、卡酷少儿、冬奥纪实 3 个上星频道覆盖总人口分别为 11.5 亿、9 亿和 5.4 亿。"北京时间"客户端是北京首个市级融媒体平台，累计下载突破 8000 万。"听听 FM"音频客户端整合自有版权精品内容超过 60 万小时。

（三）获奖情况

2020 年，面对突如其来的新冠肺炎疫情和复杂形势，北京广播电视台在北京市委、市政府和市委宣传部坚强领导下，认真贯彻落实中央和北京市委决策部署，以首战意识、首席风范、首善标准、首创精神扎实做好各项工作。电视端全天市场份额 29.46%，同比增长 4.54%，晚间时段份额 37.35%，同比增长 11.56%；北京卫视在"中国视听大数据"晚间时段收视排名中位列第三，在索福瑞 35 城收视率排名全国第四，稳居省级卫视第一阵营；卡酷少儿频道收视登顶全国五大卡通少儿专业卫视之首。广播端全年市场份额达 72.858%，牢牢占据北京广播市场首位，收听率达 3.29%，同比增长 18.02%；交通广播 2020 年收听率达到 1.69%，同比增长 21.03%，市场份额 37.36%。无论是整个广播端还是交通台，两项数据均创下 5 年来最高。

全台全年有 65 件次作品获得重要奖项，马宏同志获第十六届长江韬奋奖。《交通新闻热线》栏目、广播消息《5G 技术助力国产机器人完成全球首场骨科实时远程手术》等 6 件作品获第三十届中国新闻奖，电视专题《生命暮年的幸福——带着尊严离去》等 3 件作品获 2017—2018 年度中国广播电视大奖。《上新了·故宫》《我同祖国共成长——庆祝新中国成立 70 周年少儿晚会》《创意中国》《传承中国》4 部作品获得第 26 届全国电视文艺星光奖。

二、政治责任

（一）政治方向

北京广播电视台始终坚持正确舆论导向，紧紧围绕中央和北京市委、市政府中心工作，紧扣决胜全面建成小康社会、决战脱贫攻坚主基调和"十三五"收官主题，全力做好新闻宣传和舆论引导工作，2020年出色完成抗击新冠肺炎疫情、全国和北京市两会、脱贫攻坚、全面建成小康社会、辉煌"十三五"、中国人民志愿军抗美援朝出国作战 70 周年、北京冬奥会冬残奥会筹备等重大主题宣传报道，推出了《全面小康　全面解码》等一系列高质量通俗理论节目和大型主题报道，正面宣传强劲有力，舆论导向正确坚定。

2020 年 3 月 14、15 日，《生命缘——来自武汉的报道》(一)《驰援》、(二)《重启》于北京卫视黄金时段播出

（二）疫情防控宣传突出引导力

全台 200 多名记者深入疫情防控一线，推出相关专栏和特别节目 70 余个、报道 13.2 万篇，滚动播出公益广告 500 余部，直播市政府疫情防控新闻发布会 196 场。《生命缘》集体荣获党中央、国务院、中央军委联合授予的"全国抗击新冠肺炎疫情先进集体"称号，是唯一受到国家级抗疫表彰的纪录片团队。

2020 年北京新闻广播、北京交通广播并机直播北京疫情防控新闻发布会。北京广播电视台"听听 FM"音频客户端开辟直播专题页面

（三）重大主题报道彰显影响力

围绕决战脱贫攻坚全面建成小康社会、习近平总书记视察北京六周年、中国人民志愿军抗美援朝出国作战 70 周年、党的十九届五中全会、辉煌"十三五"等重大主题，开设了《勠力同心建首善——习近平总书记 2·26 视察北京六周年特别报道》《决战决胜脱贫攻坚》《路路畅通奔小康》等专栏专题，推出报道 1400 余篇，公益广告 100 余部。北京卫视精心策划推出的大型纪录片《英雄》，微博话题总阅读量超 5900 万次，全网视频播放量累计超 4500 万次，覆盖粉丝近 1 亿。

2020 年是中国人民志愿军抗美援朝出国朝作战 70 周年

北京卫视推出 6 集系列片《英雄》，聚焦在抗美援朝战争中为祖国英勇献身和无私奉献的中华儿女，通过战斗英雄、后勤军人、医护人员、随军翻译、文艺兵等英雄人物的事迹，全面塑造抗美援朝战争的英雄群像。

（四）外宣报道服务国家工作大局

全台高站位、严要求，对外讲好中国故事，分享中国抗疫经验，回击美西方对我国的无端攻击。外语广播深耕传播内容，办好《感受北京》等外宣特色栏目，打造了"Touch Beijing"海外社交媒体平台。青少·海外中心协助北京卫视制作《生命缘——来自武汉的报道》英文版 5 期在海外播出，网络平台官方账号覆盖粉丝超过 200 万。

三、阵地建设责任

2020 年，北京广播电视台加快媒体融合步伐，充分发挥"北京云""北京时间""听听 FM"等新媒体品牌优势，打造"新闻＋政务＋商务＋服务"的媒体融合平台。积极推动新媒体平台与频道频率的融合，"北京时间"客户端完善融媒联动工作机制，实现对全台各频道 120 余档节栏目整期及碎片化内容拆条呈现，实现重大报道"移动端首发"。"听听 FM"客户端与各专业广播建立内容生产协调机制，广播端实现 147 档在播节目播出 24 小时内修改标题在移动端上线。推动全台各频道频率、栏目和主持人入驻"北京时间"和"听听 FM"，"时间直播""时间视频"等业务形成品牌优势；"听听 FM"稳居全国广电媒体音频客户端前列，BRTV 微信微博等官方账号关注量快速增长，"BTV养生堂""北京交通广播"等头部账号影响力持续提升。同时依托"北京云·融媒体"平台加强与各区融媒体中心对接，"北京云"作为北京市融媒体立体传播体系市级技术总平台的作用日益彰显。

2020 年，全台推出了《小康号邀您上车啦！》《海外抗疫日记》《走进北京网红打卡地》《金环日食大直播》等一系列爆款融媒产品。新冠肺炎疫情暴发时，依托《养生堂》《生命缘》等品牌节目构建的融媒传播矩阵，将内容和服务覆盖所有主流传播渠道，全网总访问量近 48 亿次。两会报道中，新闻频道采取"云报道"方式，开设《代表委员云访谈》等专栏；新闻广播、交通广播共同推出《两会直通车》、城市广播推出《市民对话一把手·提案办理面对面》融媒体直播访谈，运用演播室虚拟呈现技术，创新媒体问政方式。大型融媒体直播特别节目《服贸会来了》首创国内领先的互动视频新闻，首次实现移动端新媒体作品数量与时长双超电视端。

2020 服贸会上，北京广播电视台在服贸会现场精心策划推出一系列助力脱贫攻坚直播带货公益主题活动

突出展示重点打造的"北京时间"和"听听FM"两大新媒体客户端

2020 年 6 月 21 日，北京广播电视台科教频道中心、北京天文馆、"北京时间"App 联合呈现了一场盛大精美的大型全媒体互动节目《金环日食大直播》，形式为台网联动，网络直播和电视节目立体式报道，其中网络直播 3 小时，于"北京时间"App 播出，精编版电视节目 50 分钟，于BTV 科教频道播出

四、服务责任

全力服务首都建设发展，积极助力首都经济复苏，持续跟进报道京津冀协同发

2020 年 6 月 6 日 "北京消费季" 启动当天，央视新闻与北京广播电视台联合举办直播带货，由北京台主持人徐春妮与央视主持人康辉、朱广权、撒贝宁、尼格买提共同主持，启动 3 个小时后直播带货额达到 13.9 亿元

展、城市副中心建设、北京消费季、城市治理等；圆满完成 2020 年中国国际服务贸易交易会、2020 中关村论坛、第十六届北京国际车展、第十届北京国际电影节等全球级大型会展承办、参展和宣传报道任务。

（一）助推全市经济复苏

做好 "北京消费季" 大文章，全面展现各行业消费回暖势头。推出《走进北京网红打卡地》《战疫情　稳经济》《"战役" 我们在一起》《服贸会来了》《我在服贸会等你》等专栏和大型融媒体节目，承办第八届北京惠民文化消费季项目，吸引超过 13 万人次参与，消费金额 54 亿元。为做好 "六稳" 工作，落实 "六保" 任务，推动北京经济高质量发展贡献了实质力量。

（二）深度嵌入首都治理体系

把发现问题、剖析问题、解决问题融为一体。在 "光盘行动" "垃圾分类" 等需要全体市民参与的城市建设项目中，全台通过公众号文章、长图、短视频等方式科普实用知识、介绍好做法，推出《垃圾分类，从我做起》《浪费可耻，节约为荣》《美好家园，你我共建》等百姓易懂、易于传播的好报道好作品。

（三）推动城市发展建设

聚焦京津冀协同发展，广播端开办 "北京城市广播副中心之声"，全面记录新时代千年之城的生机与活力。推出 "京津冀大格局" "行走京津冀" 等专题专栏，充分反映各领域协同发展成效。聚焦城市

2020 年 10 月 19 日，"北京城市广播副中心之声" 开播

副中心建设，在新闻频道晚间黄金档开辟"北京城市副中心新闻"专栏，选派业务骨干常驻副中心配合开展报道。聚焦冬奥筹办，开设"我与冬奥的故事""冰雪知识微课堂""走进冬奥组委"等专栏专题，推出广播情景短剧《奥林匹克价值观系列故事》、纪录片《北京冬奥》、音乐真人秀节目《冬梦之约》，在北京冬奥会倒计时 500

2020 年 10 月 19 日开始，北京广播电视台新闻频道每周一到周五 20∶25 分播出"北京城市副中心新闻"专栏

天等关键节点，制作播出一批特别节目，体育广播"奥运"专栏每天滚动累计播出 150 分钟。

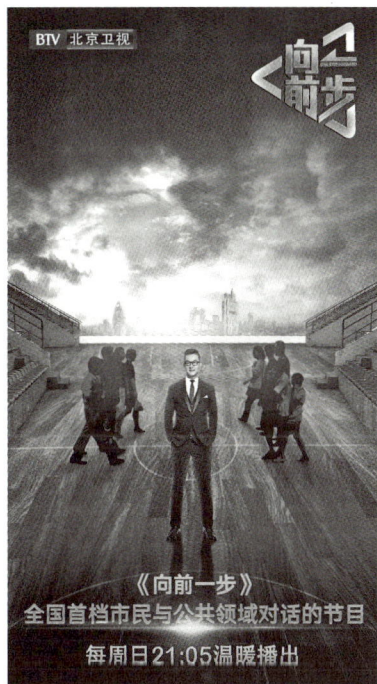

《向前一步》是在北京市委、市政府统筹指导下，由北京广播电视台原创，紧扣"疏解整治促提升"专项行动，以标志性的基层一线矛盾问题入手，解决问题的国内首档促进人与公共领域沟通的节目。节目选题来自城市进程中亟待解决的热点、难点问题，通过构建多维交流的沟通平台化解分歧，达成共识，向前一步

五、人文关怀责任

全台牢牢树立为民服务意识，主动反映群众意见呼声，从解决问题的角度开展建设性报道。《向前一步》《接诉即办》《新闻热线》推动解决了一系列实际问题，《向前一步》连续 3 年被写入市政府工作报告。

（一）构建百姓与政府沟通桥梁

广播端《新闻热线》节目及"问北京"微信公众号全年刊发舆论监督报道 300 余件，上报市委督查室提请督办的报道 46 件，解决 31 个实际问题；2020 年《交通新闻热线》帮助市民解决出行问题 37 个，被纳入市委督查室督办机制。打造"1039 调查团"新媒体品牌，栏目全平台粉丝超

5 万人，图文阅读量超 300 万次，《交通新闻热线》栏目荣获第三十届中国新闻奖"新闻名专栏"一等奖。电视端《向前一步》全年制作播出 53 期，自开播以来推动 105 条街巷完成整治、779 处违法建设得以拆除……因节目直接受益市民超 50 万人次。新开设的纪实性新闻栏目《接诉即办》，真实记录基层党组织和干部群众为民服务的真情故事。

（二）服务类报道满足市民需求

《养生堂》《我是大医生》《健康加油站》《健康北京》等健康类栏目，以通俗易懂的方式，普及基础健康知识。《警法时空》《警法在线》《法治进行时》《现场说法》等法治类栏目用鲜活案例普及法律知识。为健康中国、法治中国添砖加瓦，构筑坚实的群众基础。

（三）突发类报道急民之所急

交通广播积极发挥应急广播优势，2020 年关注疫情防控以及各类突发事件 50 余起。探索常态下的应急宣传，策划推出了"5·12 防灾减灾日特别直播""1039 应急云课堂"等融媒体宣传，用现场视频直播的方式展现交通场站防控疫情的举措和效果，体现了应急广播在抗疫关键期的守土有责、守土负责、守土尽责。

六、文化责任

坚持主流媒体的价值品位和历史担当，秉承在文化宣传和文艺创作领域的优良传统，努力创新创优，打造优质精品节目。2020 年在文化、综艺、广播剧、歌曲、诗歌、曲艺等方面打造精品佳作，记录历史、鼓舞士气、抚慰心灵。

（一）打造高品质的文化节目

2020 年北京广播电视台春晚积极开拓创新，以高超的艺术水准、厚重的文化情怀、开阔的思想格局，为观众奉上一场春节文化大餐，连续七年蝉联省级卫视同时段收视冠军。坚持"京味"文化综艺之路，推出了大型综艺季播节目《跨界歌王》（第五季）、《上新了·故宫》（第三季）、《了不起的长城》，大型文旅体验节目《我的桃花源》，打造文化类节目新高地。与国家体育总局、冬奥组委联合举办的《2021 迎冬奥相约北京 BRTV 环球跨年冰雪盛典》，互联网话题阅读量突破22 亿次。推出 12 小时接力直播"大声喊 新年好"广播跨年融媒传播行动，打造"声音汇聚力量"的跨年传播品牌，总观看量超 4000 万次。

（二）创作留得住的文艺精品

聚焦抗击新冠肺炎疫情和决战脱贫攻坚、全面建成小康社会两个宏大主题，创作了《北京防疫一家人》《北京护士的武汉日记》《但愿人长久》《山后梨花香》等一批优秀广播剧，并入选市委宣传部原创抗疫文艺作品。围绕民法典宣传，创

北京广播电视台卡酷少儿卫视于 2020 年 8 月 10—14 日每天 18：10 推出 5 集抗疫主题系列舞台剧《非凡守护》

作广播剧《咱身边的民法典》，以生动的剧情解读民法典的新知识。推出"歌唱北京"抗击疫情歌曲征集评选活动，涌现出《武汉你好吗》等一批传播效果好、业内一致认可的优秀作品。制作播出全国首部抗疫主题原创儿童舞台剧《非凡守护》。

（三）播出传得开的精品力作

围绕抗击新冠肺炎疫情，播出抗疫时代报告剧《在一起》。在全面打赢脱贫攻坚战收官之年的关键节点，播出文化扶贫剧《遍地书香》。围绕纪念中国人民志愿军抗美援朝出国作战 70 周年、抗战胜利 75 周年等主题，聚焦《金刚川》等一批优秀剧目。进一步做实"大戏看北京"品牌，

文化扶贫农村题材电视剧《遍地书香》在北京卫视热播，该剧自开播以来，凭借其接地气的故事背景及新颖的文化扶贫题材，收到了不少观众的关注和喜爱

全年播出了《在一起》《遍地书香》《精英律师》《安家》等多部影视剧佳作，在黄金时段表现优异的全国 81 部电视剧中，北京广播电视台占 13 部。

七、安全责任

2020 年 12 月 30 日，北京广播电视台冬奥纪实 4K 超高清频道正式开播。这是我国首个上星播出的省级 4K 超高清频道，也是国内唯一的标清、高清、4K 超高清同播频道

认真落实意识形态工作责任制，坚持守好安全生产生命线。全台进一步加强内容安全和播出安全管理，明确各级岗位责任，严格执行三级审核审看制度。完善常态化保障机制，加大重点时段保障力度，组织开展内容安全生产大检查。强化实施备播环节"两单一报"和直播环节"第一责任人"制度，在安全保障期增加了重点安全保障值守岗，有效地将各类安全隐患消灭在备播前端。全台积极推进频道频率数字化、高清化进程，实现了全部电视频道高清化播出，冬奥纪实 4K 超高清频道成为全国首个上星播出的省级 4K 超高清频道，并率先实现 4K 超高清和标清、高清同时播出。

2020 年，全台共播出广播节目约 77067 小时，播出电视节目约 139063.9 小时，各频率、频道全年无事故，年累计停播率为 0 秒 / 百小时，创造了建台以来的最好安全播出成绩，全年未发生安全播出和网络安全事故。同时，全台完善各项应急预案，加强安全隐患排查，从自查检查、隐患整改、培训演练等各方面下功夫提升安全保障能力和水平，圆满完成元旦、春节、全国两会、国庆、党的十九届五中全会等重要节点的安全播出保障任务。

八、道德责任

坚持首都站位，引导全台新闻从业人员提高认识，统一思想，严格遵守职业道德职业规范，切实改进工作作风。

（一）强化守好阵地的政治担当

坚持以党建创新为引领，把全面从严治党工作与新闻宣传、改革发展和疫情防控等工作同谋划、同推进、同落实，基本做到有深度、有特色。

（二）深入开展主题教育活动

全台组织开展"在'逆行'中磨砺四力，在战'疫'中锤炼党性"主题教育活动，举办"大战·大考"抗疫图片主题展览，深化"学习身边榜样"活动，组织学习抗疫先进事迹，推动全台党员、干部、职工锻造坚定政治品格、优良职业素养和过硬工作作风。

（三）强化自律监管

紧盯"关键少数"、关键岗位，强化权力运行风险监督。精准把握广电系统主责主业，加强对节目外包、广告经营等风险易发多发领域的日常监督，组织开展了"疫情防控宣传报道""加大对漠视侵害群众利益问题宣传报道""服务保障全国两会"等近10项意识形态重点工作落实督查。

（四）健全管理制度

全年完成80多项制度的修订、补充和完善工作，建立完善并认真执行党组会、台务会、编委会议事规则。以制度建设为抓手，加强对新闻队伍、新闻采编活动的规范，初步构建起了系统完备、科学规范的工作制度体系。

2020 年，全台先后有 4 个集体、15 人次受到全国、北京市表彰，其中《生命缘》栏目组《医者》栏目组分别被评为全国、全市抗击新冠肺炎疫情先进集体,《向前一步》栏目组被评为"北京市三八红旗集体"。

九、保障权益责任

2020 年，全台凝聚职工力量，着力保障一线新闻从业人员合法权益以及相关福利，努力创造良好的干事创业氛围。

（一）保障从业人员合法权益

通过公开招聘录用了近 200 名优秀编外人员进入事业编制，不断充实壮大新闻从业人员队伍；通过劳动关系转换的方式将 1000 余名派遣制员工转换为台签劳动合同员工，不断增强人员归属感和凝聚力；通过做好各级各类人才推荐及资助项目申报组织等工作，支持和鼓励优秀人才脱颖而出。

（二）保障从业人员薪酬福利

完善职工特别是采编部门人员激励机制，坚持向采编一线倾斜，坚持业绩导向原则，体现多劳多得。做好"扶贫解困送温暖"工作，积极开展"双节"送温暖活动、"夏送清凉"活动，为工会会员办理"在职职工互助险"，对特困职工进行帮扶。

（三）规范新闻记者证管理

严格规范证件使用的要求，组织完成全台新闻采编人员记者证换证工作，及时为符合条件的新闻采编人员申办新闻记者证，及时收回离职离岗人员的新闻记者证，办理注销手续，按时为新闻采编人员办理新闻记者证的年度核验贴标和换发手续。

（四）开展员工教育培训

坚持把学习习近平新时代中国特色社会主义思想作为学习教育的首要政治任务，深入开展意识形态和全媒体素质教育培训。组织七一党课报告会、专题研讨班等，着重加强对中层干部的政治理论培训和纪律教育、对采编播人员提升"四力"的专题培训、对新员工的入职教育和岗位培训等，打造高素质专业化干部队伍。2020 年全年累计组织开展台级培训 28 项、134 期，培训 16272人次。

十、合法经营责任

北京广播电视台坚决筑牢遵纪守法、廉洁自律思想防线，时刻提醒广大党员干部和新闻从业人员严守新闻媒体工作纪律，厘清纪律的"红线""底线"，坚持把社会效益放在首位，开展合法合规经营。紧盯重要节点和"关键少数"，加强对影视剧购买、大型节目制作、广告经营管理等关键点位和重点领域的监督检查，对百余个风险问题进行了整改落实。

坚定不移贯彻采编与经营"两分开"的要求。严格按照广告法和《广播电视广告播出管理办法》《北京广播电视台电视广告合同管理办法》等相关规定开展广告经营工作，广告经营主体经营相应频率频道的广告资源，独立开展广告谈判工作，杜绝发生违法违规、偷税漏税等行为，维护良好的市场经济秩序。

坚持广告宣传的正确舆论导向。广告管理部门监督各经营主体认真开展广告专项整治工作，建立健全广告业务的承接登记、审核、档案管理等制度，严格落实广告审查的各项要求，定期组织各经营主体和节目中心相关工作人员参加广告审查法律法规培训班，考取广告审查员资格证，依法履行广告审查职责，杜绝各类违法广告、虚假广告、低俗广告的播出。

全台广告经营和产业发展在危机中育新机开新局。2020 年，面对前所未有的不利影响和严峻形势，全台广告经营部门积极应对严峻挑战，及时调整广告经营策略，深耕一体化经营，努力拓展创收渠道，稳住全台广告经营基本盘。

十一、后记

受到新媒体持续扩张和疫情冲击影响，2020 年各省级广播电视台普遍面临前所未有的生存压力。新业态的持续涌现、新技术的加快应用，也使广电媒体获得重大机遇的同时，面临一旦被动即沦为"落后产能"的生存考验。重重困难交叉叠加之下，我们自身的问题日益突出，表现为新媒体发展滞后，两个移动端影响力较弱，媒体融合所需的资金、人才不足，技术创新投入存在缺口，精品生产和内容创新后劲不足，经营创收依然面临巨大压力，而节目制作、电视剧购买、技术升级等刚性支出逐年攀升，人才结构失衡问题也日益凸显。直面严峻的现实，找准转型升级关键路径、推动颠覆式创新，在媒体格局的激烈演变中赢得主动、占据先机，对于更好地履行媒体社会责任尤为重要。

2021 年，北京广播电视台将全面贯彻落实习近平总书记关于媒体融合发展的重要论述和中央相关文件精神，紧紧围绕首都城市战略定位，坚持党的全面领导，坚持改革创新、科技赋能，以内容建设为根本，加快"四全"媒体建设，推进主力军全面挺进主战场。

一是突出主题主线，营造庆祝中国共产党百年华诞的浓厚氛围。浓墨重彩地做好主题宣传，精心雕琢献礼作品，将庆祝建党百年宣传与纪念辛亥革命 110 周年、抗战爆发 90 周年等重要活动、重大节点有机结合，形成疏密有致、亮点纷呈的宣传态势。

二是突出重点宣传，巩固壮大首都主流舆论强势。统筹做好习近平总书记视察北京七周年、全面建成小康社会等重大主题报道；自觉把宣传报道工作与首都发展战略紧密对接；进一步提升新闻质量，借力新技术提升新闻报道的呈现水平。

三是突出转型升级，加快推进媒体深度融合发展。通过实施内容提升工程、技

术赋能工程、服务拓展工程、机制改革工程、人才支撑工程五大工程，在未来 3 年
分步骤完成全员融媒体转型、相关技术平台建设和体制机制完善，构建全新的融合
发展生态系统和全媒体传播系统。

　　四是突出提质创新，着力打造首都媒体特色品牌。继续下大力气做强《档案》
《老师请回答》《跨界歌王》《一路畅通》《徐徐道来话北京》《打开文化之门》等品
牌节目，做强北京卫视、交通广播等重点频道频率，以北京国际电影节和北京春晚
两大活动为抓手树立一批品牌活动标杆。

　　五是突出应用转化，全面提升技术赋能发展实力。通过加快技术项目建设、升
级技术创新体系、挖掘技术创收潜力，充分发挥技术作为促动创新的最活跃因子，
在媒体生产经营、建设发展各个环节中的作用。

　　2021 年，北京广播电视台将以只争朝夕的紧迫感，以踏石留印的坚韧力，以
刀刃向内的勇气，攻坚克难，奋力开拓，推进深化改革，开创经营创收的新局面，
齐心协力打造具有强大影响力、竞争力的新型主流媒体。

天津海河传媒中心

社会责任报告

一、前言

（一）媒体概况

天津日报于 1949 年 1 月 17 日创刊。1948 年和 1964 年，毛泽东同志先后两次为报纸题写报头。作为天津市委机关报和天津新闻界的一面旗帜，《天津日报》在中国报业史上谱写了辉煌篇章——全国省级党报中率先由 4 版扩大为 8 版，率先自办发行，率先恢复工商广告等。2002 年 8 月 21 日，天津日报报业集团成立。2018 年 11 月天津海河传媒中心成立，成为中心一个事业部。2020 年 11 月撤销天津日报事业部，设立天津日报编辑部。

今晚报于 1984 年 7 月 1 日创刊，现已发展成为每日发行对开 12—16 版，日发行量 70 多万份，发行范围遍及全国 31 个省区市，是天津市发行量最大、覆盖面最广、最有影响力的一份综合类日报。2018 年 11 月天津海河传媒中心成立，成为中心一个事业部。2020 年 11 月撤销今晚报事业部，设立今晚报编辑部。

天津广播开办新闻、滨海、交通、经济、生活、文艺、音乐、经典音乐广播、相声、小说等 10 套无线广播节目，全天播音 200 多小时，占有天津 94.93% 的市场份额，覆盖华北大部、华东、东北部分地区 1 亿多人口。

天津卫视于 1998 年 12 月 28 日上星播出，定位为新闻综合频道，口号为"传递生活正能量"。影视频道是天津地区播出电视剧的专业频道，于 2003 年 5 月 1 日开播标清频道，2016 年 2 月 1 日开播高清频道。目前已打造出了一条涵盖幼儿节目、少儿节目、青少节目、家长节目的完整电视节目产品线。

津云新媒体是天津市委宣传部为进一步推进传统媒体和新兴媒体融合发展，整合全市新媒体资源，推动报视播网一体化发展，着力打造的拥有强大实力和传播力、公信力、影响力的新型媒体集团。

（二）社会责任理念

"十三五"成就报道

近年来，天津日报在党中央和天津市委领导下，深入贯彻落实习近平新时代中国特色社会主义思想和党的十九大精神，牢牢把握正确政治方向、舆论导向和价值取向，围绕中心、服务大局，切实履行好党报职责与使命。面对媒体生态和舆论格局的深刻演变，顺应新形势新要求，创新发展理念、改进报道内容、丰富传播手段、完善体制机制，不断提高党报传播力、引导力、影响力、公信力，得到广大读者的充分肯定。

今晚报一年来紧紧围绕中央和本市的大政方针，深入浅出地宣传贯彻习近平新时代中国特色社会主义思想，巩固深化"不忘初心、牢记使命"主题教育成果，坚持正确的舆论导向，发挥舆论引导的公信力和影响力。今晚报在 1 版开设专栏"在习近平新时代中国特色社会主义思想指引下——新时代新作为新篇章"，充分报道天津各条战线在习近平新时代中国特色社会主义思想指引下取得的突出成绩；2 版沿着习近平总书记指引的方向奋力前行的报道贯穿全年。今晚报坚持以正面报道为主，在抗击新冠肺炎疫情和脱贫攻坚的报道中充分报道典型人物、典型事件，突出主旋律、弘扬正能量，在深度融合和创新内容方面下功夫，在接地气上见实效。

天津卫视以"小成本、大情怀、正能量"的节目创作理念，制作出《非你莫属》《爱情保卫战》《幸福来敲门》《群英会》《跨时代战书》《你看谁来了》《笑礼相迎》等一系列紧扣时代主题、传承和弘扬中华优秀传统文化、符合人民群众精神需求的高品质节目，向社会大众传播正面健康、积极向上的精神内核。

（三）获奖情况

2020 年，天津日报共获得中国新闻奖、天津市新闻奖 32 项。其中《向群众汇报》作为天津日报评论专栏"津门凭阑"的代表作，获得第三十届中国新闻奖一等奖；《壮丽70年 奋斗新时代——寻访"红色印记"》《五顾"茅庐"为"一老"》等6篇报道获2019年度天津市新闻奖一等奖；《高质量发展之路渐入佳境》等10篇报道获得天津市新闻奖二等奖；《吉布提总统盖莱启动工坊首趟"列车"——"因为鲁班工坊，未来的吉布提青年非常幸福"》等15篇报道获得天津市新闻奖三等奖。

评论文章《向群众汇报》荣获第三十届中国新闻奖一等奖

今晚报共有48件作品获得中国新闻奖和天津市新闻奖，10余名采编人员受到各级嘉奖，2名记者火线入党。

天津广播专题《百年南开，弦歌不辍》荣获中国新闻奖二等奖；专题《从农民工到问鼎世界技能大赛》、文艺节目《七情六欲锣鼓经》荣获中国广播电视大奖；消息《全国首个区块链跨境贸易项目落地天津口岸》、系列报道《百年南开，弦歌不辍》、新闻专题《一曲祖国颂　神州世代传》等22篇作品分别荣获天津市新闻奖一、二、三等奖；《调查｜爸妈的需要，天津该如何满足》《观察｜天津"混改"国企，你们过得好吗？》2篇作品荣获天津市新闻奖媒体融合奖三等奖；《实录——应急指挥会商室里，我见了父亲》《国与家，一对平凡母女不平凡的抉择》等9篇作品荣获天津市新闻奖重大主题报道奖；广播技术团队荣获国家广电总局金鹿奖、播出技术质量奖三等奖，VR科技、公益广告《垃圾分类》等16件作品荣获录制技术质量奖一、二、三等奖。

在中国电视艺术家协会电视文艺委员会主办的"2020年春节晚会、春节特别节目推优活动"中，《天津卫视相声春晚》荣获

广播专题《从农民工到问鼎世界技能大赛》

电视系列报道《席世明：一腔热血洒昆仑》

"春节文艺晚会好作品"荣誉。少儿频道《梦娃》第一季、第二季、第三季连续3年入选国家广电总局重点动画片项目并获得扶持资金。2020 年，《我与祖国共奋进——国旗在我心中》大型系列直播活动荣获国家广电总局庆祝新中国成立 70 周年优秀少儿电视节目二等奖；《课本里的艺术》获 2019 年度少儿精品发展专项资金扶持项目。《锋狂实验室——海河珍珠家乡桥》节目荣获中国广播影视大奖第二十六届电视文艺"星光奖"（2017—2019 年度）优秀少儿电视节目奖提名作品奖。电视新闻中心制作的系列报道《席世明：一腔热血洒昆仑》获得中国新闻奖三等奖。

津云新媒体的《你走了，南疆的"小石榴"红了——追记因公牺牲的天津市优秀援疆干部席世明》《"壮丽 70 年　永远的爱豆"系列报道》《痛批！这十种"官爷"要不得！》《向梦想出发》获得 2019 年度天津市新闻奖一等奖；《一本记录生命的日志》《沙漠之子》等 6 部作品获得 2019 年度天津市新闻奖二等奖；《【来，看天津】一只春游的小喜鹊》《"水从南方来"南水北调五周年大型融媒体报道》等 9 部作品获得 2019 年度天津市新闻奖三等奖。津云新媒体编辑部视频中心荣获天津市模范集体称号；移动中心荣获新冠肺炎疫情防控工作天津市三八红旗集体荣誉称号；脱贫攻坚专项团队荣获天津市扶贫协作和支援合作工作先进集体称号。

二、政治责任

天津日报刊发抗疫专版 600 余个，稿件 7800 余篇，平均每天 20 余篇。抗疫专栏"担当作为先进典型""谁是新时代最可爱的人""天津最美抗疫人物""最美劳动者"等栏目，及时报道疫情的动态，做好张伯礼、张颖等典型人物宣传。2020

年是决战决胜脱贫攻坚的收官之年，天津日报开设"决战决胜脱贫攻坚"专栏，精选业务骨干，提前策划，深入基层进行蹲点调研采访，足迹遍及青海、西藏、新疆、甘肃、河北等对口帮扶地区，运用通讯、消息、特写、评论、图片、理论文章等多种形式，共刊发新闻稿件达 700 余篇，系列评论员文章 300 余篇。

今晚报从 2020 年 1 月 24 日开始到 5 月末，策划、组织采写了大量内涵丰富、新闻性强的抗击疫情报道，总计 2000 余篇，在社会上引起较大反响，赢得读者的广泛好评。今晚报记者杨寿清同志作为海河传媒中心派驻武汉记者组组长、临

抗疫报道

时党支部书记，带领全体一线记者在武汉坚守 27 天，他本人共采写发回 30 多篇报道，其中 2 件作品获得 2020 年天津市重大新闻主题报道优秀作品一等奖。为贯彻落实习近平总书记在决战决胜脱贫攻坚座谈会上的重要讲话精神，编辑部统一指挥部署，派出多路记者分赴甘肃、青海、西藏、新疆、河北等对口帮扶地区，历时 40 余天，行程万余公里，将本市干部脱贫攻坚的感人事迹呈献给家乡人民。其中，《为甘南留下"带不走的医疗队"》《仅用 96 天，解决村民吃水难》《"西藏解放第一村"成红色旅游基地》等多篇稿件，语言生动、图文并茂，宣传效果良好。

今晚报抗疫报道

疫情发生以来，天津广播以新闻中心为主导，及时推出"迎战新型肺炎疫情特别直播"，创新建立"新闻＋即时资讯＋谈话＋互动"的轮盘模式，节目覆盖从 6 时到 24 时，全天直播时段最高超过 16 小时。创作抗疫微剧 21 部、系列综艺专题节目《电波接力棒，中国一定能》22 期，广播连续剧《生死时速》在第二十届中国广播剧研究会广播剧专家评析中被评为连续剧二等奖。为深入学习贯彻党的

十九届五中全会精神，《天津新闻》推出"学习贯彻党的十九届五中全会精神"专题报道，反映全市上下认真学习领会、贯彻落实全会精神的具体举措；《理论与实践》节目推出"学习贯彻党的十九届五中全会精神"系列专家访谈；《实践出真知》推出"擘画十四五发展新蓝图"系列节目。此外，推出纪念抗战胜利 75 周年专题报道；推出纪念中国人民志愿军抗美援朝出国作战 70 周年系列报道《追寻英雄的足迹》。

天津广播"宪法宣传周"活动

天津广播《民法典》特别节目

做好脱贫攻坚题材电视剧创作播出工作，天津卫视开启"脱贫攻坚重点剧目"展播，于 2020 年 5 月 14 日起陆续播出了《绿水青山带笑颜》《最美的乡村》等脱贫攻坚主题电视剧。为纪念中国人民抗日战争暨世界反法西斯战争胜利 75 周年及纪念中国人民志愿军抗美援朝出国作战 70 周年，2020 年 9 月 3 日，天津卫视播出抗战剧《觉醒》。为迎接建党 100 周年，天津广播电视台与中共天津市委党校（党史研究室）、天津市档案馆策划大型系列纪录片《曙光》，由中共天津市委组织部指导，确定了大策划、精制作、高标准推出的方略，在建党百年之际为党献上一份珍贵的礼物。科教频道纪录片部用 131 天的跟踪拍摄，展示了 1294 名援鄂天津医务人员、3 万余名居

电视新闻中心脱贫攻坚纪录片《大决胜》

民、1700 余名企业员工在困境中努力生活、守望相助的故事，折射出疫情中每个人感同身受的点点滴滴。《泊客中国》栏目组制作的系列人物纪录片《走过世纪》，立体、贴近、翔实地展现一个世纪以来，中国共产党历史上功勋卓著、影响深远的"外籍"党员的红色人生故事。《大美天津》是在天津市委宣传部指导下、天津海河传媒中心倾情打造的大型航拍纪录片，在"十四五"规划的开局之际推出。以全新的角度展现城市之美、讲述天津故事，力求通过独特的空中叙事与航拍美学解读"五个现代化天津"，呈现出观众既熟悉又新鲜的创新、宜居、生态、智能特色，呈现出城市的历史格局和全球视野，呈现出新时代天津奔涌向前的澎湃活力。

电视科教频道大型系列纪录片《曙光》

电视科教频道大型航拍纪录片《大美天津》

津云新媒体推出专题《习近平总书记视察天津提出"三个着力"重要要求七周年》《牢记总书记的嘱托　我们这一年》《在习近平新时代中国特色社会主义思想指引下——新时代新作为新篇章》等。此外，及时报道好习近平总书记重大活动、重要讲话精神，全年共发布原创报道 50 余篇，转载中央、地方媒体重点稿件超过 6000 篇。

《牢记总书记的嘱托　我们这一年》专题

2020 年是脱贫攻坚决战决胜之年，津云新媒体记者先后深入河北承德、甘肃、西藏、青海、新疆等扶贫一线，刊发《漫水不断路！三合村村民：桥通了，比啥都好》《老杨家的喜事：路通了，粮卖了，种兔产仔了，女儿要毕业了……》等深度报道 30 余篇，拍摄制作了《奔跑的蜗牛》《回乡人》等微视频作品 21 部。同时，津云新媒体充分发挥"中央厨房"的作用，调动各区融媒体中心的力量，联合河北、甘肃、西藏、青海、新疆等地区媒体共同策划录制了《脱贫云中云》系列访谈节目5期，采用"云访谈"的新模式展现扶贫成果；策划推出"老乡别急，我们帮你"直播带货系列公益活动11场，累计成交额达5180余万元。

《奔跑的蜗牛》视频截图

《脱贫云中云》系列视频访谈青海篇海报

宣传党的十九届五中全会精神

三、阵地建设责任

天津日报始终把政治方向摆在第一位，严格落实政治家办报要求，把宣传好习近平新时代中国特色社会主义思想和党的十九大精神作为落实意识形态工作责任制的首要政治任务，持续在1版开设专栏"在习近平新时代中国特色社会主义思想引下——新时代新作为新篇章"，将2版要闻版作为《沿着习近平总书记指引的方向奋力前行》专版，报道全市上下学习宣传贯彻习近平新时代中国特色社会主义思想的生动实践，进一步彰显作为市委机关报弘扬主旋律、传播正能量、引导意识形态的作用。

今晚报积极挺进新媒体主战场，目前在津云客户端开设 11 个工作室，内容涉及时政、教育、文化等领域。其中时政经济部运营的"海河今声"工作室，注重把天津市委、市政府的中心工作与网友关注的热点相结合，策划推出《战疫》《天津对口支援纪行》《走向我们的小康生活》《百城千县万村调研行》等一大批重量级稿件，取得了良好的宣传效果。

抗击疫情期间，天津广播"两微一端"平台全天 24 小时滚动发布天津市以及全国各地疫情形势和抗疫进展，天津广播公众号还推出"战疫""实录""自述""人物"等品牌栏目，找准典型事典型人，深入挖掘细节和故事，呈现天津市委、市政府战"疫"决策的落实过程和成效，同时回应百姓关切。

为进一步推动媒体深度融合，津云新媒体不断强化阵地建设与技术支撑。2020 年津云客户端完成前后端 3.0 改版升级，优化功能模块，打造虚拟主播，发挥资源优势，打造重点栏目，全年新增下载量超过 1345 万，日活 15 万＋；着力打造"津抖云"短视频客户端，推动"耕云计划"运行，引进短视频创作者 1500 余人，"千人网红计划""天津战'疫'中的感动"等大型线上线下分享活动，有力提升平台影响力；推出传播力评估、融合发稿等系统功能，实现采访素材回传、稿件内容创作、传播情况查看、热度趋势观测、地域分析评估等生产辅助功能。

"津抖云"短视频客户端

今晚报"为民服务"专栏

天津卫视《非你莫属》驰援湖北特别节目

四、服务责任

天津日报围绕衣、食、住、行、业、教、保、医等与百姓息息相关的内容，及时权威发布政策服务信息。刊发《新高考 志愿填报新变化》《智能时代 请等等老人的脚步》《公共充电桩"充"进咱社区》《聚焦第四届世界智能大会》《滨城大考》等大量涉及民生政策、创业政策、企业政策类稿件，充分做好信息服务。

今晚报将服务好读者的理念贯彻在办报的方方面面。《服务》专版定位贴近百姓，为市民提供实用的服务信息和指南，其中"民生一线"专栏坚持与市便民专线服务中心开展合作，夏季、冬季、春节生活点题服务等专栏注重刊发百姓关注的服务信息稿件。

为配合中、高考，天津广播联手天津电视台推出4期"高考咨询大会"，邀请市高招办、警备区招生办等相关部门负责人，以及天津大学、南开大学等34所高校招生负责人来到节目现场，围绕考生填报高考志愿，进行答疑解惑。

在"海河有爱 津媒助力——天津海河传媒中心扶贫行动计划"中，天津卫视开展为期一个月的"职援湖北"策划活动。《非你莫属》栏目联合抖音，启动连续7天的湖北专场直播招募活动，19家企业、17位企业家及众多职场达人参与，共提供约 300 个岗位，助力湖北地区抗疫稳岗扩就业。录制湖北专场节目，多家优质企业参与，为 6 名湖北籍求职者解决就业问题。此外，为支援湖北，开启公益带货直播，直播间收看人数过万，共计为湖北地区带货 10 余种。

津云客户端致力于打造"新闻 + 政务 + 服务 + 互动"的多元化移动媒体平台，为用户提供不动产查询、老赖曝光台、学历验证、公交查询、天气预报、预约挂号、水电气暖及交通违章查询等服务。

津云客户端提供服务平台

五、人文关怀责任

天津日报通过民生新闻、海河之声等版面，刊发《格力新款空气净化器被质疑虚假宣传》《奥凯取消航班　消费者损失谁来赔》《红星国际晶品轩 1 年停水 8 次》《"五八到家"月嫂一个月换了仨》等报道，促进相关问题得以有效解决。

今晚报读者来信版是关注民生的重点版面，该专版把握正确舆论监督导向，反映群众呼声、化解社会矛盾，扩展舆论监督视野，提高舆论监督引导能力。先后促进农村环境问题、拖欠农民工工资、培训班欠费、餐饮浪费等问题解决，产生了良好社会效果。

天津广播《公仆走进直播间》推出特别策划"迎难而上　双战双赢——2020 区长访谈"（16 期）。全市 16 个区政府主要负责人走进津云"中央厨房"直播间，向群众汇报统筹推进疫情防控和经济社会发展工作

天津广播"迎难而上　双战双赢——2020 区长访谈"特别节目

的工作进展和具体举措，听取群众意见建议，为群众排忧解难。

天津卫视《幸福来敲门》节目为有"幸福心愿"的普通人搭建舞台，从公益的角度阐述平凡人的中国梦。节目以"全民幸福"为主旨，以情感帮扶为内核，讲述百姓奋斗故事，展现圆梦者感恩社会的情怀，弘扬了主流媒体的公益属性。都市体育频道《消费者》栏目推出多篇关注民生领域、消费领域的报道，取得了良好的社会效益。

津云能及时反映群众呼声，就社会大众关心的焦点问题开展报道。2020 年全国两会期间，《民法典》修订成为网友热议的话题。津云积极策划，推出大型融媒体报道专题，制作《打卡民法典》系列视频、《漫唠"民法典"》系列漫画、百期精品海报等新媒体产品，为网友普及相关知识。

六、文化责任

天津日报《满庭芳》版经多年耕耘，已成为知名文化品牌。《文艺周刊》版注重打造培养文学新人的苗圃，为他们提供展现才华的舞台。人物版和文化视点版

传播高雅文化《乔羽　一条大河一首歌》

通过刊发文化名人访谈等，阐述艺术内涵、传达文化理念，《乔羽　一条大河一首歌》《杨澜　在思想碰撞中发现人的魅力》《贾樟柯　当代生活对我最有吸引力》《郑晓龙　可看性与正能量缺一不可》等大量文化类文章，因内涵深厚、观点犀利而深受读者喜爱。

今晚报文化新闻版聚焦本地戏曲、曲艺表演院团的文艺演出，报道传统艺术院团送戏下乡、进社区的新闻，报道戏曲、曲艺等传统艺术进校园培养年轻观众方面的新闻，报道非物质文化遗产传承人在保护优秀传统文化方面所做的实际工作，报道天津文物部门在文物保护方面所做的实

际贡献。

经济广播持续深化原创文化栏目《魅力非遗》创作，节目锁定"中医药里的非遗""舌尖上的非遗""拳脚里的非遗"等极具代表性的部分，展现了中国传统文化之大美。文艺广播筹备制作的广播连续剧《觉悟》《马三立入党记》均具有浓郁的天津特色，特别制作的《见证初心和使命的"十一书"》短音频，入选天津市党员教育教学资源库。

电视文艺频道《鱼龙百戏》栏目是一档有着 27 年历史的老字号栏目，聚焦曲艺、戏曲、民间艺术等传统艺术的传承发展，以"寻名师、推人才、品经典、出新作"为宗旨，搭建培养曲艺等传统艺术人才的全媒体平台。在节目中举办"《鱼龙百戏》京津冀传统艺术人才计划"活动，后发展到全国曲艺人才电视展演、电视擂台活动，积极倡导师承新风尚。

津云新媒体与央视中文国际频道合作拍摄制作《传奇中国节》相关天津板块的短视频，向全球宣介天津的城市风貌，先后播出了《传奇中国节·春节篇——天津：九河下梢中西合璧　津味儿年俗庆团圆》《传奇中国节·端午——天津：浓情端午节　别样民俗韵》《传奇中国节·中秋——天津：醉美"津"秋色　幸福撞满怀》3 期节目内容。

《传奇中国节·春节篇——天津：九河下梢中西合璧　津味儿年俗庆团圆》视频截图

七、安全责任

天津日报积极贯彻《国家新闻出版署关于开展出版单位"三审三校"制度执行情况专项检查的通知》，配合天津市新闻出版局进行本市专项检查工作，并出具有关"三审三校"自查报告，进一步提高出版工作的科学化、规范化、制度化管理水平。制定《天津日报报纸安全出版生产流程法》《新闻稿件流程管理规定》《关于大样审读、付印的管理规定》《天津日报关于消灭见报差错的规定》《关于审稿、发稿程序、发稿时间的规定》《天津日报编前会制度》《天津日报采前会制度》《新媒体内容安全生产制度》等，2020 年又进行了细化改进，加强了制度的监督落实，确保了全年报纸和新媒体发布内容的政治正确、导向正确，无重大差错。

今晚报制定完善的采编管理制度，严格落实"三审三校"制度，出版部门的编辑和检校人员对报纸进行严格质量把关，见报差错率逐年降低。目前今晚报的见报差错率为百万分之三，远低于万分之三的国家相关标准。坚持编读沟通，专门开设《今晚读者》专版，刊登读者对办报提出的意见和建议。

天津广播牢固树立"安全播出"理念，不断强化制度建设和执行监督。全面落实内容审查、节目播出、技术规范、应急响应等各环节全流程的管理要求、制度规范和岗位职责。严格执行采编播"三级审稿"，确保正确导向和价值取向。全年未发生重大安全刊播责任事故。

电视各频道健全多项制度严保播出安全，强化安全播出应急机制，在编单工作上，严格落实编单、对单、送播制度。严格执行"三级签单"制度，播出单签字，编导、制片人、分管领导缺一不可。播出签发至播出群，如遇紧急突发情况，编排人员及时与送播人员询问、沟通，并向上级汇报。严格执行"重播重审"制度，重播节目如已在备播中心，栏目组需重新审看、签字。

八、道德责任

天津日报组织全体采编人员深入学习习近平新时代中国特色社会主义思想，学习《中国新闻工作者职业道德准则》《报纸出版管理规定》《新闻记者证管理办法》等规定，牢牢坚持党性原则、群众路线，把握正确政治方向、舆论导向、价值取向，不断增强脚力、眼力、脑力、笔力。坚决不派临时人员、无证记者执行采访任务，不派无职称的编辑担任责任编辑，不聘用被吊销新闻记者证且未满 5 年的人员从事新闻采编活动，不向非采编岗位人员和兼职撰稿人员发放记者证。

今晚报完善采编人员职业道德管理制度，先后出台《今晚报新闻采编人员职业道德建设管理规定》《关于禁止有偿新闻的规定》等，成立新闻职业道德委员会，专门负责对采编人员的职业操守进行监督管理。

天津广播员工恪守职业精神和职业道德，坚持新闻真实性原则，杜绝有偿新闻行为，自觉抵制低俗庸俗媚俗，积极维护社会公序良俗，接受社会监督。坚决杜绝涉及廉政、行业不正之风的严重违规违纪现象；未出现因违反舆论导向、价值观导向受到国家广电总局通报批评的情况。

九、保障权益责任

天津日报严格执行劳动合同法，除国家政策性安置、按照人事管理权限由上级任命及涉密岗位外，新聘用事业编制工作人员，一律面向社会公开招聘，签订聘用合同，依法享有"五险一金"和国家规定的工时制度、休假制度，严格规范证件使用管理，切实履行新闻记者证的申请、发放、使用和管理责任，及时为新闻采编人员申办新闻记者证，及时收回离职离岗人员的新闻记者证，办理注销手续，按时为新闻采编人员办理新闻记者证的年度审核和换发手续。

今晚报立足保障采编人员的合法权益，按劳计酬、多劳多得；设置奖励制度，鼓励记者写好稿、编辑编好版面；严格落实带薪休假制度、探亲制度等；每年按时进行记者证年检；每年组织记者进行马克思主义新闻观以及新媒体教学等业务培训，使采编人员不断与时俱进。

十、合法经营责任

天津日报坚持守法经营，不偷税漏税，遵守广告法规，按照新广告法规定要求，严格加强广告经营管理。

今晚报编辑部严格执行采编与经营"两分开"制度，全年无违法广告，刊发公益广告版面 46 个，围绕抗击疫情、脱贫攻坚及各类公益活动进行了深入广泛的宣传。

十一、后记

在全媒体时代下，受众在哪里，媒体的阵地就在哪里。天津海河传媒中心积极进行媒体融合改革，在做好传统内容宣传的基础上，积极抢占互联网主战场，创新融媒体产品，增强报道的吸引力和感染力，不断扩大主流舆论版图，此外，中心要继续梳理身边典型，强化对典型人物的策划报道，要抓住热点，加强对社会关注问题的新闻策划，要关注百姓生活，从百姓需求入手进行新闻策划，与多家新媒体平台联动，利用好的新闻策划稿件在新媒体的渠道进行包装，扩大主流媒体的影响力。

下一步，海河传媒中心将继续加强队伍能力和作风建设，牢记习近平总书记的殷切嘱托，不断增强脚力、眼力、脑力、笔力。不断掌握新知识、熟悉新领域、开拓新视野、增强本领能力、加强调查研究、让党的声音占据舆论高地，同时积极探索扩大对外宣传渠道路径，努力讲好中国故事、传播好中国声音，高质量履行新闻舆论工作职责使命。

河北日报

社会责任报告

一、前言

（一）媒体概况

河北日报是中共河北省委机关报、河北省首席新闻媒体，是河北日报社（河北日报报业集团）旗下核心媒体之一。创刊于1949年8月1日。

一直以来，河北日报社始终坚持正确舆论导向，紧扣时代脉搏，聚焦社会热点，回应公众关切，充分发挥了河北新闻舆论战线排头兵、打头阵作用。近年来，顺应传媒格局和舆论生态变化，报社积极推进媒体深度融合发展，目前拥有《河北日报》、《燕赵都市报》、河北新闻网等五报四刊一个重点网站和河北日报客户端、河北日报官方微信、官方微博、河北手机报等各类传播平台，形成了全媒体、全方位、立体化传播格局。

（二）社会责任理念

河北日报社坚持以习近平新时代中国特色社会主义思想为指导，增强"四个意识"、坚定"四个自信"、做到"两个维护"，始终坚持党报姓党、政治家办报，始终坚持正确政治方向、舆论导向、价值取向，坚持以正面宣传为主，充分运用全媒体报道手段，做大做强主流舆论。

2020年，河北日报社紧紧围绕党和国家重大决策部署和省委、省政府中心工作，立足主责主业，坚持守正创新，积极务实推进媒体深度融合，在"主流"上下功夫，在"新型"上求突破，加快建设新型主流媒体，推出了一大批有思想、有温度、有品质的新闻作品，新闻舆论的传播力、引导力、影响力和公信力进一步提升，将河北故事讲出了全国影响、全媒体影响。

（三）获奖情况

通讯《让脱贫攻坚的先进晒成绩、后进找差距——一场让人红脸出汗的"擂台赛"》获中国新闻奖二等奖

2020年，河北日报社3件作品获中国新闻奖，63件作品获河北新闻奖；河北日报再获全国报纸印刷质量最高级别奖"精品级报纸"称号；河北新闻网入选最具品牌影响力省级网络媒体TOP10；河北日报社多个集体先后获评"河北省抗击新冠肺炎疫情先进集体""河北省民族团结进步模范集体""河北省扶贫工作先进集体""在全国文明城市创建工作中做出重要贡献的单位"等荣誉；多名记者获评"河北省抗击新冠肺炎疫情先进个人""河北省最美家庭""河北省国防教育先进个人"等荣誉称号。

河北日报再获全国报纸印刷质量最高级别奖"精品级报纸"称号

河北日报时政新闻部获评"河北省抗击新冠肺炎疫情先进集体"

二、政治责任

2020 年，河北日报社深入学习贯彻习近平总书记关于新闻舆论工作的重要论述，充分发挥省委机关报示范和打头阵作用，全力报道好习近平总书记重要活动、重要讲话精神和中央重大决策部署，充分报道好河北省委、省政府贯彻落实习近平新时代中国特色社会主义思想和对河北工作重要指示批示精神的一系列部署要求和生动实践。

（一）坚持正确政治方向，精心做好各项重大主题报道

全力做好习近平总书记重要活动报道，第一时间跟进做好习近平总书记重要讲话精神报道，持续做好习近平新时代中国特色社会主义思想的宣传阐释。河北日报在"在习近平新时代中国特色社会主义思想指引下"专栏下开设"新时代新作为新篇章""凝心聚力奔小康"等子专栏，全面反映河北各地各部门贯彻落实的实际行动和扎实成效，刊发《平山：接续"赶考"逐梦小康》等一大批报道。强化思想引领，在河北日报《知与行》理论版持续开设"深入学习贯彻习近平新时代中国特色社会主义思想"专栏，推出《把党的创新理论转化为推进伟大事业的实践力量》等一系列理论文章，其中有61 篇被"学习强国"学习平台转发。

在头版做好聚焦河北省委"三六八九"工作思路的进展成效报道

聚焦河北省委"三六八九"工作思路，做好进展成效报道，讲好河北故事。在报网端微多平台同步推出《河北这一年》《爬坡过坎勇奋进　协同发展满眼春》《践行嘱托，绘好雄安画卷》等重

磅报道。认真做好"奋力夺取疫情防控和经济社会发展双胜利"、"决胜全面小康决战脱贫攻坚"、学习宣传贯彻党的十九届五中全会精神以及河北省委九届十一次全会、十二次全会精神等一系列重大主题报道，推出一大批影响广泛的融媒体报道精品，报道数量、质量实现双提升。

（二）聚焦热点主动设置议题，有力有效引导舆论

2020 年 1 月 29 日，河北日报记者在河北省胸科医院发热门诊外采访正在准备接班的医生

2020 年年初新冠肺炎疫情突如其来，根据疫情防控形势变化，河北日报先后开设"坚决打赢疫情防控阻击战""战斗在最前线""燕赵战疫党旗红""记者走基层"等多个专栏，主动设置议题，积极回应社会关切，并在河北新闻网、河北日报客户端同步开设专题专区，24 小时不间断更新，重要新闻做到了全省首发。

发挥评论作用，积极引导舆论。依托报纸评论专栏"纵横谈"、"燕赵论坛"、河北新闻网"慷慨歌时评"频道、河北日报客户端"观点"频道、微信公众号"青园锐见"等评论全媒体矩阵，推出各类评论，及时把党报观点和主张传递给广大读者。《光伏扶贫工程岂能只是"晒太阳"》《让厉行节约成为一种自觉》等文章受到读者好评。

发挥内容生产优势，推出重头原创报道。文图视融合报道《汇聚磅礴力量　攻克千载难题——河北举全省之力坚决打赢脱贫攻坚战纪实》全网浏览量 1538.1 万次，将河北脱贫故事讲出了全国影响；用 4 个整版篇幅重磅推出的 2.8 万多字长篇通讯《燕赵抗疫慷慨歌——河北省抗击新冠

评论全媒体矩阵示意图

肺炎疫情奋力夺取"双胜利"纪实》，同时被新华网、人民网等网站和移动平台转发，全网阅读量超 1.2 亿次。

2020 年 4 月 22 日，全媒体平台同步推出文图视融媒体报道《汇聚磅礴力量　攻克千载难题——河北举全省之力坚决打赢脱贫攻坚战纪实》

2020 年 10 月 16 日，河北日报用 4 个整版篇幅刊发 2.8 万多字长篇通讯《燕赵抗疫慷慨歌——河北省抗击新冠肺炎疫情奋力夺取"双胜利"纪实》

（三）网上网下结合，做好建设性舆论监督

有效发挥全媒体平台作用，依托报纸"本报调查""追访"等栏目以及河北新闻网"阳光理政"平台"记者调查"专栏，开展建设性舆论监督。紧盯社会热点

问题，定期向省直单位负责人、各地"一把手"寄送《阳光理政专报》。据统计，2020 年共向各地各单位寄送专报 80 余份，涉及热点问题 200 余件，涉及的问题 80% 得到解决。

（四）积极进行对外传播，向世界讲述河北发展故事

向世界讲述河北发展故事，展现真实、立体、全面的河北，促进提升河北影响力。2020 年，河北日报、河北新闻网等媒体发布的《中国鲜梨首次出口巴西　首发式在河北沧州举行》等 34 篇稿件被新加坡联合早报、南美侨报网等 20 余家媒体转发，为对外宣介河北起到了积极作用。

三、阵地建设责任

（一）构建完善全媒体传播矩阵

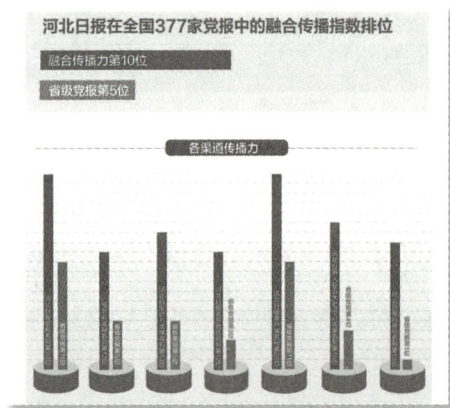

人民网《2020 全国党报融合传播指数报告》

2020 年，河北日报社（河北日报报业集团）加快建设以河北新闻网、河北日报客户端、官方微信、官方微博为主体，覆盖人民号、头条号、抖音号、强国号等多平台的全媒体传播矩阵，努力扩大主流价值影响力版图。目前，报社新媒体用户数超过 1.2 亿。人民网发布的《2020 全国党报融合传播指数报告》显示，在全国 377 家党报中，河北日报融合传播力排名第 10 位，省级党报第 5 位；河北新闻网、河北日报官方微信、官方微博、客户端、平台号分列省级党报第 5 位、第 3 位、第 5 位、第 11 位和第 4 位。

（二）积极打造融媒体产品

创新打造融媒体品牌栏目。策划推出原创短视频栏目"值班老总读报"，由集团副总编辑轮流担任主播，内容聚焦河北日报优质原创内容推介和热点话题评说，全年共播出 174 期，平均每期全网播放量在 400 万次以上，中国记协将其列入 1 月传媒大事记；策划推出"河北融媒头条"栏目，对重大选题进行融媒体形式呈现，先后推出《创新河北，澎湃发展新动能》等 13 期报道，平均单期全网阅读量过千万次。

"值班老总读报"片头截图

强化新媒体呈现，实现在重大主题和战役性报道中的视频报道全覆盖。河北新闻网创作的手势舞 MV《战"疫"不放弃》全网浏览量超 1400 万次；互动视频产品《一起拼单！郭素萍代表带货太行山》推介太行山 6 地特产助力脱贫攻坚，被 30 余家媒体转发。

手势舞 MV《战"疫"不放弃》截图

互动视频产品《一起拼单！郭素萍代表带货太行山》截图

（三）完善融媒体采编工作平台

2020 年，在集团原有"中央厨房"基础上启动智媒中心项目建设，整合集团新媒体生产资源和平台资源、升级改造"中央厨房"，打造全媒体新闻产品策采编发评聚合中枢，建设适应 5G 条件下的音视频生产发布体系，同时探索人工智能、大数据及 5G 通信等新技术在新闻生产中的场景应用，进一步推进"全程媒体、全息媒体、全员媒体、全效媒体"建设。

四、服务责任

（一）积极提供各类信息服务

做好政策信息服务。2020 年疫情防控期间，每天在报网端"权威发布"专栏及时刊发全省新冠肺炎疫情防控举措和进展情况，回应群众关切；全年在报纸重要版面刊发法规、公告等 50 多件，为读者提供了解相关信息的权威资料。

做好生活信息服务。2020 年，依托新媒体平台和《民主与法制》《金融周刊》《保险生活》等专刊专版，推出《车险综改后，你注意到这些变化了吗》《民法典将如何影响你我？》等稿件 680 余篇。

（二）做好社会服务，搭建服务平台

河北新闻网"阳光理政"网络问政平台页面截图

积极搭建网络问政等公共服务平台。河北新闻网"阳光理政"网络问政平台汇聚省市县乡四级 5000 多家党政部门和民生热点单位，累计为群众解决难题 19 万余件，还利于民资金达到 7.7 亿元，搭建起政府与百姓之间的连心桥。

积极开展专家智库建设。新开办《数字经济》专刊、频道、网站，与河北省数字经济联合会签订战略合作协议，在数字经济专家智库建设等方面开展全方位合作；与河北经贸大学合作，共建河北数字经济实验室，为读者和机构提供专业、实用的数字经济信息服务。

2020 年 1 月 3 日《数字经济》专刊创刊

（三）积极刊发公益广告，在公益活动、对口扶贫中取得积极成效

2020 年，积极组织刊发《生命重于泰山　疫情就是命令　防控就是责任》《携手预防火灾　共守绿色家园》等各类公益广告，报纸端投入版面合计 72.3 个，助力社会主义精神文明建设。

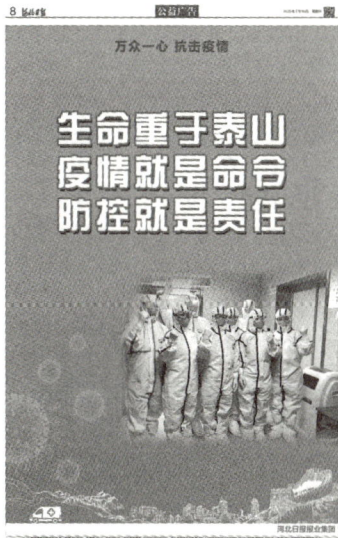

2020 年 1 月 30 日 8 版

2020 年 4 月 1 日 12 版

报社积极组织、参与各类公益活动。组织全体党员捐款 8.7 万余元支持抗疫一线，募捐购买医用物资定向支援河北赴武汉医疗队，走访慰问"抗战老妈妈"，参加无偿献血等，以实际行动彰显主流媒体的社会担当。

积极开展驻村帮扶，助力脱贫攻坚。按照河北省委安排，集团定点帮扶张北县油娄沟镇马梁坡村等 3 个村，工作实绩突出，集团被河北省委组织部评为优秀派出单位，其中 1 个工作队被评为优秀驻村工作队，2 名队员被评为优秀工作队员。

五、人文关怀责任

（一）加强民生报道，反映百姓诉求

积极做好就业、医疗、教育等方面的民生报道，先后推出《创业梦想，这样照进现实》等 1000 余篇相关稿件；关注妇女、儿童、老年人、残疾人等群体，发布《科技助力，让被拐孩子回家》等一批稿件，反映相关群体的所思所想所盼。

（二）灾难和事故报道中注重人文关怀

2020 年，在新冠肺炎疫情、地震、特大交通事故等重大突发事件和灾难事故报道中，严格遵守"最小伤害原则"，把群众利益、受难者利益和社会效果放在首位，谨慎发布相关文字和图片，同时积极传播普及防灾抗灾救灾知识，增强受众应对灾害的能力。

（三）坚持以人为本，凸显人文精神

2020 年，刊发《礼遇好人，让更多人崇德向善》等 300 余篇报道，激发人们向上向善的精神力量；报纸端开设"燕赵微光""对话河北好人"专栏，推出《"傻大妮"的爱心守护》《从医 26 年为 7000 余人免费看病》等 100 余篇典型报道，挖掘展现普通人身上的闪光点。

六、文化责任

（一）弘扬社会主义核心价值观

发挥内容生产和传播优势，积极弘扬社会主义核心价值观。河北日报《文化周刊》推出"太行风·奋斗在脱贫攻坚一线"系列报道，倾情刻画脱贫攻坚一线人物形象；集团推出的MV作品《河北地方戏联唱〈我和我的祖国〉》上榜2020年国家广电总局"弘扬社会主义核心价值观　共筑中国梦"优秀节目名单，成为河北省唯一入选作品。

2020年6月19日，9版"太行风·奋斗在脱贫攻坚一线"专栏刊发报告文学《骆驼湾的年轻人》

河北日报报业集团推出的MV作品《河北地方戏联唱〈我和我的祖国〉》

（二）展示河北优秀文化

利用报、网、端、微多平台广泛宣传各类文化活动以及近年来涌现出的各种文化新业态。推出"流动的文化·行走大运河""寻访抗战遗迹　传承爱国精神"等系列报道，充分展示燕赵河北文化基因的传承和发展；推出"优秀非遗文创作品及示范基地展示"等系列专题，进一步传播河北优秀传统文化。

（三）聚焦科技创新，普及科学知识

河北日报《要闻》版、《创新驱动》专版刊发《科技赋能跑出脱贫攻坚"加速度"》等 50 余篇报道，充分反映河北在科技、文教领域的新举措、新突破；在《新知》专版推出《"救命神器"ECMO，如何"起死回生"》等一批科普稿件，传播科学知识。

七、安全责任

2020 年，报社严格执行导向管理制度，落实目标责任，规范采编流程，严格执行"三审三校"制度。稿件刊发前，由编辑、部门主任（含副主任）、总编辑（含副总编辑）分别进行初审、复审和终审三级审核，由专业校对人员进行一校、二校、复查。

严格执行《河北日报采编流程管理规定》《河北日报出版流程管理规定》《河北日报差错认定及处罚办法》等一系列规章制度，严格执行重大选题申报制、重要稿件加审制、重大信息直报制，确保新闻安全，全年无事故发生。

进一步健全《新闻出版安全应急预案》《防范化解重大风险工作实施方案》等制度，完善确保新闻出版安全的各项制度。

八、道德责任

2020 年，报社认真履行党报职责，严格遵守新闻宣传工作要求、纪律和新闻出版法规，树牢安全把关意识和阵地意识。报社全体采编人员在新闻采编活动中，严格遵守相关法规制度，做到采编行为规范、驻地方机构合法合规、采编与经营"两分开"。全年未出现任何违法违规问题。

积极弘扬社会公德，倡导维护社会公序良俗。办好《文明河北》专版，刊发《用公心热心换百姓顺心》《3 岁孩子"吃播"别再出现》等一批报道，传播正能量，助力良好社风民风。

主动接受社会监督。要求河北日报社记者在采访中，除确有必要的特殊采访外，记者必须出示合法有效的新闻记者证，严格遵守新闻采访规范；同时持续公开联系电话，随时接受群众举报和投诉。

九、保障权益责任

报社不断完善相关制度和措施，着力保障从业人员合法权益，保护和支持正常采编行为，并为因采编行为受到侵害的从业人员提供保护、声援、申诉等支持。

严格按法律法规与在岗人员签订正规劳动合同，确保从业人员依法享有"五险一金"和国家规定的工时制度、休假制度。制定完善激励奖励措施，保障采编人员正当权益。

严格按照规定规范记者证申领和使用管理，切实履行管理责任，及时收回离职离岗人员新闻记者证并按要求办理注销手续。

高度重视采编人员教育培训和队伍建设。2020 年组织了系列网络视频培训，包括依托河北干部网络学院对干部进行党的十九届五中全会精神专题培训，为全媒体采编人员举办短视频能力提升专题研修班等。

十、合法经营责任

2020 年，报社严格遵守新闻出版方面的各项政策、法规和规章，树立良好社会形象。全年经营行为合法规范，未出现违法广告及其他违法违规问题。

严格落实《河北日报关于实行采编与经营活动分开的规定》等各项制度，坚持做到采编与经营"两分开"。加强采编队伍作风建设，进一步规范采编人员行为，树立党报工作者良好形象。

严格广告发布内容审核把关，严格执行广告审查员初审、广告经营管理部门负责人复审、分管领导终审的三级把关制度。坚决做到不刊播政治导向错误和虚假、低俗广告。

十一、后记

（一）回应

针对 2019 年度报告中提及的包括有些报道创新不够、报网端微深度融合程度不够；采编人员全媒体新闻采制能力有待提升等问题，2020 年河北日报社主要采取了以下措施：

一是继续推进内容生产供给侧改革。在新闻报道中进一步突出权威、实时、观点、深度、融媒体特色，努力补齐短视频生产和传播能力短板，同时大力削减新闻性、时效性不强，传播力、影响力一般化的内容生产。

二是着力增强自有传播平台传播能力，推进全媒体人才队伍建设。坚持移动优先，以河北新闻网、河北日报客户端为重点，加快打造强势自有传播平台；切实加强对报社采编人员的全媒体采制能力培训，解决培训场次少、不系统问题；改革完善绩效考核办法，倒逼采编人员把精力和工作重心转移到优质内容生产上来。

（二）不足

2020 年报社新闻宣传工作虽然取得了一定成绩，但仍存在以下不足：创新还不够，新闻舆论工作的有效性还需进一步增强；适应全媒体时代需要的策采编发机制和流程有待进一步改革完善；新闻产品在互联网平台的影响力有待进一步增强；等等。

（三）改进

一是坚持以内容生产为根本，继续加强观点新闻、深度报道和融合报道等精品内容生产。发挥好"燕赵论坛""纵横谈"等全媒体评论矩阵作用；办好"新闻纵深""追访""本报调查"以及《深读》周刊等深度报道类栏目和专刊，打造深度报道品牌；办好"值班老总读报""河北融媒头条"等融合报道栏目，提升融合报道水平。

二是加强互联网平台传播能力建设，把河北故事讲出全网影响。进一步优化河北新闻网、河北日报客户端频道设置和内容呈现，提升河北日报官方微信、微博和头条号、抖音号等平台号运营水平，通过互联网平台对党报优质内容进行再加工、再呈现、再传播。

三是优化策采编发工作机制和流程，调整完善采编机构设置，加强策划和创意，提高传统媒体和新媒体一体化调度、一体化运行水平。

四是适应分众化、差异化传播趋势，发挥集团媒体资源优势，根据媒体不同定位，打造以河北日报报网端微号为旗舰的集团"1+5+N"全媒体传播矩阵。

山西日报

社会责任报告

一、前言

（一）媒体概况

山西日报是中共山西省委机关报，是山西日报报业集团的主报和"旗舰"。1949年4月26日，在太原解放的第三天，山西日报——这张新中国成立后山西

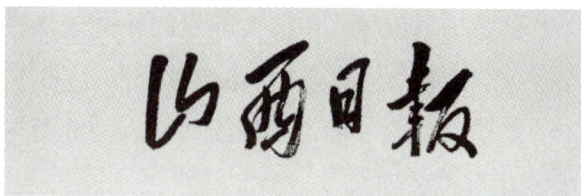

1965年，毛泽东同志为《山西日报》题写的报头

省创办的最早一张报纸应运而生。毛泽东同志曾分别于1948年和1965年两次为山西日报题写报头。2020年，山西日报为每日对开12版（周五14版，周六、日为4版），实现全彩版印刷；发行量35.5万份，再创历史新高。

（二）社会责任理念

71年守望历史；71年岁月峥嵘。从新中国成立的百业待兴到社会主义建设的艰苦卓绝，从改革开放的澎湃大潮到全面建成小康社会的风雨兼程，山西日报传递党和人民的声音，记录社会发展的伟人实践，讲述三晋大地发生的动人故事……经过一代又一代党报人的筚路蓝缕、守正创新，山西日报以深厚的历史文化积淀、鲜明的风格特色、和谐的时代强音，形成了独特的品牌价值。

在难忘的2020年，山西日报自觉承担起举旗帜、聚民心、育新人、兴文化、展形象的使命任务，坚持守正创新，更加扎实地做好新闻宣传和舆论引导工作。这一年，习近平总书记视察山西的宣传报道浓墨重彩，战"疫"重点报道凝聚人心，

决胜全面建成小康社会、决战脱贫攻坚主题报道贯穿暖色调……主流媒体主阵地、主渠道、主力军作用进一步显现。

2020 年，在推进媒体深度融合上持续发力，山西日报客户端成为省内用户最多、影响力最大的本土新闻类客户端。融媒体平台实现与省级"中央厨房"的无缝对接和常态化运行，省内新闻资源共享互用……党媒传播力、引导力、影响力和公信力显著提升。

2020 年，与中国日报联合推出《Discover Shanxi 发现山西》英文版，对外传播、促进交流，联接中外、沟通世界，向世界讲述山西故事，塑造山西美好形象。

（三）获奖情况

2020 年，以重大主题策划为抓手，提高议题设置能力和舆论引导水平，推出一系列弘扬主旋律、传播正能量的新闻佳作。通讯《点滴之间见初心——习近平与一封群众来信的故事》、融媒体产品《H5 | 新山西　拼一把》等 25 件作品获第二十九届（2019 年度）山西新闻奖。一批参与重大新闻报道的团队和优秀记者获得多项省部级荣誉。

二、政治责任

（一）政治方向

在重大主题宣传报道中，提高站位、生动阐释习近平新时代中国特色社会主义思想。牢牢把握正确政治方向、舆论导向和价值取向，重大会议有方案、重要活动有策划、重点部署有落实。

2 月 3 日《学习周刊》推出"党的创新理论引领治晋兴晋强晋新实践"专栏，对全省坚持以习近平新时代中国特色社会主义思想为指导，推动转型发展的实践等进行理论阐述。2020 年 5 月 11 日、12 日，习近平总书记在山西考察。山西日报先后开

2020 年 5 月 13 日，要闻 1 版、7 版以大事大处理的编排手法、图文并茂的版面呈现、贯穿暖色调的回访报道，对习近平总书记在山西考察重要活动进行了浓墨重彩的宣传报道

2020 年 11 月 24 日，要论版《理论周刊·要论》版围绕认真学习《习近平谈治国理政》第三卷、党的十九届五中全会精神等重大主题进行系统性理论阐释

设重要专栏"牢记嘱托　乘势而上——深入学习宣传贯彻落实习近平总书记视察山西重要讲话重要指示""把习近平总书记殷殷嘱托传遍三晋大地""温暖的回响"等，刊发重点报道 180 余篇、系列评论 9 篇。7 月 28 日开设"认真学习《习近平谈治国理政》第三卷"栏目，就学什么、怎么学等进行综合报道，刊发稿件 70 多篇（幅）。

（二）舆论引导

2020 年，宣传报道要事多、热点多。山西日报注重党报舆论引导、工作指导，结合关键节点、重大主题，精心策划、有效组织了一系列重大战役性报道。

党的十九届五中全会精神宣传，把报道的触角延伸到乡村，聚焦社会热点，关注基层动态。山西省委十一届十次全会宣传，连续刊发 5 篇反响报道、推出 8 篇系列评论员文章，对全省沿着习近平总书记指引的金光大道奋勇前进进行了充分反映、有力引导。

在疫情防控、"走向我们的小康生活"等大型主题采访报道，紧贴受众需求，注重报道创新。纸媒用足会议报道、动态报道、深度报道之长，在视觉、融媒体

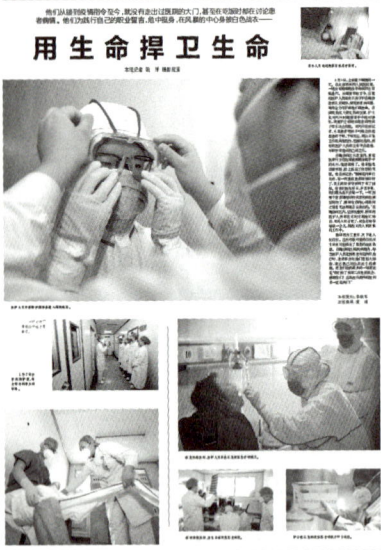

2020 年 2 月 5 日，《视觉》版运用新闻照片呈现方式，对冲锋在一线的医护工作者危中挺身，用生命践行职业誓言的壮举进行多角度报道

利用新型传播技术手段制作的新闻"微视频"【Nes 秀】，2020 年播出 48 期，多角度呈现出山西人民奔小康的生活图景。图为 12 月 9 日第 322 期节目中，介绍了吕梁交口县民间艺人李贵平，将一截枯木、一段老根，经过他的精心揣摩和妙手雕琢，竟能化腐朽为神奇，变成一件件别具韵味的艺术品（郭慧　供图）

2020 年 12 月 24 日，《民声》专版推出"点亮心灵之灯　开启幸福之门"等专题，聚焦热点、疏通堵点，关注人们的心灵情感和精神世界

海报上发力，创新形式、手段，令人耳目一新。新媒体利用新型传播技术手段，制作视频、H5、动漫等融媒体产品，多角度呈现出山西人民奔小康的生活图景。

（三）舆论监督

在做好围绕山西省委、省政府中心工作，如扫黑除恶专项斗争、环保督察等工作安排的舆论监督、调查性报道的同时，主要在《民声》专版，聚焦热点、疏通堵点，反映民意、澄清谬误。针对一些带有苗头性、倾向性、普遍性的问题，进行科学、准确、依法、建设性监督。多渠道收集社情民意，为上级机关提供重要参考。

（四）对外传播

为向世界讲好山西故事，塑造山西美好形象，推动中华文化走出去。2020 年，山西日报搭建对外传播平台，与中国日报联合推出

《Discover Shanxi 发现山西》英文版，周五刊出，并在山西日报客户端、中国日报英文网等平台同步上线。英文版全年刊发 52 期（180 篇稿件、253 幅图片），联接中外、沟通世界，积极对外传播，促进山西文化交流。

三、阵地建设责任

（一）融媒体报道

在重大主题宣传中，坚持以内容生产为核心，以先进技术为支撑，突出融媒体报道的优势，不断提升影响力。

先后完成了抗击疫情、全国两会、游山西读历史报道任务。全年制作各类融媒体产品 1482 个，全网转发量 3780 万次，总阅读量 11.7 亿次。

新媒体部聚合山西新闻网采编力量，通过端网团队联战，围绕春运、复工复产、全省技能大赛等，举办了 30 多场直播活动。2020 年 12 月，山西日报新媒体

2020 年 3 月 11 日第 285 期【Nes 秀】节目播发报道：3 月 9 日，武汉江汉方舱医院休舱。在过去的一个多月中，山西省国家紧急医学救援队、山西省第四批支援湖北医疗队并肩作战，为患者托起康复希望（郭慧　供图）

人民号被人民日报社新媒体中心评为 2020 年度优秀媒体号主。

（二）融合采编平台建设

以管理创新为保障，融媒体平台实现与省级"中央厨房"的无缝对接和常态化运行，再造策采编审发流程，建立了网端稿件库，通过融媒体工作室机制等，实现了省内新闻资源的共享互用。

2020 年，客户端历经两次改版，成为媒体深度融合发展的旗舰劲旅。抗击新冠肺炎疫情期间，客户端发挥联动机制，制作海报、H5、音视频等多种融媒体产品，凸显党报优势和主阵地作用，进一步提升了党媒影响力

与省级"中央厨房"、社会文化机构等合作，跨媒体、跨地域组建了一批融媒体工作室。疫情期间制作海报、H5、动漫和音视频等多种形式融媒体产品 100 多件，多平台发布、多渠道传播。其中，动画《看，这就是我们的超能"大白"》入选中国记协新媒体专业委员会战"疫"精品案例。

（三）山西日报客户端

2020 年，山西日报客户端历经两次改版，最新版为 V4.5.0，成为媒体深度融合发展的旗舰劲旅。新版客户端开通了山西号，呈现方式上增加了 AR 功能。全年下载量突破 216 万人次。以先进技术为支撑，客户端按时完成了 IPv6 改造；新版采编系统上线后，可打通融媒体平台和报纸采编系统，实现山西日报报网端的统一指挥。

四、服务责任

山西日报坚持讴歌人民、服务群众，发挥党报独特的权威性、公信力，向受众提供各类信息服务，支持公益事业。

（一）信息服务

1. 在重大主题宣传中突出百姓话题，报道关注民生，栏目服务民众。在决胜全面建成小康社会、脱贫攻坚这一主题报道中，贯穿暖色调，突出幸福感，并以"权威发布""政策解读"等，发布了一系列涉及民生、惠及百姓，务实受用的信息。防疫海报、复工复产等公益广告，也与百姓日常生产、生活息息相关，架起政府和群众之间的连心桥。

2020 年 7 月 24 日，"深度报道"专题突出百姓视角，关注民生话题，贯穿发展暖色调，突出群众幸福感

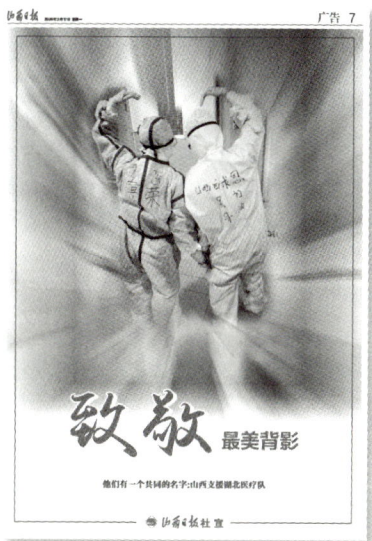

2020 年 2 月 17 日，《致敬最美背影》公益广告，向最美白衣战士——山西支援湖北医疗队队员致敬

2. 以人民为中心，做好疫情信息披露。新冠肺炎疫情暴发后，逐日刊登全省新冠肺炎疫情情况，及时、准确通告相关信息。《防疫有我　爱卫同行》公益广告，《融媒集萃》海报推出 140 余幅漫画，及时回应群众关切、解疑释惑。

（二）社会服务

周刊副刊强化社会服务意识，做足新闻性，突出服务性。一年间先后刊发公共文化场馆免费开放、药品降价、图说民法典等公益类报道 80 余篇；推出消防安全、传承中华好风尚、杜绝餐饮浪费等公益广告 30 余块。

强化社会服务意识，体现党报社会责任，一批传承中华好风尚、杜绝餐饮浪费的公益宣传，大力弘扬真善美，营造出良好的社会风气。图为2020年8月19日8版

关心公益事业，开展公益活动，通过搭建"直播带货 为扶贫下单"公益服务平台，扩大了扶贫产品销售，获得社会广泛好评。图为2020年9月2日12版

（三）公益活动

搭建服务平台，开展公益活动（事业）。如为定点扶贫地静乐县免费开通山西日报客户端"静乐"频道，宣传名优特产和电商，全年发布公益信息1284条。热心公益事业，新媒体围绕山西文化、非遗传承及新电商平台等主题，推出系列公益专题讲座获得社会好评。

五、人文关怀责任

山西日报一贯重视党媒的人文关怀，面对2020年疫情防控严峻形势，更是强调在做好新闻报道的同时，要加强防疫科普知识宣传，加大应对疫情的心理干预和疏导，在抗疫报道中关注人们心灵的抚慰，关心人们的情感和精神世界，体现党报的人文关怀。

（一）坚持人民情怀，全力做好战"疫"报道

新冠肺炎疫情暴发后，山西日报践行"四力"，心系人民，百余名采编人员迅速集结进入战斗状态；3 名业务精、素质好的年轻记者随省援鄂医疗队出征。2020 年推出抗疫动态报道、深度报道、视觉、融媒体海报等专版 320 多个，开设"来自抗击疫情一线的报道""融媒集萃""抗疫群英谱"等专栏（专题）近 40

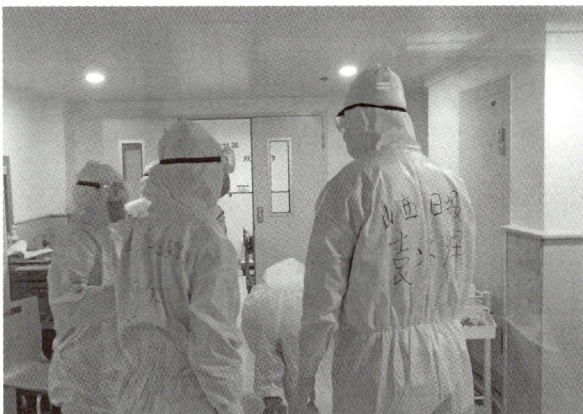

2020 年 1 月 30 日，随山西支援湖北医疗队出征的记者袁兆辉（右），在仙桃市第一人民医院重症隔离病区采访（袁兆辉 供图）

个，刊发的近万篇报道，回应社会关切、排解群众忧难、凝聚百姓人心，取得了良好的宣传效果。

（二）大型主题采访中，聚焦民生话题，把人民作为报道主体

2020 年 3 月 1 日，随山西支援湖北医疗队出征的记者王宇，在采访武汉江汉方舱医院休仓后留影（王宇 供图）

要求关注群众生活，说老百姓的话，讲有温度的故事。"走向我们的小康生活"大型主题采访启动后，成立 6 支全媒体采访小分队，从衣食住行、公共服务、文化生活等侧面，充分展示人们身边和眼中的民生变化，体现群众的获得感、幸福感。产生了《蔡家崖：红色的村庄　红火的日子》《幸福像花儿一样——赵家洼人的新生活》等一批以小人物展现大情怀，以小故事反映大主题，从小切口寻找大落点的优秀作品。

在 2020 年 12 月 12 日"郑太高铁全线贯通"，12 月 26 日"太原地铁开通"主题采访、深度报道中，党报坚持人文关怀理念，把普通群众作为新闻主体，用老百姓的语言，讲述一个个工程建设者的不平凡故事；用老百姓的视角，讲述一个个筑梦、铸梦、逐梦的动人故事。图为 2020 年 12 月 13 日 5 版、12 月 25 日 5 版"深度报道"专题

（三）以人为本

专版开设栏目，刊发群众关心的交通、就业、教育、医疗等日常生活信息。同时，关心贫困群体、弱势群体，反映他们的内心世界和所思所求；关注凡人善举、弘扬社会美德，讲有温度的故事，激发向上向善的力量；关爱生命、传递爱心，在灾难和事故报道中聚集抚慰人心、奉献爱心的正能量。

六、文化责任

（一）弘扬践行社会主义核心价值观

2020 年，以形式多样、丰富多彩的正党风、淳民风、扬家风、树新风的宣传报道，大力弘扬践行社会主义核心价值观。在新春走基层、走向我们的小康生活、我们的中国梦·文化进万家、游山西·读历史等一系列宣传报道中，让党风民风引领社会，让中国梦宣传走入人心，让三晋文化传播世界。

（二）传承繁荣中华优秀传统文化

利用多种方式全方位传播优秀传统文化，纸媒新媒体互动，线上线下共振，挖掘地方特色文化，推动文化创新发展，打造叫得响的文化品牌。如纸媒在重点关注山西省"五个一工程"获奖作品展示、左权民歌节等的同时，微博、抖音、App

也都及时跟进。每周 6 期的《文化周刊》是山西日报宣传中华优秀传统文化传承发展工作的重要阵地，设有"晋风晋韵""民俗""一方水土"等栏目，对全省文化事件、成就、人物等进行多角度、带温度、有深度的宣传报道。2020 年，《黄河》版连续刊发长篇报告文学《一门漆艺"三大师"》《中国珐华复生记》《中国澄泥砚之都探秘》，对山西工美领域重要代表推光漆、珐华器、澄泥砚进行了深度报道。

（三）普及科学知识，提升全民科学素养

2020 年，全省科技事业蒸蒸日上，山西日报及时关注、重点报道了一大批有重大突破、有影响力的科技创新成果：国产圆珠笔芯打破国外技术垄断；双相不锈钢钢筋应用于港珠澳大桥；世

在脱贫攻坚原创剧、我们的中国梦歌曲、游山西·读历史等一系列文化活动宣传中，挖掘地方特色文化，推动文化创新发展，让中国梦宣传深入人心，让美丽山西走向世界。图为 2020 年 11 月 20 日 9 版《副刊》

界首台商业规模水煤浆水冷壁气化炉开发成功等。全年刊出的 50 多期《教育》《科技》专版，大力宣传教育、科技领域最新成就，弘扬科学家精神，普及科学知识，引领全社会形成爱科学、学科学、用科学氛围。

七、安全责任

2020 年，山西日报认真担负省委机关报的责任，强化新闻生产安全意识，并贯穿在策采编发印各流程、各环节，内容生产品质持续向好、编校出版安全稳定。

坚持正确政治方向、舆论导向和价值取向，强化出版管理制度化、日常化，对副刊、广告和新媒体统一管理、精准管理、分类管理。从未刊发过违反法律、法规以及国家规定禁止刊载的内容，没有违反社会公德良俗的内容。

秉持内容为上、质量为先理念，强化《关于杜绝虚假报道维护新闻真实性的规定》等制度的约束性，严格落实"三审三校"制度，编校差错率符合规定，没有在各级编校质量检查、报纸审读中被通报。刊发的广告不存在违法违规问题，没有被市场监管部门及新闻出版管理部门通报、处罚。

进一步提高《山西日报突发事件新闻报道应急预案》等预案的前瞻性，做好新闻出版应急常态化管理工作，保障出版安全。2020 年，在防疫抗疫、全国两会、全面建成小康社会、脱贫攻坚、党的十九届五中全会等重大主题宣传报道中未出现安全事故。

八、道德责任

（一）遵守职业规范

加强学习，不断规范新闻采编工作。持续组织采编人员学习《中国新闻工作者职业道德准则》《报纸出版管理规定》等规章制度。制定完善编辑手册、新闻从业人员职务行为信息管理办法等。要求始终把真实作为新闻的生命，尊重原创版权保护。加强警示教育，严禁有偿新闻、有偿不闻和新闻敲诈，自觉抵制庸俗低俗媚俗新闻，形成遵守职业规范、风清气正的良好氛围。

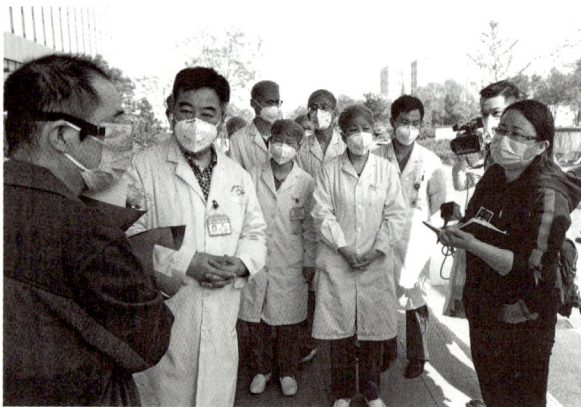

2020 年 4 月 30 日，记者秦洋（右一）在太原市第四人民医院采访治愈出院的境外输入新冠病毒感染者（阮洋　供图）

（二）维护社会公德，弘扬社会正气

积极践行"四力"，要求采编人员成为距离群众最近的人，采写"沾泥土""带露珠"的报道。开设"一句誓言　一生作答""致敬劳动者"等专栏，讴歌时代、礼赞人民。把新闻采访和理论宣讲结合起来，在与群众面对面交流中，弘扬主旋律、传播真善美，同时激发党媒人更好地做到"上接天线、下接地气"。

（三）接受社会监督

从制度上确保采编人员恪守从业准则，接受社会各界监督。以准则为基础，制定可操作性强的纪律规范，要求全体采编人员自律自省、自我约束。开展读者问卷调查，畅通举报投诉渠道，对存在的问题予以回应，自觉接受社会监督。

九、保障权益责任

（一）保障职工依法享有合法权益

在新闻采编、疫情防控等工作中，全力支持正常的新闻采编行为，提供交通食宿、健康安全等保障，未发生过采编人员受到侵害的行为。关注职工工作、生活环境，完善基础设施条件；关心职工身心健康，定期组织职工体检；关心困难职工生活，多渠道提供帮助。

2020 年 9 月 3 日，社领导（右）分头走访慰问抗日战争时期及以前参加革命工作的老同志（中），把党和国家的关怀和温暖送到老同志的心坎上（郭成强　供图）

（二）保障职工薪酬福利

严格履行劳动法和劳动合同法规定，依法签署劳动合同；不断健全和完善职工薪酬制度，按时足额发放工资，足额缴纳"六险一金"，根据国家相关规定及时

2020 年七一前夕，为庆祝党的 99 岁华诞，报社歌友合唱团在太原并州路露天广场举办歌颂党、歌颂祖国演唱会，表达永远跟党走的坚定信念（钟达　供图）

调整和晋升薪级工资；认真落实各项假期规定，鼓励职工带薪休假，充分保障职工休息权利。

（三）规范新闻记者证管理

严格规范新闻记者证的申领及使用，为符合条件的采编人员及时换发了新版新闻记者证，及时收回和注销了退休人员、调离采编岗位和离职人员的新闻记者证，为符合条件的采编人员申领了记者证。

（四）开展员工教育培训

积极组织各类培训，提升基本能力。组织党员领导干部以"线上学习 + 线下研讨"相融合的方式开展多种网络培训。以"走出去，请进来"方式，全年有 200 多人次参加了深入学习习近平新时代中国特色社会主义思想、媒体融合业态等培训。2 名同志入选山西省宣传思想文化青年英才。

十、合法经营责任

一是始终坚持经济效益和社会效益相统一，把社会效益放在首位。遵守国家法律，新闻出版等部门政策、法规，严格规范采编和发行、广告等经营性行为，确保有效地履行媒体社会责任。修订《山西日报社章程》，制定《山西日报报业集团所属公司管理制度》等规章制度，不断完善靠制度管人、按制度办事、用制度规范行为的长效机制。切实增强经营安全和风险防控意识，推动各项经营工作依法、良性、可持续发展。

二是严格规范新闻采编秩序，出台《关于进一步严格执行采编与经营两分开相关制度的通知》，保证新闻采编和经营活动的有序开展。制定《关于加强山西日报分社有关管理规定》，明确驻地方机构车辆使用、采访经费等由报社负担，做到采编行为规范、工作合法合规，社会反响良好。

三是严把广告审核关，广告经营依法合规。牢固树立社会效益第一的理念，严格落实"三审三校"制度，确保广告宣传内容安全、出版安全。自 2015 年以来，连续 5 年实现了违法虚假广告的零刊发。增强社会责任意识，全年刊登各类公益广告 185 块。

十一、后记

（一）回应及改进措施

2020 年，山西日报始终把党管宣传、党管意识形态、党管媒体的要求落实到新闻生产、舆论导向、阵地管理的各领域各环节，对照 2019 年度存在的履行社会责任不足，创新重大主题宣传机制，持续推动媒体深度融合，不断提高党报的影响力和竞争力。

第一，针对主题宣传报道数量不少、占版不少，但有影响力的重大典型、重大言论、重大延伸报道较少。2020 年，山西日报持续在学懂弄通做实习近平新时代中国特色社会主义思想上下功夫，特别是将全省贯彻落实习近平总书记两次视察山西重要讲话重要指示的生动实践和实际成效的宣传作为首要政治任务，不断提升重大主题设置能力和宣传报道的成色。比如在决胜脱贫攻坚、全面建成小康社会报道中，提前谋划、强化策划，推出"深度透视""转型进行时"等重点深度报道栏目。"三晋论坛"栏目和系列评论员文章，发出党报声音，营造了良好的舆论氛围。

第二，针对在重大主题宣传中存在语言不够鲜活、接地气不够等短板。2020 年，山西日报努力在增强吸引力、感染力、黏合力上下功夫。比如在"走向我们的小康生活"重大主题采访中，记者奔走在三晋大地上，捕捉精准帮扶政策、一线帮扶队员和贫困户脱贫等鲜活故事，用小切口反映大主题，用群众语言讲群众的事、用老百姓的感受讲述获得感，用点滴变化折射小康社会的美好图景。

第三，针对重大主题宣传仍以纸媒宣传为主，新媒体产品形式不够丰富、还缺少有一定影响力的"爆款"产品。2020 年，山西日报新媒体强策划、重联动、精制作，多平台发布、多渠道传播。比如客户端开设战"疫"频道，设置"抗疫 全国在行动""疫情新热点·专家来解读"等 13 个专题。积极与人民视频、湖北日报等合作，扩大报道量、覆盖面和实用性，丰富了原创作品的数量，提升了作品质量。

（二）不足

第一，重大主题宣传报道策划功能偏弱，报道手法有待创新。需要强化策划意识、精品意识、创新意识，以深度报道为引领、以重点栏目为载体、以新闻图片为突破，全面提升党报的政治性、新闻性、鲜活性。

第二，重大主题采访报道组织性、贴近性有待全面提高。主要表现在写作方法雷同、新闻语言生硬、现场感不强。需要持续践行"四力"，精心设置选题，统筹采访安排，拓展报道领域，增强深度报道的理性分析。

第三，版面编排有待进一步优化，在媒体融合上仍需发力。版面编排持重有余、灵动不足。需要进一步创新版面编排手法，丰富版面新闻元素，强化版面视觉冲击力。融媒体海报在报纸发布时，适度进行二次创作，以更好地适应纸媒特点。

内蒙古广播电视台

社 会 责 任 报 告

一、前言

（一）媒体概况

内蒙古广播电视台拥有 9 套广播频率、8 套电视频道和以腾格里网微端为旗舰的新媒体矩阵，承担着内宣和外宣双重任务。其中，内蒙古卫视频道节目信号覆盖全国 30 个省会城市；蒙古语卫视频道节目覆盖亚太 53 个国家和地区，并在国内蒙古族聚居八省区及蒙古国、俄罗斯等周边国家和地区落地，内蒙古广播电视台传播能力建设逐渐加强。

（二）社会责任理念

内蒙古广播电视台以习近平新时代中国特色社会主义思想为指导，坚持新闻立台、责任办台、改革强台、创新兴台的理念，积极履行新闻媒体的责任，自觉承担举旗帜、聚民心、育新人、兴文化、展形象的使命任务。

内蒙古广播电视台在 2020 全国两会期间开设的栏目

（三）获奖情况

2020 年，内蒙古广播电视台电视专题《农民刘子青的舞蹈梦》获中国新闻奖二等奖;《驶向春天的草原高铁》等 24 件作品获内蒙古新闻奖;《首批援鄂医疗队出征》《扶贫路上的"蒙古马"》等 40 件作品获得内蒙古广播电视奖;2020 春晚、元宵节晚会分获中视协春节节目好作品奖和优秀作品奖。

二、政治责任

（一）政治方向

2020 年 1 月 12 日，内蒙古广播电视台对内蒙古自治区两会进行现场直播

内蒙古广播电视台坚持以习近平新时代中国特色社会主义思想为指导，牢牢把握正确政治方向、舆论导向、价值取向，2020 年出色完成党的十九届五中全会、全国两会、内蒙古自治区两会等重大会议报道，推出了"只争朝夕 决战决胜脱贫攻坚""弘扬蒙古马精神·育新机 开新局 谱新篇""做好六稳工作 落实六保任务""全面建成小康社会 百城千县万村调研行""奋斗新时代 开启新征程""众志成城 抗击疫情""铸牢中华民族共同体意识"等多个专栏，为内蒙古自治区全局工作提供了强有力的舆论支持。

（二）舆论引导

2020 年面对突如其来的新冠肺炎疫情，内蒙古广播电视台快速反应，第一时间开设"众志成城 抗击疫情"专栏专题，并启动交通之声应急广播、开辟新闻综合专题频道、推出新媒体产品，制作微广播剧，全方位、多层级打出宣传"组合拳"，为内蒙古自治区实现疫情防控与经济社会发展双赢目标凝聚共识、汇聚力量。

2020 年，针对推行使用国家统编教材，内蒙古广播电视台主动解疑释惑，积极澄清谬误，用典型事例、历史故事、专家访谈等多种形式，于无声处宣传党的政策和主张；用 20 余篇自主撰

2020 年 2 月 18 日，内蒙古广播电视台评书曲艺广播录制抗疫广播剧《搏疫》

写观点鲜明的评论，有力引导舆论；用密集排播的"铸牢中华民族共同体意识"公益广告以及围绕"家国团圆"主题策划制播的文艺晚会等，温暖呈现中华民族共同体的主题。

（三）舆论监督

内蒙古广播电视台始终坚持开展舆论监督，力求激浊扬清、解决问题、推动工作。电视节目《新闻天天看》《都市全接触》《百姓热线》《新闻再观察》、广播节目《天天 3·15》《纵横 118》等是内蒙古广播电视台进行舆论监督的主阵地，2020年，主要针对供暖问题、欠薪问题、教育问题、房本遗留问题、消费维权等，用连续报道、追踪报道、深度调查等方式，切实为百姓解决实际困难，推动有关部门工作落实。2020 年，《新闻天天看》《都市全接触》等节目播出舆论监督类报道 2000多条，每天的舆论监督报道约占节目日播出量的 30%；《百姓热线》采制播出的监督性和批评性报道占节目总数的 20%。

（四）对外传播

2020 年，内蒙古广播电视台草原之声广播、蒙古语卫视面向蒙古国等境外落地国家和地区，及时发布抗击新冠肺炎疫情的动态消息，讲述中国抗"疫"故事；完成关于推广使用国家通用语言文字、蒙古语广播开播 70 周年的对外宣传报道；完成"脱贫攻坚看中国""感知中国——中国·内蒙古文化旅游周"等中外媒体联合采访活动。通过"丝绸之路影视桥"工程，全年在蒙古国 TV5、UBS 等 22 家

媒体共播出 121 部 5547 集电视剧，并继续与蒙古国国家公众广播电视台和蒙古国教育电视台联合推出《你好中国》《我的厨房》等栏目，为促进中外文化交流做出努力。

三、阵地建设责任

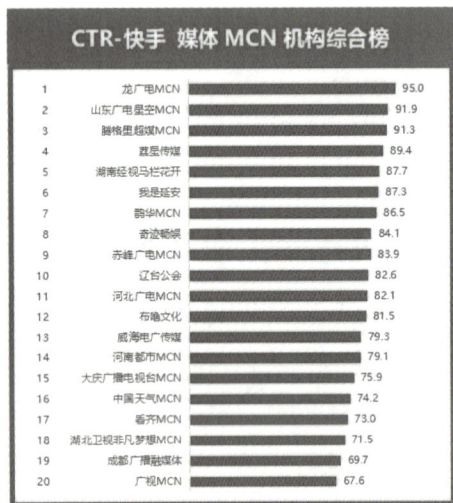

	CTR-快手 媒体 MCN 机构综合榜	
1	龙广电MCN	95.0
2	山东广电星空MCN	91.9
3	腾格里超媒MCN	91.3
4	甚星传媒	89.4
5	湖南经视马栏花开	87.7
6	我是延安	87.3
7	鹤华MCN	86.5
8	奇迹影娱	84.1
9	赤峰广电MCN	83.9
10	辽台公会	82.6
11	河北广电MCN	82.1
12	布咕文化	81.5
13	威海电广传媒	79.3
14	河南都市MCN	79.1
15	大庆广播电视台MCN	75.9
16	中国天气MCN	74.2
17	香齐MCN	73.0
18	湖北卫视非凡梦想MCN	71.5
19	成都广播融媒体	69.7
20	广视MCN	67.6

来源：CTR– 快手媒体号榜单 2020 年榜

微信公众号跻身全国省级媒体微信公众号排名前十；"主播说联播"快手号通过新语态、轻量化传播，全年总播放量突破 6400 万次，总点赞量突破 500 万次；"NMTV 小满广播站"抖音号经常位列内蒙古机构抖音排行榜第一名。

（一）融媒体矩阵

2020 年，内蒙古广播电视台构建起以腾格里网、腾格里新闻客户端为核心，50 多个分布在微信、微博、抖音、头条等第三方平台的新闻资讯类账号为补充的传播矩阵。2020 年 6 月成立腾格里超媒 MCN，连续 3 个月获得抖音广电黑马 MCN 称号，在 CTR– 快手媒体号榜单 2020 年榜上名列第三。

内蒙古广播电视台融媒体矩阵已经从单点突破到全面开花。其中，"都市全接触"

内蒙古广播电视台交通之声主持人蒋名妍获得第四届广播超级碗快手短视频最佳人气奖

（二）融媒体报道

内蒙古广播电视台坚定推动优质内容建设，全力做强做大网上主流舆论。《总书记与我们议国是》《内蒙古的四张名片》《驰援武汉！内蒙古30吨土豆起运》等融媒报道点击量高，《坚定不移推广普及国家通用语言文字》阅读量达到6135万次。

内蒙古广播电视台主持人雷蒙进行"周末内蒙古有好货"直播

2020年，内蒙古广播电视台腾格里客户端完成"京呼高铁开通""我的扶贫故事""北疆楷模发布会"等各类直播283场。5月1日推出的"我就是这样的内蒙古"直播活动，首次实现一场直播涵盖全区12个盟市；"内蒙古品牌形象宣介发布会启动仪式暨内蒙古广播电视台首届电商节"直播，累计观看人数5000

2020年1月9日，全区推进媒体融合发展现场观摩会在内蒙古广播电视台召开

万+，当日订单20万+，销售额550万元。

（三）融合采编平台建设

2020年，内蒙古广播电视台腾格里网全新改版上线，腾格里新闻客户端增加集结号、名人号、主播秀，"腾格里云"完成12家盟市级广播电视台和90多家县级融媒体中心入驻工作。

四、服务责任

（一）信息服务

内蒙古广播电视台本着全心全意为人民服务的宗旨，及时提供各类资讯信息，方便群众生产生活。一是及时发布各类政策信息。《内蒙古新闻联播》《行风热线》等多档节目定期发布群众关心关注的政务信息及相关解读，搭建政务公开、政民互动平台。二是及时发布生活服务信息。《欢乐同行》《全民健康＋》等节目及所属新媒体按照各自定位，及时发布天气、交通、健康养生等各类信息，服务百姓生活。

（二）社会服务

内蒙古广播电视台积极搭建问政、民生等服务平台，在政府部门与普通百姓之间搭建起沟通桥梁。2020 年，内蒙古广播电视台与自治区统计局签署关于做好统计数据发布和解读工作的战略合作协议，及时准确做好全区经济数据解读和信息发布工作；全媒体脱口秀节目《雷阵语》"雷蒙在线帮"打造权威的全媒体公共服务平台，发布权威信息、解读相关政策、回应社会关切。

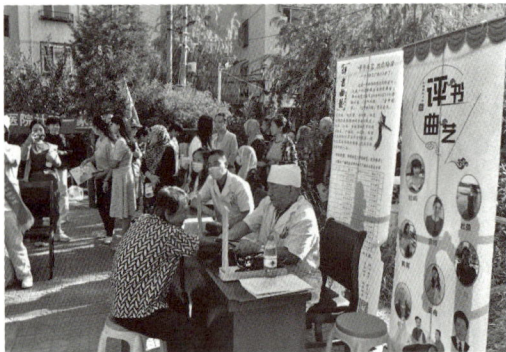

2020 年 8 月 28 日，内蒙古广播电视台工会与评书曲艺广播共同在呼市回民区翔宇社区组织公益活动

（三）公益活动

2020 年，内蒙古广播电视台 9 套广播频率播出公益广告 38472 条次，累计时长 51974 分钟；电视各频道播出公益广告约 102847 条次，累计时长 77869 分钟。

2020 年，内蒙古广播电视台"雷蒙公益""芸公益"等公益品牌持续发力，组织了支援抗疫、捐资助学、助农义卖、关爱劳动者等 100 多场爱心公益活动，并数次针对重伤重病等弱势群体发起爱心救助，组织慈善募捐。

2020 年内蒙古广播电视台举办了多场直播带货活动，助力脱贫攻坚、助推乡村振兴。其中，《都市全接触》节目全年举办了 50 多场"农副产品扶贫公益特卖会"；腾格里超媒 MCN 启动的"约'惠'消费、助力脱贫——周末内蒙古有好货"直播带

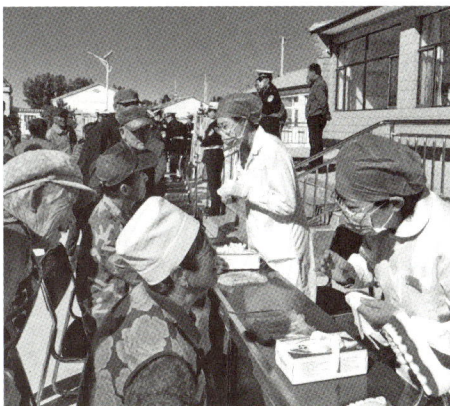

2020 年 9 月 17 日，内蒙古广播电视台交通之声广播走进乌兰察布市凉城县北梁村做公益

货活动，2020 年举办了 30 多场，在线观看人数累计 2330 多万，销售额近 3000 万元。

五、人文关怀责任

（一）民生报道

内蒙古广播电视台 2020 年加强民生新闻策划，在选题把握上重点考量新闻事件的重要性和普遍意义，不停留于琐碎和表面。《雷阵语》2020 年为 800 多位观众解答养老、医疗、就业、教育等相关政策法规问题；《百姓热线》播出《广场舞背后的老年生活》《破解幼儿园入学难》等节目，关心少年儿童、老年人群体；法律民生互动服务节目《给你说

2020 年 9 月 1 日，内蒙古广播电视台《给你说法》栏目播出的节目

法》针对涉及妇女、儿童、老年人、残疾人等群体的法律问题多次进行探讨;《都市全接触》持续追踪"自治区房地产遗留问题"处理进展,关注集中供暖问题,督促有关部门以人为本开展工作,切实解决群众困难,栏目平均每年为百姓解决实际困难 2000 件以上。

（二）灾难和事故报道

内蒙古广播电视台在灾难和事故报道中始终坚持人文关怀精神,要求记者关注受害者的身心状况,注意提问时机和方式,报道不使用血腥、暴力画面。2020 年在对呼和浩特市沿河小区爆燃事故、河北唐山 5.1 级地震等报道中,视角始终聚焦灾情、救援和防范预防上,引导舆论、关爱生命、避免"二次伤害"。

（三）以人为本

2020 年 10 月 29 日,内蒙古广播电视台举办"我的扶贫故事"分享会

内蒙古广播电视台坚持"以人民为中心"思想,积极践行"四力",采制了《"天鹅爸爸"斯钦孟克》《新冠肺炎康复者:你冒死相救　我热血相助 VA0》《故事爷爷的"童话书"》等一批有品质、有温度、有情怀的作品。《法治专线》栏目持续关注未成年人保护,关心他们的成长和发展;《我家有故事》栏目深入普通人的生活,关心记录他们的所思所想、所愁所乐、所困所求。普通打工人姚妈妈对儿童福利院 5 个"特殊"孩子倾情帮助,郑龙、郑国花父女 3 个月捡砖头为抗击疫情捐款近 3 万元,呼和浩特市高峰老人寻找俄罗斯好心人等故事在屏幕上播出后,引起较大反响,这些报道细节丰富、情感真挚、向上向善、引领导向,潜移默化中体现了人文关怀精神和积极向上的风貌。

六、文化责任

（一）弘扬践行社会主义核心价值观

内蒙古广播电视台 2020 年策划推出了一批优秀作品。诗文欣赏《春天的力量》、广播连续剧《搏疫》和电视纪录片《疫战》《疫情》等战"疫"系列作品题材丰富、内容感人，凝聚力量、提振精神。《思想的田野》《"康康"我的生活》等节目聚焦脱贫攻坚主题，思想性、理论性、生动性、贴近性紧密结合，创新传播。《共和国同龄人苏和"长在红旗下"》《23 个蒙汉族孩子一个"爹"》等节目用普通人的真实故事讲述民族团结、文化认同，春风化雨，润物无声。大型寻访纪实节目

《思想的田野》节目组在呼伦贝尔采访

2020 年 7 月，《寻找英雄》栏目采访"北疆楷模"尼玛

《寻找英雄》（第二季）

《寻找英雄》挖掘平凡人的闪光点，讲述奋斗故事，弘扬吃苦耐劳、一往无前的蒙古马精神，真正体现了主流媒体的价值导向。创作的"中国梦"主题歌曲《锦绣小康》《看不够美丽中国》《点赞新时代》等用音乐电视的形式讴歌改革开放带给内蒙古人民生产生活的巨大变化，鼓舞士气，振奋人心。

（二）传承繁荣中华优秀传统文化

2020 年 1 月 14 日，内蒙古广播电视台春晚《亮丽北疆幸福年》录制现场

2020 年，内蒙古广播电视台认真履行文化职责，积极传播、传承繁荣中华优秀传统文化，社会反响良好。一是围绕重要传统节日和重大事件策划推出系列文化品牌活动。春晚、元宵节晚会、六一晚会等丰富了群众文化生活；新春诗会、清明节诗会、端午节诗会别开生面，积极传播中华文化。二是打造文化气息丰富的节目群。2020 年策划制作的《唱起草原的歌》突破壁垒，打造成为短视频而生的节目，大屏小屏内容无缝对接，用新时代新特点传播弘扬优秀文化。三是策划媒体活动，多形式传播丰富多彩的优秀传统文化。2020 年，在"爱上内蒙古"大型媒体活动中，内蒙古广播电视台对内蒙古的优秀文化进行了全方位宣传。内蒙古广播电视台还举办"送文化走基层"等活动，丰富贫困地区乡村群众的精神文化生活。

2020 年 10 月 1 日，《都市全接触》主播晓雪在呼和浩特做现场报道

（三）推动提升科学素养

2020 年，内蒙古广播电视台共播出科普类节目 2441.15 小时，广泛宣传了内

蒙古自治区科技创新、文教事业发展的新成就。持续跟进和报道"脱贫攻坚专家旗县行""两院院士和科技专家来内蒙古开展学术交流""大众创业万众创新""全区创新方法大赛"等活动，制作播出疫情、生态保护、青少年身心健康、生产生活安全等方面多个科普宣传作品。

2020 年 6 月 1 日，少儿频道举办庆六一特别活动

七、安全责任

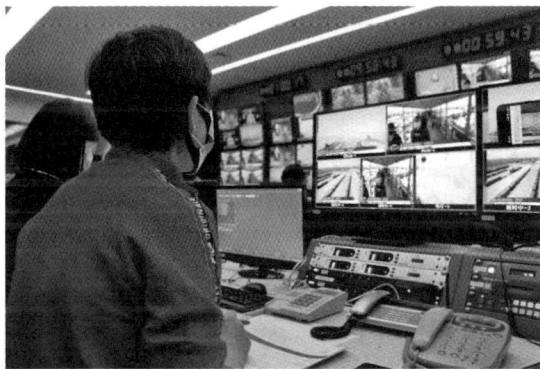

2020 年 5 月 1 日，内蒙古广播电视台融媒体直播特别节目《我就是这样的内蒙古》

2020 年内蒙古广播电视台严格落实意识形态工作责任制，把好导向关、政治关、民族政策关，严格落实"三级审片""重播重审"制度，持续落实"日调度、周研判、月会商、重大舆情随时会商"机制，积极落实安全播出和网络安全责任，对《播音员主持人管理办法》重新修订，新出台《内蒙古广播电视台关于 MCN 机构运营及短视频账号暂行管理办法》，新业态下，加强对播音员主持人、台 MCN 机构运营及短视频账号的规范和管理，确保内容和导向安全。2020年，内蒙古广播电视台 9 套广播频率全年累计播出 70810 小时，停播率为 0 秒 / 百小时；8 套电视频道全年累计播出 68104 小时，停播率 0.13 秒 / 百小时，低于国家相关停播率标准。

八、道德责任

（一）遵守职业规范

内蒙古广播电视台严格遵守《中国新闻工作者职业道德准则》，织密织紧分析研判、阵地管理、队伍建设"三张网"，从源头上抵制低俗庸俗媚俗内容，杜绝有偿新闻、有偿不闻、新闻敲诈等违反职业精神和职业道德准则的行为。同时鼓励并尊重记者原创，在素材使用、节目上载等方面尤其注意保护版权。

（二）维护社会公德

内蒙古广播电视台在日常宣传中大力维护公序良俗，弘扬社会正气，讴歌美好心灵。一是主动设置议题，引导公众行为习惯和社会风俗。在"文明内蒙古"建设中，《雷蒙时间》发起"文明内蒙古"全网大讨论，引导让"文明"成为人民群众的自觉行动。在"厉行节约，反对浪费"主题下，《都市全接触》《百姓热线》等节目引导鼓励大家积极参与"光盘行动"。二是通过举办"内蒙古好人榜""北疆楷模"先进事迹发布会等活动，不断培育崇德向善、见贤思齐的浓厚氛围。

（三）接受社会监督

内蒙古广播电视台要求记者从事新闻采访活动时，要主动向采访对象出示有效新闻记者证。加强台纪检监督体系建设，充分发挥专责监督职责，做好政治监督、专项监督和日常监督。

九、保障权益责任

（一）保障从业人员合法权益

在着力规范记者外出采访行为的基础上，内蒙古广播电视台也大力支持和保护正常采访行为，尤其注重保护负责监督类报道记者的采访权利、人身安全。2020年，内蒙古广播电视台未出现因采编行为受到人身侵害、打击报复的情况。

（二）保障从业人员薪酬福利

内蒙古广播电视台严格遵守各项法律法规，2020年，进一步规范劳动用工管理，继续在全台范围开展临时用工情况排查，并根据相关办法规定，与符合条件的用工人员依法签署劳动合同，并按照规定办理续签、变更、解除以及终止相关手续。

2020年10月1日，内蒙古广播电视台记者在乌兰察布市兴和县采访

认真做好全台职工的工资薪酬及社会保障等工作，出台了《内蒙古广播电视台关于建立全媒体考核评价体系指导意见》，绩效工资实现全媒体任务考核、量化发放。依法依规足额支付职工薪酬，足额缴纳"五险一金"，保障职工休假休息权利，每年为职工安排体检服务。

（三）规范新闻记者证管理

按照《新闻记者证管理办法》及国家新闻出版署有关规定，内蒙古广播电视台及时为符合条件的采编人员申领、核验新闻记者证，及时收回离退休等采编人员的新闻记者证。2020 年，完成全台 894 个广播电视新闻记者证的审验工作和 175 个新记者证的申领工作。

（四）开展员工教育培训

2020 年，内蒙古广播电视台紧紧围绕习近平总书记关于"四力"建设的要求，全年举办线上线下培训 14 场，内容涵盖思想政治、网络安全、新媒体技术等多个方面，全台 2376 人次参加了培训。

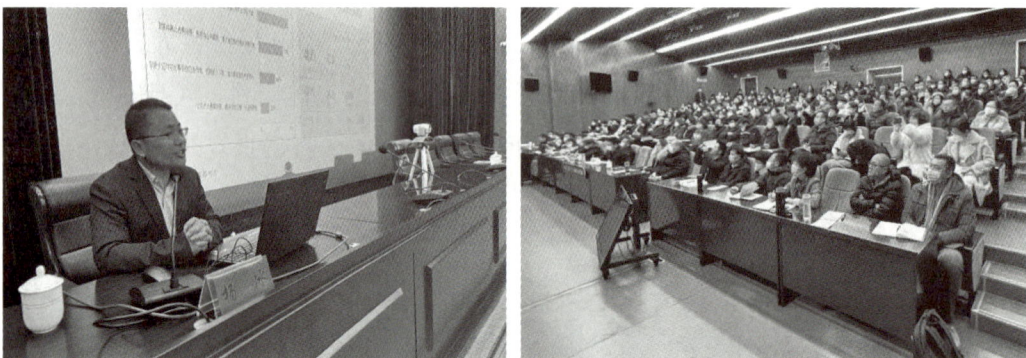

2020 年 12 月 15 日，上海娱华文化传媒有限公司总经理杨冰为内蒙古广播电视台干部职工作"媒体融合新阶段　省级广电发展转型之路"专题讲座

十、合法经营责任

内蒙古广播电视台严格遵守各项法律法规，认真执行网信、新闻出版、广播电视等行政管理部门发布的规章制度、规范性文件。严格做到采编与经营"两分开"。严格规范管理记者站的采编活动，明确记者站不承担经营任务，也不得从事与新闻采编业务无关的活动。2020 年，内蒙古广播电视台广告管理中心专门设立热线投诉电话，24 小时接听受众对所播广告的投诉，第一时间解决问题，维护媒体形象。2020 年内蒙古广播电视台未刊播违法违规广告。

十一、后记

2020 年，内蒙古广播电视台未出现被网信、新闻出版、广播电视等行政管理部门或新闻道德委员会等行业组织作出行政处理、通报批评的情况。

（一）回应

2019 年，内蒙古广播电视台存在机构设置模式陈旧、干部队伍严重老化、传播力建设有待加强等问题，针对这些短板和不足，内蒙古广播电视台努力改进和加强。一是以制度建设为纲领，以媒体深度融合发展为导向，完成《内蒙古广播电视台关于深入推进媒体融合发展总体改革方案》《内蒙古广播电视台关于建立全媒体考核评价体系指导意见》等多个方案，涉及机构改革、目标管理改革、绩效考核改革等多个方面，拉开改革序幕。二是坚持移动优先，出台《内蒙古广播电视台传播力提升暨品牌建设攻坚实施方案》，融媒体中心建成使用，全媒传播体系正在构建，传统端节目加强移动端传播，融合传播效果显著增强。

（二）不足

一是媒体融合发展任重道远，一次采集、多种生成、多元传播的高效全媒体策采编播评体系亟待健全。二是宣传作品有数量缺高质量、有频次更有瓶颈的情况比较普遍，讲故事能力偏弱，创新创优工作需要进一步抓紧抓牢抓实。三是传统广告大幅下滑，广告经营的窘境再次警醒媒体改革、经营转型的任务迫在眉睫。

（三）改进

一是充分用好绩效考核的"指挥棒"功能，解决节目生产惯性问题，树立新媒体首发、融合传播的主动意识、自觉意识，推进主力军全面挺进主战场，形成全员转型、闭环生产的全媒体策采编播评体系。二是以优质内容、融合传播为导向，深入践行"四力"，加强策划统筹，创新节目形式和传播方式，用心用情用力讲好生动鲜活故事。三是积极探索和尝试多种营销手段。在植入营销、内容营销、IP 营销的大环境下，通过加大政务服务力度，建立直播带货专号等方式，提升广告营销价值。

辽宁报刊传媒集团（辽宁日报社）

社 会 责 任 报 告

一、前言

（一）媒体概况

辽宁日报是中共辽宁省委机关报，创建于 1954 年 9 月，前身为 1945 年创办的《东北日报》。在各个历史时期，辽宁日报始终坚持服从服务全省工作大局，是中共辽宁省委指导全省工作的重要舆论宣传和思想理论阵地。

辽宁报刊传媒集团（辽宁日报社）按照机构改革要求，于 2018 年 7 月 19 日正式挂牌成立，由原辽宁日报报业集团、原辽宁党刊集团等 17 家事业单位组成，下属 8 张报纸、15 本杂志、4 家网站以及 20 余家新媒体。新集团成立后，拥有以《辽宁日报》为核心的报纸集群（《辽宁日报》《辽沈晚报》《半岛晨报》《辽宁法制报》《辽宁朝鲜文报》《辽宁老年报》《友报》《幸福老人报》），以《共产党员》杂志为旗舰的期刊集群（《共产党员》《党建文汇》《党支部书记》《刊授党校》《兰台世界》《今日辽宁》《辽宁人大》《侨园》《新少年》《好孩子画报》《妇女》《理论界》《记者摇篮》《家庭科学》《党史纵横》），以辽宁日报新闻客户端、"学习强国"辽宁学习平台为代表的网络媒体集群（"北国"客户端、北国网、中华先锋网、半岛晨报网），形成了全省最强大的新闻舆论宣传矩阵和辽宁新的文化高地。

（二）社会责任理念

辽宁日报作为省委意识形态的主阵地，始终坚持把"政治家办报""党媒姓党"原则贯穿新闻生产全过程，认真履行省委机关报职责使命，深入学习宣传习近平新时代中国特色社会主义思想，讲政治、抓导向，促融合、出精品，压责任、强队伍，社会效益和经济效益取得了双丰收，辽宁日报的传播力、引导力、影响力、公信力明显提升，为辽宁全面振兴全方位振兴营造了良好思想舆论氛围。

（三）获奖情况

2020 年，辽宁日报融媒体新闻作品《解放思想，首先得有思想》获评第三十届中国新闻奖二等奖；姜义双同志荣获"全国抗击新冠肺炎疫情先进个人""全国优秀共产党员"称号；董翰博同志荣获"全国先进工作者"称号；王研同志获评中宣部首批"全国宣传思想文化青年英才"称号。

二、政治责任

（一）政治方向

2020 年 9 月 28 日，发表"宁新平"文章《开创辽宁振兴发展的宏大场景——写在习近平总书记"9·28"重要讲话两周年之际》

持续深入宣传习近平新时代中国特色社会主义思想。始终把习近平新时代中国特色社会主义思想宣传阐释作为首要政治任务，组织集团各媒体持续开设"在习近平新时代中国特色社会主义思想指引下——新时代新作为新篇章"等专栏，深入宣传阐释习近平总书记重要活动、重要会议、重要讲话精神，宣传习近平总书记关于东北、辽宁振兴发展的重要讲话和指示批示精神，宣传辽宁贯彻落实的扎实举措和重要成果。特别是在习近平总书记"9·28"重要讲话发表两周年之际，辽宁日报推出"1+1+5+6"系列报道（1 篇"宁新平"文章、1 篇社论、5 篇系列报道和 6 篇评论员文章），充分反映全省牢记习近平总书记嘱

托，以优化营商环境为基础全面深化改革，奋力
开创辽宁振兴发展新局面的思路举措和进展成效。

全力组织党的十九届五中全会精神宣传报道。
辽宁日报开设"走过'十三五'开启新征程"专
栏，大力宣传全省"十三五"期间各领域取得的
成就；开设"五中全会精神在基层"专栏，反映
基层单位和广大干部群众学习贯彻落实党的十九
届五中全会精神的生动实践；开设"市委书记访
谈"专栏，反映全省各地区结合本地实际学习贯
彻党的十九届五中全会精神的具体举措以及未来
5 年工作思路；开设"深入学习贯彻党的十九届五
中全会精神"专栏，邀请相关领域专家学者撰写
权威解读和理论文章。

开设"五中全会精神在基层"专栏，
持续报道全省干部群众学习贯彻落实五
中全会精神的生动实践

深入开展决胜全面小康、决战脱贫攻坚宣传。辽宁日报开设"决战决胜脱贫攻
坚""走向我们的小康生活"等专栏，刊发稿件 600 余篇。推出《大地情书》大型
策划、《决胜》特刊、《战"贫"微镜头》等，通过一套"组合拳"深入报道辽宁各
地区各部门坚决打赢脱贫攻坚战、全面建成小康社会的生动实践和成果成效，为辽
宁留下一份全景式战"贫"回忆录。

2020 年 5 月起，辽宁日
报推出贯穿全年的重大主题策
划《决胜》特刊

2020 年 12 月，辽宁日报推出大型全媒体策划《大地
情书》

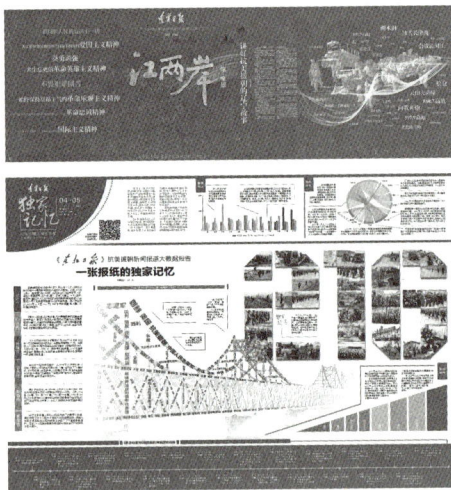

2020 年 9 月 15 日起，辽宁日报推出大型策划《江两岸》特刊

扎实做好全国、全省两会宣传报道。辽宁日报制作推出"两会进行时""数瞰两会"专栏，聚焦百姓关注的重点话题，刊发一系列重点报道。

做好中国人民志愿军抗美援朝出国作战 70 周年纪念活动宣传报道。推出长卷特刊《江两岸》，共 5 期、80 个专版，报道规模为全国地方党媒之最。策划推出《抗美援朝纪念馆新馆开馆》《在韩烈士遗骸归国安葬》等大型直播节目，逾 200 万人次在线观看。

（二）舆论引导

全力做好全省统筹推进新冠肺炎疫情防控和经济社会发展宣传。疫情发生后，辽宁日报组建抗击疫情前方报道组，选派 4 名骨干记者深入湖北一线采访报道，及时反映辽宁省支援湖北有关情况，发出融媒体稿件 600 余篇，点击量超 1.5 亿次。

聚焦疫情下的经济社会发展工作，辽宁日报开设"在危机中育新机　于变局中开新局"等专栏，深入宣传全省各地区各领域持续巩固和拓展疫情防控重大成果。策划推出"透视辽宁经济半年报"系列报

2020 年 3 月 3 日，辽宁日报社记者走进武汉洪山体育馆方舱医院采访

道，挖掘辽宁经济数据亮点，多角度展现各地区各部门坚持新发展理念、坚定不移推动高质量发展的新思路新举措。

（三）舆论监督

辽宁报刊传媒集团（辽宁日报社）围绕百姓、基层关切点开展建设性舆论监

督。在社会版开设"讲政事"专栏，在"北国"客户端经济频道持续开设"曝光台"专栏，针对群众关心关注的问题，深入相关部门采访，认真回答群众的诉求，有效发挥舆论监督作用。

（四）对外传播

辽宁报刊传媒集团（辽宁日报社）持续宣传辽宁形象、辽宁文化。大力宣传"辽宁再度受青睐"，宣传辽宁英模人物、先进典型等"身边好人"，"北国"客户端开设"逐梦他乡辽宁人"等话题。做好"山高水长——唐宋八大家主题文物展"宣传，共推出9块专版、28篇策划报道；微

2020 年 10 月 18 日，以"赋能高质量·打造新动能"为主题的 2020 全球工业互联网大会在辽宁沈阳开幕

信图文产品《神级聊天》，点击量 10 万 +。高水平筹划 2020 全球工业互联网大会和辽宁国际投资贸易洽谈会宣传报道，围绕宣传辽宁优势、破解辽宁难题精心设置议题，报、网、端全方位发力，策划推出评论员文章、专版、Vlog 等系列融媒体产品，充分展示辽宁形象、辽宁优势。

三、阵地建设责任

（一）融媒体矩阵

2020 年 5 月 18 日，"北国"客户端升级上线。辽宁报刊传媒集团（辽宁日报社）整合资源，组建客户端编辑部，成立 4 个业务部门，包括新媒体平台运营部、外部平台运营部、可视化内容生产部和品牌推广部，同时进一步完善制度建设，保障平

辽宁日报融媒体报道指挥平台（"中央厨房"）

台信息安全。

（二）融媒体报道

全国两会期间，"北国"客户端推出《交互 H5 | @总书记，辽宁 2.02 万名选派干部向您报告》、小程序《北国看两会》等新媒体产品，与省直有关单位联合推出《云聚雷锋路》《在韩烈士遗骸归国安葬》《北国助农》等大型直播节目，累计逾千万人次在线观看。系列融媒体产品《北国·晚九点》《政经辞典》《问不倒》等创意节目，用通俗易懂的语言解读中央、省委重要政策举措，广受欢迎。

（三）融合采编平台建设

"北国"客户端以先进技术为牵引，持续强化精品生产，努力建成全省传播党的声音、讲好辽宁故事的"第一党端"。上线以来，客户端累计用户逾百万，日均发稿量逾 200 条，入驻机构 300 余家。同时，继续做大做强微信公众号、微博、今日头条号、抖音、快手等外部平台，融媒体产品质量不断提升。

四、服务责任

（一）信息服务

政策信息服务。充分利用全媒体平台，打造党务政务信息聚合平台，吸纳党政部门和重点企事业单位官网、"两微一端"等新媒体入驻。全省 300 余家企事业单位、大中小学及社会团体入驻"北国号"。

生活信息服务。及时准确刊播政务信息、惠民政策信息等，服务百姓日常生活。特别是"抗击疫情　辽宁进行时"实时发布平台，辽宁日报全媒体平台共发布疫情相关稿件15万余篇，总阅读量超10亿次。

（二）社会服务

公共服务平台。持续改进作风，编务管理部、广告经营中心等综合管理和服务岗位设立首问责任人，工作人员实行摆牌服务，公示姓名、职务、工作岗位、业务范围和电话，切实改进工作作风，提升工作水平。

公共智库服务。坚持走好网上群众路线，把党的优良传统与新技术手段相结合，以开放平台吸引更多用户参与信息生产与传播。提升服务社会专业价值，不断完善"新闻＋政务服务商务"运营模式，丰富民生信息、政务服务、社交功能。

（三）公益活动

刊播公益广告。2020年，辽宁报刊传媒集团（辽宁日报社）共刊发各类公益广告160多块版，内容涉及时代楷模、时代新风、学习雷锋、中华民族优良传统等主题，有力宣传了社会主义核心价值观。

2020年，辽宁报刊传媒集团刊发公益广告160多块版

2020年10月29日，辽宁日报记者在铁岭市昌图县东兴村实地采访

组织慈善募捐。2020年，辽宁报刊传媒集团（辽宁日报社）对素珠营子村直接投入及协调资金共计116.198万元。春节前夕，集团党委书记、社长前往素珠营子村实地调研、走访，了解建档立卡户脱贫情况，送去节日慰问品。

助推乡村振兴。辽宁日报推出大

型主题策划《决胜特刊》，全景展现辽宁脱贫攻坚和乡村振兴取得的成果，及时反映辽宁坚持疫情防控和脱贫攻坚两场硬仗一起打，坚持完成脱贫任务和巩固脱贫成果两手抓，吹响脱贫攻坚总攻号角。

五、人文关怀责任

（一）民生报道

辽宁日报记者在喀喇沁左翼蒙古族自治县水泉镇水泉村农户炕头上写稿

辽宁报刊传媒集团（辽宁日报社）关注就业、医疗、教育、养老等民生内容，围绕服务地方党委政府的中心工作，采用老百姓看得懂、易接受的报道方式，积极引导社会舆论，拉近了党报与受众的距离，提高了党报的社会公信力。辽宁日报"北国"客户端开设"一周民生关注"专栏，集纳民生新闻，深受读者欢迎。

辽宁报刊传媒集团（辽宁日报社）反映少数民族、妇女、儿童、老年人、残疾人等意见呼声。如《辽图举办"指尖技艺"微展，展示少数民族纺织与服饰文化》《本溪新添两座"中国少数民族特色村寨"》《为残疾人"定制"工作岗位》，等等。

（二）灾难和事故报道

辽宁报刊传媒集团（辽宁日报社）充分发挥地方党报强大的动员组织能力和信息收集整合功能的优势，认真做好灾难和事故报道，在信息公开、引导舆论、维护稳定、社会沟通等方面发挥作用，如台风"巴威"来袭，"北国"客户端组织大型直播《直击"巴威"》，独家报道辽宁防台风防汛举措，总观看人数逾千万。

（三）以人为本

辽宁报刊传媒集团（辽宁日报社）发扬人文精神，报道有态度有温度，继续办好"家的味道"专版，全年刊发《积善之家走出舍己救人好男儿》《祖孙三代接力守护绿水青山》等近百篇报道，讲述感人故事，倡导良好风尚。

"巴威"台风相关报道

"北国"客户端开展社会主义核心价值观主题微电影（微视频）征集活动的海报

六、文化责任

（一）弘扬践行社会主义核心价值观

辽宁报刊传媒集团（辽宁日报社）积极培育和践行社会主义核心价值观，生动活泼地传播主流价值，承办了社会主义核心价值观主题微电影（微视频）征集展播活动。持续宣传中国梦，推出《奋战车间一线保障抗疫前线》《创新驱动，禾丰正"丰"》等"中国梦·劳动美"系列报道，正能量充沛，主旋律高昂，深受社会各界好评。

（二）传承繁荣中华优秀传统文化

辽宁报刊传媒集团（辽宁日报社）紧紧围绕

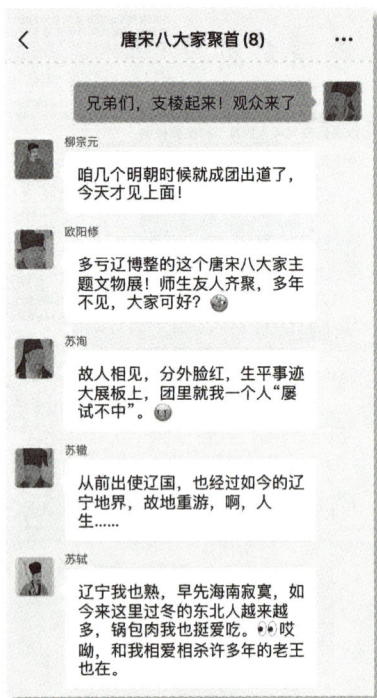

新媒体产品《神级聊天》截图

全省重点文化工作，推出专题策划，全方位报道反映辽宁文化成就。在辽宁省第九届全民读书节期间，以"读辽宁，爱辽宁"为主题，持续推出全媒体报道《发现辽宁之美》《感受辽宁之好》《我在辽宁等你》，让更多读者关注辽宁、走近辽宁、爱上辽宁。围绕"山高水长——唐宋八大家主题文物展"，策划制作《神级聊天》等一批新媒体产品，为展览成功举办增添光彩。

（三）推动提升科学素养

辽宁报刊传媒集团（辽宁日报社）聚焦辽宁科技创新进步进展，全面报道全省科技体制创新、科技成果转化、人才引进培养、文教事业发展成就等相关情况，推出《让"第一动力"更澎湃》《阜新围绕科技创新培育小微企业》等评论和报道，助力全社会提升科学素养、普及科学知识。

七、安全责任

辽宁报刊传媒集团（辽宁日报社）严格落实意识形态工作责任制，确保新闻出版安全。加强意识形态工作领导，召开意识形态工作领导小组会议、意识形态工作分析研判会议；开展意识形态领域风险点排查。强化网络阵地管理，把互联网管理作为重中之重，组织召开专题会议，成立集团网络安全工作领导小组，制定《辽宁报刊传媒集团（辽宁日报社）网络安全工作责任制实施办法》《辽宁报刊传媒集团（辽宁日报社）网络媒体导向管理办法》，对新媒体运维作出进一步规范。通过出台一系列制度并严格落实，确保网络意识形态安全。2020 年，辽宁日报社宣传报道安全有序，没有出现导向错误。

八、道德责任

（一）遵守职业规范

辽宁报刊传媒集团（辽宁日报社）采编人员严格遵守《中国新闻工作者职业道德准则》，牢记党的新闻舆论工作职责使命，继承和发扬党的新闻舆论工作优良传统，自觉承担社会责任，坚持新闻真实性，杜绝有偿新闻行为，抵制低俗庸俗媚俗，尊重原创，保护版权。全年没有出现违反新闻职业道德问题。

（二）维护社会公德

"北国"客户端设计推出《新时代公民道德建设实施纲要》主题公益广告，并配发评论言论，如《新时代公民道德建设的基本遵循》《"制"与"治"护航新时代公民道德建设》等，为加强公民道德建设宣传营造浓厚氛围。同时，采编一线人员严格遵守采编行为规范，恪守职业道德，自觉抵制不正之风，维护社会公序良俗，社会反响良好。

（三）接受社会监督

采编一线人员采访时主动出示记者证，公开举报电话，主动接受群众监督、举报投诉。管理部门和综合服务部门实行摆牌服务，公示姓名、职务、工作岗位、业务范围和电话，接受社会监督。

九、保障权益责任

（一）保障新闻从业人员合法权益

支持保护正常采编行为，全年没有发生采编人员受侵害事故。

（二）保障从业人员薪酬福利

2020 年实施绩效薪酬优化调整，规范统一薪酬管理体系，通过绩效薪酬优化调整，基本解决了长期困扰报社发展的事业编制和编制外聘用两种身份人员"同工不同酬"问题，有效保障了从业人员薪酬福利。

（三）规范新闻记者证管理

辽宁报刊传媒集团（辽宁日报社）高度重视对所属新闻采编人员新闻记者证的管理和使用工作，严格落实审查监督责任，严把从业资格关口，为符合条件的 27 名采编人员及时申领新闻记者证，对于因工作调动脱离采编岗位的 19 名同志，严格按照相关规定要求，收回新闻记者证。

（四）开展员工教育培训

2020 年 4 月 10 日，辽宁日报融媒体编辑部开展业务培训

2020 年，辽宁报刊传媒集团（辽宁日报社）继续深入开展脚力、眼力、脑力、笔力教育实践，深入基层、深入一线。4 名记者赴湖北疫情一线，其间深入方舱医院、雷神山医院等危险区域采访，原创产品 600 余篇（条），阅读量超过 1.5

亿次。辽宁日报9名全媒体记者深入省内5个村蹲点调研，与村民同吃同住同劳动，体验式采访近1个月，推出《大地情书》大型策划报道。在《界献·看老乡》大型融媒体采访报道活动中，记者深入采访19个村落，进行4场大型直播。辽宁报刊传媒集团（辽宁日报社）深入开展马克思主义新闻观学习，全年组织新闻大讲堂6次，开展全员新闻业务培训。

十、合法经营责任

辽宁报刊传媒集团（辽宁日报社）严格遵守法律，遵守国家发布的有关法规文件，不断拓展经营发展渠道、创新体制机制、加大发行力度、寻求合作共赢空间，实现改革发展。2020年，辽宁日报广告同比增长2.07%。发行收入创历史最高水平。辽宁日报经营工作中，未出现违法违规现象。

十一、后记

（一）回应

针对2019年度社会责任报告所总结的问题，2020年，辽宁报刊传媒集团（辽宁日报社）坚定不移持续推动媒体深度融合发展，把握移动化趋势，坚持移动优先策略，形成了以"北国"客户端为牵引的全媒体传播矩阵，优质原创新闻生产能力不断增强。深入践行"四力"要求，围绕推进媒体融合，采取"请进来""走出去"方式开展高端培训，通过绩效薪酬体系优化调整等方法，进一步激活和强化人才成长机制，人才队伍建设得到加强。

（二）不足

一是在推动媒体深度融合发展方面，步伐还不够快。二是在转变经营方式、推进报业供给侧结构性改革，以新媒体运营带动经营模式的转换方面，还需加大力度。

（三）改进

2021 年，辽宁报刊传媒集团（辽宁日报社）坚持以习近平新时代中国特色社会主义思想为指导，切实增强"四个意识"、坚定"四个自信"、做到"两个维护"，深入贯彻落实习近平总书记对辽宁工作的重要指示批示精神和对宣传思想工作的指示要求，自觉将集团发展融入改革发展大局，适应新发展阶段、贯彻新发展理念、构建新发展格局。不断增强围绕中心、服务大局的工作能力；坚持原发性、独家性、原创性业务原则，以内容为王，以技术为要，提升各类发布平台内容生产水平，推进媒体深度融合发展；以促进集团媒体深度融合为重点，深化供给侧结构性改革；以强化制度执行力为重点，全面提升经营管理能力，以优异成绩庆祝中国共产党成立 100 周年，为辽宁全面振兴全方位振兴凝聚精神力量，提供强大舆论支持。

吉林日报

社 会 责 任 报 告

一、前言

（一）媒体概况

吉林日报是中共吉林省委机关报，创刊于1945年10月10日，是全国省委机关报中创刊较早的一家报纸。2001年9月20日，经原国家新闻出版总署批准成立吉林日报报业集团，成为吉林省第一家报业集团。

吉林日报社大楼

经过76年的发展，吉林日报社各项事业得到长足发展，已拥有多家不同读者定位的系列报刊和新媒体矩阵。

作为党和人民的喉舌，吉林日报始终自觉肩负起举旗帜、聚民心、育新人、兴文化、展形象的使命任务。近年来，在吉林省委的坚强领导下，在吉林省委宣传部的有力指导下，吉林日报社高举习近平新时代中国特色社会主义思想伟大旗帜，始终聚焦主责主业，坚持守正创新，积极发挥传统媒体与新兴媒体融合发展的示范效能，丰

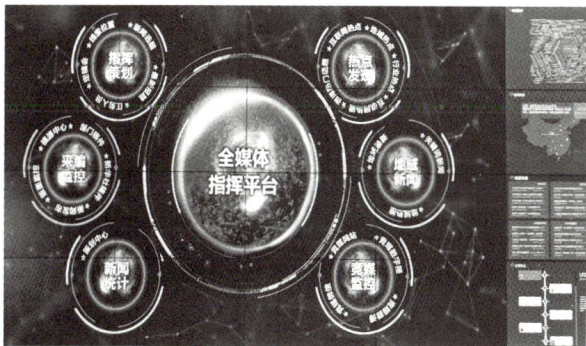

吉林日报全媒体采编联动平台

富吉报全媒体矩阵，建设新型主流媒体，不断提升传播力、引导力、影响力、公信力，为吉林全面振兴全方位振兴贡献力量。

（二）社会责任理念

吉林日报始终坚持正确舆论导向，坚定不移唱响主旋律、传播正能量，更好地强信心、聚民心、暖人心、筑同心，为吉林振兴发展坚定主心骨，汇聚正能量，振奋精气神。把握新发展阶段，贯彻新发展理念，构建新发展格局，全面提高服务吉林振兴发展的能力和水平；把握人民群众的关注点，抓住社会发展的关键点，激发思想感情的共鸣点，站在群众立场，用好群众语言，讲好中国故事，传播好中国声音，履行好主流媒体社会责任，为新时代吉林振兴发展加油鼓劲。

（三）获奖情况

2020 年，吉报集团获国家级奖项 4 个，获吉林新闻奖等省级奖项 75 个，获吉林省行业专业级奖项 18 个；吉报记者李晓静作为吉林省赴武汉媒体团团长、临时党支部书记，获得全国优秀共产党员、全国抗击新冠肺炎疫情先进个人荣誉称号。

二、政治责任

2020 年，吉林日报以习近平新时代中国特色社会主义思想为指导，聚焦主责主业，牢牢把握正确政治方向、舆论导向和价值取向，不断提高政治判断力、政治领悟力、政治执行力，围绕中心、服务大局，主动承担媒体的社会责任，坚持以人民为中心的工作思想，反映吉林人民对美好生活的追求，打造人民群众喜闻乐见的新闻产品。全年组织策划重大时政、重要活动、重点主题报道 30 余项，策划推出重大主题专栏 50 多个、版面近 3000 块、报道近万篇，充分发挥了省委机关报的舆论引导与推动作用，为吉林高质量发展营造浓厚舆论氛围。

（一）政治方向

吉林日报深入贯彻落实习近平总书记视察吉林重要讲话重要指示精神，密集推出专版专栏，创新传播形式方法，共刊发相关稿件 200 余篇，吉林日报官方微博、微信、客户端发稿近千篇，全媒体平台总点击量过千万，做到报道精准有序、节奏鲜明、氛围浓厚。策划推出"牢记嘱托再出发 吉林奋进新时代"专版专栏报道、"幸福吉林"系列报道，并着力推出一系列理论评论文章，为全省上下全面深刻把握习近平总书记重要讲话重要指示精神的科学内涵，用习近平总书记重要讲话武装头脑、指导实践、推动工作，营造浓厚舆论氛围。

认真做好党的十九届五中全会、省委十一届八次全会、全国和全省两会等重大报道。全省两会期间，吉林日报精心策划"加快吉林振兴 决胜全面小康"两会特刊，围绕农业现代化、科技创新、民生建设、冰雪经济、乡村振兴、脱贫攻坚等一系列重大主题，全面深刻反映出全省各方面成就。全国两会期间，吉林日报以"解放思想再深入 吉林振兴新突破"为主题，线上线下同步开设专版专栏专题，及时、全面、深刻、生动报道好特殊背景下的全国两会，特别是牵头策划了吉、辽、黑三省党报共同推出以"新一轮东北振兴机遇"为主题的整版跨省联动报道，同时与

全国两会跨省联动报道（2020 年 5 月 24 日）

广西、云南、西藏、新疆、甘肃、内蒙古、黑龙江、辽宁 8 个边境省、区党报联动，共同展现新时代"兴边富民行动"的喜人变化，在各自纸媒体新媒体呈现后，点击总量超过 1000 万人次，社会反响强烈。

（二）舆论引导

吉林日报坚持以人民为中心的理念，新冠肺炎疫情发生以来，吉林日报认真贯彻落实习近平总书记重要指示精神和党中央决策部署，加强统筹，迅速行动，发布权威信息，创新新闻表达，策划打造了"战地日记""依法战'疫'""连线最前

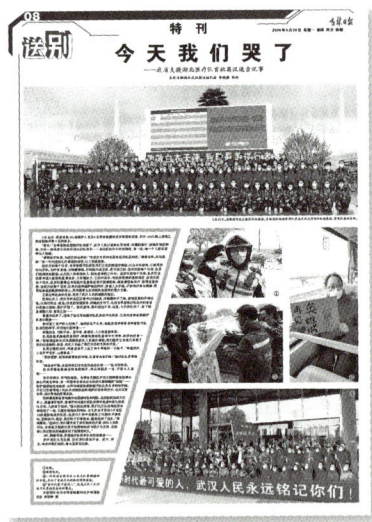

战"疫"专版（2020 年 3 月 23 日）

线""武汉直击"等 19 个全媒体栏目，彰显了防疫宣传中的"吉报品质"，发挥了强信心、暖人心、聚民心的舆论引导作用，为打赢疫情防控阻击战提供了有力舆论支持。

疫情期间，吉报共推出相关战"疫"版面 300 余块，刊发战"疫"相关稿件和图片 2900 余篇（幅）。新媒体全平台共发稿近 6 万条，点击量 6 亿余次。其中 4000 余篇报道被人民日报、新华社客户端、今日头条等新媒体平台、网站转载，单篇阅读量最高达 1000 万 +，唱响了主流媒体新闻传播的最强音。

（三）舆论监督

吉林日报"社会调查"专栏，从百姓关注的热点和难点问题出发，致力于挖掘新闻背后的新闻。通过舆论监督，督促问题解决。"吉报调查"头条号及时、准确、权威地发出党报声音，弘扬主旋律，为读者释疑解惑，帮助读者明辨是非。

（四）对外传播

2020 年，吉林日报社依托良好的对外合作基础，继续与韩国江原日报社、俄罗斯滨海边疆区报社定期互换报纸版面，受到各方关注和好评；吉报与《我们和俄罗斯》杂志持续进行版面推介，

"社会调查"专栏（2020 年 10 月 2 日）

推介吉林省旅游文化相关报道；吉报集团旗下的《吉林朝鲜文报》刊发 138 期，《吉林朝鲜文报·海外版》出版 6 期。

三、阵地建设责任

（一）融媒体矩阵

　　吉林日报积极应对传播环境变化，推动媒体主力军转向互联网主战场，在"报刊网微端屏"全媒体架构基础上，拓宽传播渠道，助推以"彩练新闻"客户端为代表的移动传播矩阵影响力不断扩大。截至 2020 年年底，吉报集团开设第三方平台账号共计 76 个，总粉丝数近 500 万人，重量级专版、专栏、专题、专区和专门产品持续显现党报声势。

（二）融媒体报道

　　2020 年，吉林日报不断创新融媒体产品表现形式，以长图、H5、海报、组图、MG 动画、沙画等表现形式在彩练新闻上发布 8000 余件融媒体产品。彩练新闻围绕重大主题报道，制作 97 个专题，发布稿件近 6.7 万余条，日均发布新闻 180 条以上。此外，"吉报调查"头条号在传统纸媒的基

吉林日报"彩练新闻"客户端

础上，嫁接数据传播分析渠道，成功开辟出一条新的新媒体传播渠道，成为传递吉林声音、展示吉林风采的新平台。

（三）融合采编平台建设

　　2020 年，吉林日报以数字采编发平台暨"中央厨房"为平台，利用同步建设

的吉报数据平台和全省党媒公共服务平台，在技术、空间上高度协同、集约优化，对上做好"新时代 e 支部"和"学习强国"吉林学习平台等服务工作，横向与省直相关单位进行链接配合，对下为市州县区做好融合发展服务，以"技术一体化"为主线，构建"内容一体化"和"管理一体化"，加快形成全媒体传播格局。

"求证"栏目（2020 年 9 月 1 日）

《读者之声》（2020 年 6 月 4 日）

四、服务责任

（一）信息服务

2020 年，吉林日报"政策解读""权威解读"专栏及时权威发布关于民生、创业、企业等政策服务信息，充分做好政务信息服务。"求证"和"中医荟"栏目持续不断推出精品，集聚百余位省内科技、医疗领域的权威专家组成专家库，成立多个百人以上的粉丝群，与读者开展互动活动，全年报纸刊发 25 期，新媒体平台推出 15 期，受到读者的称赞。

（二）社会服务

《读者之声》聚焦百姓衣、食、住、行、医、养、学等方方面面，是吉报与读者沟通、互动的平台，版面设置"本期关注""民声速递""世象杂谈""微观点""律师信箱"等栏目。2020 年，《读者之声》刊发 17 块版，发稿 98 篇，律师解答读者咨询 69 条。吉林日报"彩练新闻"客户端还特别开设"地气儿"等栏目，组建两个通讯员微信群，方便读者网友通过网络反映诉求，聚焦社会热点、难点问题。

（三）公益活动

2020 年，吉林日报共刊发公益广告 47.3 块整版，围绕群众最关心、最现实、最直接的热点难点问题，从就业、养老、医疗、文化建设等不同角度，推出公益报道百余篇。特别是新冠肺炎疫情防控期间，为帮助因疫情滞销的农产品打开销路，吉林日报社联合省委有关部门策划推出"兴农帮·帮老乡""彩练帮你办"消费扶贫公益助农活动，累计刊发助农报道 147 篇，各大媒体平台相关稿件阅读量 5000 万 +，共助农销售滞销农产品价值约 8800 万元。

消费扶贫公益助农报道（2020 年 3 月 1 日）　　公益广告（2020 年 9 月 8 日）

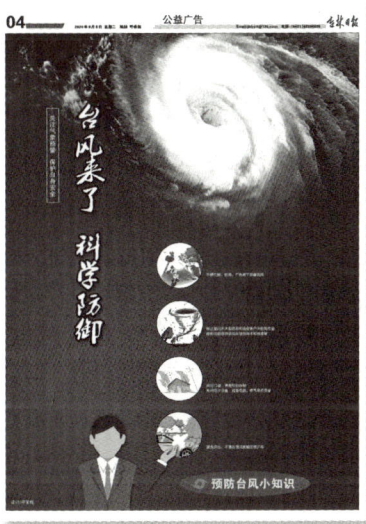

五、人文关怀责任

（一）民生报道

2020 年，吉林日报特别推出"决战决胜脱贫攻坚""扶贫印记""讲述吉林扶

618 优秀媒体社会责任报告选编 | 2021 年卷

"决战决胜脱贫攻坚"专栏（2020年10月9日）

贫故事　弘扬第一书记精神"等多个专栏，全方位展示吉林省打赢脱贫攻坚战和全面建成小康社会的历程、成就和经验，充分展示中国特色社会主义的政治优势和制度优势；同时，吉报自主策划推出的"我们的2019，幸福且温暖"特刊，立足以小见大，精心选择有代表性的市民故事，通过讲述过去一年普通百姓的生活变化和满满的获得感、幸福感、安全感，展现吉林省以实现人民对美好生活的向往作为奋斗目标，紧紧抓住百姓最关心、最直接、最现实的利益问题，坚持不懈为保障和改善民生做出努力。

（二）灾难和事故报道

2020 年 9 月，先后受"巴威""美莎克""海神"台风的影响，吉林省部分地区出现强降水。吉林日报充分发挥舆论引导作用，第一时间行动起来，迅速安排部署宣传报道工作，共计派出近 50 路、百余名记者，紧急赶赴抗洪抢险一线，紧密联系相关部门，报道各级各部门全力组织抗洪救援情况，及时发布汛情信息，引导农民做好减灾自救，做到主动及时报道，深度有效引导。

（三）以人为本

2020 年，吉林日报推出"新春走基层"专栏，呈现源自基层、群众和一线的好声音、好故事。报社领导率先垂范，带领记者深入基层一线采访，足迹遍及乡镇、普通家庭、高山雪峰，采写出《直播花开黄花村》等一批走基层的精品报道，取得良好反响。推出"走向我们的小康生活"大型主题报道，社委会委员全员带头包片包点，践行"四力"，开展蹲点式调研采访，足迹遍布全省 9 市州，采写出一大批沾泥土、冒热气、带露珠、现场感十足、以人为本的新闻作品。

六、文化责任

（一）弘扬践行社会主义核心价值观

2020 年，吉林日报精心组织策划推出"乡音·乡情"专栏，专栏下设"海那边的乡恋""天下吉商看吉林""返乡创业在吉林""科技创新看吉林""文化名人的乡愁"等 7 个子专栏，围绕"话乡音、寄乡情、叙乡恋"，发扬吉林人重德重义、思源思报的可贵精神，凝聚吉人智慧、利用吉人资源、发挥吉人力量，共同谱写吉林全面振兴全方位振兴发展的新篇章。

（二）传承繁荣中华优秀传统文化

《东北风》周刊经多年耕耘，已成为吉林日报的著名文化品牌。《东北风》周刊的"东北大地""吉林文评""白山松水""读书人语""著书者说"等众多栏目，既

《东北风》周刊（2020 年 9 月 12 日）

《地方志》专版（2020 年 6 月 3 日）

突出传统文化的地域特色，又彰显当代文化的前沿风貌。吉林日报策划推出的《地方志》专版，深度发掘、讲述吉林省的重要文化事件和人物、历史非遗、民风民俗等，为丰富吉林省地方志文献资料作出重要贡献。

（三）推动提升科学素养

2020 年，吉林日报完成全国科技工作者日特刊 12 块，采写稿件 20 余篇，完成吉林省服务企业周科技创新主题服务日特刊 1 块，采写稿件 4 篇。相继刊发的《科技馆里乐趣多》等一系列科技创新类纪实报道获得行业好评。

七、安全责任

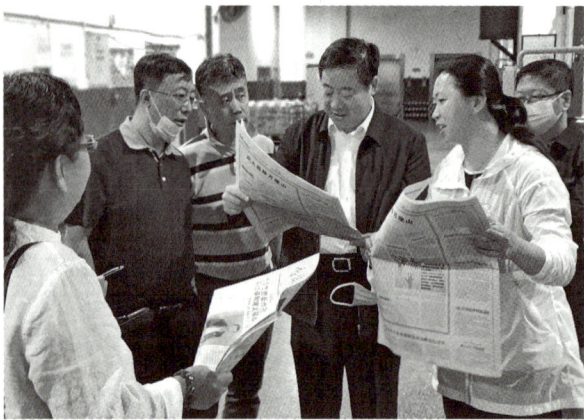

吉林日报社领导班子检查出版印刷工作（2020 年 8 月 29 日午夜）

2020 年，吉林日报社对现有内部规章制度逐一进行梳理，重新修订了《吉林日报社社委会议事规则》等一系列重要制度，进一步明确社委会工作职责，强化主责主业，全面加强社委会对编务工作的领导；全面开展了新闻舆论工作风险点排查整治，认真梳理采编环节的风险点，修改完善出版制度规定和工作流程，共修改完善《吉林日报社关于记者采访审批报备制的规定》《吉林日报社融媒体采编审核制度暂行办法》等 10 余项管理制度，从制度上进一步规范采编流程，保证出版安全。

八、道德责任

（一）遵守职业规范

　　吉林日报始终坚持依法依规开展新闻采编工作，要求采编人员严格遵守新闻真实性原则，不刊发没有可靠信源和未经查实的稿件，禁止刊发愚昧迷信及其他低级庸俗、格调低下的社会新闻，严禁传播谣言，严禁有偿新闻、有偿不闻、新闻敲诈等行为。2020 年，吉林日报职工没有出现违反职业道德的情况。

（二）维护社会公德

　　吉林日报始终把培育和弘扬社会主义核心价值观作为根本任务，发挥舆论监督作用，对违反社会道德、背离公序良俗的言行和现象，及时进行批评、驳斥，激浊扬清、弘扬正气，不断推出讴歌祖国、讴歌人民、讴歌美好心灵的精品力作，弘扬崇高的理想和道德追求。

（三）接受社会监督

　　2020 年，吉林日报社对持有新闻记者证人员资格进行了严格审查，规定记者编辑要自觉接受社会评议和社会各界监督，要求新闻采编人员从事新闻采访工作必须持有新闻记者证，并应在新闻采访中主动向采访对象出示。

九、保障权益责任

吉林日报严格遵守各项法律法规，重视人力资源管理，关注员工职业发展，保护员工合法权益。

（一）保障采编人员合法权益

严格执行公开、公平、公正的招聘流程，保障采编人员合法权益。通过公开招聘、所属报刊社遴选、专家讲课培训、人才交流引进和高校联合办学等多种方式进行人才培养，认真把好进人关，加强人才梯队建设。

（二）保障新闻从业人员薪酬福利

严格遵守劳动法、劳动合同法、社会保险法等法律法规规定的责任和义务，与所有社聘人员签订劳动合同，缴纳"五险一金"。认真执行员工法定假期、病假、婚假、产假、丧假、工伤假等制度，为员工提供健康、安全的工作和生产环境。

（三）规范新闻记者证管理

根据《新闻记者证管理办法》，吉林日报严格规范记者证使用管理，切实履行新闻记者证的申请、发放、使用和管理责任，及时收回离职离岗人员新闻记者证并按要求办理注销手续，确保采编队伍真实、准确，保障新闻采编人员的采访权。

（四）开展员工教育培训

2020 年，报社党员领导干部全部完成网络学院培训学习；积极组织参加马克思主义新闻观专题培训班、全省报纸审读人员培训班、吉林省新闻出版单位负责人岗位培训班；组织增强"四力"融媒精品创作线上直播培训，线上与线下同步学习，共 4 期。

十、合法经营责任

吉林日报始终严格遵守新闻出版法律规章，合法合规开展经营活动，不断完善广告"三审三校"制度，坚决把好政治关，把好质量关，把好社会效益关，对违禁广告、虚假广告、不正当竞争广告、侵权广告或发布广告无合法证明或证明不全等广告，坚决不予刊登，宁可不要经济效益，也要保障社会效益，保证党报的权威性、严肃性和广告内容的客观真实性。

十一、后记

（一）回应

1. 2020年下半年，吉林日报推动媒体深度融合进入全面发力、构建体系的新阶段。吉报社委会多次就面向未来推进媒体深度融合发展进行专题研究，社领导带队或委派相关同志赴人民日报、浙江日报、上报集团、湖北日报、南方日报、四川日报等媒体调研，结合全国报业传媒发展规律和吉林日报自身实际，提出实施"一体化"战略，以技术一体化为引领，推动内容一体化，构筑管理一体化，形成内容、技术、管理全面一体化，加快构建网上网下一体、内宣外宣联动的主流舆论格局，成为向省内外展现吉林时代风貌、向国内外特别是东北亚区域讲好中国故事、吉林故事的重要平台。

2. 为加快媒体融合发展，报社已开展多次全媒体业务全员学习培训，进一步强化队伍建设，大力培养全媒体人才，培养具有专业背景的复合型人才，优化人才队伍结构，把更多熟悉新媒体的优秀人才充实到关键岗位，培养造就一支让党和人民放心的新闻工作者队伍，助推主力军全面进入主战场。

（二）不足

当前，吉林日报存在体制不顺、机制不活、改革不到位等问题，制约了媒体融合向纵深发展。同时，在把握大宣传格局整体性、系统性的基础上，创新性、创造性还有待加强。构建大宣传格局既要注重面的广泛覆盖，又要注重线的分类统筹、点的示范带动，形成多层次、广覆盖、分众化、立体式的宣传声势，要对宣传思想工作理念、工作手段、工作模式、工作方法进行深刻变革。既要把稳政治方向、舆论导向、价值取向，又要科学运用创新思维，大力推进理念思路、内容形式、方法手段、体制机制创新，不断增强工作的主动性、创造性，确保各项事业稳步发展。

（三）改进

2021 年，吉林日报开始着手全面推进体制机制改革，切实进行深度融合、优势集聚、资源共享的机构改革，深化机构融合、业务融合、队伍融合，推动媒体与媒体融合、媒体与人融合、媒体与技术融合、媒体与产业融合，努力实现全程媒体、全员媒体、全息媒体、全效媒体的框架构建。按照"内部打通、外部融通"的发展方向，坚持移动优先，坚持一体发展，打造全新的新闻＋移动客户端，集聚发达地区的经验做法，成为融新闻资讯、政务发布、生活服务于一体的功能全面强大的省级头部应用，具有移动化、视频化、服务化、智能化的新型综合性服务平台。探索建立"新闻＋政务服务商务"的运营模式，增强自我造血机能。改革内容生产传播流程，建立健全全媒体工作机制，实现采编和技术力量共享融通，报、刊、网、端、微、屏协同联动，形成集约高效的内容生产体系和全媒体传播链条。

面对舆论环境、媒体格局、传播方式深刻变化的新形势，继续勇于转变思维习惯、突破思维定式，一方面统筹重点工作，打通职能界限、任务界限，实现项目联动；另一方面统筹报社整体资源，打通上下游各环节，实现全程联动，积极探索新举措新办法，按照"清单化、图表化、手册化、模板化、机制化"的工作要求，实行重点工作项目化、项目推进清单化、清单落实责任化，以助力构建大宣传格局、更好地肩负起新时代使命任务，高水平服务吉林振兴发展，以"十四五"开好局起好步的工作实绩迎接中国共产党成立 100 周年。

黑龙江广播电视台

社会责任报告

一、前言

（一）媒体概况

黑龙江广播电视台由原黑龙江人民广播电台与黑龙江电视台合并组建于 2015 年 1 月。黑龙江人民广播电台成立于 1945 年 8 月，是新中国第一家地方人民广播电台。黑龙江电视台成立于 1958 年 12 月，是全国建台最早的三家电视台之一。

黑龙江广播电视台开办新闻广播、生活广播、朝鲜语广播、交通广播、音乐广播、都市女性广播、老年少儿广播、农村广播、高校广播等 9 个广播频率，卫视频道、影视频道、文体频道、都市频道、新闻·法治频道、公共·农业频道、少儿频道及移动电视频道等 8 个电视频道；现有东北网、黑龙江网络广播电视台等两个网站和 1 个"极光新闻"客户端。全天播出电视节目 168 小时，广播节目全天播音 178 小时，收视排名全国前十，领军东北。

（二）社会责任理念

黑龙江广播电视台一直秉承做爱心媒体、责任媒体、服务媒体、助力媒体的社会责任理念，始终坚持围绕中心、服务大局，坚持以人民为中心，做到心系群众，为民办实事。

（三）获奖情况

在第三十届中国新闻奖、第十六届长江韬奋奖评选中，黑龙江广播电视台作品《这个名字，绽放时代的光彩》荣获中国新闻奖一等奖，《中俄首座公路跨境大桥成功合龙》《我们的男孩》荣获中国新闻奖二等奖,《铲车车主勇救村民》续集、《5G时代中国广电新闻业态转型发展对策研究——基于使用与满足理论视角》荣获中国新闻奖三等奖,1 人荣获长江韬奋奖（长江系列）。

二、政治责任

黑龙江广播电视台切实履行职责使命，守土尽责，紧紧围绕学习宣传贯彻习近平新时代中国特色社会主义思想，唱响主旋律、提振精气神、传播正能量。

（一）坚持正确政治方向，主题宣传出新出彩出精品

2020 年，受新冠肺炎疫情影响，黑龙江广播电视台取消了在北京设立全国两会演播室的计划。随团采访的 3 名记者，全程"云"记录、全息"云"对话、全员"云"采访、全效"云"传播，圆满完成宣传任务。两会期间，设立两会要闻、特写侧记、盛会反响等八大版块，同时在黑龙江卫视晚间黄金档开设两会特别节目《逐梦新征程》。共播发报道总时长 400 多分钟，采访代表委员 100 多人次。

黑龙江广播电视台记者在北京采访全国两会

卫视《新闻联播》在地方媒体中首次应用 5G 全息虚拟投影新技术。在哈尔滨的演播室主持人与在北京的代表隔空对话，如在同一空间，真实世界和虚拟世界实现了"无缝衔接"。

黑龙江广播电视台紧紧围绕黑龙江省委、省政府中心工作，圆满完成学习宣传习近平总书记考察黑龙江重要讲话精神、党的十九届五中全会精神、黑龙江省委全会精神、全面建成小康社会、决战脱贫攻坚、纪念中国人民志愿军抗美援朝出国作战 70 周年等重点报道。其中，围绕第

2020 年全国两会，黑龙江广播电视台在哈尔滨搭建融媒演播室，通过 5G 技术，实现北京—哈尔滨两地的隔空对话

三届中国农民丰收节进行了 30 小时融媒直播，全网总播放量突破 3000 万次。

黑龙江广播电视台紧扣中央和省委决策部署，主动进行重大主题宣传研究，深度策划系列报道，积极发掘省内典型，卫视《新闻联播》播发的《赵丽丽的五年"硅"划》等报道为黑龙江省委、省政府调研决策提供依据参考。

（二）做好舆论引导，助力中心大局

在 2020 年新冠肺炎疫情重点防控期间，黑龙江广播电视台共播出 1.6 万篇抗疫报道，播出字幕、口播、公益 65 万次。开设《同舟共济·抗击疫情》《防控疫情在线帮》等 12 档新闻专栏，推出 50 多组专题报道；在央视播发疫情报道近 600 条次，其中《新闻联播》播发 84 条次、《焦点访谈》9 条次。援鄂报道组制作的新媒体产品《清零那一刻，数据上报员哭了》，全网阅读量 3.5 亿次。

黑龙江广播电视台记者深入湖北，对援鄂医疗队救治患者情况进行跟踪报道

黑龙江广播电视台记者深入省新冠肺炎重症救治中心，追踪本省患者救治情况

（三）扎实开展舆论监督，助力完善社会治理

在办好《新闻夜航》《新闻法治在线》《党风政风热线》《直通 998》《一帮到底》等民生、服务、问政等节目的基础上，黑龙江广播电视台积极探索建设性监督新渠道。特别是交通广播《直通 998》栏目，2020 年帮助百姓解决生活中遇到的难题 2000 余件。

（四）加强对外传播，讲好龙江故事

2020 中俄优秀视听作品互译互播活动

2020 年，黑龙江广播电视台高质量承办并组织实施了中俄政府间重点人文交流项目——"2020 中俄优秀视听作品互译互播活动"。活动期间，与俄罗斯金砖国家电视台、俄罗斯前进电视频道等 6 家媒体累计互播 73 部（次），创新传播形式，助力政府间合作。

疫情期间，黑龙江广播电视台俄语外宣节目《你好，俄罗斯》、英语外宣节目《这就是黑龙江》多次对俄罗斯驻哈尔滨总领事弗拉基米尔·奥谢普科夫进行专访，展现了国际社会对我国打赢疫情防控阻击战的坚定信心。

2020 年，黑龙江广播电视台制作的《中俄贸易追梦人》《光明使者》《老外的甜蜜梦想》等 3 部专题节目荣获俄罗斯第 16 届"共同胜利"国际影视节特别奖。

《老外的甜蜜梦想》获奖证书

三、阵地建设责任

（一）扎实推进融媒矩阵建设，扩容扩粉扩影响

2020 年，黑龙江广播电视台着力推进融媒矩阵建设。微信粉丝、微博粉丝数量达到 1192 万；1134 个账号入驻龙广电 MCN 后台，粉丝突破 5928 万。黑龙江广播电视台微信公众号全年阅读量 10 万 + 文章 1745 篇，其中"新闻夜航"微信公众号共产生 10 万 + 文章 1258 篇，同比增长 31.5%，在民生榜单排名前 3，全国榜单排名保持在前 15。在 CTR 进行的评估中，黑龙江广播电视台网络传播力位居全国省级以上广电机构第六。

为助力龙江冰雪旅游，黑龙江广播电视台在抖音、今日头条、西瓜视频等平台开展"我在黑龙江等你"话题，推出了戏冰雪、泡温泉、游文化、赏民俗，品美食过大年等主题。其中，抖音的话题播放量 2.5 亿次，全网点击量约 5 亿次。

5 月 22 日，黑龙江广播电视台自有客户端"极光新闻"正式上线，截至 12 月 31 日 24 时，注册用户达 210.4 万，平均日活 9.3 万。10 月 15 日，黑龙江百万党员读《习近平谈治国理政》第三卷活动启动，"极光新闻"学习频道"党员诵读"专区正式上线。活动期间，参与学习的党员干部

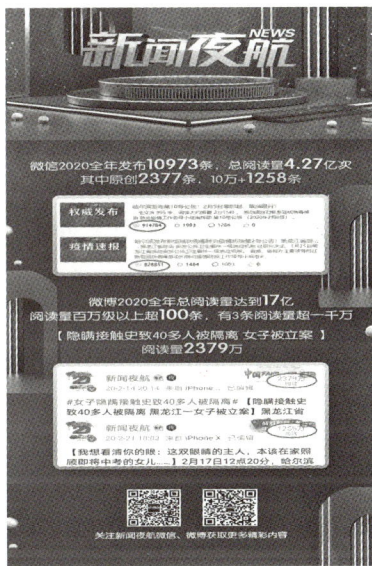

累计 119.3 万人，学习频道总访问量 2.28 亿次。11 月 9 日，"极光新闻"应急频道正式上线，黑龙江省 23 家单位共同成立应急信息共享联盟。在"TV 地标"（2020）中国电视媒体综合实力大型调研成果发布会上，"极光新闻"客户端被评为年度优秀广电新媒体客户端。

（二）创新融媒宣传，打造爆款产品

12 月 5 日，黑龙江广播电视台与腾讯公司主办"向北方·好看黑龙江"数字传播生态大会，全网宣推大美龙江。策划推出第二届哈尔滨"采冰节"开幕式、我为家乡点个赞、跟着极光向北方、直播龙江·云端午等网络直播活动。

短视频"开'火车'司机孙刚获赠新车"24 小时播放量突破 9500 万次、72 小时突破 1 亿次。

四、服务责任

（一）信息服务

2020 年，黑龙江广播电视台统筹排播公益宣传片近 800 支，联动信息服务类短视频、图片、微推等新媒产品 1400 余条次。推出短视频、海报、H5 产品等 5000 多条，其中《夜航·小翟说》推送 4 条《龙广电小翟支招》短视频，20 小时内总

播放量超过 450 万次。在抖音、快手开设话题"全民战疫 平安过年",抖音平台播放量达 7.2 亿次,快手平台播放量达 13.9 亿次;推出"全民战疫"短视频征集展播活动,历时一个月总播放量 17.7 亿次。

(二)社会服务

2020 年,黑龙江广播电视台服务百姓民生,助力中心工作。举办线上云招聘活动——"春风行动云聘会",推出 8 个招聘专场、31 场云聘会,9833 家企业发布岗位 14.9 万个,求职人员 8 万余人次,达成就业意向 2.5 万份;组织开展"青GO一夏·小康龙江"活动,在 5 个小时直播中,黑龙江优质农特产品纷纷亮相,在线观看人数 1490.8 万人,总销售额达 1.658 亿元。

《新闻夜航》《新闻法治在线》等民生节目通过《权威发布》《畅行龙江》等服务板块向百姓提供生活、出行、天气、购物等信息,为群众解决实际困难数百次。

2020 年 3 月,哈尔滨市阿城区 3 个村 169 户菜农大白菜待售,"夜航向暖"助农特别直播,帮助农民销售 336 万斤白菜

(三)公益活动

2020 年,黑龙江广播电视台积极排播"中国梦"、树文明新风、安全生产、防震减灾等公益广告,全年播发广播公益 18 万余次,播发电视宣传片 9 万余次。

黑龙江广播电视台帮扶拜泉县三道镇和乐村工作队积极争取、主动作为,2020 年协调 90 余万元各类资金、物资用于扶贫助困,取得较好成效。自 2015 年 9 月至 2020 年年底,经过积极帮扶,和乐村建档立卡贫困人口 81 户 194 人,已经全部退出贫困序列。

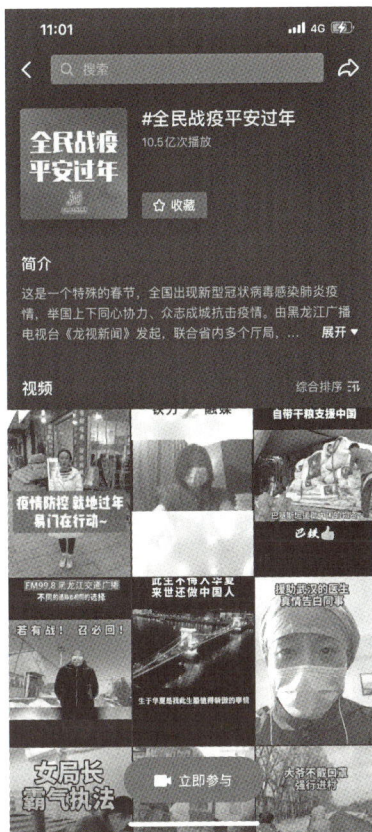

五、人文关怀责任

黑龙江广播电视台坚持以人为本理念，聚焦民生、关爱生命，做有态度、有温度的新闻和广播电视节目，凸显人文精神，激发人们向上向善的精神力量。

《新闻夜航》节目中推出"我向书记省长说句话"追踪反馈专栏

（一）做好民生报道，反映人民呼声

2020 年，黑龙江广播电视台各档重点新闻节目聚焦新冠肺炎疫情防控、复工复产、医疗、教育、养老等民生话题，反映少数民族、妇女、儿童、老年人、残疾人等意见呼声。疫情防控期间，黑龙江广播电视台开办"我向书记省长说句话"网友建言征集栏目，留言超 43 万条，为党委政府科学防疫提供了有力的支持。《新闻夜航》节目中推出的"我向书记省长说句话"追踪反馈专栏，播发记者调查与追踪回访报道 116 条，为群众解决实际问题 221 个。

2020 年 3 月，《新闻夜航》推出"夜航向暖"系列主题报道，共帮助了近 500

2020 年 6 月，记者与哈尔滨海关扶贫工作队一起为农民跑市场找销路

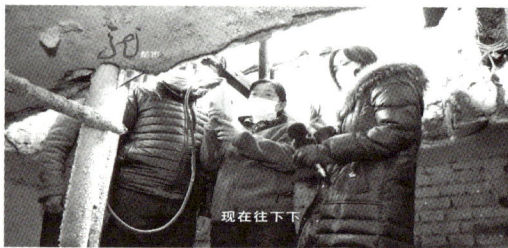

2020 年 3 月，记者到菜农家的菜窖内，拍摄白菜储存情况，联系商超等企业帮助菜农销售白菜

名农户，卖出了大白菜 327 万斤、土鸡 5000 多只、土豆 30 万斤、小米 5000 斤。

（二）做好灾难和事故报道，关爱生命彰显温暖

交通广播、都市频道《新闻夜航》、新闻·法治频道《新闻法治在线》等节目报道灾难和事故，始终坚持"最小伤害原则"，坚持客观报道，坚持做有温度的新闻，报道绝不以猎奇为目的，及时传递各种灾难和事故中的温情及感人事迹，对报道中的当事人给予遮挡、变声处理。

"998 大眼睛"康鑫在现场

2020 年 9 月，台风"美莎克"抵达黑龙江，造成暴雨、内涝以及河流涨水，黑龙江交通广播"998 大眼睛"顶风冒雨多次前往一线进行报道，提醒市民做好防范和注意交通安全。

"以雪为令 风雪同行"现场

2020 年 11 月，黑龙江省气象局启动气象灾害（暴雪）Ⅳ级应急响应命令，预计对交通出行产生极大影响。黑龙江交通广播反应迅速、提前布局，推出大型融媒直播"以雪为令 风雪同行"，10 路记者分别在哈尔滨市区各大主干街路及大型路段进行直播连线。

（三）坚持以人为本，彰显人文关怀

"向好人致敬——2020'在线好人'发布仪式"暨"龙江好人"现场交流活动在黑龙江广播电视台 2800 平方米演播厅举行

报道有态度有温度。黑龙江广播电视台《新闻法治在线》播发了连续报道《救助烧伤男孩君豪》。一场煤气爆炸导致 10 岁男孩阚君豪全身 90% 重度烧伤，因高昂的医疗费，家人曾一度放弃治疗。报道后，引起全社会关注，4 天时间获得捐款 60 万元。为了发掘身边好人、草根英雄，新闻·法治频道《新闻法治在线》节目开设

"在线好人"专栏，并连续两年举办"在线好人榜评选及发布活动"。

六、文化责任

（一）弘扬践行社会主义核心价值观

2020 年全年，黑龙江广播电视台在大型活动、晚会方面始终恪守弘扬践行社会主义核心价值观的准则，举办了"最美脱贫攻坚奋斗者"颁奖、全省第三届"最美医生、最美护士"学习宣传活动发布仪式、公筷行动、开学大直播、"战疫有我·感动龙江"发布仪式、旅发大会开幕式等几十场大型活动。

（二）传承繁荣中华优秀传统文化

2020 年，黑龙江广播电视台卫视频道策划推出《思想的田野》《新青年新思想》《一路有你》《爱上这座城》《与冰共舞》《沸腾吧！冰雪》等传承繁荣优秀文化的新节目。《思想的田野》《新青年新思想》《好好学习民法典》《一路有你》《与冰共舞》5 档节目被国家广电总局评为创新创优节目，跻身全国广电五强。纪录片《希望的田野·乌苏里新歌》入选国家广电总局"2020 年优秀国产纪录片集锦"、"十四五"纪录片重点选题规划。

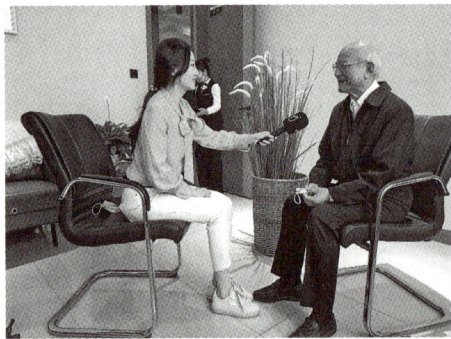

黑龙江广播电视台专访两院院士刘永坦

（三）推动提升科学素养

2020 年，黑龙江广播电视台《全省新闻联播》围绕黑龙江科技创新播发报道 90 篇，播出了《黑龙江：以"智"提"质" 创新突围》《赵丽丽的中国芯》《肩负国家重任 勇攀科技高峰》等重点报道，对哈尔滨工业大学建校 100 周年等重点事件做了采访报道。

七、安全责任

（一）履行安全刊播责任

2020 年，虽然受新冠肺炎疫情影响，但黑龙江广播电视台安全播出工作丝毫没有放松，不断完善制度规范，加强监测能力及技术系统隐患排查，做全做细故障应急处置预案；积极开展"三审"和"重播重审"制度落实检查，确保节目及新媒体端产品坚持正确政治方向、舆论导向和价值取向；对相关工作人员进行培训及应急演练，提高突发事件应急处理能力，保障技术系统安全运行，做到全年无事故。

2020 年，黑龙江广播电视台全年完成节目转播录制任务 1.4 万余小时，完成直播转播传送 160 余场，完成电视频道播出 6.1 万余小时，广播频率播出 6.8 万余小时，停播事故率均为零，保障了各类网关直播 3400 余档，直播总计 4000 多小时，连续 10 年实现高于国家广电总局标准运行。

（二）健全完善安全播出制度

2020 年，黑龙江广播电视台进一步完善安全播出规章制度、完善播出突发事件应急管理制度，实施演播室高清化、网络化升级改造。在全国两会、庆祝全面建成小康社会、纪念中国人民志愿军抗美援朝出国作战 70 周年、深圳经济特区建立40 周年等重要保障期，宣传导向和安播保障均实现了零差错、零停播。

（三）建立应急预案，开展应急演练

2020 年，黑龙江广播电视台制订安全播出应急预案。9 月，组织全台进行安全播出应急演练。演练中设置多个故障触发点，各部门均能良好应对，及时处置，提高了全台安播工作整体协同性，确保了安全播出万无一失。

八、道德责任

（一）遵守职业规范

黑龙江广播电视台始终把新闻行业从业人员道德规范作为员工培训教育的首要任务。2020 年，推送理论文章近 120 篇，组织开展理论学习微课 40 多节。这些培训学习从"坚持新闻真实性""杜绝有偿新闻""抵制低俗庸俗媚俗""尊重原创保护版权"等方面入手，让每一名员工树立正确的新闻价值观。

（二）维护社会公德

黑龙江广播电视台主持人欣莉作为哈尔滨市创建文明城市形象大使，主持人修琳作为黑龙江省希望工程形象大使、青年志愿者形象大使，主持人小翟、李莉等作为黑龙江省环保形象大使，主持人陈聪等作为黑龙江省科普形象大使，积极参与各项社会公益活动，通过自身影响力和良好的社会形象，引导公众维护社会公德。

（三）接受社会监督

2020 年，黑龙江广播电视台持续规范新闻从业者的采编行为，自觉接受社会监督。对被采访单位和个人的质疑和投诉积极调查，给予正面回应，保障群众依法举报投诉的渠道畅通，同时也维护了本台记者正当的采访权利。

九、保障权益责任

（一）保障职工合法权益

黑龙江广播电视台高度重视新闻从业人员各项权益，为员工发展提供良好平台，及时保障新闻从业人员合法采访权益不受侵害。2020年，黑龙江广播电视台组织开展了"岗位大练兵、业务大比武""走长征路、云健身"活动。对疫情中居家隔离观察的职工和配偶系医护人员职工进行电话慰问。为台内援鄂、驻哈医大一院群力院区记者的家庭配送蔬菜和水果；为台内家有高考、中考考生的职工发放学生防疫礼包。

（二）保障从业人员薪酬福利

黑龙江广播电视台严格遵守劳动法、劳动合同法，依法依规用人，与聘用人员第一时间签订劳动合同。按照国家相关政策法规，为全台员工缴纳"五险一金"，依法依规为员工支付薪酬和绩效类薪酬。严格落实《职工带薪年休假条例》《女职工劳动保护特别规定》等相关请休假规定，保障职工合法休息休假权益。

（三）规范新闻记者证管理

2020年，黑龙江广播电视台严格按照规定，及时收回离退休和离岗创业人员的新闻记者证，组织新闻从业人员开展新闻记者证申领，做好登记、考试组织等工作。

（四）开展员工教育培训

黑龙江广播电视台坚持深入贯彻新时代党的组织路线，坚持党管干部、党管人才，坚持好干部标准，树立选人用人正确导向，切实打造一支政治过硬、本领高强、求实创新、能打胜仗的"新闻铁军"。2020 年，线上组织开展龙广电"大讲堂"49 期，培训 1.3 万人次；组织开展"岗位大练兵、业务大比武"系列活动和优秀作品经验分享会，职工累计参与达 3934 人次，提高专业水准。在全台开展建言献策活动，畅通台长邮箱等沟通渠道，着力解决职工关心关注的问题。

十、合法经营责任

（一）遵守法律，遵守国家发布的有关法规文件

2020 年黑龙江广播电视台在各类经营活动中，始终严格遵守宪法、法律、法规和法令的有关规定，遵守网信、新闻出版、广播电视等行政管理部门发布的部门规章、规范性文件，筑牢合同、内容、运营、融媒"四道关口"，结合黑龙江广播电视台经营实际，制定完善了《黑龙江广播电视台广告管理办法》《黑龙江广播电视台健康服务类节目管理办法》等规章制度，坚持底线思维，严守政策红线，细化管理流程，保障全台广告依法合规。

（二）严格做到采编与经营"两分开"

2020 年黑龙江广播电视台坚持采编与经营"两分开"原则，在内容、渠道、平台、管理等方面坚持编采与经营分开运营，在机构设置、考核等方面实现采编经营分线运行，采编和经营人员专岗专职，不跨部门兼职或者混岗，不以任何形式向采编人员下达经营任务或者创收任务，严禁有偿新闻、有偿不闻；经营人员不得从事任何采编活动，经营活动由产业集团、运营公司运作，杜绝来自商业层面、经济因素对新闻采编的影响，保持新闻采编播管业务的媒体公益属性，保持经营创收和产业发展的生机与活力，推动媒体报道和经营事业协调发展。

（三）不刊播违法违规广告

2020 年黑龙江广播电视台在各项经营活动中始终把社会效益放在首位，按照"广告也要讲导向"的总体要求，严格落实广告发布审核主体责任，对黑龙江广播电视台播出广告实行"3+1"播前审核监管制度，从源头上杜绝手续不齐或违法违规广告播出。不断适应媒体融合发展，贯彻落实《新媒体广告审核监督管理办法》《促进地铁广告健康发展的指导办法》等长效机制，加强新媒端、户外端广告信息审核监管，确保广告导向正确、依法合规。

十一、后记

（一）回应

2020 年，黑龙江广播电视台针对 2019 年度履行社会责任中存在的不足进行了全面整改。针对原有融媒宣传体系不够完善、持续创新和内容供给能力不足等问题，台内进行进一步机构整合，将网站、客户端、短视频开发等新媒体业务职能整合到融媒体中心和融媒创新中心，以提高统合协作能力，并以龙广电 MCN 为核心，对内整合台内的频道、频率以及版权内容等新媒账号资源，对外联动腾讯、今日头条、抖音、快手、百度等平台，打造龙广电融媒传播矩阵，全面提升龙广电的传播力。

（二）不足

2020 年，黑龙江广播电视台在履行社会责任还存在着一些不足：一是融媒宣传体系不够健全，舆论引导能力仍需提升；二是媒体融合效果不明显，需进一步提速；三是产业运行质效不高，市场竞争力不强。

（三）改进

针对几方面不足，黑龙江广播电视台将在以下方面努力，力争取得突出成效：

一是坚持新闻立台，全力做好主题宣传报道。重点完善新闻宣传工作指挥协调机制全媒体"中央厨房"运行机制和应急突发事件报道机制，探索超前策划、议题设置的新路径、新流程，加大龙江新典型的挖掘力度，强化专家智库建设，继续做好相关报道。高质量完成建党100周年、党史学习教育、全国两会等重大主题报道。探索完善建设性监督机制，以舆论监督助力经济社会发展和营商环境的持续改善。

二是继续推进融媒改革。进一步完善"极光新闻"客户端功能，研究客户需求。积极开发融媒产品，提高内容专业化生产能力和分众化服务能力。

三是做强公益媒体，更好地宣推龙江形象。做强黑龙江卫视，集中打造1—2档有影响力的现象级节目。做大龙广电品牌，继续开展媒体公益行动和活动，提高产业运营效能，更好地服务龙江。

解放日报

社会责任报告

一、前言

（一）媒体概况

解放日报作为中共上海市委机关报，始终坚持正确舆论导向，坚持社会效益第一，积极推进媒体融合改革，不断提升传播力、引导力、影响力、公信力，多次荣获"党报品牌十强"荣誉称号。

解放日报社多次被评为全国和上海市文明单位。2016 年 7 月，解放日报社党委被中组部授予"全国先进基层党组织"称号。

2014 年 1 月 1 日，解放日报社推出的新闻客户端上观新闻（原名"上海观察"）正式上线。2016 年 3 月 1 日，解放日报社开启深度融合整体转型改革，努力"成为一家以互联网传播为主要渠道、以报纸传播为重要依托的新型媒体机构"。

（二）社会责任理念

解放日报社坚持以习近平新时代中国特色社会主义思想为指导，增强"四个意识"、坚定"四个自信"、做到"两个维护"，聚焦举旗帜、聚民心、育新人、兴文化、展形象的使命任务，守正创新、主动作为、勇开新局，切实履行主流媒体社会责任。

2020 年，按照上海市委"坚如磐石、话语响亮、生机勃勃"总体要求，解放日报社在市委、市委宣传部领导下，紧紧围绕统筹疫情防控和经济社会发展决策部署，不断壮大主流舆论阵地，加快推进媒体深度融合发展，报端和网端同步发力，攻坚克难，守正创新，体现主流媒体的作为和担当。

（三）获奖情况

◎解放日报社蝉联"全国文明单位""上海市文明单位"荣誉称号。

◎多个集体、个人荣获"上海市优秀共产党员""上海市先进工作者""上海市青年五四奖章""上海市优秀志愿者""上海市抗击新冠肺炎疫情先进个人"等荣誉称号。

◎解放日报·上观新闻约 40 件作品获得各类新闻奖项，其中 3 件作品获评中国新闻奖、18 件作品获评上海新闻奖，两人获评上海长江韬奋奖。

解放日报 2020 年度部分获奖作品

作品名称	奖项
《解放日报》2019 年 10 月 2 日版面	中国新闻奖一等奖
"左右逢源"，还是"左右为难"	中国新闻奖三等奖 上海新闻奖二等奖
【观见】在章子欣家守了几天之后：替没有被看见的痛苦辩护	中国新闻奖三等奖 上海新闻奖一等奖
"焦点"专栏	上海新闻奖新闻名专栏
牢记重托担使命，奋楫再创新传奇	上海新闻奖一等奖
再读张火丁——京剧《锁麟囊》观后记	上海新闻奖一等奖
【70 年·找到你】小平亲吻过的小孩，复旦草坪上跳舞的学生……现在都怎样了	上海新闻奖一等奖
2019 年 10 月 2 日《解放日报》1、4 版通版	上海新闻奖一等奖
2 金 1 银 3 优胜！上海选手以优异成绩迎接"技能奥林匹克"到来	上海新闻奖一等奖
监控	上海新闻奖一等奖
一户家庭一周湿垃圾能发 1 度电！	上海新闻奖二等奖
吴凡：曲突徙薪 20 年	上海新闻奖二等奖
"特斯拉速度"背后的故事	上海新闻奖三等奖
"远声正道"：新场景下党报评论的坚守与突围	上海新闻奖三等奖
【上海一周】上海市委书记的"初心四问"	上海新闻奖三等奖
H5 游戏丨你来编号外，庆祝上海解放 70 周年	上海新闻奖三等奖

二、政治责任

解放日报社坚持优质内容生产，网上网下主动发声，切实担负起党的新闻宣传工作的职责和使命。

（一）浓墨重彩做好重大主题宣传报道

解放日报·上观新闻围绕上海市委中心工作，坚持正面宣传引领，精心做好重大会议、重要活动等宣传报道。

1. 认真宣传贯彻落实习近平总书记考察上海重要讲话精神。精心策划"践行嘱托一年间"系列报道，推出百余篇原创报道、40多个特刊等相关版面、10多个大型融媒体产品，生动展现习近平总书记对上海工作的关心，对上海干部群众的深厚情感，充分反映上海紧紧围绕"人民城市人民建，人民城市为人民""提高城市治理现代化水平""深入推进党中央交付给上海的三项新的重大任务落实""推动经济高质量发展""扎实推进党的建设"等重要指示精神，切实转化为推动发展的强大动力。

2. 全面呈现疫情防控和经济社会发展工作。新冠肺炎疫情发生后，报社多名记者赶赴疫情一线，持续报道防疫抗疫进展，宣传抗疫中的感人故事。推出专版专栏，发表评论言论，理性剖析防疫抗疫热点，及时回应社会关切。2020年1月

至 5 月，解放日报刊发抗疫相关版面近 800 个，稿件 4500 余篇，上观新闻上线相关稿件 4.3 万余篇。同时，紧扣上海中心工作，聚焦重点领域，关注各项政策落实情况，为夺取疫情防控和经济社会发展双胜利营造良好舆论氛围。

3. 精心策划党的十九届五中全会、全国两会等报道。开设"两会代表委员履职记""两会议政录""两会热点聚焦""两会代表委员抗疫故事"等栏目，聚焦重点热点，深度解读两会传递的信息，格局大立意深。精心策划党的十九届五中全会系列报道，尤其是解放日报学习五中全会精神系列评论，紧密结合上海实际，《深刻把握时与势，奋力创造新奇迹》《打创新牌，走在新一轮发展最前列》等文章，对及时准确理解全会精神、凝聚共识，起到重要引领作用。

4. 庆祝建党 99 周年报道有声有色。2020 年七一前夕，习近平总书记给复旦大学青年党员志愿者的回信，为全体共产党员注入坚定信仰的强大思想、理论动力。《收到习近平回信的复旦青年师生党员做了些什么？思考些什么？》《让信仰之光照亮更广阔的青春》《为党庆生，上海首开红色主题公交》等多篇报道，从不同角度展现了上海各级党组织和党员群众庆祝党的生日的热烈氛围。

5. 开启"信仰之路"建党百年主题报道。推出"信仰之路"建党百年大型主题寻访活动，近百名记者分多路奔赴上海和全国各地寻访最具标志性的"物"和

"人"，生动展示党领导人民取得的巨大成就和一代代共产党人的精神风貌，擦亮上海"党的诞生地""初心始发地"这张名片。

6. 讲述小康路上的故事朴实真切。开设"走向我们的小康生活"专栏，以第一人称视角，"小中见大"，讲述他们小康路上的亲历，讲述他们感受到的小康"温度"，展现上海同对口支援地区干部群众共同决战决胜脱贫攻坚的奋斗故事，以及发生在上海街头巷尾、日常生活中的点滴变化，从中折射出共和国 70 多年，党带领全国人民不断取得的历史性成就。

7. 生动报道浦东开发开放 30 周年。解放日报头版推出"创造新奇迹　展现新气象"专栏，宣传贯彻落实习近平总书记在浦东开发开放 30 周年庆祝大会上重要讲话精神。浦东开发开放 30 周年系列报道，包括综述、访谈、特刊、融媒体等产品，角度多样、匠心独具、量多质优，生动展现了 30 年浦东的发展与创新之路。

8. 为"十四五"开好局起好步凝心聚力。解放日报头版开设"我们的'十三五'"专栏，回望上海 5 年来在发展能级、治理能力和核心竞争力等方面的前行足迹，为"十四五"提供启示，积蓄动力。精心策划《新蓝图掀开上海崭新篇章》《一觉醒来，你已经穿越到了 2035 年的上海，你将看到的是……》等作品，阐释制定"十四五"规划的重要意义。

9. 深度聚焦上海市委、市政府重点工作。精心做好上海市委全会报道，推出系列评论阐释新理念新要求，把宣传贯彻全会精神落到实处细处；上海两会期间，每天推出"两会特刊"，形成主流舆论热点；联合江苏、浙江、安徽三省党报推出"长三角　扎实推进一体化发展"专栏报道；推出特刊、专版、融媒体作品等，全方位、多维度展现第三届进博会看点、热点；"长三角一体化"、临港新片区揭牌一

周年、科创板一周年、第三届进博会等融合报道，亮点频现、出新出彩。

（二）有力发挥主流媒体舆论引领作用

解放日报·上观新闻始终牢记社会责任，坚持把正确政治方向、舆论导向、价值取向贯穿新闻采编、融合传播全过程。

1. 回应热点关切。在新冠肺炎疫情防控期间，第一时间宣传阐释中央和上海市委、市政府有关疫情防控以及统筹疫情防控和经济社会发展工作的重要精神。数百篇时评、言论，在关键时刻理性客观立场鲜明地发出市委机关报声音，及时回应、正面引导社会舆情。《同向而行，一起守护好这座城市》《用担当服务大局》等文，立意高远、入情入理，较好地发挥党报的舆论引领作用。

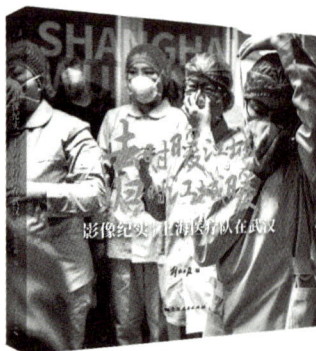

2. 突出有效传播。聚焦重点新闻事件，精心策划、创新表达，除了做好传统图文报道，还在 AR 直播、互动游戏、数据新闻、H5、短视频、直播、手绘、动画等融媒体产品领域深入探索，运用大众喜闻乐见的多种传播形式，实现多平台传播。解放日报·上观新闻策划制作的大型画册《影像纪实 | 上海医疗队在武汉》荣获 2020 中国新媒体战"疫"十大精品案例（地方媒体）。

（三）重视发挥舆论监督主渠道作用

解放日报·上观新闻充分发挥党报主阵地主渠道作用，坚持科学、准确、依法、建设性开展舆论监督报道。

1."上海辟谣平台"澄清真相。与上海市委网信办合作的网络平台"上海辟谣平台"，在服务疫情防控工作中，及时发布权威信息，有效遏制谣言传播。该平台全年发稿 400 余篇，并借助今日头条、网易等媒体平台传播，在传播科学知识、澄清事实真相、维护社会稳定上积极作为。

2.舆论监督报道聚焦民生。聚焦重点民生工作、发展中的新问题，有理有据有节开展建设性舆论监督。《大居何时更宜居，'人等配套'何时解》《火车到站，配套公交一分钟前已发车》《"物业维修"占据 13 个区的投诉榜第一》等报道，及时发声、纾解民困。联手"12345"市民服务热线开展"解放热线·夏令行动"，以调查性报道等形式，推动解决问题、改进工作。

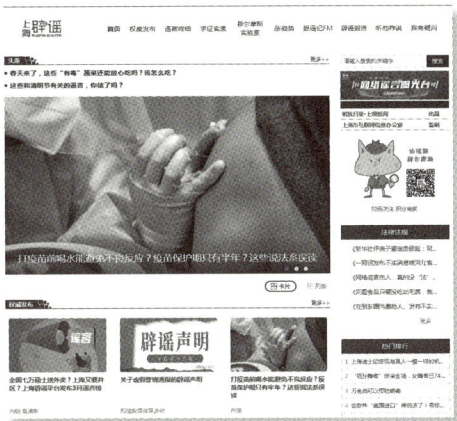

（四）对外传播讲好中国故事

聚焦上海全力推进"三大任务、一大平台"、持续办好进博会、全力打响"四大品牌"、全面强化"四大功能"、推进"五个中心"建设、落实"人民城市人民建，人民城市为人民"重要理念、夺取疫情防控和经济社会发展双胜利、将改革开放向纵深推进和庆祝浦东开发开放 30 周年等重大主题，加强宣传力度，讲好中国故事。精心报道人工智能大会、陆家嘴

论坛、外滩大会、浦江论坛、世界顶尖科学家论坛等重要大会和论坛，传播好中国声音。

三、阵地建设责任

解放日报社积极推进媒体深度融合发展，不断提升传播力、引导力、影响力和公信力。

（一）融媒体矩阵更具活力

依托内容生产、技术创新、运营开拓，不断丰富多层面、多形式、多渠道的立体式传播样态，壮大融媒体矩阵。目前上观新闻除"两微一端一抖"外，传播已覆盖今日头条、腾讯、百度等 20 余个主流分发渠道，形成了强大的传播矩阵。"学习强国"上海学习平台影响力凸显，稿件被全国平台选用数始终名列前茅。

（二）融媒体报道更具影响力

将融媒体报道思维贯穿全年重大主题、重大事件、重要会议、重大活动宣传报道中，不间断推出多形式融媒体报道精品，影响力持续攀升。成立视频内容生产工作室，持续推出传播度广、点击量高、口碑好的融媒体"爆款"产品。在抖音、快手、微信视频号等上发布原创视觉产品约 3000 条，涌现出一批观看量亿级作品。

（三）融合采编平台更优化

重视全媒体采编平台建设，进一步优化内容智能校对等系统，更好地服务各单元业务需求。通过流程优化、平台再造，进一步推进融媒体平台提质增效。同时，进一步发挥上观号"政务新闻聚合平台"效能，在原有 104 个政务新媒体基础上，

近 200 家政务新媒体入驻

新吸纳 77 个特色街（镇）园区账号入驻，壮大舆论主阵地。

四、服务责任

解放日报社坚持服务读者、服务市民，全方位、多层次对重要政策进行解读，不断满足人民群众对权威、高效信息内容的需求。

（一）信息服务

1. 及时准确提供政策信息。依托现有政情、财经、区情、城事、文化、民声等多个板块，及时准确刊发政务、惠民政策等信息。同时，持续做大做强上观新闻"上观号"政务聚合平台，进一步发挥优质移动新闻内容生产优势，有效提升党报政务服务功能。

2. 多渠道做好信息服务。围绕疫情防控、复工复产、"五五购物节"、上海旅游节等重大节点和热点，聚焦百姓话题，加强解释性报道，发挥信息服务功能。"五五购物节"期间推出《2020"五五购物节"全球大直播》等内容，关注度、好评度高。

（二）社会服务

1. 搭建公共服务平台。全年接待、办复群众来信、来电、来稿（包括电子邮件）、来访上万件（次），当好政民"连心桥"。以百姓关注的"健康"为话题，开设"健面谈"直播间。《重返校园生活开学 20 问》《阶段性减免社保费，个人部分能减免吗？权威解答来了》《"六个问答"助您线上就诊更便捷》等作品，及时解疑释惑，回应关切。

2. 探索建设"智库媒体"。依托报网端精品栏目，诚邀各领域专家学者、企业家、社会知名人士等组建"智囊团"，围绕上海未来发展重点，研究探讨，献计献策，更好地为政策制定、社会治理和公众服务，为人民城市建设提供舆论和智力支持。

（三）积极开展公益活动

1. 刊播公益广告。通过线上线下传播渠道和形式多样传播方式，积极宣传、展示公益广告。2020 年，解放日报累计刊发公益广告 68 个版，涉及"中国梦""社会主义核心价值观""疫情防控""传承中国好风尚""勤俭节约"等主题。

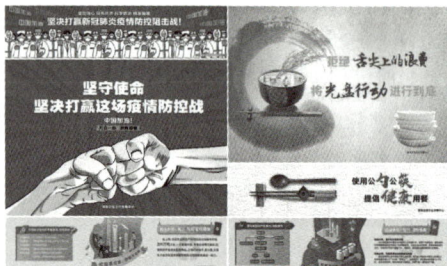

自行设计制作的公益广告

2. 组织慈善募捐。倡导"人人公益""随手公益"，积极组织参与推进各类社会慈善捐助、帮老助残、扶贫帮困等活动。2020 年，仅报社员工捐赠的爱心物资和款项超过 10 万元，很多党员、员工还积极参加献血、社区服务等各类志愿活动。

3. 助力脱贫攻坚乡村振兴。开启"寻味·百县百品"上海消费扶贫直播行动，搭建平台，由公益主播与扶贫干部一同进行直播带货，协助上海对口支援地区"名特优"产品走出大山，将网上流量转换为乡亲们手中的真金白银。助力杨家宅村"美

"丽家园"建设，在发展共促、组织共建、人才共育、文明共创等方面进一步开展共创共建，为乡村振兴出力。携手医院开展"健康相伴　文明同行"义诊活动，受到欢迎。

五、人文关怀责任

解放日报社坚持以人民为中心的工作导向，聚焦民生主题，倡导人文关怀，积极弘扬社会正能量。

（一）民生报道有态度有温度

坚持做好民生报道，推出解放日报《民声》版、上观新闻"民声"频道，反映群众建议呼声，回应市民百姓诉求。"民情12345"栏目，倾听民声、汇聚民声、抒发民声，全年发稿约250篇，取得良好社会反响。"新春走基层"栏目，关注百姓生活，传递来自城市生产生活一线细微处的温度。"关注早餐工程"栏目，《市民的早餐，为何让市委书记牵挂始终？》等报道，惠民细节体现城市温度。

头版推出"人民城市人民建人民城市为人民"栏目，刊登上海一些街道社区的旧区改造、为群众解决急难愁盼问题等报道。

《北新泾：从"服务居民一件事"出发》《用脚丈量社情，用心丈量民意》《"像变魔术，每次来都有新体验"》等报道，从不同角度聚焦城市建设发展提升市民生活品质，激发向上向善力量。

（二）抗灾报道体现人文关怀

2020年7月，全国汛情牵动人心。记者闻风而动，奔赴新闻现场，以视频直播、图集、文字等多种方式，为读者呈现各地汛情消息。《闻"汛"而动　大堤上他们冲在前》《老幼病残撤离，4100名游子逆行回乡抗洪》等报道，抒写齐心抗洪的感人故事，传递奉献爱心、抚慰人心的正能量。

（三）关注群众心理健康

2020年，推出新栏目"同筑心防线"，通过文字、动漫、视频、长图、海报等形象化、可视化的表现形式，关注群众心理健康。《这8个常见的心理问题，你中枪了吗？》《疫情"闷"出焦虑？助你学会放轻松》《心理防"疫"18招》等作品，帮助群众构筑心理健康防线。

六、文化责任

　　解放日报社坚持以弘扬主旋律、传承繁荣优秀传统文化为己任，不断探索创新，推出一批有特色、有品质、传播广泛的作品和活动。

（一）弘扬践行社会主义核心价值观

　　开设"深入学习'四史'，坚守初心使命——榜样的力量"专栏，从榜样身上探寻民族、国家、城市一路走来的精神密码。抗日战争胜利 75 周年、"浪费可耻　节约为荣"等主题报道，激扬主旋律，充分发挥社会主义核心价值观主渠道传播作用。

（二）传承繁荣中华优秀传统文化

　　1. 弘扬优秀文化。继续打造"文化讲坛""解放书单"等系列具有文化气息的特色项目，举办多项文化活动，助推优秀文化活态传承。《上海书展今开幕：满城书香，献给每一个热爱生活的你》《在上海书展，"读懂"人民城市》等作品，展现品牌文化魅力。

　　2. 推动文化创新发展。聚焦"上海文

化"品牌建设、市文化创意产业等工作，挖掘产业新动能，大力宣传和推动上海文化产业融合发展和改革创新。《上海支持文化企业"20条"如何落地》《让"上海文化""上海购物"交相辉映》等作品，凸显文化品牌建设成效。

（三）推动提升科学素养

1. 营造崇尚科学社会氛围。围绕科创中心、科创板等热点话题，以及浦江创新论坛、全球顶尖科学家论坛、人工智能大会等重大活动，推出一批有特色有分量的科技、文教、卫生报道。《"浦江之光"助力19家沪企登科创板》《中国首次　上海一科技期刊影响因子超20》等作品，传播科学精神，为科技创新、中国"智造"营造良好舆论氛围。

2. 普及科学知识。开设"创新之城""海上医聊"等栏目，以通俗易懂的方式向公众普及科学知识。疫情防控期间，推出上百篇手绘科普漫画与长图，刊登数篇"问答体"报道，及时传递防疫信息，普及防疫知识。聚焦"长征五号"B运载火箭首飞、"嫦娥五号"探月等热点事件，采用动画演示进行深入解读。

七、安全责任

解放日报社严格落实意识形态工作责任制，坚决将安全意识贯穿到新闻采编全流程，严格执行"三审三校"制和差错管理，落实工作责任。

报社建有应急响应制度，具体到岗、明确到人、细化到事。建立安全防护系统，防范安全漏洞、DDOS 攻击等安全隐患。

2020 年，解放日报·上观新闻未发生安全事故。

八、道德责任

解放日报社高度重视加强新闻从业人员职业道德建设，弘扬党报优良传统，主动接受社会监督。

（一）严格遵守职业规范

严格遵守职业道德准则等规定，坚持新闻真实性原则，支持、尊重、保护原创，不刊播虚假失实新闻；开展经常性纪律教育，坚决杜绝有偿新闻等行为，坚持抵制低俗庸俗媚俗之风。

（二）严守底线维护社会公德

结合"四史"学习教育，进一步加强社会公德、职业道德、个人品德教育，不断增强责任意识、底线意识、导向意识、阵地意识，维护公序良俗，积极营造向上向美向好的氛围。

（三）自觉主动接受社会监督

坚持聘请人大代表等社会各界人士，开展行风评议和新闻道德监督；强化采编人员自觉接受监督意识，采访时主动出示证件；设立 24 小时举报电话、举报链接等多个渠道，畅通监督渠道，认真做好举报投诉的办理、反馈和沟通工作。

九、保障权益责任

解放日报社坚持以人为本，重视员工职业发展，依法保障员工各项权益。

（一）依法保障从业人员权益

维护采编人员合法采访权利，积极为采访活动提供必要保障。对于侵害记者合法权益的行为，坚决制止，提供保护和支持。

（二）全面保障员工薪酬福利

招聘用工合法合规透明，依法签订劳动用工合同，足额支付员工薪酬，保障员工劳动安全、女工保护、休假制度等权利。

（三）合法合规管理记者证

严格遵守《新闻记者证管理办法》，规范记者证的申领、审核、发放和使用，及时收回离职、退休等人员证件。

（四）持续开展员工教育培训

围绕强化政治素养、提升业务技能、加快媒体融合发展等主题开展各类培训，其中全媒体技能培训 15 场，实现员工教育全覆盖。

十、合法经营责任

解放日报社严格遵守网信、新闻出版等行政管理部门发布的规章制度和规范性文件，将依法经营、提质增效理念贯穿新闻生产全流程。

（一）严格实行采编经营"两分开"

落实采编与经营"两分开"原则，明确采编和经营工作的职能职责，坚决抵制因商业取向影响新闻报道公正。

（二）严守广告业务合规性

严格遵守《中华人民共和国广告法》《互联网广告管理暂行办法》等法律法规，认真执行广告审查制度。2020年媒体广告信用评价等级为 A。

十一、后记

（一）回应

针对上年度责任报告中提到的不足，报社坚持打造内容精品，形成党报特色融媒体品牌；推出 4.0 绩效考核体系；技术赋能拓展融媒体采编平台；进一步培养全媒体人才。

（二）努力方向

面对全媒体时代带来的机遇和挑战，报社将进一步在壮大主流舆论影响力上有新作为、在打造全媒体人才队伍上有新成效。

（三）改进举措

新的一年，报社将始终坚持政治家办报原则，进一步加快推进媒体融合发展，不断创新内容表现形式，提升内容传播效果；用好先进技术，为媒体深度融合改革赋能；大兴"开门办报"之风，增强上观平台聚合能力和政务服务功能；加强全媒体人才培养，提高采编队伍政治素质与业务能力，不断增强党报的传播力、引导力、影响力和公信力。

新华报业传媒集团

社会责任报告

一、前言

（一）媒体概况

2001 年 9 月 28 日，新华日报报业集团经原国家新闻出版总署批准正式组建。2011 年 4 月，经江苏省委、省政府批准和原国家新闻出版总署同意，更名为新华报业传媒集团。集团目前拥有 14 张报纸、8 份刊物、13 个新闻网站、10 个移动客户端、1 份手机报、100 多个微媒体账号，以及 30 余家参股、控股公司。报纸包括《新华日报》《扬子晚报》《乡村干部报》《南京晨报》《江苏经济报》《江苏法治报》《江南时报》《扬子经济时报》《扬子体育报》《昆山日报》《靖江日报》《海门日报》《东台日报》等；刊物包括《传媒观察》《党的生活》《培训》《精品》《新苏商》等；网络集群包括中国江苏网、新华报业网、扬子晚报网等 3 个国家一类新闻网站，以及视觉江苏网、南京晨报网、江南时报网等多家网站；移动新媒体集群包括交汇点新闻、紫牛新闻、新江苏、扬眼、爱南京、新华 V 视、新华日报财经等客户端及各报刊微博、微信等。

（二）社会责任理念

新华报业传媒集团牢记传承红色基因、勇立时代潮头的初心和使命，一年来持续深入学习贯彻习近平新时代中国特色社会主义思想，增强"四个意识"、坚定"四个自信"、做到"两个维护"，在思想上政治上行动上同与以习近平同志为核心的党中央保持高度一致。坚守正确政治方向、舆论导向、价值取向，把政治家办报的要求贯穿到全媒体生产的各个环节，在宣传导向、基调、内容上体现大局、服务大局、融入大局，传播党的声音、反映人民诉求、推动社会进步。面对新形势新要求，集团坚持守正创新，将新闻宣传工作放到"四全媒体"生态中去谋划，用好"党媒算法"，顺应新闻传播规律，深入推进媒体融合发展，加快构建立体多样、融合发展的现代传播体系，抢占信息传播制高点，进一步壮大主流思想舆论，扩大主流价值影响力版图。

（三）获奖情况

2020 年共有 7 个作品获奖，其中一等奖 2 个、二等奖 4 个、三等奖 1 个，获奖成绩位居全国省级媒体前列。

二、政治责任

2020 年 12 月 23 日，"听·见小康"上线

（一）政治方向

坚持以习近平新时代中国特色社会主义思想为指导，坚持党管媒体原则和政治家办报要求，牢牢把握正确舆论导向，创新做好重大主题报道。2020 年，面对抗击疫情的新闻宣传"遭遇战"，集团坚决贯彻习近平总书记系列重要讲话指示精神，认真落实中央和江苏省委决策部署，第一时间组建强大的报道团队，形成"战时"指挥体系，有力、有序、有效开展宣传报道。各媒体共推出 200 多个专题、专栏、特刊、系列，发布各类抗疫报道 9 万余件，其中原创报道近 5 万件。立体多样的新闻

宣传，为打赢疫情防控阻击战作出了积极贡献，有力彰显了全国一盘棋中的"江苏担当"，生动诠释了"中国之治"下的"江苏样本"。2020 年 11 月，习近平总书记视察江苏，新华日报高站位、高质量、高密度地推出包括"践行嘱托勇探路""大江作证"

"长江大保护、绿色共成长"主题活动将持续 12 年跟踪记录长江环境质量

等一系列重磅力作，激发热烈反响，赢得广泛好评。围绕脱贫攻坚、全面小康主题，推出"市委书记纵论高水平全面小康建设""听·见小康"等系列大型全媒体新闻行动和重点专栏。全国两会报道做足"云"的文章，推出大批富有特色的融媒体产品。围绕党的十九届五中全会和江苏省委全会、"六稳""六保"、长三角一体化发展、长江大保护、大运河文化带建设等一系列主题，展开全方位、多层次宣传。这些报道，彰显了"重、深、新、活"的鲜明特色，形成了宣传声势、舆论强势。

（二）舆论引导

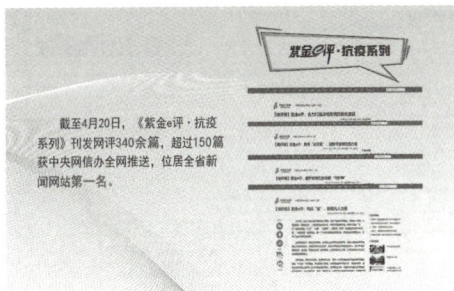

截至 4 月 20 日，《紫金 e 评·抗疫系列》刊发网评 340 余篇，超过 150 篇获中央网信办全网推送，位居全省新闻网站第一名。

"紫金 e 评"·抗疫系列

在创新重大主题报道同时，报社强化评论理论矩阵建设，实现理论舆论同频共振，有效引导社会舆论。新华日报全年推出系列评论 20 组、"新华时论"130 多篇。《宁可"备而不用" 不能"用而无备"》获得肯定。不断创新呈现形式和表达方式，提升评论理论内容质量，《思想周刊》迭代升级，"江东论坛"全新推出，理论抖音号"@理所当然"主打专家学者原创短视频，最高点击量 9.2 万人次，受到广泛关注。完善周刊方阵，新推《智库周刊》，进一步提升党报思想深度，品牌效应初步显现。扬子晚报"视评"系列采用"视评 + 文本"方式，实现网络评论新突破；中国江苏网"紫金 e 评"蝉联"全国优秀网评栏目"称号。

（三）舆论监督

集团不断加强和改进舆论监督工作，积极开展建设性的舆论监督。新华日报突出开门办报，重启"读者热线"专栏。围绕民生关切开展舆论监督，《以租代征，"公益性公墓"竟藏着高价墓——17亩耕地变墓地之谜》等报道取得良好社会效果。"政风热线"借助群众诉求线索，刊发大量调查稿件，引发广大网友关注。

（四）对外传播

2020年，集团以"唱响江苏声音　讲好江苏故事　弘扬江苏作为"为原则，充分借助海外华文媒体、中国江苏网英文频道、海外报纸、社交媒体等平台，讲好"强富美高"新江苏故事，在国际舞台展现"美好江苏"形象。《娄勤俭不打招呼检查疫情防控工作》等数百篇优质稿件，让"江苏担当""江苏故事"在海外舆论场得到了广泛传播。《老外战疫记》专题被评为2020年度江苏省好新闻（新闻专题）一等奖。大型网络互动直播《千里共婵娟　家国同团圆——全球云接力体味中华情》，36小时直播吸引来自五大洲32个国家的朋友接力打卡、132万名网友观看。围绕第七个南京大屠杀死难者国家公祭日，精心策划《留住人类苦难记忆，传播和

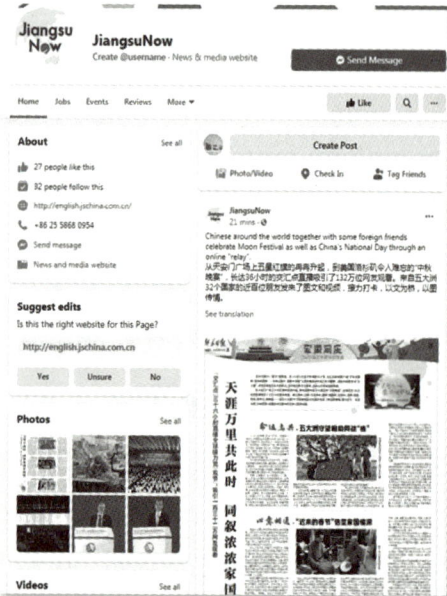

《千里共婵娟　家国同团圆——全球云接力体味中华情》大型网络互动直播在绿洲时报、脸谱上刊发

平发展理念》报道，获全网推送。《一场跨越 83 年的人道主义传承》系列稿件被国外有关报纸和脸谱等平台纷纷转载，稿件总计点击量超过 200 万次。

三、阵地建设责任

（一）融媒体矩阵

坚持把牢正确价值取向，融合平台建设更加强劲，形成了党报求"深"、客户端求"快"、网站求"全"、全媒体求"融"的传播体系。新华日报发行量近 50 万份，乡村干部报超过 70 万份。大力推进移动化战略，"交汇点新闻""紫牛新闻"下载用户数分别超过 2800 万、1500 万，在中国传媒经营大会发布的榜单中位列"新媒体 40 强"；2020 年新上线的"新江苏"下载用户超过 630 万，用户规模快速上升。由集团运维的"学习强国"江苏学习平台用户数超过 1000 万，各项指标位居全国前列。"北京西路瞭望"等 100 多个微博微信账号和其他外部平台账号成为移动传播的生力军。

"新江苏"拍客频道

（二）融媒体报道

一年来，集团以机制创新为抓手，进一步激发了融媒体报道活力。全媒体考核办法全面实施、不断完善，"移动优先"得到充分体现。"交汇点"成立 10 多个融

融媒体产品《6397 公里的守护》在江苏媒体中首获中国新闻奖媒体融合类一等奖

媒体工作室，中国江苏网强化 PC 端与移动端一体运作，扬子晚报以"紫牛拍咖"项目为抓手进行服务中台的理念创新实践。地方分社加强资源整合，内容、渠道和平台优势不断释放，扎根一线、服务基层的能力明显增强。《6397 公里的守护》在江苏媒体中首获中国新闻奖媒体融合类一等奖。国家新闻出版署发布的 2020 年中国报业深度融合发展创新案例中，《扬子晚报》"紫牛新闻"入选"全媒体传播体系建设类"优秀案例，"交汇点"新闻"听·见小康"融媒体项目入选"网络内容建设类"优秀案例。

（三）融合采编平台建设

集团全力打造全媒体指挥中心，形成内容生产"策、采、编、发、传、控、馈"的完整闭环。5G 超高清融媒体演播和开放服务平台、智能媒资库项目稳步推进。语音播报、AI 播报、人工智能技术快速落地应用，媒体表达形态更加丰富，内容生产效率大幅提升。集团成立大数据应用工作室，全年编制传播力分析、数据趋势报告 300 余篇。版权保护技术运用进一步提升。新华传媒智库大数据平台有序运转，新华烽火顺利入选省 2020 年高新技术企业。

四、服务责任

（一）信息服务

准确及时刊发各类政务信息、惠民政策、生活服务信息，全年各媒体平台发布相关信息超百万条。集团不断提升"互联网 +"服务能力，在各媒体平台陆续推出特色服务性专版专栏，满足不同层次读者需求。党务政务网群综合服务平台持续优化，政务信息传播矩阵效应不断增强。"扬眼"客户端打造"钱眼""招考部落""扬子名医团"等服务产品。南京晨报积极运维"小记者""乔医生"等特色栏目，信息服务品牌效应进一步彰显。

（二）社会服务

积极搭建政府部门与群众沟通桥梁，"政风热线"群众诉求平台全年共接收诉求 3000 多件，网友回复满意率达 84%。有关厅局长、市长上线直播，第一时间发布信息、沟通情况、解决实际问题。集团与国研智库、江苏省政府研究室共同成立国研智

2020 年 5 月 26 日，苏电新闻大讲堂正在直播中

库江苏协同创新中心，与省内各大智库成立江苏新智库联盟，还同步成立"强富美高"新江苏建设研究中心、江苏社会治理现代化研究中心、江苏自贸区建设研究中心和现代金融研究中心。以"全球变局　江苏发展"为主题的第二届新华传媒智库年会在南京举行。创新开办了新华传媒智库云课堂，开设"新华舆情高级学习研讨班""苏电新闻大讲堂""新闻发言人团队培训班"等平台，课程影响力不断提升。

（三）公益活动

2020 年新华日报共刊发公益广告 17 个整版、127 条报眼。户外大屏每天发布公益广告 9 条，总时长超 2000 小时。其中，围绕战"疫"推出三个系列公益广告，大力弘扬了团结抗疫的精神，集团干部员工向湖北抗疫前线捐款 57 万余元。扬子晚报"阳光助学行动""博爱小屋"等系列公益活动反响热烈；"交汇点"电商频道升级原有扶贫专栏，联手大型国企打造"汇聚攻坚力量·合力乡村振兴"公益直播带货 2.0 活动。中国江苏网"咱村特产，我来代言""特产代言共解销售难"等专栏，强国"带货""强国直播"等活动助力文旅复苏、农产品销售。2020 年集团对口帮扶淮安区出资 20 万元，协调资金 12.85 万元。

五、人文关怀责任

（一）民生报道

"市委书记纵论高水平全面小康建设"全媒体系列报道

落实以人民为中心的工作理念，深入抓好民生报道。围绕决战脱贫攻坚、决胜全面建成小康社会，邀请 13 个设区市党委主要负责同志畅谈决胜全面小康的思路、举措和进展成效，关注民生实事的落实情况。新华日报还设置"扶贫干部在一线""我家的脱贫故事""扶贫点上看变化"等专栏，受到广泛关注。扬子晚报关注凡人故事，讲好民生故事。交汇点"走向我们的小康生活"专题报道，运用文字、图片、视频等形式报道社会民生。

（二）灾难和事故报道

防汛期间，《新华日报》开设专栏"坚决打赢防汛抗灾硬仗"，发布多篇重磅报道，传精神、传"汛"息、传感动。《扬子晚报》推出"众志成城战洪水"专题，策划洲上探江图文直播。中国江苏网直击现场，制作长图、策划 H5。交汇点推出专题报道和滚动播报，有关报道获得上级部门充分肯定。在抗击疫情报道中，"三八"妇女节当天推出的《致奋战在抗疫一线的你们》入选中国记协《战"疫"新媒体精品案例展示》，《为英雄建档　让英雄留名》大型专题档案被江苏省档案馆收藏。

（三）以人为本

坚持主流价值观，创新表达方式，典型人物报道中注重见人见事见精神，通过全媒体传播正能量。抗击新冠肺炎疫情的人物报道广受关注，《"一把手"挂帅冲锋 "上一线"严防死守》得到肯定，《请战：我是党员我先上！》等一批稿件被"学习强国"学习平台首页推送，"交汇点"推出"战'疫'封面人物"，彰显了党员干部冲锋在前的责任担当与牺牲精神。节日报道同样以人为本，春节报道讴歌奋斗精神，清明报道追思英雄伟绩，端午报道传递家国情怀，中秋报道引发人文思考，在提升报道思辨色彩的同时弘扬清风正气。

影像专版《终于认识你》

六、文化责任

《习语常听》系列短视频荣获 2020 年度全省网络视听新媒体"十佳"栏目

（一）弘扬践行社会主义核心价值观

新华日报开设"暖心故事""真心英雄""追寻红色足迹·感悟如磐初心""守初心担使命 敢担当善作为·身边的榜样"等专题专栏，宣传推进"不忘初心、牢记使命"主题教育。扬子晚报"少年志"融媒品牌、中国江苏网《习语常听》弘扬社会主义核心价值观。"强国少年说"推出一系列爱国主义教育融媒活动，"马克思主义·青年说"活动引导青年形成正确"三观"，入选人民网媒体深融探索与突破优秀案例，得到上级部门肯定。南京晨报"文明家庭"寻访系列，通过挖掘身边故事，宣传好家风、弘扬新风尚。

2020 江苏戏曲名作高校巡演特刊

（二）传承繁荣中华优秀传统文化

文化报道在助力文化传承与创新发展上下功夫。集团参与组织"致敬白衣勇士"3000 幅书画作品赠送活动，承办 2020 江苏戏曲名作高校巡演，引发热烈反响。围绕紫金文化艺术节，首创"紫金闪评"，营造良好的舆论氛围和互动环境。举办"大运河十二时辰诗歌朗诵会"，承办"万里长江流古今——长江文化保护传承弘扬"学术论坛、跨年诗会，充分展现参与文化建设的成果与担当。"新年走大运""城门挂春联"等活动不断升级，成为老百姓耳熟能详的文化"新民俗"。

（三）推动提升科学素养

新华日报以《科技周刊》为主阵地，展现江苏创新发展实践。策划采写包括新基建、北斗组网、火星探测、月球取土、"奋斗者"号下潜等重点新闻稿件，第一时间解析量子科技、密码技术、区块链等前沿热点。聚焦科技工作者，相关访谈报道关注

火星探测专版

北斗全球组网专版

时代、紧跟前沿、解读热点，专门与江苏省科协联动推出的新媒体产品"科学实验室"获得好评。报社还与省科协合办江苏年度科学事件评选。

七、安全责任

高度重视内容生产安全，全年未发生重大安全刊播差错。坚持严字当头，进一步完善内容生产风险防控机制，落实"三审三校"制度，还将采编各环节及时发现的差错于每周编发成《差错摘录》，帮助采编人员提升业务能力，更好编织拒错防偏的"天网"。完善报纸印刷质量管理体系建设，大力推行"五强五严"印刷质量管理方法，加强印前勘误工作，每月出版《印前勘误》。2020 年，《新华日报》印刷质量排名全国第 9 位。完善信息化办公系统，确保工作指令和要求传达"全媒体、全天候、即时达"。

八、道德责任

（一）遵守职业规范

全面梳理集团各类管理制度，进一步明确新闻采编人员工作职责，严格要求采编人员遵守《中国新闻工作者职业道德准则》。在内容生产工作中，坚持新闻真实性原则，认真核实、严格把关，绝不刊发虚假失实新闻报道。坚决杜绝有偿新闻，抵制低俗庸俗媚俗之风，强化工作"硬约束"。坚持尊重原创、保护版权，邀请专业人士开展培训，增强集团员工版权风险意识。

（二）维护社会公德

"勤廉新华　奋斗有我"主题活动

通过打造勤廉新华文化，在集团营造风清气正、干事创业的良好氛围。"勤廉新华"客户端提档升级，内部信息传递更加顺畅，员工认同感大幅提升。持续开展"弘扬周恩来精神""勤廉新华　奋斗有我"等主题活动，创新"巡审结合"巡察模式，汇编《传媒出版行业警示案例》，

建设勤于创业、廉洁奋斗的集团文化。

（三）接受社会监督

积极接受社会各界监督，要求采编人员从事新闻采访工作时必须主动出示新闻记者证。同时，高度重视群众举报投诉，2020 年办理江苏 12345 在线投诉及信访 2483 件，并在规定时间内反馈、办结。

九、保障权益责任

（一）保障从业人员合法权益

认真组织开展员工职称和技术等级的评聘、各类人才奖项申报工作。重视维护新闻从业人员的合法权益，组织多场法律培训，在集团内部"勤廉新华"客户端开辟"风控"栏目，刊发普法宣传文章 38 篇，帮助规避采编工作法律风险。

（二）保障从业人员薪酬福利

全年引进采编等方面人才 45 人，均按劳动法规签署合同，保证每位新闻从业人员按时按期领取薪酬，缴纳"五险一金"。面对新冠肺炎疫情带来的经营困境，坚持"员工不减薪、福利不打折"，同时加大社保力度，为集团员工统一办理补充医疗保险，适度提高公积金、房补标准，全年新增人力成本 4000 多万元。举办"我的新华我的家""趣味运动会"等活动，组织员工参加体检，使员工有更多幸福感和获得感。

（三）规范新闻记者证管理

认真落实 2020 年国家新闻出版署新版记者证申领工作要求，组织新入职采编人员参加采编岗位培训学习 136 人次，通过率达 97%。严格把好新证申领关，截至 2020 年年底已完成 450 多人证件申领工作。建立记者证信息库，及时收回离职、退休等采编人员证件，2020 年完成 8 位离职或调离采编岗位人员新闻记者证注销工作。

（四）开展员工教育培训

强调选育并重，创造良好环境。把培养和引进优秀人才摆在突出位置，让报社成为优秀员工成长成才、创新创业的沃土。一是加大人员引进和培训力度。探索重点人才引进新方式，根据发展需要梳理制订年度人才引进计划。通过系统业务培训、轮岗锻炼、名师带徒等手段，加速人才成长。

集团开展新闻专业培训

二是推进青年干部培养。完善培养、选拔、使用、考核等工作机制，对 40 岁以下的各方面突出人才进行重点培养。三是鼓励员工创新创业。推进和完善创业创新奖，鼓励扶持在新闻宣传、媒体融合等方面勇于探索、积极创新的实干者。

十、合法经营责任

坚决贯彻落实新闻媒体采编与经营"两分开"的要求，绝不以消费党报的信誉和形象换取经济利益。2020 年，集团利润总额突破 5.04 亿元，同比增长 44%（扣除不可比因素，增长 66%），继续保持向上向好、可持续发展的良好态势。

2020 年集团新制定一揽子管理办法，进一步规范和创新广告经营，完善综合绩效考核方法，规范分社运营与发展。报社采编部门、记者站不承担经营任务；不以新闻报道换取广告，不以新闻形式变相播发广告；在采访中涉及与经营业务相关的内容，及时向经营部门转达，不自行接洽和决定。子报子刊领导班子成员分工明确，避免广告经营业务与新闻采编在内部流程上产生交叉；新闻编辑部门与广告经营部门分开独立设置，新闻版面与广告版面分开运行，广告登记发稿在独立的广告管理系统中进行。

十一、后记

（一）回应

关于内容产品质量提升的问题。牢固树立"精品立报"理念，贯穿内容生产全流程，强化内容供给侧改革，不断推出有温度、有品质、有筋骨的内容产品。把内容生产作为传媒发展的根本，新闻宣传亮点频频、收获满满。有关报道先后多次获得省及中央有关部门表扬。战"疫"工作中共有 8 人获得 11 项国家级和省级表彰。集团 7 件作品获得第三十届中国新闻奖，连续 3 年位居省级媒体前列。

关于媒体融合转型深入的问题。把融合转型作为扩大主流媒体影响的根本路径，全力推动平台、技术、机制、流程各方面建设。在中央信息厨房获"王选新闻科学技术奖"一等奖后，再度投入近亿元打造模块化、智能化的全媒体指挥中心，形成内容生产"策、采、编、发、传、控、馈"完整管控闭环的"最强大脑"。

关于事业发展人才短缺的问题。2020 年，加强人才引进和培养，共招聘员工45 人。加强干部的选拔培养，全年新选拔处级干部 9 名，选拔科级干部 66 名，干部队伍年龄、学历结构进一步优化。加大干部岗位交流力度，建立职称职务晋级新机制，健全荣誉表彰新措施，科学制定采编和经营考核新办法。

（二）不足

传媒格局正在发生深刻变革，如何加快建设具有强大传播力影响力的新型主流媒体集团，更好肩负起党的新闻舆论工作的职责使命，更好服务中心工作和改革开放大局，还有一些工作需要进一步改进和提高。

精品生产还需进一步加强。目前，集团虽然在中国新闻奖成绩上位居全国前列，但能够赢得用户叫好、在互联网上刷屏的爆款内容还不够多。集团强调，"凡报道必策划、凡策划必创新"，进一步提升策划水平，鼓励编辑、记者深入基层一线采访，激发创新活力。特别是"新华时论""新华调查""深读""紫牛新闻""北京西路瞭望"等内容品牌，要继续做强做优，力争时时有佳作、处处有精品。

融合生产还需进一步改进。全媒体采编部门正在向互联网主战场全面进军。但也要看到，目前融合从"物理加"走向"化学融"过程较长，融合生产的协同机制还有待强化，互联网传播力、影响力还不理想，互联网思维、用户思维还不到位，主力军在主战场作战还不够熟练、不够自如。

开门办报还需进一步自觉。开放性是互联网的典型特征和独特魅力。要大胆推出用户策划、用户生产、用户传播、用户定制、用户评馈。特别是顺应 5G 时代要求，把视频作为 UGC 内容的主攻方向，在把牢导向的前提下，让用户成为内容生产传播的重要角色，更好构筑移动化、社交化、智能化、场景化的全媒体生产格局，使我们的内容生产靓起来、活起来、火起来，成为各种优质内容产品的制造基地。

（三）改进

当前和今后一段时期，要在 3 个"更"上下功夫。

一是以更高水准抓好新闻宣传。紧紧围绕庆祝中国共产党成立 100 周年主题主线，守正创新、担当有为，唱响"中国共产党好"的主旋律，营造爱党爱国爱社会主义的浓厚氛围，深入报道江苏贯彻落实习近平总书记视察江苏重要讲话指示精神，形成"争当表率、争做示范、走在前列"的舆论强势。要切实创新新闻舆论工作，提升宣传报道水平，维护意识形态安全，传播正能量、提振精气神，激励全省干部群众信心满满、能量十足迈进新征程。

二是以更大力度抓好媒体深融。以中央加快推进媒体深度融合发展的要求为东风，抓住新媒体建设重要"窗口期"和"竞跑期"，在机制创新、平台建设、技术应用等方面加大工作力度，特别是加快建设全媒体指挥中心二期工程、省级媒体融合实验室、5G 超高清融媒体演播和开放服务平台、智能媒资管理平台等，推动江苏省党媒信息云平台、"网上新闻发布厅"建设，构建具有强大影响力的现代化全媒体传播体系。

三是以更大力度抓好事业发展。在抓好新闻内容生产和媒体融合转型同时，充分看到传媒经营、队伍建设、科学管理，以及党风廉政建设等各方面的任务都很重，以肯扛事、敢扛事、能扛事的担当，扛起改革发展的重任，不断推动集团事业高质量发展，不断提升集团综合实力，为建设干在实处、走在前列的新型主流媒体集团打下坚实基础。

浙江日报

社 会 责 任 报 告

一、前言

（一）媒体概况

浙江日报创刊于 1949 年 5 月 9 日，是中共浙江省委机关报。随着媒体融合的深入发展，浙江日报已形成了以"两微一端"为核心的多媒体矩阵。其中，浙江新闻客户端于 2014 年 6 月 16 日正式上线，是浙报集团从纸媒向移动端拓展的新媒体核心产品，全力传递权威、新锐、温暖的"浙江好声音"，荣获全国报业新媒体客户端十佳。截至 2020 年，累计用户数达 2058 万。

《浙江日报》、浙江新闻客户端 Logo

（二）社会责任理念

浙江日报以习近平新时代中国特色社会主义思想为根本指引，围绕中心，服务大局，不断提高新闻舆论传播力、引导力、影响力、公信力，切实履行媒体政治使命和社会责任。

（三）获奖情况

2020 年，浙江日报《丽水发布全国首份村级 GEP 核算报告 1.6 亿元！这个村的绿水青山"有价"》《庆祝新中国成立 70 周年大型融媒体报道——"同走新闻路"》等 5

件作品获中国新闻奖,《"中国第一座农民城"龙港撤镇设市》《谢高华给我们留下了什么》等44件作品获浙江新闻奖和重大主题报道奖。《第43届世界遗产大会正在举行,有个"新生"来报到》获第41届世界新闻设计大赛(SND)最佳数字设计银奖。浙江日报视频影像部记者胡元勇获"全国抗击新冠肺炎疫情先进个人"荣誉称号。

二、政治责任

2020年,浙江日报坚决贯彻习近平总书记重要讲话精神,坚持党报姓党,旗帜鲜明坚持正确政治方向、舆论导向、价值取向,强化党报权威性、公信力,聚焦主题主线做好新闻宣传工作,唱响主旋律、做好"定音锤"。

(一)浓墨重彩宣传习近平新时代中国特色社会主义思想,特别是把习近平总书记考察浙江重要指示精神宣传好、阐释好

浙江日报始终把宣传贯彻习近平新时代中国特色社会主义思想作为宣传报道工作的重中之重。2020年3月29日至4月1日,习近平总书记赴浙江考察。4月2日,浙江日报以9个整版规模,报道习近平总书记在浙江考察和在全省引发的强烈反响。4月3日,浙江日报头版头条重磅刊登的《春风又绿江南岸——习近平总书记在浙江考察纪实》,全网转发后阅读量超2000万,吸引超过10万人次点赞、评论。4月6日至13日,浙江日报陆续推出8篇本报评论员文章,围绕7个方面的要求,进一步阐释习近平总书记考察浙江重要讲话精神的丰富内涵。对照"重要窗口"的新目标新定位,《浙江日报》在头版开出"不负殷殷嘱托 建设'重要窗口'"专栏,还先后推出社论、本报评论员文章、今日说等系列评论。

(二)做好重大主题的融合传播,聚焦浙江建设"重要窗口"实践,努力在全国传播浙江好声音

2020年,浙江日报围绕高水平全面小康、长三角一体化发展、迎接建党百

年等重大主题以及党的十九届五中全会、全国两会、浙江省委十四届八次全会、浙江省两会等重大会议，精细谋划，提高报道的组织化程度，着力提升舆论影响力。

5月9日起策划推出"接力——高水平全面建成小康社会大型融媒体报道"，派出10组记者分赴省内外，展示浙江作为"三个地"的使命担当，报道共发稿80余篇，总点击量1156.57万，全网曝光量逾3000万。

7月1日，"使命　从起航地出发——浙江日报迎接建党百年大型融媒体报道"寻访从红船起航地嘉兴出发，10支小分队走进井冈山、遵义、大庆等地，推出全媒体报道，在浙江新闻客户端上得到250多万点击量，并在今日头条、B站等外部平台转发，增强全国影响力。

"使命　从起航地出发——浙江日报迎接建党百年大型融媒体报道"，图为报道栏目图

2020年9月23日起，浙江日报、浙江新闻客户端同步推出"10大新课题大型融媒体访谈"，图为访谈视频截图

在头版重点推出"忠实践行'八八战略'　奋力打造'重要窗口'"专栏，并先后策划推出"高端访谈""10大新课题大型融媒体访谈""打造战略节点、战略枢纽的一线报告"等子栏目，全方位聚焦新时代建设"重要窗口"的浙江探索。

（三）不断提升舆论引导能力，敢于发声善于发声，当好"稳压器""定音锤"

除了一如既往地针对社会热点问题，民生关切问题进行有力引导外，疫情发生后，浙江日报迅速反应，根据疫情变化及时推出相关报道，有力引导舆论，为取得"大战""大考"高分报表贡献媒体力量。

2020 年 3 月 4 日，浙江日报推出抗疫特刊《大考——浙江抗疫特别报道》，对浙江抗疫做全景式报道

2020 年 2 月 21 日，浙江新闻客户端推出可视化产品《一图读懂｜西湖大学科学家解密：新冠病毒侵染人体那一刻》

浙江日报记者在荆门抗疫一线采访

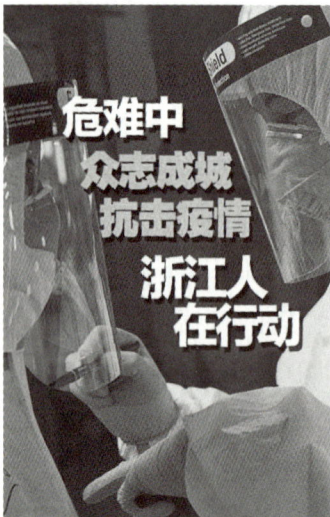

抗击新冠肺炎疫情期间，浙江新闻客户端连续推出抗疫主题海报

同时，通过评论等手段强化引导力。仅是新冠肺炎疫情Ⅰ级、Ⅱ级响应期间推出的原创评论就有 200 多条。

浙江日报积极做好疫情防控的舆论引导。左图为 2020 年 4 月 27 日，浙江新闻客户端稿件《今日说｜疫情防控，"小事"勿忘》；右图为 2020 年 1 月 30 日浙江日报 2 版评论《疫情舆情社情　情情皆需关切》

（四）敢于亮剑，进行建设性的舆论监督

在上一轮改版中，浙江日报新增设的三大新栏目之一"一线调查"，就是一个专门开展建设性舆论监督报道的阵地。栏目关注百姓关切，围绕各级党委、政府中心工作，通过建设性舆论监督，切实推动了一系列问题的解决。如栏目针对环境污染、城乡管理难题、干部不作为等现象，进行了大量的调查和报道，均取得了良好的社会效果，在提高社会治理的科学性和有效性上发挥了一定作用。

2020 年 6 月 10 日，浙江日报《要闻》版刊文关注电动自行车头盔质量问题

（五）讲好浙江故事，促进对外文化交流和国际传播

浙江日报持续加强与海外媒体，特别是海外知名华文媒体的合作，办好海外版及相关的新媒体传播。同时，与集团海外新媒体传播矩阵深度打通，优质原创内容通过印象浙江英文网、脸谱、推特、优兔等海外主流媒体平台广泛传播。用浙江的生动实践，讲好浙江故事，促进对外文化交流，提升国际传播效能。

三、阵地建设责任

2020 年，浙江日报继续坚持移动优先发展战略，把更多主力军投入主战场，在主战场打好主动仗，把网上舆论阵地筑牢筑强。

（一）做大主阵地，全面推进媒体融合向纵深发展，构建省市县一体化全媒体传播体系

2020 年 7 月 9 日，共享联盟发起"大潮起之江 '窗口'看小康"大型移动视频新闻行动，仅在浙江新闻客户端的总点击量就超过了 2000 万

以浙江日报、浙江新闻客户端为龙头和纽带，以融媒共享联盟建设为抓手，加快营造媒体深度融合的良好生态圈，建立新时代省市县一体化的现代传播格局。2020 年融媒共享联盟实现县级融媒体中心全覆盖，拥有 95 家成员单位。共享联盟成为原创内容的"整装厂"、传播分发"集散地"、新型技术"试验场"、人才培养"大学校"、产业拓展"好伙伴"，共建共享、相互赋能。

（二）主力军全面挺进主战场，通过优质内容生产，做强主阵地

2020 年，浙江日报以移动端为牵引，打造有全国影响力的省级党报党端，确保继续走在第一方阵的前列。

做强优质内容，以新媒体栏目为抓手提升移动端内容吸引力。浙江新闻客户端发挥党端的内容权威优势，以更优质的内容、一体化的运营和更好的用户体验来吸引用户、激活用户，尤其是推出了新媒体

浙江日报推出 8 个新媒体栏目，图为栏目 Logo

栏目制，在浙江新闻客户端上推出 8 个新媒体栏目，牵引主力军向主阵地转移，并丰富了客户端的内容生产。

（三）移动优先，加强融媒体平台建设

浙江新闻客户端迭代至7.0版本，开设抖音、B站等平台账号，融媒矩阵不断壮大。

布局5G时代，原有的媒立方平台嵌入"新华智云"等智能化采编功能模块，为融媒体内容生产提供有力支持。

四、服务责任

（一）切实做好信息服务

2020 年，浙江日报围绕中心工作，切实做好政务等方面的权威信息服务。例如在复工复产、"六稳"、"六保"等方面，及时推送各项扶持政策、惠民政策信息，并通过可视化、评论员文章做好信息的展示和解读。

面对各类网络谣言，浙江日报联合省有关部门迅速打造官方"捉谣"平台，粉碎不实信息、疏导公众情绪，引导科学抗疫。在新媒体平台开设"捉谣记"栏目，

新冠肺炎疫情期间，浙江日报、浙江新闻客户端同步开设"捉谣记"栏目。左图为浙江新闻客户端 2020 年 1 月 25 日起开设滚动更新帖；右图为 2020 年 1 月 30 日，浙江日报"捉谣记"栏目两则辟谣报道

先后发布《抽烟可以预防感染？假的！抽烟会减低身体抵抗力，增加感染几率》等信息，并联合今日头条、快手、抖音、丁香医生等平台广泛传播，及时引导公众以科学理性态度做好疫情防控和个人防护。据不完全统计，辟谣平台累计发布辟谣信息 1673 条，总点击量达 1.39 亿。

此外，在全面小康、乡村振兴、脱贫攻坚等工作推进过程中，及时报道最新进展和动态，并根据不同阶段特性，连续推出"走向我们的小康生活　一个也不能少""扶贫印记"等栏目，实时展示成果成效，有力推动相关工作顺利实施。

（二）积极做好社会服务

浙江日报在做好报道的同时，还组织了一系列的社会活动。2019 年，聚焦长三角一体化的公共智库——浙江日报长三角一体化调查与传播中心成立。2020 年，该智库联合浙江日报全媒体经济部、浙江大学公共政策研究院合作举办"提问'十四五'"系列高端智库沙龙，聚焦"十四五"规划研究；由浙江日报联合共青团浙江省委，旨在发掘并培养青年创业创新力量的浙江省青年数字经济"鸿鹄奖"已连续举办两届。

2020 年 3 月 25 日，浙江日报刊登社会公益广告提倡使用公筷

浙报服务专刊部从 2004 年起每年高考志愿填报期间举办"浙江日报高考服务季"活动，至今已 16 年。高校全省巡回公益咨询会每年服务大量考生和家长，深受欢迎。2020 年受新冠肺炎疫情影响，推出了线上的"招办主任直播课"。

（三）积极做好公益服务

2020 年，浙江日报全年刊登公益广告 72 个版，内容覆盖社会主义核心价值观、抗击新冠肺炎疫情、建设清廉浙江等方面，刊例价值超 1700 万元。

此外，浙报公益志愿服务队发起了"光盘行动"、垃圾分类等多个志愿服务活动。

五、人文关怀责任

（一）关注社会民生报道，回应百姓关切

贴近基层，服务百姓是浙江日报的办报传统。关注三农、医疗教育等民生热点问题，关注弱势群体，通过深度报道、亲历报道、典型报道等方式，回应社会关切，让这些群体感受到社会关爱。比如《世界以痛吻我，我却报之以歌》《"腿有残疾，但我的手能做事"》等报道挖掘了一批身残志坚、自强不息的残疾人典型;《适老化改造，于细微处暖人心》等报道则深入思考了如何应对老龄化社会的问题。

（二）"文艺抗疫"，暖心故事提升人文情怀

2020 年，抗疫是贯穿始终的主题。浙江日报通过钱塘江文艺副刊、浙江新闻客户端等刊发大量以战"疫"为主题的文艺作品。《重症监护室十二时辰》《归来，依然是春天》等报告文学类作品，生动翔实地刻画了抗疫过程中的温暖故事和难忘瞬间。"'疫'线口述"专栏，则原汁原味展现医者仁心、大爱无疆的精神和情怀，第一时间展现前线医护人员的风采。

（三）"以人为本"，及时准确报道突发事件

在突发事件的应对处置中，浙江日报秉持以人为本的精神，以权威信息准确发布，及时回应群众关切，提信心、稳人心。温岭槽罐车爆炸事故发生后，浙江日报社记者第一时间赶赴新闻现场，全方位直击现场救援人员争分夺秒抢救伤员情况，并通过联系当地村民，呼吁大家及时让出生命通道。浙江日报头版、新媒体端首页首屏连续刊发、推送稿件《争分夺秒　生命至上——温岭大溪救援记》等报道，成为安抚群众情绪、坚定救援信心的"强心剂"。

六、文化责任

（一）做好人物报道，弘扬和践行社会主义核心价值观

浙江日报改版后，专设《人物》版，2020 年刊发《裹上七重防护，他们穿梭在乐清的大街小巷——高温下的防疫"太空人"》《埋头研究细菌致病机制，浙大生命科学研究院教授朱永群——"'从 0 到 1'的突破，是我的原动力"》等系列人物报道，折射时代精神，弘扬正能量。塑造的人物典型《抗洪抗台抗疫，他总是冲在前面——追记温岭市泽国镇党员郑世茂》《追了几个月的大项目才敲定，他却累倒了——追记宁海许民村村支书叶全奖》等，在全省上下掀起了向先进人物学习的热潮。

左图为 2020 年 7 月 24 日浙江日报人物版；右图为 2020 年 4 月 20 日浙江日报头版报道《追了几个月的大项目才敲定，他却累倒了——追记宁海许民村村支书叶全奖》

（二）梳理浙江文化的传承脉络，挖掘浙江文化的深厚底蕴

浙江日报多形态的报道充分彰显了浙江的文化之美。比如，"浙江文化印记"

系列报道以 20 个浙江文化印记为切入点,邀请相关专家与记者同行,走近印记现场,感受传承的魅力;又如,浙江日报联合浙江省文联、浙江省作协、杭州良渚遗址管委会、浙江省各大高校等多个单位一同开展"文艺名家走读良渚"采风活动和"良渚文化走进大学校园"征集活动,对宣传浙江乃至中国的历史文化起到了积极作用。

2020 年 6 月 18 日起,浙江日报、浙江新闻客户端推出"浙江文化印记"系列报道

(三)弘扬创新创业文化,科普宣传更加多元化、通俗化、新媒体化

围绕"重要窗口"和创新型省份建设,对杭州城西科创大走廊、之江实验室等重要领域重点工作进行了充分报道。"前沿"版关注国内外重大科技进展,从人工智能、大数据,到航天航空、新药创制等领域均有呈现,报道包括《我们为什么要登月"挖土"》《浙江丰富的应用场景牵引人工智能创新》《看人工智能如何"赋能"》《走进量子的神秘世界》《科学家详解"嫦娥五号"》等。

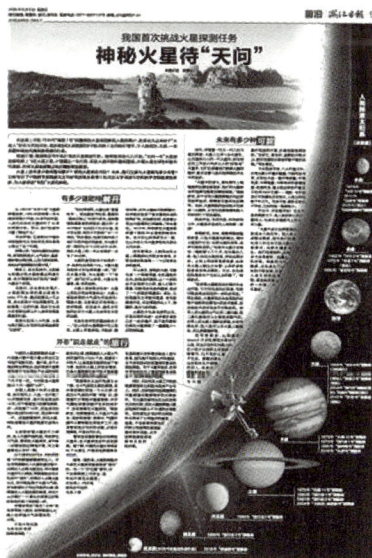

2020 年 6 月 5 日,浙江日报 9 版报道《我国首次挑战火星探测任务 神秘火星待"天问"》

七、安全责任

浙江日报始终坚持正确政治方向，把党管媒体原则贯彻到新闻出版的各个环节，保障内容生产安全。制定完善新闻质量管控条例等一系列管理制度和相关规定，全面落实内容审核、稿件刊登、应急响应、舆情管理、安全生产等全链条管理。

在日常采编行为规范方面，通过常态化的理论学习、业务培训、交流探讨、案例教育来提高采编人员的政治敏锐性、政治鉴别力，提升风险防范意识。

同时落实检查机制，及时排查问题，提出整改意见并督促落实。

八、道德责任

浙江日报把"不忘初心、牢记使命"作为党的建设工作永恒课题常抓不懈，强化党报人员"四力"建设，夯筑理想信念精神之基。积极培育先进典型，组织各级党组织认真学习赴鄂医疗队随队采访记者王坚颖、胡元勇的先进事迹，大力弘扬党的新闻工作者忠诚担当、爱岗敬业、无私无畏的职业精神。强化新闻采编人员廉洁从业意识，通过完善制度、案例警示、提醒谈话、上门宣讲等方式，督促职工遵守《中国新闻工作者职业道德准则》《新闻采编人员廉洁从业的九个严禁》等规定，引导员工自觉恪守职业道德，坚决杜绝有偿新闻等现象。持续畅通各类信访举报渠道，自觉接受社会监督，对于收到的问题线索认真予以核实，未出现同一问题多次举报的情况，未发现涉及廉洁、行业不正之风的严重违规违纪现象。

九、保障权益责任

　　浙江日报高度重视员工合法权益。严格按照劳动法、劳动合同法及国家有关法规条例规范用工制度，健全职工社会保障机制，为员工缴纳"五险一金"，保障员工薪酬福利待遇，让员工依法享受年休假等假期，并依照相关规定，每年定期组织员工进行带薪疗养休养。对记者证持证人员进行严格的资格审查，并完成了相关人员的采编业务培训。

　　做好各项人才培训、发展项目的落实。出台《分社采编人员到总部学习交流方案》《鼓励采编人员申报新媒体栏目的办法》等制度规定，完善组织协调及服务保障工作机制，进一步拓宽采编人员的业务成长通道。依托集团培训体系，组织内部业务分享活动，并做好员工外出交流培训工作。

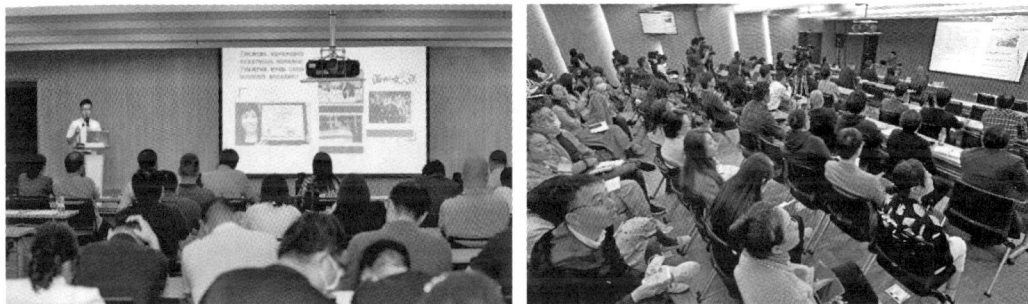

浓厚政治业务学习氛围，定期组织员工培训

十、合法经营责任

　　浙江日报在传媒经营管理细则中强调严格执行广告法、互联网广告管理暂行办法、新闻出版等管理部门的宣传规定，严格按照社会主义道德规范要求以及传媒经营中的内容管理、信息披露等制度，实行采编经营"两分开、两加强"，依法规范开展广告经营活动，杜绝违法违规广告发布，避免因管理疏失而造成不良政治影响和经济损失。

十一、后记

对照中央和浙江省委的要求，对标先进同行，目前浙江日报在以下方面仍需进一步提高：一是进一步提升全国影响力，打造与"重要窗口"建设配套的具有全国知名度和影响力的平台和产品还需跟上；二是进一步贴近群众服务群众，转作风、改文风，构建群众喜闻乐见的话语体系，与用户、读者的线上线下互动还需强化；三是进一步提升舆论监督报道有效性，针对社会普遍关切问题开展长期深入的媒体调查还需加强；四是进一步加强技术赋能，新技术的运用开发还有很大潜力可挖。

接下来，浙江日报将以更强的责任意识和担当意识，更好履行媒体社会责任。一是大兴开门办报之风，走好全媒体时代群众路线，坚持"短实新"的作风文风，强化与读者、用户之间的连接和互动；二是进一步集中力量打造具有全国影响力的精品内容和知名品牌；三是进一步发挥媒体建设性舆论监督作用，更加聚焦省委中心工作和群众关心实事，通过调查报道、建设性舆论监督推动工作落地、反映群众诉求；四是强化技术引领，更多运用5G、AI、VR、AR等新技术新手段丰富宣传报道形式，生产制作出更多群众喜闻乐见的新闻产品。

安徽日报

社 会 责 任 报 告

一、前言

（一）媒体概况

安徽日报是中共安徽省委机关报，创刊于 1952 年 6 月 1 日。

（二）社会责任理念

2020 年，安徽日报以习近平新时代中国特色社会主义思想为指导，深入学习贯彻习近平总书记关于宣传思想工作的重要思想特别是关于新闻舆论工作的重要论述，深入学习贯彻习近平总书记考察安徽重要讲话指示精神，增强"四个意识"、坚定"四个自信"、做到"两个维护"，忠实履行举旗帜、聚民心、育新人、兴文化、展形象的使命任务，不断强化社会责任意识，积极展示良好社会形象，全面落实党中央决策部署及省委要求，围绕中心、服务大局，弘扬主旋律、传播正能量，为新阶段现代化美好安徽建设全力营造良好舆论氛围、提供坚强思想保证、汇聚强大精神力量。

（三）获奖情况

2020 年，安徽日报新闻宣传工作多次获《三项学习教育通讯》《中国新闻出版广电报》等肯定，受到社会各界广泛好评。《城乡居民同病同保障》获第三十届中国新闻奖二等奖。《我省实现村级医疗卫生服务全覆盖》《长江水清"豚"先知》等 12 件作品获安徽新闻奖一等奖，"一线调研""民生观察"获评安徽新闻奖好栏目。2020 年，安徽日报报业集团荣获"安徽省文明单位"，多名记者获全国家庭工作先进个人、省防汛救灾先进个人、省抗击新冠肺炎疫情先进个人等光荣称号。

二、政治责任

2020 年，安徽日报牢牢把握正确政治方向、舆论导向、价值取向，认真做好重大会议、重要活动、重点工作等报道，精心组织主题宣传、成就宣传、典型宣传等，聚焦社会热点，紧贴群众需求，积极稳妥开展舆论监督，不断强化舆论引导，展现安徽新形象，传播中国好声音。

（一）着力"四个统筹"，做强主题宣传

2020 年，安徽日报主动提高政治站位，聚焦安徽省委、省政府中心工作、重大会议活动等，统筹新闻宣传与理论宣传、理论文章与言论评论、传统媒体与新兴媒体、理论宣讲和主题活动，加强策划，积极创新，不断推动主题宣传持续深入、波次推进、高潮迭起。一年来，安徽日报强化核心意识，深入阐释习近平新时代中国特色社会主义思想，浓墨重彩开展学习贯彻习近平总书记考察安徽重要讲话指示精神宣传，全方位推进学习贯彻党的十九届五中全会精神宣传；凝聚奋斗力量，全力做好坚决打赢疫情防控阻击战、精准脱贫收官战、防汛救灾保卫战等重大战役报道；聚焦中心工作，精心组织推进长三角一体化发展、安徽自贸试验区全面启动建设等重点宣传；展现巨大变化，大力开展全面建成小康社会、"辉煌十三五"等成就宣传，全方位

2020 年 4 月 29 日，脱贫攻坚报道海报

反映江淮儿女共建美好家园、共享幸福生活的生动实践。

（二）突出议题设置，有效引导舆论

2020 年，安徽日报精准把握"时度效"原则，充分发挥全媒体报道优势，在重要政策、重大举措以及热点焦点问题宣传引导上积极有效作为，以生动事例、深入思考、融合报道不断增强引导力。议题设置更主动。新冠肺炎疫情防控期间，策划推出"抓'六保'促'六稳' 育新机开新局"等系列报道，引导公众转变思维观念，化危为机，危中寻机。解读阐释更深入。围绕统筹推进疫情防控和经济社会发展、民法典颁布实施等重点工作，全媒体平台第一时间发布信息、采访专家，推出解读报道。建言发声更精准。根据疫情防控阶段性特点，策划推出"不获全胜绝不言成功"等评论专题；面对严峻防汛形势，及时组织《防汛抗洪要更有力有效》《筑牢防汛"责任堤"》等快评，精准设置话题，有效引导舆论。

（三）开展舆论监督，回应社会关切

舆论监督和正面宣传是统一的。2020 年，安徽日报直面工作中存在的问题，直面社会丑恶现象，加大采写批评性、调查性报道力度。不断提高《社情民意》版、客户端民生频道报道水平，办好"群众新闻眼""民生民声""跟踪鸡毛信"等专栏，切实推动民生难题解决；开设"曝光台"栏目，曝光机关食堂、高校食堂等地浪费现象，促进社会牢固树立浪费可耻、节约光荣的价值观；做好"热点透视""民生观察"等栏目，围绕"三点半难题""刷脸进小区"等热点，深入基层调研，积极建言献策，有效推动工作改进。

（四）强化对外传播，展现美好安徽

2020 年，安徽日报精心组织第三届进博会、世界制造业大会江淮线上经济论坛等重要展会采访，深入报道全省各地推进"三地一区"建设生

2020 年 9 月 26 日，安徽自贸试验区获批报道版面

动实践，积极向世界讲述中国故事，成为国外媒体关注安徽、报道安徽重要信源，形成较强国际传播力。《在世界经济大海中乘风破浪》《努力打造全球制造业最有影响力平台》等报道，多维度、多层面报道安徽加快打造内陆开放新高地的新作为，得到境内外多家网站、媒体转发转载，有力展现新阶段现代化美好安徽新形象。

三、阵地建设责任

2020 年安徽日报客户端全新升级

2020 年，安徽日报坚持移动优先，突出全媒报道，强化融合传播，着力构建全媒体矩阵，积极推进媒体深度融合发展，推动主力军全面挺进主战场，主流舆论阵地进一步巩固拓展。

（一）全媒体传播矩阵不断壮大

2020 年，安徽日报"两微一端"全新升级，"安徽日报报业集团"学习强国号上线，抖音、快手、微信等视频号全新开通，优质内容传播渠道进一步拓展，实现报刊端、移动端、PC 端全媒体发布，有效提升党报主流媒体影响力。与此同时，安徽日报客户端、安徽新闻网、安徽日报新闻大数据等平台间实现数据打通共享，全媒体传播矩阵进一步壮大。

（二）"安徽党媒云"平台不断扩容

"安徽党媒云"是安徽日报推进媒体融合发展的重要载体，目前已建成"社区融""乡镇融""校校通"等系列子平台，形成覆盖全省各市基层宣传阵地的强大网络。2020 年，"社区融"平台实现在合肥、芜湖等 12 市落地，超过 500 个社区入驻；"乡镇融"平台实现 500 多乡镇、6 家农商银行入驻；"校校通"平台入驻学校近 300 家；"法治融"平台成功上线，进一步整合政法系统宣传力量。

（三）融合报道水平不断提升

2020 年，安徽日报充分发挥东篱、习习皖风、上学计等融媒体工作室带动作用，着力推动新闻宣传"报网端微"一同策划、一同部署、一体推进，形成舆论声势。《跟着习近平化危为机》《来来来，给你看份"安徽基因检测报告"》《如果宋代开通商合杭……》等融合报道，综合运用文图、视频等多种元素，实现全媒体推送、多形式呈现，引发广泛关注。

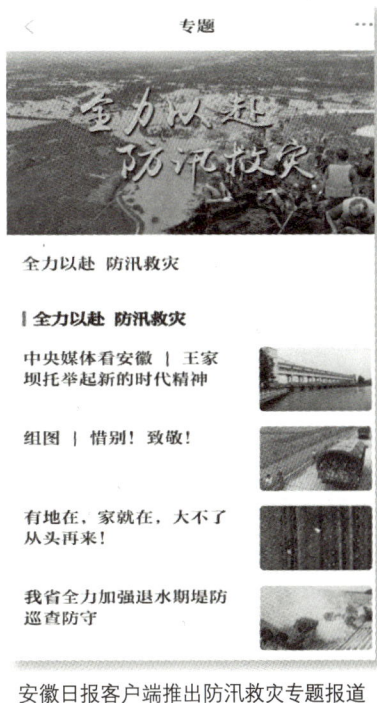

安徽日报客户端推出防汛救灾专题报道

四、服务责任

2020 年 7 月 9 日，高考报道

2020 年，安徽日报坚持以人民为中心，走好全媒体时代群众路线，及时准确提供各类信息，创新开展社会服务、公益活动等，帮助群众解决实际困难，切实履行提供服务责任，党报与人民群众的联系更加紧密。

（一）精心组织专栏专题专版报道，多平台开展信息服务

开设"政务发布""权威发布"等专栏，全媒体

2020 年 10 月 19 日，民生报道

刊发推送"六稳""六保"出实招、建设高标准农田等各类政务、惠民政策；每周固定推出"政策解读"报道，深入解读相关文件出台背景、丰富内涵及重要意义；围绕疫情防控等热点，开设"防疫有疑问　党媒帮你答"专栏，梳理问题，细致回复；常设民生新闻版，定期发布重要民生举措，及时刊发交通、天气、健康等实用信息。"两微一端"平台不断加快生活资讯编发频率，《最新，想在安徽乡下盖小院？一张图看懂如何申请"一块地"》等新媒体报道，以长图形式梳理最新政策，12 小时阅读量即过万。

（二）拓展线上线下沟通对话渠道，多层次开展社会服务

2020 年，安徽日报开通读者热线电话，开设读者信箱、QQ 群等，安排记者接待来访群众，线上线下多渠道收集社情民意，全年接待群众来访及来信来电共数百人次。精心策划新闻专栏"百姓问政"，构筑党政机关与人民群众的对话平台，围绕群众关注的热点难点，邀请相关主管部门负责人和人大代表、政协委员等，展开对话交流，打造联系群众、服务群众的"连心桥"。一年来，安徽日报积极推进《思想周刊》共建基地建设，呈现长三角一体化发展、数字江淮建设等理论研究成果，不断强化公共智库服务。

2020 年 5 月 24 日，长三角一体化发展报道

（三）发挥主流媒体宣传组织优势，多形式开展公益活动

常设"人生百味""人间真情"等专版专栏，刊发《热心公益　收获幸福》《生命因奉献而精彩》等各类公益报道近千篇。全年刊发公益广告 70 多篇次，在省直机关精神文明创建评比中被评为"一个好的创建案例"。积极组建志愿服务队，开

展"心系大别山　携手共抗疫""车票计划"等公益活动，帮扶多名贫困中小学生。抗洪抢险期间，为一线战士募集 50 台大功率烘干机，演绎"你为我护堤，我为你干衣"动人故事。扎实做好对口帮扶望江县长岭镇板桥村工作，持续推出系列报道，有力助推乡村振兴。

全年刊发公益广告 70 多篇次

五、人文关怀责任

2020 年，安徽日报坚持人民至上、生命至上，始终把人民群众作为报道主体，精心组织疫情防控、脱贫攻坚、防汛救灾等重大战役性报道，深入各行各业普通人精神世界，推动解决群众"急难愁盼"问题，稳妥做好各类灾难、事故报道，关爱生命、尊重隐私，着力采写暖新闻、发掘正能量，充分展现媒体责任担当。

（一）强化暖新闻，传播正能量

新冠肺炎疫情发生后，多角度多层次推出《剪短长发战疫情》《战胜疫情之

抗击新冠肺炎疫情系列报道

后，我们再举行婚礼》《风雪中的坚守》等报道，展现各地各行业联防联控的担当作为，反映疫情防控一线的感人瞬间，报道医务人员无私奉献的感人事迹，一个多月内，全媒体刊发推送消息、特写、微视频等报道800

多篇（件）。进入汛期后，先后推出《辛苦了！＃抗洪一线官兵的睡姿＃》《高考学子奔上抗洪一线》等暖新闻，深入发掘防汛救灾工作中涌现出来的感人故事、先进事迹，高扬主旋律，传播正能量。

（二）反映民生热点，关注民生痛点

依托"热点透视""民生观察"等重点栏目，围绕重点群体就业、家庭教育、个人信息保护等民生热点，组织刊发《安康码　能否"一码通行"？》等多篇报道。特别是围绕老年人运用智能技术困难等民生痛点，策划推出"这些鸿沟，我们陪您一起跨过"系列报道，介绍经验、提出建议，切实推进民生问题解决。

（三）深入基层一线，开展专题探访

扎实开展"进村入户访民生""岁末年初访民生""百名记者驻农家"等专题探访活动、蹲点报道，采编人员深入基层一线调研，报道民生工程

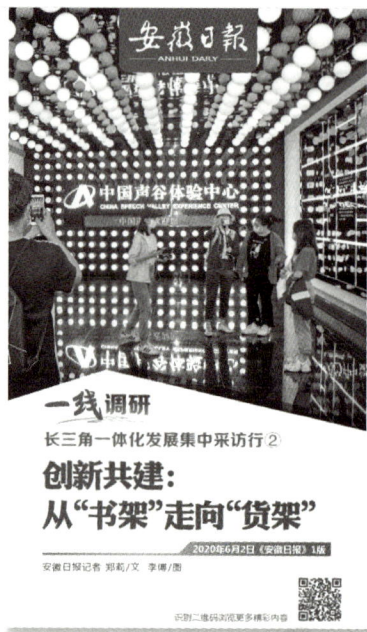

2020 年 6 月 2 日，全媒体发布长三角一体化发展调研报道

建设进展，总结经验、查找不足，采写出一批贴近基层、贴近群众的鲜活新闻或调查报告，为保障与改善民生工作提供舆论支持。

六、文化责任

2020 年，安徽日报高度重视文化传播职责，不断丰富报道内容形式，大力弘扬社会主义核心价值观，弘扬中华优秀传统文化，展示创新安徽丰硕成果，诠释科技魅力，传播科学方法，有力推动公众提升科学素养。

（一）创新传播社会主义核心价值观，凝聚强大精神力量

开设"榜样""最美战'疫'人""江淮战'疫' 党旗飘扬"等栏目，重点聚焦在抗击新冠肺炎疫情、打赢脱贫攻坚战、战胜洪涝灾害中涌现出来的英雄模范和先进集体，深度挖掘各条战线先进典型的感人事迹。聚力打造"文明实践在江淮""反对餐饮浪费　倡树文明新风"等栏目，创新传播社会主义核心价值观，着力推动好声音成强音、正能量无限量，在江淮大地凝聚起实现中华民族伟大复兴中国梦的强大精神力量。

（二）展现创新型文化强省建设成果，弘扬优秀传统文化

重点关注文化领域新业态、新动态、新动能、新词汇，生动展现安徽创新型文化强省建设系列成果。常设《文化视界》《繁花长廊》专版，聚焦工业遗址文化街区、线上博物馆、徽班进京 230 周年等新兴业态和重要事件，展现安徽创新传承弘扬优秀传统文化的勃勃生机。在疫情防控常态化背景下，积极调整文化宣传报道重心，推出《奏响文艺战"疫"最强音》《"文艺范"回归　生活更美好》等稿件，呈现文化产业复苏的面貌。

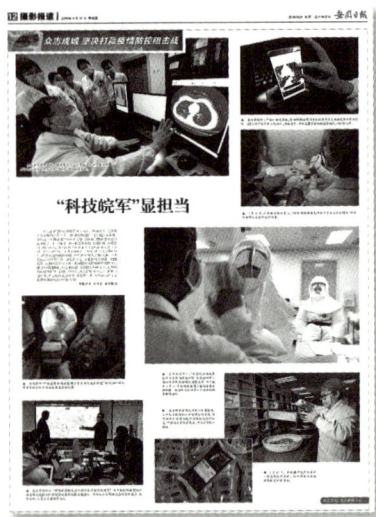

2020 年 3 月 12 日，安徽科技抗疫报道

（三）聚焦重大科技项目和科技成果进展，不断强化科学知识普及

做好做足量子计算原型机"九章"、托卡马克核聚变实验装置等重大科技项目报道，全方位展示创新安徽丰硕成果，让科技进步成就不断走近普通大众；《科技大观》专版聚焦量子计算、"城市大脑"、仿生材料等领域，诠释科技魅力、传播科学方法。针对新冠肺炎疫情，不断强化卫生防疫科学知识宣传，展示安徽科技抗疫利器，推动防疫知识普及。

七、安全责任

2020 年，安徽日报严格执行全媒体稿件编发、审读奖罚、责任追究等多项规章制度；严格执行"三审三校"制度，规范稿件采写、编发、审校等出版流程；严格执行重要事项请示报告、重要稿件送审、编前会等工作机制。在各项重大报道中，通过制订应急预案、设置 AB 岗、交叉审校等多种方式，有效消除和防范安全隐患，严守安全刊播底线。2020 年，安徽日报文字质量稳定，未出现任何重大差错，多个版面作品荣获安徽新闻奖，在中国报协组织的 2020 年度报纸印刷质量检测中，安徽日报获得"精品级报纸"荣誉。

八、道德责任

2020 年，安徽日报采编人员严格遵守著作权法、未成年人保护法等相关法律规定，恪守《中国新闻工作者职业道德准则》，坚决杜绝有偿新闻行为，自觉抵制低俗庸俗媚俗，采编行为规范，无违纪违规现象发生。严格做到采编与经营"两分开"，采编内容不与广告、发行交集，切

2020 年 2 月 15 日，记者李博（左一）冒雪拍摄疫情防控一线党员志愿者

实做到采编内容客观、真实、公平、公正。坚持公布各部门联系方式，畅通群众举报投诉渠道，自觉接受社会监督，自觉抵制不正之风。精心组织现场短新闻短视频大赛、百名记者驻农家等多项活动，持续推进"一线调研""记者走江淮"，扎实开展增强"四力"实践教育工作，党报公信力进一步强化。

九、保障权益责任

安徽日报高度重视新闻从业人员各项权益保障，关心新闻从业人员生活和健康。及时与聘用人员依法签署劳动合同，依法保障薪酬福利，缴纳"五险一金"。及时做好新闻记者证申报、核发、使用、管理与监督工作，充分保障采编人员合法权益，支持保护正常采编行为。

2020 年，安徽日报采取强化制度建设、丰富培训渠道等多项举措，全面提高新闻人才队伍综合素质和业务能力。制订印发《2020 年员工教育培训计划》，细化 2020 年培训目标任务、主要内容。开展形式多样的媒体融合专题培训，组织学习"认识传播规律，做好新闻发布"等 10 余场直播微课，邀请杭州二更公司、新华网安徽频道等单位专家开展短视频主题培训，选派 20 名学员以跟班培训方式分批赴新华网实践，邀请武汉大学教授开展"融媒体时代的数据新闻理论与创新应用"主题讲座，进一步培养采编人员实践工作能力。

十、合法经营责任

2020 年，安徽日报严格遵守中央有关政策及新闻出版法律规章，合法合规开展广告、发行等经营活动。严格执行广告审查制度，恪守经营行为规范，对广告内容真实性、合法性严格审查，坚决杜绝虚假、违法违规广告；严格遵守税收法律法规，认真落实财务管理相关制度；规范做好党报发行投递工作，积极开展向院士赠报、党报进社区等活动，党报影响力进一步拓展；切实加强日常管理，驻 16 市记者站工作规范有序。2020 年，安徽日报广告经营零违法、零违规，先后获评"广告经营诚信单位""抗击疫情媒体贡献单位"等荣誉称号。

十一、后记

（一）改进

针对"做优做强宣传报道、画出网上网下同心圆存在差距"方面存在的不足，安徽日报强化策划组织，推出《人民至上　生命至上》《江淮战贫，用行动兑现承诺》等多篇特稿，组织《习习春风润江淮》《习近平总书记在安徽考察》等系列策划，大力推动所属各媒体平台开展融合报道，积极推进与学习强国、今日头条及省级党报合作，不断拓宽传播渠道，影响力显著提升。

针对"融合传播亮度不够、爆款不多"方面存在的不足，安徽日报以融媒体工作室创建为抓手，聚焦"大时政"全媒体传播，推出《省委一号文件讲了啥？权威人士这样解读》等一批高质量融合传播作品，把重大主题和受众关注点结合起来，吸引省市各媒体、政府网站等广泛转发，把严肃题材做出热门流量。

2020年9月14日，"现场短新闻短视频大赛"专题练兵活动报道

针对"采编队伍人力不足，采编人员适应新形势新变化的能力水平不高"方面存在的不足，安徽日报启动人事招聘补充新鲜力量，选派新进采编人员到记者站、夜班岗位实践，全方位锻炼人才；开展"现场短新闻短视频大赛"等专题练兵活动，推动采编人员不断适应媒体融合发展趋势，有效培养融合报道新技能。

（二）不足

2020年，安徽日报在履行社会责任方面取得一些成绩，但仍有诸多不足之处：一是重大主题宣传系统谋划能力有待进一步提高；二是融合报道业务水平有待进一步提高；三是走好全媒体时代群众路线工作实效有待进一步提高。

（三）改进

2021年是中国共产党成立100周年，是"十四五"开局之年，也是新阶段现代化美好安徽建设的开篇之年。安徽日报将对照不足，结合实际，着重做好3个方面工作：

一是围绕学习贯彻习近平总书记系列重要讲话精神、贯彻落实中央决策部署以及安徽省委、省政府中心工作，进一步强化重点选题策划组织，抓实抓细策划报道、一线调研等，不断扩大重大主题宣传传播力、影响力。

二是围绕重要会议活动、重大主题宣传等，进一步创新方法手段，充分发挥融媒体工作室作用，加强策划统筹，在重要事件和时间节点，推出一批有影响、有质量、反响好的融合报道作品。

三是大兴"开门办报"之风，进一步整合多方资源，坚持"走出去""请进来"相结合，兼顾社会多方需求，推动各项宣传报道更有针对性，更好服务全省改革发展大局。

福建省广播影视集团

社 会 责 任 报 告

一、前言

（一）媒体概况

福建省广播影视集团（以下简称集团）按照国家广电总局批准，共开设 7 个广播频率、10 个电视频道，1 个自主可控省级重点新闻网站福建网络广播电视台，1 个新闻客户端"海博 TV"和福建 IPTV 播控平台。

2020 年集团推出 160 多档自办广播电视节目，每周自办节目播出时长 1200 多小时，每天推出新媒体视频、音频、图文等近 1000 条次。电视全年自制节目时长约为 1.85 万小时，广播约为 4.67 万小时。全年电视节目播出总时长（含广告）约为 8.1 万小时，广播约为 5.8 万小时。

截至 2020 年 12 月，东南卫视省外覆盖人口 10.68 亿，较 2019 年增长 0.83 亿，创历年新高；完成全国 31 个省、自治区、直辖市（不含天津）的 IPTV 高清入网，高清频道覆盖人口近 8.74 亿，居省级卫视前列。海峡电视台通过长城平台在全球 229 个国家和地区高清落地覆盖，直接入户 100 多万户，全球覆盖人口 124.85 万。

2020 年年底，集团本部在职事业编制人员 759 人，聘用人员

2020 年年底，集团建成移动 4K 转播平台

1037 人，离退休人员 480 人；下属事业单位在职事业编制和聘用人员 799 人，离退休人员 702 人。

（二）社会责任理念

2020 年是极不平凡、极其特殊的一年。在福建省委、省政府领导和省委宣传部、省广电局的指导下，集团落实"政治建台、新闻立台、文化兴台、产业强台"办台方针，推动全方位改革和高质量发展，推动全面从严治党、新闻宣传、内容供给、全网传播、媒体融合、技术引领、经营创收等工作全面提质增效，向建设较强竞争力和影响力的新型主流媒体的目标又迈进了一大步。

（三）获奖情况

电视访谈《台湾教科书之殇》、广播访谈《我们这一代要把台湾带回家——专访黄智贤》、电视评论《至凡：平凡之中的不凡》、国际传播《我不见外——厦门大学美籍教授潘维廉的中国故事》等 4 件作品荣获中国新闻奖。京剧电影《大闹天宫》荣获第三十三届东京国际电影节金鹤奖"艺术贡献奖"。电视连续剧《可爱的中国》《绝境铸剑》、电视专题《李焕之与国歌》、电视春晚《福到东南又一春——2020 年福建省春节联欢晚会》和《两岸小围炉——海峡两岸少儿春晚》等优秀文艺作品获第 30 届中国电视金鹰奖提名、电视剧"飞天奖"、电视文艺"星光奖"。东南卫视《中国正在说》栏目获"全国新闻出版广播影视系统先进集体"称号；海峡卫视获国家广电总局优秀国产纪录片及创作人才项目优秀制作机构；电视综合频道《调解有一套》人民调解委员会获全国模范人民调解委员会；集团融媒体资讯中心艾迪荣获全国抗击新冠肺炎疫情先进个人，是福建省新闻界唯一获此殊荣的记者。

2020 年 10 月 14 日，国家广电总局、中央广播电视总台在成都举行"歌唱祖国·一首歌一座城"总结表彰会暨 IPTV 宣传工

集团党组书记董事长曾祥辉（左二）在"歌唱祖国·一首歌一座城"总结表彰会暨 IPTV 宣传工作交流会上获得"特别贡献奖"

作交流会。集团组织、制作的《爱拼才会赢》《鼓浪屿之波》《采茶扑蝶》《有福之州》《多彩的山海》5 首歌曲入选"全国 70 首城市代表性歌曲"，入选数量位居全国第一。福建 IPTV 平台获"最佳支持团队奖"，集团党组书记、董事长曾祥辉获"特别贡献奖"。

2020 年集团继续荣膺第十四届省级文明单位称号。

二、政治责任

（一）推动全面从严治党走深走实

集团高扬思想旗帜，深入学习宣传贯彻习近平新时代中国特色社会主义思想，进一步提升增强"四个意识"、坚定"四个自信"、做到"两个维护"的高度政治自觉、思想自觉和行动自觉。

（二）推动宣传舆论引导有力有效

集团电视端推出习近平总书记重要讲话重要指示批示精神和采访实录系列反响报道 30 多个专栏，广播端推出 30 多个系列主题宣传报道，策划播发一批主题宣传融媒体产品。

在新冠肺炎疫情防控、助力"六稳""六保"宣传中，电视、广播、网站、新媒体平台推送新闻报道共计 20 万条次，总点击量超过 35 亿次，排播公益宣传片、公益歌曲 4000 多条次。全国两会全媒体报道共计 1 万多条次，总点击量达 1 亿次，多项传

新冠肺炎疫情防控期间，集团推出《县长带你买好货》直播带货节目助力乡村振兴和复工复产

2020 年 9 月，东南卫视《中国正在说》在雪域高原录制脱贫攻坚特别节目

播评估指数位列全国前茅。全年在中央广播电视总台央视上稿量 1736 条，《新闻联播》播出 222 条，央广中国之声上稿量 578 条，《新闻与报纸摘要》等重点栏目播出 175 条。策划推出"全闽乐购""福建好鞋网购节"近 100 场网络直播活动，打造直播带货专属品牌，据不完全统计，触达人次近 1 亿，线上直播带动消费总值已突破 1.5 亿元。

2020 年 1 月 1 日，福建电视台乡村振兴·公共频道开播。东南卫视《中国正在说》栏目首次走出演播室、筑台雪域高原，在四川德格和西藏昌都制作脱贫攻坚特别节目。高清纪录片《闽宁纪事》再现闽宁对口帮扶协作 24 载奋斗历程，国家广电总局为此片举办开播仪式。

（三）推动优质内容供给出圈出彩

集团全年获得国际大奖、全国、省级奖项的广播影视各类作品达 150 件次。获得第三十届中国新闻奖、"中国广播电视大奖·广播电视节目奖"的 13 件作品中有 8 件是涉台选题，成为全国涉台报道形态最齐全、报道体量最大、最权威的新闻节目源。集团人文纪实通栏《福建时间》于 2020 年 1 月在中阿卫视开播，并落地 22 个阿拉伯国家和地区、覆盖近 5 亿收视人口。《视听福建》纪录片展播项目获得中国—东盟电视周优秀传播案例奖，入选国家广电总局"丝绸之路影视桥工程"重点项目，成为国家级对外宣传精品项目。

2020 年 7 月 4 日，集团录制时代楷模——"闽宁对口扶贫协作援宁群体"颁奖仪式福建分会场

三、阵地建设责任

（一）推动媒体融合发展

集团制定《媒体融合发展三年规划方案》《媒体融合发展路线图（2019—2021年）》，对媒体融合发展作出整体规划，进一步明晰方向和路径。2020年集团推行"大中心制"改革，精简精办频率频道，整合组建了融媒体资讯中心、广播全媒体中心、电视综合频道中心、卫视中心，中心制已成为集团媒体融合大系统工程的核心力量。

（二）优化资源配置

集团坚持"移动优先、先网后台"策略，再造生产流程，整合自主平台，优化传播渠道。2020年，"海博TV"用户近500万，与"学习强国"学习平台、人民日报人民号、央视频、新华网、今日头条、腾讯、百度等新媒体平台互联互通、多元分发。升级为4.0版，新增"融媒号"对接各大头部媒体平台，已吸引80余家政府部门和设区市、县级官方账号和融媒体机构入驻。

（三）融合成效初现

集团最早实行"大中心制"的融媒体资讯中心集原先的广播电视新闻中心、福建新闻广播、福建新闻频道、福建省网络广播电视台（海博TV）5家单位，先行先试、融合创新，推出"直播福建"等网络直播栏目，表现手法日益丰富，融媒产品影响力提升，资源整合一体运营的成效初步显现。集团积极推动福建IPTV平台规范对接，建设完成具备商用能力的融合平台，整合集团的优质内容资源优势和中国移动的技术优势，共同合作开发5G融媒体智慧党建产品。

（四）增强先进技术赋能

集团完成全媒体演播室投入使用和全部地面频道高清改造，加速推进"智慧广电"项目建设。"广电钱包"荣获国家广电总局智慧广电全国先进案例，是福建省唯一获此殊荣的项目。4K 超高清转播车及配套设备投入使用，这是国内目前组装制造的最大 4K 超高清转播车车体，开启集团超高清制播时代。

（五）提高服务保障能力

集团严守安全播出生命线，安全有序推进 901 台搬迁重建、103 台整体搬迁至文山洲新址，全年电视播出总时长近 8 万小时，广播播出总时长近 6 万小时，顺利完成 410 场重要电视及网络直播与转播任务。

四、服务责任

2020 年上半年，面对来势迅猛的新冠肺炎疫情，集团主动担当主流媒体的抗疫使命，及时发布权威信息，准确公开报道疫情，积极回应社会关切，凸显了主流媒体的权威性与专业性。共推出广播电视报道 7.2 万多条、新媒体报道 8.3 万多条，总点击量超过 32 亿次。

（一）推出直播报道

集团电视端连续推出 25 场《防抗疫情众志成城》直播特别报道，总时长 12.5 小时，在东南卫视、综合频道、新闻频道、乡村振兴公共频道并机播出。广播端推出《众志成城共同战"疫"》特别节目，总时长 120 小时，在交通广播、都市广播、经济广播、音乐广播、文艺广播并机直播。网络端通过福建网络广播电视台（海博TV）、直播福建、福建 IPTV、微信等平台推出视频、图文直播 200 多场，内容涵盖防控疫情新闻发布会，火神山、雷神山医院建设实况，泉州欣佳酒店坍塌事故救援，复工复产、春耕备耕、支援湖北医疗队凯旋等，累计访问量 7000 万次。

（二）打造全省时政短视频第一平台

首次运用抖音平台发布时政短视频，集团所有时政类短视频在抖音端由《新闻启示录》账号首发，发起"疫情防控福建在行动"话题，已推出短视频 280 多条，播放量超过 8.5 亿次。如《不信谣不传谣科学应对疫情》，通过权威解读，破解谣言，播放量达 1800 万次。记者冒着感染风险，进入福建省收治新冠肺炎患者定点医院——福州肺科医院采访，推出《首度曝光！记者探访福建新型冠状病毒肺炎病患收治核心区》，不仅在电视端播出备受好评，制作的抖音短视频也获得近 500 万次的播放量和 5 万多次的点赞。短视频《曹德旺：一周前我就想为武汉捐款，但他们更缺防护物资》，播放量达到 7200 万次。

（三）《帮帮团》高效化解社会矛盾

电视综合频道《帮帮团》栏目，以网络直播方式，打造及时帮忙、透明帮忙的新模式：包括《律师来了》邀请法律专家对常见案例进行在线解读，深入浅出普及《民法典》内容，解决群众生活上的难题，提升群众法律意识；帮助在生活中遇到难题的消费者进行维权；关注生活中的困难事、不平事，通过多平台传播，聚会各方智慧，化解生活中的矛盾。据统计，《帮帮团》2020 年服务调解成功率 90%。《帮帮团》栏目下设的"调解有一套"电视调解委员会获得国家司法部表彰。

（四）应急频道频率及时响应、积极作为

集团充分发挥福建新闻频道、福建交通广播作为福建应急电视频道、应急广播的特殊功能作用，联动省预警信息中心、全国交通广播网、福建交通系统、福建应急联盟等，汇总全国、全省新冠肺炎疫情防控信息、科普知识和交通出行资讯等；联合各县（市、区）广播电视台制作播出"福建防疫村村响"节目。福建新闻频道、福建交通广播被省疫情防控指挥部交通检疫组列为重要交通资讯平台和指定发布平台。

（五）网络专题汇聚资讯

福建省网络广播电视台网站、海博 TV、集团新媒体矩阵开设"众志成城防控

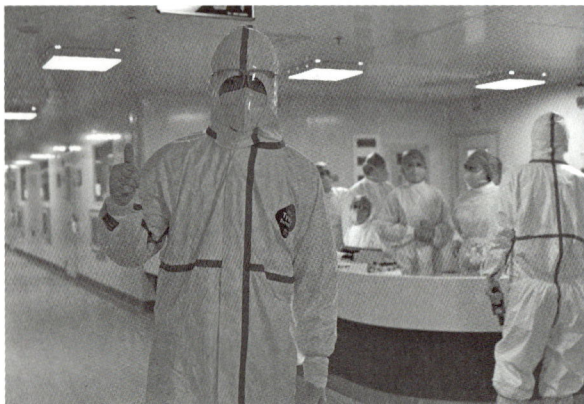

2020 年 1 月 30 日，集团融媒体资讯中心记者艾迪与同事探访福建新冠肺炎病患收治区采访报道

广播频率每天以口播形式宣传 600 次以上。

疫情""防控疫情·科普""疫情速报"等网络专栏专题，持续更新防疫资讯，累计阅读量在 6000 万以上。

（六）排播拉滚公益科普字幕

2020 年，集团各频道频率共发布 1000 多条防疫资讯字幕，电视频道每天播出 1.6 万次以上，

五、人文关怀责任

在新冠肺炎疫情防控宣传报道中，集团推出的专栏、系列节目以温暖鼓舞人心，以真情振奋士气，汇聚众志成城的力量。《最美的你》《我在武汉战疫情》《白衣天使的"战场"日记》《福建支援武汉医疗队员的朋友圈》《宜建钟情，共同战疫》等 10 多个专栏、系列报道，讴歌一线医护人员感人故事和温情瞬间。H5《我是党员我承诺——防范疫情从我做起》，参与形式简单却极富号召力，超过 2000 万人参与。公益海报《福建

2020 年 1 月 30 日，集团推出一组名为《福建"面对面"为武汉加油！》的公益宣传海报在网络上刷屏，带动全国各地省级主流媒体平台参与创作，该系列产品被中央媒体新媒体端和省级政务媒体广泛转发

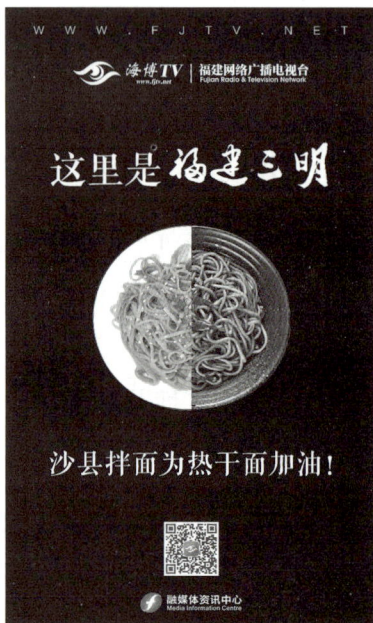

"面对面"为武汉加油！》用福建特色面食与武汉热干面进行巧妙拼接，引发众多网友共鸣，全网阅读数超 1500 万。科普短视频《这招绝了！人人办公室都有的这个东西可以做"口罩"》全网播放量超过 2400 万次。集团各媒体共创作排播《有你身影》《奔奔奔》《天使的翅膀大写的人》等 30 多首抗击疫情公益歌曲，凸显温情讲述感人故事，凝聚满满正能量。

2020 年 5 月 28 日，《中华人民共和国民法典》获得通过，新闻频道发挥《律师在现场》专业优势，积极做好民法典的宣传，共制作了约 10 期节目，覆盖民法典中有关物权、合同、人格权、婚姻家庭、继承、侵权责任等多个分编的内容，多样式宣传民法典的新规和亮点，让观众学法、懂法。

电视综合频道、东南卫视频道和福建省血液中心共建，多次组织血液中心到集团开展无偿献血活动。仅 2020 年 1 月，集团就有近百人献血，献血量近 3 万毫升。同时，集团多位记者、主持人担任福建省血液中心无偿献血宣传大使。

2020 年 6 月，东南卫视党支部到福建省血液中心进行公益共建

六、文化责任

（一）文化交流有声有色

在新冠肺炎疫情和台海复杂局势叠加影响下，海峡卫视采用"云交流"等方式举办海峡青年（福州）云上峰会、海峡两岸电视艺术节、首届 IM 两岸青年影展、两岸非遗文化"云"交流等 20 多场文化交流活动，厚植两岸同胞感情。

（二）纪录片制作实力凸显

海峡卫视获国家广电总局优秀国产纪录片及创作人才项目优秀制作机构，《早餐中国》《文学的日常》豆瓣评分在 8 分以上，成为爱奇艺、优酷、腾讯等头部视频平台优质的内容订制合作媒体。东南卫视《大儒朱熹》在央视纪录频道播出，被专家认为"具有教科书般的水准"。

（三）国际传播讲好中国故事

集团精选福建省内优秀纪录片，以当地语言译制，在菲律宾国家电视台 IBC13 频道、阿联酋中阿卫视、英国普罗派乐卫视等"海上丝绸之路"沿线国家主流媒体开设大型人文纪实类通栏节目《视听福建》。栏目常态播出，全方位介绍福建文化和旅游资源，对外传播中国经济社会发展成就和中华优秀传统文化。为响应"一带一路"倡议，深入实施"视听福建"海外播映计划，增强让文化走出去的实效，集团与中阿卫视联合译制大型人文纪实类通栏《福建时间》，将集团自有版权的精品节目经过改编后，译制成阿拉伯语，汇编成集，以"玩味美食季""清新旅游季""人文影像季" 3 个主题季的形式，于 2020 年 1 月 21 日上线中阿卫视黄金时段，每周 4 集，每集 20 分钟，全年 208 集。《福建时间》栏目开创了省级地方媒体直接面向阿拉伯地区互通宣传的先河，是落实习近平总书记推动中阿战略合作重要精神的一次具体行动，也是实施中国文化"走出去"工程、让福建文化走向世界的成功实践。"视听福建"项目入选"丝绸之路影视桥"，获第二届"中国—东盟电视周"优秀传播案例奖。

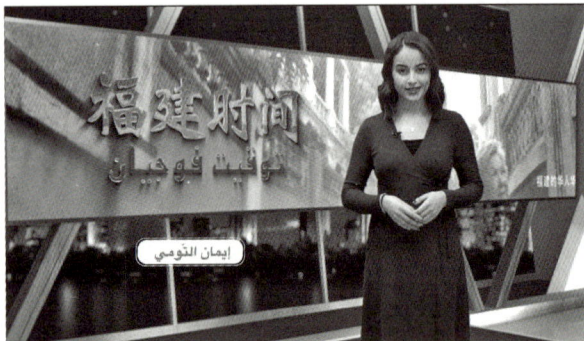

2020 年 1 月，集团外宣专栏《福建时间》在中阿卫视播出

（四）影视精品赢得口碑和市场

集团投资纪念中国人民志愿军抗美援朝出国作战 70 周年电影《金刚川》上映 3 天票房突破 3 亿元，引发观众强烈震撼与情感共鸣，网友评论该片是值得一看的

爱国主义电影。电视连续剧《可爱的中国》《绝境铸剑》获第三十届中国电视金鹰奖提名、电视剧"飞天奖"等。

七、安全责任

集团高度重视安全刊播工作，强化意识形态阵地安全，上下树立"一盘棋"思想和"安全第一"理念，细化内容安全、播出安全、传输安全、信息安全等管理手段，规范安全生产管理制度、工作机制和流程，提升系统的安全保障和运维能力。完善重大风险防控协同机制和应急处理预案体系，做好重要保障期意识形态领域风险预警研判和应急处置。持续做好重大节日、重要活动、重点时段的安全播出工作。

（一）全面完成播出系统高清化改造工作

集团于 2020 年实现全部 10 个电视频道高标清同播。电视剧频道、旅游频道、经济频道和少儿频道四个频道高清化改造，具备了向"海博 TV"、福建 IPTV 和全省有线网络各分发平台同时传送高清和标清信号的能力。4 个频道高清播出系统采用一体化播出方式，即播出系统为完整的全高清播出架构，播出系统的信号通道采用独立的主/备设备方式，硬件设备与应用软件满足 7×24 小时稳定运行要求。

（二）安全顺利完成 901 台搬迁

为支持新能源产业发展，福建省广播电视传输发射中心 901 台启动整体搬迁工程。该工程自 2020 年 2 月启动以来，建设期间克服新冠肺炎疫情、春季多雨以及施工地质条件恶劣等诸多困难，仅用 7 个月时间完成所有项目的建设任务并投入试播，创造国内同类发射台搬迁重建最快纪录。工程核心设备均采用国际一流设备，包括引进加拿大 Nautel 发射机、PBI 接收机、BW 音频处理器以及真空电容等，从而实现中波广播高质量传输覆盖，经专家验收，各项指标均达到国内一流技术水平。

（三）推进福建交通（应急）广播融媒体直播间建设

福建交通（应急）广播融媒体直播间建设项目是在传统广播直播间的基础上进行融媒体升级改造，在保证广播音频节目安全播出的基础上，增设多机位高清摄像机，增加视频采集和制作能力，实现多机位高清视频实时切换、网络视频直播等功能。项目完成后，广播电台从单纯的频率收听转变为结合视频直播的"两微一端"和网络视听软件的全平台发布，新建的交通（应急）融媒体直播间视频直播打破了广播电台原生的媒介壁垒，逐步在"融媒体中心"的生产模式下，让广播电台不仅能听还能看，增强了节目表现力和互动手段，提升了广播节目传播力和影响力；以先进互联网技术引领的内容采集、节目制作、全网发布、直播互动，推动传统媒体和新媒体的双向改造，使节目更鲜活更立体、内容形态更丰富、呈现方式更贴近群众。

2020 年 9 月，传输发射中心 901 台仅用 7 个月时间完成搬迁工程并投入试播，创造国内同类发射台搬迁重建最快纪录

八、道德责任

（一）践行"四力"走基层

集团精心策划"新春走基层"报道，围绕深入学习贯彻习近平新时代中国特色社会主义思想，全面展示福建各地各部门决战脱贫攻坚、决胜全面小康的生动实践，特别是统筹推进疫情防控和经济社会发展，克服疫情影响，打赢脱贫攻坚战。

在集团的统一安排下，在重要时段、重点栏目开设"新春走基层"专栏。各中心、频率频道派出 20 多路记者赴全省各地、基层一线采访，走进贫困山区，走进城市乡村，走进群众生产生活，捕捉温暖人心的动人镜头，感受时代发展的强劲脉动。

2020 年 7 月 1 日，集团召开庆祝建党 99 周年主题党日暨创建模范机关和第十四届省级文明单位动员大会

（二）遵守职业守则，接受社会监督

2020 年 9 月 8 日，集团举办《民法典对新闻工作的影响》讲座，近 200 名干部员工参加学习培训

集团对 2020 年度新闻记者证年检进行公示，要求记者采访时主动出示记者证，所有新闻栏目节目末尾都播出福建省新闻道德委员会举报监督电话，并通过栏目热线电话、官方微信公众号等渠道，接受社会各界对有偿新闻、虚假新闻的监督，同时通过节目月评和专项评议接受专家监督。在注重业务学习培训的基础上，集团还举办《民法典对新闻工作的影响》《公职人员政务处分法》等法律法规的专题学习培训，促使采编一线和管理服务人员依法履职、秉公用权、廉洁从业。参加培训的干部员工纷纷表示受益良多，通过学习培训，更加深刻体会到民法典等法律法规对媒体从业人员在新闻采访报道中的底线思维、法治思维提出了更高的要求。

九、保障权益责任

2020 年集团实施新的《绩效考核管理办法》，优化收入分配机制，严肃考勤纪律，规范工作秩序。把好选人用人关，吸纳优秀人才，对外公开招聘大学生优秀人才，择优转聘部分劳务派遣人员。集团规范开展职称评聘和员工培训，挖掘内部潜力，营造干事创业的良好风气。同时通过自下而上的考评，力戒形式主义、官僚主义，狠抓管理，提升服务保障基层一线。

十、合法经营责任

2020 年 10 月 26 日，集团"深融合、新超越"2021 年资源推介会

集团遵守广告法相关规定，以锐意进取的闯劲，推动集团产业发展持续向好。在前三年总收入年增长 7% 的基础上，2020 年实现年度总收入 15.59 亿元，同比增长 4.32%，其中，经营性收入同比增长 5.7%，非经营性收入同比增长 1.4%。集团所属企事业单位全年经营性收入较上年同期实现大幅度增长，增幅近 30%。

集团创收结构进一步优化，创收渠道进一步拓展，作为集团创收的支柱产业，IPTV 业务分成收入平稳，在新冠肺炎疫情严重影响下保持总量不减。政企合作、技术服务创收、新媒体平台委托制作收入逆势增长，包括

集团策划主办福建省 2020 年"中国农民丰收节"网络直播活动

《早餐中国》《72 小时 NOW 中国》《文学的日常》《下饭菜》《开动吧，海鲜》等现象级纪录片节目在内的新媒体委托制作版权交易收入较上年呈现数量级增长。直播带货等网络直播活动也带动产业良性发展。

十一、后记

尽管 2020 年集团各方面工作取得了新进展、新成效，但仍然存在不少发展制约因素，应理性客观正视发展的问题和不足。

一是理念还不够新。互联网思维、移动优先战略等尚未真正入脑入心，各环节尚未形成系统性、融合化观念，沟通不畅、协作不力的现象仍存在。

二是融合还不够深。"大中心制"改革顶层设计和推行实施的力度较大，但各中心的执行力存在不平衡现象，发展思路还不明朗，运营成效有待进一步考量。

三是内容还不够优。集团主要制作力量还是侧重传统端，原创的精品节目和适合新媒体传播的优质内容还不够丰富，以内容建设为根本的核心竞争力还不够强。

四是平台还不够强。集团借助头部商业平台打造影响力，但在流量分成、传播渠道等方面受制于人。从长远发展看，集团在提升内容供给能力的同时，还要做大做强自己的传播平台。

面对发展的问题，集团要在发展中破解。2021 年，集团党组提出，要着力在"八个更"上下功夫，即更有政治高度、更有传播广度、更有改革深度、更有推进力度、更有两个效益、更有长远目光、更有领导能力、更有科学方法、更有优良作风，在务求实效上比高下，全面加快建设全媒体传播体系和新型主流媒体集团。

江西广播电视台

社 会 责 任 报 告

一、前言

（一）媒体概况

江西广播电视台由江西人民广播电台和江西电视台合并组建，2012 年 6 月 7 日正式挂牌成立。江西广播电视台集纳了广播电视、网络媒体、报纸杂志、有线传输、无线覆盖、产业开发等业务，集传统媒体与新媒体、宣传与经营、事业与产业、节目生产制作与传输于一体，构成了全媒体、全流程、多产业的发展格局。全台有 10 个综合管理部门、13 个业务部门、10 个电视频道、9 个广播频率，还有 16 家企事业单位。全台在职人员 9000 多人。2018 年 2 月 12 日江西广电传媒集团有限责任公司揭牌成立。

（二）社会责任理念

江西广播电视台坚持以习近平新时代中国特色社会主义思想为统领，增强"四个意识"、坚定"四个自信"、做到"两个维护"，自觉承担举旗帜、聚民心、育新人、兴文化、展形象的使命任务。以政治建设为统领，以内容创造为王道，以融合发展为关键，以技术创新为驱动，以渠道占领为路径，以产业拓展为龙头，以体制改革为突破，以机制激活为动能，以管理提升为基础，以信心提振为保障，以队伍打造为支撑，以党的建设为根本，实现主流媒体喉舌作用进一步彰显，舆论引导水平进一步提高，创新创优能力进一步提升，综合影响力进一步扩大，整体实力和全流程竞争力进一步增强，智慧广电的事业基础进一步夯实，网上网下、内宣外宣的融合格局基本形成。

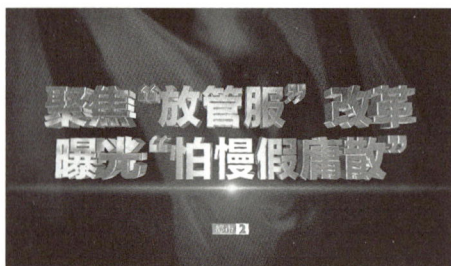

（三）获奖情况

电视新闻编排《3·15 特别报道》《聚焦"放管服"改革　曝光"怕慢假庸散"》和广播长消息《163 份留下来的初心与使命》分别荣获第三十届中国新闻奖一等奖、二等奖、三等奖。《可爱的中国》获第三十二届"飞天奖"优秀电视剧奖，《跨越时空的回信》获第二十六届"星光奖"优秀电视综艺节目奖，《长江之恋》获"星光奖"优秀电视纪录片奖，《致敬最可爱的她》获第二十七届中国公益广告"黄河奖"，《江西井冈山市在全国率先脱贫"摘帽"》获首届（2017—2018年度）中国广播电视大奖"广播节目大奖"。

第 27 届中国国际广告节黄河奖优秀作品颁奖现场

2020 年 7 月 21 日到 9 月 8 日播出
《跨越时空的回信（第三季）》

二、政治责任

2020 年，江西广播电视台以习近平新时代中国特色社会主义思想为指导，深入学习贯彻党的十九大和十九届二中、三中、四中、五中全会精神，深入学习贯彻习近平总书记关于党的新闻舆论工作、媒体融合发展等重要论述，认真贯彻习近平总书记重要指示精神和中央和江西省委决策部署，全力服务全省中心大局、应对大战大考，在江西省委、省政府的坚强领导下，忠诚履行职责使命，坚持守正创新，奋力打造江西最优秀、全国有影响的新型主流媒体，传播力、引导力、影响力、公信力不断增强。

（一）主题主线宣传出新出彩

突出宣传习近平新时代中国特色社会主义思想，大力做好"决胜全面小康、决战脱贫攻坚"主题报道，圆满完成习近平总书记再次视察江西一周年、党的十九届五中全会、全国两会、江西省两会、江西省委十四届十二次全会以及世界 VR 产业大会、赣台会、药交会、正和岛年会、中国农民丰收节、智库峰会等重要会议、重大活动宣传。江西防汛一级响应启动期间，全台组织 52 名编辑记者组成 3 个融媒体报道组奔赴抗洪一线，共播发防汛抗洪报道 6290 条，"抗洪救灾直击一线"抖音专辑总点击量超过 4 亿次。

记者在抗洪救灾一线

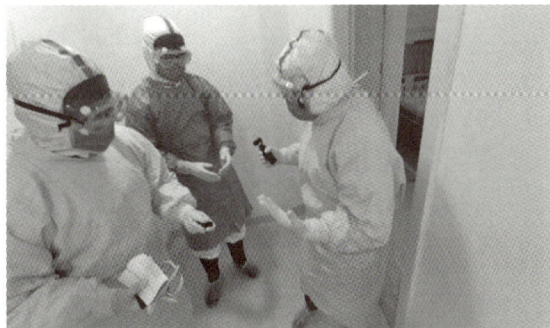

（二）战"疫"报道及时有力

全台闻令而动、精锐尽出、奔赴一线、持续奋战，推出了一系列重点报道、融媒体产品、公益宣传。新冠肺炎疫情防控期间，全台原创 62251 篇融媒体稿件，在自有平台

记者在战"疫"一线

记者在战"疫"一线

上收获 29.16 亿次点击量。在抗疫最紧张的第一季度，央视采用稿超以往 9 个月的发稿量，创作了《书记向隔离区群众喊话》《硬核大妈：省长也不让进》等一批爆款作品。

（三）加强和改进舆论监督报道

积极办好《聚焦"放管服"改革 曝光"怕慢假庸散"》等监督类节目栏目，把握好时度效，坚持有利于党和政府的工作、有利于维护社会稳定的大局、有利于解决问题推动工作。坚持提级管理，加强审核把关，提升报道水平，增强辨别力，坚决防止宣传中的"低级红""高级黑"。

（四）全媒体传播影响广泛深远

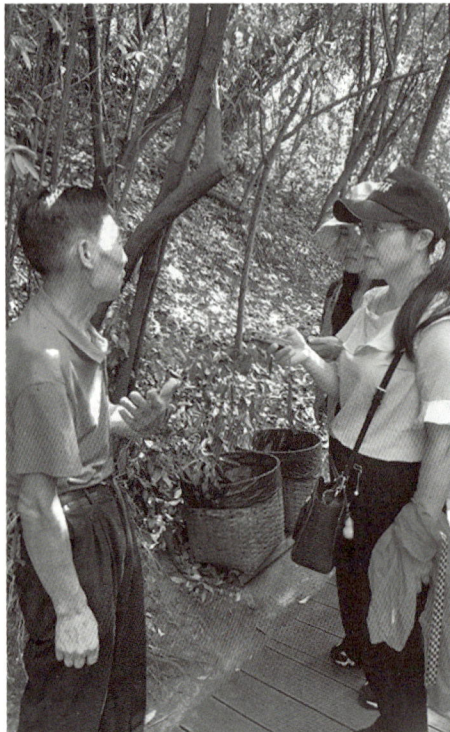
记者在脱贫攻坚一线采访

积极运用直播、短视频、Vlog 等多种手段，以最感人、最抓人、最暖人的故事，以最鲜明、最有力、最动情的形式推出了《走向我们的小康生活》《脱贫一线蹲点记》《你笑起来真好看》《云上井冈竹飘香》等一批有影响的主题宣传融合报道。全台有 145 个原创融媒体作品被全国全网推送，80 多件融媒体作品点击过千万。

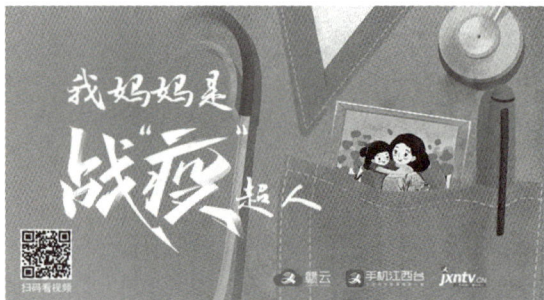
2020 年 2 月 18 日刊发《我妈妈是战"疫"超人》

三、阵地建设责任

2012 年，江西台完成"局台分设、两台合并、全省一张网整合"三大体制改革任务。随后，加快了媒体融合步伐。2013 年，在今视网的基础上，成立了江西网络广播电视台，全台 10 个电视频道、9 个广播频率拥有了网络传播的出口。2017 年，江西台开始向移动端布局，创建了手机江西台 App，是"江西移动视听媒体第一端"。2018 年，建设"赣云"融媒体中心，用户总数超 3500 万，成为江西最大的视听媒体云平台，入选国家广电总局"2020 全国广播电视媒体融合成长项目"。全台在抖音、快手、今日头条等 25 个网络平台有 140 多个官方账号，其中粉丝数 100 万以上的账号有 20 个、50 万—100 万的有 13 个、10 万—50 万的有 47 个。手机江西台全面接入"赣服通"，打造"新闻＋政务＋服务"综合服务平台，用户下载量已达 528 万。

2020 年 3 月 5 日刊发《江右时评：用"两手硬"的战"疫"组合拳打出"两手赢"》

四、服务责任

（一）关注社会热点，提升舆论引导实效

以都市频道"幸福配方"等一批节目为依托，提升百姓幸福感。其中，引

起社会广泛关注的"假靳东"报道从心理成因关怀当事人并引导受众，凸显社会新闻的厚度与专业水平。加强全国十佳网评专栏《江右时评》等评论专栏建设，吸引网民参与，提供更多观点鲜明、语言鲜活的言论评论，不断丰富节目内容，把百姓关心和社会关切作为媒体评论的目标指向，体现评论的锐度、热度、温度。

（二）加强普法宣传，提高全民法治素养

2020 年 6 月，江西广播电视台各频道共播出《远离非法集资》类系列公益广告 266 条次，总时长 7980 秒，广泛宣传防范非法集资知识，为"六稳""六保"工作贡献了应有力量。

五、人文关怀责任

（一）以公益广告为抓手，充分发挥主流媒体传播社会主义核心价值观主渠道作用，弘扬主旋律传播正能量

新冠肺炎疫情防控期间，江西广播电视台电视板块共同推出了 47 条防疫抗疫类公益广告。《莲花牛肉》等扶贫公益广告在中央广播电视总台 10 余个频道大密度滚动播出，为决战脱贫攻坚工作发挥了积极作用。2020 年，各频道累计播出公益广告 65532 条次，比 2019 年增长 10%，时长 29106 分钟。广播各频率共计制作公益广告 1558 条，播出公益广告 77342 条次，播出公益广告 51342 分钟。

（二）以品牌栏目为依托，有效疏导百姓心理

全新心理互动访谈节目《幸福21问》，以长、短视频多种形式打通"大、小"屏，融合传播效果好。首期节目播出后，在新媒体上反响强烈，上线一周，相关视频话题抖音总播放量突破7000万次，获赞165万次，4条视频突破千万播放量，其中1条登上抖音热搜榜TOP5。

2020年11月1日，《幸福21问》在江西卫视播出

六、文化责任

（一）启动实施"α 创新计划"

出台《α 创新计划实施办法》和《第一批创意引导及创意征集方案》，推动全台思想解放、改革创新。举办"α 创新计划"创意方案竞演大会，从征集到的198

个方案中，票选产生出前20名创意方案，其中前十位的方案进入江西广播电视台第一批创意工程目录。2020年12月16日，在"α 向未来"2021江西广播电视台融享会上，重点发布了来自"α 创新计划"的江西广播电视台2021十大新品项目。

（二）创新创优打造精品节目

《闪亮的坐标》主创在"α创新计划"创意方案竞演大会上发言

《跨越时空的回信》第三季主推视频传播宣传，抖音话题"跨越时空的回信"播放量达 3170.5 万次（其中百万播放量的视频 3 条、千万播放视频 1 条、点赞上万的 10 条、最高点赞达 71 万）。为庆祝中国共产党成立 100 周年，策划启动建党百年特别节目《闪亮的坐标》。

（三）推动文艺创作新机制新举措

大力实施剧本孵化计划，完善优秀剧本遴选机制，在纪录片、专题片、影视剧、广播剧、融媒产品等领域，加强优秀剧本创作引导，提高影视剧原创水平。深入关注现实题材创作，注重质量提升、类型深耕、产业拓展、多屏传播，创作生产更多反映人民主体地位和现实生活、群众喜闻乐见、思想精深、艺术精湛、制作精良的优秀影视剧。做好江西优势资源、特色文化的创造性转化、创新性发展，探索省市县合作共创项目机制。

七、安全责任

全台始终把技术创新引领作为一项战略任务，用好信息技术革命的各项成果。紧盯前沿技术，跟进高新技术，为媒体融合赋能。先后建设了电视全媒体演播室、广播融媒体直播室，完成 150 平方米演播室 5G+VR 高清化改造，完成了少儿频道、经济生活频道高清播出平台改造，完成"赣云"平台网络制作系统高清化升级和

"手机江西台"App 的升级迭代，为各类短视频和创意节目提供有力的技术支撑。

2020 年，各安全播出责任部门、单位认真贯彻落实《广播电视安全播出管理规定》精神，统筹新冠肺炎疫情防控和安全播出的各项工作，不断加强组织保障、制度保障、技术保障、队伍保障，确保了疫情防控和安全播出的双战双胜。全台广播电视节目播出总时长为 439428.9 小时，总停播时间 486 秒，综合停播率 0.11 秒/百小时，全年重要保障期、重点时段取得零秒停播无事故的好成绩。

八、道德责任

（一）落实意识形态工作责任制

出台《进一步提高宣传质量、改进舆论监督的实施意见》，提出新闻头条工程、节目创新工程、融合传播工程、舆论监督工程、节目监看工程、奖励激励工程等六大宣传创新方向。

（二）落实政治要求把牢方向导向

牢固树立阵地意识，深入贯彻落实《中国共产党宣传工作条例》，把党管宣传、党管意识形态、党管媒体要求不折不扣落到实处，始终坚持正确政治方向、舆论导向、价值取向。严格落实意识形态工作责任制，牢牢把握意识形态领导权、主导权和话语权，加强意识形态阵地管理，强化"万无一失、一失万无"的政治意识，把"秒秒政治、字字千钧、天天考试"的工作要求贯穿广播电视工作全过程、覆盖到新媒体各平台，实行全方位、全流程监管，确保导向安全、阵地安全、意识形态安全。

（三）加强学习培训提升人才队伍政治修养和专业素养

推出"广电大课堂"，聚焦创新理论和媒体融合新知识新技术，邀请业界、学界的专家大伽来授课，线上同步直播，搅动思想、激荡头脑。开展短视频制作、无人机飞行器操作、5G高新视频和网络安全等专项培训30余次，提升岗位实操能力。着眼于广电台的媒体融合和长远发展，选派13名中层干部和青年骨干到湖南广电进行为期两个月的跟班学习，带回媒体融合的全新思维和发展理念。

九、保障权益责任

不断深化人事制度改革，保障从业人员权益。重启专业技术岗位等级晋升工作，并将其列为年度工作，共有417人晋升相应专业技术岗位，充分调动了专业技术人员干事创业的积极性。坚持发展依靠干部职工，发展惠及干部职工，暖民心、办实事。及时调整薪酬福利和社保待遇，完成全台1159人次薪级工资晋升。提高劳务派遣员工公积金标准，调整台本级年度社保缴费基数，为干部职工办理各类福利待遇申领。重视了解民情倾听民意，设立网上台长信箱，拓宽与干部职工直接沟通交流的渠道，及时解决职工"急难愁盼"问题。以一批"民心工程"增强员工获得感，探索建立事业留人、感情留人、待遇留人的新机制。

十、合法经营责任

（一）重视制度创新，大力推进管理能力和工作效能提升

加强制度建设，破除体制机制障碍，持续释放发展动能活力，为高质量发展提供有力保障。

（二）以制度建设促进工作提升

更加重视制度建设，推动各项工作再上新台阶。对照意识形态工作责任制考核内容和标准，进一步完善宣传管理制度规定。修订《宣传管理手册》，建立重大主题的融媒体宣传调度制度，制定播音员主持人管理办法。进一步完善考核制度，建立重要岗位的责任与贡献、效益相挂钩的激励机制。适应新媒体发展需要，加快建立网络营销管理规定，规范新媒体经营。

（三）以管理创新推动效能提高

提升综合管理水平，继续开展"查漏补缺、建章立制、强化管理"专项工作，持续开展"开源节流、降本增效"专项行动。优化办公流程，发挥网上办公平台作用，推进审批流程实现网上办理，提高工作效率。重视档案管理，进一步规范完备。升级广告业务管理系统，多部门联合建立大数据，加强软性广告管理和广告监管。做好法务工作，强化风险控制管理。

十一、后记

（一）不足

媒体影响力争夺日益激烈，尤其是在新媒体冲击下，传统广播电视的传播影响力日益减弱，舆论引导力不足，发展空间受到严重挤压。缺少有影响力的宣传品牌和节目品牌，既有社会效益又有经济效益的精品力作不多。

（二）改进

1. 构建深度融合的媒体发展新格局。深入贯彻落实中央《关于加快推进媒体深度融合发展的意见》，以互联网思维、全媒体视角审视、谋划全台新闻宣传和改革发展任务，坚持正确方向、一体发展、移动优先、科学布局、改革创新，让分散在网下的力量尽快进军网上、深入网上，使互联网这个最大变量变成事业发展的最大增量。

一是重塑融合发展新架构。发挥媒体融合发展领导小组的组织领导作用，以互联网思维改革体制机制、优化资源配置、淘汰落后产能。推进全媒体中心建设，重构业务模式、组织架构、运行机制、工作流程，加快推进频道频率和节目栏目的供给侧结构性改革，解决同质化过剩供给。关停并转一批受众少、影响小的频道频率、版面栏目和平台账号，集中力量做优主平台、拓展主渠道、做强主账号。深挖现有平台和渠道潜力，一体运营网上网下业务，构建资源集约、结构合理、差异发展、协同高效的全媒体传播体系。

二是打造融合传播新平台。运用市场机制加快打造技术先进、特色突出、用户众多、自主可控的新型传播平台。集中力量做强做大江西卫视，深度开发、跨屏拓展江西卫视的平台价值和品牌影响，进一步提升江西卫视的核心竞争力、品牌辐射力、社会影响力。推出"今视频"App，深耕各垂直领域，打造互联网市场化运营平台，拓展广电＋政用、民用、商用服务，提高平台价值和用户活跃度。"赣云"强化对上承接省融媒体中心和央媒、头部流量商业媒体，向下拉动市、县融媒体中心的四级联动作用，打造"应需而变"的全媒体智慧服务平台。建立县级融媒体中心研究中心，充分发挥广电行业的技术和智力优势，协同推进县级融媒体中心建设。

三是优化内容生产新流程。遵循新闻宣传规律和互联网传播特性，优化生产传播各环节，形成集约高效的内容生产体系和全媒体传播链条。明确移动优先的信息发布原则，健全全媒体绩效考核体系，大幅度增加移动端首发、优发相关指标权重，引导全台上下以全媒体产品和服务为核心，以互联网为主阵地。健全全媒体指挥调度体系，优化"赣云"融媒体平台的指挥调度功能，推进传统采编资源与现代生产要素有效整合和深度融合。完善内容生产共享机制，加快建设全台统一的节目编发平台，实现小屏大屏和音频节目资源的共建共享、合理使用和商业开发。

四是培育广电网红新势力。创新挖掘广播电视造星能力，对内培训、对外招募具有网感的特色主播和专家型编辑记者，培养行业意见领袖和网络达人，壮大网红队伍。集中优质资源打造一到两个示范性的 MCN（网红经纪公司），开展"网红"培训，发展"网红"经济，成就一批有烟火气息、江西特色、自主掌控的知名网红。

五是布局深度融合新项目。增强市场竞争意识和能力，调动一切积极因素开门办台。创新完善多渠道投融资机制，推动媒体融合项目技术研发、市场开拓与金融资本、社会资源有效对接，加强与三大运营商、中国广电公司、中国传媒大学等企业和高校的合作，架构围绕"赣云"的中部云数据中心，完善全台云媒资系统，适时建立知识产权交易平台，为全台高质量创新性发展提供持续动能。

2. 坚持内容为王，以人民为中心，与时代同步伐，从源头发力，创新创优内容生产。坚持"小成本、大情怀、正能量"的自主创新方向，从拼海量向拼质量转变，从聚流量向聚人心跨越，以内容优势赢得发展优势。

一是全面营造创新生态。以"α 创新计划"为抓手，深入实施创意工程、精品工程、筑峰工程，全面构建有利于创新活力充分涌流、有利于创业潜力有效激活、有利于创造动力竞相迸发的创新生态。加快构建采、编、播、控全流程的内容创新链条，让创新资源在台内高度集聚、高效运转，让好创意、好节目不断脱颖而出并得到最快、最好地执行。重视节目形态的研发和打磨，定期组织外台优秀节目的观摩学习，扩大原创内容的产能和质量。完善奖励激励机制，用足奖励激励政策，用活节目创新基金，争取政府扶持项目，对重点创新创意项目的立项、实施和评价，实行事前、事中、事后的多重激励和扶持，对获得全国大奖的团队和个人给予重奖。将创新指标纳入考核目标，健全创新容错机制，营造崇尚竞争、平等开放的创新创意氛围。

二是着力打造品牌节目。深入实施节目创新工程，围绕做优做强栏目节目重点施策，提升各内容生产单位的节目原创和内容深耕能力，保证全台节目推陈出新和改版升级比例每年不低于 20%，确保每个播出平台至少有一个至两个具有全媒体影响力的龙头节目。聚焦垂直领域、细分市场，从以节目为中心向以用户为中心转变，开展基于用户收视收听行为深度分析的内容生产，提高内容定制化、个性化、精准化供给能力，力争涌现突破圈层的爆款节目。完善制播分离改革，扩大对外开放合作，用好项目制、工作室等各种内容生产组织和运营方式，广泛吸引台内外资源资金投入节目研发制作和宣传推广。高度重视知识产权，及时进行著作权登记、商标注册，保护自有、原创品牌。

三是加强文艺精品创作。以推出新时代史诗作为目标，加强纪录片、专题片、影视剧、广播剧、融媒体作品等文艺精品的创作引导。紧紧围绕主题主线，全力抓好重大现实、重大革命、重大历史题材创作生产，大力实施剧本孵化计划，完善优秀剧本遴选机制，推出有亮点、有影响的重大题材作品。深入发掘江西红色文化、山水文化、客家文化、豫章文化、庐陵文化、临川文化、中医药文化、商帮文化、农耕文化、戏曲文化、陶瓷文化、书院文化等十二大特色文化符号，分批制作推出具有时代印记、江西风格的系列纪录片、重点影视剧和主题广播剧。积极探索江西省优势资源、地方特色文化的创造性转化、创新性发展路径，建立省市县合作共创项目机制，重点推出一批区域主题的优秀广播电视和网络视听作品。

大众日报

社 会 责 任 报 告

一、前言

（一）媒体概况

大众日报创刊于 1939 年 1 月 1 日，是中共山东省委机关报，是我国连续出版时间最长的党报。从诞生的第一天起，大众日报就确立了"党的立场，群众的报纸"的办报宗旨，注入了浓浓的红色基因。2018 年 12 月 31 日，习近平总书记就大众日报创刊 80 周年作出重要批示：80 年来，大众日报不懈践行"党的立场，群众的报纸"办报宗旨，是一份有着光荣传统、广泛影响的党报。希望大众日报始终把坚持党性原则、坚持正确政治方向放在第一位，弘扬沂蒙精神，加强改革创新，为鼓舞大众、团结大众、服务大众作出新的贡献。

2020 年是极不平凡之年，更是团结奋斗之年。面对疫情大考，面对新闻舆论工作环境、条件、任务、要求的新变化，作为山东省委机关报，大众日报深入贯彻习近平总书记重要批示精神，增强"四个意识"、坚定"四个自信"、做到"两个维护"，牢牢扛起举旗帜、聚民心、育新人、兴文化、展形象的使命任务，以扎实有力的新闻报道、积极有效的舆论引导、服务群众的公益行动，全面履行社会责任，丰富人民精神世界、增强人民精神力量、满足人民精神需求，凝聚起砥砺奋进新时代的磅礴力量。

（二）社会责任理念

坚持以习近平新时代中国特色社会主义思想为指导，牢记习近平总书记嘱托，坚定践行"党的立场，群众的报纸"办报宗旨，铸牢党性之魂、厚植人民立场，坚持正确政治方向、舆论导向、新闻志向、工作取向，恪守新闻工作者职业道德准则，全心全意为人民服务，自觉承担媒体社会责任，不断增强脚力、眼力、脑力、笔力，弘扬主旋律、传递正能量、彰显正效应，不断为鼓舞大众、团结大众、服务大众作出新贡献。

（三）获奖情况

新闻奖项：《36 小时，一切为了 11 名矿工兄弟！——山东能源肥矿集团梁宝寺能源公司"11·19"火灾事故救援纪实》《沂蒙老区驶出首班"复兴号"》《把握"系统性问题的典型呈现"——对党报舆论监督报道的思考》等荣获中国新闻奖。《容缺开工早 18 天一天省辆小轿车》《最是斗争见风骨》《大众调查·聚焦难点痛点堵点》《"空笼期"，怎么闯》《在高质量发展的新赛道上奋勇争先》等一大批作品，荣获山东新闻奖一等奖等省级以上新闻奖。

荣誉称号：多个集体、个人荣获"全国抗击新冠肺炎疫情先进个人""山东省抗击新冠肺炎疫情先进个人""山东省抗击新冠肺炎疫情先进集体""山东省五一劳动奖章获得者""齐鲁文化英才""省三八红旗手""山东向上向善好青年"等荣誉称号。

2020 年 11 月 6 日头版

二、政治责任

（一）政治方向

深入学习贯彻习近平新时代中国特色社会主义思想、习近平总书记最新重要讲话精神和关于新闻舆论工作重要论述，始终把坚持党性原则、坚持正确政治方向放在第一位，聚焦核心，把做好习近平总书记重要思想、重要活动、重要讲话的宣传作为首要政治任务，贯穿全年，重要节点不断形成舆论高点，以实际行动坚定践行"两个维护"。把贯彻落实习近平总书记对《大众日报》创刊 80 周年重要批示精神作为硬任务，全面加强党的建设，政治建设与业务建设一体推进。对照"学懂弄通做实"要求，武装头脑、教育队伍、指导实践、推动工作。推出"沿着习近平总书记指引的方向前进"等一系列重磅全媒体报道，引发强烈反响。其中，"总书记的牵挂"全媒体报道，报端微采制、发布各类作品 500 余件，全网总点击量超过 10 亿次。

2020 年 11 月 7 日头版

（二）舆论引导

2020 年 2 月 7 日头版

聚焦党中央决策部署和省委中心工作，精心做好主题宣传、成就宣传、典型宣传。"六稳""六保"、脱贫攻坚、全面小康、"十三五"收官、"十四五"谋篇与党的十九届五中全会精神的宣传报道，鲜明主题、统筹推进，全媒一体、立体传播，正能量强劲、主旋律高昂。全国两会报道强化融合创新。

聚焦社会热点，回应社会关切，有效引导舆论。新冠肺炎疫情来袭，第一时间启动应急响应机制，统筹疫情、舆情、社情，统筹网上网下、前方后方，广泛深入开展全媒体报道。大众报人闻令而动、挺身而出，走进定点医院、隔离点，走进全省 16 市社区乡村，远赴武汉、黄冈甚至飞越英伦，及时发布权威信息、深入解读政策部

《发往前线的家书》

署、充分报道措施成效、生动讲述感人事迹、正面回应社会关切、广泛普及防疫知识，弘扬伟大抗疫精神，稳人心、暖民心、强信心，为夺取疫情防控和经济社会发展双胜利提供了有力舆论支持，唱响了人民至上、生命至上的时代赞歌。

深入基层群众开展蹲点报道。针对疫情防控、复工复产、复学复课、乡村振兴、污染治理等社会关注的重点领域，组织蹲点报道，推出蹲点调查版，一年来推出 50 多期，产生一大批沾泥土带露珠、有见地有思想的新闻佳作。

紧贴受众需求，创新优化报道理念、形式、内容、方法、手段等，做好网上舆论引导。围绕重大主题和热点事件，及时发声、引导有力。

大众日报蹲点调查版面

（三）舆论监督

加强和改进舆论监督，着眼解决问题、推动工作，开展科学监督、准确监督、依法监督、建设性监督，助推解决了一批基层群众"急难愁盼"问题。

（四）对外传播

牢记"联接中外、沟通世界"的职责，紧扣中心、聚焦聚光，讲好中国故事、山东故事，传播中国好声音，向世界展现真实、立体、全面的中国，向世界展现开放、奋进、务实的山东。精心办好大众日报·日本版、澳洲版、北美版、南美版等 4 个海外版，搭建对外传播平台，全面反映山东统筹推进疫情防控和经济社会发展的举措成效。围绕山东与世界 500 强连线、第二届儒商大会暨青年企业家创新发展国际峰会等重大活动推出专题、专版报道，全面反映山东营造良好营商环境，坚持新发展理念、推进高质量发展，践

全国新闻战线"三教办"通讯版面

行"构建人类命运共同体"理念、打造高水平开放平台的举措成效。

三、阵地建设责任

（一）融媒体矩阵

深入推进媒体深度融合发展，技术、内容、活动推广、平台建设、全媒全案营销服务等全面发力，构建起系统运行稳定、技术保障有力、内容鲜活生动、推广活动常态化的新媒体平台。大众日报客户端突出"党端"定位，开设 31 个频道，全省16 市全覆盖；突出可视化、智能化、精准化、互动化，新增下载过千万，日活较上年翻三番。目前已开通 15 个微信公众号、3 个微博账号和学习强国、头条号、抖音号等 7 个外部平台账号。《2020 全国党报融合传播指数报告》显示，在全国 377 家中央省市党报中，大众日报融合传播力综合排名位居第 8，在省报中位居第 3。

（二）融媒体报道

加强改革创新，深化融合发展，实现从一报一端一号到融媒矩阵的转变，从单一新闻生产到新闻生产与线上线下社会活动相融合的转变，融合生产能力和融合传播能力显著提升，优质内容供给明显增强，公信力影响力得到彰显。抗疫报道全媒一体、融合传播，累计用版 800 余个，报端微各平台采制刊发稿件、产品 1.6 万余件，全网点击量累计 17 亿余次，涌现出《黄冈日记》《武汉传真》《发往前线的家书》等一批可视化呈现、交互式传播的爆款作品。其中，"发往前线的家书"大型公益活动和全媒体报道，全国上百家媒体转载转发，全网曝光量 2.3 亿。报道结集出版后，登上全国文学好书榜月度榜单，英文版在美国出版发行。

（三）融合采编平台建设

调整组织架构、优化业务流程，构建全媒一体化运行机制。着力把"融"的要求落实到策采编发具体业务环节，探索"融"时代业务模式。去中心化、去层级化、去行政化，形成适应融合发展的扁平化管理模式，全媒体融合报道已成常态，移动优先已成为记者编辑的业务自觉。整合大众日报淄博记者站、鲁中晨报、鲁中网等集团驻淄媒体资源，统筹报网端微屏等 9 大平台 70 余个发布端口，打造区域性传播平台，为优化整合媒体资源布局积累了经验。

四、服务责任

（一）信息服务

深入宣传党的路线方针政策，积极宣传中央重大决策部署，及时传播国内外各领域的信息，不断满足人民群众日益增长的新闻信息需求。开设"权威发布"等栏目，及时准确刊播政务信息、惠民政策。联合各省直部门和 16 市党委政府，围绕公共政策、法律法规、司法文件、政策文件等，创新政策解读的报道方式，在要闻版、16 市地方新闻版、重点行业版、新媒体等多种形式呈现；常态化普及

2020 年 1 月 10 日 2 版　　　　2020 年 1 月 12 日 2 版　　　　2020 年 8 月 3 日 3 版

疫情防控、安全生产等科学知识和提示信息，发布百姓关注的交通、天气、健康等服务信息，成为干部群众工作、生活的"好帮手"。

（二）社会服务

以鼓舞大众、团结大众、服务大众为目标，拓展省报全媒体平台"新闻＋"功能，聚合社会力量，创新实践党的群众路线，深度融入社会治理。一年来，一系列线上线下融合推进的"新闻＋"活动密集推出，月月都有重头戏，高潮迭起。"牢记总书记嘱托，16市心愿接力""致敬白衣战士""高质量发展山东行""社会责任企业推选"等活动，融新闻、互动、服务于一体，深受好评。联合山东省委党校以及省内12所高校的马克思主义学院，共建山东党建云平台，打造党建联盟，启动"山东优秀党建品牌孵化工程"，举办山东省首届高校思政短视频大赛，开设网上"干部学习会"，被中央党校专家誉为"网络时代有效推进党建思政工作的创新之举"。

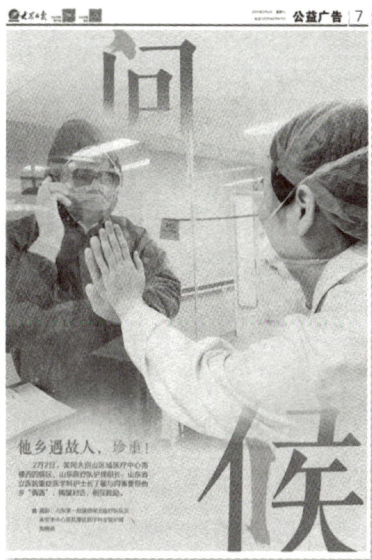

（三）公益活动

在抗击新冠肺炎疫情战斗中，大众报人踊跃捐款，支援湖北 线。围绕疫情防控、安全生产、弘扬社会主义核心价值观等主题，在报纸和客户端等新媒体平台推出一系列公益广告、海报，普及知识、传递精神，凝聚力量。在重要版面刊发大量公益报道，在潜移默化中影响公众，传递向上向善的力量。

2020 年 2 月 8 日公益广告

五、人文关怀责任

（一）民生报道

聚焦聚力就业、医疗、教育、养老等民生热点，拿出重要版面，刊发重头文章，充分保持对民生关注的热度和力度。2020 年 4 月 15 日到 6 月 8 日，山东大中小学、幼儿园全部复课，社会各界高度关注。编辑部提前策划，卡准时间节点展开广泛采访，全方位多角度推出系列报道，全面反映全省上下坚决打赢学校开学疫情防控攻坚战，受到广大师生和学生家长的好评。

（二）灾难和事故报道

坚持导向正确、及时准确、公开透明，全面客观报道事件动态及处置进程，推动事件的妥善处理，维护社会稳定和人心安定。推出《防汛救灾全力以赴党员干部冲锋在前》《加快灾后重建，干群拧成一股绳》等系列报道，展现全省干群齐心防汛救灾的精神风貌，助力防汛救灾。同时，做好四川木里森林火灾、内蒙古大兴安岭 21 起雷电森林火等报道，及时转发新华社稿件，并结合山东实际推出严抓消防安全的相关报道和新媒体产品。

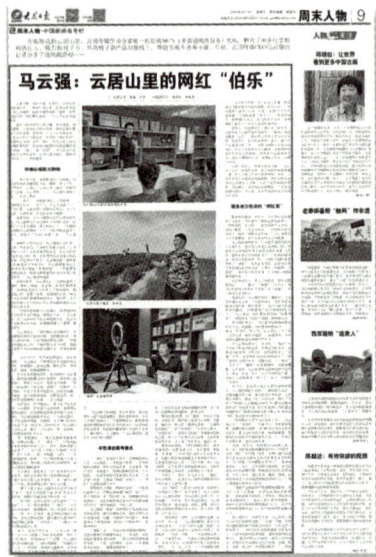

2020 年 8 月 14 日 9 版

（三）以人为本

报道有态度，有温度，激发向上向善的精神力量。陆续推出山东战"疫"群英谱、战"疫"最美退役军人、战"疫"最美警察、战"疫"最美志愿者、战"疫"最美社区工作者等系列"最美"系列人物报道，持续推出"周末人物"专栏，引领社会风尚，凝聚强大的前行力量，弘扬社会正能量。采访中坚持维护采访报道对象的合法权益，尊重采访报道对象的正当要求；保障妇女、儿童、老年人和残疾人的合法权益，注意保护其身心健康。

六、文化责任

（一）弘扬践行社会主义核心价值观

围绕"弘扬践行社会主义核心价值观"主题，正党风、淳民风、扬家风、树新风，全面做好中国梦宣传，在重要版面刊发大量重头文章，同时以公益海报、公益活动为载体，弘扬践行社会主义核心价值观。大众日报客户端在全省高校中发起"山东高校思政短视频大赛"，刊播《山东高校思政短视频大赛 | 社会主义核心价值观的体育生实践》《山东高校思政短视频大赛 | "画语"社会主义核心价值观》等大量作品，在全社会营造弘扬践行社会主义核心价值观的浓厚氛围。

（二）传承繁荣中华优秀传统文化

深入贯彻习近平总书记关于弘扬中华优秀传统文化的重要论述，发挥山东文化资源丰厚的优势，统筹新闻宣传与理论阐释，坚持深入挖掘中华优秀传统文化特别是齐鲁文化蕴含的哲学思想、人文精神、价值理念、道德规范等，揭示蕴含其中的中华民族的文化精神、文化胸怀，推动中华优秀传统文化的创造性转化和创新性发展，不断坚定文化自信。在"盘点 2019 展望 2020""沿着

2020 年 3 月 20 日 2 版

2020 年 9 月 28 日 3 版

总书记指引的方向前行"等系列报道中推出"文化强省篇",刊发述评《以文化人,时代考题答出新时代气息》《以文化人,为现代化强省建设凝魂聚气——山东深入贯彻落实习近平总书记重要指示要求述评》,让厚重的文化底蕴焕发出新的生命力。深入开展对 2020 中国(曲阜)国际孔子文化节、第六届尼山世界文明论坛在尼山讲堂举行等文化活动的报道,刊发《为世界文明交流互鉴贡献智慧力量》等一大批稿件和新媒体产品,积极传播中华文化,弘扬中华文明。

(三)推动提升科学素养

坚持把好事实关导向关,积极普及科学知识、传播科学精神,持续宣传报道疫情防控、低碳环保、科技创新等新进展、新成效。全面深入报道第二十二届中国科协年会,围绕大会主题精心策划,推出消息、评论、侧记,新媒体制作系列开屏、海报、直播、视频等产品,对近 20 个会议分论坛及活动推出专栏作组合式报道,形成多轮次高密度立体传播。

七、安全责任

严格落实意识形态工作责任制,坚持网上网下"一个标准、一把尺子、一条底线",统一导向要求、管理要求。建立健全采编生产、发布传播、信息技术等规章制度,以业务标准、流程规范建设为抓手,加强内容、运行、技术等各方面安全管理,用制度管人管事,推动安全管理从事后应对向事前防范转变,从事后补牢向事前打牢转变,不断完善坚持正确导向的舆论引导工作机制。严格落实"三审三校"制度,严守宣传纪律和保密要求,有效保证了采编质量和生产传播安全。

八、道德责任

（一）遵守职业规范

组织全员深入学习、严格遵守《中国新闻工作者职业道德准则》，出台《关于加强新闻职业道德建设的规定》等配套文件和细则，坚持新闻真实性原则，不刊播虚假失实新闻，报道做到真实、准确、全面、客观。坚决反对和抵制各种有偿新闻和有偿不闻行为，不利用职业之便谋取不正当利益，不利用新闻报道发泄私愤，不以任何名义索取、接受采访报道对象或利害关系人的财物或其他利益，不向采访报道对象提出工作以外的要求。报社全体人员讲政治、讲责任、守纪律，体现出良好的职业风貌，得到党委政府和人民群众的好评。

（二）维护社会公德

坚持遵守法律纪律，大力宣传法治观念，维护公序良俗，弘扬社会正气，讴歌美好心灵。推出的抗疫典型、"齐鲁最美"系列典型等报道，弘扬正气新风，产生了广泛社会反响。

（三）接受社会监督

坚持群众路线，坚持开门办报，自觉接受群众监督，畅通监督渠道，开通热线电话和邮箱，及时回应群众关切。

九、保障权益责任

（一）保障从业人员合法权益

全面维护采编人员依法采访、安全工作、健康保障等合法权益，着力打造干事创业的良好环境和广阔平台。实施首席制、师徒制、项目制、工作室制，让领军人物在关键岗位关键环节发挥关键作用，让资深骨干在新闻报道、梯队建设、文化传承上发挥传帮带作用，让年轻记者跨部门跨领域自主组合、运作项目，充分释放创新创造活力。

（二）保障从业人员薪酬福利

严格履行劳动法、劳动合同法，与新员工及时签订合同，缴纳社会保险、员工住房公积金，落实员工法定假期和各类带薪休假。不断优化薪酬管理和绩效考核，坚持向采编一线倾斜，坚持业绩导向，充分体现多劳多得。

（三）规范新闻记者证管理

按规定为采编人员申请和办理新闻记者证，及时收回离职退休等采编人员记者证。记者严格遵守新闻采访规范，除确有必要的特殊拍摄采访外，新闻采访一律出示新闻记者证。

（四）开展员工教育培训

深入贯彻落实习近平总书记重要批示精神，组织各部门结合实际开展课题研究，深化落实批示精神、增强政治业务素质。深入开展"走基层强四力"教育实践，重温报社光荣历史和优良传统教育，大力弘扬沂蒙精神，完善基层联系点制度，在全省建立联系点140余个，记者编辑与基层干部群众结对子，深入一线锤炼脚力、眼力、脑力、笔力，树牢群众立场、增进群众感情。针对业务短板弱项，全年开展新媒体技能进阶强化培训 14 场。

十、合法经营责任

严格遵守法律，遵守行政管理部门发布的部门规章、规范文件等，严格遵守新闻报道与经营活动"两分开"的规定，全面规范经营体制机制，依法规范驻地方机构新闻采编活动，坚持合法合规开展经营活动，获得主管部门肯定和客户好评。

十一、后记

（一）回应

大众日报针对 2019 年社会责任报告中提到的不足，认真改进，取得良好成果。比如，大力推动采编主力军转战移动端主战场，客户端的下载量和日活量有所增长，全媒体生产传播能力显著提升，为服务社会、服务群众打造了更强大的平台。

（二）不足

与社会期待和群众需求相比，新闻宣传需要进一步加强改革创新，增强针对性、实效性；媒体深度融合发展还存在短板弱项，生产传播与用户需求对接还不够紧密，优质内容供给还不够充足等。

（三）改进

2021 年，是建党 100 周年、"十四五"开局之年，是"两个一百年"奋斗目标的历史交汇之年，要以习近平总书记重要批示精神为统领，把坚持党性原则、坚持正确政治方向放在第一位，坚持"人民至上、融合为要"，以内容生产供给侧结构性改革为主线，以高质量发展为主题，以过硬人才队伍为保证，向全面深度融合进军，在履行社会责任上实现新作为，开创新局面。一是新闻宣传要以庆祝建党 100 周年为主题主线，着力打造主流思想舆论强势，营造"奋进新时代启航新征程"的浓厚氛围；二是融合发展要加快由点状积累向体系突破转变，进一步强化省级党报的平台功能、公信力影响力和服务社会能力；三是聚焦人民群众日益增长的新闻信息需求和对美好生活的新需求，改进宣传报道，开展服务活动，弘扬主旋律、传递正能量；四是坚持走基层、转作风、改文风，打造担当使命责任、勇于创新创造的时代新军，不断为鼓舞大众、团结大众、服务大众作出新贡献。

河南日报

社 会 责 任 报 告

一、前言

（一）媒体概况

河南日报创办于 1949 年 6 月 1 日，是中共河南省委机关报。报社共有采编人员 200 余人，2020 年日发行量 53.8 万份，是河南最具权威性、指导性的"第一大报"。近年来，河南日报已形成包括纸媒、微博、微信、网站、手机报、客户端等各种媒介在内的多层次、多声部主流媒体矩阵，综合实力稳步走在全国省级党报集团的第一方阵，在 2020 年党报融合传播力综合排名中位列全国第九、省级党报第四。

（二）社会责任理念

河南日报坚持以习近平新时代中国特色社会主义思想为指导，深入学习贯彻习近平总书记关于意识形态工作、宣传思想工作、新闻舆论工作的重要论述，增强"四个意识"、坚定"四个自信"、做到"两个维护"，牢牢坚持党性原则，牢牢坚持马克思主义新闻观，牢牢坚持正确舆论导向，牢牢坚持正面宣传为主，充分发挥河南舆论战线主力军、主阵地、排头兵作用，2020 年围绕疫情防控、决战决胜脱贫攻坚等主题主线聚焦发力，履行举旗帜、聚民心、育新人、兴文化、展形象的使命任务，为谱写新时代中原更加出彩的绚丽篇章注入强大正能量。

（三）获奖情况

在 2020 年举行的第三十届中国新闻奖评选中，河南日报的《芝麻花生的事儿能做多大》获得文字通讯与深度报道二等奖，"走进最早的中国"二里头夏都遗址

河南日报中国新闻奖获奖证书

博物馆开馆版面获得报纸版面二等奖。在第 37 届河南新闻奖评选中，河南日报共计 40 篇（件）作品获奖，其中，河南新闻奖特别奖 2 件、一等奖 13 件；新闻名专栏 2 件；河南新闻奖新闻论文奖 8 篇。

2020 年，河南日报社蝉联"全国文明单位"。多个集体、个人获得"全国抗击新冠肺炎疫情先进个人""中国好人榜：敬业奉献好人""河南省抗击新冠肺炎疫情先进个人""河南省抗击新冠肺炎疫情先进集体""河南省先进基层党组织"等荣誉称号。

二、政治责任

（一）把好导向关，浓墨重彩做好重大主题宣传报道

1. 把阐释好、宣传好、贯彻好习近平新时代中国特色社会主义思想作为首要政治任务。围绕习近平总书记视察河南重要讲话精神，全年推出专栏 100 多个，刊发报道 1400 多篇，让党的创新理论更加深入人心、落地生根。特别是在习近平总书记视察河南一周年之际，河南日报推出编辑部文章《中原出彩河南担当》，气势磅礴、立意深刻;《这一年》和《大河奔腾这一年》两大系列特刊次第亮相，全面梳理了全省人民牢记嘱托、奋勇争先的生动实践。

2. 推动黄河流域生态保护和高质量发展战略落地见效。河南日报深入讲好黄河

故事，全年有关黄河的稿件超过
1000 篇。重磅调研文章《黄河大
合唱的河南交响》把习近平总书
记的殷殷嘱托和全省上下践行黄
河流域生态保护和高质量发展的
新成就、新做法紧密有机结合，
报道新巧鲜活又厚重扎实;《生态
大廊道黄河大文章》聚焦黄河生
态廊道建设，从"生态河""平
安河""文脉河""幸福河"4 个
维度展现其壮美图景。《金山变
"金山"》则关注黄河中游重要生
态屏障和水源涵养地小秦岭的生
态修复成效，阐释了生态黄河建
设的深远意义。

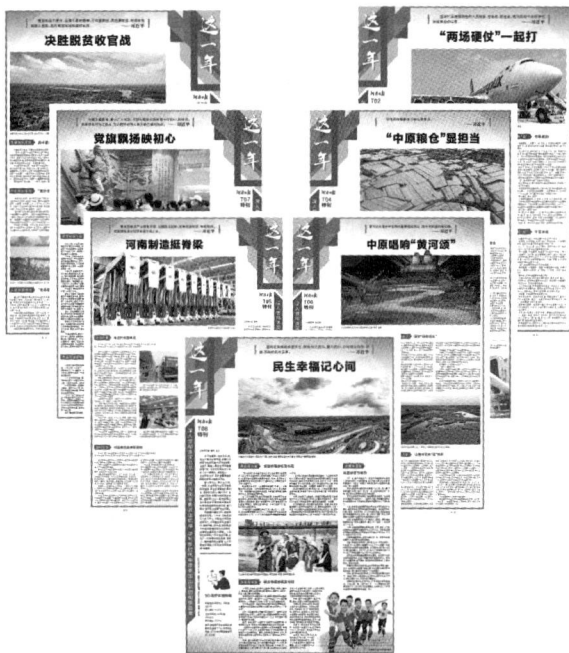

2020 年 9 月 16 日 T2—T8 版

　　3. 全力做好全国两会、党的十九届五中全会报道。全国两会期间，紧扣节点，
推出全媒体特别报道《出彩路上再出发·两会聚焦》《总编有约》等;围绕重要讲
话精神落地，及时策划通讯《金扁担金小麦金玉米》等;和新华社联合采写《唱响
"大合唱"建好"幸福河"》，有效放大河南声音。为掀起学习宣传贯彻党的十九届

2020 年 5 月 23 日 4—5 版面

2020 年全国两会期间，河南日报推出《总
编有约》系列访谈

五中全会精神的热潮，开设"十四五开新局""我看这五年"等一系列专栏，推出系列评论员文章，并邀请一批知名专家学者撰写理论文章。

4. 紧扣决战脱贫攻坚决胜全面小康主线发力。河南日报社组织推出"百名记者进百村"大型采访活动，百余名记者奔赴全省 106 个贫困村蹲点采访；深入全省 20 个典型村落，倾听群众脱贫心声，组织采写 20 期报告文学，结集成书，入选全省精神文明建设"五个一工程"重点创作项目；编委会领导带头深入 52 个贫困村，推出"52 个——攻克最后堡垒"系列报道，集中展示深度贫困村广大干部群众众

2020 年 12 月 14 日至 12 月 18 日，河南日报"52 个——攻克最后堡垒"系列报道版面

2020 年 6 月 1 日至 11 月 8 日"百名记者进百村"部分报道版面

志成城脱贫攻坚的精神风貌。

5. 全力以赴助力疫情防控阻击战。面对突如其来的新冠肺炎疫情，河南日报尽锐出战，奔赴武汉、河南疫情防控前线。前后方全员上阵，通力配合，全天候播报疫情动态、新闻发布会、防疫知识、暖心故事等，形成高频次、全平台持续释放权威信息的正向引导宣传格局，为坚决打赢疫情防控的人民战争、总体战、阻击战传达信心、传递温暖、传送力量。推出《必胜，中原战"疫"！》《战"疫"长歌》《青春战歌》等重磅长文，为非常之战作非常记录；大喇叭书记、"王月华，我爱你"、王海明和他的"网红宝宝"等新闻报道在纸端指端双向发力，被各大

2020 年 3 月 20 日《中原战"疫"风云录》版面

平台转发；16 个版的《中原战"疫"风云录》，总结回顾河南抗疫的"硬核力量"。

2020 年 2 月 21 日版面

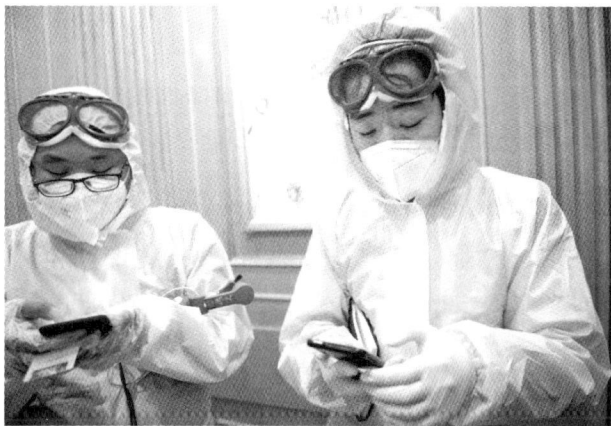

记者刘晓波（右一）从武汉重症收治点采访回来，在电梯里用手机写稿

6. 聚焦全省中心工作提高舆论引导能力。紧紧围绕河南省中心工作，把握大局、站位高端。河南省委十届十一次全会暨省委工作会议召开，第一时间开设专题"学习贯彻全会精神　扎实做好'六稳''六保'"，刊发反响、经济述评、访谈

2020 年 11 月 22 日版面

2020 年 11 月 23 日版面

2020 年 8 月 10 日至 28 日，河南日报推出《总编有约》第二季

等；策划推出《总编有约》第二季，编委会领导纷纷出镜，把访谈现场搬到工厂车间、田间地头。河南省党政代表团赴沪苏浙学习考察，河南日报进行了全方位、多角度、立体化报道。长篇综述《且趁东风好扬帆》广受好评。

（二）聚焦社会热点，创新表达方式

1.主动作为、积极回应，及时适时时时引导社会舆论。对于重大、突发、热点问题，河南日报不缺位不失语。疫情暴发后，河南日报 1 月 22 日即见报评论《落实"四早"科学防控肺炎疫情》。"豫论场"对焦点问题及时关切、理性分析，《"胡辣汤"对"热干面"的情意》等一大批文章以轻量化的行文风格、辛辣的笔触"出圈"。特殊的春节过后，农民工返岗备受全国关注，河南日报第一时间对有关部门采取点对点对接、"包车"输送等方式组织农民工有序返岗复工的举措进行采写，为企业和务工人员吃下"定心丸"。

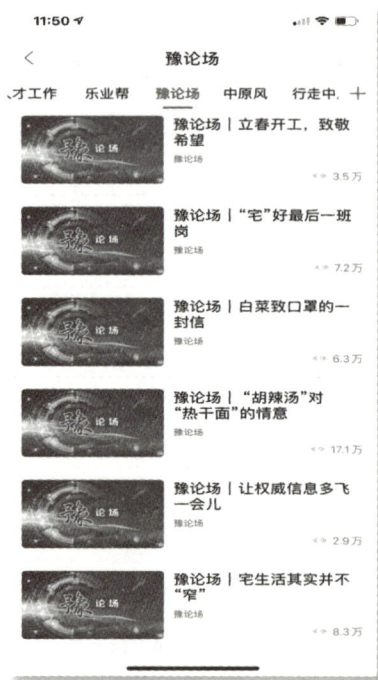

河南日报客户端"豫论场"栏目

2.注重改进创新，创意不断涌现。成立海报创意工坊，创办"微笑电台"，推出"创意条漫"产品……河南日报紧贴受众需求，围绕热点话题，主动创新。短视频、直播、H5、动画、游戏等一系列形式多样的融媒产品在多平台传播。

2020年12月1日至13日，河南日报客户端陆续推出青春派·思政"星"课堂

（三）抨击时弊、抑恶扬善、澄清谬误、传递真相

2020年9月2日基层之声版

河南日报历来重视舆论监督工作，通过线上线下多渠道开展群众来访接待，并利用基层之声版反映现实问题，传递百姓心声，建设性地开展舆论监督。《见义勇为牺牲者抚恤金该谁解决？》《垃圾围村该整治了》《惠民机井为啥成摆设》等一大批舆论监督报道和调查性报道有力推动具体问题的有效解决。"直击现场"和"来函照登"栏目，也刊发了大量图片报道和读者来信，对不良现象曝光揭露。

（四）讲好中国故事，促进文化交流

在外宣报道方面，作为省级媒体，报社以树立出彩河南形象为抓手，从中原文化、农业、中医药等多个角度讲好河南故事，传播好中国声音。例如，《河南教师一堂"特殊"中文课润了孩子心　美国小学生为战"疫"加油》一文，讲述了美国犹他州卡斯卡德小学学生受中文老师触动，为中国抗疫加油、鼓劲儿的故事。在平台建设方面，从机构、机制、队伍等5方面制订方案，为外宣工作提供制度保障。2020年，报业集团所运维账号向海外社交媒体平台发布文图视频数千条，向世界阐释推介中原文化，已初具影响力。

三、阵地建设责任

河南日报客户端 2020 年 11 月 7 日创意海报

河南日报客户端 2020 年 5 月 27 日创意海报

（一）融媒体矩阵扩容升级

2020 年，河南日报各平台用户数量实现大幅增长。截至 2020 年 12 月，河南日报客户端累计下载量已突破 2800 万，位居全国省级党报第二。河南日报微信矩阵总订阅数超过 110 万，河南日报新浪微博总粉丝数超 620 万，"两微一端"综合影响力稳居全国省级党报新媒体第一方阵。

（二）融媒报道不断突围"破圈"

品牌建设不断深化。继续办好金观察、金图解等金字招牌，小薇·音视频、问"侯"？时政脱口秀等拳头产品，公众认可度稳步提升。每天生产多篇 10 万 + 产品，并涌现一批 100 万 +、1000 万 + 优质稿件。"河南嵩县捐葱"短视频在快手平台播放量 3360 万 +，点赞 69.5 万。

（三）融合采编平台建设实现突破

"顶端新闻"客户端正式上线，其最大特性是平台型，即不再是"我写你看，我说你听"的告知型媒体，而是一个用户参与、用户共享的开放媒体平台，由供应方、需求方、运营方三方携手共建生态。同时，报社对自有采编平台"大河云"进一步优化升级，致力打造"大河云"与"顶端新闻"的双层架构。

四、服务责任

（一）信息服务

1. 在政策信息方面，2020 年，在刊发好中共中央、国务院印发的重要通知和文件的同时，河南日报刊登省委省政府省人大意见、条例、决定等文件共计 48 个。清风中原、河南组工等合办公号第一时间对打虎拍蝇、人事任免等信息进行权威发布，推动良好的政治生态建设。

2. 在生活信息方面，关心百姓生活，及时准确发布。通过直播等形式播报节假日交通实况；发布霜冻、雨雪等极端天气预告消息；结合全国爱耳日等健康节日和话题开展健康知识普及。

（二）社会服务

1. 搭建公共服务平台。基层之声版是河南日报纸媒版的主要问政渠道，顶端新闻客户端则是为用户提供寻求解答、解释、解决的智慧信息服务平台。秉承"所有问题，即时答案"的理念，顶端从老百姓的提问、困惑、需求出发，做好"顶端帮办"，力求解决用户问政、新闻追问、城市生活问答三个核心需求。

2. 推进公共智库服务。探索深度融合新模式，先后与河南大学等单位合作，成立了黄河文化智库和三农工作智库，已发布多篇有影响力的研究成果。

（三）公益活动

1. 主动刊发公益广告。2020 年，河南日报刊发公益广告 60.5 个整版，比 2019 年增长 27%，涵盖脱贫攻坚、节约粮食、好家风等多种主题。特别是在春

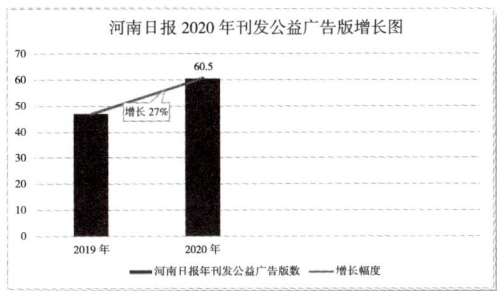
河南日报 2020 年刊发公益广告版增长图

2020 年 7 月 6 日公益广告版面　　2020 年 2 月 28 日公益广告版面

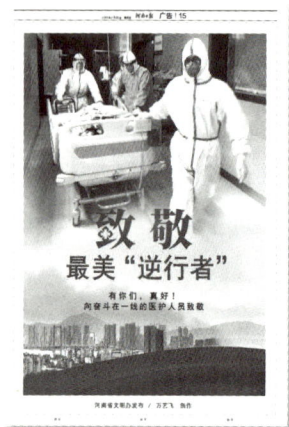

节期间，广告部积极主动设计制作抗疫公益广告，共刊登 12.5 个版。

2.助力慈善公益事业。在持续组织开展文明旅游、文明交通、勤俭节约等活动的基础上，自 2 月底复工复产以来，创新开展了包括志愿服务进公寓、义务植树、齐心抗疫无偿献血、书香进地铁等一系列志愿服务。此外，还启动了"报业之声·遇见好时光"好书音频捐赠公益活动。

3.扎实助推乡村振兴。探索基层党组织与对口扶贫村结对共建新模式，河南日报社 18 个党支部全部与登封市石道乡赵庄村和汝州市陵头镇庙湾村建立"手拉手"结对帮扶。赵庄村的小杂粮加工厂让 20 多个贫困户实现家门口就业；设施农业让 40 多个贫困户实现就业。庙湾村吃水难题已解决，废弃小学修缮一新，太阳能路灯点亮山村。

五、人文关怀责任

（一）民生报道有深度有温度

河南日报以民生新闻版为载体，在就业、医疗、教育、养老等方面为群众提供服务资讯。"民法典护航美好生活"专栏选取经典案例，向公众普及法律知识；围绕校园疫情防控及"停课不停学"，推出《一所农村小学的战"疫"之路》《大学开课了，我们云上见》等报道；力促就业，对招才引智创新发展大会进行了全面系统的报道。

河南日报始终关注少数民族、妇女、儿童、老年人、残疾人等群体的生活状况，除了做好权威政策信息发布外，还通过新闻故事、深度调查反映他们的生活状态、所思所困。《独臂摄影师的爱情与幸福》《"小候鸟"探亲记》等报道均体现了对特殊群体的关爱。

（二）做好灾难和事故报道

河南日报用重要版面刊发防汛防灾报道，及时报道河南省委、省政府的部署和各地干部群众防汛的实践。记者顶风冒雨深入南湾水库、史灌河等地探访，采写了一批现场报道、新闻特写，挖掘先进典型和成功经验。《你护我安澜　我星夜驰援》《"洪水招待所"里话民生》等优质稿件生动展现了人民至上、生命至上的崇高理念。此外，记者在采访过程中优先考虑采访对象的感受及公开后果，切实避免造成"二次伤害"。

2020 年 4 月 23 日民生新闻版

（三）坚持以人为本

1. 报道有态度有温度。河南日报坚持传达正确立场、观点、态度，激发人们向上向善的精神力量。例如，《摆渡人——记乡村教师李化勇》讲述了李化勇 39 年坚守乡村教学点，义务摆渡护送学生求学的感人故事，温暖心灵、凝聚力量。

2020 年 8 月 11 日民生新闻版

2020 年 2 月 21 日《人物·时空》版

2. 凸显人文精神。报道注重深入人的精神世界，关注人的全面发展。《一位基层干部防控疫情的"白＋黑"》等体验式、典型性报道，用人性光辉照亮人心、启迪思想。深冬之际，河南日报开设"寒冬问暖"专栏，记者走访低保户、留守儿童和残疾人等，帮助他们解决急难愁盼的问题。

六、文化责任

（一）弘扬践行社会主义核心价值观

推出系列专题专栏专版报道先进典型及先进经验，正党风、淳民风、扬家风、树新风，弘扬社会主义核心价值观，宣传中国梦。"争做出彩河南人"栏目全年推出报道44篇，27秒黄河里"桨板救人"的马成龙、"鸟痴"李长看、"帐篷书记"苏栋等一个个可感可亲的典型人物跃然纸上，优秀品质和模范行为激励和引领受众感知并学习。

（二）传承繁荣中华优秀传统文化

《大河澎湃一往无前》《黄河落天　文鼎中原》《三问河南文旅的"诗和远方"》等重磅文化调研文章，深入挖掘中原文化、黄河文化的精神内核和时代价值，扎实践行习近平总书记传承中华文脉的嘱托。《"最早的中国"或已出现"里坊制"雏形》《考古有多"香"？豫博文创"考古盲盒"卖脱销》等日常文化报道全面展示河南文艺创作、考古发掘、文化产业的蓬勃发展态势;《行走中原》版探寻中原古村落系列策划报道，向世人展示了河南新时期保护古村落、提升百姓生活质量的成果举措。对央视春晚、央视中秋晚会、金鸡百花电影节等重大节会、活动的报道精彩纷呈，让新河南愈加闪亮，短片《59年89部电影！请接受来自金鸡百花的一记回忆杀》等融媒产品创意十足，有力为节会营造浓厚氛围。同时，中原风、精彩周末

2020 年 3 月 6 日《行走中原》版

等文化品牌也越擦越亮。

（三）推动提升科学素养

既有大而全的综述报道，如"织密人民健康防护网"系列报道、"这是你不知道的河南"专栏等，展示河南省科技事业发展的最新成就；又有小而精的科普文，如《以科技"硬核"铸就"健康之盾"》《我助"北斗"织天网》等，推动提升受众科学素养。国家网络安全宣传周期间，推出主播探馆《网络安全科技馆有哪些"黑科技"？一起来看！》等融媒产品，既有知识又有意思，广受读者欢迎。

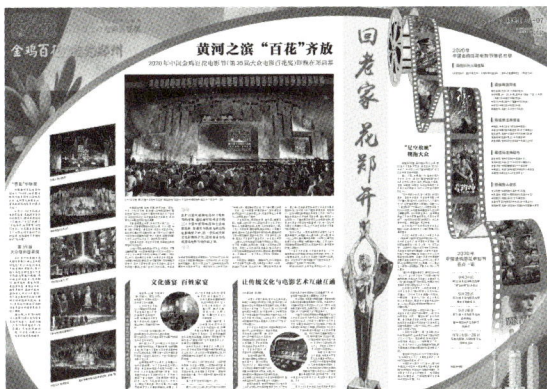

2020 年 9 月 27 日 6—7 版

七、安全责任

（一）安全刊播情况

2020 年，河南日报始终秉持"报纸出版，安全第一"的工作原则，严格遵守"三审三校"工作流程，对照国家新闻出版署出台的出版质量系列文件狠抓生产质量，"一个标准、一把尺子、一条底线"统一严格管理，没有发生安全刊播事故，达到安全刊播要求。

（二）完善安全刊播制度

一是坚持以学为先，做好白班领学日志、接班日志、交班日志。二是强调质量意识，实施安全生产零报告、岗前八必看制度。三是规范制度建设，修订《校对科工作流程及职责要求》等，做到"三审三校"有始有终。

（三）建立应急预案

强化阵地动态管理，加强对所属平面和新媒体平台的管理，定期跟踪核查，随时加强督导。建立舆情应对机制，及时分析研判处置风险隐患。

八、道德责任

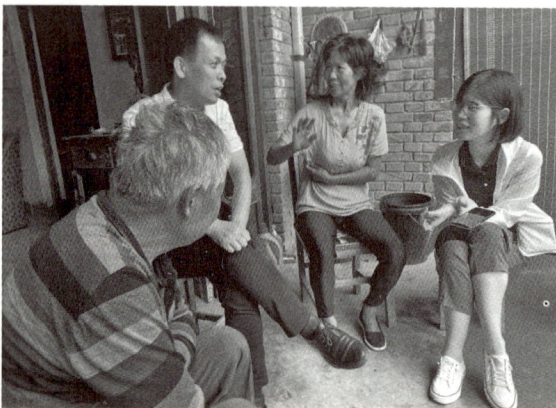

河南日报评论员刘婵（右一）在村民家采访

（一）遵守职业规范

通过学习培训、完善制度、夯实管理等举措增强新闻从业人员的职业道德建设。严格遵守《中国新闻工作者职业道德准则》，坚持新闻真实性原则，不刊播虚假失实新闻，尊重原创保护版权，严禁有偿新闻并自觉抵制低俗庸俗媚俗，采编行为规范。

（二）维护社会公德

除在新闻报道上批评、驳斥背离公序良俗的言行和现象、不断推出讴歌美好心灵的精品力作外，还通过"报业讲堂""我们的节日"等品牌创建活动及"好记者讲好故事"等对外交流活动，自觉争做崇高道德的践行者、文明风尚的维护者、美好生活的创造者。

（三）接受社会监督

河南日报社严格遵守《新闻记者证管理办法》，记者在新闻采访工作中主动出示新闻记者证。报社积极宣传配合新闻道德委员会的工作，定期在头版刊登河南省新闻道德委员会的投诉热线。

九、保障权益责任

（一）保障从业人员合法权益

支持保护河南日报社采编人员的正常采编行为，目前无受到侵害的采编人员。

（二）保障从业人员薪酬福利

严格按照法律法规，同职工签署劳动合同、足额支付薪酬、缴纳"五险一金"，并依法保障职工休息休假权利。

（三）规范新闻记者证管理

严格执行《新闻记者证管理办法》，切实履行新闻记者证的申请、发放、使用和管理责任。

（四）开展员工教育培训

制订培训工作方案，重点加强马克思主义新闻观、媒体融合等培训力度，加快培养全媒型、专家型采编人才。为期两个月的移动互联网传播实战大讲堂，有效提升了采编人员全媒体作战水平。

2020 年 11 月 8 日，记者参加庆祝第 21 个记者节快闪活动

十、合法经营责任

报社始终严格遵守国家有关政策及新闻出版法规规章，合法合规开展经营活动，并通过建立完善内部规章制度，以硬约束、硬标准确保经营行为规范。报社始终坚持把社会效益放在首位，严格做到采编经营"两分开"，在广告、发行、品牌宣推及版权等方面，未出现违法违规违章行为。

十一、后记

（一）回应

针对上一年社会责任报告中提到的不足，2020 年，河南日报一是依靠改革，启动新一轮综合改革；二是领导带头，集团班子成员全部参加顶端新闻客户端建设领导小组；三是实战养成，采编人员积极参加顶端业务培训。媒体融合取得关键性突破，新闻宣传的感染力、传播力大大提高，新制度、新技术、新理念、新成效不断涌现。

（二）不足

成绩与大时代之变相比，远远不够。在增强原创融媒产品的竞争优势、新闻生产方式的进一步相融、全媒体激励考核机制的完善、采编队伍全媒体素质的提升等方面，仍需进一步加强。

（三）改进

一是以内容生态的现代化改造推动现代传播体系建设，打造"大河云"与"顶端新闻"双层架构；二是调整组织框架，推进人事改革，打破人才壁垒，进一步激发干事创业活力；三是改变现有考核框架，提高精度，进一步突出融媒、突出软活新；四是以互联网化改造推动现代文化领军企业建设，实现建设互联网集团的任务。

湖北广播电视台

社 会 责 任 报 告

一、前言

（一）媒体概况

湖北广播电视台（湖北长江广电传媒集团）拥有 10 套电视频道、8 套广播频率、13 个所属事业单位和 25 个全资、参股、控股公司（含两家上市公司），是一家集广播、电视、电影、电视剧、新媒体、有线网络、报刊于一体的综合性现代传媒机构，员工总数 1.83 万人，总资产 270 亿元。

2020 年，湖北广播电视台围绕中心、服务大局，迎难而上，勇敢逆行，忠实履行党和人民赋予的职责和使命，自觉履行社会责任。湖北卫视继续保持在全国省级卫视第一阵营，电视综合频道省网收视排名第一，湖北经视晚间时段市网收视第一。广播频道省、市网份额保持双第一，媒体深度融合工作实现了引领全国的新突破。

（二）社会责任理念

湖北广播电视台始终坚持以习近平新时代中国特色社会主义思想为指导，增强"四个意识"、坚定"四个自信"、做到"两个维护"，自觉承担举旗帜、聚民心、育新人、兴文化、展形象使命任务；始终坚持正本清源、守正创新，不断巩固壮大主流思想舆论阵地；始终坚持以人民为中心的工作导向，服务社会民生；始终坚持推进媒体深度融合，打造新型主流媒体，实现创新发展；始终坚持"小成本、大情怀、正能量"的创作方向，推进精品生产，满足人民群众精神文化生活新需求。

（三）获奖情况

2020 年，湖北广播电视台共有 83 件作品在中国新闻奖、中国广播电视大奖广播电视节目奖、中国电视剧"飞天奖"、全国电视文艺"星光奖"等全国性评选活动中获奖。其中，4 件作品获得中国新闻奖，3 件作品获得中国广播电视大奖广播电视节目奖，6 件作品入选国家广电总局 2020 年度国产纪录片和优秀少儿节目。多个集体和个人荣获长江韬奋奖、全国抗击新冠肺炎疫情先进个人、全国脱贫攻坚先进个人、全国三八红旗集体等奖励和表彰。

2020 年，广播节目《警惕"指尖上"的形式主义》获中国新闻奖一等奖

2020 年，广播节目《百桥飞架新跨越》获中国新闻奖一等奖

二、政治责任

湖北广播电视台始终坚持团结稳定鼓劲、正面宣传为主的总方针，牢牢把握正确政治方向、舆论导向、价值取向，创新策划、精心组织抗击疫情、脱贫攻坚、经济重振和高质量发展等重大报道，大力宣传党中央决策部署，深入解读国家方针政

策，全媒体多形式讲好中国故事、湖北故事。

（一）政治方向

围绕核心，突出主题主线。把习近平新时代中国特色社会主义思想的宣传贯穿全年，在主要新闻栏目开设《在习近平新时代中国特色社会主义思想指引下——新时代新作为新篇章》等一批专栏，及时准确报道以习近平同志为核心的党中央对打赢疫情防控战、民生经济保卫战、脱贫攻坚战等重点工作的决策部署，以及湖北干部群众牢记嘱托，战"疫"、战洪、战贫的英雄壮举和伟大成就。加大"显政"主题融合传播作品的创作生产，策划《习近平的江河情怀》《7 年 7 分钟》等融合传播报道，总点击量过 10 亿次。创新《思想的田野》等大众化理论节目，让党的创新理论"飞入寻常百姓家"。

2020 年 12 月 26 日，湖北卫视播出理论节目《思想的田野》

2020 年 11 月 14 日，长江云发布融媒体产品《习近平的江河情怀》

（二）舆论引导

1. 聚焦社会热点。疫情期间组织全天候、大时段融媒体直播《众志成城抗疫情》，播发抗疫新闻资讯 7.93 万条，第一时间发布权威信息，报道防疫进程，起到了强信心、暖人心、聚民

2020 年 2 月 23 日起，湖北卫视、湖北之声等多个广播电视媒体并机直播、长江云同步网络直播《众志成城抗疫情》

心的作用。防汛期间组织开展《迎战强降雨》大型全媒直播，提振抗灾士气。创新组织贯穿全年的《2020 奔小康》四季大型新闻行动，在全省贫困山区产生广泛影响。

2. 助力经济发展。主动服务疫后重振的民生保卫战、经济发展战，陆续策划推出《搭把手拉一把》《新经济新业态新模式》《加快复工复产复市》《优化营商环境》《弘扬店小二精神》等专栏，为完成全年经济社会发展目标任务、打好"十三五"收官硬仗营造良好舆论环境。

2020 年 2 月 2 日，长江云首次实战应用广电 5G，全网直播湖北省疫情防控指挥部召开第 12 场新闻发布会

3. 改进创新报道。首创湖北省疫情防控新闻发布会"远程视频连线 + 广电 5G 直播"，让广电 5G 实现全球首次实战应用，累计向央视等海内外 100 多家主流、商业新媒体提供直播流 135 场，全网点击量超 20 亿次。创新抗疫短视频、无干扰拍摄、慢直播等多种手段，提升了主流媒体的信息聚合、舆论生成效果和

受众触达率。策划"大山的回答"融媒体蹲点调研行动，全媒深度聚焦全省四大国家级集中连片特困区，推出《主播去哪儿》《主播蹲点 VLOG》等融媒体产品和农产品系列新品发布会，组织广电主播现场为乡亲直播带货。

（三）舆论监督

1. 批评性报道。坚持问题导向，通过《党风政风前哨》《监督执纪在一线》《纪委监委通报》等专栏、电视问政直播等多种形式，促进解决问题。

2. 调查性报道。将记者站作为在湖北省 17 个地市州的"触角"，及时掌握一线重要信息和舆情。常态化设置深度报道专栏，完成《湖北省十大标志性战役》《2020 全省生态环境保护督察"回头看"》等高质量调研专题片。疫情期间，长江云运用大数据技术 7×24 小时对疫情相关信息进行监测和上报，助力湖北省疫情防控指挥部的工作决策。

（四）对外传播

精心制作推出《外国人眼中的武汉战"疫"》《全球战"疫"·对话外交官》等外宣新闻报道和融媒体产品，多视角讲好湖北战"疫"故事。推出的《金银潭实拍 80 天》《见证》《武汉莫慌》等短视频和纪录片被译成 13 国语言，累计覆盖 100 多个国家上千万海外受众。携手武汉医疗专家，推出全球云问诊直播，为 160 万人提供服务，赢得多国网友留言点赞。

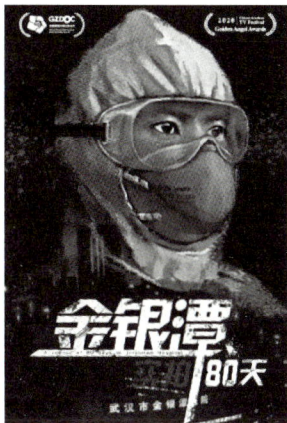

2020 年 9 月 16 日，湖北卫视首播纪录片《金银潭实拍 80 天》

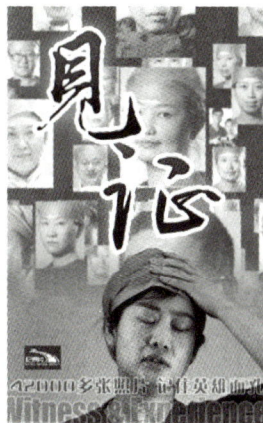

2020 年 4 月 30 日，中央广播电视总台中文国际频道首播纪录片《见证》

三、阵地建设责任

顺应全媒体发展大势，建设融媒体矩阵，开展融媒体报道，全力构建"全程媒体、全息媒体、全员媒体、全效媒体"的新格局。

（一）融媒体矩阵

加强白有长江云平台建设，全面整合优势资源，构建区域性综合信息服务全共享，广播电视新媒体全融合，省市县三级媒体全贯通，央媒、社会媒体、海外媒体全联动的融合传播新矩阵。联合 20 家主流媒体组建全国首个"区块链新闻编辑部"，推出全国首个两会流媒体杂志，全网综合点击量超过 2.1 亿次，获选 2020 中国应用新闻传播十大创新案例。长江云联动 30 家省级主流融媒体平台组建联盟，开设"战'疫'集结号"移动端专题，创新战"疫"主题的宣传，增强了内容的聚合传播力。

2020 年 5 月 20 日，全国首个"区块链新闻编辑部"成立

2020 年 1 月 27 日，长江云联动全国 23 个省份的主流融媒体平台共 30 余个端口，开设"战'疫'集结号"移动端专题

（二）融媒体报道

融媒体新闻出精品。在战"疫"报道中，推出新媒体产品 27.67 万件，累计阅读量超过 475.2 亿次，破亿爆款产品达 40 件，据 CTR 媒体融合研究院数据，网络传播效果仅次于中央广播电视总台，位列全网第二。在战洪报道中，联动长江流域降雨集中的区域媒体和湖北 121 个云上系列客户端，通过联合报道、接力直播、空中直播、长江江面慢直播等方式，全程全息反映防汛救灾情况，新媒体产品总阅读量超 6.1 亿次。在战贫报道"走向我们的小康生活——大山的回答"融媒体蹲点行动中，由台领导班子成员亲自带队的百人全媒体报道团，创意生产出了一大批形式新颖、内容鲜活的融媒产品，全网总点击量超过 2 亿次。

2020 年 7 月 13 日，长江云开设战洪报道专题

2020 年 6 月 20 日，"走向我们的小康生活——大山的回答"融媒体蹲点行动正式启动

（三）融合采编平台建设

按照"平台建设全面开放、平台内容全面升级、先进技术全面引领、服务功能

全面提升、考核机制全面覆盖"的总要求，举全台之力打造长江云平台。在长江云客户端初步形成新闻类、非新闻类两大垂直内容矩阵，用户发展呈现整体向好趋势。探索建立"新闻＋政务＋服务＋商务"的运营模式，接入省级政务服务平台"鄂汇办"，为全省用户提供线上、线下联动的"云服务"；优化和完善长江云省市县区域智慧融媒生态体系，实现平台统一建设、分级运营、融合联动，提升服务功能，激发地方主体责任和内生动力。

四、服务责任

及时准确发布民生信息，关心百姓生活，搭建服务平台，开展公益帮扶，帮助群众解决实际困难，获得社会好评。

（一）信息服务

1. 及时提供政策信息服务。宣传习近平法治思想，宣传宪法、民法典、传染病防治法等法律法规，持续提升公民法治素养，营造全民尊法学法守法用法的浓厚氛围。以图解、海报、速读、短视频等形式解读中央支持湖北经济社会发展的政策机遇，让党的政策宣传更贴近，更走心。

2. 报道日常生活信息。全媒体关注交通、天气、健康等与百姓生活相关的各类

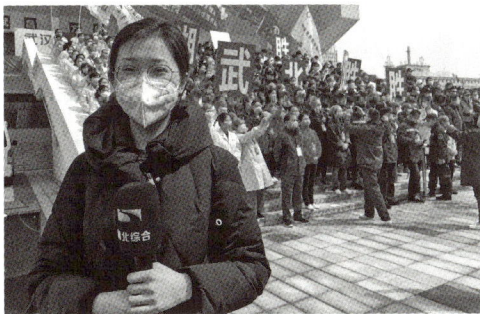

2020 年 3 月 10 日，"帮女郎"记者斯琴托娅采访武昌方舱医院休舱

电视综合频道《荆楚大医生》，每周五至周日 19：10 播出

服务信息，推出《帮女郎在行动》《荆楚大医生》《城市新干线》《经视直播》等节目，创新优化民生服务平台，帮助群众解决实际困难。抓住国家安全教育日、国际减灾日等重要的时间节点，通过新闻报道、科普宣传、公益广告等多种形式，提升广大群众的安全防范意识。

（二）社会服务

长江云"一键尽有"

推出长江云"热线平台"，搭建群众、政府、媒体三方沟通桥梁，实现一键部署、一体化推进、一键问政、一键挂号等 652 项政务民生服务功能，创新智慧化、便捷化、个性化的服务新模式，满足用户需求。战"疫"期间，湖北广播电视台迅速上线"在线教育专区"和"云问诊"服务，满足居民居家隔离的生活需求。

（三）公益活动

坚持以人民为中心的工作导向，关注扶助弱势群体、反映人民群众的现实生活，担当社会道义，积极回馈社会，开展多个公益项目。

1. 发挥媒体桥梁，组织爱心公益。开展"帮女郎爱心寻访之旅""大学生助学""万名专家送技术　万份种子送乡亲"等公益行动。垄上频道开辟跑腿维权帮忙公益平台，帮助 100 多名乡亲追讨工钱 300 多万元。

2. 助销特色农产品，助推乡村振兴。积极组织帮销湖北农产品，办好《善待湖北农副产品》《荆楚好味到》等节目，成立产销联盟，联合多家电商平台，组织"搭把手拉一把"等多场爱心助农公益行动，多平台直播共计 100 余场，累计点击量过亿次，助农销售成交额过亿元。

2020 年 4 月 7 日—6 月 7 日，长江云发起"搭把手拉一把——湖北爱心助农公益行动"

五、人文关怀责任

坚持以人为本，及时关注弱势群体生活状态，反映群众意见呼声，传递奉献爱心、抚慰人心的正能量。

（一）民生报道

紧扣时代主题，制作《创业青年说》等节目助力"稳就业、扩就业、助返岗"。关注特殊群体，制作播出湖北首部助残脱贫主题系列广播剧《助残脱贫决胜小康，一个也不能少》，展现残疾人朋友自强不息的精神。

（二）灾难和事故报道

尊重灾难报道传播规律，坚守危机传播的新闻伦理，设身处地地回应群众关切、高度关注群众心理健康，避免给灾难当事人带来"二次伤害"。先后推出《战疫情"春风"热线》《说说"心理"话》《心理防疫站·简然说》、方舱广播等特别节目，加强对市民的心理疏导，通过对接心理咨询服务平台帮助排民忧、解民愁、理情绪、稳民心。

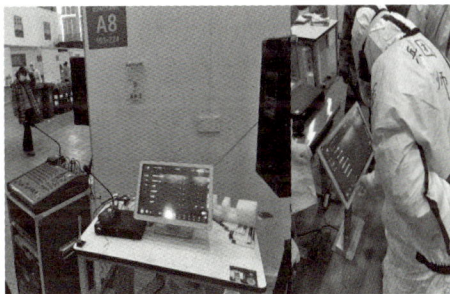

2020 年 2 月 19 日，方舱广播在武汉客厅方舱落地播出

（三）以人为本

坚持做有温度有态度的报道，凸显人文精神凝聚人心。在战"疫"报道中大力发掘人性的真善美，讲述"平民英雄"背后的感人故事，播发典型人物报道40819

湖北卫视《湖北新闻》政论专栏《长江评论》

篇，报道典型人物 10086 人次。《长江评论》以故事突进，讴歌奉献精神，温暖抚慰民心。

六、文化责任

着力打造精品节目栏目，繁荣社会主义文化文艺，培育和践行社会主义核心价值观，建设具有强大凝聚力、引领力的社会主义意识形态。

（一）弘扬践行社会主义核心价值观

2020 年 10 月 21 日 19：40，湖北卫视播出"湖北省道德模范致敬礼"晚会

推出《湖北省抗击新冠肺炎疫情先进事迹报告会》《荆楚楷模·最美逆行者》《荆楚楷模走基层宣讲活动》《湖北省道德模范致敬礼》等品牌项目，弘扬社会正能量。

（二）传承繁荣中华优秀传统文化

着力打造《戏码头》《奇妙的汉字》《奇妙的诗词》《非正式会谈》《校园戏曲风》《全省中小学生经典诵读大赛》等弘扬中华优秀传统文化和社会主义先进文化的品牌节目、品牌活动，获得粉丝追捧。

湖北卫视《奇妙的汉字》节目，每周四 21：20 播出

湖北卫视《戏码头》青年挑战赛，每周日 21：20 播出

（三）推动提升科学素养

对多个重大科技创新事件第一时间报道，抢占新闻第一落点。着重关注疫后迎难而上的科技型中小企业样板，推出《助力中小企业重启行动》《逆市而生》等报道；对农业节目常态化开展农业科技宣传，举办"农技大讲堂""农机技能大赛"等线下活动，推动农技普及。

七、安全责任

严守安全播出底线。严格落实"三级审片"，坚持首播严审、"重播重审"，加强网络信息管控，定期排查节目、广告和新媒体风险隐患。2020年，台（集团）播出25.9万小时，总停播率大大优于国家广电总局计划指标。全网共拦截网络攻击5.69亿次，确保了互联网政治安全。

八、道德责任

（一）遵守职业规范

坚持新闻真实性原则，2020年战"疫"期间，全台800多名采编人员不惧危险，坚持到抗击疫情一线开展应急报道，40多位记者忘死逆行，直击"红区"，新闻报道真实、准确、全面、客观，有效回应社会关切。坚决禁止有偿新闻、新闻敲诈，抵制低俗庸俗媚俗新闻。完善版权使用管理制度，稳步推进《戏码头》《奇妙的汉字》等重点节目的版权信息清理确权工作。

（二）维护社会公德

积极围绕中国梦、社会主义核心价值观、讲文明树新风等主题，制作刊播新闻、专题、宣传片等节目，维护社会公序良俗，展现人性真善美。全年共制作公益广告作品 535 条，播放公益广告近 30 万次，总时长超 3700 小时。

（三）接受社会监督

规范新闻采编人员行为，坚持公开、依法进行新闻采访活动，树立良好社会形象。充分用好"湖北省阳光信访"系统，不断畅通来信来访渠道，依法受理、交办、转送和督办举报投诉，广泛接受社会监督。

九、保障权益责任

重视本单位新闻从业人员各项权益，保障员工薪酬福利，员工培训和队伍建设常抓不懈，为员工发展提供良好平台。

（一）保障从业人员合法权益

充分发挥工会作用，为新闻记者各项正常采访活动提供有力社会保险、保障，维护职工合法权益。

（二）保障新闻从业人员薪酬福利

根据相关法律法规，为员工按月发放薪酬，为员工缴纳养老保险、社会保险、公积金和职业年金等。加强劳动用工管理，依法完成 251 名聘用、派遣员工劳动合同的聘期考核、新签和续签工作。

（三）规范使用新闻记者证

认真贯彻落实新闻记者证日常管理工作，及时收回并注销离岗、离职、退休人员的新闻记者证，为台（集团）999 人换发了新版新闻记者证。

（四）开展员工教育培训

按照突出重点、分类实施的办法，重点围绕习近平新时代中国特色社会主义思想和党的十九大精神，分类开展形式多样的培训学习。

十、合法经营责任

严格遵守法律，遵守国家发布的有关法规文件，严格落实采编与经营"两分开"。建立完善内部规章，经营行为合法规范。按照广告法的相关要求，严格履行广告播前审核职责，不播出存在导向问题的广告，不播出虚假违法广告。

十一、后记

（一）回应

针对 2019 年度社会责任报告中提到的不足，湖北广播电视台积极改进。

1. 针对节目自主创新能力有待提升的问题，优化顶层设计，全台一体化统筹全媒体新闻报道，以项目制为抓手，做好系统性、整体性宣传规划和统筹部署，对全年重大项目进行前置式、板块化、集束式、全媒化特别策划，节目获奖数量创新高。

2. 针对媒体融合纵深发展不够的问题，全力打造以长江云平台为基础的媒体融合传播新生态。成立融媒体新闻中心、长江云编委会，从组织架构上保证了媒体融合的领导、规划、管理的一体化。优化长江云垂直内容布局，截至目前长江云综合用户近 9000 万。

3. 针对产业发展有待优化的问题，进一步优化产业结构和布局，头部文化企业、头部内容 IP 全链产业、头部文创产业园区等传统产业实现高质量发展，"5G+4K/8K+AI"超高清视频、新型网络视听产业经济成为支柱产业，流量经济、粉丝经济和社群经济等新经济成为主流产业，现代广电产业体系建成并取得成效。

（二）不足

节目创新创优能力仍需进一步提升，新媒体矩阵需要进一步优化，特色垂直频道建设有待加强。

（三）改进

1. 按照"传承文化、品味经典"定位，重点打造"戏码头 IP 系列""非正式 IP 系列""奇妙 IP 系列""经典诵读 IP 系列"等品牌节目矩阵，提升品牌影响力。

2. 构建网络大号矩阵，集中力量打造粉丝超 1000 万的新媒体网络大号，加快构建"头部大号 + 腰部账号 + 垂直小号"的新媒体传播矩阵。

3. 进一步细分内容、细分受众，做好内容垂直深耕，创新节目策划、创意创作、运营管理，加快形成 UGC+OGC+PGC 的内容供给体系，加快丰富政务、民生信息，加快健全服务、商务、社交功能，以特色化信息、个性化体验吸引更多用户。

2021 年，湖北广播电视台将继续以习近平新时代中国特色社会主义思想为指导，围绕湖北"建成支点、走在前列、谱写新篇"的目标定位，秉持"高举旗帜、开放融合，靠实干打造新时代特色鲜明的地方大台"发展战略，坚持稳中求进、守正创新，聚焦巩固壮大主流思想舆论阵地，聚焦精品内容生产，聚焦媒体深度融合，聚焦全面深化改革，奋力谱写新时代湖北广播电视台高质量发展的新篇章。

湖南广播影视集团有限公司（湖南广播电视台）

社 会 责 任 报 告

一、前言

（一）媒体概况

湖南广播影视集团有限公司（湖南广播电视台）是一家拥有广播、电视、电影、新媒体等业务的跨媒体、跨行业经营的主流新型媒体集团，现有在职人员23077名，旗下拥有湖南卫视等11个电视频道、交通广播等8个广播频率、3个付费数字电视频道、1家互联网视频平台（芒果TV），以及芒果超媒股份有限公司、湖南电广传媒股份有限公司等多家全资、控股公司。

（二）社会责任理念

以建设主流新型媒体集团为目标，坚守守正创新的党媒属性，做大做强主流舆论。始终坚持内容为王，坚持将长视频特别是主流价值观长视频作为核心竞争力的内容战略，进一步推进湖南卫视和芒果超媒合二为一、深度合作，以一流传播效应创造一流社会效益，实现"主流"一词的根本价值所在，也是建设"主流新媒体集团"的终极追求。

（三）获奖情况

在抗疫和扶贫宣传工作中，湖南卫视分别荣获"全国抗击新冠肺炎疫情先进集体"和"2020年全国脱贫攻坚奖·组织创新奖"，是唯一获奖的省级卫视；湖南广播电视台更是荣获"全国脱贫攻坚先进集体"称号。内容生产方面，荣获8个中国新闻奖、9个公益广告黄河奖、1个金鹰奖，获奖数量、内容品类再创历史新高。

企业发展方面，芒果超媒股份有限公司连续两年入选"全国文化企业 30 强"，芒果 TV 连续两年排名中国互联网企业前 20 强。

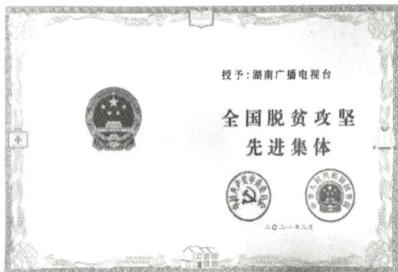

在 2021 年 2 月 25 日举行的全国脱贫攻坚总结表彰大会上，湖南广播电视台被中共中央、国务院授予"全国脱贫攻坚先进集体"称号

在 2020 年 9 月 8 日举行的全国抗击新冠肺炎疫情表彰大会上，湖南卫视被中共中央、国务院、中央军委授予"全国抗击新冠肺炎疫情先进集体"称号

二、政治责任

（一）政治方向

1. 增强政治引领，切实做好头条、头屏建设，深入学习贯彻习近平新时代中国特色社会主义思想。卫视、广播、经视、都市等媒体在主新闻栏目，高频度、大篇幅做好习近平总书记系列重要活动报道和重要讲话精神宣传阐释，芒果 TV、芒果云常态化置顶飘红开设"学习时刻"等重要专栏，及时更新最新报道。特别是结合全国两会、党的十九届五中全会精神和习近平总书记来湘考察重要讲话精神，湖南卫视推出《奋进新征程》《十三五——辉煌的历程》等专栏，并在黄金时段开设《牢记嘱托　砥砺奋进》特别专题，连续 7

2020 年 9 月 18—24 日，湖南卫视在晚间 7：30 黄金时段增开《牢记嘱托　砥砺奋进》新闻专栏

天用 30 分钟版面报道学习贯彻落实习近平总书记在湖南重要指示精神。创制 14 条党的十九届五中全会精神宣传《中国蓝图》系列短视频并全媒展播，反响热烈。

2. 做好重大主题宣传。围绕"决胜全面小康　决战脱贫攻坚""全国两会""三高四新""纪念中国人民志愿军抗美援朝出国作战 70 周年""建军 93 周年"等重大主题，各媒体开设数十个专栏专题，芒果 TV 设置专门频道和专区，尤其是脱贫攻坚报道贯穿全年。《新春走基层——直播大莨山》《云端扶贫路》《十八洞的姊妹们》《党旗飘扬在脱贫攻坚一线》系列扶贫新闻大片以及年底重磅推出的电视专题片《从十八洞出发》、大型史诗歌舞剧《大地颂歌》、电视剧《江山如此多娇》"脱贫攻坚三部曲"，记录下中国实现脱贫的时代壮举。

2020 年 12 月 26—30 日，湖南都市频道创制的理论专题片《从十八洞出发》每晚 7∶30 在湖南卫视播出

大型史诗歌舞剧《大地颂歌》演出现场

电视剧《江山如此多娇》剧照

2020 年 11 月 27 日起，湖南经视《经视观察》栏目连续推出 5 集精准扶贫系列新闻专题《十八洞的姊妹们》

（二）舆论引导

湖南广电以牢牢把好政治关和舆论导向作为一切工作的出发点和立足点，始终把导向意识深度融入新闻舆论工作，贯穿到广播电视新闻舆论工作全过程、各环

节。各媒体围绕抗击疫情、全省及全国两会、"六稳""六保"、脱贫攻坚、防汛救灾、全面小康等主题积极策划宣传报道，努力营造和谐奋进的舆论氛围。在疫情防控期间，实现在全国省级广电"第一个调整综艺节目编排、第一个在黄金时段开辟疫情防控新闻专栏、第一个创制公益宣传片和主题 MV、第一个举办'抗疫'主题晚会"，有力有效引导社会舆论，强化正能量宣传。

2020 年 1 月 26 日起，湖南卫视在全国省级卫视中率先增开晚间黄金档新闻专栏《抗击疫情特别时间》

湖南卫视"抗疫"主题晚会《元宵一家亲》无现场观众，设置"弹幕式观众席"，让观众远程参与，传递疫情防控期间的温暖和力量

（三）舆论监督

监督报道坚持"舆论监督和正面宣传是统一的"，努力让每一个报道有始有终。潇湘之声《为民热线》立体打造舆论监督的效果，全年线上线下为百姓解决各类问题 1.3 万多个，帮助群众挽回经济损失近千万元；湖南都市频道全年推出了《百万粉丝网络主播"土豪人设"虚实调查》《办结婚证跑七次，被"卡住"的婚姻登记》等具有社会影响力的系列报道，通过权威部门发声，披露典型案例，具有警示意义。

（四）对外传播

2020 年，湖南广电持续加强国际传播能力建设，搭建平台、放大声量、做优内容，讲好湖湘故事，传播好中国声音。以"芒果 TV 国际 App"为核心的海外新媒体平台，覆盖全球 195 个国家和地区，支持 18 种语言的字幕切换。

1. 在全国两会、涉港、抗疫等重大主题和事件宣传报道中，传播中国声音，增强国际话语权，展示真实中国形象。如疫情期间，芒果 TV 设置多国语言的抗疫宣传专区，总结湖南抗疫经验；纪录片《为和平而来》致敬中国军队维和 30 年，向全球观众传递中国军队的维和理念。

2. 创制内容精品，讲好中国故事。大型历史纪录片《中国》触摸传承密码，增强文化自信；与 Discovery 合拍纪实节目《功夫学徒之走读中国》获 2020 年度"对外传播十大优秀案例"；综艺节目《乘风破浪的姐姐》获"2020 年度优秀海外传播作品"。这些节目通过芒果 TV、脸谱、优兔等平台，Discovery 多国频道以及多个国家和地区的主流电视媒体播出，引起广泛关注，广受好评。

3. 加强互动合作，促进国际文化交流。2020 年法国春季戛纳电视节上成功举办了首轮"全球飙计划"线上模式大赛，吸引了来自世界 23 个国家及地区的 60 个原创节目模式提案；承办中国与挪威、中国与马来西亚的春节、元宵节文化交流晚会；与国际知名音乐家谭盾、纽约巴德爱乐乐团和中国交响乐团合唱团合作音乐会《敦煌·慈悲颂》等活动，对于推进中外文化交流与合作有积极意义。

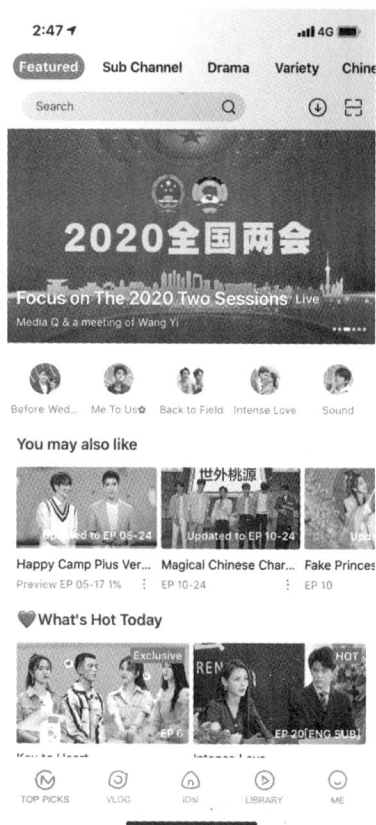

芒果 TV 国际 App 设置《奋斗吧！2020——全国两会特别报道》大型融媒体专题

芒果 TV 原创综艺节目《乘风破浪的姐姐》成团海报

湖南卫视首轮"全球飙计划"海报

三、阵地建设责任

（一）融媒体矩阵

持续探索"一云多屏、两翼齐飞"深度融合，在全国形成了独一无二的双平台媒体格局，不仅扩张了主流舆论阵地版图，也使互联网这个最大变量成为芒果事业发展最大的增量。目前，芒果 TV 全平台日活量峰值超 1.1 亿，有效会员峰值超 3600 万人，手机 App 下载安装量 11.69 亿次，已挺进视频行业前三。5G 智慧电台通过新技术赋能再造广播价值，把党的声音送到田间地头，同时助力县级融媒体建设。

（二）融媒体报道

湖南台利用自主开发的"5G 新闻云采访"系统，实现主持人记者与代表、委员三方连线

着力打造融媒体内容精品。2020 年全国两会期间，湖南台自主研发"云采访"系统，开辟《两会云访谈》《云上大连线》等新样态节目。"芒果云"App《H5 | 一张照片背后的这 7 年》聚焦十八洞村变化，发布不到 24 小时，总点击量超过 78.2 万次；"芒果新闻"App 在全国两会期间以《巨浪奔腾》为呼号推出系列短视频节目，有超 107 家媒体、平台参与转播，上线 24 小时转播量超 1000 万次；主题采访报道《走向我们的小康生活》系列短视频，国庆 3 天"坐着高铁看湖南"小屏直播，"纪念抗美援朝 70 周年"主题微纪录片《你曾是少年》等融媒体报道，获得广泛好评。

（三）融合采编平台建设

持续深化融合采编平台建设。以双平台生产机制融合为抓手，通过"一次采集、多种生成、多元传播"模式，构建了自主可控、传播力强的新型传播平台，大屏连小屏、小屏回大屏、多屏连用户等新传播范式持续向纵深发展。2020年，正式启动"芒果季风计划"，聚合"传统电视＋视频平台＋顶尖制作"强大势能，打造媒体深度融合发展中的精品力作。

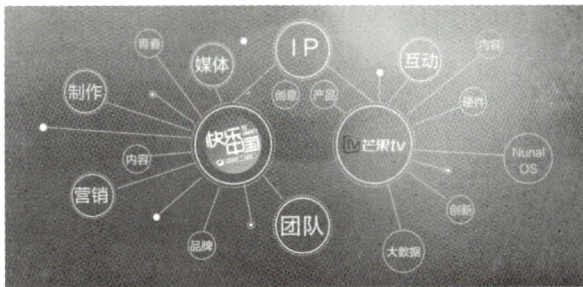

湖南卫视、芒果 TV"一体两翼"全媒体平台布局

四、服务责任

（一）信息服务

1. 及时准确提供政策信息服务。疫情防控期间，湖南卫视每天滚动播出防疫字幕信息近 300 条次，与新闻报道和节目形成合力；广播传媒中心在疫情防控期间通过"村村响"广播实现湖南 2.9 万个建制村和社区疫情防控宣传全覆盖。

2. 有针对性提供生活信息服务。湖南卫视原创生活服务类节目《新手驾到》，向观众普及安全驾驶知识；湖南都市频道《权威发布》《湖南交警权威发布》《高速平安行》三大信息板块全年播发稿件 1026 条，内容涵盖政务、经济、民生、交通安全等各个方面。

（二）社会服务

1. 搭建问政、民生服务平台，帮助群众解决实际困难。广播"智慧政协云"编播系统，助力政协云资讯人工智能迈上新台阶；广播交通频道微信公众号 2020 年度推送次数上限增加到每天 7 次，在抗击疫情、防汛救灾等应急事件以及假日资讯服务等方面发挥重要作用，被纳入湖南省政务公众号矩阵。

2. 助推社会发展，致力提供公共智库服务。湖南经视《经视观察》栏目发挥电视智库作用，2 月疫情期间最早关注"复工复产"话题，连续推出《暖春重启》《春之计》两个系列专题；同时，围绕湖南省委、省政府中心工作，聚焦全省"放管服"改革成效、落实"六稳""六保"工作部署、国企改革成功经验、"湖南—长三角经贸洽谈周"等内容，制播《优选大湖南》《竞步大湖南》等系列专题，权威解读经济生活热点，搭建政府与百姓之间的桥梁。

（三）公益活动

1. 公益宣传有情。连续 4 年开展"青春扬益"公益广告创制，聚焦时代主题，讲好中国人民奋斗圆梦故事；推出"一县一品""家乡好物"系列精准扶贫公益广告，宣传推荐"溆浦鹅""新田大米""桑植白茶""涟源茶油"等湖南农特产品。

捐赠给武汉的负压救护车在湖南广电中心前坪集合出发

2. 公益行动有力。集团公司（台）和员工身先士卒，为支援湖北抗疫慷慨捐款，并通过芒果 V 基金平台发动社会爱心募捐，先后为湖北、湖南、山东等防疫一线捐赠款物 3400 多万元。湖南广电还全力打造基于电商扶贫的"芒果扶贫云超市"，截至 2020 年 12 月 30 日，直接带动农产品销售近 30 亿元；依托品牌节目《快乐大本营》《天天向上》《向往的生活》等植入公益项目；"芒果助学季""爱心送考"等品牌公益活动也持续发力，切实帮扶有需求的群体，引导公益理念和行动。

3. 助推乡村振兴。2020 年 7 月，湖南广电对口扶贫点永州江华东冲河村全面完成脱贫攻坚任务目标，村民人均年收入由不到 3000 元增至超过 1.6 万元。3 年间，扶贫工作队为当地统筹协调扶贫资金 3000 多万元，帮助全村完善和新建路、桥、水、电、讯等基础设施，建设芒果家园、文化活动中心、运动场等生活文化设施；因地制宜帮扶养殖和种植产业发展；大力引进来料加工业，建成大圩第一扶贫企业，实现充分就业。

五、人文关怀责任

（一）民生报道

重点关注教育、医疗、扶贫等民生热点，关注弱势群体，扶危帮困。受疫情影响，2020 年高考延期举行，各媒体推出《乘风破浪　青春满分》《聚焦 2020 年高考》等专题，聚焦高考，传递青春正能量；金鹰 955 电台持续关注湖南罕见病治疗情况，成功推动治疗戈谢病和庞贝病的药物纳入湖南省医保特药管理，为患者减负；湖南都市频道坚守民生新闻主阵地，全年推出近 50 档民生专题，特别报道《急！堆积如山，百万斤怀化麻阳冰糖橙滞销！》为百万斤麻阳冰糖橙寻找销路，救民之急、解民之困。

（二）灾难和事故报道

2020 年 6 月，湖南省进入主汛期，防汛形势严峻。湖南广电每天派遣近 60 名记者分赴各地，报道防汛救灾一线情况。湖南卫视增开《防汛救灾特别时间》、广播传媒中心全面启动应急广播、湖南经视《党旗飘扬在一线》专栏、湖南都市频道特别报道《战汛》、湖南公共频道特别报道《防汛一线我们在》等，集中关注湖南雨情汛情，大力宣传党中央、国务院和湖南省委、省政府的防汛决策部署及落实情况，讲述抗洪一线共产党员的动人故事。

（三）以人为本

报道加强主题策划，有态度有温度，凸显人文精神。抗疫期间，湖南都市频道推出"情人节抗疫"特别策划"彼此相爱，共盼春来"，以 9 对湖南援鄂医护夫妇相互扶持、共赴危机的大爱之情为主题，聚焦"白衣英雄"舍小家为大家的奉献精神。防汛期间，湖南都市频道推出《连线防指》《SNG 直达》《冲锋者》等专题板块，下沉社区，抓拍众人共推公交车、交警穿拖鞋坚守执勤岗位、市民冒雨打通下水道等场景，传递暴风雨中的温暖和力量。这些报道，传播奉献爱心、抚慰人心的正能量，同时激发人们向上向善的精神力量，充分展现了媒体的责任与担当。

六、文化责任

（一）弘扬践行社会主义核心价值观

芒果 TV 微纪录片《闪耀的平凡》用普通人的奋斗故事，以点带面地向世界展现中国全面建成小康社会成果，播放量已达 1.5 亿次；电视剧《以家人之名》《装台》等，以温暖励志的情感和贴近生活的烟火气息，引导社会公序良俗；湖南卫视《青春万岁——五四接力大直播》晚会、芒果 TV 第三届"青春芒果节"，着力宣传在抗击疫情和复工复产中涌现的优秀党员干部和青年榜样，展现新时代青年人的爱国情怀，凝聚同心共筑中国梦的磅礴力量。

（二）传承繁荣中华优秀传统文化

大力弘扬中华优秀传统文化。大型历史纪录片《中国》以讲述中国故事、坚定文化自信为目标，为观众搭建起了解华夏历史的视听桥梁；原创综艺《巧手神探》聚焦非遗文化；广播节目《走读湖南——跟着汪涵打卡湖南》宣推湖湘文化；《"潇湘雅韵　梨园报春"2020 湖南戏曲春晚》弘扬传承传统艺术。

2020 年 12 月 7 日起，湖南广电大型历史纪录片《中国》第一季在湖南卫视和芒果 TV 同步播出

积极创新推动文化繁荣发展。《湖南卫视中秋之夜》以精品力作诠释传统节日文

化内涵；运动少年竞技节目《运动吧少年》、互动知识分享节目《叮咚上线！老师好》、原创动画《23号牛乃唐》等，以创新的电视文艺形式，关注青少年的健康成长。

（三）推动提升科学素养

做好科学知识普及、文教事业发展的宣传报道。湖南卫视《平民英雄》栏目专题节目《播种》，讲述湖南科技特派员在田间地头"开药方"，让科技成果助力群众脱贫致富奔小康的故事；特别节目《打开生物多样性之门》，讲述濒危物种保护故事，倡导呼吁全民珍惜和保护我国生物多样性；特别节目《教育扶贫回头看》，回访"科学下乡"小学，真正落实习近平总书记多次强调的"扶贫必扶智"重要指示精神。

广播传媒中心融媒体音频节目《走读湖南——跟着汪涵打卡湖南》海报

七、安全责任

截至2020年12月31日，湖南广电旗下电视频道安全播出12.9万小时，IPTV新媒体直播平台播出总时长148.92万小时，未发生重大安全播出与网络安全事故、事件。从集团公司（台）到各媒体严格执行"三审二校"制和"重播重审"制。同时，完善播控安全技术项目和制度，全年建设网络安全项目、自主研发"机房温湿度监测报警系统""PGM信号监测报警系统"等技术项目32个，进一步确保集团公司（台）安全播出。

八、道德责任

（一）遵守职业规范

严格遵守《中国新闻工作者职业道德准则》，定期开展马克思主义新闻观培训，使从业人员自觉坚持新闻真实性准则；提高职业道德，杜绝有偿新闻行为，抵制低俗庸俗媚俗；开展知识产权法律法规讲座，增强版权意识，在节目生产过程中尊重原创，保护版权。

（二）维护社会公德

坚持正面宣传为主，维护社会公序良俗。湖南经视围绕抗疫先进个人和集体、奋战在脱贫攻坚一线的杰出代表、抗美援朝老兵、湖湘工匠等重大典型，推出《抗"疫"群英谱》《暖心在一线》《劳动最美丽》等系列专栏专题，传递时代精神，传播社会正能量；湖南都市频道新闻栏目《公民榜样》，选取全省各领域、各行业优秀人物代表，以榜样的力量，弘扬社会正气，讴歌美好心灵。

（三）接受社会监督

新闻采编人员外出从事采访活动，携带并出示新闻记者证。虚心接受群众举报投诉，确保渠道畅通，凡有举报投诉，必须经媒体自查和集团公司（台）监管部门调查，再予以回复。

九、保障权益责任

（一）保障从业人员合法权益

全力支持保障正常采编行为。疫情防控期间，为前线采访的记者调配了 50 多件防护服、3000 多个口罩；各媒体均为一线采编人员配备了口罩、预防性中药药剂等。同时，坚决维护采编人员在外的正常采编活动权益，近年来未发生记者采编行为受阻，或受到打击报复需要维权的事件。

（二）保障从业人员薪酬福利

切实保障从业人员薪酬福利。依法与员工签署劳动合同；按时支付薪酬、缴纳"五险一金"，同时加强商业保障，为员工建立多层次的保障体系；开发建设统一完善的芒果 ERP 系统，确保员工的休假、休息权利和薪酬知情权等。

（三）规范新闻记者证管理

为符合条件的采编人员及时申领新闻记者证。集团公司（台）于 2 月 1 日启动新版新闻记者证换发工作，5 月 22 日正式启用新证，共换发新版记者证 706 本。另有 187 人首次申领新闻记者证的申报工作也顺利完成。同时，及时收回离职、退休等采编人员的新闻记者证。

（四）开展员工教育培训

线上线下相结合，常态化开展强化政治素质、提升业务技能的各类教育培训。先后举办了"马克思主义新闻观（文艺观）""知识产权保护""电视剧编创手册分享会""晚会大赏""公益广告创享会"等主题培训和讲座。党群工作部开发"湖南广电党建"微信公众号，加强在线党史学习。同时，集团公司（台）人力资源部着手打造"芒果在线培训体系"，逐步实现产、学、研相结合的湖南广电互联网学习生态链。

十、合法经营责任

认真履行合法经营责任。围绕广告法及相关法律法规组织开展培训学习，并严格遵守网信、新闻出版、广播电视等行政管理部门发布的规章制度、规范性文件开展经营工作；强化广告审查"三级审稿"制度和广告审查员责任，加强对广告主资质检查；同时，从管理规定到机构设置严格做到采编与经营"两分开"。

十一、后记

（一）回应

一是深入推进融合发展，着力打造有影响力的新媒体端口。在湖南卫视和芒果TV深度融合的基础上，整合集团内部其他新媒体平台资源，重点发力新闻类新媒体平台。

二是持续创作文艺精品，讲好中国故事，扩大国际传播影响力。大型历史纪录片《中国》、现象级原创综艺节目《乘风破浪的姐姐》、纪实节目《功夫学徒之走读中国》、大型史诗歌舞剧《大地颂歌》、扶贫主题电视剧《江山如此多娇》等，以国际视角多元展示中国形象，传播正能量，获得良好传播效果。

（二）不足

还需持续加大媒体深度融合的步伐，始终坚持以内容为核心竞争力，力争推出一批能够在历史上打下烙印、在人民中留下口碑的优秀文艺作品。

（三）改进

2021 年，湖南广电将坚持以习近平新时代中国特色社会主义思想为指导，深入学习贯彻习近平总书记系列重要讲话精神和湖南考察重要指示精神，持续推进新型主流媒体集团建设，进一步壮大主流舆论阵地。

一是守正创新主流宣传。深入学习贯彻习近平总书记湖南考察重要指示精神，紧紧围绕建党百年、乡村振兴等重大宣传主题和重要宣传节点，高举旗帜、引领导向，围绕中心、服务大局。

二是加快媒体深度融合。加快推进机构设置、生产流程、内容产品的深度融合，构建全媒体传播格局，打造融媒体内容精品，持续提升传播力、引导力、影响力和公信力。

三是积极创作文艺精品。坚持中国特色社会主义文化发展道路，与党同心、与人民同行、与时代同步，努力创作传播当代中国价值观念、反映中国人审美追求的优秀作品，为中华民族伟大复兴凝心聚力、培根铸魂。

羊城晚报

社 会 责 任 报 告

一、前言

（一）媒体概况

羊城晚报创刊于 1957 年，是新中国成立后开办的第一张大型晚报，羊城晚报报业集团（羊城晚报社）是广东省委主管主办、省委宣传部代管的正厅级事业单位。

近年来，羊城晚报报业集团（羊城晚报社）坚定不移打造具有鲜明岭南特色的新型现代文化传播集团。2020 年，羊城晚报报业集团凭借自身的文化软实力、媒体资源聚合能力和品牌优势，成功跻身世界媒体 500 强榜单，列第 286 位，较前年上升 23 位。在世界品牌实验室发布的 2020 年《中国 500 最具价值品牌》分析报告中，《羊城晚报》凭借 453.91 亿元的品牌价值蝉联全国晚报类第一名。

（二）社会责任理念

作为社会责任的承担者，在历年的新闻实践中，羊城晚报始终坚持发挥媒体的社会舆论引导功能，坚持以正面报道为主，积极引导社会舆论，积极倡导社会主义核心价值观，弘扬社会主义积极向上的精神风貌。

（三）获奖情况

2020 年，羊城晚报自觉提升媒体"四力"，在媒体深度融合之路上守正创新、锐意进取，坚守社会责任，新闻采编事业取得累累硕果，并获得多个新闻奖项。羊城晚报报业集团党委书记、羊城晚报社社长刘海陵获第十六届长江韬奋奖（韬奋系

羊城晚报报业集团党委书记、羊城晚报社社长刘海陵获第
十六届长江韬奋奖（韬奋系列）

列）。《告别"同命不同价"！》获中国新闻奖消息一等奖；《原来你是这样的 00 后大学生》获中国新闻奖短视频专题报道二等奖。1 人获广东省第十四届新闻金枪奖；24 件作品获 2019 年度广东新闻奖，其中一等奖作品 8 件；12 件作品获得 2019 年度赵超构新闻奖项；4 件作品 2 个部门获得 2019 年度广东省新闻战线"走基层、转作风、改文风"

活动奖项。羊城晚报社评论深度部副主任温建敏获得"广东省抗击新冠肺炎疫情先进个人""广东省优秀共产党员"称号，并获得广东省第十四届新闻金枪奖。新快报社记者夏世焱成为广东省第七届"好记者讲好故事"比赛优秀演讲人。羊城晚报全年的重点报道《人民至上 H5》《"有国才会有港安"报道落地香港聚人心》《张文宏缺席"读懂中国" 嘉宾从中"读懂中国"》等受到广泛肯定，彰显主流媒体传播力、引导力、影响力、公信力。

二、政治责任

（一）政治方向

羊城晚报以习近平新时代中国特色社会主义思想为指导，深入学习贯彻习近平总书记关于宣传思想工作的重要论述特别是关于新闻舆论工作的重要论述，增强"四个意识"、坚定"四个自信"、做到"两个维护"，忠实履行举旗帜、聚民心、育新人、兴文化、展形象的使命任务，深入贯彻落实全国以及全省宣传部长会议精神，落实落细意识形态工作责任制，全媒体平台做到舆论导向正确，年内未发生严重导向错误。

2020 年，在抗击新冠肺炎疫情、庆祝深圳经济特区建立 40 周年、决胜全面建成小康社会、决战脱贫攻坚、岭南文化传承发展、粤港澳大湾区文化建设等重大主题报道中，羊城晚报全媒体全平台积极引导舆论，取得良好社会效益。比如，羊城晚报庆祝深圳经济特区建立 40 周年报道贯穿全年，气势恢宏。相继推出《聚焦深圳先行示范区建设一周年》《特区从这里起步》、"羊晚政见·读特观"、64 个版大型特刊《特区四十再出发》以及《牢记嘱托再出发·深读访谈》等重磅策划。全媒体推送相关报道近 1000 篇（条），自有平台阅读量累计达到 3000 万次。其中，8 月 26 日的大型特刊《特区四十再出发》，用 64 个整版细分了《先行深圳》《乘风珠海》《扬帆汕头》3 个篇章，全景展现深圳、珠海、汕头经济特区 40 年来砥砺奋进、跨越式发展的奋斗历程和辉煌成就。

2020 年 8 月 26 日，羊城晚报推出《特区四十再出发》大型特刊，细分为《先行深圳》《乘风珠海》《扬帆汕头》3 个篇章

在脱贫攻坚报道方面，羊城晚报纸媒全年推出相关报道 2000 多篇，新媒体发稿近 2.2 万篇，羊城派客户端脱贫攻坚相关稿件阅读量 2078 万次，羊城晚报学习强国号推文阅读量 4932 万次。其中《广东清远连樟村贫困人口已全部脱贫　别了，贫困！你好，小康！》一稿阅读数高达 1319 万次。羊城晚报制作原创主题 MV《迈

羊城晚报原创主题纪录片《龙布日出》

上这条更美的路》入选第七届广东省网络文化精品脱贫攻坚类选题。羊城晚报推出主题纪录片《龙布日出》，展现脱贫攻坚成果，该作品全网播放量超 5000 万次。

（二）舆论引导

羊城晚报时刻关注社会热点，及时回应社会关切。2020 年春节前后，新冠肺炎疫情暴发，羊城晚报紧贴社会热点，多平台、全方位及时报道中国政府积极抗击疫情的各项有力举措，详细介绍科学防疫知识，有效引导舆论，稳定民心。羊城晚报纸媒、金羊网、羊城派客户端、羊城晚报两微、羊城晚报抖音号等共发布有关稿件 82410 篇，全媒体报道在全网全平台总传播

> 📚 海外疫情动态
> 4.7 亿 播放 · 更新至第 249 集
>
> 📚 广东抗疫日志
> 8.1 亿 播放 · 更新至第 361 集
>
> 📚 聚焦新型冠状病毒疫情
> 33.6 亿 播放 · 更新至第 911 集

羊城晚报疫情报道合集在全网全平台总传播量超 46 亿次

量超 46 亿次，发挥了主流媒体聚焦社会热点、回应社会关切，有力有效引导舆论的功能。

（三）舆论监督

2020 年，羊城晚报刊发的舆论监督报道涵盖食品安全、交通出行、电信反诈、公共服务等多方面，紧扣当下群众反映的难点、堵点、痛点问题，开展建设性的舆论监督工作，促进问题解决，并取得了良好的效果。目前报社报网端全媒体平台常年开设的舆论监督栏目，包括评论栏目"街谈巷议"、食品安全监督栏目"食刻出击""天天 3·15"、为市

"云上岭南"文化博览会国际传播融平台

民解决大小难题的融媒体栏目"记者帮"等，先后获得中国新闻奖、广东新闻奖以及省委宣传部优秀品牌栏目奖等。

（四）对外传播

为了讲好中国故事、传播好中国声音，羊城晚报在做好内宣工作的基础上，积极加强对外宣传工作，着力提升国际传播力和影响力。2020年，羊城晚报设立"乡音"全媒体文化传播栏目和"云上岭南"文化博览会栏目。2020年11月30日，由集团精心策划主办的常态性文创活动和线上国际传播融平台——首届"云上岭南"文化博览会正式启幕。"云上岭南"网站（ysln.ycwb.com）于2020年年底上线试运行，精彩纷呈，初显成效。截至2020年12月底，"云上岭南"文化博览会国际传播融平台共发布稿件367条，总浏览量超过863万次。

三、阵地建设责任

（一）融媒体矩阵

为了应对新闻传播环境发展变化，羊城晚报社近年来加快了媒体融合的步伐。2020年，羊城晚报建立起短视频传播矩阵，提出打造以羊城派、羊城晚报两大抖音号为龙头，涵盖羊城派快手号、微视号，羊城晚报快手号、视频号，金羊网抖音号等在内的短视频平台传播矩阵。目前金羊网新媒体矩阵PV1100万，UV320万；羊城晚报新闻客户端累计下载量超过7500万次，羊城晚报官方微博用户超过1200万人，羊城晚报官方微信用户超过200万人；短视频传播矩阵7个账号粉丝总数超过2200万人，日均播放量超过1.5亿次，已成为华南地区最具影响力的短视频传播矩阵。

（二）融媒体报道

羊城晚报音视频融媒体产品，传播效果突出，社会美誉度高。在2020年有关

羊城晚报双语纪录片《钟南山：中国行！广州行！》

羊城晚报原创音乐 MV《我们不怕》

新冠肺炎疫情的报道中，羊城晚报纸媒、金羊网、羊城派客户端、羊城晚报两微、羊城晚报抖音号等共发布相关稿件超过 8 万条，融媒体报道在全网全平台总传播量超 46 亿次。其中羊城晚报原创拍摄的双语纪录片《钟南山：中国行！广州行！》、原创音乐 MV《我们不怕》、原创全媒体"艺起战疫　广东文艺界在行动"系列报道、在清明国家哀悼日推出的系列微纪录片《独家纪录｜疫·家人》4 个爆款产品充分传递广东抗疫的正能量，取得超 6 亿流量，名列广东媒体前茅。

（三）融合采编平台建设

2020 年，羊城晚报融合采编平台建设步伐继续提速，正式启动全媒体采编中心、全媒体发布中心、全媒体运营中心 3 个中心，实现新闻内容采集、整合、编发"融为一体、合而为一"，并与技术平台终端支持实现共融互通，成功打造出适应"全程、全息、全员、全效"特点的"四全"媒体新业态。

四、服务责任

（一）信息服务

为了更好地履行媒体的服务责任，羊城晚报十分注意向市民及时提供贴身、实用的政策类信息和生活服务类信息。医保范围的变化、房地产调控新政的出台、金融政策、教育、交通出行以及新冠肺炎疫情重要数据的权威发布……这些重要的政务信息，都第一时间在羊城晚报的全媒体平台得到详细呈现。

（二）社会服务

为搭建好政府与百姓之间的桥梁，羊城晚报致力于建设全媒体的公共服务平台。金羊网在新闻中心板块中开设"民生视点"栏目，准确发布省内主要城市有关交通、教育、医疗防疫等方面的惠民政策；羊城派则开辟"金羊号"板块，重点引进包括广东省政务新媒体资源、各垂直领域（教育、医疗、交通、天气、法律等）新媒体资源，可为用户提供权威信息和专业建议。自 2018 年 10 月开通以来，"金羊号"已向用户提供了数十万条高质量内容，平均每月过万条。此外，羊城晚报还建立了"智慧信息研究中心""羊晚智库"，并聘请多名在社会上享有盛誉的文化大咖担任羊城晚报社文化顾问，为加强企业文化建设提供智力支持。

羊城晚报发布 2019 年政务"Y 指数"

（三）公益活动

2020 年，羊城晚报全年刊发公益广告 176 篇，合计 51 个版，主题包括新冠肺炎疫情防控、2020 南国书香节、庆祝深圳经济特区建立 40 周年、厉行节约杜绝浪费、推广普通话等内容。与此同时，羊城晚报在报道脱贫攻坚主题时，还通过公益活动的形式助推乡村振兴。羊城派客户端有针对性地开辟"出货帮"专题，实现农产品供需对接一站通。集团与广东农产品"保供稳价安心"平台联合，和头部互联网平台合力战"疫"护农，促进产销精准对接，帮助"粤字号"优质农产品顺利"出山"，获得当地政府和广大农户的高度赞扬。

2020 年 2 月，羊城晚报"2+1+8"战"疫"护农海报

五、人文关怀责任

（一）民生报道

扫码浏览"岭南名医"专栏

羊城晚报时刻关注医疗、教育、就业等民生类话题，推出大量全媒体报道。羊城派客户端专门开设了以为市民排忧解难为宗旨的"记者帮"专栏，主打消费维权、公共服务协调及政务服务沟通。2019 年，"记者帮·寻 TA"项目因帮助失散家庭团聚成绩显著而获得广东省委网信办、广东省文明办主办的"广东十佳网络公益项目"。羊城晚报金羊网开设的"岭南名医"专栏，连续 3 年被广东省网信办评为广东省"一网一品牌"重点项目，帮助群众足不出户就能享受到高质量的医疗诊断服务，大大提升了羊城晚报的民生服务功能。

（二）灾难和事故报道

2020 年，新冠肺炎疫情暴发后，羊城晚报持续深入报道，高度关注人民群众的生命财产安全，积极传播抗疫、防疫科学知识以及全国人民万众一心共同抗击疫情的动人场景。数万名医护人员星夜逆行奔赴疫区、当地政府为民解困、全国各地民众倾力支援武汉、志愿者不顾安危坚守抗疫最前线……一个个感人的故事，羊城晚报都给予了浓墨重彩的报道，充分体现了新闻媒体的人文关怀和满满的正能量。

（三）以人为本

为更好地传达正确的立场、观点，激发人们向善向上的精神，羊城晚报从权威部门发布的"广东好人""最美新时代革命军人""最美奋斗者"等榜单中选取代表性人物进行重点报道，通过深度采访和思想交流，宣传弘扬他们的奉献精神与人生价值观。同时，羊城晚报关心弱势群体，开设民生热线、寻找微信任、记者帮等专栏，关注人的全面发展，反映群众意见呼声，做到新闻服务百姓，以人为本。

六、文化责任

（一）弘扬践行社会主义核心价值观

羊城晚报坚持习近平新时代中国特色社会主义思想，践行社会主义核心价值观，发挥舆论引导作用，以报道正党风、淳民风、扬家风、树新风，擘画中国梦美丽图景。羊城晚报专栏"守护文明城市"报道广东部分城市社会治理经验，为各地构建文明卫生城市"把脉开方"。专栏"浪费可耻　节约为荣"积极响应党中央号召，报道餐馆减少粮食浪费的好做法，向民众宣传"节约光荣"理念，引领社会良好的消费观。专栏"我们身边的民法典"以生动的案例对民法典的条款进行诠释，拉近民众与法律的距离，让"学法、知法、懂法、用法"的观念深入人心，为建设法治中国贡献力量。

（二）传承繁荣中华优秀传统文化

羊城晚报以"新闻为眼、文化为脉"为理念，倾情打造《岭南文史》《惠州文脉》全媒体周刊，挖掘历史名城的文化宝藏，还携手广东省文化和旅游厅联合创办《岭南文脉》《潮人文脉》全媒体周刊，合力打造"文脉"系列全媒体周刊，展现岭南人文史脉和发展新貌。

羊城晚报《岭南文脉》全媒体周刊（左图）；羊城晚报《潮人文脉》全媒体周刊（右图）

2020 年 11 月 26 日，"2020 花地文学榜"年度盛典举行

羊城晚报每年举办上百场文化活动，从羊城晚报副刊《花地》文学创作年度盘点中萌芽的"花地文学榜"，已成功举办 7 届，引领社会文化风尚，传递文学经典；羊城晚报聘请钟南山、黄天骥、何镜堂、刘斯奋等广东 13 位名家为文化顾问，以"人文湾区"与"岭南文化"为基本点，围绕深化文化传播、研究文化产业动向和开拓文化公益事业等命题提供专业指导，以期构筑新时代岭南文化高地，推动文化创新发展。

（三）推动提升科学素养

为提升民众的科学素养，羊城晚报携手广州市科学技术局、广东科学中心共同开设"珠江科学大讲堂"，解答当今城市建设中的科学知识；开设普及健康知识的《健康大讲堂》，每期邀请各大医院的专家医生深入街道社区，向市民传播医疗健康卫生知识；金羊网开设"岭南名医"专栏，打造"名医＋健康服务"平台；羊城派客户端也定期推出"钢哥的科学驿站"专栏，向受众普及生活中的科学常识。

羊城派专栏"钢哥的科学驿站"

七、安全责任

为保证新闻的安全刊播，羊城晚报建立起严格的采编、审校规章制度，并严格落实"三审三校"制度，建立出报安全应急预案，全年编校差错率低于万分之三，印刷质量达到有关法规和标准规定的合格要求。

八、道德责任

（一）遵守职业规范

羊城晚报社严格遵守《中国新闻工作者职业道德准则》，制定了《羊城晚报采编工作守则》，强调坚持新闻真实性，杜绝有偿新闻，抵制低俗庸俗媚俗内容，并从消息来源、记者工作、编辑工作等九大方面对采编工作进行规范。2020年，羊城晚报采编人员严格遵守相关法规制度，无违反采编行为规范的现象。

（二）维护社会公德

羊城晚报在全媒体平台上开设"勇立潮头　敢担重任""文明有力量　南粤谱新章"等专栏，宣传介绍广东社会经济的最新发展成就；开设"政法队伍教育整顿"专栏，报道政法队伍纪律教育、素质教育的最新举措和显著成效。通过对典型人物和事件的报道，弘扬爱党爱国、乐于奉献的社会正气。

（三）接受社会监督

为规范采编人员工作行为，羊城晚报社出台了《羊城晚报采编工作守则》及《羊城晚报新媒体采编工作实施细则》。同时，报社还设立相应部门，接受群众举报投诉，确保渠道畅通并及时给予回应。

九、保障权益责任

（一）保障从业人员合法权益

羊城晚报社注重新闻从业人员的权益保护工作，支持和保护记者正常采编行为，切实保障新闻采访权益。当合法权益受到侵害，报社及时提供法律支持帮助维权，保障合法权益。此外，通过各种方式的普法宣传培训提升采编人员的法律风险防控意识。

（二）保障从业人员薪酬福利

长期以来，羊城晚报社都依法与全体员工签订劳动合同，并按时足额支付薪酬、缴纳"五险一金"。除了工作性质特殊的部分采编岗位外，其余从业人员都按国家规定实行五天工作制，并享受年休假。因采访任务而无法在公众假期休息的采编人员，报社也按规定给予补休、轮休安排，使报社从业人员的合法权益得到有效保障。

（三）规范新闻记者证管理

羊城晚报社注重对新闻记者证的规范管理。对采编人员，凡是符合条件的，都按规定为他们申领新闻记者证，并要求他们在日常工作中按规定亮证采访；而对离职、退休的采编人员，及时收回记者证，确保记者证规范使用。

（四）开展员工教育培训

2020 年，羊城晚报社积极与国内知名的高校对接，当年开展了多场线上线下培训：组织干部参加广东省干部网络培训学院网络学习，按要求完成该学习平台的积分；选派采编人员参加复旦大学新闻学院《首席新闻评论员》研修班线上学习；选派采编人员参加暨南大学新闻与传播学院组织暨大传媒讲习班；集团与湖南大学合办"集团中青年干部培训班"，组织集团中青年干部、业务骨干赴湖南大学封闭式学习。此外，报社还根据媒体融合的发展态势，不定期对制作海报、H5、Vlog 等新型新闻产品进行技术培训，以不断强化员工的政治素养和综合采编业务技能。

十、合法经营责任

经营行为方面，羊城晚报社严格遵守法律法规，遵守网信、新闻出版、广播电视等行政管理部门发布的规章制度、规范性文件等。根据国家财政及税务的相关规定，制定并完善本单位的财务制度、资产管理制度及其他内部管理制度，并严格执行，经营行为合法规范。

羊城晚报社严格做到采编与经营"两分开"，规范经营行为，依法规范驻地方机构新闻采编活动，各采编部门、各地记者站不从事与新闻采编业务无关的活动，报社没有向各地方记者站下达经营任务、收取管理费用。

《羊城晚报》广告刊登符合国家相关法规规定，不刊登违法违规广告。

十一、后记

（一）不足

本年度履行社会责任存在个别文字印刷差错，批评性、舆论监督报道总体偏少，融媒体产品需进一步创新。

本年度没有被网信、新闻出版、广播电视等行政管理部门或新闻道德委员会等行业组织作出行政处罚、通报批评的情况。

（二）改进

羊城晚报社对原有规章制度进行了全面梳理，结合工作要求查漏补缺，防止风险隐患，并提出操作指引，全媒体包括广告内容加强"三审"签发。

2020 年 9 月，羊城晚报社成立新媒体编委会，健全新媒体值委全天值班制度，严格落实新媒体把关，新媒体值委参加每日采编例会，加强融媒体产品制作统筹协调。

羊城晚报社对员工网上发表言论进行管理。各党支部集中学习，落实意识形态工作责任制要求，将自我监督与组织监督相结合，建立应急预案。

广西日报传媒集团

社会责任报告

一、前言

（一）媒体概况

广西日报是中共广西壮族自治区委员会机关报，1949 年 12 月 3 日创刊。1958 年 1 月南宁会议期间，毛泽东同志就办好《广西日报》作出指示，在中国新闻史上留下了光辉篇章。集团设有 30 个内设机构、14 个驻地记者站、1 个印刷厂、1 个国际传播联络站和系列子公司。现有员工 1000 多人，其中采编人员 570 余名，高级职称人员 118 名，中级职称人员 252 名。集团根据中央的部署和自治区党委的安排，着力推进广西云融媒体生态系统建设，争当全区媒体深度融合发展的排头兵。

（二）社会责任理念

集团切实增强"四个意识"、坚定"四个自信"、做到"两个维护"，积极履行举旗帜、聚民心、育新人、兴文化、展形象使命任务，全心全意为社会和公众服务。始终坚持马克思主义新闻观，坚持政治家办报，坚持正面宣传为主，牢牢把握正确舆论导向；始终遵循"真实、准确、全面、客观"，把握时度效，宣传科学理论，传播先进文化，反映社会现实，弘扬人间正气，自觉抵制有偿新闻、虚假新闻、歪理邪说、低俗之风；围绕中心、服务大局，守正创新、引导舆论，为建设新时代中国特色社会主义壮美广西汇聚磅礴力量。

（三）获奖情况

获"十三五"中国报业媒体融合创新单位奖、2020 年度全国传媒经营"金推手"奖优秀单位奖。两件作品分获第三十届中国新闻奖一等奖和三等奖；42 件作品获广西新闻奖。广西日报被中国—东盟商务理事会授予"2020 年度中国—东盟合作抗疫宣传贡献奖"，并获全国报纸印刷"精品级报纸"称号。集团下属广西新桂传媒有限公司获"全国报社媒体融合技术创新"优秀企业奖，南国早报获评《2019—2020 中国传媒经营价值百强榜》"全国都市报二十强""新媒体四十强"称号，壮观客户端在第十届中国互联网品牌大奖评选中获"2019—2020 中国媒体客户端最具影响力 50 强"，广西新闻网获南宁市授予"现代服务业企业创品牌奖"，《广西画报》在中国画报协会第七届"金晴奖"评选中荣膺最高奖"年度最佳画报"。

二、政治责任

（一）政治方向

集团始终坚持正确政治方向，加强策划和组织，浓墨重彩做好重大主题宣传报道。

1. 推动习近平新时代中国特色社会主义思想在壮乡大地走深走实走心。在习近平总书记 2017 年视察广西三周年、对黄文秀同志先进事迹作出重要指示一周年和对毛南族实现整族脱贫作出重要指示之际，推出重磅报道。强化理论阐释，开设"深入学习贯彻习近平新时代中国特色社会主义思想""事说新理"等栏目，发表 400 多篇理论文章。做好党的十九届五中

坚持新闻精品战略不动摇

全会精神宣传，及时开设专栏专题，全面深入解读全会精神。

2. 疫情防控、复工复产宣传报道强信心、暖人心、聚民心。刊发《战"疫"记》《广西援助湖北医疗队群英谱》《白衣执甲　英雄凯旋》等报道，讲述感人故事。开设"抓六保促六稳　育新机开新局"专栏，推出《特殊背景下"云招聘"如火如荼》等报道。全年刊发抗疫报道 9.6 万篇。

3. 全面立体展示决胜全面小康、决战脱贫攻坚"八桂画卷"。推出 11 篇以习近平总书记关于扶贫工作重要论述为题记的重磅报道以及跨连版《壮乡奔向更加美好新生活》、专版《广西八个深度贫困县脱贫摘帽扫描》。派出数十名记者参与"决战决胜走基层、总攻之势大采访——千名记者一线行"大型主题采访活动，推出大批鲜活稿件。

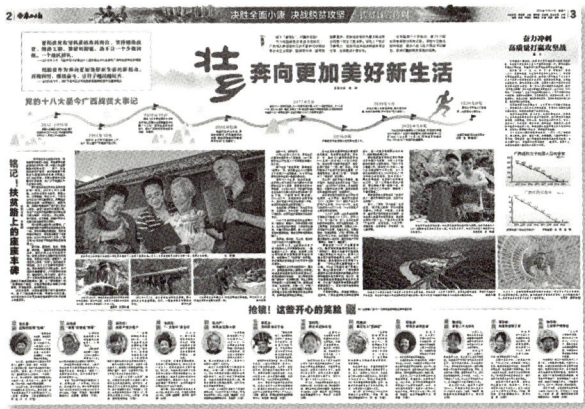

脱贫攻坚报道

4. 出新出彩做好重大会议、重要活动、重点部署等报道。创新两会报道，联合 12 家省媒组建全国首个云上新闻编辑部；针对中国—东盟博览会线上、线下两种展会形态，刊播大批高站位、深交互报道；结合"十三五"时期成就宣传，抓好自治区党委十一届九次全会报道；围绕自治区党委 16 字工作方针，重磅推出多篇综述并配发评论。还开展了"壮族三月三·八桂嘉年华"、优化营商环境、寻找抗美援朝老战士、扫黑除恶专项斗争等 20 多个重大主题宣传。

（二）舆论引导

1. 积极引导社会热点。利用 AI 动漫、H5、图解、短视频、海报等形式，及时发布权威信息。南国今报"两微一端"每天加大新闻推送频次。南国早报突出广西援鄂抗疫等六大主题，传递党和政府权威声音。广西新闻网联合职能部门发布《广西战"疫"大数据》，及时报道最新信息。

2. 改进宣传报道。南国早报实行改版，定位更精准、内容更精彩，紧扣民生热

加强舆论引导

点设置议题。南国今报持续推动内容、渠道、平台等创新，80% 以上 10 万 + 文章为原创。当代生活报整合推出《这一年，这些突破彰显中国实力》等作品。广西新闻网精心打造桂声频道，做大网络"正能量池"。

（三）舆论监督

1. 用好批评性报道等利器。广西日报办好评论版，强化言论的监督作用。南国早报、南国今报顺应群众呼声，推出《耕地上为何"长出"木材加工厂？》《钦州一村支书翘腿到桌上"接待"村民！镇政府：已通报批评》等报道，促进相关部门整改。广西新闻网刊发《问政广西》48 期，助推解决民生难题。

2. 开展调查性报道。刊发《市场起火坍塌是一场意外？》《关注成人体验馆》等稿件，策划推出关注"小区生命通道"、瓶装饮用水安全、无牌共享电动车、高空抛物等系列报道，建立"壮观·正声平台"网络辟谣平台，弘扬正气、鞭挞丑恶、还原真相，备受关注。

（四）对外传播

1. 讲好中国故事、传播好中国声音，打造国际全媒体传播模式。在习近平总书记发表第十七届东博会峰会开幕式视频致辞后，推动海外 47 家媒体刊发广西日报原创稿件，其中多个媒体刊发 14 个合作专版。及时推送《中国毛南族脱贫记》，

客观公正报道提升公信力

广西"十三五"建设成就、广西抗疫并援助东盟国家抗疫的稿件。全年共推送各类主题稿件 541 篇次，海外合作媒体扩大至 56 家。加快推进"广西云"驻新加坡、印度尼西亚、泰国、马来西亚、老挝 5 国国际传播联络站建设。

2. 促进文化交流。启动 24 集网台联动剧《留学生公寓》前期工作，以东盟留学生视角，向世界展示"中国制造""中国高铁"形象；推送原创英语音频新闻、中英双语节目和多语种节目，拓展交流渠道；发起特别策划《命运与共》系列 MV，制作国际版本，七国音乐人共唱一首歌，推动人类命运同体理念深入人心。

三、阵地建设责任

（一）融媒体矩阵

提档升级广西云融媒体生态系统建设，深化广西云"四圈深融"，建成由 5 报、3 刊、4 网站、5 客户端、系列微博微信公众号和智慧云屏组成的融媒体矩阵。广西云融媒体平台 2.0 版通过了中国新闻技术工作者联合会专家评审组验收，专家组认为"闯出了一条西部地区媒体融合发展新路径"。加快推进广西"一朵云"建设发展，推动广西云上升为省级媒体融合技术内容平台。

（二）融媒体报道

狠抓融媒体产品策划、创新。点击量超亿次的融媒体精品达 14 款，超千万次的有 220 款，创历史新高。《直播｜百色大暴雨引发山洪，公路塌方车辆被冲走！通讯员黄文秀发回现场视频后却不幸遇难……》获第三十届中国新闻奖一等奖。各媒体用户总量达 5011 万，同比增加 1333

加快推进广西"一朵云"建设发展

万，增长 36.24%；各新媒体平台总阅读数达 194 亿次，同比增加 110 亿次，增幅为 130.95%。

（三）融合采编平台建设

培训县级融媒体中心采编人员

移动采编系统实现迭代，广西云指挥中心功能定位改版升级，智能媒资系统与融媒平台深度整合，"四全"媒体建设迈出有力步伐。强化多维服务，完成 337 家政府网站的数据迁移及页面套接工作。推出融媒体九大产品服务方案，与 40 个中直（区直）单位、高校、城区等合作建设融媒体中心，为全区县级融媒体中心开办多期培训班。开展部、校、媒三方合作，成立广西云·贺州融媒体学院，共建融媒体人才培养基地。

四、服务责任

（一）信息服务

及时刊播政务、政策信息。办好"广西云发布厅""实用新闻"等栏目和版面，发布《从"最多跑一次"到"就近跑一次"——我区四十六项社保业务实现异地通办》等报道，推动政策广为人知。

提供生活信息服务。推出"台风浪卡致广西多地暴雨"话题，阅读量 1289 万次；各媒体常年刊发停水停电、交通、健康、惠民活动等信息。组织人员将 11 类场所防疫消毒措施制作成 H5、科普小册子，广为宣传。

（二）社会服务

1. 搭建公共服务平台。优化提升对"学习强国"广西平台、广西政府门户网等代运维项目的运营服务。开发推出"空中课堂"、口罩预约、在线问诊平台，参与开发"广西健康码"，助力中小学复学、人员安全有序流动和就医。承办广西脱贫攻坚成就展，展陈形式丰富。开设"读者互帮"和"早报帮办"平台，服务市民。

2. 做好公共智库服务。开办"学术视窗"专栏，刊登哲学社会科学研究优秀成果，助力经济社会高质量发展；主持完成两个重点课题，阶段性成果被全国人大代表转化为全国两会相关建议；组织撰写将东博会"搬上云端"的建议，获党委、政府重视。打造"桂声"智库，该智库获评全区网评工作先进集体。

高质高效承办广西脱贫攻坚成就展

（三）公益活动

1. 刊播公益广告。广西日报及其新媒体分别刊登公益广告 126.5 个版和 73 条。南国早报刊发 63.5 个版公益广告以及公益报道 200 多篇，并推出新媒体贴片公益广告；南国今报刊发 79 个版；广西新闻网刊发公益广告 230 余篇；周刊当代生活报每周刊登一个版公益广告。

广西日报社记者（中）在企业扶贫车间采访贫困户

2. 组织慈善活动。捐赠一批援鄂物资。广西云客户端联合 8 个深度贫困县开展三月三"1+8+N"联合大直播，助销优质农副特产。广西新闻网开展《"益"起脱贫》系列直播活动，助销农产品 400 多万元。

3. 助推乡村振兴。全年在

《广西日报》头版刊发农业农村主题稿件 147 篇，其中头版头条 14 篇。派出第一书记和扶贫工作队员驻村扶贫，帮扶的 6 个村全部脱贫摘帽。助力农村党建，安排 21 部"德行天下·微影故事"获奖影片走进农村党支部，广受欢迎。

五、人文关怀责任

（一）民生报道

报社始终坚持以人民为中心的发展思想，高度关注就业、教育、医疗等民生事项，反映少数民族、妇女、儿童、残疾人、老年人等意见呼声。《从"老有所养"迈向"老有善养"》积极宣传养老服务和大健康产业发展，新媒体阅读量迅速突破 10 万次；《智能时代，老年人该怎么办》深受老年读者好评。抓好八桂义工、爱心驿站、爱心车票等活动和报道，多篇报道获天天正能量奖。开设"情感"专栏，帮助求助者走出情感泥淖。

报道中突出人文关怀

（二）灾难和事故报道

遵循人文关怀，尊重受害群众，遵奉新闻伦理。在灾难和事故报道中严格把握分寸，既保障公众知情权，又保护当事人隐私，做到有态度、有温度。侧重于引导公众施援手、献爱心，撰写报道和拍摄图片注意选择角度，避免造成"二次伤害"，同时，坚持加油鼓劲、凝心聚力。《"广西云"聚集 33 家县级融媒暖海报，为武汉加油！》获评"县级融媒 齐心抗疫"区域性技术平台优秀案例。

（三）以人为本

坚持以人为本。大力报道广西援鄂抗疫烈士梁小霞先进事迹，引导公众学习烈士"敬畏生命、救死扶伤、甘于奉献、大爱无疆"的崇高精神。推出《临终关怀，用温柔的方式让生命更有尊严地"谢幕"》，报道志愿者给临终者充分温暖与呵护。还制作致敬广西白衣天使的MV《终于认识你》，引发网络热传。

广西日报记者（左）在央视《故事里的中国》节目讲述黄文秀的故事

六、文化责任

（一）弘扬践行社会主义核心价值观

办好"社会主义核心价值观"专栏，聚焦新时代公民道德建设、爱国主义教育。《超燃！2020广西最美民警・最美辅警》《致敬！八桂楷模》等报道图文并茂。用数十篇稿件"集束"推介战"疫"志愿者的奉献精神。宣传创建全国文明村镇、文明单位、文明家庭等好经验。大量刊发中国梦公益广告、海报，传播中国梦优秀歌曲。出品的红色动画电影《湘江1934・向死而生》走进校园，巡映百余场。

（二）传承繁荣中华优秀传统文化

贯彻落实习近平总书记重要指示批示精神，大力报道电影《秀美人生》、民族歌舞剧《扶贫路上》。做好"壮族三月三・八桂嘉年华"系列宣传，联动县级融媒体中心以及海外华文媒体，推介广西特色品牌活动，推出交互式作品《三月三山

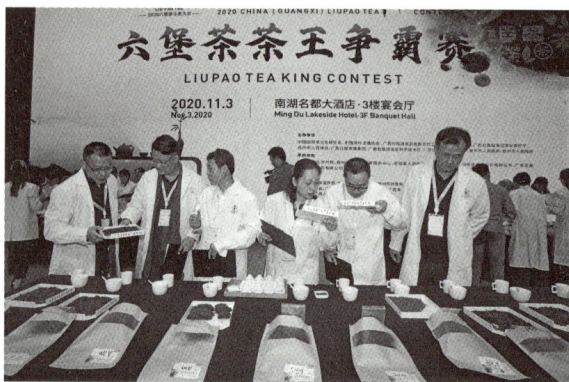

策划和举办大型活动，传承优秀传统文化，助推产业发展

歌专辑 H5》。登载抗疫主题艺术作品，展现壮乡精气神。关注优秀传统文化、基层群众文化，精心报道全区基层群众文艺会演。探索媒体融合新模式，组织开展"云共读"等活动。

（三）推动提升科学素养

聚焦广西科技战线实施科技创新支撑产业高质量发展和"三百二千"科技创新工程建设实践，营造科技创新浓厚氛围。大力宣传 2020 年广西科技创新工作会议、广西科技"两周一展"等重大活动，刊发《我区科技创新奋起直追之路越走越稳》等稿件，其中刊发《广西日报》头版头条稿件近 10 篇、头版稿件 60 多篇。

七、安全责任

全力做好安全刊播。落实落细意识形态工作责任制，完善制度、压实责任，全年未出现大的安全刊播及黑客入侵事件，刊播质量达到有关法规和标准规定的合格要求。

有完备的安全刊播制度。严格实行"三审三校"等采编播系列制度，稿件采编播流程清晰可溯；强化夜班总值班双岗；定期分析总结；在重要时间节点、重大活动宣传中，加强技术排查，做好应急预案。各环节严把政治、法律、政策、事实、知识、文字关，杜绝带硬伤作品见报上网。

八、道德责任

（一）遵守职业规范

　　严守新闻真实性原则，杜绝虚假失实新闻，维护社会公序良俗，全年未发生刊播虚假失实新闻事件。

　　坚决抵制不正之风，严禁以稿谋私、以版谋私、敲诈勒索、打击报复，营造风清气正的新闻工作环境。编印《廉政风险防控管理工作手册》，加强采编播各环节风险管理。坚持用健康向上的新闻作品陶冶情操、启迪心智，

广西日报记者（右二）采访移民搬迁群众

抵制"三俗"内容。尊重知识产权，维护自身和他人版权，努力遏制侵权现象。

（二）维护社会公德

　　持续做好弘扬真善美和正能量宣传报道，助力提升公民思想道德素质和社会文明程度。广泛报道抗疫志愿者事迹，登载《在后方做一些力所能及的事》《书写新时代的雷锋故事》等文章，助力构筑齐心抗疫的钢铁长城。

（三）接受社会监督

　　注重规范采编人员职务行为，记者采访时自觉出示新闻记者证。纸媒均在头版公布电话、传真等联系方式，网络媒体和新媒体平台也在首页公布举报受理渠道。设置信访举报箱并公布电子信箱。全年未收到关于采编人员违规违纪违法的举报投诉。

九、保障权益责任

（一）保障从业人员合法权益

支持、保护采编人员开展正常采编工作，提供设备、交通、驻站住宿、法律咨询等多方面保障。对于受到侵害的采编人员，建立包括记协、法律部门等在内的多方联动机制，能够很好地帮助申诉和维权。全年未发生采编人员受侵害情况。

（二）保障从业人员福利薪酬

员工的生活丰富多彩

依法与从业人员签订劳动合同，按时足额发放薪酬、缴纳"五险一金"并大幅提升缴费基数。依法依规执行法定假期、带薪年假、婚假、产假、工伤假、丧假等制度。提高工会会员节日慰问标准，增加生日慰问项，提高员工结婚生育、住院、丧葬慰问、困难补助等标准，落实伙食补贴，组织全员体检，组织优秀员工、一线员工、艰苦岗位员工外出疗养休养。

（三）规范新闻记者证管理

2020 年适逢记者证批量换证，集团根据相关安排，制定专门文件，明确了新版国家记者证的发放范围以及审核、使用、更换和注销办法。严格为符合条件的人员申领新闻记者证，进行登报公示，及时收回离职、退休、转岗等人员的记者证，做到记者证的申请、发放、管理工作规范有序。

（四）开展员工教育培训

举办习近平新时代中国特色社会主义思想和《中国共产党宣传工作条例》培训班，学习人数超过 700 人，按时完成率达 98% 以上。邀请专家为采编人员授课，派出业务骨干到外地学习先进理念、先进经验。组织 2000 多人次学习党的十九届五中全会精神，举办支部书记和部门负责

采编人员业务培训

人能力提升专题培训班，组织全体采编人员观看思想政治教育专题片。

十、合法经营责任

经营工作中的创新做法受到业界肯定

遵守公司法、广告法等法律法规，遵守网信、新闻出版、市场监管、广电等部门规章和规范性文件，合法经营，规范管理，依法纳税。严格做到采编经营"两分开"，始终把社会效益放在首位。全面禁止有偿新闻、有偿不闻，广告经营人员不介入新闻报道活动。不向记者站下达经营任务，全额负责驻站人员工作经费，记者站按时年审。规范广告刊播工作，严格执行"三审三校"制度，不刊播虚假违法广告。

十一、后记

（一）回应

"脱纸向网"，智面未来

集团着力改进上年度工作不足。一是阶段性策划、重大主题报道等研究得到深化。坚持"开门办报"，重点办好头版和要闻版，在增强吸引力和说服力上下功夫，推出了一批亮眼策划。二是实施精品战略收到成效，传播力、影响力增强，实现三年两获中国新闻奖一等奖，爆款燃款作品增多。三是加大了舆论监督力度，整合资源组建内参组，更好服务党委政府决策。四是媒体融合平台推广力度加大，技术赋能趋好，子报加快"脱纸向网"。

（二）不足

一是重大主题宣传的创新手段不够丰富，能冲击全国性大奖的作品仍然较少。二是媒体融合发展还不够深入，平台不够大、人员不够强、受众不够多。三是多元化经营、高质量发展未走上正轨，非报收入有限，新媒体盈利模式单一。四是体制机制改革办法不多，未能完全适应形势发展。

本年度未被网信、新闻出版、广电、市场监管等部门以及新闻道德委员会等行业组织处罚和批评。

（三）改进

切实提高政治判断力、政治领悟力、政治执行力，推动工作上新台阶。一是高扬思想旗帜，推动习近平新时代中国特色社会主义思想更加深入人心。二是围绕建党百年主线，扎实开展党史学习教育，奏响奋进新时代开启新征程的高昂旋律。三是提升国际传播能力和水平，打造重点面向东盟有国际影响力的外宣平台。四是实施全媒体传播工程，推进一体化融合发展，构建主流舆论格局。五是掌握意识形态安全主导权，有效防范化解宣传思想领域重大风险。六是强化政治建设，打造政治过硬、本领高强、求实创新、能打胜仗的新闻工作队伍。

海南日报

社 会 责 任 报 告

一、前言

（一）媒体概况

海南日报是海南省委机关报，是海南省委、省政府指导全省工作的重要舆论阵地，创刊于 1950 年 5 月 7 日。目前，海南日报报业集团拥有"六报五网三端一刊一社"，是拥有全媒体形态的新型主流媒体集团，用户总数超 3000 万。

（二）社会责任理念

集团以习近平新时代中国特色社会主义思想为指导，自觉在思想上、政治上、行动上与党中央保持高度一致。在宣传导向上，始终坚守政治家办报的理念，始终把社会效益放在首位，彰显党媒的作为担当。在创新发展上，深入推进媒体融合发展，加快构建立体多元的现代传播体系，进一步壮大主流思想舆论阵地。

（三）获奖情况

2020 年，经中央文明委复查确认，海南日报报业集团继续保留"全国文明单位"称号，连续 6 届荣获"全国文明单位"称号。

2020 年，海南日报 3 个作品荣获中国新闻奖，其中二等奖 1 个、三等奖 2 个，创历史最好成绩；集团各媒体共有 52 个作品获海南新闻奖，其中特别奖 1 个。南国都市报—南海网整合工程案例获第十届中国互联网品牌"2020 全国媒体融合创新典型案例奖"。

二、政治责任

（一）政治方向

2020 年，海南日报始终坚持正确政治方向，打造丰富的新闻盛宴。

1. 浓墨重彩完成海南贯彻落实习近平总书记"4·13"重要讲话精神系列报道。推出"风从南海来——海南贯彻落实习近平总书记'4·13'重要讲话精神特别报道"专栏，全方位、多角度展示海南贯彻习近平总书记"4·13"重要讲话精神的成绩。

6 月 1 日，《海南自由贸易港建设总体方案》印发，海南日报迅速推出《号外》，6 月 2 日在头版加封面，以 10 个整版的规模对总体方案的发布进行报道。

2020 年 4 月 13 日 A1 版

2020 年 6 月 1 日《号外》

2020 年 5 月 1 日 A4、A5 版

2. 推出"征途如虹——纪念海南解放 70 周年特别报道"系列报道。从 3 月 5 日起，海南日报推出"征途如虹——纪念海南解放 70 周年特别报道"，持续一个多月。在 5 月 1 日推出跨版《海南开启历史新纪元》，献礼海南解放 70 周年。

3. 突出特色，准确、全面、精彩做好重

大会议报道。2020 年，海南日报先后进行海南省两会、全国两会、海南省委七届八次和九次全会、"我们的十三五"等重大会议和重大主题报道，通过规范把关流程、开设特色专版专栏等措施，有效确保重大主题报道安全、准确、全面、精彩。

2020 年 5 月 23 日 A5 版

2020 年 5 月 22 日 A5 版

（二）舆论引导

1. 引导社会热点。

（1）多形式多角度开展抗击新冠肺炎疫情报道。在抗击新冠肺炎疫情报道中，海南日报高度重视对习近平总书记关于防疫工作的重要指示精神和中共中央、国务院的决策部署的报道，及时报道海南省委、省政府重点活动以及相关会议、指示精神。自 1 月 22 日起，共刊发疫情防控相关稿件

2020 年 3 月 29 日 A6、A7 版

2000 多篇，图片 300 多幅，助力海南省疫情防控取得决定性胜利。

（2）积极高效开展好决战脱贫攻坚报道。推出"决战决胜脱贫攻坚""为全面建成小康社会打下决定性基础""精准发力脱贫攻坚"等专栏，聚焦乡村振兴工作队、脱贫电视夜校等脱贫攻坚中心工作。

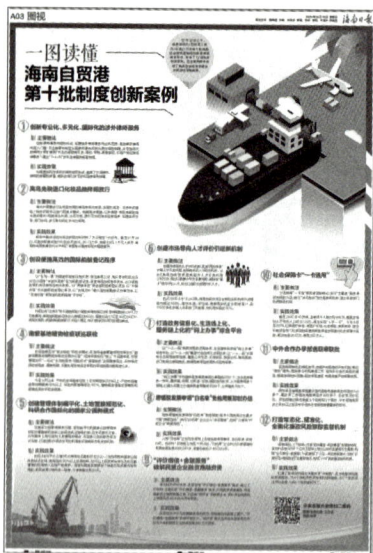

2020 年 12 月 13 日 A3 版

2. 注重改进创新。围绕海南省委、省政府中心工作，全力投入推进海南自贸港建设报道。紧紧围绕省委提出的应对"三场大考"、答好"三张答卷"的要求和目标，展开全媒体报道，为自贸港建设提供坚强的思想支撑和舆论支持。

（1）做好自贸港制度创新案例发布报道。以"一图读懂"、政策解读等方式，解读制度创新的措施、意义、目的等。

（2）做好海南自贸港建设项目集中开工和签约活动报道。每期报道规划 2 个至 3 个版的规模，报道各市县开工和签约动态。

（3）创新设立自贸观察融媒工作室。紧扣自贸港建设热点，注重报道的时效性、趣味性、可读性，增强专业性、思想性和指导性。

（三）舆论监督

做好中央环境保护督察整改报道。开设"中央环境保护督察整改进行时"专栏，在重要版面、突出位置刊发中央环保督察组移交案件情况、海南各市县对移交案件的整改情况，对典型案例进行报道，推进督察工作。

（四）对外传播

2020 年 12 月 18 日 A6 版

加强国际传播能力建设，讲好海南故事，促进文化交流。与俄罗斯塔斯社开展合作，在海南自贸港宣传报道等领域取得积极进展。

三、阵地建设责任

（一）融媒体矩阵

2020 年，海南日报客户端下载量突破百万，海南日报微信公众号、官方抖音号、今日头条号等均大幅涨粉，微信年度"10 万 +"数量是 2019 年的 3 倍。全年策划推出的 5 部微电影广受好评。

（二）融媒体报道

2020 年，海南日报新媒体中心打造爆款新闻作品持续发力，策划大量 H5、手绘漫画、抖音短视频、微博话题等，推出抗疫报道超万条，总阅读量超 10 亿人次。

海南日报新媒体策划拍摄国内首部抗疫微电影《椰子侠》，全网点击量超 2000 万人次，被全省多所学校作为"开学第一课"播放。首次与人民日报新媒体全平台推出微电影《鸟叔》，实现刷屏级传播。

（三）融合采编平台建设

2020 年，海南日报策划孵化了美食类微信公众号"深夜爱报社"，策划打造了医疗保健类微信公众号"兜医圈儿"等。

微电影《椰子侠》海报

微电影《鸟叔》海报

四、服务责任

（一）信息服务

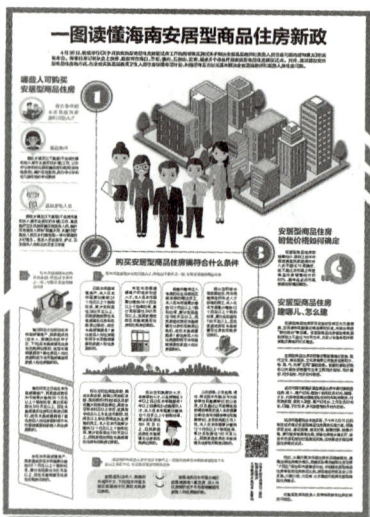

2020 年 5 月 1 日 B4 版

2020 年 2 月 14 日 A8 版

1. 政策信息服务。解读政策。围绕党中央、省委重大决策部署，聚焦重大议题，创新报道形式分析政策、讲清意义、剖析样本，刊发《一图读懂原辅料"零关税"政策》等报道。

2. 生活信息服务。提供生活服务信息。为读者提供新闻、交通、天气等信息。疫情期间，在报道国内外抗疫最新动态之余，还开展健康知识和防疫技能科普。

（二）社会服务

搭建政策解读、信息发布的平台，及时发布复工复产、助力"一抗三保"等政策信息，助力经济复苏。第一时间发布中央及省委、省政府最新政策，助力海南全面深化改革开放和中国特色自由贸易港建设。

（三）公益活动

1. 刊播公益广告。2020 年，海南日报共刊登 36.66 个版面的公益广告。组织刊发系列抗疫公益广告，及时策划推出针对政府部门和企业的复工复产特刊，策划开展海南旅游餐饮业公益扶持"春暖行动"，集中为广大旅游餐饮企业提供免费宣传服务，并凭此获得 2020 海南抗疫公益广告宣传

"突出贡献奖"。策划推出大型公益活动——第六届海南省《百姓身边好医护——最美抗疫英雄》与"山河无恙 三亚等你"全国抗疫英雄最美婚礼活动，取得良好社会反响，彰显主流媒体责任担当。

2. 组织慈善募捐。在抗击新冠肺炎疫情期间派出记者深入基层，采写大量海南人民开展慈善捐助助力抗疫的稿件，及时传递社会正能量，为坚决打赢疫情防控阻击战营造了舆论氛围。

3. 助推乡村振兴。2020 年，海南日报共刊发乡村振兴相关稿件 1000 余篇，为决战决胜脱贫攻坚和乡村振兴营造了良好的舆论氛围。疫情期间和决战决胜脱贫攻坚过程中，海南日报刊发大量接地气的新闻，展现海南乡村振兴的广阔画卷。

五、人文关怀责任

（一）民生报道

坚持民生视角，解读就业、医疗、教育、养老等方面的政策举措，在疫情期间和全面复工复产过程中，刊发了系列重要稿件，释疑解惑，正面引导。

（二）灾难和事故报道

关注台风、高温等突发事件，推出系列报道，关注战高温、抗击强降雨等情况，挖掘各行各业的党员干部职工舍小家顾大家的感人事迹。凸显人文精神，关注人的情感，遵守新闻伦理，不对受访者进行二次伤害式的提问采访。

（三）以人为本

1. 报道有态度有温度。关注社会民生热点。坚持以人民为中心的理念，报道疫情防控中的感人小事、中小学招生等社会关注度高的新闻，消除百姓疑虑。在抗疫报道中把镜头对准普通人，书写抗疫故事。派出记者赴湖北荆州，采写了一批有温

2020 年 2 月 28 日 A6 版

2020 年 6 月 15 日海南周刊版面

2020 年 11 月 24 日 A2、15 版

度、有态度、有深度的报道。

2.凸显人文精神。开设"海南正能量"专栏。推出一系列典型报道，关注社会各层面的凡人善举和感人事迹。

六、文化责任

（一）弘扬践行社会主义核心价值观

海南日报积极践行社会主义核心价值观，做好对社会主义核心价值观和中国梦的宣传。刊发《燃尽生命照初心》等稿件，报道了省委脱贫攻坚战第一督查组组长等领导的先进事迹，诠释了共产党员的初心使命。

（二）传承繁荣中华优秀传统文化

海南日报自觉承担社会教化、道德传承的职能，在推动社会主义文化大发展大繁荣的进程中发挥了应有的作用。利用海南周刊、文化周刊等平台，刊发了大量稿件，取得了良好的文化传播效果。

（三）推动提升科学素养

海南日报聚焦以南繁育种、深海科技、航天科技为代表的"陆海空"领域科技创新，全方位展示海南科技创新方面的丰硕成果。

七、安全责任

（一）如实报告安全刊播情况

2020 年，海南日报全面落实意识形态工作责任制，在刊播各个环节进一步完善和健全各项管理制度，明确责任到岗、到人，有效杜绝可能出现的安全疏漏。

强化采编流程把关，筑牢意识形态安全"防火墙"。严格依照海南日报采编工作规范等制度，形成了全流程无缝对接的工作管理体系，进一步提升编校质量，确保安全出报。

（二）完善安全刊播制度

创新体制机制，防微杜渐，确保安全出报。严格遵守"三审三校"制度，建立编校采反馈制度，严防各类差错的发生。进一步完善印刷出版流程，把好技术关，为海南日报做到"零事故"提供有力保障。

（三）建立应急预案等

加强对全国代印报刊的管理。认真落实岗位责任制，坚决杜绝空白报、废报出厂，遇重大节日提前强调安全出报责任，确保报纸正常出版、发行。

八、道德责任

（一）遵守职业规范

确保采编队伍始终将正确的政治方向摆在首位。2020 年，海南日报恪守新闻采编、报道评论、转载传播等方面的从业准则，完善有关规章制度，加强新闻采编队伍教育培训，切实履行新闻舆论工作"48 字"职责使命，不断提高采编人员的政治素质和业务素质，自觉抵制不正之风，努力锻造新闻舆论铁军，在新时代履行好党报的职责和使命。

严格按照《中国新闻工作者职业道德准则》加强内部管理。始终坚持新闻真实性原则，坚决不刊播虚假失实新闻；坚决反对和抵制各种有偿新闻、有偿不闻及新闻敲诈行为；加强内容审核把关，坚决抵制庸俗、低俗、媚俗之风；不断加大新闻作品版权保护和维权力度。

2020 年 3 月 8 日海南日报 A6 版

（二）维护社会公德

大力弘扬社会公德，倡导文明新风，维护社会公序良俗。刊发"最美退役军人""最美教师"先进事迹，彰显道德模范的榜样示范作用；挖掘抗击疫情、决战决胜脱贫攻坚、乡村振兴中的动人故事，记录新时代奋斗者、奉献者的最美身影；介绍新时代文明实践中心建设情况，为各地培育社会文明新风尚提供有益经验。

（三）接受社会监督

在采访时，海南日报记者主动出示国家新闻

出版署统一核发的新闻记者证。严禁无证或持工作证、采访证等其他证件开展采访工作，严禁未取得记者证的试用及实习人员单独从事新闻采访活动。自觉接受社会监督，保障群众依法举报投诉渠道畅通。

九、保障权益责任

（一）保障从业人员合法权益

集团支持、保护采编人员开展正常采编工作，切实为采编人员提供设备、交通、驻站住宿、法律咨询、法律维权等多方面保障。

（二）保障从业人员薪酬福利

集团积极保障从业人员权益，依法与员工签署劳动合同。按时发放薪酬，保持职工薪酬和各项福利待遇稳定。认真执行员工法定假期、带薪年休假、婚假、产假、工伤假、丧假等制度。提高工会会员节日慰问标准和员工结婚生育、住院、丧葬慰问及困难补助标准。

（三）规范新闻记者证管理

集团规范新闻记者证管理，严格按照相关要求与程序，为符合条件的采编人员申领新闻记者证，对申领人员予以登报公示。此外，及时收回离职、退休等采编人员的新闻记者证。

（四）开展员工教育培训

全年组织集团领导、中层干部分别参加中组部"事业单位领导人员示范培训班"以及"学习贯彻习近平新时代中国特色社会主义思想"专题进修班、中组部中青年领导干部培训班和海南省中青年领导干部培训班等政治能力提升系列专题培训学习；选派干部赴中央媒体单位跟班学习；组织 137 名新闻采编人员参加 2020 年全省新闻采编人员资格线上培训及考试。

十、合法经营责任

海南日报报业集团严格遵守国家相关政策法规，遵守新闻出版、网信、市场监管等行政管理部门发布的部门规章、规范性文件，健全完善各项经营管理制度，推动经营工作的制度化、规范化管理，实现了社会效益和经济效益协同发展。

（一）遵守法律法规和有关规定

2020 年，集团依法依规开展各项经营业务。严格按照《中华人民共和国公司法》等政策法规，以及集团出台的各项经营管理制度开展经营工作，诚实守信，合法经营，自觉抵制不正当竞争行为。按时履行纳税义务。

（二）严格做到采编与经营"两分开"

集团认真贯彻落实中央有关严格实行新闻媒体采编与经营"两分开"的要求，完善采编经营"两分开"的各项制度建设工作，颁布实施了《海南日报报业集团进一步加强新闻采编和经营两分开的规定》等系列相关制度规定。加强新闻队伍职业道德建设，坚决杜绝有偿新闻。

（三）不刊播违法违规广告

海南日报在广告经营发布活动中严格遵守广告法，坚决不为追求经济利益发布虚假违法广告。严格实行三级审稿制、各级审稿职责、稿源差错登记追究制等制度，确保合法、合规发布广告。2020 年，《海南日报》广告经营未出现违法违规情况。

十一、后记

（一）回应

2020 年，海南日报报业集团坚定不移地推进改革转型与媒体深度融合，忠实履行媒体社会责任。对 2019 年查找出的问题，认真整改逐项落实，取得了一定成效。

1. 关于创新体制机制的问题。集团坚持解放思想、大胆创新，积极主动探索，完善规章制度。一是重组集团全媒体运营中心。二是创新利润目标考核机制。三是完善健全规章制度。

2. 关于媒体融合发展的问题。为推动媒体深度融合发展，集团以南国都市报、南海网（以下简称"南南"）为改革试点，进行资源整合，打造省级融媒体中心。组建南国都市报—南海网管委会，实现采编、经营、管理、技术一体化。践行"移动优先"理念，打造全省核心移动传播平台——新海南客户端。整合后的"南南"，传播能力持续上升，全年营收破 2 亿元，媒体融合效应初步显现。

3. 关于人才队伍建设的问题。集团坚持党管人才原则，不断拓宽人才引进渠道。2020 年，集团引进人才近 100 人，有效弥补了集团部分关键领域的人才短板，充实了高层次人才队伍。不断加大干部培养力度，组织采编人员线上培训，选派干部赴中央媒体跟班学习，打造高层次人才培养平台，出台集团名家工作室建设管理办法，组织做好高层次人才认定和专业职称申报工作。2020 年，集团人才首次入选"南海名家"和"南海名家"青年项目人才培养计划。

4. 关于拓宽资金来源的问题。集团探索加强资本运作，参与组建海南省媒体融合发展投资基金，投资海南呀诺达、海南凤凰新华出版等项目；制定南海网 5 年升级转板计划，通过送（转）股方式将南海网股本扩至 7000 万股。

集团积极拓展多元文化产业，增强可持续发展能力。持续做强做大品牌活动，顺利完成泛珠三角区域合作成就展、第六届亚洲沙滩运动会亚沙馆等重大主题布展活动，重组海报教育公司，开拓智库、稳评及人力资源等业务。

（二）不足

2020 年，集团各项工作取得了一定成绩，但与省委、省政府的要求和职工的期待还有差距。如传统纸媒与新媒体融合力度还不够；经营管理创新能力还需提升，经营融合能力还不足；高层次人才引进力度还不够等。

（三）改进

2021 年，集团将牢记习近平总书记关于海南工作的系列重要讲话和指示批示精神，坚持解放思想、敢闯敢试、大胆创新，坚持远近结合、小步快跑，策划好重点宣传报道，加快媒体深度融合，建设与自贸港发展相适应的全媒体集团。

加快媒体深度融合，建设全媒体集团。扎实推进国际传媒港（省新闻中心）项目建设；推进"南南"深度融合，落实南海网提升工程，推进省级融媒体中心项目建设；落实海南日报"深融工程"三年计划，推动主力军全面进入主战场。

推动经营融合转型，开创经营新局面。在巩固既有成果的基础上，加快推进体制机制创新，推动各经营单位转型发展，拓宽拓深新媒体经营，做强做大成熟品牌活动，加大多元化经营，加快资本运作步伐。

完善人才培养机制，加大人才引进力度。完成集团人才队伍中长期规划，做好干部队伍储备；加快建立健全集团高层次人才认定和服务管理体系；建立健全融媒考核机制；促进集团高层次人才和优秀人才的引进和培养。

重庆日报

社会责任报告

一、前言

（一）媒体概况

重庆日报是重庆市委机关报，于 1952 年 8 月 5 日正式创刊，时任西南局书记的邓小平同志为报纸题写报头并题词。重庆日报发行量 28 万份，是重庆地区发行量最大、覆盖面最广、影响力最强的报刊。

（二）社会责任理念

重庆日报始终坚持以习近平新时代中国特色社会主义思想为指导，不断增强"四个意识"、坚定"四个自信"、做到"两个维护"，按照习近平总书记对重庆提出的"两点"定位、"两地""两高"目标、发挥"三个作用"和营造良好政治生态的重要指示要求，坚持党管媒体的原则，牢牢把握正确政治方向、舆论导向和价值取向，提升传播力、引导力、影响力、公信力，传播好党的声音，反映好人民心声，履行好党报职责。

（三）获奖情况

重庆日报现有在职员工 269 人。历年来，涌现出党的十七大、十八大代表，长江韬奋奖获得者等大批优秀编辑记者。在第三十届中国新闻奖评选中，《点赞重庆高校思政金课》获文字通讯与深度报道类三等奖。在第二十三届重庆新闻奖评选中，《幸福靠奋斗 努力向前跑——习近平总书记在重庆考察回访记》获特别奖，《重庆大学在月球"种菜"》等 15 件作品获一等奖。在疫情防控期间，重庆日报编辑部获得"重庆市抗击新冠肺炎疫情先进集体"荣誉称号，记者谢智强获得"全国抗击新冠肺炎疫情先进个人"称号。

本报作品获第三十届中国新闻奖

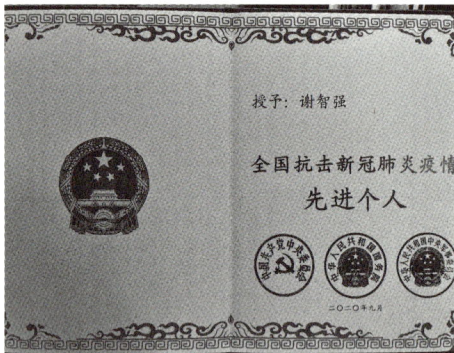

本报记者获"全国抗击新冠肺炎疫情先进个人"称号

二、政治责任

（一）突出政治站位，持续推动习近平新时代中国特色社会主义思想深入人心

2020 年 1 月 6 日，推出大型特刊《把总书记殷殷嘱托全面落实在重庆大地上》

1. 精心策划习近平总书记视察重庆四周年报道。2016 年 1 月 5 日，习近平总书记视察重庆，并主持召开推动长江经济带发展座谈会。2020 年 1 月 6 日，重庆日报推出大型特刊《把总书记殷殷嘱托全面落实在重庆大地上》，对 4 年来重庆经济社会发展、生态文明建设、全面从严治党等取得的成就进行全面展示，起到了

良好的舆论引导作用。

2. 浓墨重彩做好习近平总书记视察重庆一周年报道。2019年4月15日至17日，习近平总书记在重庆考察，主持召开解决"两不愁三保障"突出问题座谈会。重庆日报从2020年4月1日起至4月20日，在"把习近平总书记的殷殷嘱托全面落实在重庆大地上"专栏下共刊发

2020年4月15日，专栏特刊《把习近平总书记的殷殷嘱托全面落实在重庆大地上》

版面46个，稿件125篇。4月15日推出特别报道被新华网、人民网等各大平台纷纷转发，访问量达2620万。

3. 用心用情做好学习宣传贯彻习近平总书记重要讲话精神的报道和反响报道。在全国两会期间，重点报道习近平总书记4次下团组时发表的重要讲话，采访全国两会代表委员及重庆各界人士，及时推出反响报道，体现了高度的政治自觉。

4. 持续做好学习贯彻党的十九届五中全会精神的宣传报道。开设"学习宣传贯彻党的十九届五中全会精神"专栏，全面解读"十四五"规划和2035年远景目标。《思想周刊》刊发多期理论文章，邀请专家学者共话全会焦点，对全会的重要性、特殊性进行了权威分析和详尽论述。

2020年7月10日，"唱好'双城记'建好'经济圈'"栏目

（二）持续报道成渝地区双城经济圈建设亮点

重庆日报在"唱好'双城记'建好'经济圈'"栏目下刊发稿件400多篇。与四川日报、成都日报建立紧密的信息沟通机制，围绕双城经济、民生、文化、服务等领域组织两地媒体互采互访。两地新媒体开设相关频道，联动报道双城经济圈

改革开放、协同发展的故事，为成渝地区双城经济圈建设营造了良好舆论氛围。

（三）充分发挥党报优势，高质量做好"四战"报道

2020 年 10 月 19 日，"重庆市抗击新冠肺炎疫情表彰大会特别报道"

1. 高质量做好"战疫情"报道。开设"坚定信心　同舟共济　坚决打赢疫情防控阻击战""抗疫群英谱""党旗在抗疫一线高高飘扬"等专栏。重庆日报社记者奔赴湖北前线，刊发 53 篇生动、鲜活的作品。1 月 23 日至 3 月 15 日期间，重庆日报共刊发疫情防控报道版面 322 个，稿件 1642 篇。重庆日报客户端共发布稿件 10486 条，微信发稿 424 条，微博发稿 2219 条，制作海报 327 张，制作抖音短视频 775 条。

2. 高质量完成"战脱贫"报道。开设"决战决胜　脱贫攻坚"等栏目，聚焦脱贫攻坚、农旅融合、产业转型等方面的典型。重庆日报推出的"天坑下庄的开路人"系列报道在全国引起强烈反响，"当代愚公"毛相林被评为"感动中国 2020 年度人物"，荣获"全国脱贫攻坚楷模""时代楷模"等荣誉称号。策划的"重走西秀黔彭　感受脱贫巨变"大型全媒体系列报道再现了渝东南地区群众在脱贫攻坚战场上的奋斗故事。"扶贫印记——2020 重庆视觉扶贫行动"历时半年，700 多名摄影师拍摄了 116 个乡村发生的变化，用影像记录脱贫攻坚的光辉历程。组织刊发的报告文学《难忘是下庄》产生广泛影响。

3. 高质量完成"战复工"报道。开设"做好疫情防控　有序复工复产""统筹推进疫情防控和经济社会发展"等专栏，刊发《重庆规上工业企业有序复工复产截至 3 月 1 日 6435 家企业开工率

2020 年 7 月 7 日起推出"天坑下庄的开路人"系列报道

达 98.8%》等重点稿件。

4.高质量完成"战洪水"报道。面对长江、嘉陵江来势汹汹的汛情，重庆日报迅速行动，全面展现重庆党员、干部、群众全力以赴参加防汛抗洪救灾的精神风貌。8 月 19 日至 9 月 3 日，刊发稿件上百篇，新媒体各平台共发布稿件 321 条，总阅读量超过千万。

（四）紧紧围绕中心工作，营造高质量发展舆论氛围

重庆日报聚焦党中央和重庆市委、市政府中心工作，通过开展一系列主题报道，有力有效进行舆论引导。在全国两会报道中，推出"重报圆桌会""两会聚焦"重点栏目，围绕长江经济带建设、南下陆海新通道等主题，刊发报道近 30 篇。2020 年线上智博会举办期间，刊发智博会特刊版面 29 个，稿件 145 篇，图片 74 幅，充分发挥出党报的舆论引导作用。《望他山》《晒亮点》《在行动》《看效果》等系列专题报道，探寻各地发展典型之路，彰显重庆高质量发展亮点。

2020 年，重庆日报还推出了优化营商环境、关注爱国卫生运动、群众身边看变化、城市提升看亮点、乡村振兴看亮点、做好"六稳"工作落实"六保"任务、加快推进主城都市区高质量发展、"育新机　开新局"等 120 余个主题策划报道。

（五）回应关切，体现党报思想引领

重庆日报坚持思想立报，进一步发挥党报"观点纸""思想纸"作用。通过主题策划、专题调研、全媒体传播，让党的创新理论深入基层、深入人心。思想周刊策划推出《〈习近平谈治国理政〉第三卷学习座谈会》《学习宣传贯彻党的十九届五中全会精神》等系列专版，深入开展基层理论调研，加强了党的创新理论宣传阵地建设。"两江短评""重报时论"等栏目，主动关注社会热点，推出系列评论，推动实际工作。

（六）积极开展对外传播

重庆日报主动开展对外传播，More than 200 Trips！ The China Railway Express（Yuxin'ou）See a Record of Trips in a Single Month(《突破200班！中欧班列（渝新欧）单月开行量创新高》)、Chongqing and Sichuan to Jointly Construct Demonstration

Zone of Pilot Free Trade Zone（《川渝启动共建自贸试验区协同开放示范区》）等稿件在 iChongqing 英文网站发布，并同步在脸谱、推特、领英等海外主流社交媒体进行推送，集中展示了重庆美好形象。

三、阵地建设责任

（一）创新做好"内容+"

内容建设是党媒的核心竞争力，重庆日报提出打造"新时代精品党报"，致力把重庆日报打造成一张态度纸、思想纸、观点纸、故事纸，具体表现为内容布局"板块化"，重大报道"主题化"，深度报道"周刊化"，理论评论"通俗化"，内容呈现"可视化"，融合传播"一体化"。

（二）创新推动"传播+"

重庆日报加快传播平台建设，形成了"三微、一端、一网+头条、抖音、微视、快手、知乎"等全媒体平台矩阵，覆盖用户达到 2000 万以上。重庆日报抖音号粉丝从年前的 3000 个用户增长到 114 万个，微博粉丝达到 611 万。重庆日报客户端进一步创新机制体制，成立了 4 个虚拟工作室：海报（海豹工作室）、短视频（海狮工作室）、网络直播（海螺工作室）、漫画（海鳗工作室），共生产短视频5000 多条。在抗疫报道中，《前线医护人员吐心声：疫情结束后，我最想……》系列短视频 160 条，全网阅读量达到 5 亿次，单条视频最高的点阅量 1 亿+、点赞量800 多万次，留言 40 多万条。

（三）创新塑造"品牌+"

2020 年先后举办了各类品牌活动、展览、论坛、评选等，乡村振兴大讲堂、"6·18"百万市民拍重庆、重庆市中国农民丰收节"金镜头"摄影大赛、重庆国际文化旅游产业博览会等活动均产生了广泛的社会影响。在中国新媒体大会上，重庆日报"扶贫印记——2020重庆视觉扶贫行动"入围"2020中国新媒体扶贫优秀案例"提名。

四、服务责任

（一）推出民生热线　走好全媒体时代群众路线

重庆日报在 2020 年推出《民生热线》版，开设"记者调查""城市曝光台""这事解决了""释疑解惑""重报话题""民情大数据"等栏目，通过走访、调查，反映群众的建议和呼声，传递党和政府声音，回应市民诉求。

同时，重庆日报还通过重庆日报客户端、重庆日报微信公众号等网络平台，与读者、网友开展互动交流。重庆日报客户端推出民生频道，开设"市民有话说""记者在调查""我们帮你问""这事解决了""有事提醒你""民情大数据""基层新治理"等栏目，读者可以直接在移动端报料，随时关注反映问题的调查进展。

（二）为公益赋能　持续开展公益活动

重庆日报在 2020 年度公益评选活动中产生了"2020 年度十大公益人物"和"2020 年度十大公益项目"，以及"2020 年度公益项目最佳创新奖"和"2020 年度公益项目最佳组织奖"。

重庆日报还与各行业深度开展公益联动，全年刊发有关疫情防控、垃圾分类、生态环境、城市文明等多期公益广告，其中策划推出"众志成城　全力战'疫'"系列公益广告共 28 期，推动党报品牌影响力的提升。

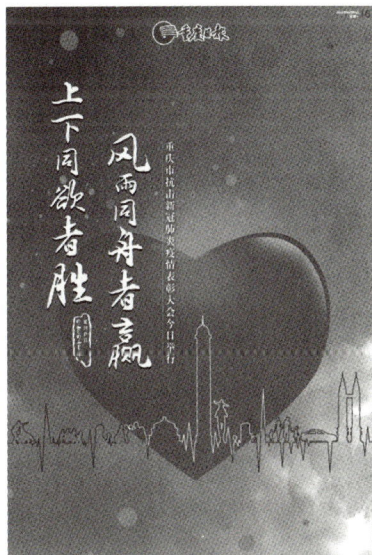

2020 年 10 月 19 日刊登"众志成城　全力战'疫'"公益广告

五、人文关怀责任

（一）反映群众呼声，体现人文关怀

2020 年 12 月 7 日刊登调查报道

重庆日报积极履行人文关怀责任，积极关注医疗、教育、养老、就业等民生实事，推出系列调查报道。如面对老年人日常生活中遭遇的智能技术应用困难，推出报道《别让技术困难将老人与智能时代"隔离" 本报记者模拟体验多场景老人生活》，为老年人发声。新冠肺炎疫情防控期间，新冠肺炎患者的个人隐私被泄露引发社会持续关注，重庆日报全媒体记者进行了相关网络调查和线下走访，推出调查报道《"其实，他们也是受害者" 新冠肺炎患者隐私泄露引发社会焦虑 市民呼吁加强保护》，体现了党报的人文关怀。

（二）以人为本，聚焦群众小康生活

重庆日报始终聚焦人民群众，讴歌平凡人的真善美，推出大量有温度、有深度、有态度的新闻报道。在"走向我们的小康生活"栏目报道中，重庆日报聚焦百姓身边的变化，从小切口反映大主题，通过历史回顾、新旧对比、现实分析等，全景展示全面建成小康社会的伟大实践、巨大成就和成功经验，展现人民群众共建美好家园、共享幸福生活的生动实践，汇聚起坚定信心克难关、同心同德奔小康的强大力量。

六、文化责任

（一）栏目丰富，传播中华优秀传统文化

重庆日报通过丰富多彩的栏目对优秀传统文化进行宣传报道，大力弘扬社会主义核心价值观。在清明、端午、中秋等传统节日均推出策划报道。《人文巴渝》《两江潮》副刊推出集思想性、文艺性、时效性于一体的主题策划，效果良好。从 3 月开始推出《共赏百本好书》专版，全年共刊发 40 期。开展了"百年荣光""成渝走笔看双城"征文活动，社会反响强烈。

2020 年 7 月 3 日《共赏百本好书》专版

（二）形式多样，晒出各区县文创产品

在长达 4 个多月的"晒旅游精品　晒文创产品"第二季双晒系列报道中，重庆日报每周二、五推出《区县文旅精品荟》专版，共 41 个跨版，有效提振重庆各区县文旅市场活力，促进了文旅产业消费复苏。同时，通过直播带货互动营销方式，为当地特色产品代言，为产业发展提供新思路。在第二季双晒直播期间，重庆日报新媒体端直播访问量及稿件曝光量 11.2 亿人次，超 50 万人次点赞。抖音平台累计直播浏览量 8730 万＋，实现孵化区县产品网红品牌 50 个，有效地宣传展示了重庆特色文创产品。

2020 年 7 月 17 日《区县文旅精品荟》专版

2020 年 7 月 6 日 "重走成渝古驿道 感受双城新变化"

（三）传承历史文脉，重走成渝古驿道

2020 年 7 月，重庆日报开展 "重走成渝古驿道 感受双城新变化" 大型全媒体采访活动，通过实地调查、挖掘史料、走访专家和当地群众，探寻古驿道蕴含的巴蜀人文密码，讲述川渝交往的精彩故事，展现古驿道沿途城市如今在大力推动成渝地区双城经济圈建设中的新气象新作为新故事，重庆日报和四川日报联合推出 13 个整版，40 条融媒体产品，成为一时热题。

七、安全责任

重庆日报严格执行 "三审三校" 制度，不断修订完善《重庆日报编委会议事规则》《重庆日报防止差错管理办法》等规章制度。对采前会、策划会等采编工作制度进行优化调整，进一步梳理采编流程，强化薄弱环节，做到新闻管理更有力、采编对接更顺畅、统筹服务更精细，确保重庆日报全年未出现重大差错，切实履行安全责任。

八、道德责任

重庆日报全面加强政治理论学习，不断提升思想理论道德水平。在宣传报道中，通过对真善美的彰显，弘扬社会正气，讴歌美好心灵。在队伍管理中，组织全

体采编人员认真学习《报纸出版管理规定》等规章制度。严格按照规定管理新闻记者证，坚决杜绝有偿新闻、虚假新闻、庸俗低俗媚俗新闻。所有新闻采编活动均遵守政策和法律法规，主动接受群众监督，自觉履行道德责任。

九、保障权益责任

（一）充分保障员工正常福利待遇

重庆日报严格履行劳动法等规定，与员工及时签订《聘用合同书》，按时缴纳"五险一金"。认真执行法定假期、带薪年假、病假、婚假、产假、丧假、工伤假等制度。积极开展员工关爱帮扶工作，举办员工运动会等活动。

（二）开展各类学习培训，提升员工素质

重庆日报公开课以国家安全观教育，民法典的时代意义、核心要义与重要问题等为主题开展培训。7月下旬举办新入职年轻员工培训班，提升新入职年轻员工的新闻采编业务水平。12月中旬举办重庆日报管理干部能力提升培训班，切实提升了干部的综合协调、沟通、服务和管理能力。

十、合法经营责任

一是规范经营，采编经营"两分开"。重庆日报严格遵循《中华人民共和国广告法》等法律法规，开展规范经营行为，认真执行广告审核制度，全年未刊登任何违法违规广告。

重庆日报"直播带货"活动现场

二是创新经营，拓展经营空间。全面推进线上线下融合互动，实施一系列兼具社会效益和经济效益的经营活动和全案营销。与17个区县政府合作，完成了内容丰富的电商直播活动。开展"重庆优化营商环境十佳案例""发现乡村阅读榜样"等评选活动，为经营主业赋能。策划实施并承办第三届"长江上游城市花卉艺术博览会"，打造媒体融合城市营销的经典案例。

十一、后记

针对2020年在内容建设和队伍建设方面存在的问题，重庆日报积极整改，通过一系列措施，切实提升了新闻宣传质量，增强了团队活力，取得了一定成绩。但在理论学习的系统性、主题宣传的多样化、媒体融合发展方面仍有提升空间。2021年将从以下3个方面开展工作。

一是进一步提高政治站位，强化责任担当，提升传播力、引导力、影响力、公信力。深入学习贯彻习近平新时代中国特色社会主义思想，深刻领会把握战略意义、战略内涵、战略目标、战略重点，提升战略认知水平，在新形势下、新任务中找准定位、明确方位，主动作为、深度融入，实现高质量发展。

二是进一步增强精品意识，走好全媒体时代群众路线。紧紧围绕中央和市委、市政府中心工作，生产有影响力的深度报道、典型报道、调查报道。秉承"开门办报"理念，践行"走转改"，采写更多有思想、有温度、有品质的新闻作品。加大理论评论力度，加强专家智库和理论调研基地建设，让党报成为党的创新理论传播主渠道。

三是进一步把准一体化发展方向，加快媒体深度融合发展。坚决贯彻落实习近平总书记关于推动媒体融合发展系列重要讲话精神，加大平台建设力度，加强资源整合能力，提升新技术运用水平，集中资源办好"两江观察""视觉重庆"，进一步增强全媒体传播的影响力。

四川广播电视台

社会责任报告

一、前言

（一）媒体概况

四川广播电视台为事业性质、实行企业化管理的宣传文化单位。拥有 9 个电视频道、8 个广播频率，以及四川观察、熊猫听听、香巴拉资讯、四川网络广播电视台等新媒体平台，具有超 11 亿人口的覆盖优势。

（二）社会责任理念

2020 年四川广播电视台坚持以习近平新时代中国特色社会主义思想为指导，认真落实中央和四川省委关于宣传思想文化工作的总体部署，紧紧围绕"出作品、出人才、出效益、树品牌"总目标，创新体制机制，推进融合发展，加强舆论引导，回应社会关切，自觉履行社会责任，树立良好社会形象。

（三）获奖情况

2020 年度四川广播电视台被国家广电总局评为"全国广播电视媒体融合先导单位"。《守护》《其美多吉》《力洛的心愿》3 件作品获第三十届中国新闻奖。《万里山河万里情》获中国广播影视大奖。72 件作品获四川新闻奖。

二、政治责任

（一）坚定正确政治方向，扎实开展重大主题宣传

2020 年四川广播电视台克服新冠肺炎疫情影响，认真履行主流媒体职责使命，围绕夺取疫情防控和经济社会发展双胜利、决战脱贫攻坚、成渝地区双城经济圈建设等重大主题，精心策划专题专栏、新闻行动和融媒体产品，营造了全省改革发展稳定的浓厚氛围。

1. 抗疫宣传成效显著。新冠肺炎疫情暴发以来，四川广播电视台快速响应、主动作为，多平台、全方位开展疫情防控宣传和舆论引导。组建特别报道组前往武汉，多篇报道引发强烈反响；推出《众志成城

2020 年四川广播电视台记者手记之甘孜战"疫"

《致敬向疫而行的你》四川好人特别主题晚会

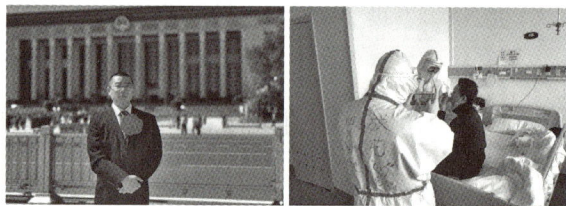
左图：2020 年 9 月 8 日四川广播电视台记者张艺在北京人民大会堂参加全国抗击新冠肺炎疫情表彰大会

右图：2020 年 3 月 18 日四川广播电视台记者张艺在武汉大学人民医院隔离病房采访

抗疫情　迎难而上抓发展》等专
栏、《援助湖北医生日记》等多
个融媒体系列产品和短视频，全
台抗疫相关报道点击量超过 30
亿次。《致敬向疫而行的你》主
题晚会、纪录片《直与天地争春
回——2020 四川战疫纪实》等，
取得良好口碑。

四川广播电视台出品纪录片《直与天地争春回——2020 四
川战疫纪实》

　　2. 脱贫攻坚报道亮点频出。
开设《决战决胜脱贫攻坚》专
栏专题，安排多路记者持续蹲
点，重点聚焦大凉山最后 7 个贫
困县脱贫攻坚工作动态和典型故事。

2020 年 1 月 26 日《四川
新闻》专题报道《众志成城抗
击疫情》

2020 年 2 月 28 日《四川新
闻》专题报道《四川复工观察》

全年采制播发相关报道 500 多条，开展融媒体
移动直播 40 余场，包括直播"悬崖村"搬
家；发起"乡约小康——四川广电融媒体
脱贫攻坚新闻行动"、2020 全面小康四川
行——全国新闻广播践行"四力"融媒体
行动等；联合云南、西藏等 6 省区开展《决
胜关头——"三区三州"看巨变》直播节
目，策划《看见凉山》航拍行动，制作完
成纪录片《前进吧，少年》等。

2020 年 10 月 12 日《四川新闻》"乡约小
康——四川广电融媒体脱贫攻坚新闻行动"

2020 年 5 月 12 日"四川观察"新媒体平台悬崖村搬迁直播

2020 年 10 月 17 日《决胜关头——"三
区三州"看巨变》直播开启

　　3. 两会报道创新出彩。四川省两会期间，圆满完成直播任务、做好会议议程报
道，大小屏联动推进融合传播。先后推出专题、直播、评论、访谈、短视频、H5

两会报道《手绘长卷｜突破常规！今年政府工作报告首章讲战疫》

等多样化的报道 300 多条次。其中《手绘长卷｜突破常规！今年政府工作报告首章讲战疫》，被新华社、人民日报客户端采用。全国两会期间，推出《川渝代表委员话"双城"》等多地媒体联手、创意感十足的媒体产品，两会短视频平台总播放量 4873 万＋，总点赞 117 万＋。

4. 川渝广电联动唱好"双城记"。8 月 21 日，四川广播电视台与重庆广电集团签署战略合作，在新闻宣传、精品创作、媒体融合等多领域开展全方位合作，"奔腾之歌——重走成渝线"大型全媒体行动同时启动。四川广播电视台大小屏常设《唱好成渝双城记》等专题专栏，持续掀起新闻报道热潮，全年共刊播新闻报道 800 余条次，点击量达 1000 多万次。

2020 年 1 月 4 日《四川新闻》专题报道《画好双城经济圈　唱好成渝双城记》

2020 年 3 月 16 日《四川新闻》专题报道《唱好成渝双城记》

此外，围绕"六稳""六保"、天府国际机场等重大工程建设、城乡基层治理、"四向拓展、全域开放"等主题宣传，四川广播电视台持续聚焦，推出了一系列重点报道。

（二）发挥主流媒体作用，积极进行舆论引导

"四川观察"新媒体短视频《四川援鄂医疗队全员回家》

1. 做好突发事件应急报道和舆论引导。2020 年新冠肺炎疫情暴发后，四川广播电视台率先推出抗击疫情特别报道、最早随援鄂医疗队逆行武汉、最先进入成都市公卫中心隔离病房采访；敏锐把握疫情防控阶段性特征，率先启动复工复产专题报道。在疫情防控宣传中，四川广播电视台充分发挥了主流媒体的主

力军作用，及时做好权威信息发布，念好准字诀，站好舆论引导瞭望哨，以大容量、多角度、接地气的融合报道，为夺取新冠肺炎疫情防控和经济社会发展"双胜利"营造良好氛围。2020 年夏季四川多地遭受强降雨袭击，新闻频道、交通频率、四川观察等各平台及时推出《防汛应急特别直播》，实时报道汛情灾情、回应群众关切。

2. 优化报道理念，改进创新报道手段。2020 年四川广播电视台深入贯彻"移动优先、融合转型"理念，前期记者转型为融媒体记者，完成一次采集、多元生产、多渠道分发。"四川观察"客户端上有亮点的新媒体产品如《云端成都》《九寨今天上新了》等，大屏栏目会根据节目需要进行再创作和呈现，实现大小屏深度融合、双向联动。

新媒体产品《云端成都》

新媒体产品《九寨今天上新了》

（三）进行建设性舆论监督，促进问题解决

1. 开展批评性报道，弘扬清风正气。2020 年四川广播电视台继续做好舆论监督工作，揭露侵害群众利益的腐败和作风问题，巩固风清气正的良好政治生态。全年在《四川新闻》播出相关新闻近 100 条，"四川观察"客户端发稿 395 条。开设《清风天府行》专栏，采制《"明目行动"为脱贫攻坚清障开道》《"三公开"让扶贫项目资金用在刀刃上》等监督报道。与省纪委、监委深度合作的电视栏目《廉洁四川》持续聚焦全省党风廉政建设和反腐败工作，每期案例报道在"四川观察"客户端同步推出，点击量均达 10 万 +。

2. 开展调查性报道，推进普法宣传。四川广播电视台认真做好调查监督类报道，聚焦与老百姓衣食住行相关的社会热点，新闻频道《烫手的水货牛奶》《客运站外的非法营运》等报道，通过典型案例倡导遵纪守法、弘扬法治精神。

（四）积极开展对外传播，讲好四川故事

2020 年四川广播电视台积极开展外宣工作，走出去、引进来，促进文化交流，传播中国声音。

1. 主动走出去，推出开放发展重点报道。2020 年年初记者走进越南、新加坡、老挝、荷兰、意大利、西班牙等 "一带一路" 沿线国家，持续聚焦四川大力实施全面开放合作战略务实举措和积极成效，推出 6 集电视系列报道《川行天下　丝路花开》和 10 集新媒体产品。

四川新闻｜川行天下·开拓欧洲市场的"通关密码"

四川观察
2020-01-04 17:39:18

　　继续来看看由川台和省商务厅共同发起的大型海外新闻采访行动：《川行天下 丝路花开》。欧洲行的第三站我们来到意大利，古丝绸之路从中国一直延伸到古罗马，而今，丝绸依然连接着四川与意大利。今天，我们就来看看南充的丝绸产品如何叩响欧洲时尚大门？

《四川新闻》推出 6 集电视系列报道《川行天下　丝路花开》

"四川观察" 客户端系列报道《川行天下　丝路花开》

2. 借力央媒外宣平台，讲好四川故事。2020 年四川广播电视台向央视国际视频通讯有限公司传送新闻 600 多条，外媒采用 30 余条，其中《3 岁萌娃练就乒乓球神技走红网络》成为海外 "爆款"，被 307 家境外媒体播出 558 次。

3. 巩固对外传播平台，强化国际传播能力。康巴卫视继续巩固和拓展海外落地覆盖，办好品牌节目《岗日杂塘》。在脸谱、优兔开设官方账号、主播个人账号，截至年底脸谱账号关注粉丝超过 70 万人。

4. 促进文化交流合作，打造 "金熊猫" 国际传播品牌平台。11 月举办了以 "中国故事国际传

2020 年 11 月 11 日，四川广播电视台主办的 "金熊猫" 国际传播高峰论坛开幕

播"为主题的"金熊猫"国际传播高峰论坛，包含一场主论坛、四场分论坛以及展播展映、大师班对话、沙龙分享等活动，吸引近千名中外人士线上线下参与。

三、阵地建设责任

2020 年，四川广播电视台大力推行媒体融合改革，践行主力军挺进主战场，积极促进传统媒体向新型主流媒体转型。

（一）全力打造新媒体矩阵，主流媒体突围"出圈"

重点打造新媒体旗舰"四川观察"客户端，建立"四川观察"抖音号、快手号、视频号、B 站号等新媒体矩阵；继续办好熊猫视频、熊猫听听、香巴拉资讯等"两微一端"新媒体平台。2020 年"四川观察"客户端累计下载量超 740 万次，月活用户近 170 万人。"四川观察"抖音号粉丝量超 4000 万人，点赞量达 20 亿次，成为全国传统媒体中继人民日报、央视后的第三大号。"四川观察"荣获"全国广电十佳融合创新客户端"称号。

2020 年 12 月 26 日，"四川观察"抖音号粉丝突破 4000 万人

（二）融媒体报道内容丰富，有效扩大影响力

2020 年四川广播电视台围绕主题宣传和社会热点新闻，打造特色融媒体产品。其中"四川观察"客户端全年共发布稿件 9.5 万多条，其中自制

2020 年 1 月 27 日，"四川观察"微博热搜《感动！汶川籍护士两次请战赴湖北》

内容 34480 条，日均 99 条，同比增长 34%。每周有 1—2 个话题上热搜，每周全网流量保持在 5000 万。

（三）建设融合采编平台，积极布局媒体深度融合

1. 新闻内容生产实现深度融合。2020 年年底四川广播电视台启动媒体融合改革，整合多个部门组建全媒体新闻中心，再造新闻生产流程，实现大屏与小屏、音频与视频的深度融合，提升了宣传统筹能力、重大选题策划能力、采编播统一指挥能力。

2. 持续拓展县级融媒体中心建设各项工作。2020 年全省近 80 个区县融媒体中心由四川广播电视台承建或采用四川广播电视台方案承建。2020 年四川广播电视台努力推进县级融媒体中心省级技术平台建设，基本实现全省 178 个区县和省级技术平台的互联互通。在此基础上积极拓展融媒培训、业务交流、宣传联动、信息共享等新业务，为区县融媒发展提供全方位服务。

四、服务责任

（一）高效提供信息服务，为百姓生活提供便利

四川广播电视台及时刊播政策信息、生活信息等，为群众提供惠民政策、交通、天气、健康、法律等资讯服务。如新闻频道、新闻频率以"早中晚新闻板块 + 垂直类服务节目"的编排模式，全天候为群众提供信息服务；交通频率即时发布交通路况，为公众出行提供准确信息；2 月四川省发布关于做好外出务工人员健康申报证明服务的通知，"四川观察"客户端第一时间推出原创视频及稿件《四川外出务工人员怎样申报健康证明？川话版指南来了》等，生动详细解读相关政策。

（二）组织开展社会服务，解决群众实际困难

四川广播电视台通过搭建公益平台，帮助群众解决实际困难，履行社会服

务职能。如抗疫期间"四川观察"及时推出《全球疫情实时数据查询》，点击量超360万次；"四川观察"联合多家资讯平台开发上线"疫情防控服务平台"，推出了"四川防疫""实时数据""防疫智答""同乘查询""免费义诊""求助通道""抗疫百科"等服务板块；交通频率推出就业服务栏目《春风在线》，为公众提供就业相关信息。

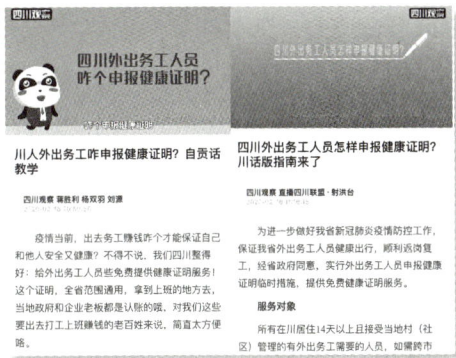

"四川观察"客户端推出《四川外出务工人员怎样申报健康证明》相关报道

（三）发挥媒体公益属性，积极开展公益宣传

《武汉加油》抗击疫情公益宣传片

《马边绿茶》精准扶贫公益宣传片

1. 高频刊播公益广告。2020年原创广播电视公益广告800余条，各频率、频道全年累积播出公益广告超25万次。策划创作播出《我们一定会胜利》《致敬伟大》《武汉加油》等一大批抗疫公益广告及公益歌曲；制作《马边绿茶》《青川黑木耳》《阿坝小金玫瑰》等精准扶贫公益宣传片，在中央广播电视总台播出；联合全省8个厅局共同发起"我们有力量——四川脱贫奔小康人型广告公益行动"，开创媒体融合互通的扶贫新模式。

2. 积极组织开展各类公益活动。2020年四川广播电视台大力推进定点帮扶地区甘孜州石渠县的产业就业、教育健康、生态建设扶贫工作，结合当地特色培育了石刻、燕麦等产业，取得喜人成果。各频率、频道也积极开展公益活动，向武汉方舱医院捐赠爱心收音机；举办"1017音乐教室"公益活动，为凉山州偏远山区学校筹集善款建设音乐教室；举办8场"川货飘香、全面奔康"主题公益直播带货活动；推出"广播进藏寨（进彝寨）"等群众喜闻乐见的品牌公益行动；在甘孜县和道孚县开展走基层公益活动，为当地群众送文化、送卫生、送科技。四川爱乐乐团全年举办各类公益演出共计 39 场。

四川广播电视台公共·乡村频道精心制作服务"三农"的品牌节目《乡村直播间》

四川广播电视台公共·乡村频道记者在田间地头采访

3. 助力乡村振兴。公共·乡村频道精心制作服务"三农"的品牌节目，以《乡村直播间》为龙头，打造乡村信息第一发布平台；《乡村会客厅》栏目聚焦"三农"话题；《乡村大篷车》栏目走进乡村，以综艺形式展现四川乡村特色鲜明的文化生活，推介当地特色农产品、农家美食、乡村旅游资源，助力乡村振兴。

五、人文关怀责任

（一）民生报道

四川广播电视台各新闻栏目加强民生新闻报道力度。如四川卫视《四川新闻》播出《走一线看"六稳"》系列报道，介绍各地结合实际稳就业等具体举措；新闻频道 2020 年将频道定位向大民生领域转型升级，《新闻现场》等品牌栏目持续关注与老百姓衣食住行相关的新闻信息、服务资讯、

2020 年 1 月 8 日，《四川新闻》系列报道《走一线看"六稳"》

政策解读。康巴卫视、民族频率根据各自特色，及时为涉藏地区、彝族地区的少数民族受众提供丰富的民生新闻资讯。

（二）灾难和事故报道

在突发灾难和事故报道中，四川广播电视台关爱生命，传递温暖人心的正能量。2020 年在抗疫宣传中推出的《沙画声音日记》《防疫"心声"》《一起助力，迎接春天》等节目以及《四川攀枝花8 岁孩子孤单落泪，只有"深呼吸"》等视频新闻，均传递温暖和力量，彰显出主流媒体的人文关怀。

（三）以人为本

四川广播电视台始终秉持以人为本的理念，关注普通人的生活、情感，采制推出有温度、有力量的新闻报道和节目。抗击新冠肺炎疫情期间注重报道"暖新闻"，将镜头对准"草地姐""雨衣妹妹"

2020 年四川卫视焕新升级《我们有歌》第二季

等普通人，推出《疫情下的"守夜人"》《谢谢你的音乐相伴》《社区的灯始终亮着》

2020 年 3 月 1 日《四川新闻》新闻报道《雨衣妹妹：疫情不走我不走》

2020 年 12 月 13 日《新闻现场》新闻报道《疫情下的"守夜人"》

等新闻特写，让新闻传递温度，传递力量。制作播出《我们有歌》第二季、《妈妈有话说》等综艺节目，围绕战"疫"等主题，以温暖人心、激励斗志为创作宗旨，深挖时代精神、展示奋进力量。《我们有歌》由此获人民日报等点赞。

六、文化责任

四川广播电视台深入践行社会主义核心价值观，推出多档原创文化节目，传承优秀传统文化，推动社会主义文化繁荣兴盛。

（一）弘扬践行社会主义核心价值观

2020年四川卫视推出国内首档青春励志纪实观察类节目《向上吧！青春》

四川卫视推出国内首档青春励志纪实观察类节目《向上吧！青春》，展现当代年轻人"立志、立业、向未来"的时代精神风貌。妇女儿童频道推出特别节目《致敬巾帼》，展示奋战在抗疫和社会建设一线的四川女性风采；制作21集专题片《关爱下一代　牵手向未来》，反映四川关爱青少年工作的成就。此外，四川广播电视台各频率、频道、新媒体平台全年均高频次播出"法治四川行""人勤百业旺　家和万事兴"等主题公益广告，弘扬社会主义核心价值观。

（二）传承繁荣中华优秀传统文化

1.制作优秀文艺节目，推动文化繁荣发展。2020年四川卫视继续打造原创跨年品牌，推出《2020花开天下·国韵新年演唱会》，打造"国风"IP，将传统文化与综艺相结合，引发热烈反响；深挖民族文化资源，藏语广播专题节目《热毕林卡》播出《中国唐卡》；文化旅游频道推出聚焦巴

2020年四川卫视全力打造原创跨年品牌节目《2020花开天下·国韵新年演唱会》

蜀文化的访谈节目《城市故事》及《大美四川》《音你而来》等特别节目。

2.打造精品纪录片，以影像方式弘扬优秀传统文化。与凤凰卫视联合出品纪录片《蜀道风流》，将厚重的巴蜀文化进行创新性表达，分别在凤凰卫视和四川卫视播出；制作纪录片《沉银追踪》，在央视纪录片频

2020年6月，大型文化纪录片《蜀道风流》在四川卫视、凤凰卫视播出

道播出；制作"十大历史名人"系列纪录片《苏东坡》《蜀守冰》。

（三）推动提升科学素养

四川广播电视台在节目中普及科学知识，传播科学思想，弘扬科学精神，倡导理性思维，提高全民族科学文化素质。战"疫"期间在各频率、频道、新媒体平台推出《防疫线上专家说》《防疫健康小提示》等各类节目，加强疫情防控科普宣传、解疑释惑。公共·乡村频道《智汇田园》栏目与农科院、川农大等科研院所广泛合作，开展技术推广，为农民朋友答疑解惑，提高农业科技水平。

七、安全责任

2020 年四川广播电视台把方向、守底线、强担当，确保节目安全播出。加强培训，落实责任，严格执行"安全播出""三级审查""重播重审"等系列规章制度。加强广播电视和网络视听内容导向安全、播出传输安全、设施安全和网络安全管理；深入排查隐患，开展应急演练，提高应急处置能力。

八、道德责任

（一）遵守职业规范

2020 年四川广播电视台注重提升员工思想素质和职业素养，常态化开展宣传纪律、职业规范的学习教育，坚持杜绝有偿新闻、有偿不闻、新闻敲诈。全年未出现违反新闻职业道德的情况。

尊重原创保护版权。2020 年开展的深化媒体融合改革中，新成立全媒体媒资版权中心，对全台节目的版权信息、版权维权、版权开发利用等实行综合管理，促进版权使用健康有序发展。

（二）维护社会公德

四川广播电视台积极做好社会公德、职业道德、家庭美德、个人品德宣传，维护社会公序良俗，抵制不正之风。例如妇女儿童频道《巾帼四川》、交通频率《大城小家》等栏目围绕"传家训、立家规、扬家风"主题，推出系列专题节目。全台各平台播出大量弘扬社会公德的公益广告，营造良好氛围。

（三）接受社会监督

四川广播电视台加强对记者的岗前培训和工作监管，严格要求新闻记者以《中国新闻工作者职业道德准则》为职业操守，采编人员在采访活动中需主动出示新闻记者证，尊重被采访人的意愿，认真倾听、如实报道。

四川广播电视台通过热线电话、网络平台等方式与热心观众听众保持顺畅的沟通渠道，搜集新闻线索，及时进行报道。同时认真听取群众意见建议，认真处理各渠道转来的信访投诉事项，认真核查情况，及时回应群众关切，妥善解决问题，得到群众的认可。

九、保障权益责任

四川广播电视台切实保障新闻从业人员合法权益，注重抗疫期间建设积极、阳光、温暖的团队文化，为员工发展提供良好平台。

（一）保障从业人员合法权益

坚持以人为本，切实解决员工关心的热点难点问题。开展党内帮扶、慰问困难职工和重疾职工，为全台职工办理新冠肺炎疫情"守护保"保险、开展大病救助和职工大病互助医疗保险等。

（二）保障从业人员薪酬福利

四川广播电视台与员工依法签署劳动合同，缴纳"五险一金"，保障员工薪酬福利。进一步完善内部薪酬考核分配办法与奖惩激励机制，建立奖罚分明、多劳多得、优劳优得的薪酬管理体系。完善各项制度，保障员工带薪休假、正常休息等相关权利。

（三）规范新闻记者证管理

根据要求，为符合申领新闻记者证条件的新闻采编人员办理申领新闻记者证相关工作。完成新闻记者证的年度核验工作，按时更换年检标。对离职或调离采编岗位、退休等人员，及时收回新闻记者证。

（四）开展员工教育培训

定期组织新闻工作者开展马克思主义新闻观教育培训；组织业内专家、传媒领军人物来台举办讲座，有针对性地开展业务培训，先后组织"文化产业大讲堂""推动媒体深度融合，建立全媒体传播体系"等讲座，举办中层干部管理能力提升培训班、青年人才培训班等，切实提高全台新闻工作者的政治素质和业务素养。

2020 年四川广播电视台开展相关业务培训，举办"推动媒体深度融合，建立全媒体传播体系"讲座

十、合法经营责任

2020 年四川广播电视台严格按照广告法、消费者权益保护法、广播电视播出

办法和《关于做好养生类节目制作播出工作的通知》《关于进一步加强医疗养生类节目和医药广告播出管理的通知》等法律法规和相关通知要求，严格做到采编与经营"两分开"，严把广告内容审查关，坚决杜绝虚假违法广告播出，确保了广告内容导向正确、政治正确。

十一、后记

针对 2019 年在履行社会责任方面存在的不足和薄弱环节，2020 年四川广播电视台积极改进。主要包括：系统化、综合性推进媒体融合改革发展，按照资源整合、功能融合、流程再造的原则，组建"七中心、三集群"，逐步释放改革效力。按照"一支队伍、一次采集、多元生成、多平台分发"的原则，新闻内容生产实现融合。强化干部年轻化专业化的用人导向，进一步激发员工干事创业的积极性。

四川广播电视台在 2020 年履行社会责任方面取得了新的成绩，未发生被行政管理部门或新闻道德委员会等行业组织批评处理等情况，但面对新形势新要求，仍存在需要改进的地方。主要有：广播电视传统资源与新媒体资源的跨平台经营融合度还需进一步加强；新媒体平台核心竞争力还不强，"爆款"产品还不够多；部分人员知识结构老化；缺乏面向市场的优秀经营人才，以及掌握云计算、大数据、人工智能等新技术的高端技术人才等问题。

2021 年四川广播电视台将坚持以习近平新时代中国特色社会主义思想为指导，认真贯彻中央、四川省委关于宣传思想文化工作总体部署，围绕"出作品、出人才、出效益、树品牌"总目标，进一步增强主流媒体责任，守正创新、担当作为，增强传播力与引导力，以优异的成绩迎接中国共产党成立 100 周年。

贵州日报当代融媒体集团

社会责任报告

一、前言

（一）媒体概况

贵州日报当代融媒体集团成立于 2019 年 2 月，是根据贵州省委、省政府《贵州日报报业集团和当代贵州期刊传媒集团整体合并及融合发展实施方案》，整合贵州日报报业集团有限责任公司和当代贵州期刊传媒集团有限责任公司组建的省级主流媒体，为省管大一型国有文化企业。

（二）社会责任理念

2020 年，贵州日报当代融媒体集团（以下简称"集团"）以高质量党建推进高质量发展为旨要，坚持正确政治方向、舆论导向和价值取向，自觉承担举旗帜、聚民心、育新人、兴文化、展形象的使命任务，建立健全把社会效益放在首位、实现社会效益和经济效益相统一的体制、机制。秉持"深挖、提炼、扩面、广传"的理念，坚决守好党的意识形态主阵地，大力推动媒体深度融合、做大做强做优文化产业。

（三）获奖情况

2020 年，集团 1 人获"全国抗击新冠肺炎疫情先进个人"表彰；3 人获"2020年新冠肺炎疫情防控援鄂工作中作出重大贡献记功"表彰；2 人获"贵州省抗击新冠肺炎疫情先进个人"表彰；2 人获"全省脱贫攻坚先进个人"表彰。2020 年集团天眼新闻客户端入选国家新闻出版署中国报业深度融合发展创新案例（全媒体传播体系建设类）。贵州日报深度报道《麻山"大迁徙"——望谟麻山万人易地扶贫整乡搬迁纪事》荣获第三十届中国新闻奖三等奖；在第三十五届贵州新闻奖评选中，3 件作品获"重大主题报道奖"，20 件作品获一等奖，19 件作品获二等奖，31 件作品获三等奖。

二、政治责任

2020 年，集团始终把政治责任摆在首位，紧紧围绕中心、服务大局，忠实履行新时代新闻舆论工作职责使命，在大战大考中精心组织重大主题宣传，把重要版面、精锐力量投入重大主题宣传，坚持守正创新、坚持融合发展，坚持主力军进军主战场，增强脚力、眼力、脑力、笔力，打造全程媒体、全息媒体、全员媒体、全效媒体，不断提升传播力、引导力、影响力、公信力，为开创百姓富生态美的多彩贵州新未来营造了良好舆论氛围、作出了重要贡献。

《绿水青山就是金山银山理念的贵州实践——人与自然和谐共生的华美交响》

（一）浓墨重彩奏响牢记嘱托、感恩奋进新时代贵州最强音

2020 年是习近平总书记视察贵州五周年，也是习近平总书记提出"两山论"15 周年，集团提前谋划、精心撰写、全面呈现，在报刊网端各平台重磅推出"习近平总书记视察贵州五周年特别报道"和"两山论"重大主题宣传报道。传统媒体与新媒体同频共振，全面展示了贵州践行"两山论"的生动实践；立体呈现了"贵州缩影""贵州新路""贵州样板"的发展成就；全方位、多角度、深层次展现了贵州践行"绿水青山就是金山银山"的生动实践；发出"牢记嘱托、感恩奋进"

新时代贵州最强音。

（二）在"打赢两场战役、夺取两个胜利"宣传报道中唱响主旋律

抗疫宣传报道"担主责，显作为"。疫情防控阻击战打响以来，集团在科学、精准做好内部防控工作的同时，把做好疫情防控宣传报道作为政治检验、能力检验的一次大考，全力以赴做好宣传舆论工作，体现党报党刊的担当作为。

据不完全统计，刊发稿件 2 万多条，累计点击量超过 18 亿次，重头推出乾兴平署名文章 9 篇，重磅述评文章和评论员文章 200 余篇，做到了"天天有重磅、时时有亮点"，为全省打赢疫情防控阻击战营造了良好的舆论氛围。

战贫宣传报道"有温度、有深度"。集团充分发挥全媒体主流舆论阵地的平台优势，聚焦脱贫攻坚主战场，全面展示"贵州战法""贵州缩影""贵州样板""贵州新路"，确保形成"铺天盖地"的脱贫攻坚宣传报道声势。

2020 年，集团组织骨干力量奔赴脱贫攻坚最前线，对全省 66 个贫困县、20 个极贫乡镇、1721 个深度贫困村以及 19 个有脱贫攻坚任务的非贫困县实行采访全覆盖，强化评论引领树信心、聚焦民生关切暖人心、讲好温情故事聚民心、决战决胜脱贫攻坚显初心、媒体融合传播展匠心，推出了一批"接地气、带露珠、冒热气"的新闻作品。

《贵州 66 个贫困县全部脱贫摘帽》专版

其间，贵州日报紧紧抓住"贵州 66 个贫困县全部脱贫摘帽"这一历史性大事件，两天共计刊发专版报道 12 个，充分展现党的十八大以来贵州取得的丰硕成果和贵州各族群众的精气神。

（三）精准把握重大节点，关键时刻出新出彩

集团各平台按照"创新为要、流程再造、策划先行、导向为魂"的理念，精准把握重大节点，派出精兵强将、精心组织、创新策划，确保主题宣传报道"出新出彩"。

因为疫情影响，2020 年全国两会宣传报道现场采访人员减少，集团克服困难，创新工作思路，做到了"人减报道不减"。全国两会期间，贵州日报刊载了 72 个版面、15 个专栏累计 400 余篇稿件，天眼新闻客户端、当代先锋网开设 4 个全国两会专题、17 个专栏累计发稿 2000 余条。

贵州省两会期间，集团以项目化的方式组建了程序报道专班、社论专班、解读专班、摄影报道专班、经济报道专班等 12 个省两会报道专班，深入会场内外、协同作战、创新宣传报道方式，通过更丰富的视角、更新颖的形式，大力传播贵州在新时代的新业绩新经验。

党的十九届五中全会召开后，集团通过消息、通讯、评论、反响、权威访谈等多种形式，精心组织会议报道、认真做好全会精神宣传阐释、切实加强网上宣传引导，认真做好主题报道。同时，尽锐出战，组织 300 多人的采访力量深入 66 个贫困县和 19 个有脱贫攻坚任务的县开展脱贫攻坚故事征集整理记录传播工作，把党的十九届五中全会精神故事化呈现、可视化传播。

三、阵地建设责任

2020 年，集团大力推进媒体深度融合发展，大力构建全媒体传播体系，以互联网思维优化资源配置，实现主力军全面挺进主战场，充分发挥市场作用和制度优势，走好全媒体时代群众路线，推进内容生产供给侧结构性改革，抢抓媒体深度融

合发展时代机遇，谱写媒体融合高质量发展新篇章。

（一）蹄疾步稳开拓核心产品和核心市场

集团积极应对传播环境变化，布局新媒体矩阵，以天眼新闻客户端为龙头，统筹运用宣传资源和传播平台，完成了客户端4次升级迭代，确立了一云、一端、一网的"三个一"总平台为新媒体核心平台圈，其余微信公众号等10个商业平台集群为新媒体拓展平台圈。并通过持续

《从第1个"零"到第10个"零"，贵州疫情地图是这样变化的》融媒体产品海报

《从第1个"零"到第10个"零"，贵州疫情地图是这样变化的》《1+2+3+4+5+6+7+8+9=1443》等产品以可视化、简捷的方式，向用户科普防疫知识、疫情数据、防控工作

长图《战"雷山"：刘韬的驻村628天与住院13天》获得省内外媒体的高度赞扬

互动海报《决胜2020，与贵州一起撕下贫困的标签！》邀请读者一起"撕"下贵州贫穷落后的旧标签

微纪录片《唱支山歌给党听：她把水族脱贫的故事"穿"到北京》成为全国两会期间贵州媒体中唯一获得全网推荐的融媒体产品

创新《贵州日报》周一至周五"天眼新闻"版面形式，组建"贵州融媒体云上编辑部"，促进了报纸读者和网络用户互向导流，省市县媒体资源共建共享，实现了全省主流声音大合唱。2021年1月15日，天眼新闻客户端入选国家新闻出版署2020年中国报业深度融合发展创新案例（全媒体传播体系建设类）。

（二）统筹全媒体资源，推动内宣外宣一体发展

集团着力打造天眼新闻客户端省级新闻信息内容聚合发布平台，完善宣传策划、媒体联动、资源共享等新闻舆论机制，构建网上网下一体、内宣外宣联动的主流舆论格局。2020年11月30日，天眼新闻学习强国号成功上线，开设了"贵州聚焦""大数据""游在贵州""民族文化""深度"5个专题，为讲好贵州新故事、传播贵州好声音提供了新的有力传播平台。2020年12月，天眼新闻客户端创新运营机制，广泛联合央媒等资源，搭建展示贵州形象、传播贵州好声音的交流合作平台，对外展示好、推介好"贵州缩影""贵州样板""贵州新路"。

（三）技术研发助推宣传效果最优化

2020年，天眼新闻客户端围绕数据"聚、通、用"推动技术创新，完成88个县区客户端研发以及数据采集和分析系统，初步构建数据化运营体系；结合新闻信息业务实际，重点围绕全媒体智能化采编系统、组版系统、大数据智能化服务系统、视频精细化生产系统、UGC系统以及天眼新闻客户端智能化系统6大项目，完成天眼媒体云架构设计并于2020年12月29日全面投入使用。8月中旬，集团成立县级新闻客户端项目组展开工作，成立客服小组专门负责对接各县级融媒体中心。截至12月31日，贵州全省95个县级新闻客户端全部研发完毕。

四、服务责任

2020年，集团始终保持决战状态，大力开展舆论扶贫、公益广告精准扶贫、

文化扶贫，持续做好结对帮扶和同步小康驻村工作，助推普安县、平塘县脱贫摘帽精彩出列。同时，充分发挥融媒体传播力作用，及时准确刊播各类政务信息、惠民政策信息等，通过在报、网、端搭建问政、民生等服务平台，帮助群众解决实际困难，搭建起政府与百姓之间的"连心桥。"

（一）扎根扶贫一线，文军扶贫见成效

2020 年，集团向普安县、平塘县 10 个帮扶村，晴隆县 3 个结对帮扶 2019 年度集体经济财政扶持村投入帮扶资金 195 万元；协调争取到"2020 年省级城乡建设发展专项资金（第三批）"100 万元；与帮扶村共同遴选出的 19 个优势产业和项目纷纷启动建设，解决季节性不连续用工岗位 86 个。

此外，利用集团各媒体平台对帮扶县进行宣传推介和市场拓展，讲好产业发展的精彩故事。并在天眼新闻客户端开设普安频道、平塘频道为帮扶县按时高质量打赢脱贫攻坚战提供有力的舆论支持。集团与普安县签订"文军扶贫"升级版战略合作协议，未来 3 年（2020—2022 年）将再提供价值 2000 万元的融媒体宣传资源。

驻金山村第一书记杨子建向村民发放防疫宣传资料

驻辣子树村第一书记陈利带领驻村工作队清除村级公路山体滑坡障碍

（二）免费扶贫公益广告精准扶贫

集团组织贵州日报、天眼新闻客户端等宣传平台，积极开展免费广告扶贫。2020 年共完成扶贫公益广告刊登价值 20318.17 万元，其中免费为普安刊登扶贫公益广告 1369.41 万元，免费为平塘刊登扶贫公益广告 1431 万元。积极组织职工捐款助

驻村工作队副队长、大湾村第一书记左国辉在龙吟镇石古村实地采访

力脱贫攻坚，在第七个国家扶贫日 1224 人共计捐款 167753 元。

（三）全力支持扶贫地区农产品产销对接工作

集团利用扶贫直通车和 96811 电商扶贫平台积极推销、采购帮扶县、帮扶村农产品。2020 年以来，职工食堂采自贫困地区农产品占比 95.52% 以上，折合人民币 167.8437 万元。

五、人文关怀责任

（一）围绕中心工作抓原创，围绕社会民生抓爆款

疫情期间，当代先锋网策划"快乐宅在家　童心抗疫情"活动，号召全贵州小朋友在家画画，自我科普防疫小知识

集团充分发挥融媒体传播力作用，及时准确刊播各类与百姓生活息息相关的信息，通过在报、网、端搭建服务平台，搭建起政府与百姓之间的"连心桥"。疫情期间，集团通过大量的短视频、H5、海报、长图、动漫等融媒体产品，播报权威信息、宣传正确的疫情知识和防控措施。

（二）大力开展志智双扶，激发群众内生动力

2020 年，集团对结对帮扶的普安、平塘 10 个村考取二本及以上建档立卡贫困户 38 名学子发放每人 5000 元的奖励，共发放"贵州日报当代奖学金"19 万元。普安驻村工作队联合义工联合会等单位，募集 42 万元的爱心图书送给普安县 3 所学校。

（三）履行好"一宣七帮"党建扶贫职责

普安驻村工作队、平塘驻村工作队 10 名驻村队员在收官迎考的关键时刻，坚持抗击疫情和脱贫攻坚两不误双促进，配合帮扶县做好劳务输出和稳岗就业等工作。抗击新冠肺炎疫情期间，普安县驻村工作队筹集 3000 个口罩送到普安。平塘县驻村工作队副队长侯尚文自费购买 1 万只口罩送到帮扶乡镇。

六、文化责任

集团始终坚持"传播贵州精神、彰显文化力量"办报思想，坚定信心、共克时艰，发挥党媒的主流引领作用，坚持正确的舆论导向，唱响主旋律，传播正能量，为贵州文化事业发展聚集磅礴的精神力量。

（一）文化报道保质保量，自选动作亮色不断

为配合疫情发生以来我国在线下举办的第一场重大国际经贸活动——2020 年中国国际服务贸易交易会暨第十五届北京文博会的宣传报道，由集团"文旅新闻部"牵头专门制定作战表，并选派 6 名精干记者随团采访。其间，共计发稿 30 余篇。报道组以消息、综述、观察、评论、视频、长图等形式，通过报、刊、网、端融媒体传播，让多彩贵州风闪耀京城。

此外在公共文化、出版、书画、文学、音乐等领域的报道中，我们提倡以新出彩，推出人量反响热烈的报道，广受点赞。

（二）文艺副刊重品牌拓领域，创新策划主动作为

35 年前，《贵州日报》推出的"黔边行"采访活动，成为贵州新闻界的经典。35 年后，《贵州日报》再次把视角放到过去最贫穷的麻山、瑶山、月亮山、乌蒙山等地区，策划推出报告文学栏目《新黔边行》，记者彭芳蓉用整整 5 个月走遍贵州

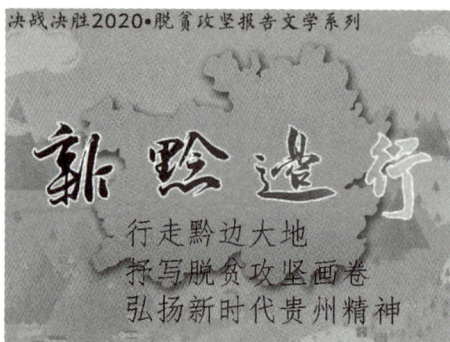

报告文学栏目《新黔边行》

与外省交界的 31 个县上百个村寨，采访近千人，用 108 篇报告文学作品立体呈现了脱贫攻坚视野下的"黔边新风貌"。

（三）读书会活动分享主题精准，线上线下融合联动

2020 年，"27°黔地标读书会"在线上线下共开展了 16 场活动。其中，"'战疫斗贫·贵州能赢'互联网主题阅读分享会"紧扣打赢两场战役，围绕"浸润书香 同步小康"这一主题，邀请出版编辑、作家、科技、卫健领域专家、援鄂医疗人员等书友，以访谈或征文的形式讲故事、话心得，营造"多读书、读好书、善读书"的良好氛围，为战"疫"、战贫注入文化合力。

另外，还陆续开展了"最美战役家庭故事会""都市记忆与都市文化建设""文军扶贫"故事分享会。其间，同步启动了"进市州走基层""脱贫攻坚路上，有你！有我！"等系列文化活动。

七、安全责任

集团全面落实意识形态工作责任制，层层压实责任，确保安全刊播工作落地见效。

一是加强制度管理，确保安全刊播落实落细。集团全面树立精品党报意识，严格执行"三审三校"、新闻信息稿件刊发九项规定等内容审核把关制度。充分利用客户端的"大样审阅"板块，为夜班增加了多双"火眼金睛"把关。通过"天眼媒体云"系统编辑稿件，一、二、三审权责分明、清晰，所有编辑过程均留痕。

二是筑牢网络安全防线，确保网络刊播安全。集团成立以党委书记为组长的集团网络安全与信息化领导小组，严格执行《落实网络安全工作责任制实施方案》

《网络安全和网络应急工作实施方案》等管理方案，有效维护网上政治安全和意识形态安全，大力筑牢网络安全防线。

三是高度重视阅评工作，确保办刊质量稳步提高。2020年年初，集团将所属各媒体平台全部纳入阅评对象。聘请资深阅评员，以《阅评简报》、每日阅评微信群及集团内网为平台，对当天出版的《贵州日报》《贵州都市报》和当天更新的天眼新闻客户端内容进行阅评，并将当天的阅评意见及时传达到位，遇到情况，立整立改，进一步提升了集团系列报网的权威性、可读性、公信力、影响力和传播力。

八、道德责任

集团严格遵守《新闻记者证管理办法》《新闻从业人员职务行为信息管理办法》和著作权法等，采编经营"两分开、两加强"，划定经营工作底线边界，合法合规开展经营活动。并利用业务培训以及"三会一课"等方式认真组织从业人员学习，始终强调员工要自觉遵守新闻职业道德规范，承诺绝不刊播虚假失实新闻，坚决杜绝有偿新闻、有偿不闻，以及新闻敲诈行为，坚决抵制低俗庸俗媚俗，畅通群众举报投诉渠道，及时对社会关切给予回应，虚心接受社会监督。

九、保障权益责任

集团工会始终坚持以职工为中心，认真履行维护职工合法权益、竭诚服务职工群众的基本职责。切实关心关注困难职工生活和家庭情况，及时做好因各种原因返贫致困职工的帮扶救助。从2020年年初以来，工会整合资源用好政策，争取各

年节送温暖，确保一线职工特别是困难职工过上欢乐祥和的节日

项帮扶资金，共计慰问集团困难职工 24 人，慰问金额近 6 万元，为 4 位困难职工子女就读高校申请资助共计 8 万余元。另外，工会还建立完善困难职工档案，进行动态管理和服务，提出"不脱困不脱钩"的长效关怀帮扶机制。目前，工会申报的困难职工 15 人按全国总工会的标准已经全部出列。

此外，工会女工委精心编制和落实《工作场所性别平等指南》，并在人力资源管理相关制度中进一步强化完善工作场所性别平等的相关条款，更好地维护和保障女职工合法权益。

十、合法经营责任

2020 年，受新冠肺炎疫情的影响，集团的各项经营业务面临巨大压力。面对困难和挑战，集团坚决"把耽误的时间抢回来，把遭受的损失补回来"，在扎实做足"存量"的同时，创新扩大"增量"。

一是全面规范经营行为。集团始终坚持将社会效益放在首位，采编经营"两分开、两加强"，划定经营工作底线，合法合规开展经营活动，实现事业产业"双推进"，社会经济"双效益"。

二是完善管理机制，强化流程管控。集团通过制度健全防范化解风险，制定"经营业务管理办法""采购管理办法""专项资金管理办法"等多个制度，保证项目经营、资金使用规范；同时细化项目审批、广告审批、合同审批、采购审批等流程，编制流程图，保证经营工作合规合法。

三是排难奋进，以高质量服务赢得市场。通过"周调度、月督促、季算账、年考核"方式，以"挂图作战"形式，做到对各经营主体时时督促、常常提醒，精益求精做好服务，以高质量的服务稳住传统业务，拓展新兴业务。

十一、后记

　　对照 2019 年贵州日报当代融媒体集团社会责任报告中的不足之处，主要集中在强化互联网思维、适应互联网传播、运用互联网技术上还有一定差距；对自媒体平台风险把控能力有待提高；新型人才队伍建设成效不明显等方面。2020 年以来，贵州日报当代融媒体集团针对存在问题大下力气加以改进：制定选题策划会制度覆盖"365×24 小时"，在报、端、网刊播了大批广传播、高点赞的融媒体作品；加大全媒体人才培养力度，发力内容建设，创新内容的表达，让主流媒体的声音更动听、更响亮。

　　随着媒体融合进一步的纵深发展，以及传媒业态的日新月异，集团在收获成绩的同时，也清醒地认识到，在媒体融合创新发展的道路上，我们还有提升空间。主要集中体现在 3 个方面：一是媒体融合发展理念还需进一步拓展，在融媒体产品的打造上还要下力气、开脑洞；二是在产品的策划和推广上，还缺乏独特性和创造力；三是在人力资源配置方面，高端适用人才的培养引进还需持续发力。

　　2021 年是"十四五"规划开局之年，也是贵州日报当代融媒体集团"创新创造年"，更是推动媒体深度融合发展，实现高质量发展的关键之年。集团将一如既往地坚持党性原则，坚持党管媒体、党管意识形态，坚持政治家办报办刊办网办端，坚持正确舆论导向，紧紧围绕中心、服务大局，忠实履行新时代新闻舆论工作职责使命，讲好贵州故事。以"事不避难、敢于担责"的作风，以"逢山开路、遇水架桥"的决心，推动集团各项工作迈上新台阶、实现新突破、打开新局面，实现高质量发展。

云南日报

社 会 责 任 报 告

一、前言

（一）媒体概况

云南日报是中共云南省委机关报，于1950年3月4日创刊，报名由毛泽东同志题写。2001年9月成立云南日报报业集团。云南日报报业集团拥有9报9刊，以及云南日报网、云南网、云报客户端、开屏新闻客户端和多平台账号组成的新媒体产品矩阵；在7个国家开办了5种语言的9份"中国·云南"新闻专刊和《湄公河》《吉祥》《占芭》《高棉》外宣"四刊"、多语种网站云桥网，是面向南亚、东南亚国际传播的主流媒体集团，在省内外和南亚东南亚地区具有广泛的影响。

（二）社会责任理念

云南日报社坚持以习近平新时代中国特色社会主义思想为指导，全面贯彻党的十九大和十九届二中、三中、四中、五中全会精神，贯彻落实习近平总书记考察云南重要讲话精神，增强"四个意识"、坚定"四个自信"、做到"两个维护"，秉承"权威资讯 主流思想 人民心声"的办报理念，紧紧围绕党中央重大决策部署和云南省委、省政府中心工作，牢牢把握正确政治方向、舆论导向和价值取向，为云南经济社会发展提供有力舆论支撑，新闻宣传、经营管理、党的建设、改革发展等各项工作取得新的进展和成效。

（三）获奖情况

2020年，云报客户端发布的《你好，马吉米溜索！出山，脱贫金果果！》入选

获奖证书

"2020 中国新媒体扶贫十大优秀案例"，策划推出的抗疫 H5 系列产品《共同战"疫"我承诺》《疫情就是战情　我是共产党员我承诺》《为云南白衣战士祈福，请一定要平安回来》《看不见你的样子但记得你的名字 | 云南赴鄂英雄榜》入选中国记协"践行'四力'创新深融——战'疫'新媒体精品案例"。

二、政治责任

（一）政治方向

切实推进习近平新时代中国特色社会主义思想深入人心、落地生根。2020 年 1 月，云南日报精心组织策划了习近平总书记考察云南 5 周年回顾报道，浓墨重彩推出习近平总书记春节前夕再度亲临云南看望慰问各族干部群众的报道及热烈反响，精心策划主打专栏，推出重点报道。其后，在云南日报《理论纵横》《调查研究》等理论版面开设了"深入学习贯彻习近平总书记考察云南重要讲话精神"等专栏，围绕重点话题组织理论文章，进一步深入阐释习近平总书记重要讲话、重要指示批示精神。

全力以赴做好党的十九届五中全会宣传报道。紧紧围绕全会主题，紧扣云南省情，突出民族特色，多角度阐释、深层次解读全会精神。围绕统筹推进"五位一体"总体布局、协调推进"四个全面"战略布局，聚焦云南努力建设成为全国民族团结进步示范区、生态文明建设排头兵、面向南亚东南亚辐射中心建设和决战脱贫攻坚、决胜全面建成小康社会的壮丽图景。

此外，云南日报先后开展了 2020 年云南省两会及全国两会主题报道、加快构建现代化产业体系主题系列报道、"十三五"成就系列报道、"走向我们的小康生活"大型主题采访、推进爱国卫生"7个专项行动"宣传等重大主题宣传报道，各项重大主题报道统筹有序，营造了良好的社会舆论氛围。

民族团结进步报道版面　　　　　生态文明建设报道版面　　　　　辐射中心建设报道版面

（二）舆论引导

2020年，云南日报聚焦社会热点，回应社会关切，有效引导舆论，切实履行好党报职责。

在新冠肺炎疫情防控报道中，云南日报社先后派出记者赴湖北武汉、咸宁抗"疫"主战场，用笔和镜头深情记述云南省援助湖北医疗队感人事迹。与此同时，及时在重点版面开设"统筹做好疫情防控和经济社会发展工作"专栏，挖掘复工复产举措和典型经验，报道各行各业有序推进复工复产的典型经验。

抗疫主题报道

云南日报通过开设"云岭论坛""大观微议""三迤新语"等

评论栏目，关注社会舆论热点和改革发展领域出现的民生问题；云报客户端推出"理上网来"等特色理论专栏，创新融媒报道方式。

云报集团赴咸宁一线两名记者载誉归来

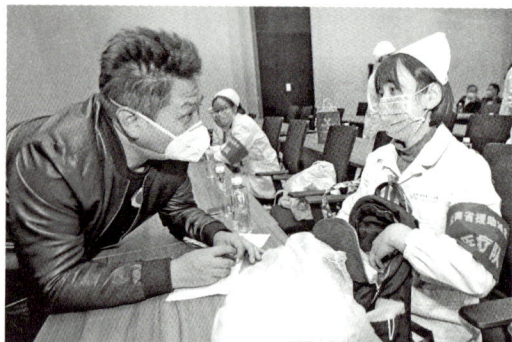

云南日报记者在抗疫一线采访云南省附二院出征队员

（三）舆论监督

云南日报充分发挥党报媒体权威性和云报新媒体互动性优势，主动对接联系政府行政部门，畅通群众发声渠道，发挥好新闻媒体舆论监督作用。先后在云南日报重要版面开设了"监察体制改革""2020 年五一、端午作风建设进行时"等主题专栏，刊发了《省纪委省监委曝光 17 个涉嫌违反中央八项规定精神问题》等一批热点重点稿件，取得了良好的社会警示和舆论监督效果。

云南日报还进一步增强舆论监督力度和互动性，探索纸媒与网络联动监督报道，与云报客户端、云南网联合开设"呼声回应"栏目，全年共发布舆论监督稿件近 200 篇，有效回应了广大读者和社会大众关于脱贫攻坚、农村宅基地、集资诈骗、城市就业、医疗、城市拆迁、旧房改造等方面的关切与诉求。如刊发的《3 岁以下婴幼儿照护难题怎么解》报道，有效回应了 3 岁以下婴幼儿照护难题如何破解，并呼吁相关部门关注婴幼儿照护机构及婴幼儿成长。

（四）对外传播

2020 年，在习近平总书记考察云南、出访缅甸和中缅建交 70 周年、辐射中心建设 5 周年、进博会、中国（云南）自由贸易试验区挂牌一周年等重点报道中，通过不断探索，逐步形成对外宣传的"云报语态"。2020 年 3 月以来，相继在泰国《民族报》、老挝《万象时报》、尼泊尔《嘉纳阿斯塔国家周报》等新闻媒体网站上开设了"中国·云南"专栏；在缅甸《金凤凰》中文报微信公众号上开设了"中国·云南"频道；外宣《湄公河》《澜沧江》《高棉》《占芭》"四刊"构建了杂志＋云桥网小语种频道（包括四刊电子杂志）＋"澜湄趴"公众号＋海外社交媒体平台的新型内容平台矩阵，覆盖面和影响力进一步提升。同时，原创能力进一步加强，云桥网中文频道原创比例超过50%，英文频道原创比例达81.3%。

国际传播共同抗疫主题报道版面

三、阵地建设责任

（一）融媒体矩阵

云南日报已建成以云报客户端、云南日报微信公众号、云南日报新浪微博为主的新媒体平台，同时还开设了云报客户端抖音、云报客户端快手、云报客户端视频号等短视频平台，云南日报学习强国号、云南日报人民号、云南日报百家号等聚合平台，加上集团所属的云南网，融媒体矩阵建设进一步完善。

（二）融媒体报道

2020年度，云南日报多次组织开展全媒体主题采访，开展融媒体报道。如"生态扶贫看景东""文明城市创建看蒙自""'重读重解重用'西畴精神"等全媒体主题采访活动。新媒体平台发稿量大幅度提升，影响力强。其中，云报客户端常规稿件累计发稿7.75万条，共开设各类专题（不含子专题、子栏目）70余个；云南日

融媒体采访报道版面

报微信公众号累计推送 1200 余条；云南日报新浪官方微博账号累计发布微博 1 万余条。云报客户端实际累计下载量 260 万人次，云南日报新浪官方微博粉丝数超过 82 万。

（三）融合采编平台建设

2020 年，云南日报利用云报集团互联网信息平台引入先进成熟、标准化的网络和安全技术，构建高可靠、弹性扩展、灵活部署以及面向 SDN 软件定义的网络系统，全面补充完善了云报传媒广场整体网络和数据中心，规划建设了数据中心对外访问的业务区，为全媒体融合、全数字化系统建设打下基础。

同时，云南日报融媒体大数据传播力平台和数据大屏建设完成。平台支持全网数据多维度检索，可按相关度、时序检索全网新闻稿件情况，采集了集团所辖客户端、网站、微信、微博相关稿件数据，结合平台发稿量和媒体转载情况，计算出集团稿件传播力情况，进行可视化呈现。

四、服务责任

（一）信息服务

提供政策信息服务。及时刊发各类文件和法规公告等，全年共刊发各类文件和法规 50 件，刊登 30 多块版面。如《云南省促进科技成果转化条例》《云南省第五届"兴滇人才奖"获奖人选公示》等。及时报道全省各级各部门的主要工作经验，经济、社会发展中的热点、难点、重点问题以及相关的举措等，如《我省加快构建现代化产业体系》《云南省推进新型基础设施建设实施方案（2020—2022年）》《云南财税体制改革向纵深推进》等。

提供生活信息服务。为读者提供便捷丰富的惠民信息和生活咨询服务，持续做好交通、天气预报和旅游景区景点相关信息的报道；结合云南旅游大省实际，在重要节假日期间，及时发布天气、空气监测等服务信息等。

（二）社会服务

云南日报常年开设信访窗口，安排专人负责，积极畅通群众来信来访渠道，搭建了与人民群众之间的连心桥。2020年，接待室共接待群众来电160余起、来信120余件、来访130余起320余人次。

发挥云媒智库作用，及时提供舆情信息供决策参考。云南日报刊发脱贫攻坚等经验理论性文章，为指导脱贫攻坚提供借鉴；提供舆情信息，为决策提供参考。

（三）公益活动

组织开展公益服务活动。2020年，云南日报继续与昆明血液中心开展无偿献血公益活动，开设"无偿献血·大爱无疆"专题，先后刊发《无偿献血　为生命加油》《爱心献血　温暖春城》等公益报道。除此之外，云南日报还刊发大量公益报道，传播公益正能量。如关注扶残助残的《南华："阳光家园"温暖残疾群众》、关注志愿服务的《西盟：志愿服务进乡村》、关注红十字会帮扶贫困儿童的《省红十字会助东川贫困儿童圆梦"微心愿"》等。

扎实开展脱贫攻坚工作。依托云报集团平台开展脱贫攻坚对口帮扶活动，在福贡县挂钩扶贫

公益报道版面

点开展公益捐赠和公益活动，全年直接投入帮扶资金70万元，党员干部帮扶农户资金25.58万元，争取东西部扶贫协作资金40万元。

帮扶干部走村入户开展帮扶活动

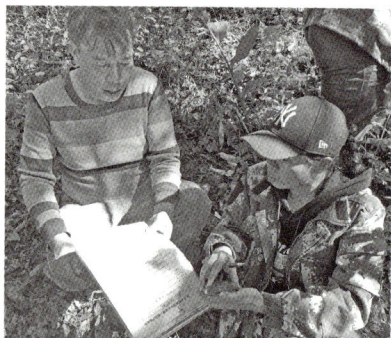

驻村工作队员在田地与村民进行石斛验收

2020 年，云南日报持续在要闻、专题、公告等重要版面、显著位置刊发社会公益广告，全年共刊发公益广告、公告 57 块版面。

五、人文关怀责任

（一）民生报道

2020 年，云南日报在民生报道方面聚焦热点问题，采用民生视角，追踪社会热点。"金色热线"栏目全年持续刊发云南省各厅、局、办及各州市主要负责人上线解答民生疑难的相关报道；"今日视点"栏目注重推出关注扶贫、环保、抗旱、改革发展、社区治理等事关民生领域的报道内容，如《"证照分离"破难题助发展》《文明养犬　有你有我》等。云南日报还抓住疫情防控下入学、高考、招录、毕业等关键节点，采写《全省各高校陆续分批错峰开学》《"云招聘"开辟就业新渠道》等一批重点稿件，反映云南省各级各类学校结合实际情况采取多种措施有序开展教学及保障就业等工作情况，营造教育事业发展良好氛围。

（二）灾难和事故报道

在灾难和事故报道中，云南日报注重人文关怀，不过度渲染，避免造成"二次创伤"和社会恐慌。如在 2020 年新冠肺炎疫情防控中，对已治愈患者采访不再对患病情况及详细治疗过程进行采访报道，避免对患者造成"二次创伤"。

（三）以人为本

2020 年，云南日报坚持以人为本，体现人文关怀，关注民生民情，刊发了一批深受读者欢迎的稿件。如深入一线采写刊发的《"云社区"公益，用爱传递温暖》《医务社工：不一样的"白衣天使"》《鲁甸：赵家院子热闹了》等一批传递社会温暖的重点稿件，不断传递奉献爱心、抚慰人心正能量，展现党报媒体的责任与担当。

抗疫主题报道

六、文化责任

典型人物报道

（一）弘扬践行社会主义核心价值观

在社会主义核心价值观主题宣传中，不断加强正党风、淳民风、扬家风、树新风宣传，加强典型人物的报道，推出张桂梅、朱有勇等一批典型人物的报道，开设"云岭楷模""最美人物"等专栏专题报道，引导社会新风尚；刊发了《全省职工廉政家教家风漫画展在昆开展》《送"廉"上门正家风》等报道，营造廉洁家风、树立文明新风的浓厚氛围。

（二）传承繁荣中华优秀传统文化

2020 年，云南日报办好《花潮》《读书》等精品版面，深耕文化报道。《花潮》版围绕云南文化强省建设、着力繁荣发展社会主义文艺，每周推出诗歌、散文、报告文学等作品。《读书》版开辟"民族文化探索"及"文艺新观"专栏，弘扬中华优秀传统文化和民族文化。在抗击疫情行动中，云南日报还采写刊发了文学界、音乐界、美术界、演艺界等文艺领域抗疫新闻、通讯、视频等，以多种形式宣传云南省文艺抗疫力量。

（三）推动提升科学素养

2020 年，云南日报抓住重要节点、重要事件，以多种形式稿件全面反映全省科技创新成果，开展科普宣传。在 2020 年国家科学技术奖励大会召开前后，周密策划进行会前、会中、会后持续报道，全面反映云南最新科技创新成果；在全国科普日期间，在报道好开展科普日宣传活动的同时，对年度科普工作进行总结性报道；在科技活动周期间，通过报道集中展示云南省在先进制造技术、数字视觉技术、智能无人系统、智慧农业应用示范等方面的科技创新成果。同时，通过开设"建设创新型云南在行动""科普走云南"等专栏，动态反应云南省重大科技突破和科普工作成绩。

七、安全责任

云南日报及新媒体平台严格执行新闻出版"三审三校"制度，切实做好稿件的初审、复审和终审工作，形成了一整套确保安全出报的规章制度和较为完善的工作机制，做到全年无重大差错见报、全年无重大安全生产事故，保证报纸安全出版。同时，完善网络安全管理制度和网络应急预案。通过了安全等级保护三级标准，网络管理更加规范，把网络安全和系统运维风险降到最低。

八、道德责任

（一）遵守职业规范

云南日报严格遵守新修订的《中国新闻工作者职业道德准则》要求，严格遵守《新闻出版广播影视从业人员廉洁行为若干规定》《新闻出版广播影视从业人员职业道德自律公约》。2020年，云南日报社采编人员未发生任何违背新闻职业道德和职业规范的行为。

云南日报记者在一线采访

（二）维护社会公德

云南日报不断健全受众监督，完善媒体自律机制，在采访报道中注重保护公民隐私，维护新闻真实性原则，维护公序良俗，坚持宣传和鼓励社会正能量，讴歌美好心灵，积极维护社会公德。

云南日报记者在一线采访

（三）接受社会监督

云南日报社设置了专门信访接待室，由专人负责来信来访接待。在云南日报每日版面上公布舆论中心监督电话号码，自觉接受公众监督，及时回应人民群众的关切和期待。2020年，通过信访接待还积极为读者群众发声，在《云南日报》民生版采写刊发稿件40余篇，云报客户端采写刊发稿件200条。

九、保障权益责任

（一）保障从业人员合法权益

云南日报社依法依规保障新闻从业人员合法权益，保障新闻记者正常的采访权、报道权等职业权利不受侵害。当新闻从业人员合法权益受到侵害时，报社及时帮助维权，切实保障合法权益。

（二）保障从业人员薪酬福利

云南日报社严格按照国家法律法规和人事及劳动保障部门的有关规定招聘和管理员工队伍，积极保障新闻从业者权益。严格执行国家和云南省政策规定的法定假期、带薪年假、病假、婚假、产假、丧假、工伤假等制度，为员工提供健康、安全的工作和生产环境。为工伤的员工做好所有与工伤保险相关的伤残等级鉴定、医疗费报销、补偿费的申报发放等工作；慰问走访生病、住院的职工。

（三）规范使用新闻记者证

云南日报社严格按照《新闻记者证管理办法》申领、发放、注销记者证。截至2020年年底，云南日报社共申领记者证302本，因辞职、退休、岗位调动等原因及时申请注销新闻记者证20本，通过核验的新闻记者证共282本。

（四）开展员工教育培训

2020年，云南日报社加强员工培训，提高员工素质。先后开展"深入开展习近平新时代中国特色社会主义思想和习近平总书记考察云南重要讲话精神""坚持以马克思主义新闻观指导新闻实践""践行'四力'的融媒体实战""招投标业务、移动端新闻视频运营"等主题的教育培训，选派多位业务骨干参加2020年云南省哲学社会科学教学科研骨干研修、省级机关党校省直机关青年干部进修班等，为新入职的员工进行马克思主义新闻观和业务培训，着力提升新闻采编队伍的能力素质。

十、合法经营责任

云南日报社在经营工作中自觉遵守和执行《中华人民共和国广告法》等法律法规和规范，对广告发布的形式和内容进行严格审查，凡不符合规定的一律不予刊发；严格区分广告经营活动与新闻采访活动，经营人员与采访人员进行规范分离。全年，云南日报社未出现违法违规经营行为。

十一、后记

（一）回应

针对产品质量方面，云南日报社在业务培训、人才队伍建设及推进媒体深度融合等方面下功夫，在2020年度推出许多高质量的新媒体稿件，如云报客户端策划推出的抗疫H5系列产品，入选中国记协"践行'四力'创新深融——战'疫'新媒体精品案例"，《你好，马吉米溜索！出山，脱贫金果果！》新媒体专题报道入选中国记协"2020中国新媒体扶贫联合公益行动"首批案例。在服务社会民生、展现人文关怀方面，云南日报在民生版和评论版进行了调整，更加关注社会民生民情，聚焦人文关怀，体现人间冷暖，采写刊发了一批有质量、有温度，深受读者喜爱的新闻稿件和评论文章。

在应对新媒体冲击方面，云南日报2020年12月搬迁到云报传媒广场后，升级了全媒体采编系统，加大了硬件的投入；启用了全媒体中心，按照"报、刊、网、端、微、号、屏"协同联动，"策、采、编、印、发、播、管、控"一体化运行，"统一策划、一次采集、多元生成、全媒传播"的理念打造全媒体平台。

（二）不足

在履行社会责任方面，云南日报每年都有创新与进步。在取得成绩的同时，我们也清醒地认识到自身存在的问题和不足。如原创竞争优势不足，新媒体爆款产品不多；运用新技术的能力不足，采编队伍的融媒体素质还需要进一步提升。

（三）改进

一是以内容建设为根本，扩大优质内容供给，始终保持内容定力，专注内容质量，打造内容精品。

二是坚持移动优先，充分利用移动传播技术，提升好、完善好自主可控传播平台，主动用好商业化、社会化的互联网平台。

三是以主力军全面挺进主战场为导向推进资源融合。注重流程优化和平台再造，实现各种媒介资源、生产要素有效整合，努力扩大主流价值影响力版图。

西藏日报

社会责任报告

一、前言

（一）媒体概况

西藏日报是中共西藏自治区委员会机关报，于 1956 年 4 月 22 日创刊，是西藏和平解放后的第一张日报。西藏日报是党和政府联系群众的桥梁和纽带，是党的喉舌，承担宣传党的理论、路线、方针、政策和重要新闻报道及为全区社会主义物质文明和精神文明建设服务的任务。西藏

西藏日报社办公大楼

日报分为汉文版和藏文版两张大报。汉文版报头由毛泽东同志题写，藏文版报头由阿沛·阿旺晋美题写。近年来，《西藏日报》从最初的两张报纸（《西藏日报》藏、汉文报），逐渐发展为拥有 7 报 1 刊 3 网 2 端 7 微信 4 微博的新型主流媒体矩阵。

（二）社会责任理念

西藏日报社始终坚持政治家办报、办刊、办新媒体，牢记守土有责、守土负责、守土尽责，牢固树立"党报姓党、绝对忠诚"理念，充分发挥西藏舆论主阵地、排头兵作用，履行举旗帜、聚民心、育新人、兴文化、展形象的使命任务，不

断增强"四个意识"、坚定"四个自信"、做到"两个维护",勇于担当、履职尽责,为谱写新时代西藏长治久安和高质量发展注入强大正能量。

2020 年 11 月 8 日,西藏日报 1 版刊登中国新闻奖获奖情况

(三)获奖情况

在第三十届中国新闻奖评选中,西藏日报《〈西藏日报〉:蹲点采访对田野调查方法的借鉴》《实现西藏一张网的阿里与藏中电网联网工程开工——38 万农牧民将告别"电荒"》分别获得新闻论文类二等奖、文字消息类三等奖。在 2019—2020 年度西藏新闻奖评选中,西藏日报 22 件作品获奖,其中特等奖 1 个,一等奖 2 个,二等奖 7 个,三等奖 12 个。

二、政治责任

坚持以习近平新时代中国特色社会主义思想为指导,增强"四个意识"、坚定"四个自信"、做到"两个维护",社党委带领报社干部职工,认真贯彻落实自治区党委部署安排,牢牢掌握党对新闻宣传工作的领导权,管党治党责任进一步落实,言论评论举旗引领,新冠肺炎疫情防控宣传有声有色,发展稳定生态强边等重大主题宣传声势强劲,媒体深度融合取得实质性进展,干部队伍建设进一步加强,充分发挥了自治区主流媒体的导向作用、旗帜作用、引领作用。

(一)落实主体责任,高位谋划推动新闻宣传工作

西藏日报深入贯彻落实习近平总书记关于意识形态工作、西藏工作的重要论述、党中央关于新闻宣传工作的决策部署和区党委关于新闻宣传工作的安排要求,

始终把新闻宣传工作作为主责主业，全面加强党对新闻宣传工作的领导，全面加强报社领导班子和干部队伍建设，围绕稳定发展生态强边四件大事，经常性研究重大主题宣传，加强对传统媒体和新兴媒体阵地的建设和管理，构建全媒体传播体系的大格局。社党委会议、社党委理论学习中心组学习会、主要负责同志专题研究和部署重大主题宣传30余次，社编委会每日下午组织编前会专题研究和部署重要新闻宣传，安排社党委班子成员下乡蹲点采访不少于20天，覆盖7市地、74个县、数百个乡镇、数千个村居。全年共刊发各类宣传报道10万余篇幅条次。

（二）突出政治建设，全方位推进新闻宣传工作

1.抓理论武装。社党委理论学习中心组带动示范，集中学习40次，撰写心得体会120多篇。发放汉藏文版《习近平谈治国理政》（第一、第二、第三卷）1500余册，编发《习近平总书记关于媒体融合发展重要论述摘编》等学习材料600多册，扎实开展通读精学活动，组织全社干部职工进行理论学习考试。用好"学习强国"西藏学习平台。组织邀请授课6次，推动创新理论进机关、进部门、进头脑。

2.抓党支部建设。围绕"不忘初心、牢记使命"主题教育等重要学习教育活动，各党支部开展学习300多次，专题研讨40多次，撰写心得体会500多篇。开展主题党日活动130余次，组织开展教育参观600余人次，建成标准化党员活动室5个。

3.抓正面宣传。报社新闻工作者认真践行"四力"，采写大批鲜活的新闻报道，大力宣传习近平总书记和党中央对西藏工作的高度重视、对西藏各族人民的特殊关怀，大力宣传习近平总书记关于西藏工作的重要论述在西藏的成功实践，大力宣传区党委贯彻落实习近平总书记和党中央决策部署、带领全区各族干部群众奋力谱写新时代西藏社会主义现代化建设的生动实践，大力宣传全区各族干部群众感党恩、听党话、跟党走的坚定信念和坚强决心，推出禹代林、尼玛扎西等典型报道。

2020年6月5日，头版"决战决胜脱贫攻坚"专栏刊登脱贫典型报道

4.坚持正确政治导向，深入开展反分裂宣传报道，深入揭批十四世达赖集团反动本质，组织刊发系列评论员文章，提供给各级党委理论中心组和广大党员干部学习。全年累计刊发原创言论

2020 年 1 月 18 日至 23 日，刊登"团结稳定是福、分裂动乱是祸"系列评论

类文章 160 余篇。通过《今日西藏》主动讲好中国共产党治边稳藏故事、各族干部群众奋斗圆梦故事。

三、阵地建设责任

（一）从《西藏日报》藏汉双语客户端改版升级探索突破

区党委宣传部指导策划，以《西藏日报》汉文报、客户端改版为报社媒体深度融合改革突破口，列为"一把手"工程，成立工作专班，书记抓总，总编一线指挥，班子成员共同发力，形成《西藏日报客户端改版方案》，5 月 21 日，客户端完成改版上线运行，频道设置由原来的 17 个精改为推荐、新闻、论坛、政策、文旅、美图、市地 7 个，页面设计更加清爽简洁、更具西藏特色，新版客户端突出新闻

性、政务性，增强了服务性、互动性，读者体验感增强，截至 2020 年年底发稿 2.2 万条，总阅读量 4500 万次。

（二）在再造采编发流程上改革创新

落实编前会流程改革试点，跟进优化媒体融合流程管理，突出新媒体产品和新媒体意识，打造以新媒体为核心的全媒体宣传报道策划和刊播机制。再造新媒体中心融媒体采编流程，成立策划采访组、内容运营组、传播研究组等，建立以过程划分的扁平化组织架构，初步实现"一次采集、多种生成、多元传播"的全媒体内容生产模式。

（三）把助力全区地市县级媒体融合发展一体考虑

坚持以推动全区媒体融合事业发展为己任，自觉担负媒体融合发展"领头羊"的责任，把推进报社自身融媒改革与全区媒体融合发展联系结合，充分运用资源优势、品牌优势，积极开展全媒体合作，助力全区市县级媒体融合发展，向区党委宣传部编报了《西藏日报社融媒体中心平台建设项目建议书》《西藏自治区地市县区融媒体中心平台建设项目建议书》。

（四）力保阵地安全

强化全社"七报、两网、十三微、两端、一网群"全媒体阵地管理，社党委定期分析研判报社意识形态管理的风险短板弱项，责成带班负责人采取有力措施防范防控，社党委主要负责同志每天审看各媒体重要新闻宣传报道内容，并在审校和出版发行

2020 年 11 月，新媒体演播室后台控制中心

的最后环节上加强了一道把关防线，加强了初审初校的责任落实。

总话题"西藏日报　丁真我们在西藏等你"阅读次数达到 5.9 亿次，讨论次数为 6.1 万次，11 月 27 日 19：50 到 20：23 左右，这一话题从热搜榜第 43 冲到第 1，并久居榜首位置，西藏日报借此次事件的热度成为 2020 年新浪微博平台上一个现

2020 年 11 月，新媒体演播室平台

2020 年 11 月 27 日，西藏日报新浪微博话题获百万级点赞

2020 年 11 月 27 日，西藏日报新浪微博话题"我们在西藏等你"

象级新媒体案例，被称为"少有的只有赢家没有输家的满分宣传"。

在采访中锻炼全媒体记者，当策划、当导演、当记者、当编辑、当技师，打造群众喜爱的、富有糌粑酥油味的新媒体产品。2020 年 8 月 2 日，《孔雀河畔糌粑香》一文刊播

后，阿里普兰县西德村老阿妈央宗卓玛说："我在西藏日报客户端看到了我们全村的新房子，看到了记者采访我，真高兴啊，我们发自内心写下了'十谢共产党'，全托习近平总书记的福，全托共产党的福。"

四、服务责任

（一）履行党报职责，做好时政信息服务

西藏日报作为西藏自治区党委机关报，承担着重大政治任务和权威发布职能，

通过纸媒和新媒体平台，2020 年为自治区各级各部门发布时政消息 4.8 万余篇，刊登大量法规、公告等政策文件，为围绕自治区党委中心工作，充分发挥出服务大局的政治职责，有效沟通了自治区党委、政府与人民群众的联系，回应了人民群众的关切。此外，围绕疫情防控、文明用餐、中华民族一家亲、时代楷模、"一带一路"等重大主题，全年刊登公益广告 21 个整版。

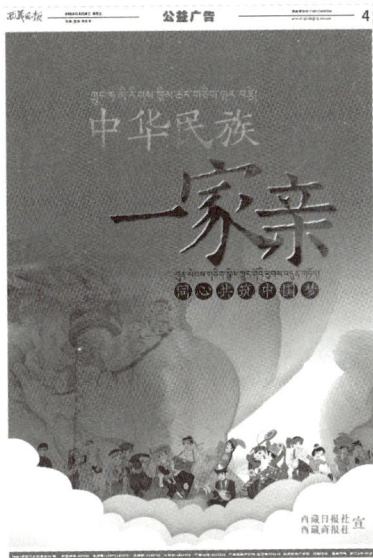

2020 年 5 月 8 日，"中华民族一家亲"公益广告

2020 年 10 月 3 日，"疫情防控"公益广告

（二）聚焦脱贫攻坚，助力强基惠民工作

2020 年，社党委专题研究、带头落实报社驻村点脱贫攻坚工作，组织开展 3 次调查研究，形成《西藏日报社那曲、昌都驻村点脱贫攻坚情况调研报告》，社领导与驻村工作队、村两委班子座谈 10 余次，开展结对认亲帮扶活动 15 次，走访 300 多人次，统筹解决扶贫项目资金 50 万元。组织全社干部职工

2020 年 3 月 11 日，西藏日报社驻竹巴龙村工作队召开会议，就农牧民群众关心的村集体砂石场经营发展建言献策

2020 年 6 月，西藏日报副总编辑李有军一行先后与驻村点所在的乡镇负责同志、村（居）"两委"和驻村工作队召开了 5 次座谈会，深入探讨脱贫攻坚问题

为那曲、昌都 5 个驻村点贫困群众捐款 12.6 万元，开展"结对认亲"活动，走访 28 个结对户，支出帮扶款 1.4 万元，精准推进结对帮扶各项任务；响应号召，组织开展消费扶贫工作，全社 331 名干部职工共购买二十几种扶贫产品，消费支出达 3.1 万余元，为全区脱贫攻坚作出了积极贡献。2020 年 5 月，组成工作组，深入报社 5 个驻村点，检查报社产业扶贫项目落实情况，通过实地查看了解，起草了西藏日报社那曲、昌都驻村点脱贫攻坚情况调研报告，为下一步精准帮扶提供决策依据。

五、人文关怀责任

（一）关注民生领域，做好惠民信息推送

开设"民生直通车""创青春""平凡之路"等专栏，关注创新创业、医疗、教育等民生领域，通过新媒体平台，及时推送西藏自治区公考、事业单位招聘、大型人才招聘会等报道，2020 年，"西藏找工作"微信公众号粉丝不断增加，粉丝数由 6 万人增加到 6.8 万人，宣传自治区就业创业政策，提供就业创业资讯，为自治区公共就业创业服务，每条推送平均阅读量达 4000 次以上，头条平均阅读量都在 6000 次以上，有力地转变了西藏青年就业观念，推动积极就业政策的落地生根。

（二）讲好西藏故事，彰显党媒为民情怀

坚持党报立场，为人民群众鼓与呼，加大民生新闻策划和报道，特别是加大典

2020 年 12 月 16 日，在"老西藏"口述民族团结主题策划中，记者采访在西藏阿里狮泉河分关从事海关查私业务工作整整 27 个年头的白玛次仁

2020 年 7 月，记者刘金鹏、朱杉、周婷婷在苏洼龙水电站采访

2020 年 4 月，西藏日报记者仁青、平措尼珍在柳梧采访易地搬迁安置情况

2020 年 12 月，西藏日报夜班编辑在群策群议版面布局

型报道力度，讲好西藏故事，把笔尖镜头对准 300 多万西藏各族群众，生产了一大批"糌粑味浓""酥油味香"的新闻作品。推出《我的脱贫故事》《扶贫路上有我》《新时代奋斗者》《走向我们的小康生活·决战脱贫攻坚》《天河两岸看西藏》《脱贫攻坚集结号》等专栏专题，深入西藏脱贫攻坚一线和贫困户家中，进行蹲点式调研采访，深入挖掘脱贫攻坚中的感人事迹、可喜成绩，探访西藏如何狠抓工作落实，巩固脱贫攻坚成果，坚决打赢脱贫攻坚战，推出系列报道约 160 篇，如《开局只有一家小茶馆，看旦增罗布如何实现人生逆袭！》《仓穷白姆："一定要让村里人过上小康生活"》等，引起良好社会反响。

六、文化责任

2020 年 7 月 7 日，文艺副刊《格桑梅朵》

2020 年 12 月 22 日，文艺副刊《格桑梅朵》

（一）办好文化版面，弘扬中华优秀传统文化

2020 年 5 月，《西藏日报》汉文版启动版面改革，文艺副刊改为《格桑梅朵》，刊发大量有关西藏地域的文学、摄影、电影、戏剧、民间艺术等内容，对西藏优秀传统文化传承和保护起到积极作用。此外，不定期刊发《文化雪域》专版，关注西藏历史遗存、非物质文化遗产保护、文学创作等领域取得的成绩。

（二）聚焦文化育人，践行社会主义核心价值观

大力宣传"四讲四爱"群众教育实践活动，提前谋划，主动策划，宣传报道好涌现出的"红色三支队伍""民嘴讲堂""女子宣讲团"等典型，使群众在教育实践活动中实现自我教育、自我革新、自我提高，推出"讲团结爱祖国"系列评论员文章，讲深讲透"铸牢中华民族共同体意识，自觉维护祖国统一、民族团结，反对分裂"的重大意义，有效引导了舆论，鼓舞了斗争士气，让"讲党恩爱核心、讲团结爱祖国、讲贡献爱家园、讲文明爱生活"成为全区各族同胞共识。

七、安全责任

（一）建立健全安全生产制度

在全国突发新冠肺炎疫情的考验下，西藏日报严格执行防疫措施，在职工中做好防疫知识宣传，及时分发口罩等防疫物资，做好消杀工作，组织干部职工减少轮休，保证一线工作力量，做到党报发行工作不受任何影响，确保安全及时出报。

（二）严把报道内容政治关

严格落实好报纸和新媒体网站的"三审三校"制度，从采编源头做起，严把报道内容政治关，对于涉及西藏重点领域重点工作报道，执行请示报告制度，在区党委的统一安排下进行重大主题报道，报纸及新媒体平台，全年未出重大政治差错。此外，积极做好重大突发事件应急预案，组建应急报道小组，分发应急设备，确保应急报道有队伍有预案有对策。

八、道德责任

（一）规范采编流程

在新闻采编过程中，严格规范采编流程，加大对新闻采编队伍规范化培训，在采访中不偏听偏信，特别是深度报道，采用多个交叉信源验证新闻事实，确保新闻报道真实客观，严防虚假失实新闻出现。同时，在新进人员培训中，强调新闻采访纪律，坚决杜绝有偿新闻，遵守新闻工作职业道德准则。

（二）自觉接受监督

在报纸版面及新媒体平台相关位置公开联系渠道，自觉接受社会和有关部门监督，特别是对报纸差错投诉、原创作品版权举报等方面，畅通渠道，及时整改，以负责任的态度，回应各类监督和关切。

九、保障权益责任

（一）健全绩效奖励机制

西藏日报目前拥有职工 424 名，全体职工均签署劳动合同，单位依法为职工缴纳"五险一金"，保障全体职工合法权益。此外，启动全媒体绩效改革，以"全面覆盖、效率优先，科学考评、公平公正，奖优罚劣、奖勤罚懒，按劳分配、多劳多得"为原则，制定《西藏日报社采编人员全媒体绩效考核试行办法》，以绩效奖励方式，充分调动采编人员工作积极性，促进媒体融合改革走深走实。

（二）规范申领新闻记者证

按照要求，为符合申领新闻记者证资格的采编人员办理申领相关工作，为持有新闻记者证的采编人员办理年检换证工作，及时回收离职、退休等采编人员的新闻记者证，截至目前，西藏日报社共有 135 名采编人员拥有新闻记者证，另有 66 名已通过考试，正按程序申领记者证，在历次年检工作中，不存在违规违纪现象。

（三）开展新闻业务培训

根据媒体融合工作需要，在上级有关部门的大力支持下，西藏日报社 2020 年迎来了第二批 7 名新媒体"组团式"援藏干部，开展技术援藏工作，为西藏日报社媒体深度融合，提高新媒体从业人员能力水平，带动一批懂技术、能管用、起作用的新媒体工作人员起到较好传帮带作用。同时，认真开展新闻采编业务培训，邀请区外知名专家为 60 多名新闻业务骨干和印刷行业从业人员开展视频剪辑和印刷设备维护维修培训，对 64 名新媒体工作人员开展无人机现场操作培训，为进一步提高媒体融合专业知识，奠定了良好的人才保障。

十、合法经营责任

（一）严格遵守新闻出版法规

在办报办网办刊办新媒体过程中，严格遵守出版、网信等法律法规，不逾矩，不越线，加强新闻采编队伍内部管理，确保采编经营过程中，不存在有偿新闻、新闻敲诈等违法违纪现象。

（二）规范采编与经营行为

在广告经营方面，严格落实好采编与经营"两分开"原则，采编岗位不得参与广告经营，实现机构分开，人员分开，业务分开，财务分开，广告经营不得干涉新闻采编，无权删减新闻产品，严防采编人员与广告经营人员私相授受，产生利益输送行为。同时，加强广告内容审核，对虚假广告、敏感争议广告、低俗庸俗媚俗广告等保持零容忍。

十一、后记

　　我们将始终高举习近平新时代中国特色社会主义思想伟大旗帜，认真贯彻党的十九大和十九届二中、三中、四中、五中全会精神和中央第七次西藏工作座谈会精神，以新时代党的治藏方略为根本遵循，坚决贯彻落实习近平总书记关于治边稳藏和宣传思想工作的重要论述，按照自治区党委的部署要求，牢牢掌握新闻宣传工作的领导权，坚持正确政治方向、舆论导向、价值取向，坚持政治家办报办网办新媒体，以思想政治为引领，以主业主责为使命，以干事创业为担当，推动思想武装进一步入脑入心，推动重大主题宣传强劲充沛，推动媒体改革深度发展，推动全面从严治党落地生根，推动巡视整改见行见效，集报社全媒体舆论之力为西藏长治久安和高质量发展提供强有力的舆论支持。

陕西日报

社 会 责 任 报 告

一、前言

（一）媒体概况

《陕西日报》的前身是党中央提议创办的《边区群众报》《群众日报》，是拥有光荣历史的党报。创刊 81 年来，陕西日报不断发展壮大，目前拥有《陕西日报》《三秦都市报》《陕西农村报》《西部法制报》《党风与廉政》《当代女报》《新闻知识》等 5 报 2 刊，以及群众新闻网、三秦网、陕西农村网、西部法制传媒网、群众新闻 App 等 5 网 3 端和百余个微博、微信公众号。

2020 年 3 月 24 日，习近平总书记对陕西日报创刊 80 周年作出重要批示，充分肯定陕西日报创刊 80 年来所发挥的重要作用，对陕西日报守正创新、融合发展提出明确要求和殷切期望。一年来，陕西日报始终坚持以习近平新时代中国特色社会主义思想为指导，增强"四个意识"、坚定"四个自信"、做到"两个维护"，深入学习贯彻习近平总书记来陕考察重要讲话和对陕西日报创刊 80 周年重要指示精神，全面做好各项工作，坚持不懈让习近平新时代中国特色社会主义思想深入人心，让习近平新时代中国特色社会主义思想的声音在三秦大地传得更开更广更深入。

（二）社会责任理念

陕西日报以"宣传党的主张，反映群众呼声"为办报宗旨，在新时代弘扬延安精神、紧跟时代步伐，坚持守正创新、推进融合发展，不断提升传播力、引导力、影响力、公信力，推出大量体现社会服务责任、彰显人文关怀的精品力作，为宣传阐释党的理论和路线方针政策，为组织群众、宣传群众、凝聚群众、服务群众作出了新的更大的贡献。

（三）获奖情况

《二百八十一个签名挽留第一书记》
（2019 年 6 月 3 日 1 版）

文字通讯与深度报道《二百八十一个签名挽留第一书记》获第三十届中国新闻奖一等奖；文字消息《以陕北为核心的黄土高原地区成为全国连片增绿幅度最大地区》、新闻摄影《"我不让你走！"》获第三十届中国新闻奖二等奖；2019 年 4 月 6 日 4—5 通版获第三十届中国新闻奖三等奖。

陕西日报社获评全省抗击新冠肺炎疫情先进集体。

陕西日报社已连续 3 年荣获省级单位脱贫攻坚考核优秀等次单位，经济新闻部获评 2020 年陕西省脱贫攻坚奖。

陕西日报社编辑出版中心校检组获评陕西省岗位学雷锋活动示范点。

二、政治责任

（一）坚持正确政治方向，做好重大主题宣传报道

全面推进"全面统筹、深度策划、融合传播"采编工作要求全方位落地，创新宣传方式方法，做强做大重大主题、重大活动、重要节点等全媒体传播。

1.高举旗帜，推动习近平新时代中国特色社会主义思想在三秦大地落地生根。精心做好习近平总书记重要讲话、重要指示批示精神和重要会议等的宣传报道，转载转发推送中央主要媒体重点稿件，及时策划推出一批重点报道、理论评论和新媒

体作品。围绕习近平总书记来陕考察重要讲话精神，推出"牢记谆谆嘱托·践行五项要求"系列报道，以"通讯＋评论＋图表"的创新形式，深入报道全省广大党员干部群众奋力谱写陕西新时代追赶超越新篇章的生动实践。

2. 围绕全面建成小康社会和"十三五"规划收官，深入开展主题宣传、形势宣传、政策宣传、典型宣传。围绕脱贫攻坚，深入报道全省各地脱贫攻坚好经验、好典型，推出一系列脱贫攻坚重点稿件和新媒体产品，为决胜全面建成小康社会、决战脱贫攻坚凝聚强大合力。

3. 贯通落实"五个扎实""五项要求"，大力宣传陕西凝心聚力追赶超越、推动高质量发展的生动实践。围绕中央和陕西省委重要会议、重大活动，精准解读中央和全省落实举措，突出"陕西元素"，讲好中国故事，多角度、全方位、高质量完成全国两会等重点宣传报道。

4. 抗疫宣传彰显党报权威，一大批点击量过千万次甚至亿次的爆款产品直抵人心。面对新冠肺炎疫情，坚持移动优先、客户端首发，实现全要素采集、全媒体传播、多平台推送，彰显了主流媒体的责任担当。其中，

《2020 全国两会特别报道》（2020年 5 月 23 日 3 版）

《大动脉纵贯陕甘宁》（2020 年 12月 27 日 4—5 横通版）

《长安战"疫"十二时辰》（2020 年2 月 6 日，陕西日报"群众"客户端发布）

《长安春深花似海　白衣英雄载誉归》（2020 年 4 月 7 日 4—5 竖通版）

《湖北货车司机滞留高速 7 天　获汉中民警救助后感动落泪》等新媒体报道阅读量
过亿次；《长安战"疫"十二时辰》融媒体产品，通过不间断采访记录西安抗击疫
情十二时辰中的故事，引发读者共鸣。

（二）紧贴热点，主动创新，发挥舆论引导作用

及时学习中央最新精神，掌握陕西省委最新部署，把加强议题设置理念贯彻采编
工作始终，不断创新全媒体时代宣传工作方式，确保全年报道新意迭出、亮点纷呈。

1. 围绕党的十九届五中全会精神，制订方案，打好专栏专刊"组合拳"。在
《奋力谱写陕西新时代追赶超越新篇章　凝心聚力高质量发展》专刊，通过消息、
专家点评、新闻链接等方式，对全省专题系列发布会进行深度解读；在要闻版开设
"贯彻全会精神一线在行动"专栏，深入报道全省基层单位和广大干部群众学习贯
彻落实全会精神的相关内容，推出一系列脍炙人口的新闻作品。

2. 围绕省委、省政府中心工作，推出重磅策划，提升报道"纵深感"。为做好
全省 2020 年重点项目观摩活动报道，成立宣传报道工作专班，全程跟随观摩团辗
转 13 个地市（区）的 25 个县（区），行程 3100 多公里，进行了大篇幅、高密度、
全景式的全媒体报道。集中开设"项目者说""项目点评""高质量发展专家谈"等
栏目，累计刊发版面 30 余个、稿件 300 余篇（幅），推送新媒体产品及相关稿件
500 余篇（件），综合阅读量超 4000 万次。

3. 创新全媒体行动，发挥内容精品优势，推动主力军全面挺进主战场。2020
年，共开展生态环境保护、重走红色新闻路、走进重点水利项目等 8 次全媒体行
动，把传统媒体内容精品优势向"报、网、端、微、视"全媒体领域拓展，推动编
辑记者大采访，深化领导干部大调研，实现全媒体传播大效果。特别是黄河流域生

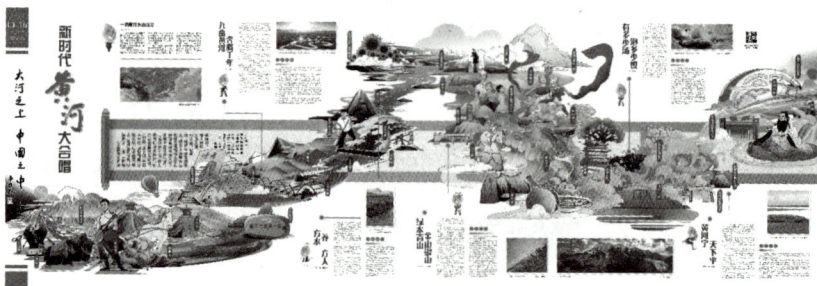

"黄河长卷"（2020 年 9 月 18 日 T3—T6 四连版）

态保护和高质量发展全媒体行动，形象展示了沿黄 9 省（区）协同推进全流域大治理的生动实践，推出《大河之上　中国之中》黄河特刊 28 个版面，包括创刊 80 年来首个 8 连版、手绘 4 连版。

《大河之上　中国之中》黄河特刊（2020 年 9 月 18 日）

（三）正确履行舆论监督职能

直面社会问题，通过批评性和调查性报道发挥舆论监督职能，及时反映问题，回应社会关切，特别是围绕群众"急难愁盼"问题，刊发《考驾照为啥这么难——驾考行业乱收费现象调查》《婚宴变"剩宴"！浪费顽疾何时了？》《"限塑令"变

《婚宴变"剩宴"！浪费顽疾何时了？》（2020 年 8 月 31 日 11 版）

《"限塑令"变"禁塑令"，老习惯要改了！》（2020 年 9 月 11 日 14 版）

"禁塑令"，老习惯要改了！》等稿件，有效推动了相关问题解决，发挥了党委、政府密切联系群众的桥梁纽带作用。

（四）积极开展对外传播

高度重视国际传播，做好"一带一路"倡议等新闻报道工作，加强丝博会、丝绸之路国际电影节等在陕举办的国际性活动报道，努力讲好陕西故事、中国故事、丝路故事。同时，把群众新闻网端作为国际传播主要新媒体平台，不断加强国际传播新媒体平台建设。

三、阵地建设责任

（一）打造强大融媒体矩阵

已拥有《陕西日报》《三秦都市报》《西部法制报》《陕西农村报》《当代女报》《党风与廉政》《新闻知识》以及群众新闻网、三秦网、西部法制传媒网、陕西农村网、"群众新闻"、"秦闻"、"新丝路"移动客户端等 5 报 2 刊 5 网 3 端及百余个微博、微信账号，形成了融媒体矩阵。

（二）积极开展融媒体报道

坚持守正创新，推进融合发展，在建立机制、搭建平台、畅通渠道、共享资源、培育人才的基础上，先后推出创意互动作品《秦岭懂"绿"》，短视频现场新闻《在总书记来过的地方，我们取一瓶黄河水》，短视频专题报道《黄河十二时辰》，创意互动作品《温情："蓝暖男"的"回家"故事》等。

（三）推进融合采编平台建设

充分发挥全媒体指挥中心统筹协调作用，加快建设"群众新闻"网端融合传播主阵地，统一指挥调度报社各部门和子报刊网采编力量，实现了新闻报道的全媒体运作、全平台推送。推动陕西日报融媒体中心全省 107 个县（区）全覆盖，为提升主流媒体传播力、引导力、影响力、公信力打下坚实基础。

四、服务责任

（一）信息服务全面到位

与各级党委、政府紧密联系，及时监测把握内外部环境变化，科学准确有效传递信息。在新冠肺炎疫情防控期间，第一时间开设专版专栏，传播健康知识，传达权威信息。在春节、国庆等时间节点，及时沟通相关部门，提前发布交通出行、消费旅游、天气提示等民生信息。

（二）搭建公共服务平台帮助解决民生问题

积极搭建民生服务平台，帮助群众解决实际困难。及时关注陕西省公共服务文化志愿者联盟创立、云端政务服务等相关信息，聚焦社区治理管理和民生问题，打造公共服务平台，提供公共智库服务。

（三）积极组织参与公益活动

做好脱贫帮扶工作。全年研究铜川移村帮扶工作 4 次，驻村工作队累计入户走访 180 多次，各党支部共计 150 多人次到村帮扶，为贫困户提供生产生活救助资金、物品价值共计 6.3 万元。加大产业扶持力度，拿出 30 万元帮助移村集体经济合作社发展养殖产业，争取项目配套资金 180 万元。组织干部职工购买移村农副产品，全年累计 37.2 万多元。用好集团下属"金口碑"等电商平台，帮助移村贫困群众销售产品。

组织慈善募捐活动。全社 35 个党支部（含离退休党支部）1078 人，全年共捐款 138327 元，以实际行动支援全国防疫抗疫工作。

提升公益活动社会影响力。开展"夺取双胜利·陕西媒体助力中小微企业公益行动"，公益宣传策划达 316 期，全媒体共投放广告资源 7115 万元，积极助力复工复产，助力脱贫攻坚，助力经济社会发展。

五、人文关怀责任

《非机动车该走哪？》（2020 年 6 月 16 日 12 版）

（一）充分发挥民生报道为民服务作用

坚持做好民生报道，发挥为民服务作用。社会版"民生政策解读""群众身边的民法典"等栏目，推出"稳就业陕西这样做系列报道""文明餐桌系列策划"等，刊发的《非机动车该走哪？》《西安市灞桥区——私家车停进了政府院子》等稿件，体现了陕西日报为民排忧解难的社会责任感。

（二）全国范围灾难和事故报道及时权威

维护人民群众生命和财产安全责任重于泰山。陕西日报及时转载新华社权威稿件，对泉州酒店坍塌事故、浙江温岭槽罐车爆炸事故、南方地区洪涝灾害等灾难和事故进行报道。尤其是对泉州酒店坍塌事故进行了全面报道，刊发《国务院调查组：泉州"3·7"坍塌事故酒店项目存在非法建设、违规改造等严重问题》等稿件，对陕西建筑工程行业起到警醒作用。

（三）坚持新闻舆论工作以人为本

彰显人文关怀，反映群众呼声。通过民生报道的策划引领，推出一批有分量的重点稿件。如针对电梯安全问题，策划刊发《电梯物联网：让电梯安全看得见》《电梯安全：守护"上上下下的享受"》等稿件；针对心理健康问题，策划推出《擦掉"心理阴影"，还孩子快乐人生》《关于抑郁症，你需要知道的三件事》等稿件。

《电梯物联网：让电梯安全看得见》
（2020年8月13日11版）

六、文化责任

（一）积极践行社会主义核心价值观

通过寻找人民群众中的榜样力量，传播抗疫斗争中的铿锵声音，大力弘扬劳模精神、劳动精神、工匠精神，彰显平凡中的伟大。策划推出"我们的中国梦"——文化进万家活动相关宣传报道，全面展示全省各级各地组织开展的各类群众性文化活动，让众多优秀文艺作品惠及人民群众，引领向上向善的良好社会氛围。

（二）传承发扬中华优秀传统文化

创新版面编排形式，丰富文化类稿件选题类型及角度，在文化版、秦岭副刊等，推出一批有深度、有广度、有温度的文艺报道，深入解读传统文化内涵。在端午、中秋等传统节日节点，及时推出专刊报道。积极探寻三秦大地上的文化印记，策划推出"打响陕西文化品牌·向大师致敬"等主题报道。

（三）科普宣传营造崇尚科学氛围

科技版、教育版、科普专栏等专栏专刊，持续刊发科教领域相关报道，有效推动群众科学文化素养提升，在全社会形成崇尚科学、鼓励创新创造的良好氛围。结合重要时间节点，创新推出"开学第一课"等特别报道，做好青少年文化教育宣传报道。

七、安全责任

高度重视内容质量，坚持真实性、客观性、科学性、专业性，为广大读者奉献了一批精品佳作。积极履行安全刊播责任，出台并严格执行质量管理处罚办法，让"出错就是出丑"成为全体陕报人的思想共识，"质量就是生命"成为全体陕报人的行动自觉。编校质量位居全国省级党报前列。印刷质量方面，对照中国报业协会印刷工作委员会报纸印刷质量要求及检测办法，从文字、标题、图片、外观等各个方面精心确保印刷质量，已连续 7 年获评精品级报纸。

八、道德责任

（一）遵守职业规范

研究修订《陕西日报新闻采访人员守则》，要求全体采编人员自觉遵守新闻采编规章制度，遵守新闻职业道德和新闻纪律，通过合法途径和正当方式进行新闻采访。2020 年，全体采编人员严格遵守相关法规制度，未出现违法违规问题。

制定出台《陕西日报社记者站管理办法》，实现 13 个记者站与广告、经营、发行彻底脱钩。同时，把驻各地记者站人员变更情况及时抄送陕西省新闻出版局及各地宣传部。2020 年 3 月 26 日，陕西日报社驻西咸新区记者站和驻韩城记者站经陕西省新闻出版局批准准予设站，已在当地宣传部备案。

（二）维护社会公德

持续开设"厚德陕西好人故事"栏目，充分挖掘凡人善举，维护社会公德，弘扬正能量，传递真善美。持续做好陕西省自然人违法失信"黑名单"及陕西省法人及其他组织违法失信"黑名单"刊发工作，继续开设"扫黑除恶进行时"栏目，维护社会公平正义。2020年刊发30次公益广告，26.75个专版，通过正面宣传报道，弘扬社会正气、讴歌美好心灵，引导人民群众积极践行社会主义核心价值观。

（三）接受社会监督

积极接受社会监督。采编人员在新闻采访中主动向被采访对象出示新闻记者证。同时，在报纸和网站上公布监督举报电话，对接收到的举报信息及时进行核查并予以反馈。

九、保障权益责任

（一）保障合法权益

积极创造条件，切实保障新闻采编人员合法权益，支持保护正常采编行为。2020年未收到采编人员申诉。

（二）保障新闻从业人员薪酬福利

与新入职员工签订《陕西日报社劳动合同书》，明确双方权责。每月足额发放全体员工工资福利。推行职员制和职级工资制，事业编制人员和合同制人员的"五险一金"，严格按国家有关规定执行。社会保险全面覆盖，从未发生拖缴、欠缴情况，保障了广大职工薪酬福利待遇。认真执行员工法定假期、带薪年休假等制度，切实保障职工休息休假的权利。

（三）开展员工培训

制订职业培养规划。开展增强脚力、眼力、脑力、笔力教育实践，着力建设一支高素质专业化的全媒体人才队伍。2020 年，举办业务大讲堂 28 期，受训 2411 人次；举办两期通讯员培训班，参训人员达 563 人。

（四）规范使用新闻记者证

对符合换发记者证条件的采编人员进行资格审核，及时申领新闻记者证。严格按照中国记者网关于新闻记者证申请要求，收集整理换证材料，如实准确上传资料，确保报社记者顺利领取新版记者证。注销解除劳动关系、调离报社或采编岗位人员的新闻记者证，及时收回并交由新闻出版行政部门销毁。

十、合法经营责任

（一）遵守法律，遵守国家有关法规文件

严格按照《中华人民共和国广告法》开展广告经营工作，确立了"政治为先、规范严谨"的广告刊发原则，对违法虚假广告态度明确、坚决抵制。安排经营人员参加国家、省、市等相关部门组织的学习活动，不断提高经营人员业务水平。积极推行制度规范化、经营专业化、运作市场化的经营理念，从思想上杜绝刊登违法虚假广告的情况。

（二）严格做到采编经营"两分开"

2020 年 4 月 26 日，报社印发《关于从严查处采编经营两分开工作中违规违纪行为的通知》，进一步强调落实采编经营"两分开"工作要求，彻底规范广告经营活动，全面取消新闻宣传版。经过报社机关纪委开展专项检查，未发现相关违法违规问题。

（三）不刊播违法违规广告

为贯彻落实国家及陕西省有关部门提出的"深入开展虚假违法广告专项整治工作要求"，严格按照法律规定，加大对保健食品、药品、医疗广告的审查力度，确保刊发的广告格调高雅、内容合法。未刊发过违法的保健食品、药品、医疗类广告。

十一、后记

（一）回应

陕西日报 2020 年全年未受到行政处罚、通报批评。

1. 持续推进媒体融合。以"全面统筹、深度策划、融合传播"为总要求，充分发挥全媒体指挥中心统筹作用，整合采编资源，建设全媒体矩阵，培养全媒体人才，探索媒体融合新路径。

2. 加强人才队伍建设。制定员工职业发展规划，完善培训学习机制，高频次开展岗位培训和学习交流，使全员投入新媒体实践，促进人员素养的全面提升。

（二）不足

1. 深度融合不够，基础投入不足，技术升级实力有限，工作思路还需进一步拓宽，融合步伐必须迈得更大　些。

2. 人才瓶颈明显，主题策划深度不够，新闻报道形式不够丰富，监督报道不足，新媒体爆款产品不多。

（三）改进

1. 坚持守正创新，推进融合发展，推动全社媒介资源、生产要素有效整合，加快实现信息内容、技术应用、平台终端、管理手段共融互通，建设地方新型主流媒体。

2.坚持深化改革，全面推行任期目标管理、岗位绩效管理、行政效能管理、采编质量管理等，不断提升党报现代治理能力，进一步激发党报事业内生动力和发展活力。

3.坚持人才立社，持续推进制度建设、队伍建设、业务建设、文化建设，努力建设一支政治坚定、业务精湛、作风优良、党和人民放心的新闻舆论工作队伍。

甘肃日报

社会责任报告

一、前言

（一）媒体概况

甘肃日报是中共甘肃省委机关报，创刊于1949年9月1日。由毛泽东同志亲笔题写报头。甘肃日报创刊以来，始终秉承政治家办报理念，坚持党性原则，坚守人民立场，深入宣传贯彻党的理论和路线方针政策，积极报道陇原儿女革命建设、创新发展的生动实践，成为甘肃新闻宣传的领军者、文化产业的推动者、媒体融合的先行者，逐渐形成了《百花》等专副刊品牌和"陇上评论""兰山论语"等中国新闻名专栏。目前，《甘肃日报》周一出版对开8个版面，周二至周五出版对开12个版面，双休日出版对开4个版面，发行量17万份。近年来，甘肃日报聚焦媒体融合发展，不断加快数字化、网络化、移动化转型步伐，已发展成为拥有报、网、端、微等多种载体的新型媒体方阵，传播力、引导力、影响力、公信力全面增强。

（二）社会责任理念

甘肃日报坚持以习近平新时代中国特色社会主义思想为指导，深入贯彻习近平总书记关于党的建设、宣传思想工作、新闻舆论工作和媒体融合的重要论述，增强"四个意识"、坚定"四个自信"、做到"两个维护"。始终坚持正确政治方向、舆论导向、价值取向，忠实履行党的新闻舆论工作职责使命，围绕中心、服务大局、稳中求进、守正创新，以打造具有强大传播力竞争力的新型主流媒体为目标，以讲述甘肃好故事、传递甘肃好声音、树立甘肃好形象为责任，以推出新产品、提供新服务、打造新能力、增创新价值为抓手，着力推动党建提质、采编改进、经营脱困、子报转型、管理增效、媒体融合六项改革，为建设幸福美好新甘肃、开创富民兴陇新局面凝聚强大正能量。

（三）获奖情况

2020 年，甘肃日报"守护母亲河　建设幸福河——推进黄河流域生态保护和高质量发展系列报道"荣获第三十届中国新闻奖文字通讯与深度报道一等奖，68 件作品分别获得甘肃新闻奖一、二、三等奖。甘肃日报媒体融合和"新甘肃云"建设被国家新闻出版署评为 2020 年度全国报业融合创新案例。"新甘肃云"省级技术平台、新甘肃客户端"县级融媒　齐心抗疫"案例，获评人民日报全国党媒公共平台区域性平台优秀案例。报社报业集团被中国报业协会授予"十三五"中国报业媒体融合示范单位荣誉称号。《甘肃日报》印刷质量连续 10 年荣获全国精品级报纸嘉奖，2020 年位列全国第二。报社报业集团旗下每日甘肃网舆情部荣获"全国三八红旗集体"称号，新甘肃客户端荣获"甘肃省三八红旗集体"称号。1 名个人荣获"全国抗击新冠肺炎疫情先进个人"称号，1 名个人荣获"全省劳动模范"称号，1 名个人荣获第二十四届"甘肃省青年五四奖章"。

二、政治责任

（一）提高政治站位，全力做好习近平新时代中国特色社会主义思想的宣传

甘肃日报始终把学习好、宣传好、贯彻好习近平新时代中国特色社会主义思想，

作为首要政治责任和使命任务，把最重要的版面、最突出的位置体现在对习近平新时代中国特色社会主义思想和习近平总书记重要活动、重要论述的宣传报道上，以实际行动增强"四个意识"、坚定"四个自信"、做到"两个维护"。2020年重点策划实施了习近平总书记视察甘肃一周年报道，将"习近平总书记视察甘肃一周年""习近平总书记在2019年全国两会甘肃代表团重要讲话精神一周年""温暖的回响"，作为三大系列报道全面展开。精心组织采写了贯彻落实习近平总书记参加甘肃代表团审议时重要讲话精神系列报道，以蹲点调研形式走进元古堆等习近平总书记曾经视察过的6个村采写了"温暖的回响"系列报道，并组织记者沿着习近平总书记的足迹，深入敦煌、嘉峪关、张掖、武威、兰州等地深入采访，推出"1个大评论+9篇深度报道"，开设"总书记的话儿记心间"栏目，全面展示习近平总书记视察甘肃一年来，甘肃省委、省政府带领全省干部群众奋发有为推进各项事业发展的显著成就。在习近平总书记在黄河流域生态保护和高质量发展座谈会上发表重要讲话一周年之际，甘肃日报策划在一版开设"大气力　大保护　大治理——关注黄河流域生态保护和高质量发展"专栏，推出甘肃省贯彻落实习近平总书记重要讲话精神、推动黄河流域生态保护和高质量发展综述及反映甘南、临夏等沿黄市州一年来推进生态保护和高质量发展实践探索和成效的系列报道，同时刊发评论员文章和摄影专版，生动展现全省上下贯彻落实习近平总书记重要讲话精神的火热实践。

（二）加强舆论引导，在重大突发事件面前，彰显党媒政治担当

新冠肺炎疫情暴发后，甘肃日报坚守主流媒体责任与担当，快速响应、整合资

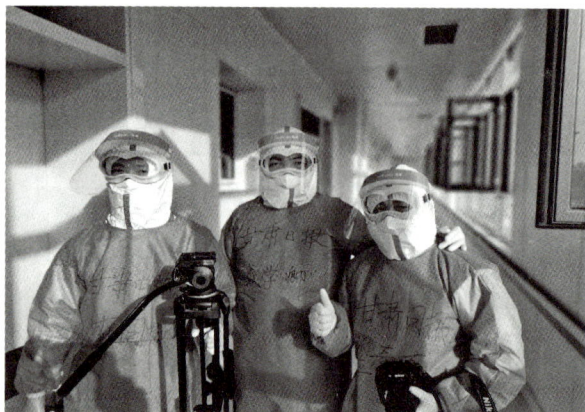

源、全媒联动，着力打通疫情防控宣传引导"最后一公里"。推出《众志成城战疫魔——我省全力阻击新型冠状病毒肺炎疫情纪实》《一次担当国家使命的"甘肃行动"》《一份同心共克时艰的"甘肃答卷"》等一批重点报道，并及时刊发《坚持"两手抓" 夺取"双胜利"》等一系列评论员文章，在甘肃日报、各子报、新甘肃客户端开设"促六稳强信心""抓六稳促六保""六稳六保一线见闻"等专栏，在疫情防控与经济社会发展"两手都要硬，两战都要赢"的实践中，有效发挥了主流媒体的宣传引导作用。据统计，2020 年甘肃日报共刊发疫情防控各类图文报道 2100 余篇，专版 200 余个；甘肃新媒体集团各平台刊发疫情防控常态化报道和复工复产报道 9000 余篇（条），融媒体产品 1300 余件，点击量突破 10 亿人次。

（三）加强策划，创新方式，弘扬主旋律，凝聚精气神，重大主题宣传有声有色

甘肃日报紧盯党和国家工作大局，围绕甘肃省委、省政府重大决策部署和中心工作，精心设置报道主题，周密做好报道策划，加强策划能力，做亮主题宣传，主流舆论不断巩固壮大。全国两会、省两会期间，克服疫情影响，主动策划、统筹推进，在报道人员减少的情况下出新出彩、亮点频出。先后策划推出"甘肃省决战决胜脱贫攻坚主题全媒体采访活动""沧桑巨变 饮水思源——58 个县区脱贫攻坚巡礼""走向我们的小康生活"等系列报道，为决战决胜脱贫攻坚提供强有力的舆论支持。利用国务院办公厅政

府职能转变办公室将甘肃省推行惠企政策"不来即享"经验做法作为全国"放管服"改革十大典型案例向全国推广的契机，策划组织关于"不来即享""放管服"改革、优化营商环境主题宣传活动，进一步唱响甘肃发展的强音。

三、阵地建设责任

全面贯彻习近平总书记关于媒体融合重要论述精神，认真落实甘肃省委关于媒体深度融合各项部署，充分发挥甘肃新媒体集团作用，创新媒体融合理念，全力推动媒体深度融合，不断提升阵地建设的质量。

（一）以平台建设为根本，构建全媒体传播格局

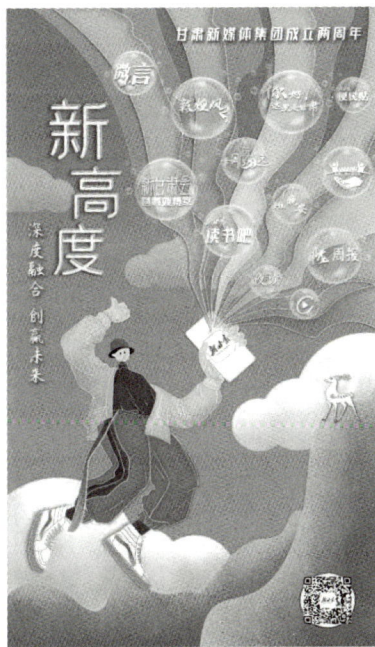

2018 年甘肃新媒体集团建立，新甘肃客户端正式上线。截至 2020 年，新甘肃客户端下载量突破 400 万，成为甘肃省最权威、最具影响力的新型主流媒体。在媒体融合物理空间打造和技术支撑上，建成甘肃日报全媒体采编指挥中心，实现了数据共享、集中指挥、采编调度、各方协调、信息沟通、统一发布等一体化功能。同时，以平台聚合为抓手，着力打造新甘肃客户端、每日甘肃网、掌上兰州客户端等优质新媒体平台，构建分众化传播格局，形成了资源集约、结构合理、

差异发展、协调高效的全媒体传播格局。

（二）以资源整合为目标，推行"主力军转主战场"改革

出台《媒体融合机制改革方案》《媒体融合采编绩效考核方案》《甘肃日报媒体融合采编流程》《甘肃日报融媒体指挥中心职责规范》等 6 项改革制度。在机制改革的引领下，实现了党报记者编辑全部无障碍转变为融媒体记者，新闻报道全面移动优先，党报采编主力军整建制转场新媒体。

（三）以内容创新为核心，不断推出"爆款"新闻产品

积极应对融媒时代舆论生态变化，加强新闻策划、思想提炼、融媒表达，在重大主题宣传中加强内容创新、传播方式创新，不断提升党媒传播力、引导力、影响力、公信力。H5 作品《一碗牛肉面拉开 2600 万人的奋进篇章》，巧妙地将甘肃脱贫攻坚、生态保护、交通建设、文化旅游等多方面的发展成果，融入一碗牛肉面的制作过程中，用新闻媒体的社会责任感，为甘肃的发展历

程记录下了浓墨重彩的注脚。作品推出后，在 PC 端、客户端、社交平台等迅速引起立体式传播，并引发众多网友强烈共鸣，点击量超过百万。

（四）以"新甘肃云"建设为重点，打造"全省一张网"

按照甘肃省委决策部署，甘肃新媒体集团负责建设甘肃省融媒体省级技术平台"新甘肃云"。截至 2020 年年底，全省 86 个县（区）融媒体全部建成入驻"新甘肃云"，甘肃省县（区）级融媒体中心建设走在全国前列。目前，正全面展开对 14 个市州的融媒体中心建设和入驻省级平台工作，为省、市、县三级融媒体全面打通，构建共融共通、共建共享、共同发展的"一体化"传播生态体系奠定基础。

四、服务责任

（一）信息服务

甘肃日报在承担甘肃省委、省政府重要政策、政务信息权威发布任务的同时，积极对接政府相关部门和交通、金融等行业，围绕重大公共政策、政府文件，加强政策解读和指导。及时发布交通、旅游、气象等方面民生信息，做好社会公众信息服务。新甘肃客户端全力打造"新闻＋党建＋政务＋服务"的聚合性新闻信息服务平台，吸纳全省省级党政机关、社会团体、高等院校、主流媒体官方发布等政务新媒体入驻，同步推出的甘肃移动新媒体信息聚合系统"甘肃号"，已有 400 余家单位和机构入驻。"新甘肃"和"甘肃号"，目前已成为甘肃省委、省政府重要的线上发布平台和社会公众获取信息的主渠道。

（二）社会服务

一是服务地方，为经济社会发展营造良好氛围。2020 年，报社和报业集团在天水举办以"发挥党报宣传优势　深度服务地方发展"为主题的新闻恳谈会，打通

新闻服务基层的"最后一公里"。以兰洽会、丝绸之路敦煌国际文博会、兰州国际马拉松赛等重要节点和活动作为新闻服务地方的抓手，为地方经济社会发展营造了良好的舆论环境。

二是发挥媒体融合平台、技术和人才队伍优势，承办兰洽会、药博会等国家级大型展会，助力全省高质量发展。

三是服务企业，在加大政策性和经济类新闻报道力度，加强经济新闻针对性、指导性、服务性的同时，加强深化"放管服"改革、优化营商环境主题宣传活动。疫情防控期间，推出"防疫抗疫·国企暖春行动"主题公益广告活动，免费为企业刊发 17 个整版广告。

四是在甘肃日报开设《智库》版面，组织全省社科理论界学者，围绕甘肃省委、省政府中心工作、重大部署和人民群众密切关注的重大问题研究、撰写理论文章，充分发挥研究问题、解决问题、咨政建言的重要作用。

（三）公益行动

甘肃日报积极参与社会公益事业，及时刊发大量公益类宣传报道和公益广告。2020 年是脱贫攻坚的决战决胜之年，甘肃日报启动"走向我们的小康生活——甘肃省脱贫攻坚县（区）宣传周"活动，从全省已摘帽退出的县（区）中遴选舟曲等 15 个县（区）作为宣传展示样本，投入 2800 多万元媒体资源，对样本县（区）脱贫攻坚的生动实践、显著成

效、典型经验进行了高频率、大力度、深层次报道。甘肃日报累计推出 78 个脱贫攻坚报道专版，深度报道 150 余篇。甘肃日报报业集团所属子报累计推出 80 个脱贫攻坚报道专门版面，刊发转载相关稿件 270 篇（幅）。甘肃新媒体集团组织直播 15 场（次），联合县级融媒体中心发布相关稿件累计超过 1.5 万篇（条）。线上观展人数达 7000 多万人次，实体展览吸引 6 万余人次，现场展销活动总金额达 300 多万元。此外，报社、报业集团投入总价值 4200 多万元的媒体资源，持续开展党报全媒体公益广告助力脱贫攻坚行动，发起 2020 新甘肃"云助农"公益行动、"沧桑巨变　饮水思源"全省贫困县脱贫攻坚主题公益行动，并投入上百万元帮扶资金，重点支持帮扶村精神文明建设项目，直接购买贫困县扶贫产品 162.9 万元，联系其他单位购买贫困县扶贫产品 154 万元。疫情防控期间，甘肃日报开展"甘肃日报抗击疫情公益行动"主题宣传活动和"复工复产"主题宣传活动，共推出抗击疫情、复工复产公益类专版 48 个。

五、人文关怀责任

（一）加强民生报道，回应群众关切

甘肃日报坚持以人民为中心的工作导向和以人为本的发展思想，持续关注健康、养老、教育、就业等民生问题，2020 年全年出版《民生》专版 40 余期。疫情防控和复产复工期间，先后推出了《挺身战"疫"确保基本民生不断档》《90 后·在风雨历练中茁壮成长》《95 后·为抗击疫情贡献青春力量》《复工复产看小店》等重点策划报道，刊发了一批质量高、接地气、有温度、重服务的优秀稿件，有力弘扬了主流价值，回应社会关切。

新春走基层

【回家，是最美的"全家福"】

（二）在新冠肺炎疫情防控和灾害、事故等报道中，体现人民至上，彰显人文精神

在新冠肺炎疫情肆虐之时，甘肃日报推出一批自采报道，关爱生命健康，体现人民至上，彰显人文关怀。《137人的"甘"心情愿》《十四个昼夜，他们经历了什么？》《"白衣战士"为生命接力》《千里驰援战"疫"魔》《筑牢生命安全的坚固防线》等一大批深度报道，大力宣传了医务人员坚守一线的奉献精神和甘肃省支援武汉的大爱精神，生动讲述了抗击疫情一线党员干部履行职责使命的感人故事，用有温度、有态度、有力度的报道，凝聚起了打赢疫情防控阻击战的共识和力量。在面对灾难和事故报道时，充分尊重被报道对象隐私、情感、人格尊严，避免二次伤害。

六、文化责任

（一）大力宣传社会主义核心价值观，传播弘扬中华优秀传统文化

甘肃日报大力宣传弘扬社会主义核心价值观，传播中华优秀传统文化和革命

文化、社会主义先进文化，积极普及科学知识，为提高公众的科学文化素质提供舆论支持。坚持专副刊与新闻版配合互动，全年共采编出版国际国内和文艺副刊版面近 600 个，先后推出厉行勤俭节约、反对铺张浪费系列稿件《节俭是我们的必选项》《把每一粒粮食都装进心里》，推出民法典宣传教育报道《一部体现人民意志的法典》等稿件，引起良好的社会反响。《一名乡村小学校长的教育均衡守望》《诗与歌相聚，唱出莫高窟最美声音》《一个温暖水杯的 9 年"接力"》等稿件，通过小切口讲述新故事，取得了良好的社会效果。

（二）重点文化主题宣传出新出彩

在抗击疫情、复工复产、脱贫攻坚、纪念中国人民志愿军抗美援朝出国作战 70 周年等重大主题宣传中，提前谋划，策划选题，采写、精编稿件，先后推出各类文艺专题、专版 30 多个，其中《以艺术的名义　致敬英雄》《战"疫"家书》《我们在一起——抗击疫情诗歌作品选》《元古堆村的"领头羊"》等稿件和版面广受社会好评。

（三）文化传播的"融"魅力初步显现

甘肃日报加快推进媒体深度融合发展的步伐，在维护好新甘肃客户端文艺频道的同时，立足甘肃本土，以展现文艺陇军的艺术成就、扩大文艺名家的影响力为山发点，在新甘肃客户端推出名家频道，受到社会各界广泛好评。

（四）科技新闻传播力、影响力逐渐增强

及时报道科技创新和甘肃省文教事业最新成就，突出甘肃科技优势和特色，推出回应社会关切的消息《碳离子治疗系统在甘进入临床应用》《合力开启火星探测之旅》《助推探月新征程》等重头稿件，普及科学知识，推动提升社会公众科学素

养。反映甘肃科技功臣和科技成就的《追风逐日　筑梦陇原——访科技功臣汪宁渤》《科技创新"加速跑"》等重点稿件，弘扬科学精神，营造全社会崇尚科技英雄的良好氛围。

七、安全责任

甘肃日报制定并充分发挥重大新闻线索研判策划、重大新闻全媒体报道、重大舆情分析研判 3 个采编工作常态化机制，严格落实"三审三校"制，把新闻安全落实到策采编发各个环节，2020 年甘肃日报全年刊播未出现重大差错。

第一，提高政治站位，增强"把关"意识。坚持每月至少召开一次编委会，针对近期舆论热点、社会关切和采编工作中发现的易错细节、风险隐患及苗头性、倾向性问题，进行分析研判，同时要求各采编部门切实提高政治站位，强化责任担当，不断增强政治敏锐性和政治辨别力，增强"把关人"意识。

第二，建章立制，关口前移，确保安全。甘肃日报进一步规范全媒体采编规范、报道流程、"三审三校"、查错核查处置等各项规章制度，制定出台了《甘肃日报社采编权限管理办法》《甘肃日报社甘肃日报报业集团公司新媒体采编管理办法》《甘肃日报社甘肃日报报业集团公司新闻资讯类账号运营管理办法》《甘肃日报社采编部门工作督办制度》等一系列规章制度，全面加强采编业务和人员管理，把新闻安全意识落实到策采编发各个环节，严把三审关口，确保政治安全、导向正确，坚决杜绝政治性差错，严防技术性差错和一般性差错。

第三，优化刊发流程，严格落实责任。全面排查安全隐患，优化采编流程，制定了《采编差错管理办法》，明确责任主体，对违法违规刊发新闻报道或差错启动倒查机制，并和个人绩效考核挂钩。

八、道德责任

（一）积极推进职业道德建设

甘肃日报出台了《甘肃日报社落实〈关于禁止有偿新闻的若干规定〉实施办法》，严格要求新闻从业人员遵守职业规范，恪守从业准则。坚持新闻真实性原则，切实抵制不正之风，抵制低俗、庸俗、媚俗内容，坚决防范和杜绝虚假失实新闻、有偿新闻、有偿不闻，利用新闻活动进行敲诈勒索、打击报复，无证采访，抄袭剽窃等行为，尊重原创、保护版权，营造风清气正的新闻工作环境。

（二）深入推进思想道德建设

甘肃日报深入开展思想道德建设，充分利用全员培训并采取"甘报讲堂""读书分享会""党纪党规知识竞赛"等多种形式，加强对记者编辑的马克思主义新闻观培育，深化思想道德建设。同时深入开展增强"四力"教育实践，深化"走转改"，倡导讲担当、重担当的鲜明导向，激励编辑记者立足岗位、担当作为，引导每一名新闻从业人员提升脚力眼力脑力笔力，在出精品、出名品、出"爆款"上下足功夫。

（三）履行主流媒体社会道德建设功能

坚持正能量是总要求，创新宣传方式、拓宽传播路径，用"沾泥土、带露珠、冒热气"的方式，积极宣传时代楷模、道德模范、最美人物、身边好人、"两优一先"，维护公序良俗，弘扬社会正气，讴歌美好心灵。充分报道武威市古浪县八步沙林场"六老汉"三代人治沙造林先进群体、敦煌研究院文物保护利用先进群体、"文物保护杰出贡献者"樊锦诗等先进典型，在树立正确价值导向、推动《公民道德建设实施纲要》各项任务落地见效、切实加强全省公民道德建设上进行积极探索。

九、保障权益责任

（一）保障员工薪酬福利

报社积极保障员工权益，依法与员工签署劳动合同，按时发放薪酬，员工"五险一金"缴费基数大幅提升。认真执行员工法定假期、带薪年假、婚假、产假、工伤假、丧假等制度。提高工会会员节日慰问标准和员工结婚生育、住院、丧葬慰问及困难补助标准。重视员工身体健康，及时组织医疗体检，为"两优一先"员工和艰苦岗位员工安排疗养休养。

（二）开展员工培训

在人才培养引进方面下功夫，全年完成报社、报业集团 540 余名员工的网络继续教育学习，开展新闻采编人员岗位培训，组织采编人员登录"学习强国"甘肃党建平台进行学习，逐步形成分层次、分类别、多渠道、多形式、重实效、充满活力的教育培训格局。

（三）实施人才强社战略

制定报社人才建设规划，建设启用人才公寓，为优秀人才组建工作室，建立领导联系人才制度，为人才营造良好工作生活环境。大力引进优秀青年人才，连续三年开展校招，招聘各类专业技术人才 70 多名。

（四）规范新闻记者证管理

严格按照相关要求，为符合条件的采编人员申领新闻记者证，对申领人员予以登报公示。此外，及时收回离职、退休等离开采编岗位人员的新闻记者证。

十、合法经营责任

甘肃日报不断强调经营行为规范，严格遵守法律，严格遵守网信、新闻出版等行政管理部门发布的规章制度和规范性文件，不偷税漏税，不刊播违法违规广告，严格做到采编经营"两分开"，规范驻地方机构新闻采编活动，不刊播违法违规广告，不断开展集中整改，清除道德失范、违规操作行为滋生蔓延的土壤。

十一、后记

与 2019 年相比，2020 年甘肃日报新闻宣传质量不断提高，舆论引导能力明显增强，媒体融合向纵深发展，全媒体传播格局全面形成，"六项改革"取得实质进展，体制机制改革不断深化，人才队伍建设得到加强，风清气正的干事创业环境得到巩固，各项事业全面提升进步，并获得诸多荣誉。

但新的发展催生新的探索。一是媒体融合是一个持续深化的过程，面对日新月异的技术更迭和加速变化的传播格局，我们要树立危机意识、超前意识，在融合手段、融合方式、融合思维方面进一步创新发力；二是对阶段性宣传谋划、重大主题报道、栏目版面建设的研究还不够深入，让人眼前一亮的"爆款"产品还不多；三是策划力度还需要加强，进一步加大原创内容竞争优势。

甘肃日报将在习近平新时代中国特色社会主义思想指引下，认真学习贯彻习近平总书记在庆祝中国共产党成立 100 周年大会上的重要讲话精神，全面落实习近平总书记关于党的建设、宣传思想工作、新闻舆论工作和媒体融合的重要论述精神，坚决执行中央和甘肃省委决策部署，按照"三好四新""六项改革""一个目标"的工作思路，以政治建设为根本，以质效提升为重点，以深化改革为动力，以队伍建设为关键，促进媒体转型进一步升级，加快构建全媒体传播体系，不断推动媒体融合向纵深发展，以建设具有强大传播力竞争力的新型主流媒体的新成绩，为谱写加快建设幸福美好新甘肃、不断开创富民兴陇新局面的时代篇章作出新的更大的贡献。

青海广播电视台

社 会 责 任 报 告

一、前言

（一）媒体概况

青海广播电视台拥有 5 套广播频率、4 套电视频道、青海网络广播电视台（青海藏语网络广播电视台）、青海昆仑广视传媒集团有限公司，是集广播、电视、网络新媒体、智慧广电产业等全媒业务于一体的全省综合性制播服务平台，是青海广播电视新闻协作体、安多新闻通联合作平台、长云网络联盟的"核心枢纽"。截至 2020 年 12 月 31 日共开办栏节目 159 个，其中自办栏节目 106 个，自办节目周播总时长 230 小时；长云、祥云网总浏览量 5596 万次，"三江源""金格桑"App 总装机量 9.5 万；官方新媒体账号总粉丝量 500 万、总阅读量达 30 亿次。

（二）社会责任核心理念

对党忠诚、人民至上，做强主流舆论、倡导核心价值、彰显人文关怀、推动社会进步、维护公平正义、讲好中国故事、树好青海形象。

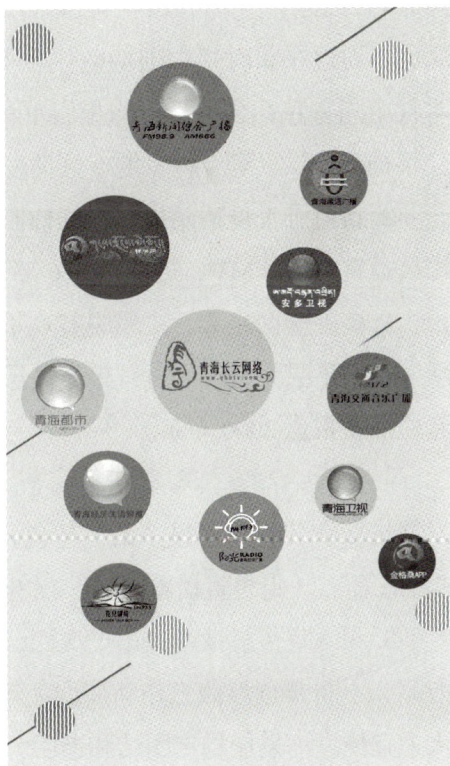

青海广播电视台传播平台全家福

（三）获奖情况

2020 年度，有 32 件作品获国家和省部级奖项。其中，中国新闻奖三等奖 1 件，青海新闻奖一等奖 7 件；国家广电总局金帆、金鹿奖一等奖 1 件、三等奖 3 件。所属部门和职工共获得省直以上表彰 27 项，其中 1 人获得第十六届长江韬奋奖。

二、政治责任

（一）政治方向

1. 习近平新时代中国特色社会主义思想宣传阐释走深走实走心。《在习近平新时代中国特色社会主义思想指引下——新时代新作为新篇章》《党的十九届五中全会精神在基层》等专栏专题专区播发报道 800 多条。

2. 新冠肺炎疫情防控宣传强信心、暖人心、聚民心。共播发报道 5 万多条，推出公益宣传片、MV、短视频 256 部，网络新媒体总触达量超过 2.3 亿次。

3. 决胜全面小康、决战脱贫攻坚主题宣传扎实深入。开展"走向我们的小康生活·百城千县万村调研行"等走基层采访 20 多次，《走向我们的小康生活》等重点专栏播发报道 3000 多条。

4. 重大活动宣传彰显新青海奋斗姿态。青洽会、生态产业博览会、清洁能源发展论坛宣传报道彰显"云"特色。配合央视完成大型直播特别节目《直播黄河》"青海篇"、《走村直播看脱贫》、《坐着高铁看中国》"青藏铁路篇"。

5. 深入宣传解读中央第七次西藏工作座谈会精神，推出《践行新时代党的治藏方略　不断开创涉藏工作新局面》等专栏，开展"河湟藏乡行"全媒体采访活动，大力宣传青海发展稳定团结和谐巨大成就，铸牢中华民族共同体意识。

2020 年 5 月 27 日,《青海新闻联播》节目播出《在习近平新时代中国特色社会主义思想指引下——新时代新作为新篇章》专栏

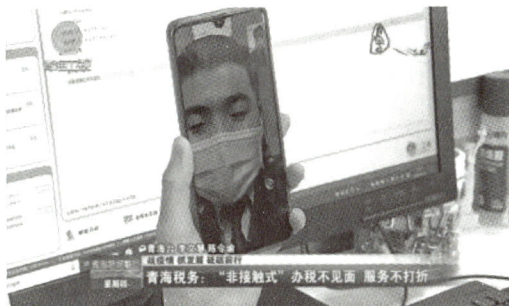

2020 年 3 月 12 日,《青海新闻联播》节目播出《战疫情抓发展砥砺前行》专栏

2020 年 11 月 3 日,《青海新闻联播》节目播出《走向我们的小康生活·百城千县万村调研行》专栏

2020 年 11 月 10 日,《安多藏语新闻联播》节目播出《践行新时代党的治藏方略　不断开创涉藏工作新局面》专栏

（二）舆论引导

稳慎做好医疗、教育等经济社会民生热点敏感问题、重要时间节点和突发事件舆论引导。战"疫"宣传充分发挥"大小屏"互补优势,形成强大舆论引导合力。稳妥做好木里矿区问题宣传引导,及时发布权威信息、积极回应社会关切。

（三）舆论监督

突出稳妥客观,精心打造舆论监督新模式。经济广播《青海政风行风热线》、交通音乐广播《交广伴你行》和《972 早高峰》、经济生活频道《百姓 1 时间》和《1 时间帮女郎》、生活广播《903 帮帮团》通过各种方式帮助百姓解决生活热点难点问题,密切

2020 年 12 月 10 日,经济生活频道《百姓 1 时间》节目播出《"黑车"出没扰乱客运市场　记者"搭车"800 公里暗访调查》报道

党和政府同人民群众血肉联系。2020 年 10 月，《百姓 1 时间》节目接到群众反映，西宁至玉树"黑车"猖獗，影响正常班线运营。记者深入西宁、玉树实地暗访，掌握第一手线索，推出《"黑车"出没扰乱客运市场 记者"搭车"800 公里暗访调查》，并将情况反映给行政执法部门，为之后全省"打击非法营运"专项整治行动提供了依据和参考。

（四）对外传播

扎实做好青海外宣工作，传播青海声音、树好青海形象、扩大青海影响。在央视《新闻联播》播发青海相关报道 45 条、在央视其他频道播发 790 条，在央广及其新媒体播发 170 条，各大网站、客户端推送相关报道 6 万条次。"一带一路"清洁能源发展高峰论坛直播等，展现新青海新风貌。安多藏语卫视优质节目资源在脸谱编译发布，祥云网巩固对外传播覆盖，对加强涉藏国际传播力发挥积极作用。与中广电国际网络有限公司共同打造"一带一路"多语种媒体融合传播分发平台。

2020 年 6 月 16 日，《青海新闻联播》节目播出青海省清洁能源发展国际高峰论坛报道

青海卫视承办第二十一届中国·青海绿色发展投资贸易洽谈会闭幕式暨第七届环青海湖（国际）电动汽车挑战赛颁奖盛典

三、阵地建设责任

（一）融媒体矩阵

建成融媒体指挥调度中心、汉藏双语互联网媒资及内容发布平台，覆盖安多

方言区的藏语新闻素材通联系统。长云网搭建省内新闻资源网络视听集中发布平台。祥云网日点击量峰值超过 60 万次。青海 IPTV 集成播控分平台拥有用户超 60 万户。

（二）融媒体报道

《西宁向西　静待湖开》系列网络直播运用 5G+4K 技术支持，实现 IPTV、网、端同步直播，全网总点击量达 1580 多万次。李克强总理在青考察调研期间，长云网短视频点击量近 850 万次，单条最高浏览量逾 25 万次。抗击新冠肺炎疫情期间，"昆仑新视听"稿件单条最高点击量 1538 万次。"雪域头条"微信公众号累计推送报道 700 多条，总点击量达 317 万次，其中以"画""谚"说防疫、以"非遗作品"助抗疫的作品得到省内外藏族群众高度认可。

昆仑新视听新媒平台 2020 年战"疫"报道　　　　　三江源移动客户端 2020 年"鸟岛"慢直播

（三）融合采编平台建设

借助青海汉藏双语高清编播中心项目建设，集中采购支持 5G、4K 的采编播设备，开展 5G、4K、VR/AR 等融媒技术应用实验。率先打造集业务中台、数据中台、AI 中台于一体的智慧中台，为全台融合发展、流程再造提供先进技术支撑。

四、服务责任

（一）信息服务

1. 及时准确宣传重大政策。为推动全省复工复产，全力做好青海省委、省政府重大政策宣传解读，深入宣传《支持中小微企业发展和推动重大项目开复工的政策措施》《关于采取有效措施全力推动复工复产的补充规定》，总计播发 1 万余次。长云网络联盟集合全省各市、州、县共 30 多家媒体，及时发布市、州、县有关政务报道。

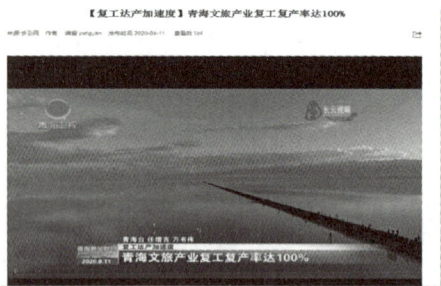

2020 年 8 月 11 日《青海新闻联播》节目《复工达产加速度》专栏

2. 做好服务信息的精准推送。各类民生节目紧贴百姓生活实际，围绕衣食住行游精准推送民生服务信息。经济生活频道《百姓 1 时间》发挥民生节目"穿针引线"作用，提升群众生活品质。《1 时间生活》全年播出服务类信息 5121 条。《交广伴你行》为"有车一族"提供路况信息，为群众出行提供了极大的便利。《大嘴加速度》以主持人探店方式网罗全省美食，提供全省美食风向标。安多卫视《生活百科》、藏语广播《出行指南》等栏目面向广大农牧区观众，为他们提供气象、交通、健康、法律等各项信息服务，深受藏族群众好评。

（二）社会服务

1. 建立公共服务平台，及时对接政府相关职能部门，帮助群众解决实际困难。经济生活频道《1 时间帮女郎》帮助城北区柴达木路 30 户居民解决用水难问题。经济广播《昆仑大律师》节目为听众提供法律咨询 1020 次。藏语广播普法类栏目《法治与道德》通过生动易懂的案例为藏族群众普及法律常识。交通音乐广播开办

2020 年 12 月 1 日，《1 时间帮女郎》节目播出《施工队加赶工期　居民吃水难将成历史》报道

2020 年 8 月 31 日，《大美青海》节目

"安全生产"线上特别节目，获得较高关注度。

2. 对接政府各职能部门负责人及专家学者，提供公共智库服务。《大美青海》紧扣经济社会发展热点问题，邀请相关厅局委办负责人及青海省委党校、省社科院专家学者做客演播室参加访谈，以百姓视角分析解读、答疑释惑。《青海政风行风热线》全年播出 208 期，接听群众咨询投诉热线电话 625 次，线上线下解答率在 90% 左右。

（三）公益活动

1. 开展媒体公益活动。青海卫视组织开展"青稞行动"助学公益活动，帮助孩子们圆梦"微心愿"。经济生活频道开展"温暖"系列、"帮女郎"系列公益活动，积极帮扶困难家庭、农村学童。交通音乐广播精心组织"爱心送考"公益活动，帮助近万名中高考学子安全顺利走进考场。《交广伴你行》推出全媒体直播特别节目《营救天使》，短时间内为患病群众募集善款 3 万元。

2. 助力脱贫攻坚、乡村振兴。积极协同省广电局为全省"第一书记"和驻村工作队提供电视机 466 台、接收设备 416 套。为联点帮扶村投入资金 40 万元，积极争取建设小学 1 座，协调落实 6 个村的文化广场建设、健身器材配备，安装太阳能路灯 220 盏。各基层党组织捐献爱心扶贫款 40 余万元。青海卫视、经济生活频道、经济广播、交通音乐广播、生活广播、青海长云网开展地方

交通音乐广播《营救天使》特别节目

特色产品"直播带货",进一步拓宽群众增收渠道。

2020 年 12 月 12 日,《青海新闻联播》播出《电商扶贫　扶出质和量》

2020 年 11 月 12 日,总编室党支部前往对口帮扶村扶贫

五、人文关怀责任

(一)民生报道

1.围绕就业、医疗、教育、养老等民生热点做好宣传报道。《青海新闻联播》《民生面对面》专栏播发《多措并举抓就业　综合施策稳就业》等 500 余篇报道。新闻综合广播《女主播时间》、安多卫视《聊天》、经济生活频道《百姓 1 时间》《1800 鲜生秀》等节目将镜头笔端对准百姓关心的大事小情,推出千余篇报道。

2.做优少数民族、妇女、儿童、老年人、残疾人对象性节目。安多卫视、藏语广播新办改版民生节目 5 档。经济广播《石头剪刀布》获得国家广电总局优秀少儿节目扶持。手语电视节目《1 时间生活》持续帮助全省 8 万听障人士获得优质生活资讯。经济广播《残疾人之友》为广大残疾人提供就业咨询、技能培训、创业指导、文化服务等,获得很好的社会口碑。

(二)灾难和事故报道

稳妥做好"1·13"西宁市红十字医院公交车站路面坍塌事件应急宣传,坚持以人为本、正面宣传为主的原则，及时准确发布权威信息，大力弘扬救援正能量，稳定民心、引导舆论。

（三）以人为本

1.以人为本。始终将镜头笔触聚焦基层干部群众，深入开展"脱贫攻坚记者蹲点调研""走黄河两岸　看脱贫攻坚"等走基层活动，以真人真事、真情实感生动体现人民群众获得感幸福感安全感。

2.凸显人文精神。青海卫视《守望》推出特别节目《榜样》，宣传全省各行各业先进典型，突出身边榜样的引领作用。推出《江水一脉　我心我爱》战"疫"特别节目，深刻阐释"中国精神"和"青海力量"。都市频道《一起读书吧》，通过分享好书、访谈作者等形式，倡导观众多读书、读好书，滋养心灵沃土，丰富精神世界。青海长云网络《探访青海古村落》特色网络直播，带领广大网友领略青海藏民族独特民俗民风。

2020 年 5 月 22 日，青海卫视播出《江水一脉　我心我爱》战"疫"特别节目

2020 年 8 月 21 日，经济广播《残疾人之友》节目组织"2020　我的幸福我做主"大型媒体活动

六、文化责任

（一）弘扬践行社会主义核心价值观

加强和改进党风廉政建设宣传，持续强化党员干部和公职人员纪法教育，做好典型宣传和警示教育，推出《廉洁自律　欢乐过节》《廉者心清》等反腐倡廉作品，

广泛营造崇清尚廉社会风尚。加强理想信念、爱国主义、中国梦主题宣传教育，建设爱国主义教育、红色教育网上基地，展播第五、第六批中国梦主题歌曲40首。结合清明节、烈士纪念日、国庆节等重要节点，通过快闪、视频征集等形式，缅怀英雄人物，激发爱国热情。贯彻落实《新时代公民道德建设实施纲要》，深入宣传青海全国道德模范、全国劳动模范、"中国好人"、最美职工等先进事迹，树立鲜明价值取向，彰显社会道德高度。铸牢中华民族共同体意识，藏语广播、安多藏语卫视、青海祥云网先后推出《民族团结之花》《中华民族一家亲·同心共筑中国梦》等专栏，播出报道300多篇。倡导全民阅读，建设书香青海，播发推送相关稿件320多条次，举办"书香青海——全民阅读月"启动仪式，建成省级职工书屋，整理收集各类图书1300余册。公益广告浸润人心、弘扬新风，月均播发公益广告1.1万条次，9020分钟。

2020年5月，《1时间帮女郎》策划特别节目《中国梦 劳动美》

民族团结杯扎木念弹唱大赛颁奖晚会

藏语广播主持人进行可视化直播

（二）传承繁荣中华优秀传统文化

深化"我们的节日"主题宣传，结合春节、元宵节、清明节、端午节、七夕节、中秋节、重阳节等传统节日，充分报道丰富多彩的群众文化活动。青海卫视、安多藏语卫视精心创作春节联欢晚会《绿水青山又一春》、藏历金牛年电视文艺晚会《金牛奋蹄高原春》，提炼传播青海优秀传统文化。青海卫视推出12集大型文化专题节目《昆仑风物》，彰显青海文化资源、坚定文化自信。安多藏语卫视推出国内首台藏语相声小品专场晚会，策划推出25集纪录片《非遗非凡》、6集人文纪录片《故

【我们的节日·春节】新春快乐 奋进前行

乡》。藏语广播举办第七届扎木念弹唱大赛，网络观看量达 1100 多万次。

推动文化创新发展，加快内容生产供给侧改革。推出《碧水芳菲云赏花》《饮水思源·探秘三江源》《在希望的田野上》等特别节目。改版新办《早安青海》《阿尔法星球历险记》《万万没想到》《江河浪花》

5 集大型人文纪录片《丝绸之路青海道印象》

《高原正能量》《生活百科》《新闻聚焦》《西海综艺汇》《极地讲坛》等常态节目。五套广播频率实现视频直播，藏语广播实现国内首个藏语广播节目在线视频、音频同步直播。青海长云网络举办《湟鱼洄游季——藏域秘境》《探访青海古村落》等网络直播近 250 场。推出纪录片《丝绸之路青海道印象》《非遗非凡》《黄河岸边有人家》、广播剧《坚守可可西里》《听见明天》《一江清水向东流》《我们村的好书记》《脱贫攻坚三部曲》、微电影《用心就能听见》。

（三）推动提升科学素养

电视、广播科普节目时间分别增加到 86 小时、77 小时，较上年有大幅增长。《奋勇推进创新战略　谱写高原科技华章》等相关专栏，播发科普科技报道《强化基层阵地建设　推进科普社会化发展》等 80 余条。抗击新冠肺炎疫情期间，新闻中心播出专家访谈节目。其中，青海卫视播出专题节目《防控指引十八讲》，推出《青医生时间》《治"疫"招儿》等宣传片 94 部。经济生活频道邀请西部博士服务团权威专家提供针对性指导。汉语频率推出《杨村长的"硬核广播"》等专题节目。藏语广

青海卫视《青医生时间》公益广告

《都市频道》抗击疫情公益广告

播邀请藏医学专家宣讲科学预防知识等。安多藏语卫视《生活百科》《健康指南》等栏目精心策划制作专题和访谈节目 45 期。藏语广播播出藏文版《新型冠状病毒感染的肺炎公众防护指南》《科学防护战"疫"必胜》《科学开开门：给小朋友们的新型冠状病毒感染防护读本》《科学防护"疫"问医答》等读物。祥云网"道孚方言版"短视频、天祝"三句半说防控"、"阿爸切切防疫记"等深受省内外受众欢迎。

七、安全责任

加强宏观宣传管理，召开宣传工作例会、编审委会议 32 次，编发《宣传报道安排》等 142 期，报审报备重要节目 90 多个，制定 4 件宣传管理制度，深入开展净化声屏网络行动。全台技术支撑体系有效保障全省疫情防控一级响应以及其他重要保障期广播电视网络安全。落实《青海广播电视台应急工作预案》，应急机制等顺畅高效。年内未发生内容、技术重大安全事故。

八、道德责任

（一）遵守职业规范

加强采编人员职业道德建设和教育管理，严格执行采编流程和"三级审查、重播重审"规定，未发生虚假新闻、有偿新闻、有偿不闻、新闻敲诈等问题。落实"四不用"要求，坚决抵制"三俗"之风。尊重保护知识产权，切实加强声屏网尤其是新媒体转发转载内容、图片管理，避免产生法律纠纷。制定《音像资料管理使用规定》，依法保护自身权益。

（二）维护社会公德

集中做好反对餐饮浪费宣传，推出《莫让"光盘"成口号》作品 25 条，播出公益广告 2200 多条次。结合学雷锋月、爱国卫生宣传月、五一劳动节、护士节、教师节等重要节点，做好主题宣传，浓厚见贤思齐、崇德尚美的良好风尚。积极宣传报道青海相关市县创建全国文明城市、全国卫生城市活动，播发《城市因你更加美丽》等报道 1200 余条。宣传"信用青海"建设，围绕环境保护、安全生产、食品药品、消费维权、税费缴纳等重点领域播发报道 350 多条，多角度宣传诚信理念、诚信文化、诚信事迹，依法曝光失信案件。

（三）接受社会监督

坚持持证采访，向社会公开举报电话，接受群众监督。

2020 年 10 月 29 日，《青海新闻联播》节目播出《青海师范大学多措并举　助力"光盘行动"》报道

2020 年 12 月 12 日，《青海新闻联播》节目播出《李平：诚信经营　勤劳致富》

九、保障权益责任

一是积极争取相关部门和地区大力支持，保障记者采访权、报道权、监督权。二是依法依规同聘用人员签订劳动合同，及时核发薪酬及奖金。按时为职工缴纳"五险一金"，完成 171 名职工养老保险补缴工作。职工医疗互助保障参保人数达

到760人，比上年增加25.2%，报销58笔、共计5.13万元，减轻职工医疗费用负担。为51名困难职工发放慰问金6.9万元，为23名职工发放丧葬慰问金2.3万元，为57名住院职工发放慰问金2.85万元，安排多人参加职工疗养。督促职工带薪休假，对因工作需要未休假人员核发补贴。三是开展新版新闻记者证换发工作，完成记者证换发519人，完成年度记者证核验505件，注销14件，收回4件。四是共组织39批1260人次参加各类业务培训。

十、合法经营责任

严格遵守企业所得税法、税收征收管理法，及时足额缴纳各项税款。强化财务管理，建立健全内控制度，各项支出合法合规。专项资金专款专用，做到效益最大化。严控"三公经费"支出，大额经济事项均提交台务会审定。全面加强预算管理，合理调配有限资金，做到"保工资、保运转、保重点"。畅通事业产业"两分开、两加强"的管理运行机制，确保正确舆论导向不迷失、国有资产不流失、职工利益不损失。严格管理台驻地方记者站、通联工作站，未发生擅自聘用人员、向记者站下达经营任务、采编人员违规从事经营活动、滥用采访权等问题。依法合规开展广告经营工作，定期或不定期对各频率频道广告进行审查，无违法违规广告。

十一、后记

（一）回应

针对优质原创节目、对象性节目数量偏少，服务类节目贴近性、亲和力不足，原创公益广告少，精品力作不多，节目在导向、取向方面仍存在风险等问题，以打基础、固根本、利长远原则逐步改进提高。一是做强重大主题主线宣传，有效提升舆论引导能力。深入推进新闻理念更新，抓实"头条工程"建设，培育好"长江范"青年讲堂等平台载体。二是深化社会主义核心价值观宣传，有效提升成风化人能力，强化特别节目、重大活动，打造常态节目新亮点、新特色。三是增强对外传播实效，有效提升对外宣传能力，联合强势媒体、兄弟媒体扩展声场、聚拢灯光，让青海名片更加亮丽。四是落实意识形态工作责任制，有效提升阵地管理建设能力，把好方向、导向，守牢阵地、底线。

（二）不足

一是主题主线宣传重头作品偏少，创新创优"源动力"不足。二是媒体深度融合不够，体现融合思维、开展融合实践的节目较少。三是服务类节目贴近性、亲和力需要进一步加强，展示青海特色的节目仍然偏少。

（三）改进

加强前端策划力量，对主题主线宣传进行整体策划、系统谋划，集中力量推出社会反响好、群众关注度高的特别节目。提升各类文化、服务节目的实效性、贴近性，提升群众精神文化生活品质。做好"增加有效供给""缩减落后产能"工作，开发适合全媒传播、实现有效到达的内容产品。狠抓传播平台升级改造和重大项目建设，持续完善广电公共文化服务能力，全面推进文化惠民工程扩面增效。拓宽融合发展路子，加快挺进主战场，策划推出更多爆款产品。

宁夏日报报业集团

社会责任报告

一、前言

（一）媒体概况

1949 年 11 月 11 日，宁夏日报作为宁夏省委机关报正式创刊，毛泽东同志亲笔题写报头。作为宁夏新闻界的一面旗帜，宁夏日报报业集团始终与党同心，与人民同行，与时代同步，弘扬主旋律，传播正能量，建设具有强大凝聚力和引领力的社会主义意识形态。

近年来，面对媒体格局和舆论生态剧变，宁报集团应势而动，冲破思维藩篱，加快推进媒体融合发展，构建起以宁夏日报、宁夏日报客户端、宁夏新闻网、宁夏日报官方微博微信为核心，覆盖今日头条、抖音、快手、视频号等传播平台的全媒体矩阵。

2020 年，宁报集团聚焦打造新型主流全媒体战略任务，围绕"决胜全面建成小康社会　决战脱贫攻坚"宣传主线，强化"报深""端快""网全"总体思路，在内容策划、生产、发布中一体化运作，全媒体传播，全景展示宁夏经济社会发展新作为新成就，媒体融合速度加快、质量提升，新闻事业再上新台阶。

（二）社会责任理念

坚持以习近平新时代中国特色社会主义思想和党的十九大精神为指导，围绕中心、服务大局，牢牢占据舆论引导、思想引领、文化传承、服务人民的传播制高点，更好地肩负起举旗帜、聚民心、育新人、兴文化、展形象的使命任务。

（三）获奖情况

2020 年，在中国新闻奖、宁夏新闻奖等各类评奖中，宁报集团采制的新闻作品《手绘 H5·绿沙 | "人民楷模"王有德》荣获第三十届中国新闻奖融合创新三等奖；《自强巷 65 号楼外墙粉刷只刷临街两面　居民：民心工程还是面子工程？》荣获第三十届中国新闻奖文字消息三等奖；《茹河纪事》荣获第二届"守护美丽河湖——争创示范河湖"全国短视频公益大赛优秀奖；《共产党好　黄河水甜——易地扶贫搬迁的红寺堡答卷》等 18 件作品荣获宁夏新闻奖特别奖及一等奖。

二、政治责任

提高政治站位，强化责任担当，以助力经济发展、服务民生、繁荣文化为己任，阐释好宁夏故事，传播好宁夏声音。

（一）紧扣主题主线，策划实施重大主题报道

以"决胜全面建成小康社会　决战脱贫攻坚"为贯穿全年的主线，精心策划实施了 30 多个重大主题报道，报网端微全媒体融合传播，持续将学习宣传贯彻习近平新时代中国特色社会主义思想引向深入，精彩呈现宁夏万众一心抗击疫情的磅礴力量，深刻见证决胜全面建成小康社会决战脱贫攻坚的伟大实践。

1. 组织实施了"学习宣传贯彻习近平总书记视察宁夏重要讲话精神"这一重大主题报道。习近平总书记来宁视察期间，开设"习近平总书记在宁夏考察调研""在习近平新时代中国特色社会主义思想指引下——新时代新作为新篇章"等专栏进行报道。6 月 8 日至 7 月 7 日，宁夏日报推出 76 块整版，刊发了《一个少数民族也不能少——记习近平总书记在宁夏考察脱贫攻坚奔小康》等系列有分量有温度的稿件。宁夏日报客户端推出《海报 | 脚上沾满泥土，心中装满人民》等 5 个原创融媒体产品，以全国视野和宁夏视角，鲜活生动展示习近平总书记对宁夏的殷

重大主题主线宣传报道浓墨重彩

切嘱托和深厚感情。产品一经推出立即形成爆款。宁夏新闻网首页开设"人民领袖"专区,"总书记宁夏行"等专栏,集纳刊发《山河深情凝望中》等图文、短视频报道1454篇,总阅读量110万次,宣传报道形成声势。

2. 组织实施了"决胜全面建成小康社会　决战脱贫攻坚"这一贯穿全年的主线报道。开设"建设美丽新宁夏　共圆伟大中国梦"总栏目,下设"走出一条高质量发展新路子"等30多个栏目,报网端微刊发稿件3700多篇(幅),推出专版190多块,发布《短视频 | 脱贫记录:人间真情》等原创融媒体作品100多个,视听共赏,取得了良好的传播效果。

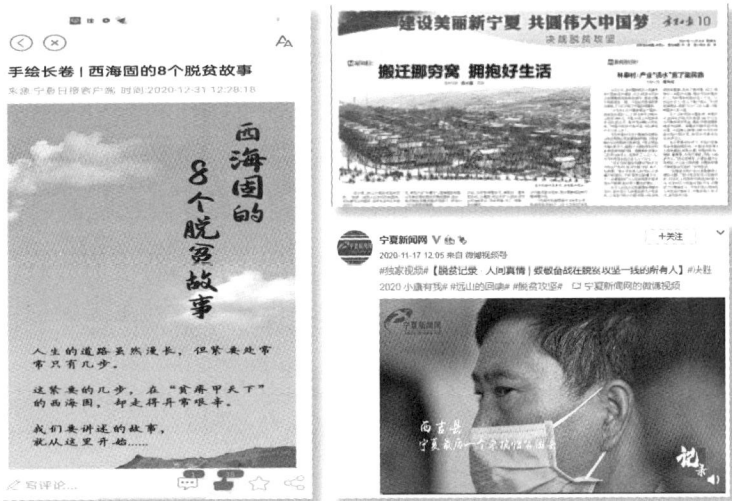

"决胜全面小康　决战脱贫攻坚"宣传报道有声有势

3.策划实施了"学习宣传贯彻党的十九届五中全会精神"这一重要主题报道。开设《认真学习宣传贯彻党的十九届五中全会精神》专版，下设"'十三五'，我们这样走过""我的'十四五'愿景"等专栏，推出了81块专版，采制了《数说"十三五"》《划重点！五中全会公报里的关键词》等100多条融媒体产品，阅读量超过50万次。

4.策划实施了全国两会、自治区两会宣传战役和黄河流域高质量发展先行区建设、新冠肺炎疫情防控等主题系列报道。开设"万众一心 抗击疫情""建设黄河流域生态保护和高质量发展先行区""2020全国两会"等专栏，推出《西部大开发：接续政策东风再出发》《沙之治——"变沙之害为沙之利"的宁夏实践》等一批有深度、有品质、有影响的重磅稿件，采制了《H5｜总书记关心的这些事，宁夏这样作答！》等系列制作精美、内容新颖的融媒体作品，彰显党媒在主题报道中的主力军作用。

（二）聚焦改革创新，提升主流媒体舆论引导力

深化媒体改革创新，优化传播内容，丰富传播手段，着力提升主流媒体舆论引导力。

1.研判热点突发事件，准确发布权威信息。创新开展热点突发事件舆情分析研判，及时调整舆论宣传基调，准确发布权威信息。宁报集团深度策划抗"疫"主题报道，点、线、面综合呈现，集中力量、全媒体传播，唱响抗"疫"主旋律。1月22日至3月23日，宁夏日报累计推出293块特刊，宁夏新闻网、宁夏日报客户端及微博、微信推出文字稿、短视频、海报等原创作品8650篇（幅），总阅读量超过6000万次，有力提振了全民抗"疫"信心。

2.创新报道手段，采制精品力作。深化《宁夏日报》版面改革，优化升级报道质量，着力打造深度调查报道品牌，推出了《宁夏特色农产品的"链"想》等50多个独家报道，彰显新形势下主流媒体服务中心工作的新价值。孵化培育了"宁夏日报""宁夏观察""法报小厨Online"等融媒体传播新生态，涌现出"诗情画意""图个明白""小龙·剧场"等融媒体栏目新秀。

（三）强化舆论监督，提升党报媒体公信力

发挥舆论监督功能，直击改革焦点、社会热点，履行党报媒体化解社会矛盾、

促进和谐稳定的责任担当。

1. 敢于亮剑，开展舆论监督报道。以积极的批评、理性的监督、客观的报道，正确履行媒体舆论监督职责。打造"新闻热线"品牌，利用《法治周刊》《时评视点》专版，推出《银川市城市道路反复"开膛破肚"何时休》等系列报道，针砭时弊、激浊扬清，推动解决实际问题。

2. 挖掘线索，开展深度调查报道。直面各领域存在的问题，开设"专题调查"栏目，推出《期待驶入寻常百姓家——新能源汽车宁夏发展走向》等系列报道，触及深层问题、探寻破解之道，提出对宁夏经济社会发展富有建设性的意见。

（四）构建传播新格局，提升对外宣传影响力

主动融入国家发展战略，服务地方经济发展，积极拓展外宣渠道，增强对外传播能力。

1. 创新方式，讲好中国故事。积极参与第三届中国国际进口博览会等大型国家级盛会，借助全媒体跨越国界的传播优势，打开对外传播新格局，向世界讲好中国故事。

2. 拓展渠道，积极促进对外交流。宁夏日报在国际版，端网在时事频道，推出《中国积极向海外分享一线战"疫"临床经验》《俄罗斯举行胜利日阅兵》等报道，推动中国文化走出去，国外优秀文化引进来。

三、阵地建设责任

占领信息传播制高点，掌握舆论引导主动权，打造新闻舆论工作新高地，奋力建设新型主流媒体。

（一）拓展传播生态圈，打造全媒体矩阵

创新传播手段，拓展传播渠道，布局短视频发展。注册运营的"宁夏日

报""宁夏观察""Vista 看天下"等抖音、快手、视频号传播新平台，成为舆论宣传的重要载体，点击阅读量均已破亿次。通过"招标、挂牌"形式，激励采编人员承接重大报道、技术研发等任务，更好地实现了人才、资源、技术互融互通。组建了宁夏故事、壹财经、政声、397 等融媒体工作室，推动网络视听服务蓬勃发展。

融媒体传播多姿多彩

（二）创新运营模式，占领主流舆论阵地

积极打造全媒体运营新模式，努力实现传播效果最大化。新媒体频道运营的"宁夏日报"抖音号，采取加快审核流程等方式增强运营水平，2020 年全年播放量突破 1 亿次。新消息报运营的"宁夏观察"抖音号，重度活跃粉丝高达 67%，浏览量达 5 亿次。"Vista 看天下"抖音号总播放量破百亿次，宁夏新闻网全年浏览量突破 5000 万次，"法报小厨 Online"快手号总浏览量达 2600 万次，小龙人学习报微信用户升至 3.5 万人。

（三）升级业务系统，打造功能强大的技术平台

通过技术赋能业务平台，打造具有强大影响力、竞争力的新型主流媒体。升级

改造集团融媒体智能传播服务平台、全媒体内容管理系统、互联网舆情监控管理系统，增强宁夏日报客户端平台功能，持续提升了党报媒体的核心竞争力。

四、服务责任

坚持把社会效益放在首位，发挥主流媒体凝聚人心、推动发展、促进和谐的作用，提高服务社会的能力。

（一）信息服务

1. 提供政策服务信息。发挥党媒资源优势，准确阐释解读中央和自治区党委的重要政策和惠民政策，全文刊发《政府工作报告中的"民生清单"》等系列政策解读阐释，有效发挥媒体的社会服务作用。

2. 提供生活服务信息。及时发布生活服务类信息，开设"教育周刊""法治周刊"等，刊发《备战中考高考　我们有信心》《养老家政服务之痛如何解？》等大量稿件，使新闻报道更好地服务于日常生活。

（二）社会服务

1. 提供公共平台服务。依托党报资源优势，搭建公共服务平台，承办了第三届中国（宁夏）国际车展、深圳文博会宁夏馆建设等活动，充分发挥媒体参与社会进程的"助推器"作用。

2. 提供公共智库服务。宁夏日报"思想智库"周刊，目前已经形成品牌，推出《切实担负起建设先行区的时代重任》等理论文章，为相关领域政策制定提供有益的决策参考。

（三）公益活动

1. 刊播公益广告。刊发《时代楷模——舰行万里守卫和平的友谊使者》等公益广告 105 期，弘扬社会主义核心价值观、时代楷模精神，凝聚社会共识，引领时代新风。

2. 宣传慈善事业。刊发《金玉龙不忘党恩不褪军人本色　今年捐 89.5 万元帮扶群众助力抗疫》等系列稿件，弘扬宁夏爱心人士的慈行善举。组织开展 2020 "针心针意" 大型暖冬行动等公益活动，营造和谐向善氛围。

3. 大力推动乡村振兴。开设 "百城千县万村" 等专栏专版，刊发《原隆村：美丽乡村孕育 "美丽经济"》等系列报道，为实现乡村振兴战略凝聚强大正能量。宁报集团向隆德县观庄乡派驻村工作队，帮助发展村集体产业，解决农产品滞销等问题。

五、人文关怀责任

新闻宣传体现人文精神，彰显为民情怀，传递党的温暖和社会的关爱。

（一）关注民生报道

1. 民生热点问题彰显为民情怀。推出《解读民法典合同编中的民生情怀》《可选课走班，2022 年底消除大班额》等系列报道，围绕教育、医疗等方面的民生热点话题，策划报道选题，解读党的惠民政策，回应群众期盼。

2. 关爱困难群众传递社会温情。推出《记录 | 将爱进行到底》微视频等报道，采取 "平民视角" 关注普通人生存状态，反映困难群众呼声，以鲜活的表达，传递社会温情。

（二）关注灾难事故报道

权威、准确、客观报道灾难事故，展现党的坚强领导和中华民族守望相助的精神。在新冠肺炎疫情防控期间，第一时间将新闻事实告知公众，减少社会恐慌。自 1 月 26 日至 6 月 16 日，宁夏日报每天推出 1 个至 12 个整版，宣传报道宁夏干部群众奋战抗 "疫" 一线的感人事迹。

（三）坚持以人为本报道理念

1. 新闻报道有态度有温度。开设《宁夏故事》专版，以故事化呈现新闻人物或事件背后的精神标识、文化精髓，激发向上向善的精神力量。推出《心灵的"破冰"——宁夏"90后"公益人陈旭和他的孩子们》等系列报道，用温情的笔触书写社会温度，将正向价值观、正能量映射到读者心中。

2. 关注人的发展凸显人文精神。开设"战疫时刻群英谱""100个派出所蹲点记"等专栏专版，推出《路霞：武汉客厅方舱的"盐池大姐"》《火线上的天使 战"疫"中的堡垒》等人物故事，启迪思想，温润心灵，诠释真善美。

六、文化责任

承担传播先进文化、引领人文精神的职责使命，用有情怀、有温度、有感染力的报道，推动文化繁荣发展。

（一）弘扬践行社会主义核心价值观

推出《踏遍山川人未老——85岁宁夏地理学者汪一鸣的学术报国之路》《盼归——杨桂花一家38年的风雨寻亲路》等内涵丰富、彰显时代精神的系列报道，正党风、淳民风、扬家风、树新风，大力弘扬社会主义核心价值观。

（二）传播中华优秀传统文化

持续办好"文旅周刊""六盘山"等品牌周刊、副刊，推出《传承文化记忆 留住美丽乡愁》等精品稿件，端网创新推出"艺术长廊"等专栏频道，采制发布《长图 | 重阳节，这些习俗藏在诗词里》等系列融媒体产品，体现主流媒体的文化气质。

（三）提升公众科学素养

推出《科技助战疫，我们共克时艰！》等整版报道，展现宁夏科技工作者勇攀高峰的探索创新精神。采制《图说｜大国点名没你不行 @ 所有宁夏人人口普查需要你来打卡》等融媒体作品，展示科教文化成就，普及科学知识，提升公众素养。

七、安全责任

强化"安全刊发"理念，认真落实全流程安全管理各项要求，严防质量问题发生。2020 年达到安全刊播质量要求。

完善《宁夏日报报业集团重大主题报道实施规范》等采编管理规定，加强"三审三校"制度，定期对出版差错情况进行通报处罚，筑牢出版安全生命线。

建立完善了《宁报集团编辑出版应急预案》，明确各单位（部门）职责，消除出版安全隐患，维护主流媒体的公信力。

八、道德责任

遵守新闻宣传纪律，恪守新闻职业道德规范，认真履行新闻工作职责使命。

（一）遵守职业规范

坚持新闻真实性原则，规范采编人员职业行为，开展基层蹲点采访活动，有效抵制虚假新闻。加强新闻职业道德业务学习，坚决杜绝有偿新闻行为，发现涉及有偿新闻、有偿不闻、新闻敲诈行为立即查处。加强广告审查，杜绝低俗媚俗新闻。

尊重原创保护版权，制定新闻作品署名管理制度，明确发布作品署名。

（二）维护社会公德

开设"宁夏故事·人物"专栏，推出《清贫与富有——访 92 岁深藏功名的抗美援朝老兵刘振兴》等系列报道，弘扬社会正气，讴歌美好心灵，维护公序良俗。

（三）接受社会监督

加强采编人员管理和记者证使用管理，记者采访随时出示记者证。畅通群众投诉渠道，对投诉问题及时查处，对失实报道及时更正。

九、保障权益责任

严格遵守国家有关法律法规，维护员工合法权益、保障员工薪酬福利，为员工营造健康和谐的事业平台。

（一）保障采编人员合法权益

按照国家有关法规条例，认真落实集团人事制度改革，积极保护正常采编行为，为采编人员受到侵害提供保护、声援和申诉等支持。

（二）保障职工薪酬福利

按照劳动合同法相关规定，与全体员工签订了劳动合同，足额为员工缴纳"五险一金"。认真执行法定假期、带薪年假等休假制度，提升广大员工的幸福感、获得感。

（三）规范新闻记者证管理

认真开展新闻记者证年度核验工作，按程序为通过核验的人员申领新闻记者证，及时收回并申请注销离职、退休等人员新闻记者证。

（四）积极开展业务技能培训

定期组织中层干部、采编人员参加各类培训。分批安排中层干部参加学习培训，安排 9 名新聘用的专业技术人员在采编业务关键部门轮岗培训，提升业务素养。

十、合法经营责任

遵守国家相关政策法规，在坚持社会效益第一位的前提下，实现社会效益和经济效益相统一。

（一）认真执行政策规定

认真执行《关于推动国有文化企业把社会效益放在首位、实现社会效益和经济效益相统一的指导意见》《关于加快推进媒体深度融合发展的意见》等政策规定，依法依规开展采编和经营工作。

（二）实行采编经营"两分开"

按照采编经营"两分开"总原则，推动传统媒体和新媒体在内容、渠道、平台、经营、管理等方面的深度融合。修订完善相关管理规定，采编部门深耕细作，采制更多有品质的新闻产品；经营单位按照年初制定的目标，合法完成经营任务。

（三）未刊播违法违规广告

认真执行广告管理相关规定，无违法违规刊播行为，社会反响良好。

十一、后记

2020年，宁报集团秉持高度责任感，忠实履行媒体社会责任，针对2019年报告中提到的不足之处积极改进，取得了阶段性成效。

第一，解放思想，扩大主流舆论新版图。积极运用融合发展理念，发力党报深度报道和新媒体短视频生产，构筑主流舆论新版图。实施"引才"计划，开展全媒体业务培训，稳步推动媒体深度融合转型发展。

第二，深化改革，实现融合发展新飞跃。加快推进系列报网改革，推动主力军向主阵地转移。新消息报重组为3个中心，宁夏互联网新闻中心实现岗位一体化并轨管理，宁夏法治报和小龙人学习报完成薪酬制度改革，传媒集团公司稳步推进内部管理制度改革。

第三，催生活力，拓展高质量发展新空间。以实干精神担当作为，放大党报品牌效应，培育新型文化业态，带动结构调整和产业升级，实现经济预期增长目标。

2020年，宁报集团积极推进媒体深度融合，新闻宣传工作发挥了中流砥柱作用。本年度没有被上级行政管理部门或新闻道德委员会等行业组织作出行政处理、通报批评等情况。

但是，面对媒体融合发展新趋势，我们仍存在以下方面的不足，如采编人员偏重纸媒报道的惯性思维依旧存在，融媒体产品制作专业化水平有待提升，全媒体传播运营人才欠缺等。

针对上述问题，我们将加快"内容生产、技术支撑"双轮驱动，明确"强导向、强队伍、强品牌"三大路径，实施"新闻供给侧改革工程、新型主流媒体固基工程、媒体人才培育工程、文化产业转型升级工程"四大工程，为继续建设经济繁荣、民族团结、环境优美、人民富裕的美丽新宁夏汇聚强大正能量、发出奋进最强音。

新疆广播电视台

社会责任报告

一、前言

（一）媒体概况

新疆广播电视台作为自治区主要媒体，是新疆宣传战线主力军、舆论引导主平台，开办汉、维吾尔、哈萨克、蒙古、柯尔克孜 5 种语言 24 个广播电视频率频道，197 档广播电视节目（栏目），全天播出 462 小时；开办新疆新闻在线网、丝路视听网及丝路视听 App 新媒体矩阵，用户总数超过 620 万，月平均阅读量超过 1.5 亿次；开办覆盖吉尔吉斯斯坦、土耳其等国对外落地的广播电视节目，是全国开办语种最多、频率频道最多的省级广播电视台。

（二）社会责任理念

新疆广播电视台在习近平新时代中国特色社会主义思想指引下，完整准确贯彻新时代党的治疆方略，贯彻落实自治区党委决策部署，紧紧围绕社会稳定、长治久安总目标，自觉将社会责任作为强化意识形态工作主体责任的重要抓手，坚持团结稳定鼓劲、正面宣传为主方针，坚持正确政治方向、舆论导向、价值取向，创新开展新闻宣传、节目创制，坚定彰显主流媒体的作为与担当。特别是第三次中央新疆工作座谈会以来，坚决贯彻落实会议精神，积极承担社会责任，深入实施文化润疆工程。特别是针对老年、青年、少年儿童、大学生、农民等不同群体，推出专题专栏、纪录片、广播影视剧等，大力弘扬社会主义核心价值观，弘扬中华优秀传统文化，充分满足广大群众对美好生活特别是优质精神文化生活的需求。

（三）获奖情况

2020 年，新疆广播电视台共有 147 件广播电视及新媒体作品获得全国和自治区各类奖项。电视新闻专题《沙漠人家》、国际传播《美国"2019 年维吾尔人权政策法案"，打了谁的脸？》获得第三十届中国新闻奖；广播消息《南疆处处中国红》、电视新闻访谈《花儿为什么这样红》等 29 件作品获得第三十届新疆新闻奖一等奖；广播专题《爱要坚定往前走》、电视评论《去极端化有法可依》获得首届中国广播电视大奖"广播电视节目奖"；纪录片《伊犁河》《帕米尔高原上的快递小哥》分别荣获第八届优秀国产纪录片优秀长片奖、优秀短片奖；电视专题节目《我家的战"疫"生活》、短视频《新疆医务工作者在武汉方舱医院跳起新疆舞》、广播专题节目《"杏"福在端午》、电视季播节目《新疆是个好地方》《青春激扬中国梦》被国家广播电视总局评为"创新创优"节目。

二、政治责任

（一）主题宣传浓墨重彩

围绕习近平新时代中国特色社会主义思想宣传，5 种语言广播电视重点新闻节目、端网平台同步开设"在习近平新时代中国特色社会主义思想指引下——新时代新作为新篇章"等专栏，持续推出消息、综述、评论、短音视频、图解、H5 等多种报道 3.5 万多条，充分宣传习近平总书记新理念新思想新战略，充分展现习近平总书记新时代领路人、人民勤务员的领袖风范和为民情怀，充分报道自治区党委和各地各部门贯彻落实习近平新时代中国特色社会主义思想的举措成效，做到了"天天有核心、条条见精神"。

围绕党的十九届五中全会、第三次中央新疆工作座谈会精神宣传，开设"学习贯彻党的十九届五中全会精神——奋进新时代　开启新征程""学习贯彻第三次中央新疆工作座谈会精神　努力建设新时代中国特色社会主义新疆"等专栏，推出各类报道 4500 多条、专题节目 210 多期，充分展现新疆各地各行业贯彻落实会议精神，建设新时代中国特色社会主义新疆的举措成效。

《新疆新闻联播》主题宣传专栏

围绕决胜全面小康、决战脱贫攻坚，精心组织"全面建成小康社会'百城千县万村'调研行"，深入自治区 2020 年 10 个未摘帽贫困县采访报道，开设"决战决胜脱贫攻坚""走向我们的小康生活"等专栏，推出各类报道 1.21 万多条、专题节目 560 多期、公益宣传《就业一人　幸福一家》《搬出幸福生活》等 76 条，摄制播出 6 集纪录片《丰碑·新疆脱贫启示录》，译制播出中央广播电视总台政论片《决战脱贫在今朝》，策划实施"2020·主播帮你带货""农家好产品　我来帮你

脱贫攻坚宣传直播活动

销"等助农直播近百场，为助力脱贫攻坚凝聚了强大力量。

围绕疫情防控和经济社会高质量发展，推出"夺取疫情防控和经济社会发展双胜利""推动高质量发展调研行""落实'六稳''六保'一线见闻"等专栏，采制播出各类报道 7600 多条；推出《防控疫情，新疆在行动》等 76 档 2727 期特别节

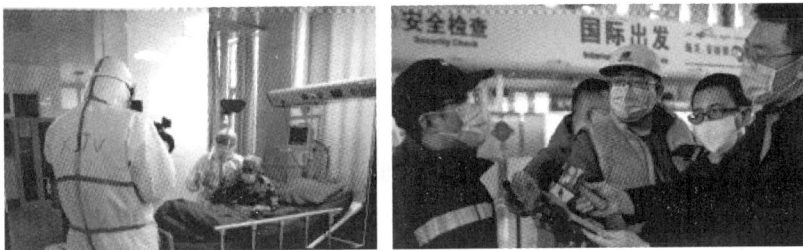

记者采访报道疫情防控

目、《同心抗疫》等 440 条公益宣传、纪录片《人民至上》，充分宣传自治区党委政府坚决贯彻落实以习近平同志为核心的党中央决策部署，科学统筹疫情防控和经济社会发展，扎实做好"六稳"工作，全面落实"六保"任务，推动经济高质量发展，维护社会稳定大局的成果成效。

《新疆是个好地方》品牌推介会

围绕新疆社会稳定长治久安总目标，推出"访民情、惠民生、聚民心""民族团结一家亲""明天更美好"等专栏，专门开办广播专题节目《访惠聚之声》，充分报道自治区党委及各地各部门维护社会稳定、开展"访惠聚"驻村工作、促进民族团结的工作举措和成效；围绕旅游兴疆战略部署，开设"新疆是个好地方"专栏，推出广播电视专题节目《新疆是个好地方》《玩转新疆》等，充分宣传新疆独特旅游资源，叫响"新疆是个好地方"品牌。

（二）舆论监督实事求是

持续开设《新广行风热线》栏目，聚焦"社会治理现代化""适老服务""政务公开"等主题，针对交通整治、邻避冲突、违规违建等问题，联合有关部门开展新闻调查，推出《填平"数字鸿沟"》《停车难背后》等报道，提出 500 多条建设性意见建

《新广行风热线》直播

议，有力推动党政部门关注、群众关切相关工作得到妥善解决。

（三）国际传播不断拓展

2020 年 8 月 1 日，新疆广播电视台落地土耳其方向广播节目《中国之声》恢复播出，电视节目《今日中国》开播，对外宣传领域稳步拓展；精心办好在土耳其、吉尔吉斯斯坦落地播出的外宣节目的同时，精心选取原创优秀纪录片《山河新疆》《伊犁河》，电视剧《嘿，老头》等在哈萨克斯坦、土耳其等国进行本土化译配播出，进一步传播优秀中国文化。

三、阵地建设责任

深入贯彻落实习近平总书记关于媒体融合发展的重要论述，贯彻落实党中央和自治区党委关于推动媒体深度融合发展的相关部署，坚持正确方向、坚持一体发展、坚持移动优先、坚持科学布局，加快推进媒体深度融合发展。

（一）加快构建全媒体传播体系

升级优化全台一体化发布平台，打通广播、电视、新媒体内容生产体系和全媒体传播链条，建立台级、节目中心、工作室 3 个层级采编发网络，实现采编和技术力量共享融通，再造优化采编流程。

（二）坚持主力军全面挺进主战场

强化互联网思维，将新媒体产品生产及创新创优数量纳入考核目标，推进广播电视节目生产创作整体转型；修订完善绩效考核办法，完善新媒体产品创作生产奖励激励机制，推动各节目中心、播音员主持人、编辑记者打造出"直播新疆""新广行风热线""海米提工作室"等 57 个定位不同、风格各异、特色鲜明的新媒体平台（账号），其中 16 个平台粉丝量超过 20 万。

（三）强化融合传播效果

全年新媒体矩阵发布各类稿件 8 万多条，开展网络直播报道1100 场，总阅读量超过 6 亿次，总点赞量超过 12 万次。实现《新疆新闻联播》《好大一个家》《青春激扬中国梦》等品牌节目向新

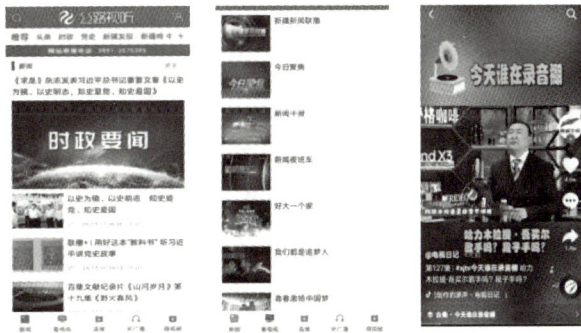

新疆广播电视台融合传播案例

媒体延伸，打造"直击两会"等重大主题专题页面近百个；创新研发全媒体传播节目《今天谁在录音棚》等，网络点击量、播放量过亿；《众志成城打赢疫情防控阻击战，社区在行动！》《都来跳新疆舞》等成为播放量千万级爆款产品；《好物出新疆》《新疆两万里》等 120 多件新媒体产品在自治区全网推送，主流媒体的传播力和影响力不断增强。

四、服务责任

（一）及时准确提供权威信息

5 种语言广播电视共开办《新广早新闻》《新疆新闻联播》《新闻快车道》《新闻午报》等 21 档常设新闻栏目，全年播出新闻节目 229950 多分钟，及时将党和人民的声音传递到各族群众身边；标准化准点播出天气预报；第一时间通过应急广播、电视滚动字幕及时预警、播报气象、交通、防灾抗灾等重要信息，服务各族群众生产生活。

（二）充分满足各族群众精神文化需求

5 种语言广播电视全年播出经济、文化、对农、法治、体育、健康、少儿节目 143 档，其中新创节目 25 档。通过重点新闻专栏《新广行风热线》《今日聚焦》，

依托节目开展服务

适时邀请相关厅局领导就百姓关注的政策、法规进行解读，积极搭建沟通平台；依托广播电视专题节目《法治进行时》《法在身边》《说法》等，积极开展"七五"普法宣传；依托广播电视专题专栏《音乐加速度》《新疆体育》《跟我要大牌》《丝路剧场》等，充分满足各族群众精神文化需求。

（三）积极承担公益责任

组织"帮老乡奔小康"公益助农直播、音乐教室基层行、学雷锋志愿送考等公益活动近百场次，切实帮助各族群众解决实际困难；围绕社会主义核心价值观、倡导文明生活好习惯，围绕"疫情防控""脱贫攻坚""安全生产"等主题，推出《不负韶华我们都是追梦人》《脱贫攻坚在路上》《敬老爱亲》《一粒米重几何》等495条公益宣传，在24套广播电视频率频道及新媒体平台全年累计播放25.5万多次，累计时长23.78万分钟。公益宣传紧贴主题主线，弘扬主旋律、传递正能量，充分履行主流媒体社会服务责任。

五、人文关怀责任

（一）充分关注社会民生

通过广播电视日播专栏《百姓热线》《直播民生》，及时反映群众意见呼声；通过广播电视专栏《新疆企业之声》《创业在新疆》，推出"免费在线学习，温暖中小企业"等活动，为全疆中小企业提供解决发展瓶颈方案，为就业创业群体提供技术支持、项目孵化等服务；通过广播电视专栏《金土地》《致富田园》，及时提供对农服务信息，定期组织农业科技下乡活动；通过广播电视专栏《新疆民医堂》《健康E生》，及时邀请自治区各大医院专家做客节目，为全疆各族群众提供健康服务。

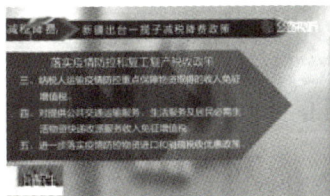

《直播民生》　　　　　　　　《创业在新疆》　　　　　　　《致富田园》

（二）充分彰显人文关怀

依托 949 交通广播成立爱心献血联盟，联合社会公益团队组织常态化资助白血病患者、自闭症患儿、残障人士等弱势群体，定期组织志愿者活动为特殊人群给予人文关怀。推出《用爱守护患者》《新疆医科大学第二临床医学院首批免费先天性心脏病患者完成手术》等相关报道时，严格遵守宣传纪律，充分保障患者隐私。

开展公益活动

（三）充分传递时代精神

持续推出品牌季播节目《我们都是追梦人》《好大一个家》《青春激扬中国梦》，生动讲述全区各地各部门各条战线上，各族干部群众特别是青年群体，把个人理想融入党和国家事业的先进代表典型事迹，建设美丽新疆、共圆祖国梦想的奋斗故事；充分展现各族家庭传递家风，弘扬中华优秀传统文化、大力培育践行社会主义核心价值观的良好风貌。

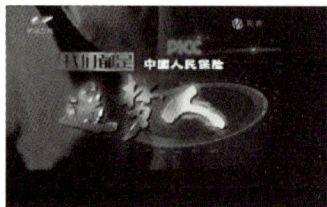

| 《我们都是追梦人》 | 《好大一个家》 | 《青春激扬中国梦》 |

六、文化责任

（一）大力实施文化润疆工程

深入贯彻落实第三次中央新疆工作座谈会精神，大力实施文化润疆工程。

1.以中华优秀传统文化、社会主义核心价值观为"润"的主体内容，推进"广电精品润疆工程"。推出《我的国我的家》《颂读经典》《传承经典　感受魅力》等10个读书类和综艺类节目栏目；译制播出中央广播电视总台出品的《星光大道》《你好，生活》《中华民族》等5档反映中华各民族悠久历史文化的节目；推出《山河新疆1》《最闪亮的坐标》（第二季）等5部纪录片节目；推出《克里雅河的回答》等原创广播微剧、短剧、广播剧9部102集，电视报告剧《美丽家园》10集；推出新疆广播电视台2020年春节联欢晚会、农民丰收节等节日文化特别节目，引导受众在细致入微、潜移默化中受教育、受熏陶，不断增强"五个认同"，铸牢中华民族共同体意识。

《传承经典　感受魅力》

电视剧《美丽家园》开机仪式

2.大力实施"中华经典诵读工程"。在广播电视少儿节目《花儿朵朵》《花样童年》《雪莲花》开设"童诵经典"专栏，全媒体征集少年儿童每天参与节目诵读经典；依托节目组建云尚诵读团，定期通过节目开展云端诵读活动；组织近百名播音员主持人进社区、进学校，通过各种方式同各族群众一起诵读经典，交流分享作

《童诵经典》

品文化内涵，引导各族群众诵读经典蔚然成风。

（二）大力普及社会科学知识

围绕科学知识普及宣传，新开办全媒体专栏《社科空中讲堂》、广播专栏《你好知识家》、电视专题讲座《天山论道》，在 5 种语言少儿广播节目《花样童年》开设《学科学》专栏，在 24 个广播电视频率频道高密度错层推出《儿童心理指南》等科普公益广告，不断提升各族群众科学文化素养和社会文明程度。

七、安全责任

牢固树立"字字千钧、秒秒政治、天天考试"的安全播出意识，严格落实《中国共产党宣传工作条例》《党委（党组）意识形态工作责任制实施办法》要求，修订《新疆广播电视台宣传管理办法》《审读管理办法》，研究制定《网站网络安全管理制度》《网站节目内容审查及流程》，不断完善内容审核管理制度；建立联合审查机制，严格执行"三级审稿、重播重审"和"一屏三审"工作流程，做到新闻、专题、广告等全类型节目审读，文稿、配音、字幕等全要素审读，策划、采编、制作、播出全流

广播电视安全播出应急演练培训

程审读，确保导向正确、内容安全。修订完善《安全播出技术管理规定》及各类安全保障应急预案，严格落实每日、每周安全播出检查，定期组织应急演练提高应急处置能力，确保技术安全、传输安全、播出安全，全年未出现安全播出责任事故。

八、道德责任

强化习近平新时代中国特色社会主义思想学思悟践，积极践行"四力"，不断夯实各族干部职工理想信念精神之基。常态化教育督促员工遵守《中国新闻工作者职业道德准则》。建立廉政风险查找制度，签订重点岗位人员廉政承诺书，抓紧抓实廉政廉洁教育。组建专门法务处（室），以版权管理、合同管理为重点，加强全台各方面工作的法律意识、法律规范和法律保障。通过热线电话、网站、新媒体平台等多种渠道了解、回应受众意见，接受社会监督。各族干部恪守职业精神和职业道德，坚持新闻真实性原则，杜绝有偿新闻行为，自觉抵制低俗庸俗媚俗，积极维护社会公序良俗，未出现有违舆论导向、价值观导向的情况，未发生涉及廉政、行业不正之风的违规违纪现象。

九、保障权益责任

高度重视干部职工合法权益。严格按照劳动合同法及国家有关法规条例规范用工制度，及时为全台干部职工缴纳"五险一金"，主动服务个人所得税专项扣除申报等事项。充分保障员工福利待遇，确保依法享有带薪年休假等各类假期。对困难、患病职工开展补助慰问，分别为 2 名职工申请认定工伤及中国新闻工作者援助项目。坚持"多劳多得、优绩优酬"原则改革完善绩效分配体系，按时发放工资、绩效，充分保障各族干部职工薪酬待遇。

邀请专家来台组织业务培训

对持有新闻记者证人员进行严格资格审查，组织 748 人参加新闻采编人员在线岗位培训，完成 512 人新闻记者证换发及 146 人材料审核报送工作。全年组织开展技术制作、安全生产、安全播出等各类培训 246 期 5047 人次，充分保障各族干部职工职业发展及生活权益。

十、合法经营责任

严格按照广告法和《国家广播电视广告播出管理办法》等法律法规要求开展广告经营活动。严格做到采编与经营"两分开"。实行统一制定经营政策、统一规范价格体系、统一财务核算、统一合同管理、统一审核播出、统一监听监看等广告管理制度，坚决不发布内容不实或者证明文件不全的广告，坚决抵制各种形式的低俗媚俗广告，坚决杜绝各类虚假违法广告。全天广告播出时长合规，全年广告经营活动未出现受到有关行政管理部门处罚的情况。

十一、后记

（一）回应

针对 2019 年存在的融合传播、节目创新创优仍须加强的问题，新疆广播电视台积极作为，大力推进《新疆新闻联播》《好大一个家》等新闻报道、纪录片、季播节目向新媒体端延伸，跨屏传播取得较好成果，融合传播意识、能力、热度得到切实增强；大力实施文化润疆工程和新时代精品工程，通过将精品创优纳入考核体系等方式完善奖励激励机制，进一步激发创新创优动力，推出精品广播剧、电视短剧 10 部 112 集、创新创优节目 50 多档。

（二）不足

2020 年，新疆广播电视台在坚持融合发展"移动为先"，提升主流媒体传播力、影响力方面还需加强。

（三）改进

2021 年，新疆广播电视台将进一步提高政治站位，坚持守正创新，积极承担举旗帜、聚民心、育新人、兴文化、展形象的使命任务，讲好中国新疆故事，为建设新时代中国特色社会主义新疆提供精神力量。

一是大力提升舆论引导力，始终把学习宣传贯彻习近平新时代中国特色社会主义思想当作首要政治任务，围绕庆祝中国共产党成立 100 周年主线，宣传好习近平总书记重要讲话精神，生动形象讲好自治区党委带领各族干部群众完整准确贯彻新时代党的治疆方略，努力建设新时代中国特色社会主义新疆的故事。

二是加快推进媒体融合进程，坚持正能量是总要求、管得住是硬道理、用得好是真本事，在体制机制、流程管理、人才技术等方面加快推进媒体融合发展，构建全媒体传播体系。

三是深入开展文化润疆工程，持续办好《我的国我的家》《好大一个家》《颂读经典》《传承经典感受魅力》《真实纪录》等一大批正确反映新疆历史，具有中华文化底蕴、彰显民族文化特色、符合现代文明理念、反映各族群众现实生活的精品力作，大力推进现代文化发展，教育引导群众破除陈规陋俗。

四是不断加强国际传播能力建设。通过广播电视外宣节目《中国新疆》及全媒体专栏《新疆发现》，采取纪录片、专题片、短视频相结合的方式，贴近不同区域、不同国家、不同群体受众，以各种精彩生动的故事，直观呈现真实美好的新疆，让世界读懂中国新疆、了解中国新疆，充分展示可信、可爱、可敬的中国新疆形象。

兵团日报

社会责任报告

一、前言

（一）媒体概况

兵团日报是新疆生产建设兵团党委机关报，1953 年 5 月 22 日创刊，是兵团对外宣传和外界了解兵团的重要窗口。

兵团日报社是兵团党委直属正厅级事业单位，已形成以《兵团日报》为主体，《生活晚报》、兵团网、兵团手机报、法人微博、微信公众号、掌上兵团客户端和《传播论坛》杂志相互补

兵团日报社新址（新疆乌鲁木齐市头屯河区五一新区兵团新闻出版大厦）

充、各有特色的多层次、多媒体、多功能传播矩阵。兵团报业出版传媒（集团）正在加快筹建。

（二）社会责任理念

兵团日报社坚持以习近平新时代中国特色社会主义思想为指导，深入学习贯彻习近平总书记关于意识形态工作、宣传思想工作、新闻舆论工作重要论述，坚持党性立报、新闻强报、特色靓报、服务活报、开门办报、融合兴报，严守思想舆论阵地，强化责任担当，以提升传播力、引导力、影响力、公信力为目标，增强脚力、

部分新闻奖获奖作品

眼力、脑力、笔力，切实做到守土有责、守土负责、守土尽责。

（三）获奖情况

2020 年，兵团日报 46 件作品荣获新疆新闻奖和兵团新闻奖，一批先进集体和个人受到自治区党委、兵团党委表彰。

二、政治责任

（一）政治方向

2020 年，兵团日报社以习近平新时代中国特色社会主义思想为指导，增强"四个意识"、坚定"四个自信"、做到"两个维护"，不断提高政治判断力、政治领悟力、政治执行力，牢牢把握正确政治方向、舆论导向、价值取向，认真学习宣传贯彻党的十九届五中全会精神和第三次中央新疆工作座谈会精神，聚焦新时代党的治疆方略和中央对兵团的定位要求，更加鲜明地传播好党的声音，讲好兵团故事，更加全面地展示兵团改革发展带来的可喜变化，更加深入地反映职工群众心声。大力弘扬兵团精神、胡杨精神和老兵精神，为决胜全面建成小康社会，夺取新时代中国特色社会主义伟大胜利营造了良好思想舆论氛围。

"第三次中央新疆工作座谈会"专栏
（2020 年 10 月 26 日）

兵团日报社牢牢扭住新疆工作总目标，紧紧围绕兵团党委中心工作，以消息、通讯、深度报道、评论、图片、新媒体报道等形式，做好党的十九届五中全会，第三次中央新疆工作座谈会，全国两会，自治区两会，兵团党委七届七次、八次、九次、十次全会，疫情防控等重大会议、重大主题报道。保证重要版面、重要位置与中央重大工作部署、重要工作任务保持高度一致。新媒体围绕 2020 年全国两会、第三次中央新疆工作座谈会、党的十九届五中全会、兵团党委七届七次全会等重要会议，精心组织开设《学习贯彻党的十九届五中全会精神》《学习贯彻兵团党委七届七次全会精神》《机关作风建设大学习大讨论》等 30 余个专题和专栏，充分呈现兵团日报重大融媒体报道，这些报道站位高、形式新、内容实，亮点突出、特色鲜明，有力地凸显兵团特点，形成宣传报道强势，社会反响热烈，为兵团更好履行职责使命、服务新疆工作总目标提供了坚强有力的舆论支持。

（二）舆论引导

兵团日报作为党舆论宣传的重要阵地，牢固树立大局意识，坚持政治家办报，统一思想、凝聚共识，坚决与党中央保持高度一致，认真学习贯彻党中央、自治区党委和兵团党委的部署要求，不断加大对重大突发事件、热点敏感问题的新闻报道和舆论引导，积极回应社会关切，发挥主流党报的舆论引导作用。

报纸在头版和要闻版开设"深化改革硕果满枝干部群众笑逐颜开""将改革进行到底""改革之声""蹲点看变化""兵团深化改革系列谈""新成就新变化新气象"等栏目，刊发各类报道千余篇，全面报道兵团深化改革释放红利，反映干部

兵团党委七届八次全会报道（2020 年 10 月 17 日）

职工群众实实在在的获得感、幸福感。《向南发展》版聚焦产业发展、城镇化建设、医疗保障、义务教育、社区治理、住房保障、支医支教等内容，推出多个主题报道版面，多角度深入报道，积极为兵团向南发展营造舆论氛围。《巩固提升脱贫成果》版推出 20 多个系列版面，围绕"两不愁三保障"、产业扶贫、就业扶贫、科技扶贫、

《民生连线》版

教育扶贫等主题，多角度报道，每个版面围绕一个主题或一个侧重点，大主题小切口组合刊发，以扶贫干部、"访惠聚"工作队成员、连队"两委"等基层工作人员的视角，讲述他们入户走访、帮助群众想法子找路子，开展就业帮扶、拓展增收路子，改造危旧房、发展庭院经济等做法经验，用生动质朴的文字描绘他们在脱贫攻坚工作中洒下的汗水和心血，故事朴实真切感人；以脱贫户、困难户的视角，讲述他们受到的关心关爱和家庭的变迁，用发生在群众身边的鲜活事例来鼓舞群众、团结群众、引导群众、汇聚民心。

（三）舆论监督

注重开门办报，《基层声音》版强化"兵情微议"栏目选题策划，聚焦巩固脱贫攻坚成果、稳岗扩就业、农产品销售、基层减负、发展夜经济等群众关心的话题，让群众反映问题、表达意见、提出诉求，具有原创性、生动性、多样性特点；其中"声音""建设"等栏目关注疫情防控、电费价格、养老金领取、违规停车、电商带货等群众关心的话题，反映人民呼声、回应群众关切，内容开门见山、直截了当，语言朴实生动，贴近群众。2020 年还设置了新栏目"记者调查"，对群众关切的热点、难点问题进行采访调查，澄清谣言谬误，还原事实真相，了解民情民意，提出解决办法。对不良现象进行曝光揭露，抨击时弊，抑恶扬善。在《民生连线》版，以群众关心的民生热点话题为切入点，进行主题报道。

（四）对外传播

《援疆周刊》版专题报道全国各省市对口援疆工作，开设"对口援疆在行动""援疆故事""援

2020 年 1 月 3 日，刊登援疆综述报道

疆动态""援疆之星""援疆成果""援疆心语""援疆家书""援疆抒怀"等栏目，通过图片、通讯、消息、言论、书信等形式，全方位报道援疆成果。组织力量向《人民日报（海外版）》《中国日报》等报刊积极投稿，对外宣介兵团。

三、阵地建设责任

（一）融媒体矩阵

兵团日报认真贯彻落实习近平总书记和党中央关于进一步推进媒体深度融合的指示要求，大力加强融媒体中心建设。已逐步形成以《兵团日报》为主体，《生活晚报》、兵团网、兵团手机报、法人微博、微信公众号、掌上兵团客户端和《传播论坛》杂志相互补充、各有特色的多层次、多媒体、多功能的全媒体传播矩阵。

（2020年11月9日—11月15日）
只为一件事开了四次会，兵团党委如此重视的事究竟是什么？

（点击图片观看视频）

往期链接

点击图片进入【一周视评】专栏

"一周视评"专栏

《生活晚报》

（二）融媒体报道

全国两会期间，兵团日报融媒体首次创新推出了短视频评论栏目"陈兰说两会"。紧扣两会议程，深入浅出解读习近平新时代中国特色社会主义思想，结合新疆和兵团实际，生动解读两会热点，畅聊代表委员关注点、公众关切点，综合运用视频、图片等形式，让视听体验更为丰富和生动，起到良好宣传效果。其中，兵团网推出的"一周视评"评论性视频栏目，主要梳理兵团一周内时政要闻、经济社会领域大事要事，内容有思想、有温度、接地气，与报纸评论遥相呼应，让广大干部职工群众进一步感受到兵团发展脉搏，倾听到兵团好声音好故事。

（三）融合采编平台建设

兵团日报已先后建起全媒体中心、"中央厨房"和以客户端为载体、连通师市团场的兵团融媒体平台。全媒体中心各部门深化合作，在报网端微各媒介平台同步推出原创报道，特别是做到了兵团重大活动报道新媒体首发，实现了报网内容互链互嵌、互联互通。

四、服务责任

《卫生计生》版

（一）信息服务

兵团日报及时向社会提供多样化服务，准确刊播兵团政务信息、惠民政策，报道百姓日常生活。报社记者部组织专访小组，对相关政策进行解读。通过开设专题栏目、搭建沟通平台，解决职工群众诉求，凝集社会共识，不断推进服务平台建设，拓展服务范围、提升服务水平。

（二）社会服务

兵团日报采编部门将宣传报道定位在基层，将视角投向基层，围绕政务服务，积极开展议题设置，将社会治理能力这个宏观的话题具体化、可读化。报道涉及连队"两委"班子建设、社区建设、基层综合治理、矛盾纠纷调解等内容，不断增强报道的生动性和针对性，引发读者共鸣、增强传播效果。

（三）公益活动

2020 年，《兵团日报》刊发公益广告具体包括：抗疫类（6 条）、时代楷模类（2 条）、环境保护（2 条）、公筷文明（5 条）、国家安全教育日（1 条）、宪法日（1 条）、垃圾分类（1 条）、文明健康生活（19 条）、端午节（1 条）、禁毒（7 条）、节约粮食（15 条）、学习兵团劳模（2 条）。

公益广告

五、人文关怀责任

（一）民生报道

在新闻报道中，兵团日报始终坚持以人为本、聚焦基层，恪守专业操守、履行社会责任、关注百姓冷暖；积极回馈社会，筹办、建立多个公益项目，助力解决各类实际问题。《兵团人》图片版以道德模范、优秀共产党员等群体及先进人物为宣传对象，以高质量的图片、精美的版面设计，再配以短小精当的一篇文章及醒目的标题，受到读者的广泛关注。

（二）灾难和事故报道

自新冠肺炎疫情暴发以来，兵团日报全媒体聚焦全国、自治区及兵团疫情防控情况，宣传防疫知识、鼓舞战"疫"士气、生动讲述抗疫一线感人故事，聚焦复工

《副刊镜像》

复产等热点，为夺取疫情防控和经济社会发展双胜利贡献了媒体人力量。《疫情防控，我们在一线》《7 个暖心瞬间致敬了不起的"她"》等作品在各终端的浏览量分别突破 5 万人次；《是什么让白衣天使化身勇敢战士》《春天已经到来，花开不再遥远》等 10 余篇系列原创评论反响强烈。

（三）以人为本

兵团日报依托版面，传达正确立场、观点、态度，引导人们分清对错、好坏、善恶、美丑，激发人们向上向善的精神力量。2020 年重点挖掘推介一大批优秀的兵团作者，展示了多部与兵团相关的书籍以及文学作品；刊发新疆、兵团知名书画家的作品，配发短小文章，搭建书画爱好者沟通交流平台；开设漫画兵团栏目，将漫画形式和兵团故事有机结合，讲述感人故事，反响很好。

六、文化责任

（一）弘扬践行社会主义核心价值观

践行社会主义核心价值观，一直是兵团日报宣传主题。时政、要闻版围绕践行社会主义核心价值观，弘扬兵团精神、胡杨精神和老兵精神，浓墨重彩开设"在习近平新时代中国特色社会主义思想指引下——新时代新作为新篇章""深入学习宣传贯彻党的十九届五中全会精神""学习贯彻第三次中央新疆工作座谈会精神——努力推动新时代兵团事业发展""众志成城打赢疫情防控阻击战""走向我们的小康生活""'十三五'我们精彩走过""新时代兵团硕果累累""机关作风建设大学习大讨论""浪费可耻　节约为荣""带着梦想出发"等特色栏目报道。"画说兵团"图片版以连环画的形式，再现兵团波澜壮阔的发展历史，讲述几代兵团人屯垦戍边无私奉献的感人故事，引导读者在图画表义中走进兵团、融入兵团、感悟兵团。

"带着梦想出发"栏目

（二）传承繁荣中华优秀传统文化

报纸通过举办文化类活动、创办文化产业项目，挖掘文化特色内涵，打造出一批精品内容和文化品牌，弘扬中华优秀传统文化，推动文化创新发展。《送戏下乡》专刊刊发小品、戏曲、情景剧、相声、快板、"三句半"等职工群众喜闻乐见、寓教于乐的文艺作品，满足职工群众日益增长的精神文化需求，营造节日氛围。"国学兵团"版刊发原创诗词文赋等作品，通过诗词歌赋回忆兵团历史、缅怀英烈、弘扬兵团精神、反映当代兵团人的生活，引起新疆内外广大读者高度关注和广泛好评。

（三）推动提升科学素养

兵团日报除了常规报纸报道外，积极拓展新媒体报道空间，以更多富有创意的报道向大众传递健康科学素养理念。积极转载新华社、人民日报等相关稿件，确保相关知识资讯的准确性和权威性。2020 年，报社采编部门对疫情防控进行长短期目标相结合的报道规划，报纸及新媒体及时准确的报道助力大众提升健康科学素养，让其转化成个人自觉行为，共同打赢这场新冠肺炎疫情防控阻击战。

七、安全责任

2020 年，兵团日报社严格遵守有关安全报道制度，认真做好报纸、网站等新媒体终端的内容安全管理与信息安全风险防范管理工作，严格落实"三审三校"制度，确保内容安全和技术安全。报社相关部门不断完善重大主题和节点宣传报道应急预案，积极配置安全设备，发现、阻断恶意攻击，切实保障运维安全。加强网络安全应用状况的监测，及时修复安全漏洞，消除安全隐患。从内容安全的角度不断增强技术研发力度，让技术为安全刊播保驾护航。不断强化全体人员的内容安全意识，防范各类风险。

八、道德责任

（一）遵守职业规范

兵团日报坚持正确政治方向、舆论导向、价值取向，不断强化内部管理机制，坚决抵制有偿新闻、"三俗"新闻等违法违规行为；积极开展学习培训，不断提高政治和业务素质。在2020年各项重大报道中，深入基层和群众，深情讲述基层故事。为保障采编工作顺利开展，报社不断加强采编管理，提高采编人员的思想素质和工作能力，严肃采访纪律，强化部门建设，制定《岗位职责及工作流程》手册并严格执行。

（二）维护社会公德

兵团日报社全体采编人员恪守职业道德，遵守新闻宣传政策及新闻出版法规规章，实行采编分离，抵制各种低俗之风，合理应对新闻事件，做称职的新闻人。切实加强舆论监督，直面社会问题，推动事件妥善处理。新媒体终端尊重和保护新闻媒体作品版权，转载稿件规范标注来源和作者署名，坚决抵制歪曲原意、断章取义等不当采编行为。

（三）接受社会监督

当前，舆论生态、媒体格局、传播方式深刻变化，兵团日报社认清形势、主动作为，以全新的思维、主动的姿态勇敢面对和积极拥抱媒体融合发展，确保新闻舆论工作领导权、话语权牢牢掌握在自己手里。自觉接受群众监督，严格规范采访活动，新闻采编人员采访必须出具合法有效的新闻记者证，并设立监督电话，受理群众投诉。

九、保障权益责任

（一）保障从业人员合法权益

兵团日报社严格遵守各项法律法规，重视人力资源管理，关注员工职业发展，保护新闻工作者合法权益，支持保护正常采编行为，对受到侵害的采编人员依法进行申诉，为受害者伸张正义。

（二）保障从业人员薪酬福利

兵团日报社依法执行劳动合同的签订、续签、变更、终止等手续，2020 年共与 71 名职工签订了《事业单位聘用合同》，为 150 名职工依法缴纳"五险一金"，足额支付新闻从业人员的劳动报酬。报社每年保障员工薪酬福利，为每一位职工缴纳医疗保险，2020 年为报社所有职工（包括离退休干部）提供体检服务，专门为女性职工安排妇科体检，并为每位参检职工建立了健康档案。

（三）规范记者证管理

兵团日报严格按照规定做好新闻采编人员记者证的申领、发放和年度核验工作。按规定注销退休、调出及辞职人员记者证。

（四）开展员工教育培训

兵团日报社顺应媒体融合发展大势，因势而谋、应势而动、顺势而为，采取"送出去、请进来"等方式，注重培养全媒体记者，推动各部门交流轮岗常态化，

员工培训

全方位锻炼采编人员综合业务能力，发掘培养融媒体采编骨干人才。鼓励引导采编人员打破传统媒体时间、空间的束缚，整合新闻媒体资源，开展融合报道和传播，推出原创报道，创作融媒体作品，丰富传播形式、扩大报道传播面。

十、合法经营责任

兵团日报社严格遵守党中央有关政策及新闻出版法律法规，按照要求合法合规做好广告经营，所有广告资源均由广告部按照《中华人民共和国广告法》有关规定统一管理、审核、监督和发布。

2020 年，兵团日报社未接到相关部门组织作出的行政处罚、通报批评。

十一、后记

（一）回应

融合发展还需深入推进，着力打造有影响力的新媒体端口。持续创作文艺精品，讲好兵团故事，扩大国际传播影响力。有效整合兵团各师、市媒介资源、生产要素，推动内容、技术、平台和队伍的共享融通。

（二）不足

兵团日报在向世界宣传兵团、舆论监督和融媒体发展等方面还存在不足，下一步将积极联系中央媒体、区外媒体宣传兵团。针对精品内容生产不够的问题，加强自主创新，深耕细作打造精品。在新闻宣传的融合传播上，高水平的平台营建仍在"登高爬坡"。队伍建设和资源整合亟待"汇流成河"。投身全媒体主战场的话题设置能力、热点引导力度、创新响应速率、形态技术适配仍须"锻造基因"。

（三）改进

兵团日报认真履行媒体职责使命，积极推进宣传工作创新，着力提高舆论引导能力，在取得成绩的同时，仍须继续做好以下几点。

一是守正创新做好主流宣传。深入学习宣传贯彻习近平新时代中国特色社会主义思想和党的十九大和十九届二中、三中、四中、五中全会精神，全国两会精神，把握全面建成小康社会和其他重要宣传节点，不忘初心、牢记使命，做优做强主流宣传，提升舆论引导力。

二是围绕重大主题展开宣传。寻求报道形式和传播手段的创新，强化对重大主题和热点问题的宣传报道和舆论引导，丰富原创报道的内容和形式，运用丰富手段创新呈现形式，优化阅读体验，使权威内容和多样传播深度结合。

三是推进媒体深度融合。加快推进机构设置、生产流程、内容产品的深度融合，打造有影响力的新媒体端口，构建更坚实、更强大的新闻舆论阵地。

四是推出精品力作。坚定文化自信、把握时代脉搏、聆听时代声音，坚持与时代同步伐、以人民为中心、以精品奉献人民、用明德引领风尚。

后　记

　　为进一步展示新闻媒体良好社会形象，鼓励引导更多媒体自觉履行社会责任，中国记协今年汇编出版《优秀媒体社会责任报告选编（2021年卷）·全国篇》《优秀媒体社会责任报告选编（2021年卷）·地方篇》。《全国篇》汇编了18家中央主要新闻单位和11家全国性行业类媒体2020年度优秀社会责任报告；《地方篇》汇编了全国各省（区、市）和新疆生产建设兵团新闻媒体2020年度优秀社会责任报告，以发挥激励表彰作用，推动新闻媒体坚持以习近平新时代中国特色社会主义思想为指导，深入学习贯彻党的十九届六中全会精神，进一步增强"四个意识"、坚定"四个自信"、做到"两个维护"，强化社会责任意识、更好履责担当。

　　2021年，按照中宣部、中国记协印发的《媒体社会责任报告制度实施办法》要求，18家中央主要新闻单位、16家全国性行业类媒体以及70余家地方媒体从履行政治责任、阵地建设责任、服务责任、人文关怀责任、文化责任、安全责任、道德责任、保障权益责任、合法经营责任等方面报告2020年度履行社会责任情况。多家媒体制作发布了长图、H5、短视频等多媒体版报告，排版印制了社会责任报告单行本，社会效果良好。

按照《媒体社会责任报告制度实施办法》要求，中国记协新闻道德委员会、相关省区市新闻道德委员会及产业报行业报新闻道德委员会对同级报告单位发布的媒体社会责任报告进行了评议和量化打分。

媒体社会责任报告工作开展 8 年来，已有百余家新闻媒体向社会累计发布超 400 份社会责任报告，对推动各级各类新闻媒体强化责任担当、自觉履职尽责、提升全行业公信力发挥了积极作用。

参与本书编辑的主要工作人员有：殷陆君、陈建平、王佳、杨冠、项曦、鲍青。

感谢中宣部、中国记协领导同志给予的具体指导。